RECHTSGESCHICHTE I

Deutsche Rechts- und Verfassungsgeschichte

Hemmer/Wüst/Schwertmann/Knecht

Juli 2013

6 Monate kostenlos testen*

juris by hemmer - zwei starke Marken!

Ihre Online-Recherche: So leicht ist es, bequem von überall – zu Hause, im Zug, in der Uni – zu recherchieren. Ob Sie einen Gesetzestext suchen, Entscheidungen aus allen Gerichtsbarkeiten, zitierte und zitierende Rechtsprechung, Normen, Kommentare oder Aufsätze – **juris by hemmer** bietet Ihnen weitreichend verlinkte Informationen auf dem aktuellen Stand des Rechts.

Erfahrung trifft Erfahrung

juris verfügt inzwischen über mehr als dreißig Jahre Erfahrung in der Bereitstellung und Aufbereitung von Rechtsinformationen und war der erste, der digitale Rechtsinformationen angeboten hat. hemmer bildet seit 1976 Juristen aus. Das umfassende Lernprogramm des Marktführers bereitet gezielt auf die Staatsexamina vor. Jetzt ergänzt durch die intuitive Online-Recherche von juris.

Nutzen Sie die durch das Kooperationsmodell von **juris by hemmer** geschaffene Möglichkeit: Für die Scheine, vor dem Examen die neuesten Entscheidungen abrufen, schnelle Vorbereitung auf die mündliche Prüfung, bequemes Nachlesen der Originalentscheidung passend zur Life&LAW und den hemmer-Skripten. So erleichtern Sie sich durch frühzeitigen Umgang mit Onlinedatenbanken die spätere Praxis. Schon für Referendare ist die Online-Recherche unentbehrlich. Erst recht für den Anwalt oder im Staatsdienst ist der schnelle Zugriff obligatorisch. hemmer hat ein umfassendes juris-Paket geschnürt: Über 800.000 Entscheidungen, der juris PraxisKommentar zum BGB und Fachzeitschriften zu unterschiedlichen Rechtsgebieten ermöglichen eine Voll-Recherche!

Das „juris by hemmer"-Angebot für hemmer.club-Mitglieder

So einfach ist es, **juris by hemmer** kennenzulernen:

*Ihr Vorteil: 6 Monate kostenfrei für alle hemmer Haupt- oder Klausurenkursteilnehmer des Studenten- oder Referendarkurses, die gleichzeitig hemmer.club-Mitglied sind. Die Mitgliedschaft im hemmer.club ist kostenlos.

Danach nur 2,90 € monatlich, solange Sie Jurastudent oder Rechtsreferendar sind. Voraussetzung ist auch dann die Mitgliedschaft im hemmer.club. Auch für alle hemmer.club-Mitglieder, die nicht (mehr) Kursteilnehmer sind, gilt unser Angebot: nur 2,90 € monatlich, solange Sie Jurastudent oder Rechtsreferendar sind. Kündigung jederzeit zum Monatsende möglich.

Jetzt anmelden unter „juris by hemmer": www.hemmer.de

www.repetitorium-hemmer.de

Die neue Homepage des Repetitoriums
ab sofort im Netz!

Kursort wählen

*Hier erfahren Sie die neuesten
Meldungen bzgl. Ihres Kursortes,
die aktuellen Kurstermine etc. ...*

Kursorte im Überblick

Augsburg
Wüst/Skusa/Mielke/Quirling
Mergentheimer Str. 44
97082 Würzburg
Tel.: (0931) 79 78 230
Fax: (0931) 79 78 234
augsburg@hemmer.de

Bayreuth
Daxhammer/d´Alquen
Parkweg 7
97944 Boxberg
Tel.: (07930) 99 23 38
Fax: (07930) 99 22 51
bayreuth@hemmer.de

Berlin-Dahlem
Gast
Schumannstraße 18
10117 Berlin
Tel.: (030) 240 45 738
Fax: (030) 240 47 671
mitte@hemmer-berlin.de

Berlin-Mitte
Gast
Schumannstraße 18
10117 Berlin
Tel.: (030) 240 45 738
Fax: (030) 240 47 671
mitte@hemmer-berlin.de

Bielefeld
Sperl
Salzstr. 14/15
48143 Münster
Tel.: (0251) 67 49 89 70
Fax.: (0251) 67 49 89 71
Mail: bielefeld@hemmer.de

Bochum
Schlömer/Sperl
Salzstr. 14/15
48143 Münster
Tel.: (0251) 67 49 89 70
Fax.: (0251) 67 49 89 71
bochum@hemmer.de

Bonn
Ronneberg/Christensen/Clobes
Leonardusstr. 24c
53175 Bonn
Tel.: (0228) 23 90 71
Fax: (0228) 23 90 71
bonn@hemmer.de

Bremen
Kulke/Berberich
Mergentheimer Str. 44
97082 Würzburg
Tel.: (0931) 79 78 257
Fax: (0931) 79 78 240
bremen@hemmer.de

Dresden
Stock
Zweinaundorfer Str. 2
04318 Leipzig
Tel.: (0341) 6 88 44 90
Fax: (0341) 6 88 44 96
dresden@hemmer.de

Düsseldorf
Ronneberg/Christensen/Clobes
Leonardusstr. 24c
53175 Bonn
Tel.: (0228) 23 90 71
Fax: (0228) 23 90 71
duesseldorf@hemmer.de

Erlangen
Grieger/Tyroller
Mergentheimer Str. 44
97082 Würzburg
Tel.: (0931) 79 78 230
Fax: (0931) 79 78 234
erlangen@hemmer.de

Frankfurt/M.
Geron
Dreifaltigkeitsweg 49
53489 Sinzig
Tel.: (02642) 61 44
Fax: (02642) 61 44
frankfurt.main@hemmer.de

Frankfurt/O.
Gast
Schumannstraße 18
10117 Berlin
Tel.: (030) 240 45 738
Fax: (030) 240 47 671
frankfurt.oder@hemmer.de

Freiburg
Behler/Rausch
Rohrbacher Str. 3
69115 Heidelberg
Tel.: (06221) 65 33 66
Fax: (06221) 65 33 30
freiburg@hemmer.de

Gießen
Sperl
Parkweg 7
97944 Boxberg
Tel.: (07930) 99 23 38
Fax: (07930) 99 22 51
gießen@hemmer.de

Göttingen
Schlömer/Sperl
Kirchhofgärten 22
74635 Kupferzell
Tel.: (07944) 94 11 05
Fax: (07944) 94 11 08
goettingen@hemmer.de

Greifswald
Burke/Lück
Buchbinderstr. 17
18055 Rostock
Tel.: (0381) 3 77 74 00
Fax: (0381) 3 77 74 01
greifswald@hemmer.de

Halle
Luke
Grimmaische Str. 2-4
04109 Leipzig
Tel.: (0177) 3 34 26 51
Fax: (0341) 4 62 68 79
halle@hemmer.de

Hamburg
Schlömer/Sperl
Steinhöft 5-7
20459 Hamburg
Tel.: (040) 317 669 17
Fax: (040) 317 669 20
hamburg@hemmer.de

Hannover
Daxhammer/Sperl
Matzenhecke 23
97204 Höchberg
Tel.: (0931) 400 337
Fax: (0931) 404 3109
hannover@hemmer.de

Heidelberg
Behler/Rausch
Rohrbacher Str. 3
69115 Heidelberg
Tel.: (06221) 65 33 66
Fax: (06221) 65 33 30
heidelberg@hemmer.de

Jena
Kulke
Mergentheimer Str. 44
97082 Würzburg
Tel.: (0931) 79 78 257
Fax: (0931) 79 78 240
jena@hemmer.de

Kiel
Schlömer/Sperl
Kirchhofgärten 22
74635 Kupferzell
Tel.: (07944) 94 11 05
Fax: (07944) 94 11 08
kiel@hemmer.de

Köln
Ronneberg/Christensen/Clobes
Leonardusstr. 24c
53175 Bonn
Tel.: (0228) 23 90 71
Fax: (0228) 23 90 71
koeln@hemmer.de

Konstanz
Guldin/Kaiser
Hindenburgstr. 15
78467 Konstanz
Tel.: (07531) 69 63 63
Fax: (07531) 69 63 64
konstanz@hemmer.de

Leipzig
Luke
Grimmaische Str. 2-4
04109 Leipzig
Tel.: (0177) 3 34 26 51
Fax: (0341) 4 62 68 79
leipzig@hemmer.de

Mainz
Geron
Dreifaltigkeitsweg 49
53489 Sinzig
Tel.: (02642) 61 44
Fax: (02642) 61 44
mainz@hemmer.de

Mannheim
Behler/Rausch
Rohrbacher Str. 3
69115 Heidelberg
Tel.: (06221) 65 33 66
Fax: (06221) 65 33 30
mannheim@hemmer.de

Marburg
Sperl
Parkweg 7
97944 Boxberg
Tel.: (07930) 99 23 38
Fax: (07930) 99 22 51
marburg@hemmer.de

München
Wüst
Mergentheimer Str. 44
97082 Würzburg
Tel.: (0931) 79 78 230
Fax: (0931) 79 78 234
muenchen@hemmer.de

Münster
Schlömer/Sperl
Salzstr. 14/15
48143 Münster
Tel.: (0251) 67 49 89 70
Fax.: (0251) 67 49 89 71
muenster@hemmer.de

Osnabrück
Fethke/Bleyer
Jürgen-Hornemann-Str. 6
48268 Greven
Tel.: (02571) 99 29 459
Fax: (02571) 99 56 02
osnabrueck@hemmer.de

Passau
Mielke/d´Alquen
Schlesierstr. 4
86919 Utting a.A.
Tel.: (08806) 74 27
Fax: (08806) 94 92
passau@hemmer.de

Potsdam
Gast
Schumannstraße 18
10117 Berlin
Tel.: (030) 240 45 738
Fax: (030) 240 47 671
mitte@hemmer-berlin.de

Regensburg
Daxhammer/d´Alquen
Parkweg 7
97944 Boxberg
Tel.: (07930) 99 23 38
Fax: (07930) 99 22 51
regensburg@hemmer.de

Rostock
Burke/Lück
Buchbinderstr. 17
18055 Rostock
Tel.: (0381) 3777 400
Fax: (0381) 3777 401
rostock@hemmer.de

Saarbrücken
Dold
Preslesstraße 2
66987 Thaleischweiler-Fröschen
Tel.: (06334) 98 42 83
Fax: (06334) 98 42 83
saarbruecken@hemmer.de

Trier
Geron
Dreifaltigkeitsweg 49
53489 Sinzig
Tel.: (02642) 61 44
Fax: (02642) 61 44
trier@hemmer.de

Tübingen
Guldin/Kaiser
Hindenburgstr. 15
78465 Konstanz
Tel.: (07531) 69 63 63
Fax: (07531) 69 63 64
tuebingen@hemmer.de

Würzburg
- ZENTRALE -
Mergentheimer Str. 44
97082 Würzburg
Tel.: (0931) 79 78 230
Fax: (0931) 79 78 234
wuerzburg@hemmer.de

www.lifeandlaw.de
Die Homepage der Life&LAW
im Netz!

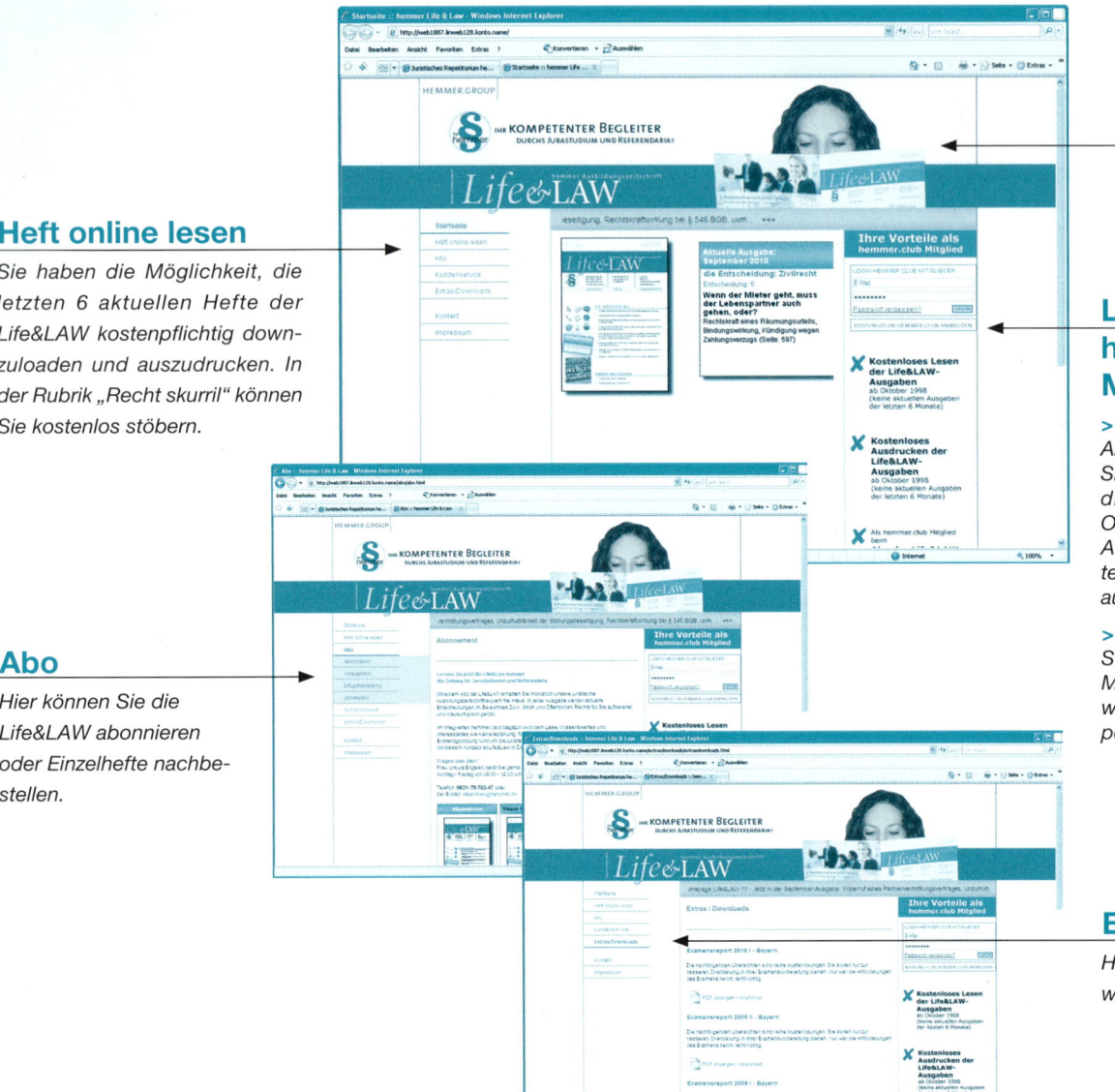

Startseite
Schnellübersicht über den Inhalt des aktuellen Life&Law Heftes.

Heft online lesen
Sie haben die Möglichkeit, die letzten 6 aktuellen Hefte der Life&LAW kostenpflichtig down-zuloaden und auszudrucken. In der Rubrik „Recht skurril" können Sie kostenlos stöbern.

Login
hemmer.club
Mitglieder

> **Life&LAW-Archiv**
Als hemmer.club Mitglied haben Sie die Möglichkeit, kostenlos die Life&LAW-Ausgaben ab Oktober 1998 (keine aktuellen Ausgaben der letzten 6 Monate) am Bildschirm zu lesen und auszudrucken.

> **Extras**
Sie finden als hemmer.club Mitglied in diesem Bereich weitere Extras wie Examensreporte, usw.

Abo
Hier können Sie die Life&LAW abonnieren oder Einzelhefte nachbestellen.

Extras/Downloads
Hier finden Sie zusätzliche Extras, wie z.B. Examensreporte

ASSESSORKURSE

BAYERN:		RA I. GOLD, MERGENTHEIMER STR. 44, 97082 WÜRZBURG; TEL.: (0931) 79 78 2-50
BADEN-WÜRTTEMBERG:	KONSTANZ/TÜBINGEN/ STUTTGART	RAE F. GULDIN/B. KAISER, HINDENBURGSTR. 15, 78467 KONSTANZ; TEL.: (07531) 69 63 63
	HEIDELBERG/FREIBURG	RAE BEHLER/RAUSCH, ROHRBACHERSTR. 3, 69115 HEIDELBERG; TEL.: (06221) 65 33 66
BERLIN/POTSDAM:		RA L. GAST, SCHUHMANNSTR. 18, 10117 BERLIN; TEL.: (030) 24 04 57 38
BRANDENBURG:		RA NEUGEBAUER/VIETH, HOLZMARKT 4a, 15230 FRANKFURT/ODER, TEL.: (0335) 52 29 32
BREMEN/HAMBURG:		RAE M. SPERL/CLOBES/DR.SCHLÖMER, KIRCHHOFGÄRTEN 22, 74635 KUPFERZELL; TEL.: (07944) 94 11 05
HESSEN:	FRANKFURT	RA A. GERON, DREIFALTIGKEITSWEG 49, 53489 SINZING; TEL.: (02642) 61 44
	MARBURG/KASSEL	RAE M.SPERL/CLOBES/DR. SCHLÖMER, HINTER DEM ZEHNTHOFE 18a, 38173 SICKTE, TEL.: (05305) 91 25 77
MECKLENBURG-VORP.:		LUDGER BURKE/JOHANNES LÜCK, BUCHBINDERSTR. 17, 18055 ROSTOCK, TEL.: (0381) 37 77 40 0
NIEDERSACHSEN:	HANNOVER	RAE M. SPERL, HINTER DEM ZEHNTHOFE 18a, 38173 SICKTE, TEL.: (05305) 91 25 77
	POSTVERSAND	RAE M. SPERL/CLOBES/DR. SCHLÖMER, KIRCHHOFGÄRTEN 22, 74635 KUPFERZELL; TEL.: (07944) 94 11 05
NORDRHEIN-WESTFALEN:		DR. A. RONNEBERG, LEONARDUSSTR. 24c, 53175 BONN; TEL.: (0228) 23 90 71
RHEINLAND-PFALZ:		RA A. GERON, DREIFALTIGKEITSWEG 49, 53489 SINZING; TEL.: (02642) 61 44
SAARLAND:		RA A. GERON, DREIFALTIGKEITSWEG 49, 53489 SINZING; TEL.: (02642) 61 44
THÜRINGEN:		RA J. LUKE, ARNDTSTR. 1, 04257 LEIPZIG; TEL.: (0177) 3 34 26 51
SACHSEN:		RA J. LUKE, ARNDTSTR. 1, 04257 LEIPZIG; TEL.: (0177) 3 34 26 51
SCHLESWIG-HOLSTEIN:		RAE M. SPERL/CLOBES/DR. SCHLÖMER, KIRCHHOFGÄRTEN 22, 74635 KUPFERZELL; TEL.: (07944) 94 11 05

RECHTSGESCHICHTE I

Deutsche Rechts- und Verfassungsgeschichte

Hemmer/Wüst/Schwertmann/Knecht

Juli 2013

Hemmer/Wüst Verlagsgesellschaft
Hemmer/Wüst/Schwertmann/Knecht, Rechtsgeschichte I

ISBN 978-3-86193-243-7

3. Auflage, Juli 2013

gedruckt auf chlorfrei gebleichtem Papier
von Schleunungdruck GmbH, Marktheidenfeld

Inhaltsverzeichnis: Die Zahlen beziehen sich auf die Seiten des Skripts.

Die rechtsgeschichtliche Literatur ist ein nahezu endloses Feld an Lehrbüchern, Biographien, Kommentaren und Handbüchern. Aus diesem Grund werden im Folgenden nur die Bücher dargestellt, die für die Studienzeit und die Examensvorbereitung von Umfang und Darstellungsform her als sinnvoll erscheinen.

Lehrbücher

Ebel, Friedrich/ Thielmann, Georg	Rechtsgeschichte
Eisenhardt, Ulrich	Deutsche Rechtsgeschichte
Grimm, Dieter	Deutsche Verfassungsgeschichte 1776-1866,
Hattenhauer, Hans	Europäische Rechtsgeschichte
Holzhauer, Heinz	Deutsche Rechtsgeschichte
Kaufmann, Ekkehard	Deutsches Recht, Die Grundlagen
Kimminich, Otto	Deutsche Verfassungsgeschichte
Kirsch, Arnold	Deutsche Verfassungs- und Rechtsgeschichte
Köbler, Gerhard	Deutsche Rechtsgeschichte
Kriele, Martin	Einführung in die Staatslehre
Kroeschell, Karl	Deutsche Rechtsgeschichte Band 1 (bis 1250), Band 2 (1250-1650), Band 3 (ab 1650)
Laufs, Adolf	Rechtsentwicklungen in Deutschland
Mitteis, Heinrich/ Lieberich, Heinz	Deutsche Rechtsgeschichte
	Deutsches Privatrecht
Nörr, Knut W.	Zwischen den Mühlsteinen
Rüping, Hinrich/ Jerouschek, Günter	Grundriss der Strafrechtsgeschichte
Schlosser, Hans	Grundzüge der neueren Privatrechtsgeschichte

Schlosser, Hans/ Sturm, Fritz/ Weber, Hermann	Die rechtsgeschichtliche Exegese
Senn, Marcel	Rechtsgeschichte
Wesel, Uwe	Geschichte des Rechts
Wesenberg, Gerhard/ Wesener, Gunter	Neuere deutsche Privatrechtsgeschichte im Rahmen der europäischen Rechtsentwicklung
Wieacker, Franz	Privatrechtsgeschichte der Neuzeit
Willoweit, Dietmar	Deutsche Verfassungsgeschichte
Zippelius, Reinhold	Allgemeine Staatslehre
	Kleine deutsche Verfassungsgeschichte

Biographien

Kleinheyer, Gerd/ Schröder, Jan	Deutsche und europäische Juristen aus neun Jahrhunderten
Stolleis, Michael	Juristen – Ein biographisches Lexikon

Lexika

dtv	dtv-Atlas zur Weltgeschichte, 2 Bände 1. (Von den Anfängen bis zur Französischen Revolution), 2. (Von der französischen Revolution bis zur Gegenwart)
HRG	Handwörterbuch zur deutschen Rechtsgeschichte, 5 Bände, knapp 10300 Spalten, als Nachschlagewerk in den Bibliotheken einsehbar
LMA	Lexikon des Mittelalters, 9 Bände, über 10.000 Seiten, in Bibliotheken einsehbar

§ 1 EINLEITUNG

I. Rechtsgeschichte in Studium und Examen

Rechtsgeschichte im Studium

Rechtsgeschichte gilt bei Jurastudenten eher als Exot. Das Fach begegnet einem meist nur am Anfang des Studiums im Rahmen der Grundlagenfächer und wird dann schnell vergessen. Die geringe Popularität ist einerseits wohl auf die mangelnde historische Vorkenntnis zurückzuführen, so dass schon gar kein Zugang zum Fach besteht. Andererseits ist es wahrscheinlich für die meisten Jurastudenten uninteressant, weil es im späteren Berufsleben offenbar keine Rolle spielt. Über die Bildungs- und Verständnisvorteile, die man sich durch die Beschäftigung mit Rechtsgeschichte erwirbt, soll hier aber nicht diskutiert werden. Zunehmend an Bedeutung gewinnt Rechtsgeschichte durch die Einführung von Zwischenprüfungen anstatt oder neben den kleinen Scheinen. Hier wird an vielen Universitäten eine erfolgreiche Zwischenprüfungsklausur im Fach Rechts- und Verfassungsgeschichte verlangt. Daneben werden vielfach Grundlagenseminare in Rechtsgeschichte angeboten, deren Bedeutung vor allem ihrem Dasein als Voraussetzung für die Aufnahme einer Promotion an der jeweiligen Universität entspringt. Zusätzlich gelten gut benotete rechtsgeschichtliche Seminarscheine oftmals als Voraussetzung einer Annahme als Doktorand, wenn im ersten Examen nicht mindestens die Note „vollbefriedigend" erreicht wurde.

1

Rechtsgeschichte als Wahlfach

Was von vielen übersehen wird, sind die Möglichkeiten, die das Wahlfach Rechtsgeschichte im Examen eröffnet. Sie wird in vielen Bundesländern als Wahlfachgruppe angeboten und ist im Examen leicht zu handhaben, egal ob in einer Klausur, in einer mündlichen Prüfung oder in einer Hausarbeit. Das liegt daran, dass in der Prüfung (vor allem in der mündlichen) nur größere Themenblöcke abgefragt werden und nicht einzelne Normenkomplexe, so dass eine eigene Schwerpunktsetzung möglich ist. Dazu kommt, dass in der Klausur meist Quellentexte gegeben werden, an denen man sich wie am Gesetz „entlanghangeln" kann. Der erste Ansatz erschließt sich also schon aus der Quellenlektüre. Die Ergebnisse sind deshalb meist recht gut. Die Benotung ist kulant, da die Kandidatenzahl recht klein ist und sich der Korrektor – hier immer ein Professor – freut, dass man „sein" Fach gewählt hat. Dies gilt umso mehr für die traditionalistischeren südlichen Bundesländer. Die Bedeutung des Wahlfachs Rechtsgeschichte im ersten Examen wird auch durch das Gesetz zur Reform der Juristenausbildung vom 11. Juli 2002 nicht beschränkt, sondern eher noch verstärkt werden, da die Universitäten durch die Bildung von Schwerpunktbereichen 30 % der Examensnote selbst beeinflussen und Rechtsgeschichte nach den Planungen nahezu aller Universitäten in einem Schwerpunktbereich vertreten sein wird.

2

Examensvorbereitung

Der Aufwand, den man betreiben muss, hält sich in Grenzen. Der Umfang an verlangtem Wissen scheint auf den ersten Blick zwar außerordentlich groß, allerdings lässt sich der Stoffumfang durch das Lernen mit Skripten auf ein erträgliches Maß reduzieren und Daten und historisch bedeutende Ereignisse bieten ein Gerüst, an welchem man sich beim Lernen zuverlässig orientieren kann. Hat man Interesse für das Fach, kann man sich durch einfache Lektüre neben dem Studium ausreichend vorbereiten. Da es sich bei der Rechtsgeschichte um eine Teilgeschichte handelt, sie also eher der Geschichte als der Rechtswissenschaft zuzuordnen ist, kommt man aber nicht umhin, sich ein möglichst stringentes Geschichtsbild anzueignen, um die „Rechts"-Geschichte richtig einordnen zu können und ein Verständnis für die jeweilige Zeit zu entwickeln. Je breiter der Ansatz bei der Auswahl der Lektüre, desto besser kann man speziell rechtsgeschichtliche Problemstellungen verstehen.

3

Rechtsgeschichte im Pflichtklausurenbereich

Die Rechtsgeschichte kann aber auch dem „normalen" Examens-kandidaten begegnen. Geht man von den Prüfungsordnungen aus, müsste eigentlich jeder über Grundkenntnisse verfügen. Dement-sprechend findet man manchmal rechtshistorische Bezüge in den Klausuren oder rechtsgeschichtliche Fragestellungen in der mündli-chen Prüfung. Falls im Pflichtklausurenbereich eine Themenklausur gestellt wird, werden häufig Rechtsentwicklungen im zeitgeschichtli-chen Rahmen oder sogar darüber hinaus abgefragt. Insofern kann es nicht schaden, sich hier Grundkenntnisse anzueignen. Gutes Beispiel ist die Examensklausur 2001/1/2, in welcher nach Begriff, Grundlagen und Grenzen des Richterrechts und dessen Vereinbar-keit mit der ursprünglichen Konzeption des Bürgerlichen Gesetzbu-ches gefragt wurde.

4

II. Konzeption des Skripts

Gedacht ist das Skript zur Vorbereitung auf die Klausuren im Grund-lagenfach Rechtsgeschichte, die rechtsgeschichtliche Zwischenprü-fungsklausur und die schriftliche sowie mündliche Prüfung im ersten Examen. Auch für Seminare kann das Skript als Einstiegslektüre genutzt werden.

5

typischer Klausuraufbau

Der Klausuraufbau folgt häufig einem bestimmten Grundmuster. Beim Abprüfen des Stoffes dient ein Quellentext meist als Aufhä-nger. Eine Klausur ohne dazu gegebene Quellen ist selten.

In einer großen Klausur werden typischerweise mehrere Quellentex-te aus verschiedenen Epochen gegeben, die miteinander in Zu-sammenhang gebracht werden sollen. Es soll die Entwicklung eines Rechtsinstituts nachvollzogen und in den rechtshistorischen Kontext gebettet werden. Am Schluss steht meist ein Vergleich mit der heu-tigen Rechtslage (BGB, GG, StGB). In der kleinen Klausur sind es meist ein oder zwei Quellen, auf denen die Fragestellung aufbaut. Hier wird mehr Wissen abgefragt. Bei den Grundlagenklausuren ist anzumerken, dass der abgefragte Stoff meist sehr stark mit der da-zugehörigen Vorlesung korrespondiert. Der Unterschied zur Exa-mensklausur liegt ansonsten nur im Umfang. Vom Typ der Aufga-benstellung ähneln sich große und kleine Klausur.

Orientierung an Quellentypen

An diesen Aufgabentypen orientiert sich das Skript. Soweit möglich, sollen neben dem Stoff auch die für die Zeit maßgeblichen Quellen präsentiert werden. Sie werden, wenn möglich, in Zusammenhang gebracht mit dem Rechtsquellentyp, in dem sie typischerweise er-scheinen. Der Begriff Rechtsquelle hat dabei eine doppelte Bedeu-tung. Einerseits meint er den überlieferten Gegenstand (z.B. Urkun-de), andererseits die darin verkörperte rechtliche Aussage (z.B. Pri-vileg). Beides steht miteinander in Zusammenhang, da bestimmte Dinge häufig in bestimmten Formen ausgedrückt wurden. Letztend-lich geht es dabei um die Frage, wie in einer bestimmten Zeit Recht „erzeugt" wurde oder weshalb etwas als Recht galt.

6

Die in der Klausur gegebenen Quellentexte liefern also den Rahmen für die zu bearbeitende Fragestellung. Während sich die angespro-chenen Rechtsinstitute schon aus einer inhaltlichen Analyse erge-ben, ist zur Bearbeitung der anschließenden Fragestellungen ein rechtsgeschichtliches Grundwissen erforderlich. Dies betrifft einmal die Erläuterung des Quellentyps und außerdem die Einbindung der Quelle in den rechtshistorischen Kontext. Hierbei soll das Skript vor allem helfen.

inhaltliche Schwerpunkte

Inhaltlich deckt das Skript die Bereiche Verfassungsgeschichte, Pri-vatrechtsgeschichte und Strafrechtsgeschichte ab, wobei der Schwerpunkt im Verfassungsrecht liegt. Seinen Grund hat das darin, dass mit der verfassungsgeschichtlichen Darstellung gleichzeitig der historische Rahmen für Privat- und Strafrechtsgeschichte geliefert wird.

7

Deshalb sollte, auch wenn man sich nur mit Privat- oder Strafrechtsgeschichte befassen möchte, der korrespondierende verfassungsgeschichtliche Paragraph dazu gelesen werden. Der zeitliche Schwerpunkt der Darstellung liegt im Mittelalter und in der frühen Neuzeit bis hin zur Entstehungsgeschichte des BGB im 19. Jahrhundert. Dies sind die Bereiche, die – so zeigen es die meisten Schein- und Examensklausuren – im Mittelpunkt nahezu aller Klausuren stehen. Die römische Rechtsgeschichte ist auf die Grundzüge reduziert, die sich für das Verständnis der mittelalterlichen und neueren deutschen Rechtsgeschichte und damit auch für Klausuren im Bereich der deutschen Rechtsgeschichte als unverzichtbar erwiesen haben. Dies gilt in erster Linie für das Corpus Iuris Civilis. Die Darstellung der Rechtsgeschichte der Gegenwart ist auf das Maß beschränkt, welches die Erfahrung aus Rechtsgeschichtsklausuren in der Vergangenheit nahe legt. Über die zitierten Aufsätze und die angeführte Lehrbuchliteratur lässt sich das Wissen jederzeit vertiefen.

Im Anschluss an die ausführliche Darstellung der Inhalte folgen am Ende des Skripts zwei tabellarische Darstellungen zu den wichtigsten rechtsgeschichtlichen Ereignissen und zu den berühmtesten Juristen der Rechtsgeschichte, die sich als Kurzskripte bestens zur Klausur- und Examensvorbereitung eignen und anhand derer sich der Lernstoff jederzeit wiederholen lässt. Durch Verlinkung auf die jeweiligen Inhalte des Skripts lassen sich die in der Tabelle genannten Stichworte vertiefend lernen. Zusätzlich dazu findet sich abschließend noch ein Stichwortverzeichnis.

III. Umgang mit Quellentexten

Unter Quellen versteht man alle Gegenstände, aus denen geschichtliche Tatsachen methodisch erschlossen werden können. Dementsprechend wird auch in der Rechtsgeschichte auf der Basis von Quellen gearbeitet. Vom Jurastudenten wird in einer Klausur keine umfassende Quellenkritik erwartet. Einerseits sind die Quellen wegen der Aufgabenstellung und des Fachs schon auf bestimmte Texte reduziert, andererseits soll nur der Inhalt erfasst und historisch eingeordnet werden, ohne dass die Glaubwürdigkeit und die Aussagekraft der jeweiligen Quelle untersucht werden müsste. Trotzdem macht der Umgang mit Quellentexten dem Jurastudenten häufig Probleme, da dieser in der Lehre meist vernachlässigt wird. Deshalb soll hier kurz ein Schema entwickelt werden, mit dem der Zugang zu den Quellentexten erleichtert wird. Falls keine detaillierte Fragestellung vorhanden ist, kann das Schema als Aufbauhilfe verwendet werden.

Schema zur Quellenarbeit

In der Klausur bieten sich meist folgende Schritte an:

1. Am Anfang sollten kurz der Quellentyp, Wissen zum Autor und Ereignisse genannt werden, die mit der Entstehung der Quelle einhergehen, ohne ausufernd auf den rechtsgeschichtlichen Kontext einzugehen.

2. Dann folgt die inhaltliche Wiedergabe des Quellentextes. Hier ist danach zu fragen, was die Quelle aussagt.

3. Nach der inhaltlichen Wiedergabe der Quelle folgt die Interpretation der Quelle. Falls notwendig, ist zu hinterfragen, welche Lehren, Tendenzen und Werturteile der Quelle zugrunde liegen und wie glaubwürdig die Aussagen sind. Zudem sind Ziel und Zweck der Quelle sowie die Empfänger der Quelle darzustellen.

4. Danach sollte die Einordnung des in der Quelle beschriebenen Sachverhalts in den sozialen und historischen Kontext folgen. Dieser Prüfungspunkt korrespondiert mit dem ersten Prüfungspunkt und kann aus diesem Grund je nach Bearbeitervermerk auch mit diesem zusammen geprüft werden.

8

9

5. Zum Abschluss eines jeweiligen Textes ist die weitere Entwicklung zu erläutern und an den nächsten Quellentext anzuknüpfen bzw. je nach Bearbeitervermerk der Vergleich mit anderen Quellen herzustellen.L

> **hemmer-Methode: Folgendes Aufbauschema kann demnach einer Quellenanalyse zugrunde gelegt werden:**
> **1. Quellentyp, Autor/ Verfasser, Erscheinungszeitraum**
> **2. Inhaltswiedergabe**
> **3. Interpretation**
> **4. Rechtshistorische Einordnung**
> **5. Weitere Entwicklung, Vergleich mit weiteren Quellen**

Quellentexte

Als Quellentexte kommen solche in Betracht, die Rückschlüsse auf die jeweilige Rechtsordnung zulassen. Dies sind vor allem normative Texte. Sie beinhalten Normen, die in der betroffenen Gemeinschaft Geltung beansprucht haben. Bei der Interpretation ist zu beachten, dass sie in zweierlei Richtungen aussagekräftig sind. Die Tatsache der Normsetzung zeigt einerseits die Erwartungen des Urhebers an die soziale Realität, andererseits aber auch die bestehende Diskrepanz zwischen diesen Erwartungen und der Realität.

Es sind auch Texte denkbar, die rechtlich relevante Vorgänge beschreiben (z.B. Berichte über Königskrönungen) oder die sich mit der Rechtsordnung beschäftigen (z.B. juristische Literatur). Hier ist bei der Interpretation vor allem die subjektive Einfärbung zu beachten.

10

§ 2 DIE FRÜHMITTELALTERLICHEN HERRSCHAFTSORDNUNGEN

Lernübersicht:

hauptsächlich dezentrale Herrschaftsausübung

11 Nach der Etablierung der germanischen Reiche in der Völkerwanderungszeit auf dem Boden des römischen Reiches vom 4. bis 6. Jahrhundert n. Chr. konnte die römische Verwaltungstechnik nicht langfristig erhalten werden. Vor allem eine allgemeine Besteuerung war nicht durchsetzbar, so dass ein größerer Verwaltungsapparat nicht finanzierbar war. Dementsprechend blieb die königliche Zentralgewalt immer schwach. Dagegen dominierten dezentrale germanische Herrschaftsformen und personale Herrschafts- und Treuebeziehungen. Herrschaftsausübung hatte überhaupt eine starke personale Komponente, musste durch körperliche Präsenz immer wieder bestätigt werden. Vorstellungen von einem transpersonalen Staatswesen waren den Germanen fremd, so dass eine Herrschaftsausübung durch Beamte nur begrenzt durchsetzbar war. Insgesamt ist von einer sehr geringen Herrschaftsdichte auszugehen, übergeordnete Gewalten traten kaum in den Lebensbereich des Einzelnen. Die Herrschaftsausübung fand vielmehr in einer Abschichtung von Herrschaftsordnungen statt, die ihrer Intensität nach von unten nach oben abnahmen. Eine Scheidung zwischen öffentlichem Recht und privatem Recht existierte nicht. Herrschaftsrechte ergaben sich aus persönlichen Rechtsbeziehungen und wurden inhaltlich bedingt durch die Herrschaftsordnung, in welche die jeweilige Beziehung eingebettet war.

I. Die Hausherrschaft

Bedeutung der Familie

12 Haus, Familie und Verwandtschaft bezeichnen die engsten Gemeinschaftsformen des frühmittelalterlichen Menschen. Der enge familiäre Zusammenschluss war eine Reaktion auf die bisweilen lebensbedrohliche gesellschaftliche und wirtschaftliche Unsicherheit, der das allgemeine Lebensrisiko zu minimieren half. Dementsprechend wurden auf familiärer Ebene in der Frühzeit die wirksamsten Herrschaftsstrukturen ausgebildet.

1. Familie und Sippe, Haus und Hof

Familie und Sippe

13 Das Haus war nicht nur Wohnstätte, es war auch Mittelpunkt des Rechtsverbandes der *familia*. Unter dem Begriff *familia* verstand man im Mittelalter die über die eigentliche Familie hinausgehende familiäre Hausgemeinschaft. Sie umfasste nicht nur die Familie des Hausherrn. Dazu zählten auch andere Familien und Personen, die mit im Haus wohnten, z. B. Verwandte des Hausherrn und das Gesinde.

Es konnten damit auch größere Verbände wie etwa Grundherrschaften bezeichnet werden.[1] Ein über das Haus hinausgehender Familienverband war die Sippe.

Dabei ist zwischen zwei Grundformen zu unterscheiden. Konstitutives Merkmal für die Sippenzugehörigkeit konnte die Abstammung von einem gemeinsamen Stammvater sein (*agnatische Sippe*). Es konnten von einer Sippe aber auch alle gleichzeitig lebenden verwandten und verschwägerten Personen erfasst sein (*kognatische Sippe*).[2] Welche Form der Sippenbildung vorlag, war von Stamm zu Stamm unterschiedlich und änderte sich auch häufig im Lauf der Zeit.

Bedeutung der Sippe

Die Sippe war ein zwischen Stamm und Familie angesiedelter Personenverband, der sich durch ein Zusammengehörigkeitsgefühl verbunden wusste. Sie war ein Friedens- und Rechtsverband, der dem Einzelnen Schutz bot, solange und soweit die übergeordneten Sozialformen dazu nicht in der Lage waren.   *14*

Die Zugehörigkeit zur Sippe gewährte ein Minimum an kollektiver Sicherheit. Da dieser Personenverband aber nur schwer in genauerer Weise nach Zugehörigkeit, Organisation und Kompetenz des Verbandes zu definieren war, kommt dem, auf dem rechtlichen Hofverband beruhenden, Familienverband eine wesentlich größere Rechts- und Verfassungsbedeutung zu. Im Verlauf des Mittelalters, als sich die wirtschaftlich-sozialen Rahmenbedingungen immer mehr komplizierten, verlor die Sippe kontinuierlich an Bedeutung.[3]

Hausherrschaft (Munt)

Der Hausverband war grundsätzlich herrschaftlich organisiert. Die Hausherrschaft (*Munt*) hatte ihre Wurzeln einerseits in den römisch-rechtlichen Traditionen von *manus* (Ehegewalt) und *patria potestas* (väterliche Gewalt). Andererseits existierte dieses Rechtsinstitut auch bei den Germanen. Wegen des Mangels an staatlicher Organisation kam der Verwandtschaft als weitaus stabilster Sozialbindung auch ordnende Funktion zu.[4] Die Familienmitglieder standen ebenso wie das Gesinde unter der *Munt* des Hausherrn, eines freien Grundherrn. Die *Munt* war personenrechtliche Gewalt des *Muntwalts* über den *Muntling*. Wer unter der *Munt* stand, genoss den Schutz des *Muntwalts*, war aber auch dessen Herrschaft unterworfen. Im Innenverhältnis des Muntverbandes musste sich der *Muntling* der Herrschaft des *Muntwalts* unterordnen, der ihn nach außen vor Eingriffen anderer schützte und auch die Haftung gegenüber fremden Ansprüchen übernahm.[5] Dafür verlangte er Dienstleistungen. Dem Familienoberhaupt stand eine Strafgewalt gegenüber den Mitgliedern seiner Familie und seines Hauses zu, die vor allem das Recht zur körperlichen Züchtigung beinhaltete. Diese Strafgewalt ist aber nicht als hausherrliche Gerichtsbarkeit, sondern eher als Disziplinargewalt zu verstehen.[6]   *15*

Hof, Hufe

Haus und Hof waren natürlicher Mittelpunkt des ländlichen Lebens. Der Bauernhof war eine selbständige Betriebseinheit, auch wenn er rechtlich und organisatorisch in eine Grundherrschaft integriert war. Bis zur Karolingerzeit hatte die sog. *Hufenverfassung* die spätrömische Latifundienwirtschaft verdrängt. Die Agrarwirtschaft war geprägt von kleinen Familienbetrieben. Eine Hofstelle umfasste drei Elemente: einmal Haus, Hof und Garten, dann das Ackerland und drittens Nutzungsrechte an der *Allmende*, dem dörflichen Gemeingut. Eine solche Betriebseinheit nannte man seit der Karolingerzeit *Hufe* (lat. *mansus*). Die Größe einer Grundherrschaft wurde z.B. mit der Anzahl der dazugehörigen Bauernhufen angegeben.   *16*

---

[1] WILLOWEIT, § 7 I 3, S. 48.
[2] SPRANDEL, S. 33.
[3] SCHULZE II, S. 46.
[4] WILLOWEIT, § 7 I 3, S. 48.
[5] HRG III (Art. Munt), Sp. 754 f.
[6] SCHULZE II, S. 32.

Auch die zu leistenden Abgaben wurden danach bemessen. Der Ursprung der *Hufenverfassung* ist unklar. Eine Hufe entsprach wohl den Bedürfnissen und dem Leistungsvermögen einer Durchschnittsfamilie.[7]

2. Ehe und Kinder

Die Familie eines Freien oder Adeligen bildete den Kern des Hausverbandes. Sie entstand durch Gründung des Hausverbandes in einer rechtsgültigen Ehe. Die Ehe war zu allen Zeiten eine unter Beachtung von bestimmten Formen eingegangene dauerhafte sexuelle Bindung. Gleichzeitig war sie aber auch soziale Institution, die der Anerkennung durch die Gemeinschaft bedurfte, um in vollgültiger Weise zur Grundlage einer Familie zu werden. Gerade im frühen Mittelalter standen Eheschließung und Familiengründung, aufgrund der wichtigen Ordnungs- und Schutzfunktion der Familie, viele rechtliche Hürden entgegen.

17

Sie waren nicht allen Männern und Frauen ohne weiteres möglich. Viele waren unverheiratet, weil ihnen ihr Stand oder ihre materielle Lage die Gründung eines Hausstandes nicht gestattete. Auf der anderen Seite genossen Vater und Mutter in der Gesellschaft hohes Ansehen.[8]

Muntehe

Die landläufige Form der Ehe in germanischer Zeit stellt die *Muntehe* dar. Hierbei trat die Frau bei Eheschließung von der *Munt* des Vaters in die des Ehegatten. Die *Muntehe* kam durch Sippenvertrag zustande, bei dem die Frau eher Kaufgegenstand war als selbsthandelnder Partner. Für sie war von der Mannessippe oder vom Bräutigam selbst ein Brautschatz zu entrichten (*Wittum*).[9] Umstritten ist der Sinn des Brautschatzes. Sah man ihn früher als Kaufpreis für die Frau, geht man heute davon aus, dass der Brautschatz eher Entschädigung für den Verlust der Arbeitskraft war. Diesen Gegenleistungscharakter verlor er aber schon in fränkischer Zeit, als er nicht mehr der Sippe der Frau, sondern ihr selbst als Absicherung im Fall der Verwitwung zugute kam. Die gleiche Funktion hatte die sog. *Morgengabe*, die der Bräutigam der Braut nach der Hochzeitsnacht übergab.[10]

18

Ansätze zur Konsensehe

Schon in fränkischer Zeit trat die Beteiligung der Sippe des Mannes zurück. An die Stelle dieser recht archaischen Sippenvertragsehe trat die zwischen dem Bräutigam einerseits und dem Vater der Frau andererseits vereinbarte Ehe. Dabei zerfiel die Eheschließung in zwei Akte: die Verlobung, als die vertragliche Grundlage, und die Trauung, als der Vollzug. Auch der Wille der Braut trat nun unter dem Einfluss der christlichen Ethik mehr in den Vordergrund. Zwar bestand in höheren Gesellschaftsschichten der Heiratszwang noch lange fort, der Konsens der Braut gewann aber konstitutiven Charakter. Bei der Trauung wählte sich die Braut einen Trauvormund, die Rolle des *Muntwalts* wurde zurückgedrängt. Als Trauvormund fungierte häufig ein Geistlicher, erste Zeichen für die Einflussnahme der Kirche auf das Eherecht. Die kirchliche Einsegnung (*Benediktion*) blieb jedoch zunächst rechtlich bedeutungslos.[11]

19

eheherrliche Munt

Mit dem Abschluss der *Muntehe* trat die Ehefrau in die Funktion der Hausherrin im Hausstand des Ehegatten und unter seine *Munt*. Die eheherrliche *Munt* beinhaltete neben dem Vertretungsrecht nach außen ein weitreichendes Straf- und Züchtigungsrecht des Mannes und daneben ein Weisungsrecht.

20

[7] Schulze II, S. 56-58.
[8] Schulze II, S. 13, 19.
[9] HRG II (Art. Munt), Sp. 758.
[10] HRG I (Art. Ehe), Sp. 811 f.
[11] Mitteis/Lieberich, DPR, Kap. 16 II, S. 58 f.

Mit der Zeit verbesserte sich aber die Rechtsstellung der Frau, so dass sich die eheherrliche *Munt* deutlich von der *Vatermunt* absetzte. Starb der Ehemann, fiel die Munt wieder an den Vater oder den ältesten lebenden Verwandten zurück. Kinder kamen in der Regel in diesem Fall unter die Munt des nächsten Agnaten des verstorbenen Mannes.[12]

Friedelehe

21

Die Ehe musste aber nicht immer als *Muntehe* ausgestaltet sein. Hauptform der muntfreien Ehe war die *Friedelehe*, die aufgrund Willensübereinkunft von Mann und Frau geschlossen wurde. Es fand weder eine Trauung statt noch wurde eine Brautgabe geleistet, da sich die Frau ja nicht in die Gewalt des Mannes gab. Die Friedelehe war eine echte Eheform, die daraus hervorgegangenen Kinder galten als vollbürtig. Unter dem Einfluss des Christentums und der Forderung der Kirche nach Monogamie wurde sie aber in die Nähe des Konkubinats gedrängt.

Die *Friedelschaft* scheint vor allem bei vornehmen Frauen gewählt worden zu sein, die sich nicht unter die Gewalt eines möglicherweise standesniedrigeren Mannes begeben wollten. Die *Friedelehe* ermöglichte auch für die höheren sozialen Schichten die Polygamie, da der Mann neben der *Muntehe* beliebig viele *Friedeln* haben konnte.[13]

hemmer-Methode: Ein Relikt der Friedelehe ist die sog. *morganatische Ehe* oder Ehe zur linken Hand. Der Name rührt daher, dass die Frau nur die Morgengabe, aber nicht den Brautschatz erhielt. Diese Eheform ermöglichte es dem Adel bis ins 18. Jahrhundert, Ehen mit standesungleichen Frauen zu schließen, ohne dass diese in den Stand des Mannes aufrückten oder ein Ehegattenerbrecht erlangten. Die vermögensrechtliche Sicherstellung geschah hier nur durch die Morgengabe.

Vatermunt

22

Die Kinder unterstanden der *Vatermunt*. Erste Stufe zur Selbständigkeit der Kinder war das Erreichen der Mündigkeit. Als Kriterium diente wohl das äußere Erscheinungsbild, z.B. der Eintritt der Geschlechtsreife oder die Wehrhaftigkeit. Die Stammesrechte gingen von einem Mündigkeitsalter von 12 bis 15 Jahren aus, später lag es aber wesentlich höher bei ungefähr 21 Jahren. Rechtsfolge der Mündigkeit war bei Männern der Wegfall gewisser Beschränkungen bei der Geschäftsfähigkeit. So konnten mündige Männer, die aber noch unter der *Munt* des Vaters standen, zumindest Verpflichtungen eingehen, wenn auch nicht ohne Mitwirkung des Vaters erfüllen. Für Frauen stellte sich die Mündigkeit vor allem als Ehemündigkeit dar, sie durften jetzt heiraten.[14] Das Erreichen des Mündigkeitsalters beendete nicht automatisch die *Vatermunt*. Für Söhne endete die *Munt* erst mit der *Abschichtung* oder *Absonderung*. *Abschichtung* war die vermögensrechtliche Verselbständigung des Sohnes, die durch eine vermögensrechtliche Auseinandersetzung mit dem Vater erreicht wurde. Anlass war meist die Eheschließung und Gründung eines Hausstandes durch den Sohn. Hier hatte der Sohn Anrecht auf einen Teil des Hausgutes als Ausstattung. Beim Erbfall wurde das abgesonderte Gut auf den Erbteil angerechnet.[15] Töchter des Hausherrn verließen dessen *Munt* bei ihrer Verheiratung, wobei sie aber unter die *Munt* des Ehemannes kamen[16] (s.o. Rn. 18).

---

[12] SCHULZE II, S. 29.

[13] MITTEIS/LIEBERICH, DPR, Kap. 16 I 3, S. 57 f.

[14] HRG III (Art. Mündigkeit), Sp. 738 f.

[15] HRG I (Art. Abschichtung), Sp. 13 f.

[16] MITTEIS/LIEBERICH, DPR, Kap. 20 III 1, S. 72.

3. Familiengüterrecht

Bedeutung des Familiengutes

Im frühen Mittelalter war es aufgrund der wirtschaftlichen Verhältnisse nicht möglich, dass sich jede Generation ihre Lebensgrundlage selbst schuf. Es handelte sich um eine Zeit sehr geringer Produktivität ohne wirtschaftliches Wachstum. Wichtigster Wert waren Grund und Boden. Es dominierte die agrarische Subsistenzwirtschaft. Die Erträge reichten häufig gerade aus, denjenigen Hausstand zu ernähren, der das Feld bearbeitete. Vermögenswerte darüber hinaus wurden kaum geschaffen.

23

Dazu kamen die geringe Lebenserwartung und die daraus resultierende schnelle Generationenfolge. Dementsprechend waren Erhaltung und Weitergabe des Familiengutes von zentraler Bedeutung.

Nutzungsbefugnis des Familienvaters

Grundsätzlich hatte der Familienvater die Verfügungsgewalt und die Nutzungsbefugnis über den Familienbesitz. Einschränkungen der Verfügungsgewalt bestanden aber bezüglich des Familienerbgutes (*Allod*) und des Besitzes der Ehefrau. Nach germanisch-frühmittelalterlicher Auffassung gehörte das *Allod* nicht einem Einzelnen, sondern dem ganzen Geschlecht.[17]

24

Faktisch handelte es sich um Gütertrennung. Daraus resultierte die Verpflichtung des Inhabers, es zu erhalten und an die Erben weiterzugeben. Die Veräußerung von Allodialgut war zwar möglich, bedurfte aber der Zustimmung der Erben, damit deren Anwartschaftsrechte gewahrt blieben. Nur wenn die Güter selbst erworben waren, stand dem Inhaber die unumschränkte Verfügungsgewalt zu. Weil die Frau nicht Erbin des Mannes war, benötigte sie eine Absicherung im Fall der Verwitwung. Daher wurde schon bei der Eheschließung ein Sondervermögen für die Frau angelegt. Dazu gehörte der Brautschatz, die Morgengabe und die Mitgift. Die Mitgift wurde der Braut von ihrem Vater in die Ehe mitgegeben und sollte dem Rang der Familie angemessen sein. Der Sinn der Mitgift lag wohl in den erbrechtlichen Konsequenzen der Ehe. Damit sollte die Braut abgefunden werden für zukünftige Erbansprüche gegenüber ihren Brüdern. Über dieses Sondergut der Frau konnte der Mann nur mit Zustimmung der Frau verfügen.

Erbrecht der Söhne

Das germanische Erbrecht ruhte auf der Basis von Hausgemeinschaft und Hausgut. Das Hausgut wurde in der Familie von Generation zu Generation weitergegeben. Dementsprechend gab es auch nur eine gesetzliche, keine gewillkürte Erbfolge: Erben wurden geboren, nicht gekoren.[18] Berufene Erben waren die Söhne des Erblassers. Weder die Ehefrau noch die Töchter besaßen ein Erbrecht. Regional unterschiedlich war es einerseits möglich, dass nur der älteste Sohn erbte, das Hausgut insoweit ungeteilt blieb, andererseits konnten die Söhne in einer Brüdergemeinschaft erben. Möglich war dann eine Nutzung zur gesamten Hand der Brüder, wobei der älteste die Stellung des Hausherrn einnahm, oder die Auseinandersetzung und Aufteilung.[19]

25

Ursprünglich bestand auch kein Eintrittsrecht der Söhne eines vorverstorbenen Sohnes (heute §§ 1924 III, 2069 BGB). Dessen Teil wuchs seinen Brüdern an. Den Streit um ein solches Eintrittsrecht ließ Otto der Große 938 durch ein Gottesurteil per Zweikampf zugunsten der Enkel entscheiden. Dies zeigt eine allgemeine Tendenz zur Stärkung eines weiteren Verwandtenerbrechts. Auch die erbrechtliche Stellung der Frauen verbesserte sich im Laufe des frühen Mittelalters.[20]

[17] SCHULZE II, S. 30 f.
[18] MITTEIS/LIEBERICH, DPR, Kap. 54 II 2, S. 165.
[19] SPRANDEL, S. 35 f.
[20] CONRAD I, S. 160 f.

gewillkürte Erbfolge

Gewillkürte Erbfolge war nur möglich, wenn keine geborenen Erben vorhanden waren. Dann gab der Erblasser schon zu Lebzeiten durch ein *Erbengedinge* seinen Besitz weiter. Unter kirchlichem Einfluss wurde der Grundsatz der gesetzlichen Erbfolge gelockert. Dahinter stand die Absicht, dem Erblasser zu ermöglichen, einen Teil seines Vermögens, den sog. *Freiteil*, für sein Seelenheil der Kirche zu überlassen. Zur Sicherung des Erbes war dies zunächst erst nach Abschichtung der Söhne möglich, später auch schon davor und zu nichtkirchlichen Zwecken.[21]

26

II. Grundherrschaft

Die Grundherrschaft unterschied sich vom einfachen Hufenbesitz dadurch, dass der Grundherr sein Besitztum gar nicht oder nur zum Teil selbst bewirtschaftete, sondern zahlreiche Höfe besaß, die gegen Zins und Dienste an abhängige Leute verliehen waren. Charakteristisch für die mittelalterliche Grundherrschaft war, dass zwischen dem Grundherrn und seinem Hintersassen (dem Leihnehmer) nicht nur ein Leiheverhältnis bestand, sondern auch ein Treueverhältnis, das eine mehr oder weniger weitreichende Schutzherrschaft und persönliche Abhängigkeit begründete.

27

Verfassungsrechtliche Relevanz gewinnt dies durch die dem Grundherrn daraus zustehenden Befugnisse, die man heute dem öffentlichen Recht zuordnen würde.

1. Wurzeln der Grundherrschaft

spätrömische Agrarverfassung

Die römische Agrarwirtschaft war einerseits durch landwirtschaftliche Großbetriebe gekennzeichnet, die mit Sklavenkolonnen bewirtschaftet wurden (Latifundienwirtschaft), andererseits hatte sich in nachklassischer Zeit das *Kolonat* ausgebildet, eine Form der abhängigen Landleihe, bei welcher der Kolone an die Scholle gebunden war, aber auch nicht vertrieben werden konnte. Der Grund dafür lag einerseits in der geringen Rentabilität der Sklavenarbeit, andererseits wurde die Beschaffung billiger Arbeitskräfte schwieriger, als das römische Reich nicht mehr expandierte. Neben dem bodenrechtlichen Leiheverhältnis erlangte der Leihgeber in spätrömischer Zeit auch obrigkeitliche Rechte über den Kolonen. Dies wurde vor allem dadurch begünstigt, dass sich der Kolone gleichzeitig unter den Schutz seines Herrn begab, um so drückenden staatlichen Beanspruchungen wie der Steuerpflicht zu entgehen.[22]

28

zwei Grundtypen

Nach der Landnahme durch die Franken wurden im frühen Mittelalter die Großbetriebe und kleine freie Bauernstellen durch die Ausbreitung von Grundherrschaften verdrängt. Dieser Vorgang wurde vor allem dadurch getragen, dass die im spätrömischen Vulgarrecht entwickelten Formen der Landleihe sich mit germanischen Rechtsanschauungen von der Hausherrschaft vertrugen. Hier hatten Erbfälle und das Anwachsen der Familie häufig zur Folge, dass sich die Hausherrschaft über mehrere Hofstellen erstreckte, z. B. bei der Bewirtschaftung in Brüdergemeinschaft.[23] Aus diesen Wurzeln entwickelten sich im frühen Mittelalter zwei Typen von Grundherrschaften. Von einer Rentengrundherrschaft spricht man, wenn der Grundherr seinen gesamten Grundbesitz leihweise bewirtschaften ließ und dafür Natural- oder Geldrenten einzog. Diese Art der Bewirtschaftung bot sich bei weitgestreutem Grundbesitz an. Der zweite Typ ist der grundherrschaftliche Fronhofsverband (*Villikation*).

29

---

[21] CONRAD I, S. 163.
[22] SCHULZE I, S. 100 f.
[23] WILLOWEIT, § 4 II 3, S. 28.

Dabei handelte es sich um einen in Eigenwirtschaft betriebenen Hof, dem nach Leiherecht ausgegebene mehr oder weniger selbständige Bauernwirtschaften zugeordnet waren. Charakteristisch für das Fronhofssystem war, dass die Bewirtschaftung des zum Herrenhof gehörenden Landes (*Salland*) nicht allein durch das dort ansässige Gesinde erfolgte, sondern auch mit Hilfe der Fondienste der Hintersassen. Bei besonders ausgedehnten Grundherrschaften gab es sogar ein mehrstufiges Villikationssystem mit Haupt- und Nebenhöfen.[24]

Dreifelderwirtschaft

Die grundherrschaftlichen Großbetriebe waren den einzelnen Kleinstellen überlegen, weil hier intensiver gewirtschaftet werden konnte. Hier setzte sich auch zuerst die *Dreifelderwirtschaft* durch, die erhöhten Ertrag brachte und eine bessere Ausnutzung der Arbeitskräfte gestattete. Die ganze Ackerflur wurde in drei möglichst gleiche Felder zerlegt, von denen immer je zwei in Saat standen, das dritte in Brache lag. Der Reihe nach wurde jedes Feld ein Jahr als Winterfeld z.B. mit Weizen, das nächste Jahr als Sommerfeld mit Hafer oder Gerste bestellt. Im dritten Jahr diente es als Brachfeld zur Gemeindeweide. Gegenüber den Großbetrieben war die Wirtschaft des Kleinbesitzers unrentabel und krisenempfindlich. Daher schlossen sich viele Kleinbauern über die *precaria oblata* an den Großgrundbesitz an.

30

Der Vorteil war eine gesicherte Existenz, da der Prekarist in Krisenzeiten auf die Unterstützung des Grundherrn zählen konnte, andererseits aber seine Eigenwirtschaft behielt.[25]

2. Das Verhältnis zwischen Grundherr und Hintersasse

precaria als Grundform der frühmittelalterlichen Bodenleihe

Als typische frühmittelalterliche Form der Bodenleihe entwickelte sich die *precaria*, die dem Beliehenen aufgrund einer Bitte um Landüberlassung zuteil wurde. Diese Bitte (lat. *preces*) gab erst der Verleihung, dann dem Leihegut, schließlich dem gesamten Institut den Namen. Der Ursprung der *precaria* liegt wohl in verschiedenen Formen der römisch-vulgarrechtlichen Praxis bei Landüberlassung.[26] Die *precaria* war auch wirtschaftlich selbständig und musste nicht zwangsläufig in die Grundherrschaft des Leiheherrn eingegliedert sein. Sie ist begrifflich von der ritterlichen Leihe zu unterscheiden, bei der das Leihegut *beneficium* (Lehen) genannt wurde. Entstammte das Leihegut dem Grundbesitz des Leiheherrn, sprach man von einer *precaria data*. Besonders häufig jedoch war die *precaria oblata*, bei welcher der Empfänger dem Grundherrn zunächst eigenes Gut übertrug, es als *precaria* zurückempfing und damit unter den Schutz des Grundherrn kam. Nicht selten wurde der Schenker noch besonders belohnt, indem er außer dem Geschenkten noch weiteres Leihegut erhielt (*precaria remuneratoria*).[27]

31

sachenrechtliche Ausgestaltung des grundherrlichen Leiheverhältnisses

Das grundherrliche Leiheverhältnis konnte unterschiedlich ausgestaltet sein. Die Leihe konnte auf Zeit, auf Widerruf oder auf Lebenszeit eingegangen sein. Möglich war auch eine Erbleihe. Als Gegenleistung musste der Beliehene Frondienste, Geld- oder Naturalabgaben leisten. Der Umfang der Abgaben und Dienste beruhte weniger auf individueller Vereinbarung, sondern auf örtlichen Gewohnheiten. Problematisch waren dabei vor allem Veränderungen in einem bestehenden Leiheverhältnis. Natürlich versuchte der Grundherr, die Pflichten der Hintersassen auszudehnen, genauso wie sich umgekehrt der Hintersasse dagegen wehrte.

32

---

[24] SPRANDEL, S. 43.
[25] MITTEIS/LIEBERICH, DRG, Kap. 12 I 4c, S. 59.
[26] I IRG III (Art. Precaria), Sp. 1885.
[27] HRG II (Art. Leihe - Bodenleihe), Sp. 1822.

Das System funktionierte letztlich durch ein Gleichgewicht zwischen dem Hergebrachten und der herrschaftlichen Verfügungsmöglichkeit des Grundherrn. Faktoren waren dabei, inwieweit sich der Hintersasse dem Zugriff des Grundherrn z. B. durch Landflucht entziehen konnte oder ob eine Konkurrenz zwischen mehreren Grundherren bestand.[28] Insgesamt vermittelte das Leiheverhältnis dem Hintersassen ein über eine Pacht hinausgehendes Recht an Haus und Hof. Bei einer langfristigen Leihe hatte der Grundherr kaum Möglichkeiten zur Einziehung des Leihegutes.[29]

persönliche Rechtsstellung des Beliehenen

Über diese rein sachenrechtliche Beziehung bestand zwischen Grundherr und Hintersasse auch ein personenrechtliches Verhältnis. Die Hintersassen waren ihrem Herrn zur Treue verpflichtet, während der Herr ihnen Schutz gewährte (*Schutz und Schirm*). Daraus resultierte eine Beistandspflicht in wirtschaftlichen Notlagen und Schutz gegen Eingriffe von außen. Die personenrechtliche Abhängigkeit konnte von unterschiedlicher Intensität sein. Der Grad der persönlichen Abhängigkeit reichte von der Leibeigenschaft bis zur persönlichen Freiheit. Auch der Umfang der zu leistenden Dienste und Abgaben schwankte sehr. Durch die große Ausbreitung der Grundherrschaften bestimmte so das Rechtsverhältnis zwischen Grundherr und Hintersasse den persönlichen Status der meisten Menschen.[30]

33

Kommendation

Charakteristisch für die Grundherrschaft wurde, dass dem Grundherrn bezüglich des Hintersassen auch Herrschaftsrechte über die Person zustanden. Häufig stellte sich ein von Haus aus Freier unter den persönlichen Schutz eines Mächtigen. Dies geschah in der Form der *Kommendation*. Mit ihr begab sich ein zuvor freier Mann nicht nur mit dem Grundbesitz, sondern auch mit seiner Person in Abhängigkeit. Grund für die *Kommendation* war meist eine materielle Not. Dokumentiert wurde die Kommendation mit dem sog. *Handgang*. Dabei wurden nach einem Verknechtungsritus die gefalteten Hände in die Hände des Herrn gelegt, also symbolisch zur Fesselung angeboten. So entstand eine Abhängigkeit zwischen Herr (*senior*) und Mann (*vassus*, von *gwas*, kelt. für Knecht), die den Mann zum vereinbarten Dienst und Gehorsam, den Herrn hingegen zu Schutz und Unterhalt verpflichtete. Der *senior* konnte seine Unterhaltspflicht auch durch Verleihung einer *precaria* erfüllen.

34

unfreie Leihe

Bei unfreier Leihe unterwarf sich der Beliehene vollständig dem Hofrecht, wurde in den Fronhofsverband eingegliedert und musste auch persönliche Abgaben leisten (z. B. Kopfsteuer, Ehegeld).[31] Im Gegenzug vertrat ihn der Grundherr in Heer und Gericht und nahm ihm die öffentlichen Lasten ab. Damit schied er aus dem Wehr- und Gerichtsverband der Freien aus. Der Grundherr trat damit als Intermediatgewalt zwischen den eigentlichen Herrschaftsträger und den einzelnen Beliehenen. Nicht immer geschah die Aufgabe der Freiheit freiwillig. Viele freie Prekaristen wurden von großen Grundherren in Unfreiheit gedrückt. Im Zuge der Intensivierung der grundherrlichen Eigenwirtschaft wurde dem ursprünglich freien Hintersassen die Anwendung des Hörigenrechts aufgezwungen, so dass im Verlauf des frühen Mittelalters viele Freie in die Hörigkeit absanken.[32]

35

hoheitliche Befugnisse des Grundherrn

Über die Angehörigen der Grundherrschaft übte der Grundherr die Hofgerichtsbarkeit aus. Diese bezog sich auf Fälle, die sich aus den Beziehungen zwischen dem Grundherrn und dem Hintersassen oder den Hintersassen untereinander ergaben. Inwieweit der einzelne Hintersasse dem Hofrecht unterworfen war, hing von seinem persönlichen Status ab.

36

---

[28] SPRANDEL, S. 50.
[29] SCHULZE I, S. 97.
[30] WILLOWEIT, § 7 I 3, S. 48 f.
[31] HRG II (Art. Leihe - Bodenleihe), Sp. 1822.
[32] MITTEIS/LIEBERICH, DRG, Kap. 12 II 1, 2, S. 59 f.

Dabei kam dem Grundherrn oder seinem Verwalter die Leitung im Hofgericht zu, in dem nach dem jeweils geltenden Hofrecht Recht gesprochen wurde. Der Hofverband bildete so auch einen Gerichtsverband.

Traditionsbücher und Urbare

hemmer-Methode: Die Rechtsverhältnisse der Grundherrschaften sind in zwei Quellentypen überliefert. Zum einen durch *Traditionsbücher*. Ein Traditionsbuch war ein Verzeichnis der Besitzerwerbungen, dass seit dem zehnten Jahrhundert zuerst von geistlichen Grundherren geführt wurde. Vorläufer des Traditionsbuches waren die *notitia*, eine Liste von Zeugen, deren man sich zum Beweis des eigenen Besitzrechts bedienen konnte, und das *Kopialbuch*, eine Sammlung kopierter Urkunden.
Das Traditionsbuch war eine Folge von Protokollen über den Grundstückserwerb. Zeugen wurden auch im Traditionsbuch zumeist noch angegeben. Prozessualen Beweiswert konnten die Traditionsbücher wegen der Unvollständigkeit ihres Inhalts nicht erlangen. Im hohen Mittelalter wurde das Traditionsbuch mehr und mehr durch die Siegelurkunde verdrängt.[33] Zum anderen durch *Urbare*. Dies waren systematische Verzeichnisse des Bestandes, der Abgaben und der Leistungen des grundherrlichen Besitzes.[34]

37

III. Das Lehnswesen

Das Lehnswesen entstand in einem langen Entwicklungsprozess zwischen dem 6. und 8. Jahrhundert. Es stellte ein Instrument dar, auf die Wandlungen im Heerwesen zu reagieren und Kontingente von Reiterkriegern zu schaffen. Die Wurzeln des Lehnswesens liegen jedoch tiefer. Heute geht man davon aus, dass sie einerseits im älteren germanischen Institut der *Gefolgschaft*, andererseits in der galloromanischen *Kommendation* zu suchen sind.[35]

38

hemmer-Methode: Das Lehnswesen in seiner traditionellen Ausformung besteht aus dem persönlichen Element der Vasallität und dem dinglichen Element des Benefiziums. Vasallität ist als Pflicht zu Gehorsam und Gefolgschaft zu verstehen. Benefizium ist die Vergabe von Land gegen einen geringen Zins.

Gefolgschaft und Kommendation

Die *Gefolgschaft* war eine Gemeinschaftsform, die vor allem in der Völkerwanderungszeit bei der Landnahme germanischer Stämme Bedeutung hatte. Darunter verstand man eine Kriegergemeinschaft aus freien Männern unter Führung eines Gefolgsherrn. Der Gefolgsherr gewährte seinen Gefolgsleuten Lebensunterhalt, Geschenke und Anteil an der Kriegsbeute. Die Gefolgsleute kämpften für ihren Herrn und waren ihm zur unbedingten Treue bis in den Tod verpflichtet. Der Eintritt in eine Gefolgschaft war freiwillig. Die auf dem Treueverhältnis beruhende Unterwerfung führte nicht zu einer standesmindernden Abhängigkeit. Um das Gefolge für längere Zeit zusammenhalten zu können, musste der Gefolgsherr über eine materielle Basis verfügen. Hauptgrundlage war Kriegsbeute, meist waren die Gefolgsherren aber auch Grundbesitzer in größerem Umfang. Der Zweck der Gefolgschaftsbildung war militärischer und machtpolitischer Natur. Gestützt auf die Gefolgschaften als kriegerische Eliten konnten Adel und Königtum ihre Machtposition verstärken. Deshalb wird im Gefolgschaftswesen auch der Ursprung zur Verherrschaftlichung der Verfassung gesehen.[36]

39

---

[33] HRG V (Art. Traditionsbuch), Sp. 297 f.; HRG II (Art. Kopialbuch), Sp. 1142 f.
[34] Ausführlich HRG V (Art. Urbar), Sp. 558-562.
[35] Dazu näher: HRG II (Art. Lehn(s)recht, Lehnswesen), Sp. 1727; Kritisch SPRANDEL, S. 65.
[36] SPRANDEL, S. 63.

Entstehung der Vasallität

Im Unterschied zur Gefolgschaft war die *Kommendation* Unterwerfung unter ein stärker herrschaftlich ausgestaltetes Abhängigkeitsverhältnis. Bis zur karolingischen Zeit verschmolz die galloromanische *Vasallität* mit ihrer starken Abhängigkeit des *Vasallen* mit Elementen der auf Treue basierenden *Gefolgschaft*. An die Stelle der Gehorsamspflicht des Vasallen trat die Treue. Dementsprechend musste neben dem Handgang auch ein Treueid geleistet werden. Da sich der Vasall nun auch nicht mehr in Unfreiheit begab, mussten die Dienste mit dem freien Stand vereinbar sein. Es kamen keine Knechtsdienste mehr in Betracht, die Vasallität richtete sich vielmehr auf ehrenvollen Waffendienst. Der Vasall schuldete dem Herrn *Rat und Hilfe*.

40

Dahinter stand die Verpflichtung, auf Befehl des Herrn an einem Kriegszug teilzunehmen und ihn in Friedenszeiten zu beraten (Heer- und Hoffahrt). Die Vasallen bildeten das Heeresaufgebot der großen Herren, die ihrerseits als Kronvasallen mit dem merowingisch-karolingischen Königtum in Verbindung stehen konnten.[37]

Benefizium als Ausstattung der Vasallen

Um die mit dem Herrendienst verbundenen Kosten aufbringen zu können, erhielten die Vasallen häufig zu ihrem bei der Kommendation eingebrachten Eigengut weitere Liegenschaften nach dem Recht der Landleihe. Meist war das Lehen groß genug und dem Lehnsmann auch die indirekte Bewirtschaftung gestattet, dass er Land weiterverleihen und selbst ein herrenmäßiges Leben führen konnte. Für die Nutzung der dem Vasallen überlassenen Güter hatte dieser ursprünglich Abgaben zu leisten, die auch erlassen werden konnten. Daher stammte auch die Bezeichnung des Leihgutes als *beneficium*, Wohltat. Die Lehen wurden zunächst nur auf Lebenszeit des Empfängers verliehen, nach seinem Tod (*Mannfall*) aber nicht selten zugunsten seines Erben erneuert. Beim Wechsel des Herrn (*Herrnfall*) bedurfte jedes Lehen der Erneuerung.[38]

41

Verknüpfung von Vasallität und Benefizium

Der entscheidende Entwicklungsschritt zum mittelalterlichen Lehnswesen lag in der Verbindung von Vasallität, Treueid und Benefizium. Der Eintritt in das Vasallenverhältnis mit dem personenbezogenen Dienst- und Treueband und die Überlassung eines Benefiziums zur wirtschaftlichen Sicherstellung wurden kausal miteinander verknüpft. Der Eintritt in die Vasallität wurde Voraussetzung für den Erhalt eines Benefiziums. Umgekehrt konnte sich ein persönliches Vergehen des Vasallen auf das dingliche Leiheverhältnis auswirken. Schon in karolingischer Zeit war diese Verbindung allgemein üblich. Es wurden Rechtsnormen für derartige Leiheverträge entwickelt. Damit wurde seit dem 9. Jahrhundert die Basis für die Entstehung des Lehnrechts gelegt.[39]

42

> **hemmer-Methode: Das Lehnswesen ist aber keinesfalls nur ein Phänomen dieser Zeit, sondern findet sich in verschiedensten Ausprägungen bis weit in die Neuzeit. Eng verbunden ist damit der Begriff des Feudalismus,[40] der kennzeichnend für das Frankreich des 18. Jahrhundert – das Ancien Régime – steht.**

IV. Stammesverband und Gerichtsversammlung

Stammesverband

Der Stamm war bis zur fränkischen Reichsgründung die übergeordnete politische Einheit über den Sippen und behielt seine integrative Funktion vor allem im ostfränkischen Raum bis über die Jahrtausendwende hinaus. Der Stammesverband knüpfte an die Vorstellung von einem blutsmäßigen Zusammenhang der in diesem Verband lebenden Personen an.

43

---

[37] SCHULZE I, S. 59.
[38] HRG II (Art. Lehnserneuerung), Sp. 1707.
[39] HRG II (Art. Lehn(s)recht, Lehnswesen), Sp. 1728.
[40] Dazu näher: HRG II (Art. Lehn(s)recht, Lehnswesen), Sp. 1725.

Häufig wurde der Stamm auf einen sagenhaften Stammvater zurückgeführt. Dabei mag es sich zwar um eine Fiktion gehandelt haben. Die Idee von einer Abstammungsgemeinschaft schuf aber einen auf familiären Elementen basierenden Zusammenhalt, der anderweitig zumindest in der Frühzeit längerfristig nicht erreicht werden konnte.[41] Bedeutung hatte der Stamm vor allem als Friedens- und Rechtsgemeinschaft.

1. Recht und Rechtsbildung

Recht als unveränderbare Ordnung

Der Begriff der Rechtsordnung ist für die Zeit des frühen Mittelalters problematisch. Die Idee eines geschlossenen, sich bedingenden Systems war ihr unbekannt. Recht manifestierte sich nur in Einzelakten, aus deren Vielzahl sich ex post bestimmte Strukturen ableiten lassen. Davon zu unterscheiden ist das subjektive Recht des Einzelnen. Darunter ist für diese Zeit der allgemeine Konsens, dass jemandem etwas zustehe, zu verstehen. Ein anerkanntes Recht musste sich immer noch an seiner Durchsetzbarkeit messen lassen. Umgekehrt konnten Personen mit großer Durchsetzungskraft sich Rechtspositionen schaffen, die dann auch von der Allgemeinheit als deren Recht akzeptiert wurden. Dementsprechend waren die Verhältnisse sehr instabil. Bis ins Hochmittelalter war die Vorstellung lebendig, dass das Recht eine vorgegebene, überlieferte Ordnung war, die durch hohes Alter Ansehen und Autorität erhalten hatte. Eine Rechtsetzung, die neue, bisher nicht geltende Regeln aufstellte, gab es grundsätzlich nicht. Das Recht erschien bei den jahrhundertlang statisch gebliebenen Lebensverhältnissen als eine ewig gültige Ordnung. Es wurde nicht gemacht, sondern nur bezeugt.[42] Das mündlich tradierte Recht galt gewohnheitsmäßig. Es fand seinen Ausdruck in allgemeinen Rechtssprichwörtern, gerichtlichen Entscheidungen und abstrakten Urteilen über vorgelegte Rechtsfragen (sog. *Weistümer*). Das Recht war, auch nachdem die Stämme sesshaft geworden waren, Volksrecht, nicht Landesrecht. Es beruhte auf der Stammeszugehörigkeit, trug also einen persönlichen, keinen landrechtlichen, territorialen Charakter.[43]

44

Verschriftlichung der Volksrechte nach der Völkerwanderung

Die Einheit der Rechtsbildung lag in den Stämmen. Die meisten Volksrechte waren Stammesrechte. Die Grundsätze dieses Rechts bildeten sich im Denken und Fühlen der Rechtsgenossen ohne bewusste Rechtsetzung und Zweckerwägung. Solange die Lebensverhältnisse einfach und recht einheitlich waren, bedurfte es auch nicht geschriebener Rechtssätze, da ein gefundenes Urteil jedem nachvollziehbar war. Erst als sich durch die Völkerwanderung und die darauf folgende Ansiedelung die Lebensverhältnisse ausdifferenzierten, begann das gemeinsame Rechtsbewusstsein zu schwinden, so dass die Verschriftlichung des Rechts notwendig wurde.[44]

45

Rechtsbesserung

Bei der Vorstellung ewig gültigen Rechts musste eine Rechtsänderung der Sache nach schon problematisch sein. Solange das Recht noch nicht schriftlich fixiert war, konnte ein Wandel der Rechtsanschauungen noch unbemerkt vonstatten gehen und die Zeitgenossen sich einbilden, es sei immer schon so gewesen. Lag eine schriftliche Aufzeichnung vor, konnte nicht einfach über den Text hinweggegangen werden. Zwar hatte die Rechtsaufzeichnung nur Beweisfunktion und trat prinzipiell hinter der besseren mündlichen Überlieferung zurück. Die Beweiskraft zu überwinden, fiel aber mit der Zeit immer schwerer. Das Geschriebene wurde dann häufig als Missverständnis oder Schreibfehler angesehen. Entscheidend war der Konsens aller darüber.

46

---

[41] Schulze I, S. 14.
[42] Ebel, S. 13.
[43] Mitteis/Lieberich, DRG, Kap. 18 I 2, S. 91.
[44] Ebel, S. 14.

So konnten Rechtssätze mit der Zeit außer Anwendung geraten.[45] Unter diesem Aspekt sind die sog. Rechtsbesserungen der Volksrechte zu betrachten. Die *Lex Salica* wurde z.B. mehrfach auf Anordnung des Königs redigiert. Zwar wurde hier der Sache nach neues Recht gesetzt, der Idee nach häufig aber gutes altes Recht wiederhergestellt.

2. Die germanischen Stammes- bzw. Volksrechte

königliche Gesetzgebung; Christianisierung

Nach dem Vorbild der römischen Kaisergesetzgebung gebärdeten sich die germanischen Könige auch als Gesetzgeber. Aus diesem Impuls entstanden seit dem 5. Jahrhundert die Volks- oder Stammesrechte. Unklar ist aber, inwieweit hier wirklich neues Recht geschaffen oder nur geltendes Recht niedergeschrieben wurde. Vor allem bei den durch Christianisierung und Kirche notwendigen Rechtssätzen versagte das Modell der Rechtsbesserung. Hier konnte teilweise Rückgriff auf die Autorität der Zehn Gebote genommen werden, so dass das neue Recht als erst jetzt gefundenes altes Recht angesehen werden konnte. Die Beteiligung von Fürsten oder Versammlungen bei Erlass neuer Gesetze zeigt aber auch die Grenze königlicher Rechtssetzungsbefugnis. Solche Gesetze hatten eher den Charakter einer Vereinbarung.[46]

47

Einfluss des römischen Rechts

Die Volks- und Stammesrechte markieren den Übergang von der Mündlichkeit zur Schriftlichkeit des Rechts. Dies führte gleichzeitig zu einer Objektivierung, da im Gegensatz zur mündlichen Rechtstradition der Gruppenkonsens nicht mehr entscheidend war. Schon der Aufzeichnungsvorgang an sich zeugt vom Einfluss römischer Rechts- und Verwaltungstechnik. Dies gilt auch inhaltlich. Gerade die frühesten Germanenrechte, von römischen Juristen bearbeitet und für römische Föderatenvölker erlassen, waren ein spätes Produkt des römischen Rechts. Auch die nach den Reichsgründungen erlassenen *Leges* wurden zweifellos unter Mithilfe römischer Juristen aufgezeichnet, zumal mit der Gesetzgebung für die Germanen eine Neubearbeitung des römischen Rechts einherging. Der römischen Bevölkerung wurde im allgemeinen das römische Recht belassen.

48

Dies hatte für sie, in derselben Weise wie für die Germanen ihr Volksrecht, den Charakter eines persönlichen Rechts. Teilweise ließen germanische Herrscher für ihre römischen Untertanen Redaktionen des römischen Rechts herstellen (*Leges Romanae*).[47] Z.B. erließ der Westgotenkönig Alarich II. 506 das *Breviarium Alaricianum*, eine Sammlung römischer Rechtstexte. So gab es ein Nebeneinander von germanischem Volksrecht und römischem Recht. Ein Vergleich mit dem Kaiserrecht des 438 entstandenen *Codex Theodosianus* zeigt, dass die Germanenrechte vom gleichzeitigen römischen Recht nicht sehr entfernt waren. Es hatte sich in der nachklassischen Zeit ein Vulgarrecht gebildet, das die Begriffsschärfe des klassischen römischen Rechts verloren hatte und allgemein verflacht war. Es fand sich schon das Leitbild einer ständisch geschichteten, naturalwirtschaftlich lebenden Gesellschaft.[48]

drei Gruppen von Stammes- bzw. Volksrechten; die Rechte der Föderatenvölker

Die germanischen Volks- oder Stammesrechte (*Leges barbarorum*) lassen sich drei Gruppen zuordnen.[49] Die erste Gruppe bilden die Rechtsaufzeichnungen der germanischen Völker, die sich auf dem Boden des untergehenden Römischen Reichs niederließen (Föderatenvölker). Darunter fallen zunächst die Westgotenrechte.

49

---

[45] EBEL, S. 19.
[46] EBEL, S. 33.
[47] CONRAD I, S. 128.
[48] KROESCHELL I, S. 51 f.
[49] Ein kurzer Überblick bei KROESCHELL I, S. 27 f.

Ältestes Westgotenrecht ist wohl das *Edictum Theoderici*. Diese Aufzeichnung gilt heute als Edikt eines römischen Statthalters, das um 458 im Auftrag des Kaisers Majorian für die im südlichen Gallien als Föderaten angesiedelten Westgoten unter Theuderich II. erlassen wurde und nicht wie anfangs vermutet vom Ostgotenkönig Theoderich dem Großen stammt.[50]

Der bruchstückhaft erhaltene *Codex Euricianus* wurde um 475 von dem Westgotenkönig Eurich erlassen. Es zählen dazu auch das Recht der Burgunder, die *Lex Burgundionum*, und der zwischen 507 und 511 geschriebene *Pactus Legis Salicae*, die älteste fränkische Rechtsaufzeichnung, auf der die spätere *Lex Salica* beruhte. Den Abschluss dieser Gruppe bildet das 643 erlassene *Edictum Rothari* des langobardischen Königs Rothar.

> **hemmer-Methode: Die *Lex Salica* liegt in verschiedenen Textstufen vor. Die älteste Fassung (*Recensio Chlodovea*) wurde im Teilreich von Chlodwigs Sohn Theuderich zwischen 511 und 533 durch die *Recensio Theuderica*, im Teilreich Guntchrams vor 596 durch die *Recensio Guntchrama* abgelöst. Die *Recensio Pippina* wurde, nunmehr als *Lex Salica*, 763/64 erlassen. Auf ihr beruht ein nicht Gesetz gewordener Entwurf von 798, die *Emendata*. Für die unter Karl dem Großen erarbeitete letzte Fassung von 802/03 (*Carolina*) wurde vorwiegend die *Recensio Guntchrama* herangezogen.[51]**

Stammes- bzw. Volksrechte der Bayern und Alemannen und Karls des Großen 802/03

Die zweite Gruppe wird von den Volks- bzw. Stammesrechten der Bayern und Alemannen gebildet. Die *Lex Baiwariorum* entstand um 742 als vermutlich literarisches Produkt im Kloster Niederaltaich. Zu dieser Zeit war Bayern unter Herzog Tassilo noch einmal weitgehend unabhängig von den Franken. Die *Lex Alamannorum* entstand - möglicherweise im Kloster Reichenau - um 725. [50]

Eine dritte Gruppe bilden die Volks- bzw. Stammesrechte, die Karl der Große 802/03 anlässlich eines Reichstages aufzeichnen ließ. *Lex Saxonum*, *Lex Frisionum*, *Lex Thuringorum* und *Ewa Chamaworum* haben für die Rechtspraxis höchstwahrscheinlich keine nennenswerte Bedeutung erlangt.

Charakter der Stammesrechte

Problematisch bei den Volks- bzw. Stammesrechten ist, ob es sich um Gesetze oder Weistümer handelt. In den Texten findet sich häufig die Berufung auf Stammestradition. Insofern beruhte die Geltung nicht nur auf königlicher Autorität. [51]

Dahinter stand wohl das Verständnis, dass das, was Recht ist, verschriftlicht zum Gebot wird. Der teilweise zu findende Name *pactus* deutet auf eine Vereinbarung hin. Teilweise findet sich auch in den Gesetzbüchern der explizite Befehl, nur nach dem Gesetzbuch zu richten. Dieser Ausschließlichkeitsanspruch war aber nicht durchsetzbar, da die Texte nicht überall vorhanden waren. Andererseits bestand noch nicht die Fähigkeit, Gesetze auszulegen und so Lücken zu schließen, so dass der Anwendung der Gesetze natürliche Grenzen gesetzt waren. Deshalb kam den Stammesrechten wohl auch Lehrbuchcharakter zu.[52]

3. Die Fehde

Rechtsverfolgung grundsätzlich nur durch Selbsthilfe oder Schiedsgericht

Die Rechtsverfolgung oblag den Betroffenen selbst. Sie konnten zur Selbsthilfe greifen oder sich einem Schiedsgericht unterwerfen. Ein Allgemeininteresse an der Verfolgung eines Rechtsbruches bestand nur, wenn auch die Allgemeinheit betroffen war. Der Stamm stellte in diesem Zusammenhang einen Friedensverband dar. [52]

---

[50] Um die Entstehung rankt sich seit jeher ein Streit in der Lehre, näher dazu: HRG I (Art. Edictum Theoderici), Sp. 802.

[51] CONRAD I, S. 131 f.

[52] Dazu ausführlich EBEL, S. 30-32.

Der Stammesfrieden war notwendig zur Sicherung der Existenz des Stammes als einer dauerhaften politischen und sozialen Gemeinschaft. Aber auch die gemeinsame Stammeszugehörigkeit garantierte nicht den Verzicht auf die Selbsthilfe. Nur in kleinen Gruppen mit herrschaftlichen Strukturen wie dem Haus oder der Sippe herrschte auf Dauer Frieden. Hier konnten die Konflikte durch bestehende Autoritäten und feste Hierarchien intern geregelt werden.[53]

Friedlosigkeit und Acht

Die Reaktion der Gemeinschaft auf eine Rechtsverletzung hing von der Schwere des Vergehens ab. Gravierende Verstöße schlossen den Täter unsühnbar aus der Gemeinschaft aus, machten ihn friedlos. Friedlosigkeit bedeutete eine Reaktion der Gesamtheit gegen Verbrechen gegen den Volksverband (z.B. Fahnenflucht, Verrat). Der Täter wurde aus der Sippe ausgestoßen und verfiel der Friedlosigkeit. Über den Friedlosen wurde die Acht verhängt. Ihm durfte nicht mehr geholfen werden. Vor allem sollte er bußlos erschlagen werden. Bei der Ächtung zeigen sich erste Ansätze zum modernen Strafrecht.[54]

Idee des Reichsfriedens

Mit der Ausbildung staatlicher Strukturen in fränkischer Zeit kam dem König die Funktion der Friedenswahrung auf Reichsebene zu. Seit dem 6. Jahrhundert findet sich die Idee eines sich über das gesamte Herrschaftsgebiet erstreckenden Rechtsfriedens. Hauptsächlich unter Einfluss des Christentums wurde dem Herrscher die Friedenswahrung anvertraut. Daraus resultierte auch der Versuch der Merowinger und Karolinger, die Fehde zurückzudrängen. Dies waren erste Anzeichen für einen Strukturwandel von einer Gruppengesellschaft zu Anfängen einer Staatsgesellschaft. Die Zunahme der Fehde im 9. Jahrhundert zeigt umgekehrt wieder den Rückgang staatlicher Organisation an.[55]

Rache für erlittenes Unrecht

Träger der Rache war die Sippe. Die Rache richtete sich gegen die gesamte Tätersippe, die dem Täter zum Beistand verpflichtet war, solange sie sich nicht von ihm lossagen durfte. Das Fehderecht begann für die verletzte Sippe mit der Tat. Eine besondere Aufsagung war nicht notwendig. Was in rechter Fehde geschah, galt als buß- und straflos, während die zur Abwehr der Fehde verübten Taten der Gegner nur neue Schuld entstehen ließen.

Der bei einer Fehde Getötete wurde nicht gerächt. Freilich war klarzustellen, dass die Tötung nicht heimlich, sondern rechtmäßig erfolgt war. Diese *Verklarung* z.B. erfolgte, indem der Kopf des Getöteten auf einen Pfahl gesteckt und der Leichnam an einer Wegkreuzung ausgelegt wurde. Dahinter stand der Gedanke, dass derjenige, der durch die Art seiner Beteiligung an einem schadensstiftenden Ereignis in den Verdacht der Schuld gerät, seine Unschuld durch Offenbarung der näheren Umstände öffentlich darlegt.

Kompositionensystem

Durch Sühnevertrag (*compositio*) konnte die Fehde beendet werden, wenn die verletzte Sippe die Vereinbarung akzeptierte. Die Sippe der lebenden Hand (Tätersippe) war verpflichtet, die vereinbarte Buße zu zahlen. Nach der Entrichtung der Buße schwor die Sippe zur toten Hand (Opfersippe) *Urfehde*. Dieser Friedenseid wurde danach auch von der Sippe des Täters geleistet. Leichte Friedensbrüche (z.B. Sachbeschädigung) führten schon früh zum Ausschluss der Fehde und beschränkten den Verletzten auf einen Bußanspruch. Die Fehde sollte subsidiär hinter dem gerichtlichen Ausgleich stehen, die Komposition war als Fehdeersatz gedacht. War der Täter zahlungsunfähig und kaufte ihn seine Sippe nicht frei, wurde er dem Verletzten zur Tötung oder Verknechtung ausgeliefert.[56]

[53]

[54]

[55]

[56]

---

[53] HRG I (Art. Fehde), Sp. 1084.
[54] SCHULZE I, S. 21.
[55] HRG I (Art. Friede), Sp. 1282 f.
[56] HRG I (Art. Fehde), Sp. 1086.

Bußen

Die Bußen waren abgestuft nach dem zugefügten Schaden. Bereits die meisten *Leges* wurden durch das Bemühen gekennzeichnet, den friedlichen Ausgleich durch Bußen an die Stelle der Fehde zu setzen. Hierzu wurden umfangreiche Bußkataloge festgelegt - ein Zeichen für den gewalttätigen Alltag. Bei den Bußkatalogen in den *Leges* handelte es sich teilweise um neue Festsetzungen, teilweise war die Höhe der Bußen der Praxis entnommen. **57**

Zuweilen, z.B. im *Edictum Rothari* 643, setzte man die Bußen von vornherein hoch an, um das Interesse der verletzten Sippe an einer Fehde möglichst gering zu halten. Die in den *Leges* angegebenen Schillingsbeträge waren jedoch nur Richtwerte. Meist wurden die Bußen durch Sachleistungen entrichtet. Bei einer Buße für ein Tötungsdelikt sprach man von *Wergeld* (von lat. *vir*, Mann). Das *Wergeld* differenzierte nach dem sozialen Rang des Getöteten.

Bedeutung der Bußen

Zweck der Buße war es grundsätzlich, den Verletzten bzw. die Sippe zu entschädigen, um eine Aussöhnung zu gewährleisten. Im Einzelnen ist dies jedoch unklar. Die Buße nur als Schadensersatz oder als Abkaufen des Racherechts zu sehen, greift wohl zu kurz. Das verletzte Individuum war zunächst nicht maßgebend, weshalb die Buße auch von der Sippe des Täters an die Sippe des Opfers zu leisten war. Die eigentliche Bedeutung der Leistung der Buße lag in den Einbußen an sozialem Ansehen, welche die leistende Sippe zu erleiden hatte schon dadurch, dass sie überhaupt leisten musste. Deshalb waren in der Frühzeit geschickte Verhandlungen notwendig, um solche Vereinbarungen zustande zu bekommen.[57] **58**

hemmer-Methode: Das Bußensystem schlug sich später bei der Entwicklung von Strafen nieder. Wurde eine Buße durch Urteil verhängt, musste schon in fränkischer Zeit ein Teil dieser Beträge an den Richter gezahlt werden (*Friedensgeld*). Sie gewannen dadurch den Charakter von (Geld-)Strafen.[58]

4. Gerichtliches Verfahren

Konkurrenz zwischen Selbsthilfe und Gerichtsverfahren

Wie sich aus dem germanischen Selbsthilferecht ergibt, konkurrierte in der Frühzeit mit dem Gerichtsverfahren das Verlangen des Verletzten oder seiner Sippe, sich selbst Genugtuung zu verschaffen, Rache zu üben. Eine geordnete Rechtspflege hing davon ab, wieweit es der Gemeinschaft gelang, Rache und unerlaubte Selbsthilfe auszuschalten und die sich Befehdenden oder Eigenmacht Übenden zu zwingen, ihre Streitigkeiten vor Gericht auszutragen. Ansätze dazu sind in fränkischer Zeit sichtbar, obwohl von einer Justiz im modernen Sinn als geschlossenem System nicht die Rede sein kann. **59**

Einleitung des Verfahrens durch Streitgedinge oder Ladung

Ursprünglich konnte das Gerichtsverfahren mit einem auf gerichtlichen Austrag gerichteten Vertrag (*Streitgedinge*) der Parteien eingeleitet werden. Dabei handelte es sich also um eine Schiedsgerichtsbarkeit, der sich die Parteien freiwillig unterwarfen. Daneben war wohl schon in älterer Zeit die Einleitung des Verfahrens durch einseitige Ladung durch den Beklagten bekannt.[59] In fränkischer Zeit wurde versucht, einen Zwang zur Fehdesühne auszuüben. Weigerung der Urfehde oder Nichtzahlung öffentlich gelobter Bußen konnten zur Friedlosigkeit führen. Auch der Rechtsweigerer, der auf Ladung nicht vor Gericht erschien, verfiel der Friedlosigkeit.[60] Ein Urteil in der Sache war dann ausgeschlossen, weil nur gegen einen Anwesenden Klage erhoben werden konnte. Dies zeigt, dass im Gerichtsverfahren nur die Beziehung zwischen Kläger und Beklagtem geregelt werden sollte. **60**

---

[57] HRG V (Art. Wergeld), Sp. 1268 f.
[58] HRG I (Art. Buße), Sp. 576 f.
[59] CONRAD I, S. 29.
[60] MITTEIS/LIEBERICH, DRG, Kap. 19 I 1b, S. 98 f.

Es hatte nur Ausgleichs-, nicht aber Straffunktion. Daraus entwickelte sich der für das Mittelalter typische Parteiprozess.

Ding als Gerichtsversammlung

Als Gericht fungierte das *Ding*, die Versammlung aller freien erwachsenen Männer eines bestimmten Bezirks. Man unterschied zwischen echtem und gebotenem *Ding*. Echte *Dinge* waren die zu bestimmten Zeiten an hergebrachter Gerichtsstätte abgehaltenen Gerichtsversammlungen, zu denen die *Dinggenossen* nicht geladen zu werden brauchten. Die gebotenen *Dinge* wurden dagegen nach Bedarf gehalten.[61] Der Besuch des *Dings* war nicht freigestellt, es bestand Dingpflicht. Es tagte unter Vorsitz des Gerichtsherrn, in der Frühzeit eines Fürsten, in karolingischer Zeit eines königlichen Beamten, der aber nicht Urteiler war. Der Gerichtsherr lud zum Gericht, überwachte es, war aber nicht am Inhalt des Urteils interessiert, sondern nur an einer effektiven Konfliktregelung. Er repräsentierte die Gerichtsgewalt, sorgte für die innere Ordnung des Gerichts und Disziplin der Parteien, hatte jedoch nicht die prozessuale Leitungsbefugnis, da es sich um einen Parteienprozess handelte.[62]

61

Urteilsfindung

Alle Männer bildeten den *Gerichtsumstand*. Zunächst konnten wohl grundsätzlich alle *Dinggenossen* auf Anfrage einen Urteilsvorschlag machen, später wurde dies einem Kreis von Rechtskundigen überlassen, den *Rachinburgen*. Mit der Zustimmung des *Umstandes* (*Vollbort*) erlangte es rechtliche Verbindlichkeit. Aus dieser Vorgehensweise ergibt sich auch der Sinn des *Ding*. Durch den Konsens aller Dingpflichtigen sollte eine friedliche Streitbewältigung gesichert werden. Andererseits lieferte das *Ding* auch die Möglichkeit der Einflussnahme durch den Herrschaftsträger. So war das Gericht die Organisationsform schlechthin und ein Mittel der Herrschaftsausübung.[63]

62

Das Verfahren war durch Formalismus gekennzeichnet. Feste Formeln und Symbole dienten einerseits als Gedächtnisstütze in einer schriftlosen Zeit, andererseits wurden durch festgelegte Rede und Gegenrede auch unvorsichtige Worte vermieden, die den Frieden zerstören könnten.[64]

hemmer-Methode: Ein Beispiel für den Formalismus des Prozesses liefern die sog. Malbergischen Glossen der *Lex Salica*. Dabei handelt es sich nicht um Glossierungen des lateinischen Gesetzestextes, sondern um Kennwörter in fränkischer Sprache, die durch gerichtstypische Ausdrücke das Auffinden der einschlägigen Bestimmungen erleichtern sollten. Der Name stammt von dem jeweils einleitenden Wort „malobergo", was soviel bedeutet wie „auf dem Versammlungsberg", „im Gericht".[65]

zweizüngiges Urteil

Die Art des Urteils hing vom Verhalten des Beklagten ab. War er geständig, konnte gleich die Buße festgelegt werden. Die Verpflichtung zur Bußleistung wurde nicht durch das Urteil begründet, sondern erst durch einen Vertrag mit dem Geschädigten oder seiner Sippe. Erklärte er sich für unschuldig, wurde ein sog. *zweizüngiges Urteil* getroffen. Der Spruch erging, bevor es überhaupt feststand, ob der Beklagte die Tat begangen hatte. Ziel war nicht Wahrheitsfindung, sondern Konfliktbewältigung. Das zweizüngige Urteil sprach aus, dass er die Buße zahlen oder den Vorwurf entkräften solle.[66] Es begnügte sich also damit festzustellen, welche Partei ihre Darstellung durch Eid zu beweisen hatte, und was rechtens war, wenn sie den Eid leistet oder nicht leistet.

63

---

[61] CONRAD I, S. 28.

[62] HRG I (Art. Gerichtsverfahren), Sp. 1553.

[63] WILLOWEIT, § 7 I 4, S. 49.

[64] Dazu KROESCHELL I, S. 58.

[65] HRG III (Art. Malbergische Glossen), Sp. 211 f.

[66] KROESCHELL I, S. 40.

Dabei legte es das Beweismittel fest, meist einen Reinigungseid. Mit dem Erlass des Urteils endete die Tätigkeit des Gerichts.

Der Beweis selbst wurde dem Gegner außergerichtlich erbracht. Da das Beweisen etwas Formales war, erübrigte sich eine Beweiswürdigung durch das Gericht im heutigen Sinne. Wer obsiegt oder verloren hatte, ergab sich logisch aus dem geführten Beweis, so dass das Gericht dies nicht feststellen musste.[67] Die Vollstreckung oblag der klagenden Partei. Der Verurteilte musste die Erfüllung des Urteils, also den Beweisantritt oder die Zahlung, geloben. Verstieß er dagegen, lebte das Fehderecht wieder auf.

Beweismittel: Reinigungseid und

Der Beweis war die Möglichkeit des Beklagten, sich vom Klagevorwurf zu befreien. Das Verfahren war streng formal und diente nicht dazu, die Wahrheit festzustellen, sondern die Ehre des Beklagten wiederherzustellen. Empirisches Denken war unbekannt, Indizien waren nur relevant für die Bestimmung des Beweismittels, z.B. ob der Reinigungseid zugelassen wurde. Als Beweismittel dienten hauptsächlich der Eid und das Gottesurteil. Der Eid war eine bedingte Selbstverfluchung und durch Jenseitsbezug wirksam. Bei schweren Delikten war er nicht möglich. Maßgeblich war auch, ob der Beklagte bekannt und unbescholten war. Meist unterstützt durch Eidhelfer, versicherte der Beklagte dabei in formaler Weise, dass er kraft Persönlichkeit als Täter oder Rechtsbrecher gar nicht in Frage käme.[68]

64

Gottesurteil

Daneben gab es als subsidiäres Beweismittel, vor allem für Personen, die nicht eidesfähig waren (z.B. Frauen) das Gottesurteil (*Ordal*), mit dem sich der Beklagte durch das Bestehen einer elementaren Naturprobe vom Klagevorwurf reinigen konnte. Bei der Feuerprobe z.B. musste der Beweisführer ein glühendes Eisen über eine bestimmte Strecke tragen. Das verbrannte Glied wurde verbunden und nach einigen Tagen wieder angeschaut.

65

War die Wunde eitrig, war der Beweisführer schuldig. Bei der Kaltwasserprobe wurde der Beweisführer gefesselt an einer Leine ins Wasser gestoßen. Ging er unter - ertrank er also -, war er unschuldig, denn dann hatte ihn das reine Wasser aufgenommen.[69] Möglich war auch ein gerichtlicher Zweikampf. Dabei handelte es sich zunächst nicht um ein Gottesurteil, sondern um eine auf die Prozessparteien beschränkte, nach bestimmten Regeln ausgetragene Fehde. Zum Gottesurteil wurde er erst später, als die Parteien ihn durch angeworbene Lohnkämpfer austragen lassen konnten.[70]

5. Handhafte Tat und Fahrnisverfolgung

handhafte Tat

Bei der sog. *handhaften Tat* wurde der Täter bei der Begehung gestellt. Der Name rührt nicht daher, dass der Täter ergriffen wurde, sondern von der Vorstellung, ihm hafte die Tat noch an den Händen. Der Angegriffene erhob das *Gerüfte*. Darunter verstand man einen Hilferuf, mittels dessen der Rufende die Nachbarn oder die gerade in der Nähe weilenden Leute zum Herbeieilen aufforderte, um mit ihm eine Missetat zu verfolgen. Diese *Schreimannen* dienten zugleich als Zeugen. Der ergriffene Täter war in der Frühzeit dem Tod verfallen. Mit dem Aufbau einer amtlichen Rechtspflege in karolingischer Zeit wurde auch hier das Selbsthilferecht zurückgedrängt. Die Volksrechte gestatteten die Tötung nur noch in bestimmten Ausnahmefällen, z.B. bei Diebstahl oder Brandstiftung zur Nachtzeit, bei Gegenwehr des Täters oder bei Ehebruch.

66

---

[67] HRG I (Art. Gerichtsverfahren), Sp. 1554.
[68] MITTEIS/LIEBERICH, DRG, Kap. 10 III 1, S. 47.
[69] HRG I (Art. Gottesurteil), Sp. 1770.
[70] MITTEIS/LIEBERICH, DRG, Kap. 10 III 3, S. 48.

Das nun notwendige Gerichtsverfahren gegen den ergriffenen Täter hatte rein exekutorischen Charakter. Der Täter war rechtlich wehrlos. Hier lag gerade der Unterschied zum normalen Gerichtsverfahren.

Da er die Tat offensichtlich begangen hatte, war ihm der Reinigungseid verschlossen. Dem Kläger oblag es nun, mit einem Überführungseid die Rechtmäßigkeit der Festnahme nachzuweisen. Als Eideshelfer dienten meist die Schreimannen.[71] Auch wenn der Täter gleich erschlagen worden war, musste ein Gerichtsverfahren gegen den Erschlagenen zur Verklarung stattfinden, sog. *Klage gegen den toten Mann*. Sein Leichnam musste an der Gerichtsstätte sein. Erst im Laufe der Zeit traten an seine Stelle die Verwandten.[72]

Gewerebruch und Fahrnisverfolgung

Aufgrund der wirtschaftlichen Verhältnisse genoss die bewegliche Habe (*Fahrnis*) besonderen Schutz. Die Zuordnung einer Sache zu einer bestimmten Person richtete sich nach der *Gewere*. Dabei handelte es sich um eine besitzähnliche Sachherrschaft. Der Begriff Eigentum im modernen Sinn einer umfassenden Verfügungsgewalt war der Zeit unbekannt. Maßgeblich war, wer die Sache nutzen durfte. Durch tatsächliche Beherrschung wurde nach außen hin bekundet, wer der Berechtigte einer Sache war. Mit dem Verlust der Sachherrschaft erlosch auch die *Gewere*. Nur bei Gewerebruch konnte der Geschädigte sein Recht auf eine bestimmte Sache nach den Grundsätzen der Fahrnisverfolgung geltend machen. Wurde z.B. vom Leihnehmer die geliehene Sache an einen Dritten weitergegeben, so hatte der Verleiher keinen Herausgabeanspruch gegen den Dritten. Nach dem Sprichwort *Hand wahre Hand* konnte er sich nur an den rückgabepflichtigen Empfänger halten. „Wahren" stand hierbei für Überwachen. Es wurde also zwischen freiwilliger Besitzaufgabe und unfreiwilligem Besitzverlust unterschieden.[73]

67

Gewere

hemmer-Methode: Die *Gewere* ist das zentrale sachenrechtliche Rechtsinstitut im Mittelalter. Eine klare Trennung zwischen Besitz, Eigentum und sonstigen dinglichen Rechten fand nicht statt. Offenkundig ausgeübter Besitz, die tatsächliche Sachherrschaft, wurde vorläufig für das Recht genommen. Dabei war die *Gewere* nicht bloße Tatsache, sondern selbst Recht, und zwar das Recht zur Ausübung eines vermuteten dinglichen Rechts.[74]

Spurfolge, Haussuchung

Wurde ein Dieb auf handhafter Tat ergriffen, traf ihn die Rache der auf das *Gerüft* nach Entdeckung der Tat Herbeigeeilten ganz unmittelbar. Ähnlich war es, wenn der Dieb bei der *Nacheile* gestellt wurde. Die Tat durfte aber noch nicht *übernächtig* sein, das Handhaftverfahren war also nur am Tag der Tat zulässig. Wurde ein Diebstahl später entdeckt, kam - vor allem bei Großvieh - die *Spurfolge* in Betracht. Die auf das Gerüft herbeigeeilten Nachbarn nahmen zusammen die Verfolgung der Spur auf. Konnten sie vor Ablauf von drei Nächten an ein Haus gelangen, in das die Spur führte, durften sie dort nach einem bestimmten rituellen Verfahren *Haussuchung* halten. Wurde die Sache im Haus gefunden, so wurde der Hausherr als handhafter Dieb betrachtet. Der Eigentümer konnte die Sache bei berechtigtem Handhaftverfahren gleich wieder an sich nehmen. Wurde die Sache nicht gefunden, konnte die Diebstahlsvermutung nicht aufrechterhalten werden, eher wurde der Haussucher bußpflichtig.[75] War die Tat nach diesen Grundsätzen nicht mehr handhaft, kam es zur organisierten Rache, eine Fehde begann.

68

[71] HRG I (Art. Handhafte Tat), Sp. 1969 f.

[72] HRG II (Art. Klage gegen den toten Mann), Sp. 846 f.

[73] HRG I (Art. Hand wahre Hand), Sp. 1929.

[74] HRG I (Art. Gewere), Sp. 1658 f.

[75] Ausführlich dazu Rauch, Spurfolge und Dritthandverfahren in der fränkischen Rechtsentwicklung, ZRG.GA 68 (1951), S. 38-47.

Anefang und Dritthandverfahren

War der Gewerebruch übernächtig, ermöglichte der *Anefang*, die Herausgabe gerichtlich zu erzwingen. Dabei handelte es sich um das rechtsförmliche Anfassen einer abhanden gekommenen und wieder gefundenen Sache unter der Behauptung des Geweres.

Der *Anefang* war gleichzeitig Klageerhebung gegen den Besitzer und leitete das Anefangverfahren ein. Der Besitzer konnte sich durch die Bezeichnung des Mannes verteidigen, von dem er die Sache erhalten hatte. Blieb eine unverzügliche Erwiderung des Besitzers auf den *Anefang* aus, konnte der Anefangkläger wie bei rechtzeitiger Spurfolge die Sache wieder an sich nehmen. Ansonsten blieb die Sache vorläufig in dessen Besitz. Dieser musste aber geloben, vor Gericht zu treten. Meist hatte sich der vorherige Besitzer beim Verkauf der Sache verpflichtet, im Falle eines Anefangverfahrens für die Herkunft der Sache einzustehen. Übergab ihm im Prozess der Besitzer die Sache und nahm er sie an (sog. *Zug auf den Gewähren*), hatte sich der Erwerber vom Vorwurf des Diebstahls gereinigt, sog. *Dritthandverfahren*.[76]

69

---

[76] RAUCH, ZRG.GA 68 (1951), S. 2-4.

§ 3 VOM FRÄNKISCHEN ZUM DEUTSCHEN REICH

Lernübersicht:

Einfluss römischer Traditionen

Räumlicher und zeitlicher Ausgangspunkt für die Entstehung eines deutschen Herrschaftsverbandes war das fränkische Reich. Entscheidend für die Entwicklung des fränkischen Reiches wurde die Wechselwirkung von römischen und germanischen Einflüssen. Hauptsächlich wurde es auf ehemals römischen Gebieten gegründet. Hier kam es nur in Nordgallien zu einer stärkeren fränkischen Besiedelung. Ansonsten blieb die christliche gallorömische Bevölkerung ein prägender Faktor. Förderlich für das ungestörte Nebeneinander von Romanen und Germanen war die Übernahme des katholischen Glaubens durch die Eroberer. So wurde auf lange Sicht die Assimilation erleichtert und konnten auch die Strukturen der Kirche für die Reichsbildung nutzbar gemacht werden. Dies verlieh dem fränkischen Reich im Gegensatz zu anderen germanischen Reichsgründungen in der Völkerwanderungszeit eine erstaunliche Stabilität.

70

I. Die fränkischen Könige und ihr Reich

Aufwertung des Königtums

Im Zuge der Völkerwanderung erfuhr die Herrschaftsausübung bei den betreffenden Germanenstämmen einen Transformationsprozess, ohne den die Reichsgründungen auf ehemals römisch beherrschten Gebieten nicht denkbar waren. Neuartig war vor allem die Beherrschung eines über die Stammessiedelung hinausgehenden Raumes und fremder Völker. Ergebnis dieses Prozesses war die Aufwertung des Königtums. Für die fränkische Reichsgründung wurde das Königtum das dynamischste Verfassungselement und der Hauptintegrationsfaktor. Charakteristisch für die fränkische Zeit war die Herrschaftsausübung durch persönliche Bindungen und persönliches Gebot des Königs. Ein transpersonales Staatsverständnis gab es noch nicht, das Amt wurde noch mit dem Amtsträger identifiziert. Dementsprechend war die Wirksamkeit der Verfassungsinstitutionen stark von der Persönlichkeit des jeweiligen Herrschers abhängig. Inwieweit eine systematische und planmäßige Herrschaftsausübung, soweit überhaupt angestrebt, durchsetzbar war, lässt sich nur schwer einschätzen. Deshalb ist auch eine allgemeine Kategorisierung der herrschaftlichen Institutionen problematisch.[77]

71

1. Die Entwicklung der fränkischen Königsherrschaft

älteres germanisches Königtum

Unklar ist, inwieweit es bei den Germanen vor der Völkerwanderung überhaupt schon Herrschaft über Freie gegeben hat. Schon in römischen Quellen finden sich Berichte über germanische Könige.

72

---

[77] WILLOWEIT, § 5 II 1, S. 35.

Fälle wie der des Arminius, der wohl eine königsartige Herrschaft anstrebte, aber von seinem eigenen Stamm ermordet wurde, deuten darauf hin, dass eine umfassende Königsherrschaft im Sinne von Befehlsgewalt und Gehorsamserwartung den Germanen fremd war. Die Stammesoberen hatten wohl nur repräsentative und kultische Funktionen. Hoher sozialer Rang der Familie, persönliche Fähigkeiten und Tatkraft, dazu eine militärische Gefolgschaft und Reichtum konnten aber zur Dominanz eines Einzelnen führen. Anstoß zur Ausbildung einer Königsherrschaft waren wohl der Kontakt mit der römischen Staatlichkeit und die Völkerwanderung. Der anhaltende Ausnahmezustand bei Landnahme und Eroberung brachte erfolgreichen Stammesführern enormen Prestigegewinn und wertete die militärischen Gefolgschaften auf. Die Treue der Gefolgsleute musste der König mit Gaben vergelten. Bis ins hohe Mittelalter blieb die Fähigkeit zu schenken die Basis eines erfolgreichen Königtums, Schatzbildung notwendig zur Herrschaftsbildung.[78]

sakrales Königtum und Dynastiebildung

73 Bei der Bestimmung des Nachfolgers und der Königserhebung wirkte das Erbrechtsdenken. Derjenige Bewerber, der dem vorangehenden Herrscher sippenmäßig am nächsten stand, hatte die besten Chancen der Nachfolge. Hier spielten aber auch Vorstellungen von einem Erbcharisma der Königssippe eine Rolle. Aus der Autorität und Würde der Königsdynastie wurde das Königsheil abgeleitet, welches den erfolgreich regierenden Herrscher begleitete und an die Nachkommen weitergegeben wurde. Gab es Anzeichen dafür, dass ihn das Königsheil verlassen hatte (z.B. Unwetter, Niederlagen), konnte der König abgesetzt werden. Der bedeutsamste Vorgang in dieser Beziehung war der Dynastiewechsel von den Merowingern zu den Karolingern mit der Erhebung Pippins des Jüngeren 751 zum König. Schon seit der Mitte des 7. Jahrhunderts waren die Karolinger (für diese Zeit werden sie noch Arnulfinger genannt) in der Funktion des Hausmeiers die eigentlichen Träger der Regierungsgewalt. Der Dynastiewechsel war jedoch so heikel, dass Pippin dem karolingischen Königtum mit der Salbung durch den Papst eine neue Legitimationsgrundlage geben zu müssen meinte. So setzte sich das in heidnischer Vorzeit wurzelnde Sakralkönigtum der Merowinger durch ein christlich begründetes Sakralkönigtum der Karolinger fort. Diese waren nun Könige von Gottes Gnaden (*dei gratia*).[79]

hemmer-Methode: Der Vorgang zeigt, wie nachhaltig Chlodwig das merowingische Königtum gefestigt hatte. Neben seinen militärischen Erfolgen verschaffte er seiner Sippe einen exklusiven Status, indem er alle anderen königsfähigen Sippen bei den Franken und auch viele seiner Verwandten ausrottete. So galten die Merowinger auf Jahrhunderte, auch als ihre Macht schon vergangen war, als einzige königsfähige Sippe.[80]

Eigentumsvorstellungen

74 Bei einer Dynastiebildung (Merowinger und Karolinger) nahm die Königsherrschaft Formen einer Haus- oder Grundherrschaft an. So konnte eine Königsherrschaft im Besitz einer Dynastie unter die Söhne des Königs wie Eigentum aufgeteilt werden. Die Art der Teilung wurde nicht selten schon vom Vater angeordnet. Der Gedanke des Gesamtreiches blieb jedoch unangetastet, obwohl jeder Teilkönig selbständiger Herrscher in seinem Land war. Deshalb wurden, wenn ein Teilkönig starb, häufig seine Söhne im Interesse der Wiedervereinigung des Reiches von der Thronfolge ausgeschlossen. Und trotz der Krisen in der späteren Merowingerzeit kam es nicht zu einer staatsrechtlichen Auflösung.

---

[78] FRIED, S. 170-172.
[79] WILLOWEIT, § 5 I 1, S. 30 f.
[80] FRIED, S. 180.

theokratisches Herrschafts-
verständnis der Karolinger

Die christliche Legitimierung des karolingischen Königtums rückte *75*
den Herrscher in einen kirchenrechtlichen Kontext. Kirchliche Vorstellungen konnten Eingang in das Herrscherverständnis finden. Vor
allem Karl der Große entwickelte ein theokratisches Herrschaftsverständnis. Für ihn waren die Aufgaben der Geistlichkeit auf Gebet
und Liturgie beschränkt, während der König die Kirche nach außen
durch Abwehr der Feinde und nach innen durch Kontrolle des Glaubens schützte.[81] Damit erschloss er dem Königtum ein neues Hand-
lungspotential. Die neue Herrschaftsauffassung erschloss Raum für
christliche Gesetzgebung und Durchsetzung kirchenrechtlicher Normen in der fränkischen Reichskirche. Andererseits konnte das Königtum seinen Einfluss auf die Kirche stärken und sie sich zu Regie-
rungszwecken nutzbar machen.[82] Gleichzeitig wurde damit aber
schon der Keim für den das Hochmittelalter dominierenden Konflikt
zwischen Kirche und Kaiser angelegt. Das Rangverhältnis zwischen
regnum und *sacerdotium* (weltlicher und geistlicher Herrschaft) wurde jedoch noch nicht thematisiert.

Kapitularien

In diesem Zusammenhang ist die rege Gesetzgebungstätigkeit Karls *76*
des Großen zu sehen. Neben die Volksrechte trat nun Königsrecht.
Die Verordnungen der karolingischen Könige wurden nach ihrer Einteilung in Kapitel (*capitula*) Kapitularien genannt. Die Kapitularien
zeichneten sich durch das Bestreben aus, auch die weltlichen Dinge
im Sinne der christlichen Ordnung zu gestalten. Durch die Einführung der Königssalbung durch Pippin wurde das Königtum in diesem
Sinne hervorgehoben und verpflichtet. Aus diesem Geist entsprun-
gen, wurden die Kapitularien erst in karolingischer Zeit möglich und
notwendig. Nach Karls Tod verebbte die Kapitulariengesetzgebung
rasch. Die praktische Bedeutung der Kapitularien ist schwer fassbar.
Einige Anordnungen werden so stetig wiederholt, dass von häufigen
Zuwiderhandlungen auszugehen ist. Ein Grund für diese Schwierigkeiten war wahrscheinlich die mangelnde Verbreitung der Texte, die
bei ihrer Verkündung durch den Schreiber häufig bloß als Folge von
Kapitelüberschriften festgehalten wurden. Seit dem 10. Jahrhundert
hörte - ohne ausdrückliche Aufhebung - mit dem Absterben der *le-*
ges auch die Geltung der Kapitularien allmählich auf.

Kaiserkrönung Karls des Großen

Am Weihnachtstag des Jahres 800 ließ sich Karl der Große vom *77*
Papst zum Kaiser krönen und erneuerte damit das westliche Kaisertum. Eine unmittelbare Ausweitung seiner Machtbefugnisse ging
damit nicht einher. Es handelte sich vielmehr um eine ideologische
Überhöhung der Herrschaft Karls, der damals im Zenit seiner Macht
stand. Karl strebte wohl eine Anerkennung seiner herausragenden
Position in Westeuropa durch Byzanz an. Kaiser und Kaisertum galten in der Frühzeit bei den Germanen als Inbegriff der obersten weltlichen Herrschaft. Mit dem Erlöschen des weströmischen Kaisertums
476 war die Kaiseridee nicht untergegangen. Das byzantinische Kaisertum galt als Fortsetzung des antiken Kaisertums und höchste
weltliche Herrschaft.[83] Bei der Krönungszeremonie lehnte man sich
an das byzantinische Vorbild an. Dort folgte auf die eigentlich konstitutiv wirkende Akklamation durch das Volk die deklaratorische Krönung durch den Patriarchen von Konstantinopel. Im Unterschied dazu vollzog sich das Ritual bei der Erhebung Karls zum Kaiser jedoch
umgekehrt. So erschien die Krönung durch den Papst als die eigentliche Erhebung zum Kaiser. Dies hatte insofern weitreichende Folgen, als die Kaiserkrönung in der Folgezeit praktisch mit dem Papst
verknüpft wurde. So blieb die Kaiserwürde mit dem Besitz Italiens
verbunden, eine für das Hochmittelalter folgenschwere Entwicklung.[84]

---

[81] FRIED, S. 323.
[82] MITTEIS/LIEBERICH, DRG, Kap. 14 IV 2, S. 70.
[83] SCHULZE III, S. 154.
[84] SCHULZE III, S. 157.

2. Königsherrschaft und Reichsverwaltung

Königsgut

Die eigentliche Machtbasis der Könige war das Königsgut. Die Merowingerkönige hatten nach der Eroberung Galliens das römische Staatsland in Besitz genommen. Dementsprechend gab es einen großen Bestand an Königsgut. Die Dichte des Königsgutes in einer Region bestimmte auch die Intensität der Königsherrschaft. Es erfüllte mehrere Funktionen. Da der König, abgesehen von Kriegsbeute, ansonsten kaum über Einnahmen verfügte, diente es zuvorderst der Unterhaltung des Königshofes. Des Weiteren wurden das Königsgut und dessen Erträge für die herrschaftlichen Aufgaben des Königtums benötigt. Es diente zur Ausstattung der Bistümer und Klöster und zu Schenkungen und Belehnungen an Gefolgsleute. Zur Versorgung der Amtsträger wurden Amtsgüter aus dem Königsgut ausgeschieden und als Zubehör des Amtes an die jeweiligen Amtsträger ausgegeben.[85]

78

Kronvasallen

Des Weiteren stützte sich das Königtum auf seine Vasallen. Der Aufbau eines Verbandes von Kronvasallen diente vor allem dazu, den Adel an das Königtum zu binden. Es hing von den persönlichen Fähigkeiten des jeweiligen Königs ab, inwieweit er die Bildung regionaler Adelsherrschaften (z.B. in Form von Herzogtümern) unterdrücken und die Mächtigen des Reiches für seine Politik gewinnen konnte. Der Adel war aber nicht bloßer Gegenspieler des Königs. Zwar versuchte er einerseits, Besitz oder Rechte dem König zu entfremden. Andererseits war er auf den König angewiesen, da nur Königsnähe und königliche Gunst eine Teilhabe an der Königsmacht verhießen (z.B. Vergabe von Grafenämtern oder Lehen).[86] Der Aufbau von Vasallenverbänden hatte auch eine militärische Funktion. Da die einfachen Leute nicht die Mittel für eine Reiterausrüstung aufbringen konnten, bildete sich das Heer in karolingischer Zeit von einem Volksaufgebot zu einem Heer aus Vasallenverbänden um.

79

königlicher Hof

Einen festen örtlichen Mittelpunkt besaß das fränkische Reich nicht, wenn auch die Merowinger Paris und Soissons, die Karolinger Aachen als Residenzen bevorzugten. Ihren gewöhnlichen Aufenthalt hatten die Könige auf ihren verschiedenen, über das Reich verstreuten Pfalzen. Dass der König mit seinem Hofstaat häufig den Ort wechselte, hatte zwei Gründe. Zum einen war es aufgrund der wirtschaftlichen Verhältnisse für eine Gegend nicht möglich, das zahlreiche königliche Gefolge länger zu ernähren. Die Naturalwirtschaft zwang den König auch, seine Einkünfte aus dem verstreuten Königsgut persönlich aufzuzehren. Zum anderen verlangte die persönliche Natur der Herrschaftsausübung in gewissen Zeitabständen die Präsenz des Königs.[87]

80

Herrschaftsbefugnisse

Das genuine Herrschaftsrecht des Königs war das Bannrecht, d.h. die Befugnis zum Erlass von Strafgeboten. Ein Verstoß gegen ein königliches Gebot wurde grundsätzlich mit 60 Schillingen geahndet. Derartige Gebote oder Verbote konnten Einzelfälle oder allgemeine Regelungen betreffen. Das Bannrecht des Königs reichte soweit wie die königliche Gewalt. Es war deshalb auch eine politische Frage, wie weit der König mit seiner Banngewalt gehen konnte. Das galt insbesondere für die Handlungen, die nach Volksrecht straflos, nach Königsrecht jedoch mit einer Buße belegt waren. Häufig trat die Androhung der Bannbuße auch neben die volksrechtliche Sanktion. Diese musste neben der Buße an den Geschädigten und dem Friedensgeld an den Richter geleistet werden.[88]

81

---

[85] SCHULZE I, S. 128.
[86] FRIED, S. 198.
[87] SCHULZE III, S. 90.
[88] HRG I (Art. Bann), Sp. 309.

Der Ausgangspunkt für die Entwicklung des Bannrechts war wohl der Friedensbann während der Heerfahrt, der dem König in dieser Zeit besondere Jurisdiktions- und Gebotsbefugnisse vermittelte und über den Prozess der Landnahme erhalten werden konnte. Daraus resultierte auch der Hauptaufgabenkreis des Königs. Er hatte für *pax et iustitia* zu sorgen. Der König war Garant der rechtlichen Ordnung und hatte den Frieden zu wahren. Er war daher in erster Linie Richter. Gezielte Gesetzgebung zur Umgestaltung der Rechtsordnung war dieser Zeit noch fremd. Die als gegeben hingenommene Ordnung musste nur vor Störungen bewahrt werden.[89]

Grafen

Der König bediente sich zur Reichsverwaltung der Grafen (lat. *comes*, ahdt. *grafio*). Das Grafenamt war militärischen Ursprungs. In karolingischer Zeit wurde der Graf durch seine Befugnisse, die schließlich die gesamte Verwaltung und Gerichtshoheit umfassten, zum alleinigen Träger des Königsrechts. Basis seiner Macht war die Verleihung des Königsbannes.   *82*

Wirtschaftliche Grundlage des Grafenamtes waren das Amtsgut (*fiscus comitialis*), ein Anteil an den entrichteten Bußen und der Anspruch auf Beherbergung und Beförderung durch die Untertanen (*servitium*). Es konnte aber auch eigener Besitz sein oder königliches Lehen. Grafen waren meist einheimische Adelige, konnten aber auch Landfremde sein. Das Grafenamt war wohl räumlich fixiert. Dies bedeutete aber nicht, dass das ganze spätkarolingische Reich in ein System von Grafschaften als Gerichts- und Verwaltungssprengel eingeteilt gewesen wäre. Eine durchgehende Grafschaftsverfassung existierte wohl nicht. Das Bezugssystem zum Grafenamt richtete sich nach personenrechtlichen Abhängigkeiten. Die Grafschaft stellte gewissermaßen einen Personenverband dar, der in Umrissen geographisch fixiert war, aber nicht alle in diesem Bereich lebenden Personen gleich umfasste. Darunter existierte teilweise wohl eine Einteilung in Gaue, denen jeweils ein *Zentenar* zugeordnet war. Das Amt rührte von der militärischen Einheit der Hundertschaft (*centena*) her und war mit gerichtlichen Kompetenzen zur Vertretung des Grafen ausgestattet.[90]

Bedeutung des Grafenamtes

Die Beurteilung des Grafenamtes ist umstritten. Man darf es wohl nicht nach dem modernen Amtsverständnis beurteilen, das eine vom Amtsträger abstrahierbare Amtsstellung voraussetzt. Vielmehr ist das karolingische Grafenamt als Königsdienst zu verstehen, das auf dem persönlichen Verhältnis zwischen König und Graf beruhte. Deshalb funktionierte diese Herrschaft durch persönliches Gebot unter einem starken Herrscher wie Karl dem Großen und musste unter schwächeren verfallen.[91] Hierbei spielt noch ein anderer Faktor eine Rolle. Die Bindung zwischen König und Amtsträger wurde häufig zusätzlich durch ein Lehensband bekräftigt. Lehensvorstellungen übertrugen sich so auf die Ämter, die dadurch ähnlichen Entfremdungstendenzen unterworfen waren wie andere Lehen. Schon im 9. Jahrhundert wurden Grafenämter und Amtsgüter erblich. Die Grafenrechte verdinglichten sich und waren an den Besitz eines bestimmten Gutes geknüpft.[92]   *83*

älteres Stammesherzogtum

Ein Mittler zwischen adeliger und königlicher Herrschaft war das Herzogtum. Herzöge waren wohl ursprünglich militärische Führer. Daraus entwickelten sich im linksrheinischen Teil des Frankenreiches Amtsherzogtümer, die sich aus der Abhängigkeit zum Königtum teilweise lösen konnten. Im rechtsrheinischen Raum verband sich das Herzogtum mit den Stämmen, sog. *älteres Stammesherzogtum*.   *84*

---

[89] WILLOWEIT, § 5 I 3, S. 32 f.
[90] SPRANDEL, S. 88.
[91] Willoweit, § 5 II 4, S. 37 f.
[92] SPRANDEL, S. 87.

In merowingisch-karolingischer Zeit bestanden bei den Bayern, Franken, Alemannen und Sachsen solche Stammesherzogtümer. Als Oberhaupt von Stammesverbänden konnten die Herzöge außerhalb des Reichsgebietes von ihrer Position her ebenso Könige genannt werden. Auch innerhalb des Reichsgebietes neigten sie zur Usurpation königlicher Rechte. Dynastiebildungen wie bei den Agilolfingern in Bayern machten die Ernennung durch den König teilweise bedeutungslos.[93] Von den karolingischen Königen wurden sie systematisch zurückgedrängt und nach Kräften reduziert. Das letzte Stammesherzogtum dieser Art beseitigte Karl der Große durch Absetzung Tassilos III. von Bayern.

3. Gerichtsverfassung und Immunitäten

Eindringen königlicher Beamten in die Gerichtsbarkeit

Feste Gerichtsinstitutionen gab es anfänglich nicht. Erst im frühen Mittelalter bildete sich, wohl unter dem Einfluss des römischen Rechts, der Brauch, dass ein Richter einem Kollegium von Rechtskundigen vorsaß, das dann das Urteil traf. Mit dem Erstarken des fränkischen Königtums drangen königliche Beamte in die Volksgerichte ein. Der *Thunginus* der frühfränkischen Phase wurde als Dingvorsitzender in der Merowingerzeit von königlichen Beamten, den *Grafen* und *Zentenaren* (s.o. Rn. 82), verdrängt.[94] Die Urteilsfindung ging zunächst auf von Fall zu Fall ausgewählte *Rachinburgen* über, dann auf lebenslang verpflichtete Schöffen (*scabini*, von *scapan*, schaffen). In karolingischer Zeit wurde die Einrichtung des Schöffen allgemein vorgeschrieben und die Dingpflicht der Gerichtseingesessenen beschränkt. Der Weg der Männer zum Gericht, durch die Dingpflicht gefordert (s.o. Rn. 61), wurde neben wirtschaftlichen Gründen mit zunehmender Verfeinerung und abnehmender Kenntnis der Rechtsordnung für die Masse auch sinnlos.[95] Neben den Volksgerichten bildete sich ein Königsgericht aus. Früher wurde der Ursprung des Königsgerichts in der Gerichtsbarkeit der Volksversammlung gesehen. Wahrscheinlicher ist es, dass die Ausweitung der Kompetenzen des Königsgerichts mit dem theokratischen Amtsverständnis zusammenhängt, welches der christlichen Herrscherpflicht auf dem Gebiet der Rechtswahrung großen Einfluss zuwies. Dafür spricht die Stärkung des Königsgerichts in karolingischer Zeit.[96]

85

Immunitäten: Ursprung in der Spätantike

Die fränkische Verwaltungs- und Gerichtsstruktur war durchbrochen von Immunitäten. Die Immunität ging zurück auf spätrömische Wurzeln. Man verstand darunter die Freiheit von öffentlichen Lasten (lat. *munera*). Der Begriff bezeichnete jedoch noch kein eigenständiges Rechtsinstitut, sondern nur einen rechtlichen Zustand, der im Einzelfall sehr unterschiedlich ausgestaltet sein konnte. Darunter konnte die Freistellung von öffentlichen Abgaben wie z.B. Kopf- oder Grundsteuer, aber auch von Naturalleistungen oder öffentlichen Diensten oder von sog. *munera personalia* (Kriegsdienst, Vormundschaft) fallen. Vor allem die Kirche war mit dem Aufstieg zur Reichskirche von Konstantin dem Großen von öffentlichen Abgaben befreit worden, konnte dieses Privileg aber nur rudimentär bis in die Zeit der germanischen Reichsgründungen erhalten. Des Weiteren waren wohl auch die kaiserlichen Domänen von bestimmten Lasten befreit.[97]

86

fränkische Immunität

Die fränkische Immunität unterschied sich von der spätrömischen. Sie ging insoweit darüber hinaus, als sie sich nicht nur negativ auf die Befreiung von Hoheitsrechten beschränkte, sondern in der Regel dem Privilegierten jene Befugnisse gewährte, die dem bisherigen Rechtsinhaber abgesprochen wurden.

87

---

[93]   MITTEIS/LIEBERICH, DRG, Kap. 14 III 2, S. 75.
[94]   HRG V (Art. Thunginus), Sp. 214 f.
[95]   HRG I (Art. Gerichtsverfassung), Sp. 1570.
[96]   HRG II (Art. Königsgericht), Sp. 1035.
[97]   HRG II (Art. Immunität), Sp. 312.

Sie verwehrte den königlichen Beamten das Betreten der immunen Güter (*introitus*), das Erheben öffentlicher Leistungen (*exactio*) und die Ausübung öffentlicher Zwangsgewalt (*districtio*).[98] Wichtigster Bestandteil des Immunitätsprivilegs war die Übertragung der Gerichtshoheit. Der so privilegierte Immunitätsherr war von der Grafengerichtsbarkeit ausgenommen und führte alle damit zusammenhängenden Rechtsakte durch. Anfallende Gebühren wie Friedensgelder zog er zu eigenem Nutzen ein.

vor allem kirchliche Immunitäten

88

Immunitätsprivilegien wurden hauptsächlich an geistliche Herren verliehen, vereinzelt finden sich aber auch Verleihungen an weltliche Herren. Die Verleihung erfolgte meist an solche Bistümer und Klöster, die auf Gütern des Königs oder ihm nahe stehender Personen errichtet worden waren. Die Befreiung der königlichen Klöster richtete sich vor allem gegen den Adel, weil dieser mit der Wahrnehmung königlicher Ämter betraut war und in dieser Funktion Abgaben fordern und andere Hoheitsakte vollziehen konnte. Da bei den königlichen Ämtern immer die Gefahr einer Allodialisierung durch den Adel, also einer Inanspruchnahme als eigenes Recht, bestand, sollten die Klöster wohl vor einer Adelsherrschaft bewahrt werden. Mit der Privilegierung einer ging meist die Verleihung des Königsschutzes. Die betroffenen Klöster kamen unter die *Munt* des Königs, der damit zum Garant der Kirchenfreiheit wurde. Sichergestellt werden sollten die freie Abtwahl und die wirtschaftliche Unabhängigkeit. Die Kirche stand so in großem Umfang in einem Unmittelbarkeitsverhältnis zum König und wurde zur Reichskirche.[99]

hemmer-Methode: Der Königsschutz barg für die betroffenen Klöster eine Kehrseite. Es konnte zwar der Einfluss Dritter beseitigt werden, die späteren sächsischen Könige nutzten dieses Instrument aber für eigene unmittelbare Herrschaft über die Kirche, indem sie z.B. vakante Bischofs- und Abtstellen besetzten, so dass von Kirchenfreiheit eigentlich keine Rede sein konnte.[100]

Kirchenvogtei

89

Die Ausübung der Gerichtsbarkeit übertrugen die Kirchen weltlichen Vögten. Zunächst waren die Vögte nur Prozessvertreter der Kirchen. Bis ins 7. Jahrhundert besaßen sie keinerlei gerichtliche Kompetenzen. Unter Karl dem Großen wurde die Vogtei für die Kirchen zu einer ständigen Einrichtung mit Amtcharakter erhoben und allgemein vorgeschrieben. Sie entwickelte sich aber rasch über die reine Rechtsvertretung hinaus. Wohl unter dem Einfluss adeliger Schutzherrschaft übten die Vögte ab dem 9. Jahrhundert die Gerichtsbarkeit aus. Die Rechte der Vögte waren damit nicht mehr nur auf die Vertretung der bevogteten Institution vor Gericht oder gegenüber Ansprüchen anderer Herren beschränkt, sie umfassten auch die Wahrnehmung von Ordnungs- und Herrschaftsrechten innerhalb der vogteilichen Immunitäten und damit die Jurisdiktion über die auf dem Kirchengut lebenden Hörigen.[101] Die Vögte erhielten so größere Bedeutung, weil sie über die Kirchenhintersassen außer der hofrechtlichen Muntherrschaft auch noch die landrechtliche Gerichtskompetenz in Anspruch nehmen konnten. Wegen dieses großen Umfanges an herrschaftlicher Einflussnahme behielten sich viele Klostergründer oder Schenker die Vogteirechte vor.

II. Deutsches Reich und römisches Kaisertum

90

Die Entstehung eines deutschen Staates ist nicht auf einen Einzelakt zurückzuführen, sondern Ergebnis einer Jahrhundert langen Entwicklung.

---

[98] MITTEIS/LIEBERICH, DRG, Kap. 17 I, S. 85 f.
[99] WILLOWEIT, § 5 II 6, S. 39.
[100] HRG II (Art. Immunität), Sp. 319.
[101] HRG V (Art. Vogt), Sp. 935.

Der Rhein blieb bis ins späte Mittelalter eine deutlich spürbare Kulturgrenze in Europa und der Entwicklungsvorsprung des Westens konnte nur langsam vom Osten aufgeholt werden. Deutliches Zeichen war die nicht zu überwindende Sprachgrenze zwischen romanischem Westen und germanischem Osten. Dass sich die Stämme östlich des Rheins in der Folge in einem Gemeinwesen vereinigen würden, war jedoch gerade wegen der gentilen Struktur der Bevölkerung nicht zwingend.

Der Einzelne blieb eher seinem Stammesverband verhaftet als dem durch die ostfränkisch-deutschen Könige zusammengehaltenen übergeordneten Gebilde. Zunächst von außen als Einheit wahrgenommen und als deutsch bezeichnet, wurde das gentile Stammesbewusstsein endgültig erst in der Zeit des Investiturstreits von einem deutschen Gemeinschaftsbewusstsein verdrängt.

1. Die Verselbständigung des ostfränkischen Reiches

Stärkung der Adelsherrschaft

Die Schwäche der letzten karolingischen Könige brachte einen schleichenden Verfassungswandel mit sich. Die Lücke, die der König hinterließ, wurde durch den Adel geschlossen. Der Adel allein war mächtig genug, Schutz zu gewähren und Gewalt einzusetzen. Auch die Übertragung königlicher Aufgaben und Rechte im fränkischen Reichsdienst, z.B. das Grafenamt, schafften eine zusätzliche Herrschaftslegitimation. Bei den Völkern des ostfränkischen Reiches verlagerte sich deshalb die eigentliche Macht auf den Adel. Dieser orientierte sich nicht mehr am Königshof, sondern an seiner Stammesregion, in der man sich gegen konkurrierende Adelsfamilien durchzusetzen versuchte. Dies führte zu einer Regionalisierung der Herrschaft und einem Wiederaufleben der Stämme.[102]

91

jüngeres Stammesherzogtum

Der Adel erschien nun als Repräsentant der Stämme und übernahm aus altem Recht wieder die politische Führung. Teilweise bildete sich um die Wende zum 10. Jahrhundert ein neues Stammesherzogtum heraus. Das Stammesherzogtum war fundiert in der Anerkennung des Herzogs durch den Stammesadel. Vor allem Notsituationen, in denen stammesübergreifende Abwehrmaßnahmen erforderlich waren, forcierten die Entwicklung zum Stammesherzogtum. Durch militärische Erfolge bei der Abwehr der Ungarn konnte sich in Bayern das Herzogtum der Luitpoldinger etablieren, bei der Abwehr der Wikinger in Sachsen das der Liudolfinger, der späteren Königssippe der Ottonen.[103] Mit der Landfriedenssicherung zogen sie eine originär königliche Aufgabe an sich und konnten im Zuge des Prestigegewinns auch eine königsgleiche Stellung erlangen. Sie hatten Heerbann, Gerichts- und Kirchenherrschaft inne und eigneten sich das Königsgut an. Damit partizipierte der Adel an der Königsherrschaft und repräsentierte neben dem König das Reich. Seinen Abschluss fand diese Entwicklung mit der Schaffung des Reichsfürstenstandes in staufischer Zeit.[104]

92

Begründung des sächsischen Königtums

Diese Veränderungen prägten die weitere Entwicklung des ostfränkischen Reiches. 919 setzte sich der Sachsenherzog Heinrich I. als ostfränkischer König durch. Die Anerkennung des sächsischen Königtums durch die anderen Stämme, vor allem der Bayern und Schwaben, war jedoch nicht selbstverständlich.

93

Sein Ausgang im sächsischen Herzogtum bedingte zunächst ein Gleichordnungsverhältnis zu den anderen Herzögen. Wie Heinrich die allgemeine Anerkennung seines Königtums erreichte, ist auch nicht mehr genau aufzuklären.

---

[102] FRIED, S. 703 f.
[103] KROESCHELL I, S. 141.
[104] FRIED, S. 719.

Ob es eine allgemeine Königswahl durch Franken und Sachsen gegeben hat, ist ungewiss. Wahrscheinlicher ist, dass er sich die Zustimmung der Großen des Reiches zwischen 919 und 921 nacheinander durch Freundschaftsverträge sicherte. Er erkannte die Stellung der Herzöge an und band die Stämme und ihre Herzöge durch Herrschaftsverträge an sich.[105] Folge war, dass das Königtum unteilbar wurde. Während die Karolinger bis zu ihrem Erlöschen in Westfranken am Teilungsgedanken festhielten, war dies im Osten mit dem Dynastiewechsel 911 undenkbar geworden.

Die Einbindung des Adels in die Königsherrschaft ließ dies nicht mehr zu. Das Reich war jetzt kein Familiengut der Königssippe mehr wie bei den Karolingern, sondern ein unabhängig von der Person des Königs und seiner Sippe bestehender Personenverband.[106]

Königserhebung

Bei der Thronfolgeregelung bildete sich im ostfränkisch-deutschen Reich seit 911 eine eigenständige verfassungsrechtliche Tradition heraus. Die Beteiligung des hohen Adels bei der Königserhebung konnte von der regierenden Königssippe nicht mehr grundsätzlich ausgeschaltet werden. Die Königserhebung entwickelte sich als ein vielgestaltiger Vorgang mit variablen Elementen, der stark von der jeweiligen politischen Konstellation abhängig war. Es finden sich die Designation des Nachfolgers, Wahlen, Huldigungen oder ein Umritt im Reich, Krönungszeremonien mit Thronsetzung, Salbung und Übergabe der Reichsinsignien durch Bischöfe und das Krönungsmahl. Als maßgebliche Faktoren erscheinen durchgehend ein Wahl- oder Anerkennungsvorgang durch den Adel und eine kirchliche Salbung als sakrales Element. Es wirkte jedoch auch germanisches Erbrechtsdenken fort.[107]   **94**

erbrechtliche Komponente

Das Heil der Königssippe, einhergehend mit dem Erfolg der von ihr gestellten Herrscher, ließ bei Ottonen (919-1024) und Saliern (1024-1125) die Wahlakte großenteils zu Formalien absinken. Eine förmlich einzuberufende, rechtlich geordnete Reichswahlversammlung, bei der die personalen Alternativen erörtert und durch Willensbekundung entschieden wurden, gab es nicht. Der Akt, der gewöhnlich Wahl hieß, war tatsächlich bereits die Huldigung, die Unterwerfung unter die Herrengewalt des als König akzeptierten Mannes. Wahl und Huldigung waren noch nicht geschieden. Die Initiative ging in der Regel sogar vom zu Wählenden aus, der als König auftrat und den Adel zur Huldigung zu bewegen suchte. Derjenige Bewerber, der dem vorangegangenen Herrscher sippenmäßig am nächsten stand, hatte die besten Chancen auf die Nachfolge. Die erbrechtliche Komponente, aus der eine Erbmonarchie hätte entstehen können, wurde gesteigert, wenn ein regierender König einen seiner Söhne zum König designierte und ihn damit zu Lebzeiten zum Mitregenten machte. Die *Designation* war keineswegs nur ein unverbindlicher Vorschlag des Königs. Lag eine Designation vor, so mussten ihr die Wähler wegen der bestehenden Treueverbindung zum König folgen. Der Adel wählte auch hier, indem er dem neuen König huldigte. Die Wahlhandlung beschränkte sich in diesen Fällen auf die Herrschaftsanerkennung des neuen Königs.[108]   **95**

Königswahl

Bei einem Wechsel der Dynastie erlangte der Wahlvorgang jedoch entscheidende Bedeutung, wie z.B. bei der Erhebung Konrads II. 1024. Hier trafen sich Vertreter der Stämme und bestimmten den Nachfolger. Zwar wurde in der Theorie der König vom ganzen Volk gewählt, in der Realität war aber der Einfluss der Großen des Reiches maßgeblich. Nur sie nahmen an der Wahl teil. Nicht jede Stimme hatte gleiches Gewicht.   **96**

---

[105] FRIED, S. 462.
[106] FRIED, S. 477.
[107] WILLOWEIT, § 7 II 2, S. 50.
[108] FRIED, S. 604.

Das Ansehen des Wählers entschied darüber, ob andere seiner Wahl folgten. Dementsprechend gaben einzelne Mitglieder des hohen Adels den Ton an. Auch der Kreis derer, die für die Königswürde in Frage kamen, war auf die dünne Schicht des Hochadels beschränkt. Der Adel der Familie und die Nähe zum bisherigen Königshaus wirkten sowohl auf Kandidaten- als auch auf Wählerseite Rang erhöhend. Feste Regeln gab es anscheinend nicht. Aber es setzte sich der Gedanke durch, dass in erster Linie die agnatischen und kognatischen Nachkommen des ersten liudolfingischen Königspaares, Heinrichs I. und seiner Frau Mathilde, als thronfähig und wahlberechtigt galten.

97

Mit den Umwälzungen des Investiturstreits trat die Fürstenmacht des Adels und damit der Wahlgedanke gegenüber dem königlichen Erbrecht eindeutig in den Vordergrund. Die freie Wahl war das Programm der Kirche, die das in heidnischen Vorstellungen wurzelnde Geblütsrecht bekämpfte und auf die Eignung zum Königtum abstellen wollte (Prinzip der *Idoneität*). Bei den Wahlen 1125 und 1138, die jeweils einen Dynastiewechsel mit sich brachten, überging man aus politischem Kalkül die mächtigsten Thronanwärter. Dies bildete die Grundlage für die Stärkung des Gedankens der freien Wahl, die das Sippenrecht überwand. Nur den Staufern gelang es noch mal, das dynastische Erbrecht zur Grundlage der Thronfolge zu machen.[109]

2. Römisches Kaisertum und deutsches Reich

Kaiserkrönung Ottos des Großen 962

Otto I. hatte das ottonische Königtum zur Hegemonialmacht Westeuropas gemacht. Besonders sein Sieg über die Ungarn auf dem Lechfeld 955 erhob ihn für die Zeitgenossen über alle anderen Fürsten. Otto ließ sich daraufhin in Rom vom Papst 962 zum Kaiser krönen. Konstitutiv war nun die Salbung durch den Papst, nicht wie bei Karl dem Großen die Akklamation durch die Römer. Dies hatte sich seit den späten Karolingern ergeben. Die Krönung in Rom durch den Papst blieb bis zum Ende des Mittelalters ein für die Führung des Kaisertitels unentbehrlicher Akt. Die Erneuerung des westlichen Kaisertums durch Otto den Großen band den Kaisertitel dauerhaft an das ostfränkisch-deutsche Reich und prägte dessen mittelalterliche Geschichte. Fast alle deutschen Könige des Mittelalters führten daraufhin auch den Kaisertitel. Mit diesem verknüpft war die Idee des antiken, universal verstandenen *Imperium Romanum*. Es gab dem deutschen Reich bis zu seinem Erlöschen 1806 seinen offiziellen Namen.

98

kaiserliche Politik Ottos

Mit Annahme der Kaiserwürde knüpfte Otto an die Tradition Karls des Großen an. Die Herrschaft über Rom und Italien gehörte untrennbar zur Idee des Kaisertums.[110] 951 hatte er den italienischen Königstitel angenommen. Bei der Kaiserkrönung übernahm er die Schutzherrschaft über die römische Kirche (nur die römische Ortskirche), garantierte den Bestand der päpstlichen Besitzungen, des *Patrimonium Petri*, während der Papst ihm die Treue schwor. Die Machtposition Ottos des Großen in Italien beruhte aber vor allem auf seiner militärischen Überlegenheit gegenüber den lokalen Mächten. Das Heer war der Garant für die Aufrechterhaltung der kaiserlichen Herrschaft.

99

Die Herrschaft über Italien erforderte in der Regel die Präsenz des Kaisers und des deutschen Heeres. Die Reichsheerfahrten nach Italien und der Romzug zur Kaiserkrönung gehörten in den folgenden Jahrhunderten zu den wichtigsten Ereignissen der Königsherrschaft.[111]

---

[109] WILLOWEIT, § 7 II 2, S. 52.
[110] WILLOWEIT, § 8 I 1, S. 56.
[111] SCHULZE III, S. 167 f.

universales Kaiserverständnis unter Otto III.

Sein Enkel Otto III. (983-1002) wollte den Universalismus des Römischen Reiches erneuern, handelte nach der Devise *Renovatio imperii Romanorum*. Rom, das in der Antike als Haupt der Welt gegolten hatte, sollte als Kaiserstadt wieder das Zentrum eines neuen, das Abendland überwölbenden, die christlichen Völker unter der Oberhoheit von Kaiser und Papst vereinenden Reiches werden. Daher machte Otto III. Rom wieder zur Kaiserresidenz, ließ sich auf dem Palatin, dem Hügel, auf dem die Paläste der antiken Kaiser gestanden hatten, eine Kaiserpfalz erbauen und richtete sich eine Hofhaltung nach byzantinischem Muster ein. Sein universaler Herrschaftsanspruch manifestierte sich vor allem in einer neuartigen Ostpolitik, bei der er bewusst über die herkömmlichen Reichsgrenzen nach Polen und Böhmen hinausgriff, ohne aber diese Fürstentümer direkt ins Reich zu integrieren. Mit dem frühen Tod Ottos III. fand diese Politik jedoch ein Ende. Das Selbstverständnis des römischen Kaisertums und der Begriff des *imperium Romanum* blieben aber haften.[112]

100

Translationslehre

Die Rechtsgrundlage des mittelalterlichen Kaisertums blieb unklar. Erklärungsversuche über den Ursprung des Imperiums waren vielfältig und reichten von der faktischen Hegemonie des fränkisch-deutschen Königtums bis zu historischen und religiösen Ansätzen. Ab dem 11. Jahrhundert setzte sich die sog. *Translationslehre* durch. Diese beruhte auf der christlichen Vorstellung von vier aufeinanderfolgenden Weltreichen, nach deren Untergang Gott sein Reich aufrichten werde. Als diese vier Weltreiche wurden das babylonische, medisch-persische, griechisch-makedonische und römische Reich angesehen.

101

> **hemmer-Methode: Die heilsgeschichtliche Deutung der Weltreiche wurde von einer Bibelstelle bei Daniel 2, 31-45 abgeleitet. Dort wird geschildert, wie König Nebukadnezar von Babylon im Traum ein hohes Standbild sah, dessen Haupt aus Gold, Brust und Arme aus Silber, Bauch und Lenden aus Erz und die Füße teils aus Eisen, teils aus Ton waren. Ein Stein traf die eisernen und tönernen Füße und brachte die Statue zu Fall. Der Stein wuchs zu einem großen Berg und erfüllte die ganze Welt. Daniel deutete das Standbild als eine Abfolge von Weltreichen. Das goldene Haupt symbolisierte das Reich Nebukadnezars. Darauf sollte noch ein silbernes, ein ehernes und ein eisernes Reich folgen und danach das Reich Gottes.**

Da das Römische Reich das letzte Weltreich war, musste das von Karl dem Großen und Otto dem Großen erneuerte Reich mit dem Römischen Reich identisch sein. Die Verknüpfung des Frankenreiches und des deutschen Reiches mit dem vierten Weltreich der Heilsgeschichte erfolgte mit Hilfe der Lehre von der *Translatio imperii*. Nach dieser Lehre war die Herrschaft über das Römische Reich durch die Krönung Karls des Großen zuerst auf die Franken, dann durch die Ottos des Großen auf die Deutschen übertragen worden.[113]

integrative Wirkung der Italienfeldzüge

Die Rückwirkungen der kaiserlichen Italienpolitik auf die Gebiete nördlich der Alpen waren eminent. Vor allem die integrative Wirkung der Italienzüge darf nicht unterschätzt werden. Gerade in ottonischer Zeit beteiligte sich fast der gesamte deutsche Adel an ihnen.

102

Im Heer, das im Mittelalter trotz der Zusammensetzung aus Vasallenverbänden im Gegensatz zu den ursprünglichen Volksaufgeboten das gesamte Volk repräsentierte, fand sich das Reich, zwar immer noch in Stammesaufgebote gegliedert, als Einheit zusammen. In Italien wurde durch die Wahrnehmung der dortigen Andersartigkeit das eigene Gemeinschaftsbewusstsein gestärkt, hier wurde man zum ersten Mal mit der Bezeichnung als Deutsche konfrontiert.[114]

---

[112] WILLOWEIT, § 8 I 1, S. 57 f.
[113] S. dazu SCHULZE III, S. 113-118.
[114] Ausführlich dazu FRIED, S. 533-535.

Zwar existierte für die Zeitgenossen der Begriff des deutschen Reiches noch nicht. Mit dem Ende der ottonischen Epoche ist es aber aufgrund des entstehenden Volksbewusstseins und der verfassungsgeschichtlichen Eigenständigkeit gerechtfertigt, von einem deutschen, nicht mehr von einem ostfränkischen Reich zu sprechen.[115]

3. Die Rechte des Königs und Kaisers

Kaisertum und Trias der Königreiche

Das von den Ottonen wiederbelebte *imperium Romanum* erhob zwar in der politischen Theorie einen universalen Herrschaftsanspruch, in der Realität aber umfasste es in territorialer Hinsicht zunächst nur das deutsche Reich und das Königreich Italien, seit 1032 auch das Königreich Burgund. Auf der Herrschaft über diese drei Königreiche beruhte die reale Macht des mittelalterlichen Kaisertums.

103

Rechtsetzung durch den König

Der Handlungsspielraum des Königs und Kaisers muss nach der jeweiligen Funktion beurteilt werden, unter der er agierte. Er war einmal deutscher König, andererseits auch italienischer König und römischer Kaiser. In Italien war die Situation für den König eine andere als in Deutschland. Hier war noch die Praxis des selbsturteilenden Richters erhalten geblieben, Urteile wurden also nicht unbedingt von einem Kollegium gefällt. Auch die Gesetzgebungtradition war nicht abgerissen. So wurde an lombardischen Rechtsschulen das Verhältnis von langobardischem Recht und karolingischen Kapitularien diskutiert. Im Raum der deutschen Stämme hatte er dagegen auf die Rechtsfindung ebenso wenig Einfluss wie andere Richter. Hier galten die Volksrechte als überkommenes Recht und standen grundsätzlich nicht zur Disposition des Königs. Das Recht galt nicht als Produkt menschlicher Vernunft, sondern als unmittelbarer Bestandteil der göttlichen Weltordnung. Es war seinem Wesen nach alt und gut, wurde als gute Gewohnheit bezeichnet (*bona consuetudo*). Recht konnte deshalb nicht gesetzt, sondern nur gefunden werden. So gab es bis ins 13. Jahrhundert praktisch keine Gesetzgebung in Deutschland.[116]

104

Rechtsgestaltung durch Privilegienverleihung

In der Praxis aber war das der Idee nach statische Recht in einem dauernden Wandlungs- und Fortbildungsprozess begriffen. Rechtsgestaltung vollzog sich auf dem Weg der Gewährung von *Privilegien*. Darunter sind Einzelrechtsverleihungen zu verstehen, keine Normen. Umgekehrt war auch ein Dispens möglich, also die Befreiung von einer Regelung (meist im Kirchenrecht), z.B. Immunitäten (Befreiung von Gerichtsbarkeit). Einmal verliehene Privilegien mussten immer wieder in Anspruch genommen werden, um nicht aus der Übung zu kommen und damit den Geltungsanspruch zu verlieren. Deshalb wurden Privilegien häufig erneuert und damit vom König bestätigt. Dem König kam die Funktion zu, die Rechte des Einzelnen zu schützen. Er reiste im Reich umher und richtete nach dem Verständnis der Zeitgenossen das überall vom Verfall bedrohte Recht auf und bestärkte es durch seine Autorität. Er wurde also bei der Erneuerung nicht eigentlich legislativ tätig.

105

Privilegienverleihung Funktionsersatz für Gesetzgebung

Ein Privileg war zwar immer nur eine Einzelfallregelung, die Privilegienverleihung entwickelte sich aber im Verlauf des Mittelalters zum Funktionsersatz für die Gesetzgebung. Es handelte sich nicht um ein Vorrecht, sondern um die Gestaltung der Rechtsordnung. Die Art der Privilegienverleihung änderte sich in dieser Zeit. Häufig wurden nun Privilegien an Personengruppen, nicht mehr nur an Einzelpersonen verliehen. Es handelte sich dann nicht nur um eine einzelne Berechtigung, sondern um eine ganze Rechtsordnung, z.B. Stadtrechtsprivilegien. Dahinter steht die Entwicklung zu eigenen Rechtsgemeinschaften.

106

---

[115] Schulze III, S. 100-106.
[116] Kroeschell I, S. 152.

Diesen wurde auch häufig Satzungsbefugnis verliehen, so dass sich diese neugeschaffene Rechtsordnung auch weiterentwickelte. Das so neugeschaffene Recht wurde von den betroffenen Personengruppen für etwas anderes gehalten als das überkommene Recht.[117]

Regalien

Gegenstand der Privilegienverleihung waren häufig die fiskalischen Hoheitsrechte des Königs. Darunter fielen z.B. Markt-, Münz- und Zollrecht. Aufbauend auf karolingischen Grundlagen nahmen schon die ottonischen Könige diese Hoheitsrechte ausgiebig wahr und verfügten über sie. Erst im Laufe des Investiturstreits und unter dem Einfluss römischen Rechts zur Zeit der Staufer wurde dafür der Begriff *regalia* geprägt und damit bestimmte Reichsrechte vom allgemeinen Königsrecht abgesondert. Man verstand darunter Rechte, die besondere Abgaben einbrachten. Bei der Bezeichnung blieb es auch, wenn sich diese Rechte nicht mehr in Händen des Königtums befanden. Die Verleihung von fiskalischen Königsrechten war zugleich ein Mittel zur Steigerung der Effizienz in der Verwaltung dieser Rechte und der Einbindung des Adels. Häufig wurde nur das nackte Recht verliehen und es dem Empfänger selbst überlassen, ob er die innewohnenden materiellen Möglichkeiten wahrnehmen konnte.[118]

107

4. Die Ordnung des Reiches

Verwaltung des Reiches

In der Verwaltung des Reiches manifestierte sich der Anspruch der Fürsten auf Teilhabe an der Königsherrschaft. Der König war bei der Reichsverwaltung auf die Großen angewiesen. Der Hof war das Zentrum der königlichen Herrschaft. Gewöhnlich musste jeder, der vom König einen Rechtsstreit regeln lassen wollte, von ihm ein Privileg erhoffte oder Rang und Prestige im Beisein von Standesgenossen zu demonstrieren suchte, den Hof aufsuchen. Und auch der König musste darauf bedacht sein, möglichst häufig zumindest einen Teil seiner Kronvasallen um sich zu versammeln, war er doch auf deren Rat und Hilfe (*consilium et auxilium*) angewiesen. Größere solcher Versammlungen wurden als Hoftage bezeichnet. Jedoch war die Grenze zur alltäglichen Hofhaltung fließend. In welchem Maß hier der Adel Einfluss geltend machen konnte, hing wesentlich von der politischen Situation ab, denn der Hoftag, zu dem sie sich versammelten, war keine Institution mit fest abgegrenzten Kompetenzen.[119]

108

Verhältnis zwischen König und Herzögen

Es bestand ständig ein Spannungsverhältnis zwischen Königtum und Stammesherzögen. Die unabhängige Stellung der Herzöge um die Wende zum 10. Jahrhundert ließ das Herzogtum als autogenes Herrschaftszentrum erscheinen. Daneben ist aber zu berücksichtigen, dass eine Voraussetzung zur Erringung dieser Stellung neben der eigenen Macht das königliche Mandat gewesen war. Nach dem Verständnis der Zeit standen die Herzöge wohl in der Tradition der karolingischen Teilkönige und Herzöge und bezogen ihre Herrschaftslegitimation aus dem Königtum.[120]

109

Zwar konnten immer wieder mächtige Geschlechter des einheimischen Adels eine herzogliche Stellung erringen und über Generationen weitergeben. Die Auseinandersetzung zwischen den Herzögen als Inhabern königsgleicher Herrschaft und den ottonischen Königen führte letztlich aber zur Einbindung der Herzogtümer in das Reich. Den Ottonen gelang es, das Herzogtum als eine Zwischengewalt mit der Funktion der Stellvertretung des Königs in die Reichsorganisation einzubauen und den Amtscharakter zu verstärken.

---

[117] KROESCHELL I, S. 156 f.
[118] FRIED, S. 521; Übersicht bei CONRAD I, S. 272-276.
[119] Dazu ausführlich FRIED, S. 660-664.
[120] WILLOWEIT, § 7 II 3, S. 53.

Otto I. übertrug den bayerischen, den alemannischen und den lothringischen Dukat an Angehörige seiner Familie. Der Amtscharakter des Herzogtums verstärkte sich. Die Bindung der Herzogsherrschaft an das Stammesgefüge wurde zudem lockerer. Es entstanden Herzogswürden, die nicht mehr an einen Stammesverband geknüpft waren.

Grafschaftsverfassung

Die Grafschaftsverfassung blieb als eines der wesentlichen Elemente der karolingischen Reichsorganisation bestehen, aber der schon im 9. Jahrhundert einsetzende Prozess einer Umdeutung der Grafengewalt von königlichem Amtsauftrag in adelige Herrschaft beschleunigte sich. **110**

In ottonischer Zeit wurde die Erblichkeit der Grafenwürde wohl prinzipiell anerkannt. Auch konnten mehrere Grafschaften in einer Person kumuliert werden. Einzelne Privilegierungen, z.B. Immunitäten, welche die Grafengewalt beschnitten, und überhaupt die sehr unterschiedliche Gestaltung der einzelnen Grafschaften, führten zu einer Auflösung des Grafschaftsnetzes, soweit dieses überhaupt bestanden hatte. Adelige und kirchliche Immunitäten durchzogen den Grafschaftsbezirk, Adelsmacht zersetzte die Grafengewalt. Umgekehrt gründete die faktische Macht eines Grafen nicht allein in den Rechten, die ihm die Grafenwürde verschaffte. Ebenso wichtig war der allodiale Besitz, die weiteren Königslehen oder der Rang der eigenen Verwandten und der jeweilige Sozialstatus der einzelnen Amtsträger. So wurde die Grafenwürde zu einer Wurzel für den späteren Aufstieg zum landesherrlichen Fürstentum.[121]

5. Die Reichskirche

ottonisches Reichskirchensystem

Ein stabilisierendes Element der ottonisch-salischen Herrschaftsorganisation war die Reichskirche. Die Ansprüche der Reichsgewalt waren in der Kirchenhoheit des Reiches begründet, die seit der Eingliederung der süddeutschen Herzogtümer in die Königsgewalt die gesamte Reichskirche erfasste. Sie legitimierte sich wesentlich aus der Sakralität des Königtums, wurde aber auch durch staatskirchliche Traditionen aus der Spätantike und durch Vorstellungen des Eigenkirchenwesens mitgetragen. Sie manifestierte sich in dem entscheidenden Einfluss des Königs auf die Wahl der Bischöfe und Reichsäbte. Die Einsetzung (*Investitur*) wurde durch den König durch einen symbolischen Akt, die Überreichung des Stabes, später auch des Ringes, vollzogen. Da der König ein Interesse an der Stärkung der Bischöfe und Reichsäbte hatte, wurden die kirchlichen Grundherrschaften und Immunitäten fortlaufend vergrößert. Durch Verleihung von Privilegien und Übertragung von Reichsgut durch den König wuchs die wirtschaftliche Basis der geistlichen Grundherrschaften. **111**

Servitium regis

Im Gegenzug hatten die Reichskirchen und -abteien Königsdienst (*servitium regis*) zu leisten. Die geistlichen Herrschaften stützten das Königtum durch Burgenbau, Heeresaufgebot und Verpflegung des königlichen Hofes. Vor allem das Gastungsrecht des Königs stellte eine schwere wirtschaftliche Belastung dar. Während die Ottonen vor allem die Pfalzen aufsuchten und die Haus- und Reichsgüter zum Unterhalt des Hofes heranzogen, trugen mit der vermehrten Belehnung der kirchlichen Herrschaften seit Otto III. Bischöfe und Äbte die Hauptlast der Versorgung. **112**

Hochgerichtsbarkeit, Vogtfreiheit

In ottonischer Zeit besaßen die kirchlichen Herrschaften ähnlich einer Grafschaft volle Gerichtsbarkeit auch über Kriminalfälle. Bischöfe übertrugen die Hochgerichtsbarkeit zunächst auf benachbarte Grafen und Herzöge, die sie als Vogt der Immunität ausübten. **113**

---

[121] FRIED, S. 710.

Im Zuge der Konsolidierung geistlicher Herrschaft gelang es aber vielen geistlichen Fürsten, Vogtfreiheit zu erlangen. Damit war die Basis gelegt für die das deutsche Reich bis zur Säkularisierung 1803 prägende geistliche Landesherrschaft.[122]

hemmer-Methode: Bei der im Gegensatz zu den Adelsherrschaften verstärkten Einbindung der Reichskirche in die Reichspolitik darf nicht übersehen werden, dass es sich im deutschen Reich um eine Adels-, nicht um eine Volkskirche handelte. Die reiche Ausstattung der Bistümer und Abteien machte solche Stellen auch für den Adel immer attraktiver. Während in karolingischer Zeit noch der niedere Adel in den Kirchenämtern dominierte, wurden das Reichsepiskopat und die Reichsabteien in ottonischer Zeit zunehmend vom Hochadel dominiert. Bischofs- und Abtstellen wurden ein bevorzugter Ort zur Befriedigung nachgeborener Söhne. Kirche und Kloster boten dem Adel oft erst die Mittel zu einem statusgerechten Herrenleben.[123]

Eigenkirchen

Auf Pfarreiebene war die Kirche grundherrschaftlich ausgerichtet. Das kanonische Recht betrachtete zwar das gesamte Kirchengut einer Diözese grundsätzlich als Eigentum der Bischofskirche und überließ die Verwaltung dem Bischof. Im fränkischen Reich dominierte dagegen das *Eigenkirchenwesen*. Neben verhältnismäßig wenigen, auf die frühe Phase der Missionierung zurückgehenden, von den Bischofssitzen aus eingerichteten ländlichen Pfarreien wurden die meisten Pfarrkirchen vom ansässigen Adel erbaut. Die weltlichen Kirchenherren sorgten für den Bau und die Unterhaltung der Kirche und der Wohnung des Geistlichen, setzten diesen auf die Pfarrstelle und sicherten dessen Lebensunterhalt. Die Weihe des Priesters vollzog der zuständige Bischof. Die Kirche war gerade in der Aufbauphase der fränkischen Kirchenorganisation auf die Unterstützung der Grundherren angewiesen. Die so entstandene Pfarrkirche bildete mit ihrer Ausstattung an Grund und Boden einen eigenen Vermögenskreis, der Teil der Grundherrschaft des Stifters blieb. Der Grundbesitz unterlag der Verfügungsgewalt des Grundherrn, der ihn zwar prinzipiell der Kirche nicht mehr entfremden, wohl aber für eigene Zwecke nutzen oder auch mit der Kirche veräußern konnte. Insbesondere unterlagen die Einkünfte dem willkürlichen Zugriff des Grundherrn.[124]

114

---

[122] KROESCHELL I, S. 124 f.; WILLOWEIT, § 7 II 5, S. 54.

[123] FRIED, S. 678 f.

[124] SPRANDEL, S. 53 f.; FRIED, S. 316.

§ 4 DIE ANFÄNGE DES GEMEINEN RECHTS

Lernübersicht:

Römisches und kanonisches Recht bilden die gemeinsame Grund- | **115**
lage der europäischen Privatrechtssysteme. Beide Rechtsordnungen wurden seit dem hohen Mittelalter an Rechtsschulen und später an Universitäten nach wissenschaftlichen Methoden bearbeitet und im Unterricht vermittelt, weshalb sie auch als gelehrte Rechte bezeichnet wurden. Die wissenschaftliche Durchdringung des römischen und kanonischen Rechts durch die sich entwickelnden rechtswissenschaftlichen Disziplinen Legistik und Kanonistik bereitete deren Rezeption als subsidiär geltendes gemeines Recht in ganz Europa, besonders aber in Deutschland, vor.

hemmer-Methode: Rechtsquellen des Gemeinen Rechts sind die Reichsgrundgesetze, das Corpus Iuris (Civilis), das Corpus Iuris Canonici, Ordensstatuten, Professorenschriften, Rechtsbücher und Einzelurkunden sowie die langobardischen Libri feudorum. Zu beachten ist, dass das gemeine Reichsrecht im ganzen Reich, das kanonische Recht jedoch in der gesamten christlichen Welt galt. Schon allein dieser Ansatz zeigt die große Bedeutung des kanonischen Rechts!

I. Die Begründung der Legistik

Der Impuls zur Verwissenschaftlichung des Rechts ging von der | **116**
Wiederentdeckung des *Corpus iuris civilis* aus. Die unter Justinian (527-565) herausgegebene Zusammenstellung römischer Rechtstexte wurde zum bevorzugten Gegenstand der mittelalterlichen Rechtswissenschaft. Neben der Kanonistik, der kirchlichen Rechtswissenschaft, entwickelte sich aus der Beschäftigung mit den römischen *leges* die weltliche Rechtswissenschaft als eigenständiger Wissenschaftszweig.

1. Die justinianische Kompilation

Justinians Reforminitiative

Als Justinian 527 oströmischer Kaiser wurde, wollte er das römische | **117**
Weltreich wieder zu seiner einstigen Größe führen. Die Herstellung der Rechtseinheit war eine Maßnahme auf diesem Weg. Während in der westlichen Reichshälfte das römische Recht seit dem 3. Jahrhundert zunehmend verflachte, war in Ostrom die römische Rechtstradition nie völlig abgerissen, sondern von angesehenen Rechtsschulen weitergeführt worden.

Da durch diese Rechtsschulen der Rechtsstoff in Archiven gesammelt und schon erschlossen war, fiel die Reforminitiative auf fruchtbaren Boden.[125]

Vorgänger: Codex Theodosianus

Justinians Ziel war zunächst eine vollständige amtliche Sammlung aller noch lebensfähigen Kaiserkonstitutionen. Hierbei konnte auf drei ältere Gesetzessammlungen zurückgegriffen werden. Auf Veranlassung Kaiser Theodosius II. (408-450) war der *Codex Theodosianus* geschaffen und 438 in Konstantinopel verkündet worden. Der aus 16 Büchern bestehende, überwiegend Materien des öffentlichen Rechts regelnde Codex brachte eine bereinigte Fassung des bereits im 4. Jahrhundert ungeordneten Rechts. Er ergänzte zwei aus dem Osten des Reiches stammende Gesetzessammlungen: Den *Codex Gregorianus* und den *Codex Hermogenianus* aus den Jahren 292/94. Beide Codices enthielten Kaisergesetze aus den Zeiten Hadrians (117-138) bis zu Diocletian (284-305). Sie wurden durch eine Zusammenstellung der seit Konstantin I. (306-337) ergangenen Konstitutionen vervollständigt.[126]

118

Entstehung der justinianischen Kompilation: Codex Iustinianus,

Die 528 von Justinian eingesetzte zehnköpfige Kommission unter dem kaiserlichen Kanzleivorsteher Tribonian hatte zunächst nur den Auftrag, das in den drei Codices enthaltene und durch jüngere Gesetze ergänzte Kaiserrecht zu redigieren und neu herauszugeben. Der so entstandene *Codex Iustinianus* wurde 529 als Gesetz erlassen.

119

Nach einer durch die laufenden Gesetzgebungsarbeiten notwendig gewordenen Revision, in welcher der *Codex Iustinianus* den jüngeren Teilen des Vorhabens angeglichen wurde, wurde er 534 als *Codex repetitae praelectionis* neu herausgegeben. Der Codex bestand aus 12 Büchern. Buch 1 beinhaltete Kirchen-, Staats- und Verfahrensrecht, Buch 2-8 Privatrecht, Buch 9 Strafrecht und Buch 10-12 Verwaltungsrecht.

Digesten

530 erteilte Justinian einer weiteren, wieder unter dem jetzigen Justizminister Tribonian arbeitenden Kommission den Auftrag, auch das Juristenrecht in einer umfassenden Sammlung zu vereinen. Diese sog. *Digesten* ("Geordnetes") oder *Pandekten* ("Allumfassendes") wurden Ende 533 verkündet. Sie enthielten in 50 Büchern systematisch geordnete Exzerpte, insbesondere Lehrfälle und Problemanalysen, aus den Originalschriften klassischer und nachklassischer Juristen wie z.B. Ulpian, Papinian oder Gaius. Den breitesten Raum, Buch 2-46, nahm das Privatrecht ein, daneben fanden sich auch Verfahrens-, Verwaltungs- und Strafrecht. Um den Bedürfnissen der Zeit zu genügen, mussten die meist aus klassischer Zeit stammenden Texte teilweise erheblich bearbeitet werden.[127]

120

hemmer-Methode: Die neugefassten Abschnitte nennt man *Interpolationen* (Einschaltungen). Dabei handelte es sich hauptsächlich um Vereinfachungen und Vereinheitlichungen widersprüchlicher Textstellen. Seit Einführung des BGB und der Verabschiedung vom römischen Recht als geltendem Recht wird vermehrt versucht, durch Auffinden solcher Interpolationen die klassischen Texte zu rekonstruieren.

Institutionen und Novellen

Auch das Studium der Jurisprudenz wurde dem erreichten Zustand angepasst. Die Rechtslehrer Theophilus und Dorotheus verfassten in Anlehnung an das gleichnamige Werk des Gaius die *Institutionen*, ein Elementarlehrbuch, das mit den *Digesten* Gesetzeskraft erlangte.

121

---

[125] DULCKEIT/SCHWARZ/WALDSTEIN, § 40 II 4, S. 299 f.
[126] SCHLOSSER, S. 6; DULCKEIT/SCHWARZ/WALDSTEIN, § 42 III, S. 305.
[127] DULCKEIT/SCHWARZ/WALDSTEIN, § 43 II, S. 313 f.

Nach dem Vorbild des Gaius waren die *Institutionen* in vier Bücher unterteilt: *personae* (Personenrecht), *res* (Recht der körperlichen und unkörperlichen Sachen) und *actiones* (Klagerechte). Die danach von Justinian als *novellae leges* erlassenen Nachträge wurden nicht mehr zu einer amtlichen Sammlung vereint. Sie wurden aber in Privatsammlungen festgehalten. Die Sammlung, die später Eingang in das *Corpus iuris* fand, war eine lateinische Fassung von 134 Novellen wahrscheinlich aus dem 6. Jahrhundert. Sie wurde erst im Mittelalter wieder gefunden und fälschlicherweise für den Originaltext gehalten. Daher wahrscheinlich auch der Name *Authenticum*.[128]

Umgestaltung des Corpus iuris im Mittelalter

122

Gegenstand der wissenschaftlichen Bearbeitung in Bologna und den von Bologna beeinflussten Schulen wurde eine Ausgabe, die vom antiken Original teilweise nicht unerheblich abweicht. Diese Fassung wurde *Littera Bononiensis* oder *Vulgata* genannt. Das *Corpus iuris* wurde in fünf Bände eingeteilt. Auf die drei ersten Bände waren die Digesten aufgeteilt: *Digestum vetus* (D. 1.1-24.2), *Infortiatum* (D. 24.3-38.17), *Digestum novum* (D. 39.1-50.17). Der Ursprung dieser Dreiteilung ist ungeklärt. Der vierte Band bestand aus den ersten neun Büchern des *Codex*. Der fünfte Band wurde *Volumen parvum* genannt. Dieses enthielt die *tres libri Codicis* (10.-12. Buch des Codex), die *Institutiones* und das *Authenticum* (*Novellen*), nach dem Vorbild des *Codex* aufgeteilt in neun *collationes*. Der Grund für die Teilung des *Codex* lag wahrscheinlich in der Überlieferung. Das in den letzten drei Büchern enthaltene Staats- und Verwaltungsrecht war in der im Frühmittelalter einzig vorhandenen Sammlung, der *Epitome codicis*, weggelassen worden, weil der Autor diesem Teil wahrscheinlich keine Bedeutung beigemessen hatte.[129]

Das zunächst unbefangene Verhältnis des Mittelalters zum Quellentext, aber auch dessen Lebendigkeit als geltendes Recht zeigt sich in einigen späteren Hinzufügungen. Dem *Authenticum* wurden im 13. Jahrhundert die *Libri feudorum* als zehnte Kollation hinzugefügt. Das *Volumen* wurde später durch weitere sog. *extravagantes* ergänzt. Friedrich Barbarossa befahl 1158, das auf dem Ronkalischen Reichstag ergangene Scholarenprivileg in das *Corpus iuris* aufzunehmen. Friedrich II. fügte 1220 noch eine weitere Konstitution hinzu. Auch der Frieden von Konstanz 1183 wurde auf diese Weise Bestandteil des *Corpus iuris*. In dieser Form wurde das *Corpus iuris* seit dem 15. Jahrhundert als Druckausgabe herausgegeben.[130]

hemmer-Methode: Der Begriff Corpus Iuris Civilis wurde erst seit Dionysius Gothofredus und dessen Gesamtausgabe zu dem Gesetzeswerk im Jahre 1583 gebraucht.

2. Die Entstehung der Legistik

Weitergeltung und Wiederentdeckung des Corpus iuris in Italien

123

In der weströmischen Reichshälfte, vor allem in Italien, blieb die justinianische Kodifikation in unterschiedlichem Umfang bekannt. Zur Zeit der Publikation des *Corpus iuris* war Italien Herrschaftsbereich der Ostgoten. Erst die Wiedereroberung durch Justinian brachte das Land erneut unter die Herrschaft Ostroms. 554 setzte Justinian *Digesten*, *Codex* und *Institutionen* in Italien förmlich in Kraft. Als 568 Nord- und Mittelitalien wieder an die Langobarden verloren ging, verblieben den Byzantinern nach der um 650 abgeschlossenen Eroberungsphase nur kleinere Gebietsanteile wie Rom, Ravenna und Neapel. Lediglich hier bestand das römische Recht inhaltlich umgestaltet und hellenisiert in griechischer Form und Sprache fort. Die westliche Rechtskultur vermochte es nicht nachhaltig zu beeinflussen.

---

[128] Lange, Römisches Recht im Mittelalter, Bd. 1: Die Glossatoren, 1997, S. 82-84.
[129] Lange, Glossatoren, S. 72.
[130] Weimar, HbPRG I, S. 156.

Trotz der offiziellen Einführung durch Justinian hatte das *Corpus iuris* das weströmische Vulgar- und gotische Stammesrecht nicht völlig verdrängen können. Wirklich bekannt waren nur der *Codex*, die *Institutionen* und die *Novellen* in einer gekürzten lateinischen Fassung. Die *Digesten* als der wichtigste Teil der Kompilation gingen im Westen dagegen alsbald verloren. Erst durch ihre Wiederentdeckung im 11. Jahrhundert wurde der Impuls zur Entwicklung der modernen Rechtswissenschaft gegeben. Die Pisaner hatten 1060 das byzantinische Amalfi erobert und dabei eine Handschrift der Digesten erbeutet. Eine von dieser Handschrift bereits um 1070 gefertigte Abschrift gelangte nach Bologna und wurde hier in einem Kreis von Juristen bald Gegenstand juristischer Beschäftigung und Lehre.[131]

Trivium

124 Das *Corpus iuris* wurde zum Gegenstand des Bologneser Rechtsunterrichts. Durch die Anwendung der im Mittelalter entwickelten scholastischen Wissenschaft auf das *Corpus iuris* wurde der Grundstein für die moderne Rechtswissenschaft gelegt. Wurzel aller scholastischen Wissenschaft waren die aus der Spätantike überkommenen *Artes liberales*, vor allem Grammatik, Rhetorik und Dialektik, die Fächer des *Trivium*. Grammatik war im wesentlichen die Lehre von der lateinischen Sprache und Literatur. Gegenstand der Rhetorik waren vor allem die Lehre von der Auffindung des Redestoffes (*Topik*) und die Lehre von der Gliederung der Rede mit der eigens für die Gerichtsrede entwickelten Quaestionenlehre. Eine mittelalterliche Sonderform der Rhetorik war die *Ars dictandi*, die sich mit den Lehren der Schriftstellerei, besonders des Brief- und Urkundenstils, befasste. Die Dialektik oder Logik war als Lehre vom wissenschaftlichen Beweis und von der Ordnung des Stoffes die Lehre von der wissenschaftlichen Methode im eigentlichen Sinn.[132]

Scholastik

125 Die Grundlage der Scholastik bildete die Wissenschaftslehre des Aristoteles (384-322 v. Chr.). Die Schriften des Aristoteles wurden dem Mittelalter durch Boethius (475/80-524) sowie die arabischen Gelehrten Avicenna (973/80-1037) und Averroes (1126-1192) vermittelt.

Die Scholastik war die mittelalterliche Form von Wissenschaft schlechthin. Zuerst innerhalb der autoritäts- und dogmengebundenen Theologie aufgekommen, beherrschte sie auch die Rechtswissenschaft. Gegenstände scholastisch-analytischer Interpretation waren primär die Aussagen und Sätze des Glaubens. Die Scholastik führte Theologie und Philosophie zusammen und widmete sich der Auslegung von antiken, biblischen oder patristischen Quellen. Diese autoritativen Texte wurden mittels antikphilosophischer Denkregeln logisch abgeleitet, begründet und damit rational greifbar. In ihrem Bemühen um das verstandesmäßig erschließbare Sachproblem löste sich die Scholastik von der rein metaphysisch-theologischen Schrifterklärung.

scholastische Rechtswissenschaft: Legistik und Kanonistik

126 In ihrer Anwendung auf autoritative Texte der Kirche musste sich die Übertragung ihrer Methoden auf die Rechtswissenschaft geradezu aufdrängen. Zum Objekt scholastischer Bearbeitung in der Form der Kommentierung wurde vor allem das von der Kirche gesetzte Recht. Mit der Bereithaltung von Auslegungsgrundsätzen, Rechtsanwendungsregeln und Harmonisierungshilfen zur Auflösung oder inhaltlichen Zusammenführung sich widersprechender Rechtstexte wurde sie auch in der profanen Rechtswissenschaft zur dominanten wissenschaftlichen Methode.[133] In Abgrenzung zur kirchlichen Rechtswissenschaft, der Kanonistik, wurde der Umgang mit dem *Corpus iuris* Legistik genannt.

---

[131] SCHLOSSER, S. 31.
[132] WEIMAR, HbPRG I, S. 129.
[133] SCHLOSSER, S. 19.

3. Glossatoren und Kommentatoren

Glossatoren

Der Rechtsunterricht folgte streng den Prinzipien der scholastischen Wissenschaftsmethode. Er bestand in einer fortlaufenden, Sachfragen erörternden, kasuistischen Erklärung der Texte des *Corpus iuris*. Dies bedeutete Anreicherung und zugleich Auslegung der Rechtstexte im weitesten Sinne. Insbesondere die *Digesten* waren aus sich heraus schwer verständlich, weil sie nur eine Zusammenstellung einer Vielzahl von Textfragmenten enthielten. Das Ergebnis dieser auf eine vollständige Sinnerfassung der Rechtstexte gerichteten Arbeiten wurde in Anmerkungen zu den einzelnen Abschnitten des *Corpus iuris* niedergelegt. Diese sog. *Glossen* waren die Ausdrucksform für die Erläuterung einzelner Worte oder kurzer Textstücke. Planmäßig im oder für den Rechtsunterricht entstanden, wurden sie an den Rand des autoritativen Grundtextes (*Marginalglossen*) oder zwischen die Zeilen (*Interlinearglossen*) geschrieben und dienten seiner Interpretation. Weiter ausgreifende Abhandlungen wurden als *Summen* bezeichnet. Für die Harmonisierung widersprüchlicher Textstellen unerlässliche Begriffsbestimmungen hießen *Distinktionen* und Sammlungen von Kontroversen über Rechtsfragen *Dissensionen*.[134] In Anlehnung an die typische Arbeitsweise wurden die Träger dieser Rechtsschule als Glossatoren bezeichnet.

127

Rechtsschule von Bologna

Als Begründer der Rechtsschule von Bologna und damit der Legistik überhaupt gilt Irnerius. Er war als *Magister artium liberalium* ursprünglich Lehrer des *Trivium* von Rhetorik, Dialektik und Grammatik. Daneben soll er auch Berater Kaiser Heinrichs V. gewesen sein. 1210 erschien die bedeutende *Summa codicis* des Azo. Die *glossa ordinaria* seines Schülers Accursius (um 1183-1263) fasste die Ergebnisse der Schule jeweils in einer Textstelle zusammen. Er verwendete dabei nicht mehr Interlinearglossen, die Glosse war vielmehr kettenförmig um den Gesetzestext gelegt. Sie galt weithin als verbindlicher Maßstab der Digestenexegese. Im Ergebnis galt diese Glosse als selbständige Rechtsquelle.[135]

128

Kommentatoren

Auf die Glossatoren folgten im 13. Jahrhundert die Kommentatoren (auch Postglossatoren, Konsiliatoren). Bedeutendste Vertreter dieser Richtung waren Bartolus de Saxoferrato (1314-1357) und sein Schüler Baldus de Ubaldis (1327-1400). Der von ihnen geprägte juristische Arbeitsstil war gekennzeichnet durch die neue literarische Form des Kommentars, die sich an den Vorlesungen (*Lectura*) orientierte. Die Verfasser verzichteten darin auf erläuternde Bemerkungen, sondern kommentierten die *leges* fortlaufend und umfassend, ohne an bestimmte Textstellen anzuknüpfen. Der Gesetzestext wurde meist nicht wiedergegeben.[136] Die genaue Abgrenzung zur älteren Schule der Glossatoren ist jedoch umstritten. Als maßgebliches Kriterium wird der Umgang mit der *glossa ordinaria* des Accursius herangezogen. Bei den Kommentatoren/Postglossatoren wurde diese als allgemein anerkannte Kommentierung des *Corpus iuris* Ausgangspunkt und Grundlage jeder Beschäftigung mit den Quellen und darüber hinaus jeglicher juristischer Erörterung.[137]

129

Hinwendung zum geltenden Statutarrecht

Kennzeichnend für die Schule der Kommentatoren war auch die stärkere Hinwendung zur Praxis. Im Vordergrund stand nicht mehr die wissenschaftliche Übung, sondern die Anwendung der entwickelten Techniken. Die Bindung an den Originaltext des *Corpus iuris* schwächte sich dabei ab. Die Kommentatoren wandten sich einem erweiterten Quellenkreis zu und interpretierten auch Statuten der italienischen Städte.

130

---

[134] SCHLOSSER, S. 35.
[135] Zum Umgang mit der Glosse LANGE, Glossatoren, S. 372-375.
[136] Dazu HORN, HbPRG I, S. 321-324; LANGE, S. 139.
[137] WEIMAR, HbPRG I, S. 139.

Der rasch wachsende Handelsverkehr stellte die nach immer größerer Autonomie strebenden, häufig von innerstädtisch-politischen Machtkämpfen erschütterten italienischen Wirtschaftszentren vor völlig neue Probleme und Aufgaben. Die städtische Rechtsordnung setzte sich aus einer Vielzahl lokaler ungeschriebener Rechtsbräuche und Gewohnheiten oder schriftlicher, kraft der munizipalen Satzungsautonomie geschaffener Statuten zusammen. Da eine einheitsstiftende obergerichtliche Rechtsprechung fehlte, hatte die gutachterliche Tätigkeit der universitären Jurisprudenz eine vermittelnde Stellung inne.[138]

Statutentheorie

Die Harmonisierung des Statutarrechts mit dem als universal gedachten *Corpus iuris* und den legistischen Lehren sowie die Anpassung des gelehrten Rechts an die veränderten Bedürfnisse der Praxis wurden durch Fortentwicklung der scholastischen Methode, durch Erarbeitung neuer Interpretationstechniken und Auslegungsregeln erreicht. Vorrangige Bedeutung gewann dabei das Problem des Geltungsranges der Rechtsquellen. Es betraf vor allem das Verhältnis des römischen Rechts zu den Normen des neuen Statutarrechts oder aber auch zum kanonischen Recht. Die Auseinandersetzung darüber führte schließlich zu der Anerkennung eines allgemeinen Rechtsgrundsatzes: Nach der *Statutentheorie* sollte das römische Recht nur subsidiär und ergänzend nach den partikularen Rechten zur Anwendung kommen. Weil eine Analogie im Statutarrecht ausgeschlossen war, kam römisches Recht zur Anwendung, wenn das Statut eine Regelungslücke aufwies.[139] Durch dieses Prinzip wurde es dem römischen Recht ermöglicht, als subsidiär geltendes gemeines Recht in die europäischen Rechtsordnungen einzudringen.

131

II. Das kanonische Recht

Die katholische Kirche hatte früh damit begonnen, eigenes Recht zu bilden. Die vornehmlich von Konzilien und Partikularsynoden erlassenen, *Canones* genannten Rechtsbestimmungen betrafen vor allem den sakramentalen und disziplinarischen Bereich.

132

Noch in römischer Zeit zur Reichskirche erhoben, hatte sie auch römisches Recht ins Kirchenrecht aufgenommen. Mit dem Anwachsen der päpstlichen Autorität im hohen Mittelalter, der Ausbildung einer straffen Kirchenorganisation und der daraus folgenden Hierarchisierung wuchs der Regelungsbedarf. Durch Erbschaften und Schenkungen an die Kirche waren große Vermögensmassen zusammengekommen. Gutbezahlte Posten und Pfründen machten die Ausbildung eines Disziplinarrechts notwendig. Die Juridifizierung der Kirche erforderte gleichzeitig ein wissenschaftliches Durchdringen ihres Rechts. Die notwendige Erneuerung des kirchlichen Rechts vollzog sich in Bologna zeitlich und methodisch parallel zur Arbeit der Glossatoren. Beide Entwicklungen beeinflussten einander wechselseitig. Das Aufblühen der kirchlichen Rechtswissenschaft, der Kanonistik, um die Mitte des 12. Jahrhunderts ist nur als Teil eines Gesamtvorgangs zu verstehen, in dem eine rationale Weltbetrachtung und eine neue Wissenschaftlichkeit entstanden. An beiden hatte die frühscholastische Theologie und die weltliche Rechtswissenschaft der Glossatoren in gleicher Weise teilgenommen.

hemmer-Methode: Das Kirchenrecht als innerkirchliches Recht ist nach heutiger Begrifflichkeit vom Staatskirchenrecht zu unterscheiden. So wird das vom Staat in kirchlichen Angelegenheiten erlassene Recht bezeichnet. Das vertraglich zwischen Staat und Kirche vereinbarte Recht wird Konkordatsrecht genannt.

---

[138] Zusammenfassend zur Abgrenzung HORN, HbPRG I, S. 261-265.
[139] SCHLOSSER, S. 38.

1. Kirchenrecht im frühen Mittelalter

frühe Rechtssammlungen

Die Kirche hatte in römischer Zeit kein universales Gesetzbuch hervorgebracht. Die *Canones* der großen Konzile und andere Normen kursierten regional begrenzt in verschiedenen Sammlungen, deren bedeutendste die *Collectio Dionysiana* des Abtes Dionysius Exiguus war. Diese frühen Sammlungen ordneten den Stoff historisch gemäß der Abfolge der Kirchenversammlungen, deren Dekrete sie festhielten. Erst im 8. Jahrhundert entstand mit der *Collectio vetus Gallica* eine erste systematische Sammlung. In karolingischer Zeit wuchsen die Bestrebungen nach Rechtseinheit. Karl der Große ließ sich von Papst Hadrian eine Sammlung des kanonischen Rechts schicken. Hadrian schickte eine um Nachträge erweiterte *Collectio Dionysiana*, die sog. *Dionysio-Hadriana*, die als Vorlage für Abschriften diente und im fränkischen Reich verbreitet wurde. Da die *Dionysio-Hadriana* dem kirchlichen Leben der Franken nicht immer gerecht wurde, wurden ihr Teile der *Vetus Gallica* als Ergänzung ohne inhaltliche Abstimmung einfach hinzugefügt. Nachhaltiger Erfolg war dieser Sammlung deshalb nicht beschieden.[140]

133

Synodalbeschlüsse

Rechtsquellen des Kirchenrechts waren in fränkischer und ottonischer Zeit neben vielen Kapitularien, die in den kirchlichen Bereich eingriffen, vielmehr hauptsächlich die Entscheidungen von regionalen oder Reichssynoden. Ökumenische Konzile in dem Sinne, dass alle Bischöfe einberufen wurden und sich tatsächlich versammelten, um einheitliche Normen der Gesamtkirche festzulegen, gab es nicht. Die Päpste selbst ergriffen bis in das Zeitalter der Kirchenreform keine Initiative. Päpstliche Dekretalen, Einzelfallentscheidungen, waren in dieser Zeit selten. Sie nahmen erst mit der Stärkung der päpstlichen Jurisdiktionsgewalt ab ca. 1100 zu. Erst im *Dictatus Papae* von 1075 erhob Gregor VII. die damals neue Forderung, dass kein Rechtssatz und keine Gesetzessammlung ohne Ermächtigung des Papstes Gültigkeit haben sollte und dass es dem Papst zustehe, Gesetze zu erlassen.[141]

134

Bußbücher und Beichtsummen

Ein weiterer Anstoß zur Entwicklung des Kirchenrechts war die Juridifizierung der Bußen. Für jede Sünde musste nach kirchlichen Vorstellungen im frühen Mittelalter öffentlich Buße geleistet werden, die die Sühnemaßnahmen der weltlichen Ordnung ergänzte. Schon in fränkischer Zeit waren *Bußbücher* aufgekommen, die für eine bestimmte Sünde ein bestimmtes Maß an Bußen vorsah. Die bedeutendsten Bußbücher, die sich über ganz Europa verbreiten sollten, entstammten der irischen Kirche. Dieser Umgang mit den Bußen stieß in fränkischer Zeit zunächst auf Widerstand, war jedoch zu praktisch, als dass er wieder aus dem kirchlichen Alltag verdrängt werden konnte.[142] Daraus entwickelten sich die späteren *Beichtsummen*. Sie sollten Anleitung für den Unterricht in Ordensschulen oder Handbücher für Beichtväter sein.

135

Decretum Burchardi

In ottonisch-salischer Zeit wurde die kirchliche Rechtspraxis von dem um 1010 entstandenen *Decretum Burchardi* beherrscht. Sein Autor, der Wormser Bischof Burchard, erhielt den Anstoß zu dieser Sammlung, weil in der Wormser Diözese das Bußwesen und Kirchenrecht unübersichtlich und widersprüchlich geworden war. Burchard konzipierte sein Werk als Lehrbuch künftiger Priester und Bischöfe. Er fasste älteres kanonisches Recht zusammen und ordnete es systematisch. Seine Legitimation empfing das *Decretum Burchardi* aus der Jurisdiktionsgewalt des Bischofs in seiner Diözese.

136

---

[140] Feine, S. 151; Fried, S. 318 f.
[141] Lange, Glossatoren, S. 95.
[142] HRG I (Art. Bußbücher), Sp. 574.

Der königliche Einfluss auf die Reichskirche, aber auch die päpstliche Autorität blieben ausgeblendet. Burchard ging aber davon aus, dass seine Sammlung auch in anderen Diözesen zu gebrauchen sei. Handschriften fanden sich über den deutschen Sprachraum hinaus in ganz Europa.[143]

2. Die Entstehung des Corpus Iuris Canonici

Decretum Gratiani

Ausgangspunkt des modernen Kirchenrechts und der kanonistischen Wissenschaft wurde das *Decretum Gratiani*. Der Mönch Gratian, der um 1140 das *Decretum* schuf, war Zeitgenosse des Irnerius und lehrte wahrscheinlich auch in Bologna. Das *Decretum Gratiani* bestand aus 101 Distinktionen über kirchliche Personen und Ämter (ministeria), 36 Rechtsfällen (causae) und 5 Distinktionen über die Sakramente und den Gottesdienst.[144] Gratian schöpfte aus einer Vielzahl, in Auswahl und Thematik unzureichender und unvollständiger, bereits bestehender Sammlungen heterogener kirchlicher Rechtsquellen. Das *Decretum* hob sich von diesen insofern ab, als erstmals ein ausgewählter Rechtsstoff mit scholastisch-didaktischer Methodik nach Sachthemen geordnet und harmonisiert zu einer Synthese geführt wurde. Gratian wollte den unübersichtlich gewordenen Stoff klären und harmonisieren helfen, daher der eigentliche Titel *Concordantia discordantium canonum*. Als Kompilation von päpstlichen Dekretalen, Konzilsbeschlüssen und patristischen Quellen war es gleichsam der Abschluss des älteren Kirchenrechts. Hauptsächlich bestand es aus Konzilsbeschlüssen, da päpstliche Entscheidungen erst in der Zeit der Redaktion vermehrt getroffen wurden. Neben juristischen Fragen wurden auch moraltheologische und dogmatische Themen erörtert.[145]

Das *Decretum* war kein offizielles Gesetzbuch der Kirche. Typologisch stellte es ein Rechtsbuch dar, das seine Geltungskraft durch faktische Anerkennung erlangte. Es verdrängte aber die früheren Rechtssammlungen, da es ihnen gegenüber vollständiger war und den Stoff in einer den Bedürfnissen der Zeit entgegenkommender Systematik darbot.

Es wurde zum Grundstock des späteren *Corpus iuris canonici* und zum Ausgangspunkt der Kanonistik als selbständiger, von der Theologie getrennten Wissenschaftsdisziplin. Die Literaturtypen der frühen Kanonistik, der Rechtsschule der Dekretisten, waren die gleichen wie in der Legistik. Auch bei der Kanonistik markiert die Glossierung den Beginn der Wissenschaftlichkeit.[146]

Dekretalen

In der folgenden Zeit, besonders unter den ersten Juristenpäpsten Alexander III. (1159-1181) und Innozenz III. (1189-1216), wurden die in großer Zahl erlassenen päpstlichen Dekretalen (*litterae, epistulae decretales*) zum bedeutendsten Instrument kirchlicher Rechtsetzung. Sie betrafen Einzelfälle, denn sie ergingen entweder zur Entscheidung von Prozessen, die im Wege der Appellation vor den Papst gelangt waren, oder als Anweisung an einen delegierten Richter, dem der Papst die Erledigung einer Sache übertrug. Die kanonistische Rechtslehre maß den Dekretalen aber eine über den Einzelfall hinausreichende Bedeutung bei.[147]

137

138

---

[143] FRIED, S. 694-698.

[144] NÖRR, HbPRG I, S. 836.

[145] KROESCHELL II, S. 10.

[146] NÖRR, HbPRG I, S. 838.

[147] S. dazu ausführlich LANDAU, Rechtsfortbildung im Dekretalenrecht, ZRG.KA 86 (2000), S. 86-131, insbes. S. 88-94.

Liber extra und Liber sextus

Nachdem das von den Dekretalen gesetzte Recht durch fünf nicht aufeinander abgestimmte Kompilationen unübersichtlich und z.T. auch widersprüchlich geworden war, schuf der spanische Dominikaner Ramon de Penyafort im Auftrag Gregors IX. (1227-1241) eine bereinigte Sammlung, der sog. *Liber extra* (*Liber decretalium extra decretum Gratiani vagantium*). Im Gegensatz zum *Decretum Gratiani* war es ein Gesetzbuch, das von der Kurie 1234 durch Versendung an die Universitäten in Kraft gesetzt wurde (Promulgation). Es galt das Exklusivitätsprinzip. In das Gesetzbuch nicht aufgenommene Rechtstexte durften nicht mehr berücksichtigt werden.[148] Das nach Herausgabe des *Liber extra* erlassene Recht wurde unter Bonifaz VIII. 1298 in einer weiteren Kompilation zusammengefasst, dem sog. *Liber sextus* (als Ergänzung zu den fünf Büchern des *Liber extra*). Durch die abstrakte Fassung der Texte kam diese Sammlung bereits einer modernen Kodifikation nahe. Mit wenigen Ausnahmen wurden die Dekretalen in einer Weise gekürzt, erweitert, teilweise oder völlig abgeändert, dass nicht nur dem Wortlaut, sondern auch dem juristischen Gehalt nach, die Texte auf ihre Originalgestalt nicht mehr zurückgeführt werden konnten. Die kasuistische Natur der Dekretalen wurde abgestreift.[149]

139

Zusammenstellung zum Corpus iuris canonici

Die letzte authentische Dekretalensammlung sind die 1304-1317 unter Clemens V. erschienenen sog. *Clementinae*. Ähnlich gestaltet wie der *Liber extra*, hatten diese anders als *Liber extra* und *Liber sextus* keinen ausschließlichen Charakter. Die Geltung nicht aufgenommener Dekretalen blieb unberührt. Von den in der Folgezeit entstandenen privaten Sammlungen wurden zwei, die sog. *Extravagantes*, in das *Corpus Iuris Canonici* übernommen. *Decretum Gratiani*, *Liber extra*, *Liber sextus*, *Clementinae* und *Extravagantes* wurden zusammengefasst und bilden das seit dem 16. Jahrhundert in bewusster Entsprechung zum römischen Recht so bezeichneten *Corpus Iuris Canonici*. Unter diesem Titel und nach Festlegung des offiziellen Textes durch eine von Pius V. 1566 eingesetzte Revisionskommission war es in der Form der 1582 von Gregor XIII. publizierten amtlichen Ausgabe, der sog. *Editio Romana*, bis zum Inkrafttreten des *Codex iuris canonici* 1918 das verbindliche Gesetzgebungswerk der katholischen Kirche.[150]

140

Entwicklung zur Rechtskirche

Dieses Gesetzgebungswerk war Zeichen eines Strukturwandels in der Kirche. Die Anfänge des Dekretalenrechts fielen zusammen mit der Auseinandersetzung des Papstes mit dem Kaiser im Investiturstreit. Die Eingriffe in die kirchliche Rechtspflege in ganz Europa sollten den päpstlichen Primatsanspruch in der Kirche selbst gegenüber dem Episkopat vor allem im deutschen Raum durchsetzen. Die Kirche wandelte sich dadurch immer mehr zu einer Rechtskirche, das Priesteramt zur Jurisdiktionsgewalt. Dahinter verkümmerte die Verkündung des Evangeliums als eigentliche Aufgabe der Kirche. Als Oberhaupt dieser verrechtlichten Kirche nahm der Papst die höchste Gerichtsgewalt und ein unumschränktes Gesetzgebungsrecht für sich in Anspruch. Als oberster Gesetzgeber konnte er auch nach dem Abschluss der Kodifikation durch Privilegien Sonderrechte gewähren oder durch Dispens von der Anwendung des allgemeinen Rechts befreien.[151]

141

Beichte und forum internum

Seit dem 13. Jahrhundert schrieb das Kirchenrecht vor, dass jeder Christ von dem Alter an, da eine selbständige geistige Entscheidung erwartet werden kann, mindestens einmal im Jahr dem Priester seiner Pfarrei seine Sünden beichten müsse. Von da an setzte sich die schon früher geübte geheime Beichte allgemein durch.

142

---

[148] Nörr, HbPRG I, S. 842.
[149] Nörr, HbPRG I, S. 844.
[150] Schlosser, S. 22 f.
[151] Feine, S. 331-333.

Mit Erhebung der Buße zum Sakrament war der Priester, der nunmehr selbst über die Erteilung oder Verweigerung der Absolution zu entscheiden hatte, zum geistlichen Richter geworden. Er konnte dem Beichtenden nun nicht mehr wie früher eine nach dem missbilligten Erfolg seines Verhaltens bestimmte Buße auferlegen, die einem Bußkatalog zu entnehmen war, sondern musste die Schuld des Beichtenden nach den Umständen der Tat beurteilen. Auf diese Weise erhielt der Beichtstuhl die Bedeutung eines *forum conscientiae* (oder *forum internum*), das den Priester verpflichtete, unabhängig vom Urteil der weltlichen Gerichtsbarkeit (dem *forum externum*) das Gewissen des Beichtenden zu erforschen und über die ihm vorgetragenen Gewissensfragen ein Urteil zu sprechen. Der Priester musste also immer wieder entscheiden, ob ein Verhalten nach weltlichem oder kirchlichem Recht erlaubt war oder nicht. Damit wurden neben theologischem Wissen auch Kenntnisse in Rechtsfragen unentbehrlich.[152]

3. Das Verhältnis zum römischen Recht

kanonisches Recht als Teil des gemeinen Rechts

143

Das kanonische Recht war zunächst nur innerkirchliches Recht. Vieles aber, was später als gemeines Recht in Deutschland rezipiert wurde, war nicht römischen, sondern kanonischen Ursprungs. Es handelte sich letztendlich um römisches und kanonisches Recht in der Form der wissenschaftlichen Weiterbildung durch Glossatoren und Kommentatoren. Beide Rechtssysteme durchdrangen sich in dem mehrhundertjährigen Prozess der wissenschaftlichen Aufarbeitung. Von einer Rezeption im eigentlichen Sinn kann beim kanonischen Recht jedoch nicht gesprochen werden, weil es in den kirchlichen Gerichten schon tatsächlich geltendes Recht war und auch angewendet wurde. Insofern war es aber von seiner kirchlichen Legitimationsbasis abhängig. Entscheidend für die Rolle des kanonischen Rechts im weiteren Rezeptionsvorgang wurden zwei Weichenstellungen in Wissenschaft und Praxis. Einerseits setzte sich kanonisches Recht in manchen Bereichen gegen das römische durch und drang in das weltliche Zivilrechtssystem ein. Andererseits wurden manche Lebensbereiche, z.B. die Ehe, dem kirchlichen Rechtsraum zugewiesen, so dass kanonisches Recht hier originär anwendbar wurde. In diesem Bereich überdauerten manche kanonische Normen sogar die Reformation und wurden auch von protestantischer Seite rezipiert.[153]

Bereichslehre

144

Von den Glossatoren wurde das kanonische Recht zunächst kaum beachtet. Die systematische Einordnung des kanonischen Rechts in die Normenhierarchie der weltlichen Rechtsordnung brachte erst die von den Kommentatoren entwickelte Bereichslehre. Diese beruhte auf der Vorstellung von der von Gott geordneten Einheit. Beide Rechtsbereiche wurden zwar als an sich getrennt angesehen, dem kirchlichen Recht sollte aber in allen den Glauben, insbesondere den Gesichtspunkt der Sünde, betreffenden Fragen der Vorrang gebühren. Das römische Recht musste dem kanonischen auf jeden Fall dann weichen, wenn in einer kirchlichen Rechtsvorschrift des *Corpus iuris canonici* zum Ausdruck kam, dass ihre Nichtbefolgung ein sündhaftes Verhalten bedeuten würde.[154] Diese Lehre eröffnete dem kanonischen Recht in manchen wirtschaftlichen Fragen den Eingang ins Zivilrecht. Da es sich beim kanonischen Recht teilweise um neue Rechtsetzung handelte, stand die Kanonistik den Bedürfnissen ihrer Zeit viel näher, als die auf das justinianische Recht verwiesene Legistik.[155]

---

[152] BERGFELD, HbPRG II/1, S. 1000; TRUSEN, Anfänge des gelehrten Rechts in Deutschland, 1962, S. 135 f.

[153] WOLTER, Ius canonicum in iure civili, 1975, S. 58.

[154] WOLTER, Ius canonicum in iure civili, S. 51.

[155] TRUSEN, Anfänge des gelehrten Rechts, S. 22.

Vor allem im Vertragsrecht - bei der Durchsetzung der Formfreiheit und der Frage der Äquivalenz von Leistung und Gegenleistung - wurde der kanonische Einfluss spürbar. Erst unter dem Einfluss von Humanismus und Aufklärung ließ das wissenschaftliche Interesse am kanonischen Recht nach.[156]

Formfreiheit der Verträge:
pacta sunt servanda

145

Das antike römische Recht hatte in einer Jahrhunderte währenden Entwicklung Klagen (*actiones*) für bestimmte Typen und Formen von Verträgen ausgebildet. Nur diese Verträge lieferten klagbare Ansprüche. Davon waren nur eine kleine Zahl reine Konsensualverträge, bei denen die Willenseinigung der Parteien genügte. Das justinianische Recht ging wieder einen Schritt zurück. Zwar war der Konsens der Parteien das wesentliche Element des Vertrages. Klagbar war dieser aber erst dann, wenn ein weiteres Element hinzutrat, z.B. die Übergabe einer Sache bei Realverträgen oder bestimmte Formalismen bei Formalverträgen.[157] Auch die Glossatoren unterschieden zwischen dem klagbaren, durch förmlichen Rechtsakt begründeten *pactum vestitum* und der kraft formlosen Konsenses lediglich als *pactum nudum* entstandenen unklagbaren Naturalobligation. Das Festhalten am Grundsatz der Formgebundenheit der Verträge als Wirksamkeitsvoraussetzung erwies sich jedoch in der Praxis als zu schwerfällig. Vor allem die Bedürfnisse einer von der Natural- zur Geldwirtschaft gewandelten Sozialordnung ließen eine Lockerung der Formstrenge als geboten erscheinen.

146

Die Wendung zu einem allgemeinen Vertragsrecht vollzogen die Kanonisten, indem sie alle Verträge für grundsätzlich klagbar erklärten. Grundlage dieser Lehre war der Gedanke, dass auch der Bruch eines formlos gegebenen Versprechens sittlich verwerflich sei. Der Wille, sich vertraglich zu binden, müsse genügen, um rechtswirksame Verpflichtungen hervorzurufen. Für die Begründung einer Obligation als allein ausreichend anerkannt wurde zunächst das eidliche, dann auch das nichteidliche Leistungsversprechen. Entscheidend gefördert wurde diese Entwicklung durch die in der Praxis gewährte Erzwingbarkeit der eidlichen und nichteidlichen Schuldversprechen vor den geistlichen Gerichten mit der Exkommunikation als dem wirksamsten Vollstreckungsmittel. Damit reduzierte sich der Begründungstatbestand für Verträge auf den bloßen Konsens der Parteien. Der Grundsatz *pacta sunt servanda* wurde allgemein anerkannt und dann auch vom Naturrecht übernommen.[158]

Äquivalenzprinzip: laesio enormis
und gerechter Preis

147

Die Lehre vom gerechten Preis basierte auf einer Bestimmung des *Codex Iustinianus* zum Grundstückskauf. Im Gegensatz zum klassischen römischen Recht, das die Preisbestimmung ausschließlich der freien Vereinbarung durch die Vertragspartner überlassen hatte, musste die empfangene Kaufsumme wenigstens die Hälfte des wahren Wertes des verkauften Gegenstandes erreichen. Die dem übervorteilten Käufer im entgegenstehenden Fall zustehende Lösungsklage wurde von den Glossatoren *laesio enormis* genannt und auf alle Vertragstypen ausgedehnt.[159] Von der päpstlichen Gesetzgebung des 13. Jahrhunderts wurden diese Lehrmeinungen aufgenommen. Die Kanonistik entwickelte darüber hinausgehend das Prinzip der Vertragsgerechtigkeit, zurückgehend auf den Kirchenvater Thomas v. Aquin und Aristoteles. Leistung und Gegenleistung sollten zueinander im Verhältnis der materiellen Gerechtigkeit stehen. Grundsätzlich kritisch gegen kaufmännisches Handeln und Profitstreben eingestellt, rechtfertigten Theologen Gewinn aus Handelsgeschäften mit der Nützlichkeit für die Allgemeinheit.

---

[156] WOLTER, Ius canonicum in iure civili, S. 56-58.
[157] S. dazu KASER, § 38 II, S. 180.
[158] SCHLOSSER, S. 63.
[159] SCHLOSSER, S. 64.

Nicht davon gedeckt war aber übermäßiges Profitstreben. Ihnen folgend wurde von den Kanonisten der vom römischen Recht festgelegte Spielraum für zu weitgehend erachtet. Zu berücksichtigen sei auch die persönliche Situation der Parteien wie z.B. Notsituationen. Diese weitergehende Lehre der Kanonisten konnte sich gegen die Legisten, die auf der Halbteilung des *Codex* beharrten, nicht durchsetzen. Dahinter stand vor allem die von der Praxis gefürchtete Prozessflut.[160]

Zinsverbot

148

Ein Teilaspekt der Lehre vom gerechten Preis war das *kanonische Zinsverbot*. Aus verschiedenen Bibelstellen, insbesondere Luk. 6, 35, wurde gefolgert, dass unter Christen die Zinsnahme für die Darlehenshingabe verboten sei. Verstöße unterlagen der geistlichen Gerichtsbarkeit. Bei der bis ins hohe Mittelalter vorherrschenden Naturalwirtschaft mit verhältnismäßig geringem Kreditbedarf der Wirtschaft war das Verbot auch einfach durchsetzbar. Erst mit der wachsenden Bedeutung der Geldwirtschaft im 13. Jahrhundert stieg die Nachfrage nach Krediten. Dementsprechend beschäftigte sich auch die päpstliche Gesetzgebung des 13. und 14. Jahrhunderts intensiv mit dem Zinsverbot. Das Zinsverbot findet sich in *Liber extra*, *Liber sextus* und *Cementinae*. Die Kanonistik behalf sich damit, dass in besonderen Situationen, z.B. wenn ein hohes Verlustrisiko bestand, ein Entgelt für die Darlehenshingabe genommen werden konnte (*lucrum cessans, damnum emergens*). Da die Juden diesem Verbot nicht unterlagen, konnten viele Zinsgeschäfte auf Darlehensbasis zwischen Christen und Juden abgewickelt werden.[161]

hemmer-Methode: Letztendlich rezipiert wurde das Zinsverbot in Deutschland nicht. Vor allem von den Protestanten wurde es scharf bekämpft, welche die besagte Bibelstelle anders auslegten und Zinsnahme bei Geschäftsdarlehen zuließen. Seit dem 16. Jahrhundert lockerten Landesgesetze das Zinsverbot. Häufig wurde ein Zinssatz bis 5% für zulässig erachtet. Eine solche Vorschrift fand sich auch im *Jüngsten Reichsabschied* von 1653. Vollständige Vertragsfreiheit in diesem Bereich wurde aber erst im 19. Jahrhundert erreicht.[162]

4. Ketzerverfolgung, Folter und Inquisitionsprozess

Prozessrechtsreform Innozenz' III.

149

Besonders einschneidend waren die vom kanonischen Strafprozess bewirkten Änderungen. Auf dem IV. Laterankonzil 1215 setzte Papst Innozenz III. eine Prozessrechtsreform durch, die den Inquisitionsprozess in das Kirchenstrafrecht einführte. Die Vorschriften wurden 1234 in den *Liber extra* und damit in den gemeinrechtlichen Normenbestand übernommen. Vor allem die Unzulänglichkeit des kirchlichen Disziplinarrechts veranlassten den Papst zur Einführung der Inquisitionsmaxime und der Neugestaltung des Beweisrechts. Sie sollten der Kontrolle der Amtsführung der Prälaten dienen. Gerade gegenüber höherrangigen Klerikern hatte sich der Akkusationsprozess als wirkungslos erwiesen, um sie wegen Verfehlungen wie Ämterkauf (*Simonie*) zu belangen. Gegen hochgestellte Kirchenfürsten fand sich selten ein Kläger.

hemmer-Methode: Das Akkusationsverfahren zeichnete sich durch private Initiative (Dispositionsmaxime, Verhandlungsmaxime) als Grundlage eines Verfahrens aus während der Inquisitionsprozess durch die Erforschung der materiellen Wahrheit aufgrund rationaler Beweismittel wie durch Folter erzielte Geständnisse, Zeugen und Augenschein zu charakterisieren ist (Indizienprozess). Es herrschten die Offizialmaxime (Amtsermittlung) und die Instruktionsmaxime. Kernstück war ein Vorverfahren, in dem in geheimer Sitzung der Beweis geführt wurde (meist mittels Folter).

---

[160] WOLTER, Ius canonicum in iure civili, S. 118.
[161] HRG V (Art. Zinsverbot), Sp. 1720.
[162] WOLTER, Ius canonicum in iure civili, S. 108-112.

Diesem drohten bei Misslingen des Überführungsbeweises selbst Sanktionen. Die Vorwürfe konnten jedoch mit Hilfe des Reinigungseides meist ausgeräumt werden.[163]

Infamieinquisition

Das neue Verfahren ermöglichte nun der Kirche, gegen Prälaten einzuschreiten, wenn ein Vergehen in der Öffentlichkeit bekannt wurde. Erst diese öffentliche Berüchtigung machte ein Einschreiten von Amts wegen und eine strafrechtliche Ahndung notwendig. Bei dieser sog. Infamieinquisition musste nur das bekannt gewordene Vergehen vor das Gericht, das *forum externum*, gezogen werden. Ansonsten genügte die Beichte, das *forum internum*. Im Verfahren wurde der Reinigungseid als subsidiäres Beweismittel zurückgedrängt. Er kam nur noch zur Anwendung bei Nichterweislichkeit der Vorwürfe, aber gleichwohl bestehender Infamie.[164]

150

Ketzerinquisition

In das weltliche Strafrecht wurde der Inquisitionsprozess hauptsächlich durch die sich seit dem Hochmittelalter ausweitende kirchliche Gerichtsbarkeit vermittelt. Eine besondere Rolle spielte dabei die Ketzerinquisition. Neben den bischöflichen Ketzergerichten wurden auch die weltlichen Herrschaftsträger in die Ketzerverfolgung eingebunden. Die Ketzerinquisition nahm ihren Anfang im Sendgericht im bischöflichen Inquisitionsverfahren, als seit dem 12. Jahrhundert häretische Bewegungen in Frankreich, Italien und Deutschland entstanden. Da gütliche Mittel, Bekehrungs- und Eingliederungsversuche und Kirchenstrafen wie die Exkommunikation immer wieder versagten, wandte sich die Kirche seit dem ausgehenden 12. Jahrhundert an die weltliche Macht. Friedrich I. erkannte 1184 die Verpflichtung zum Einschreiten gegen Ketzer durch Reichsacht an. Das Konzil von Toulouse 1229 regelte dann das Verfahren und die Bestrafung der Ketzer zusammenfassend. Auch Friedrich II. erließ umfassende Ketzergesetze, welche die Ketzer mit Feuertod und Reichsacht bedrohten.[165]

151

päpstliche Inquisition

1231 sah sich Papst Gregor IX. gezwungen, unter Ausschluss der Bischöfe die Ketzerverfolgung selbst in die Hand zu nehmen und organisierte die systematische Verfolgung durch die päpstliche Inquisition. Zur Aufspürung der Ketzer wurden päpstliche Inquisitoren aus dem Dominikaner- oder Franziskanerorden bestellt, die bald auch die Rechtsprechung übernahmen. Die entdeckten und überführten Ketzer wurden durch Disputation, Ermahnung und Beugestrafen zur Umkehr bewegt. Gelang dies, wurden sie in einem feierlichen *actus fidei* - daher später der spanische Name *Autodafe* - mit Kirchenbußen belegt, kahlgeschoren und zum Tragen bestimmter Ketzerkleider verpflichtet. Bei demselben Anlass wurden die hartnäckigen, nicht umkehrwilligen Ketzer exkommuniziert und der weltlichen Gewalt ausgeliefert, die das Todesurteil aussprach und die Hinrichtung durchführte. Die ordentliche Ketzerstrafe blieb die Verbrennung.[166]

152

Folter

Empirisches Erforschen des Sachverhalts war unbekannt. Das Finden der Wahrheit wurde durch ein Geständnis erreicht. Dabei diente ab dem 13. Jahrhundert die Folter als Mittel, ein Geständnis zu erzwingen. Die Folter oder Tortur als Beweiserhebungsmethode hatte sich im oberitalienischen Statutarrecht, beginnend mit Verona 1228, zunächst völlig unabhängig vom kirchlichen Inquisitionsprozess unter Rückgriff auf das römisch-rechtliche *crimen laesae maiestatis* herausgebildet. Die kirchen-rechtliche Abkehr vom kanonischen Folterverbot ("*ecclesia non sitit sanguinem*") erfolgte 1252 durch die Zulassung der Folter bei Ketzerprozessen. In normalen Prozessen mochte die Folter ein effektives Mittel gewesen sein.

153

[163] JEROUSCHEK, Die Herausbildung des peinlichen Inquisitionsprozesses im Spätmittelalter und in der frühen Neuzeit, ZStW 104 (1992), S. 335.

[164] JEROUSCHEK, ZStW 104 (1992), S. 341 f.

[165] JEROUSCHEK, ZStW 104 (1992), S. 348.

[166] FEINE, S. 441 f.

Problematisch wurde es jedoch in fiktiven Prozessen wie z.B. Hexenprozessen. Insbesondere verleitete es zum exzessiven Einsatz, so dass am Ende des Mittelalters Verfallserscheinungen auftraten.[167]

III. Die Vermittlung des gelehrten Rechts nach Deutschland

Frührezeption

Als Vermittler des neuen Gedankengutes nach Deutschland fungierten an italienischen Universitäten ausgebildete gelehrte Juristen, die ab dem 12. Jahrhundert in Justiz und Verwaltung drängten und vor allem die katholische Kirche. Durch ihre sich seit dem Investiturstreit deutlich offenbarende zentrale und rationale Organisationsstruktur, trug sie moderne Formen des Rechtsdenkens und des Prozesses auch nach Deutschland. Diese bis ins 15. Jahrhundert reichende Vorphase der eigentlichen Vollrezeption wird deshalb auch als *Frührezeption* bezeichnet. Wesentliches Merkmal war die Verwissenschaftlichung des deutschen Rechtslebens. Die Wendemarke zur Vollrezeption stellt die Anerkennung des gemeinen Rechts als subsidiäre Rechtsquelle in der Reichskammergerichtsordnung von 1495 dar.

154

1. Rechtsstudium und die gelehrten Juristen

Universitätsgründungen

Die eigentlichen Impulse zur Verbreitung des römisch-kanonischen Rechts im Mittelalter gingen von den Universitäten aus. Sie waren die Träger eines organisierten Rechtsunterrichtes. Die in Europa beginnende Beschäftigung mit den gelehrten Rechten setzte häufig zeitgleich mit der Gründung einer Universität ein. Vorreiter bei der Verbreitung von Kenntnissen im römisch-kanonischen Recht waren die frühesten Universitätsgründungen in Italien, Frankreich, Spanien und England. In Mitteleuropa wirkte die von Karl IV. 1348 in Prag gegründete Universität in diesem Sinne. Sie löste eine Gründungswelle am Ende des 14. und Beginn des 15. Jahrhunderts aus.[168]

155

Rechtsstudium

Legistik und Kanonistik blieben trotz aller wechselseitigen Befruchtung grundsätzlich gesonderte Disziplinen. Die Studenten promovierten entweder *in iure civili* oder *in iure canonici* und erwarben den Titel *doctor legum* oder *doctor iuris*. Die Verbindung beider Richtungen und der Abschluss als *doctor iuris utriusque* wurde erst im 14. Jahrhundert üblich. Der Begriff *ius utrumque* indes zeigt an, dass beide Rechte einander nach mittelalterlichem Verständnis ergänzten und bedurften. Im Vordergrund der Ausbildung stand zunächst, wohl wegen des größeren praktischen Bedürfnisses, das kanonische Recht. An den juristischen Fakultäten des Mittelalters kam auf zehn studierende Kleriker nur ein Laie. Ihre Kenntnis des römischen Rechts erwarben die Studenten also zumeist auf dem Weg über das kanonische Recht. Auch an den späteren Universitäten waren die meisten Lehrer - Legisten wie Kanonisten - noch lange Zeit Geistliche.[169]

156

gelehrte Juristen

Ab dem 14. Jahrhundert waren studierte Juristen in Deutschland keine Seltenheit mehr. Ihr Studium absolvierten diese Juristen zunächst vor allem in Italien. In Deutschland selbst war ein Studium der Jurisprudenz bis zur Gründung der ersten Universitäten nur an den Ordensschulen der Dominikaner und Franziskaner möglich. Das Studium deutscher Studenten an den italienischen Schulen reicht bis in das 12. und 13. Jahrhundert zurück. Als sog. gelehrte Juristen kehrten sie in ihre Heimatländer zurück und repräsentierten dort fortan einen ganz neuen Standestyp.

157

---

[167] RÜPING, Rn. 97.
[168] COING, HbPRG I, S. 40-42.
[169] KROESCHELL II, S. 46, 48.

Als Kleriker wirkten gelehrte Juristen bei der Rechtsprechung der mit weitreichenden Kompetenzen ausgestatteten geistlichen Gerichte mit oder bekleideten kirchliche Verwaltungsämter.

Vielfach lag in ihren Händen das gesamte Beurkundungswesen, aus dem sich später das öffentliche Notariat entwickelte. Der gelehrte Jurist drängte aber auch in weltliche Ämter. Bald fand er als Richter, Syndicus, Advokat oder Rat an landesherrlichen oder städtischen Behörden und Gerichten Verwendung. Häufig nahm er Leitungsfunktionen innerhalb der Administration wahr oder stand in diplomatischen Diensten seines Landesherrn.[170]

2. Einflüsse der kirchlichen Gerichtsbarkeit

Sendgerichte

Kirchliche Gerichte gab es schon im frühen Mittelalter. Das ganze Land war in Sendgerichtssprengel der Archidiakone (Dompröbste) aufgeteilt, während die Sendgerichte der Bischöfe zuletzt nur noch wenige, allerdings belangvolle Zuständigkeiten innehatten (z.B. Verfahren wegen Ketzerei oder gegen Adelige).[171] Seinen Ursprung hatte das Sendgericht in den bischöflichen Visitationen. Am Ende des 8. Jahrhunderts verselbständigte sich im karolingischen Reich die richterliche Funktion der Visitationen zu einem eigenen Sendgericht, das dem Bischof als Sendherrn unterstand. Der Bischof ließ sich dann meist vom Archidiakon vertreten. Die Archidiakone und die Gerichtsbeisitzer der Bischöfe gehörten dabei gleichermaßen zum höheren Klerus, waren aber keine gelehrten Juristen. Der Archidiakon wurde so seit dem 11. Jahrhundert zum selbständigen Sendherrn. Nach dem - weit verbreiteten - *Sendhandbuch* des Regino von Prüm hatten dem Sendherrn sieben Rügegeschworene (*testes synodales*) alle ihnen bekannt gewordenen Sendvergehen zu rügen. Urteiler waren die Sendschöffen, ursprünglich Geistliche, seit dem 12. Jahrhundert Laien.[172]

158

Eindringen studierter Kanonisten in die kirchliche Rechtspflege

Seit dem 12. Jahrhundert begann sich dieses Bild zu wandeln. Gerichtsherren befassten sich nicht mehr selbst mit den anhängigen Streitigkeiten, sondern überließen das Richteramt einem studierten Kanonisten. Diese *Offizialen* waren die ersten wissenschaftlich gebildeten Richter in Deutschland. Um 1250 war bereits die Mehrzahl der *Offizialate* mit ihnen besetzt. Das Wort *officialis* wurde zunächst weithin als Sammelname für alle Arten von Beauftragten und Bevollmächtigten gebraucht. Erst seit dem 13. Jahrhundert fand eine Beschränkung auf die Gerichtsbarkeit statt. Das Vordringen des neuen kanonischen Prozessrechts machte das neue Amt notwendig, weil den Bischöfen oder Archidiakonen die notwendige juristische Ausbildung fehlte. So brachte nicht das neue Amt das neue Recht, sondern umgekehrt das neue Recht das neue Amt.[173]

159

Zuständigkeit der Offizialate

Die Offizialate konnten in erster Linie angerufen werden in Prozessen zwischen Klerikern und zwischen Klerikern und Laien. Bis zum 12. Jahrhundert wurde von päpstlicher Seite für Geistliche das *privilegium fori* durchgesetzt. Danach war es Laien verboten, Geistliche vor ein weltliches Gericht zu ziehen. Laien konnten untereinander gewohnheitsrechtlich durch Prorogation einen geistlichen Richter in Zivilsachen zur Entscheidung bestimmen. Des Weiteren waren die Offizialate zuständig in Angelegenheiten hilfsbedürftiger Leute, aufgrund des sakramentalen Charakters der Ehe auch in Eheangelegenheiten und schließlich in solchen Streitigkeiten, in denen dem Beklagten sündhaftes Verhalten wie Wucher vorgeworfen wurde (vgl. Rn. 144).[174]

160

---

[170] TRUSEN, ANFÄNGE DES GELEHRTEN RECHTS, S. 104-106.
[171] TRUSEN, HbPRG I, S. 482; FEINE, S. 217.
[172] HRG IV (Art. Send, Sendgericht), Sp. 1630.
[173] TRUSEN, HbPRG I, S. 472.
[174] TRUSEN, Anfänge des gelehrten Rechts, S. 34-43.

Vorzüge der kirchlichen
Gerichte für die Parteien

Der letzte Punkt zeigt, dass die Offizialate ihren Einfluss immer mehr   *161*
auch auf den weltlichen Bereich ausdehnen konnten. Namentlich in
den Städten führte dies zu dem häufig wiederholten, kaum beachteten Verbot, die Offizialate anzurufen. Der Grund für die Beliebtheit
der kirchlichen Gerichte lag nicht nur in dem fortschrittlichen Prozessrecht, das eine verhältnismäßig zügige Abwicklung der Verfahren sicherte. Vielmehr warb in dem auch rechtlich zersplitterten
Deutschland vor allem die weitreichende Vollstreckungsgewalt der
Kirche für ihre Gerichtsbarkeit. Die Macht der weltlichen Gerichte
endete an den Grenzen ihres Sprengels, die Kirche war überall. Ihr
letztes Zwangsmittel, die Exkommunikation, war in der religiös geprägten Gesellschaft des Mittelalters noch sehr wirkungsvoll. Die
Bedeutung der geistlichen Gerichtsbarkeit für die eigentlich weltliche
Rechtspflege sank erst, als sich seit dem 16. Jahrhundert in
Deutschland eine in gleicher Weise nach rationalen Kriterien arbeitende weltliche Gerichtsbarkeit entwickelte.[175]

---

[175] WOLTER, Ius canonicum in iure civili, S. 56.

§ 5 DAS DEUTSCHE REICH IM MITTELALTER

Lernübersicht:

I. Der Investiturstreit

Nach dem Tod des letzten Ottonen Heinrichs II. wurde der Salier Konrad II. zum deutschen König gewählt. In die Zeit der salischen Könige und Kaiser (1024-1125) fiel mit dem Konzil von Sutri 1046 ein Höhepunkt des theokratischen Kaisertums. Mit der Auseinandersetzung zwischen Kaiser und Papst im kurz darauf beginnenden Investiturstreit zerbrach jedoch dieses Selbstverständnis der Kaiser.   **162**

1. Die kirchliche Reformbewegung

kluniazensische Reformbewegung

Als Reaktion auf die Verweltlichung der Kirche entstand im 11. Jahrhundert die kluniazensische Reformbewegung. Ausgehend vom Kloster Cluny in Burgund, wurde die Forderung nach einer Erneuerung des mönchischen Lebens und Unabhängigkeit der Klöster von jeder weltlichen Gewalt erhoben. Unter dem Schlagwort *libertas ecclesiae* griff der Reformimpuls auf die gesamte Kirche über. Ziel war die Befreiung der Kirche vom Einfluss der Laien. Die Reformer arbeiteten zunächst mit dem Kaiser zusammen. Heinrich III. machte sich deren Ideen zu eigen und suchte das Papsttum dem Einfluss des römischen Stadtadels zu entziehen. Als er 1046 zur Kaiserkrönung nach Italien zog, gab es drei Päpste. Zwei waren die Kandidaten rivalisierender Adelsfraktionen, der dritte hatte die Papstwürde angeblich von einem der beiden ersten gekauft, weil der heiraten wollte. Auf der Synode von Sutri 1046 ließ Heinrich III. die Päpste absetzen und ein Mitglied der deutschen Reichskirche zum Papst wählen.[176]   **163**

Ausrichtung der Reformbewegung gegen die Laieninvestitur

Politische Sprengkraft gewann die Reform erst durch die konsequente Weiterführung der Ideen innerhalb eines Kreises von Reformern an der päpstlichen Kurie (dem auch der spätere Papst Gregor VII. angehörte). Mit der sittlichen Erneuerung der Kirche sollte gleichzeitig eine organisatorische einhergehen. Vor allem angegriffen wurde die bisher unbestrittene Laieninvestitur, also die Besetzung und Ausstattung geistlicher Amtsträger durch Laien. Weil dies häufig mit Gegenleistungen verbunden war, wurde es nun als Ämterkauf (*Simonie*) gebrandmarkt. Das betraf die Eigenkirchenherren, die Priester für ihre Kirchen ernannten, sowie die Könige, die Bischöfe ohne streng kanonische Wahl in die Bistümer einwiesen, und schließlich auch den Kaiser, der Einfluss auf die Papstwahl nahm.   **164**

---

[176] SCHULZE III, S. 178 f.

Der Konflikt der Reichsverfassung mit dem kanonischen Recht war zwar schon seit längerem bekannt, aber die Dynamik, welche die Ereignisse nun entwickeln sollten, konnte erst entstehen, als das Papsttum die Reformideen aufgriff und sie auch innerkirchlich durchsetzen konnte. Vorausgegangen war eine Hierarchisierung der Kirche und eine Steigerung der päpstlichen Jurisdiktionsbefugnisse.[177]

Dictatus Papae von 1075

165 Im Investiturstreit wurde zwar vordergründig nur um die Laieninvestitur und andere kirchenrechtliche Probleme gerungen. Er war aber zugleich eine Auseinandersetzung um die rechte Ordnung in der Welt. Gregor VII. und seine Nachfolger bestritten die sakrale Stellung des Monarchen und forderten den Vorrang des Papsttums vor dem Kaisertum. An die Stelle der Lehre vom harmonischen Zusammenwirken der beiden höchsten Gewalten zum Segen der abendländischen Christenheit setzten sie die Forderung nach der universalen Herrschaft des Papstes über die Welt.

Schon in der Auseinandersetzung mit Konstantinopel wurde die Verheißung Christi an Petrus (Matth. 16, 18 f.) allein auf den römischen Stuhl bezogen und die Anerkennung des päpstlichen Primats als einer Glaubenswahrheit gefordert. Als der Patriarch von Konstantinopel dieses Verständnis vom römischen Primat nicht anerkennen wollte, kam es 1054 zum Schisma zwischen Ost und West. In 27 Leitsätzen, dem sog. *Dictatus Papae* von 1075, formulierte dann Gregor VII. das Programm einer päpstlichen Leitungsgewalt. Bischöfe und Bistümer, Synoden, jede Kirche sollte seinem und seiner Legaten Eingriff unterliegen, den er auch auf neu geschaffenes Recht gründen konnte. Der Papst sollte Untertanen von seiner Treuepflicht entbinden und Kaiser absetzen können.

> **hemmer-Methode: Die Bedeutung des *Dictatus Papae* ist umstritten. Der Name rührt daher, dass sich das Original im Briefregister Gregors VII. befand und auf einem Diktat des Papstes beruhte. Problematisch an ihm ist, dass er wohl zu Lebzeiten Gregors VII. nicht an die Öffentlichkeit gedrungen ist. Die Zeitgenossen kannten ihn also nicht. Dementsprechend ist auch unklar, wofür Gregor VII. den Text verfasst hat.**

Hierarchisierung der Kirche, Ausbildung der päpstlichen Jurisdiktionsgewalt

166 Zwar blieb die eine Kirche als die Versammlung aller Gläubigen, das bestimmende Leitbild von der christlichen Welt mit all ihren Einrichtungen, von denen eine das Königtum war. Die Laien wurden jedoch von der Mitwirkung an der kirchlichen Ordnung ausgeschlossen, während der Klerus einen hierarchisch verfassten, im Papsttum gipfelnden Aufbau erhielt. Die Einheit von *regnum* und *sacerdotium*, verkörpert durch das Zusammenwirken von Kaiser und Papst, wurde dadurch aufgehoben. Wegen der überirdischen Zielsetzung der Kirche wurde dem Papst eine Vorrangstellung gegenüber dem Kaiser zugewiesen. Die Ziele weltlichen Handelns sollten von der geistlichen Gewalt vorgegeben werden, die Ausführung oblag dem Kaiser als Haupt der weltlichen Herrschaft. Damit beanspruchte der Papst die oberste Autorität bei der Auslegung des christlichen Normensystems, dem sich das sakrale Königtum unterworfen hatte. Die göttliche Ordnung entwickelte sich so zum Kirchenrecht, über das dem Papst die höchste Jurisdiktionsgewalt zukam und das er selbst durch eigene Rechtsetzung weiter ausformen konnte.[178]

Konstantinische Schenkung

167 Das Papsttum war nun auch bereit, den Anspruch auf die oberste Autorität der Christenheit politisch durchzusetzen. Gregor VII. stützte sich vor allem auf die Gehorsamspflicht der Christen und auf die Binde- und Lösegewalt. Eine Legitimationsgrundlage bot u.a. auch die sog. *Konstantinische Schenkung*.

---

[177] FENSKE/MERTENS/REINHARD/ROSEN, S. 195 f.
[178] FENSKE/MERTENS/REINHARD/ROSEN, S. 198.

Dabei handelte es sich um eine gefälschte Urkunde, in der Kaiser Konstantin über seine wunderbare Lepraheilung durch die von Papst Silvester gespendete Taufe berichtete, dem er dafür kaiserliche Macht und Insignien, die Stadt Rom und alle Provinzen in Italien und dem Westen übergeben habe, um sich selbst aus Rom zurückzuziehen. Der Papst schien damit dem Kaiser übergeordnet, denn das Kaisertum musste so auf päpstlicher Einsetzung beruhen. Zudem konnte so die weltliche Herrschaft des Papsttums begründet werden.[179]

Zweischwerterlehre

168 Im Zusammenhang mit dem Investiturstreit und der Auseinandersetzung zwischen Kaiser und Papst muss die *Zweischwerterlehre* gesehen werden. Im Lukasevangelium spricht Christus von zwei Schwertern (22, 35-38), die im Mittelalter als Symbole für die weltliche und geistliche Macht gedeutet wurden. Danach hatte Gott dem Kaiser das weltliche Schwert und dem Papst das geistliche Schwert übertragen. Anfangs kam dem Kaiser als dem Schutzherrn und Vogt der römischen Kirche der Vorrang zu. Im Zuge des Investiturstreits erhob die Kirche nun Anspruch auf den Besitz beider Schwerter und deutete die Zweischwerterlehre dementsprechend um.

Die kurialistische Theorie wollte der geistlichen Gewalt den Vorrang vor der weltlichen verleihen. Sie ließ beide Schwerter, das geistliche und das weltliche, unmittelbar von Gott auf die Kirche übertragen. Die Kirche erst gab das weltliche Schwert an den König weiter und verlieh dadurch ihrer Überordnung über die weltliche Gewalt Ausdruck. Das bedeutete aber nicht, dass das Papsttum generell auf die Ausübung weltlicher Besitz- und Herrschaftsrechte verzichtet hätte. Der päpstliche Primatsanspruch und der Anspruch auf die Verfügung über die Kaiserkrone ließen den Gedanken aufkommen, dass dem Papst auch die weltliche Herrschaft über das als Weltreich verstandene *imperium Romanum* zustehe. Die sog. imperiale Theorie der kaiserlichen Partei verfocht demgegenüber die Gleichordnung der beiden Gewalten. Geistliche und weltliche Gewalt kämen unmittelbar von Gott, der das geistliche Schwert dem Papst, das weltliche dem Kaiser anvertraut hat.[180]

2. Der Konflikt zwischen Kaiser und Papst

Auswirkungen auf die Reichsverfassung

169 Das deutsche Reich wurde von den der Reformbewegung folgenden Auseinandersetzungen besonders heftig erfasst, weil durch die Einbeziehung geistlicher Stellen in die Reichsverfassung eine Trennung von weltlicher und geistlicher Sphäre das gesamte Verfassungssystem betreffen musste. Besonders virulent war das Investiturrecht des Königs bezüglich der Bischofssitze. Auf der Kirchenherrschaft des Königs basierte das Reichskirchensystem, ein Entzug dieses Rechts musste das Königtum nachhaltig schwächen. Der Konflikt zwischen Kaiser und Papst brach offen aus, als Heinrich IV. 1073 den Bischof von Mailand und in der Folgezeit weitere italienische Bischöfe in herkömmlicher Weise einsetzen wollte. Gregor VII. drohte mit dem Kirchenbann. Als eine Reichssynode zu Worms 1076 unter Vorsitz Heinrichs IV. daraufhin den Papst für abgesetzt erklärte, wurde der Bann tatsächlich ausgesprochen. Es stellte sich heraus, dass der Kaiser den geistlichen Waffen der Kirche nichts Gleichwertiges entgegensetzen konnte. Mit dem Kirchenbann wurden zugleich die dem Kaiser geleisteten Eide gelöst, so dass der Kreis der politischen Anhänger schrumpfte und die Wahl eines Gegenkönigs möglich wurde. Markanteste Folge dieser Ereignisse war der Bußgang Heinrichs IV. nach Canossa 1077. Hier stand der Kaiser drei Tage im Büßergewand im Schnee vor dem Burgtor, bis der Papst ihn empfing und rekommunizierte.

---

[179] WILLOWEIT, § 8 II 2, S. 58.
[180] CONRAD I, S. 285 f.

Zwar gewann Heinrich IV. so seine Handlungsfähigkeit wieder, aber die Unterwerfung unter den Papst leitete unumkehrbar die Entsakralisierung des Königtums ein.[181]

Wormser Konkordat 1122

Erst unter Heinrich V. wurde dieser Streit 1122 durch das *Wormser Konkordat* wieder beigelegt. In diesem Vertrag zwischen Kaiser und Papst wurde festgelegt, dass Bischöfe und Äbte in Anwesenheit eines kaiserlichen Vertreters nach kanonischem Recht gewählt und geistlich eingesetzt werden sollten. Der Kaiser übertrug dem Erwählten dann durch Übergabe eines Szepters die weltlichen Rechte. Voraussetzung war die, vor allem von dem Kanonisten Ivo von Chartres entwickelte Trennung von *Temporalia* und *Spiritualia*, wodurch an der kanonischen Wahl festgehalten werden konnte und dem König die Einsetzung in die weltlichen Rechte ermöglicht wurde. Die Scheidung in *Temporalia* und *Spiritualia* leitete dazu über, jene als Lehnobjekt und die Investitur in sie als Belehnung aufzufassen (*Szepterlehen* im Gegensatz zum weltlichen *Fahnlehen*). Die unmittelbare königliche Kirchenherrschaft wurde dadurch beseitigt. Geistliches Amt und weltliche Herrschaft wurden getrennt. Das Reichskirchengut begann dem König zu entgleiten. Folge war das Ende des ottonischen Reichskirchensystems und die Feudalisierung der Reichskirche. Durch die Belehnung mit den Regalien wurden die Inhaber der Reichskirchen zu Kronvasallen.

170

An die Stelle der königlichen Verfügungsgewalt über die Reichskirchen trat die Lehnsbindung.[182]

II. Das Reich unter den Staufern

Der Investiturstreit hatte das Reichsgefüge völlig verändert. Fürstliche Opposition in Deutschland und die Wahl von Gegenkönigen deuteten auf einen beschleunigten Verfassungswandel hin. Da sich der König nicht mehr auf die Reichskirche stützen konnte, begann ein Umschwung in der königlichen Politik. Wegen des Verlustes der sakralen Grundlagen musste es sich eine neue Macht- und Legitimationsgrundlage erschließen.

171

1. Das staufische Kaisertum

sacrum imperium

Um ihre machtpolitische Stellung gegenüber dem Papsttum, den aufstrebenden deutschen Fürsten und den lombardischen Städten ideologisch zu stärken, betonten die staufischen Könige seit Friedrich I. die altrömischen Traditionen, auf denen die kaiserliche Herrschaft beruhte. Damit verbunden war auch eine Sakralisierung des Reichsbegriffs. Das Reich wurde erstmals 1157 in einer Urkunde Friedrichs I. als *sacrum imperium* bezeichnet. Dahinter könnte zum einen ein bewusstes Anknüpfen an römisches Staatsdenken stehen. In der Spätantike waren kaiserliche Institutionen mit dem Prädikat *sacer* versehen worden. Nachdem die sakrale Würde des Kaisertums im Investiturstreit Schaden genommen hatte, bot der Rückgriff auf antike Kaiservorstellungen eine neue, weltliche Legitimationsgrundlage. Zum anderen sollte wohl infolge des Investiturstreits die Heiligkeit des Kaisertums betont werden. Die sakrale Sicht des Reiches stützte sich auf die Vorstellung, dass dem Kaiser die Herrschaft direkt von Gott übertragen wurde. Dies schlug sich in der imperialen Auslegung der Zweischwerterlehre nieder. Damit war auch wieder der Weg für eine Verantwortung des Kaisers über die Kirche eröffnet. Das *sacrum imperium* wurde als das Gehäuse der gesamten Christenheit begriffen, als *imperium christianum*.[183]

172

---

[181] WILLOWEIT, § 8 III 1, S. 59 f.
[182] CONRAD I, S. 289.
[183] SCHULZE III, S. 53 f.

Einfluss des römischen Rechts	Friedrich I. versuchte, das in Italien wiederentdeckte klassische römische Recht sich zunutze zu machen. So wurde auch die kaiserliche Herrschaftsauffassung immer mehr von römischen Vorstellungen durchdrungen. Rechtssätze wie *princeps legibus solutus* oder das *crimen laesae maiestatis* rückten in das Blickfeld der Zeitgenossen. Römisches Recht wurde zum Vorbild absoluter Herrschaft und Instrument der Politik.[184]	*173*

Reichstag auf den Ronkalischen Feldern 1158

Nach der Unterwerfung Mailands, der mächtigsten Stadt der Lombardei, fand auf den Ronkalischen Feldern 1158 ein großer Hoftag statt. Geladen waren neben den geistlichen und weltlichen Großen aus allen Reichsteilen auch die Konsuln und Richter der italienischen Städte. Der Kaiser wollte seine Herrschaft über Italien durch eine Neuordnung der Rechtsverhältnisse auch juristisch festigen. Als seine Berater fungierten vier Rechtsgelehrte aus Bologna, welche die dem Kaiser zustehenden Hoheitsrechte, die Regalien, ermitteln und definieren sollten. Die römisch-rechtlichen Vorstellungen schlugen sich auf die Beschlüsse des Reichstages nieder. Die *Lex omnis iurisdictio* verknüpfte Rechtsprechung und Zwangsgewalt im italienischen Reich an den Kaiser. Des Weiteren wurde ein Katalog kaiserlicher Rechte (*regalia*) gegenüber den italienischen Städten festgelegt und nun aus dem römischen Recht abgeleitet.

174

Diese hoheitliche Festlegung kaiserlicher Rechte offenbart ein neues verfassungsrechtliches Verständnis und darüber hinaus Ansätze rationaler Herrschaft, die aus der antiken römischen Organisationsidee entwickelt wurden.[185]

Niedergang des universalen Kaisergedankens

Eine andere Auswirkung von Investiturstreit und römisch-rechtlichen Einflüssen war der Verlust der ideellen Vormachtstellung des römischen Kaisertums in Europa. Die Rationalisierung des kaiserlichen Herrschaftsverständnisses durch den Einfluss des römischen Staatsdenkens egalisierte den Kaiser gegenüber anderen europäischen Monarchen. Diese erkannten die, wenn auch nur rein formale, Vorrangstellung des römisch-deutschen Kaisers nicht mehr an. Der Grundsatz der Gleichberechtigung der europäischen Monarchen schlug sich schließlich in dem von Baldus geprägten Satz *rex in regno suo est imperator regni sui* nieder.[186]

175

der König als Gesetzgeber

Langfristig verwandelte der Einfluss des römischen Rechts die Vorstellung von Recht im Allgemeinen. Nach römischen Vorstellungen war das Recht rational gestaltbar und kam dem Kaiser in diesem Sinne Rechtsetzungsbefugnis zu. Dies schien auch den römisch-deutschen Kaiser, der sich als der legitime Nachfolger der antiken römischen Kaiser sah, von den Bindungen der traditionalen deutschen Rechtsvorstellungen zu befreien. Es setzte sich bis ins 14. Jahrhundert die Ansicht durch, dass der deutsche König und künftige Kaiser die Quelle allen Rechts und damit auch Gesetzgeber sei.[187] Dennoch verzichteten die deutschen Könige des Spätmittelalters weitgehend darauf, mit Hilfe von Gesetzen königliche Herrschaftspolitik zu betreiben. Denn in der Praxis war ein solches Recht gegen die Reichsfürsten kaum durchsetzbar. Wenn sich ein Kaiser bei Erlass eines Gesetzes auf sein Gesetzgebungsrecht berief, handelte es sich meist um leere Rhetorik, da das Gesetz mit den Fürsten vorher ausgehandelt war. Faktisch entwickelte sich das Kaisertum zur Legitimationsbasis älteren Rechts, die den Anspruch nach allgemeiner, nicht nur partikularer Rechtsgeltung ermöglichte. So war es nahe liegend, dass sich aus dem *Corpus iuris civilis* das gemeine Recht entwickelte und das allgemein als Kaiserrecht galt.

176

---

[184] KROESCHELL I, S. 184 f.
[185] WILLOWEIT, § 9 II 1, S. 58.
[186] FENSKE/MERTENS/REINHARD/ROSEN, S. 205; SCHULZE III, S. 203 f.
[187] S. dazu SCHLOSSER, S. 42–44.

Betroffen waren aber auch andere Rechtsquellen. Es entwickelte sich bald die Vorstellung, dass das Landrecht des Sachsenspiegels von Karl dem Großen erlassen worden war und das Lehnrecht von Friedrich I.[188]

Friedrich II.

Wie eingeengt der Handlungsspielraum der staufischen Kaiser im deutschen Teil des Reiches war, zeigte sich noch einmal in der Gesetzgebungstätigkeit Friedrichs II. Im normannischen Sizilien aufgewachsen, hatte er einen ganz anderen kulturellen Hintergrund als seine Vorgänger. Als er im Reich seinen kaiserlichen Anspruch durchgesetzt hatte, führte er in dem von ihm geerbten sizilischen Königreich neuzeitlich erscheinende Reformen durch. In den 1231 erlassenen *Konstitutionen von Melfi* wurden in Form eines herrschaftlichen Gesetzes unter anderem das Prozessrecht neu gestaltet und ein Beamtenapparat geschaffen. Im deutschen Reichsteil war Friedrich II. jedoch auf die überkommenen konsensualen Herrschaftsformen angewiesen. Beispielhaft dafür ist der *Reichslandfrieden von 1235*.

177

Konstitutionen von Melfi

hemmer-Methode: Die Konstitutionen von Melfi gingen wohl auf den Konflikt Friedrichs II. mit Papst Gregor IX. zurück. Dieser hatte zur gleichen Zeit den Auftrag zu einer neuen Gesetzessammlung gegeben, dem *Liber extra*. Der Kaiser kam dem Papst zuvor, als er in großer Eile 1231 die Konstitutionen beschließen ließ, während der *Liber extra* erst 1234 vollendet wurde. Das kaiserliche Gesetzbuch wird auch *Liber Augustalis* genannt. Es enthielt vor allem Bestimmungen zum Behörden- und Gerichtsaufbau, Beamten- und Verwaltungsrecht, Straf- und Strafprozessrecht.[189]

178

2. Territorial- und Titelherzogtum

Territorialherzogtümer

Seit dem 12. Jahrhundert rundeten die Inhaber der alten Herzogtümer auf der Grundlage großer Eigengutkomplexe, zahlreicher Grafenrechte und umfangreicher Vogteien über Kirchengüter die Herrschaftsausübung in gebietsmäßiger Hinsicht ab. Diese raumübergreifende Herrschaftsausübung konnte auch durch königliche Rechtsakte nach dem Lehnrecht begründet werden. Deutlich erkennbar ist diese Entwicklung bei der Erhebung der Ostmark zum Herzogtum Österreich (*privilegium minus* 1156), der Erhebung der Steiermark zum Herzogtum (1180) sowie bei dem Aufstieg der Grafen von Braunschweig-Lüneburg zu Herzögen (1235). Durch diese Vorgänge wurde den alten Stammesherzogtümern die Grundlage entzogen. Nicht mehr der Stammesverband, sondern ein bestimmtes Territorium umgrenzte nun die Herzogsgewalt.

179

Stellung der Grafen

Maßgebliches Kriterium war die Verfügungsgewalt über bestimmte, vom Königtum abgeleitete Rechte in dem jeweiligen Territorium, allen voran die Grafenrechte. Schon in den Stammesgebieten mit einer starken herzoglichen Gewalt waren die Grafen den Herzögen untergeordnet gewesen. In den Territorialherzogtümern war der Graf nun ebenfalls nicht mehr vom König mit seinem Amt belehnt, sondern vom Herzog. Die Grafen waren hier dem Herzog zur Treue verpflichtet. Ein Treuevorbehalt zugunsten des Königs bestand nicht, so dass beim Widerstreit der königlichen und herzoglichen Interessen die letzteren vorgingen. Nur in den reichsunmittelbaren Gebieten waren die Grafen direkt vom König belehnt. Es gab also reichsunmittelbare Grafen und solche, die ihre Rechtsstellung von einem Herzog ableiteten.[190]

180

---

[188] EBEL, S. 44 f.; allgemein FENSKE/MERTENS/REINHARD/ROSEN, S. 207 f.
[189] WOLF, HbPRG I, S. 698-700.
[190] CONRAD I, S. 251.

Der Herzog war nun innerhalb eines bestimmten Territoriums an des Königs statt Inhaber der Gerichtsbarkeit und des Heerbannes und übernahm die Funktion der Friedenswahrung. Die Herzogsgewalt schob sich zwischen Königtum und Grafenamt. Der Titel Graf wurde genauso wie Herzog weitgehend zu einer Standesbezeichnung, die sich kleinere Dynastenfamilien im Unterschied zu den herzoglichen größeren Dynastenfamilien zulegten.[191]

Titelherzogtum

181 Ab dem 11. Jahrhundert kam es mehrfach vor, dass Angehörige von Dynastien, welche Herzogtümer innegehabt und diese aber wieder verloren hatten, den Titel gleichwohl weiterführten. Dies war z.B. bei dem schwäbischen Geschlecht der Zähringer der Fall, das in Schwaben seit 1092 Herzogsrechte beanspruchte. Als sich dort die Staufer als Herzöge durchsetzten, behielten die Zähringer für ihren ausgedehnten alemannischen Besitz- und Herrschaftsbereich bis zum Aussterben des Geschlechts 1218 den Herzogstitel. Mit dem geführten Herzogstitel verband sich rasch der Anspruch, auch entsprechende Funktionen auszuüben. Es erschien solchen Titularherzögen unzumutbar, sich der Gewalt des amtierenden Herzogs zu unterwerfen. Diese Forderung nach persönlicher Exemtion führte meist auch zur allmählichen Ausgliederung des Hausguts aus dem Amtsherzogtum.[192]

Einbindung der Titelherzöge als Kronvasallen

182 Ein längerer Bestand konnte für die neu geschaffenen Gebilde nur sichergestellt werden, wenn sie als Ganzes Institutionen des Reichs wurden und nicht nur ihre Herzöge, sondern auch deren Herrschaftsbasis in den Reichslehensverband einbezogen war. Dafür übertrugen Titelherzöge ihren Allodialherrschaftskomplex dem Reich und erhielten Gewalt und Land als Reichslehen und neues Reichsherzogtum zurück. Dies hatte auch Vorbildcharakter für die älteren Herzogtümer, was die Verbindung von Familienbesitz und fürstlichem Amt betraf. So gewann die Vorstellung an Boden, Gegenstand der Belehnung eines Fürsten sei nicht etwa eine herzogliche Amtsgewalt, sondern auch das Gebiet, auf welchem sie inzwischen ruhte, samt dessen allodialer Grundlage. Für das Königtum hingegen gab es kaum eine andere Möglichkeit, den hohen Adel an sich zu binden, als sie zu Kronvasallen zu gewinnen.[193]

3. Der Reichsfürstenstand

Ausbildung des Reichsfürstenstandes

183 Der Herzogstitel wurde nun zum Kennzeichen der obersten Dynastenschicht unter dem Königtum. Mit der Normierung des Lehnrechts im 12. Jahrhundert bildete er ein Definitionsmerkmal für die Zugehörigkeit weltlicher Fürsten zur besonderen Rangklasse der Reichsfürsten (*principes imperii*). Während der Begriff *Fürst* noch vor der Mitte des 12. Jahrhunderts in einem untechnischen, sehr weit gefächerten Bedeutungsfeld verwandt wurde, erhielt der Titel um 1180 einen wesentlich exklusiveren Charakter und blieb von nun an einem ausgewählten, standesmäßig organisierten und mit besonderen Vorrechten ausgestatteten Kreis von geistlichen und weltlichen Würdenträgern vorbehalten. Spätestens seit dem Wormser Konkordat hatten sich bestimmte Reichsfürsten als Repräsentanten des Reiches und damit als Partner und Gegenspieler des Königs erwiesen, konnten sich in der Folgezeit korporativ zusammenschließen und von den übrigen Würdenträgern des Reichs abgrenzen.

Den Abschluss dieser Entwicklung markierte der Prozess gegen Heinrich den Löwen 1180. Dem Herzog von Sachsen und Bayern wurden hier in einem lehnrechtlichen Prozess in einer Art Standesgericht von seinen Standesgenossen, eben jenen Reichsfürsten, seine Lehen aberkannt.

---

[191] SPRANDEL, S. 140.
[192] MITTEIS/LIEBERICH, DRG, Kap. 22 I 5, S. 128.
[193] WILLOWEIT, § 12 I 3, S. 85.

Die Zusammensetzung dieses Gerichts dokumentierte die Absonderung der Reichsfürsten vom übrigen Hochadel als eigener Stand.[194]

Merkmale des Reichsfürstenstandes

Die Reichsfürsten verkörperten in ihrer Gesamtheit mit dem Kaiser das Reich. Wichtigstes Vorrecht der Reichsfürsten war es, an der Reichsgewalt unmittelbar teilzuhaben. Bei wichtigen Entscheidungen hatte der König die Reichsfürsten heranzuziehen (*consilium* und *consensus*), so z.B. bei der Veräußerung von Reichsgut. Aber auch sonst war eine enge Zusammenarbeit des Königs mit den Reichsfürsten wegen der politischen Machtverteilung unumgänglich. Sie waren vasallitisch an den Kaiser gebunden. Bei der Ausübung der Herzogsmacht waren die Fürsten Vertreter des Königs und leiteten ihre Befugnisse vom König ab. Nicht alle Kronvasallen waren Angehörige des Reichsfürstenstandes, sondern nur diejenigen, die den Herzogstitel führten oder in ihren Territorien in verfassungsrechtlicher Sicht eine herzogsgleiche Stellung besaßen. Grafen gehörten dem Reichsfürstenstand auch dann nicht an, wenn sie noch unmittelbar vom König eingesetzt wurden. Nach dem Abschluss des Reichsfürstenstandes um 1200 bedurfte es eines förmlichen Erhebungsaktes, um Zugang zur obersten Führungsgruppe des Reiches zu finden.[195]

184

geistliche Reichsfürsten

Neben den weltlichen Reichsfürsten standen die geistlichen. Seit dem Ende des Investiturstreits, mit dem der Kaiser seine unbeschränkte Oberhoheit über die Reichskirche verloren hatte, war eine Entwicklung im Gange, die seine Beziehung vor allem zu den Erzbischöfen und Bischöfen in ein Reichslehnsverhältnis umwandelte. Die geistlichen Reichsfürsten verfügten neben dem Kirchenbesitz, über Grafen- und weitere Hoheitsrechte, verschiedentlich über vom Reich zuerkannte herzogliche Gewalt, z.B. der Bischof von Würzburg durch die *Goldene Freiheit* von 1168.

185

hemmer-Methode: Gegen Ende der Stauferzeit waren etwa 90 Vorsteher von Reichskirchen als geistliche Reichsfürsten anerkannt, im weltlichen Bereich waren es nur 13 Magnaten, deren Lande als Fürstentümer angesehen wurden. Zu ihnen gehörten der König von Böhmen, die Herzöge des Reiches, die Markgrafen von Brandenburg, Meißen und Namur, der Pfalzgraf bei Rhein sowie der Landgraf von Thüringen und der Graf von Anhalt. Die Zahl veränderte sich bis zum Ende des Mittelalters durch Standeserhebungen und Teilungen, so dass das Missverhältnis zwischen geistlichen und weltlichen Fürsten etwas korrigiert wurde.[196]

Territorialisierung des Reiches

Die Stellung der Reichsfürsten wurde vom Königtum anerkannt und noch weiter ausgebaut. Wesentliche Regalien des Königs, z.B. Münze, Zoll, Städtebau, Geleits- und Gerichtsrechte, wurden von Friedrich II. 1232 im *Statutum in favorem principum* auf die weltlichen Reichsfürsten übertragen. Damit erhielten die weltlichen Fürsten eine ähnliche Stellung, wie sie Friedrich II. schon 1220 den geistlichen Fürsten in der *Confoederatio cum principibus ecclesiasticis* zugestanden hatte. Ziel der Verleihungen war die Stärkung der Fürstenherrschaft, die insofern in Vertretung des Kaisers ausgeübt wurde.

186

Die Fürsten waren bei der Herrschaftsausübung nicht mehr ersetzbar, insbesondere wegen der Italienpolitik Friedrichs II. und seiner dauernden Abwesenheit nördlich der Alpen. Die Fürsten sollten in die Lage versetzt werden, ihre vizekönigliche Position auch wirksam wahrzunehmen. Dahinter tritt ein neuartiges Herrschaftsdenken zu Tage. Herrschaftsausübung wurde nicht mehr in einzelnen Rechten begriffen.

---

[194] Dazu HAUSER, Die Lehnspolitik der Staufer 1180-1197, 1998, S. 409-411.
[195] SCHULZE I, S. 65.
[196] SCHULZE I, S. 66.

Vielmehr sollte die Herrschaftsmacht der Fürsten sich über ein Territorium mit allen darauf bezogenen Rechten erstrecken. Dahinter stand die Idee eines römisch-rechtlich beeinflussten umfassenden Eigentumsrechts.[197]

4. Feudalisierung der Reichsverfassung

Verdrängung des Amtsrechts durch das Lehnswesen

Die staufischen Kaiser nutzten verstärkt das Lehnrecht zur Einbindung der adeligen Herrschaftsträger. Sie beschleunigten damit nur eine Entwicklung, die schon mit dem Verfall der Grafschaftsverfassung im 10. Jahrhundert eingesetzt hatte. Kennzeichen dieser Entwicklung war die Verdrängung des Amtsrechts durch das Lehnswesen. Bei der amtsrechtlichen Übertragung von Herzogtümern und Grafschaften durch den König wurden für die Investitur häufig lehnrechtliche Symbole benutzt (*Fahnlehen*), wodurch die Bestallung nach Amtsrecht mit dem Verleihungsvorgang nach dem überlieferten Benefizialrecht begrifflich zusammenfielen. Das Amt wurde so zum Anhängsel des Amtslehens herabgedrückt. Die Verdinglichung des Amtes im Amtslehen und die Vererblichkeit des Lehens gestatteten es dem Adel, das Grafenamt wie einen Familienbesitz zu behandeln. Nicht mehr der königliche Auftrag, sondern das Lehnsverhältnis zum Königtum stellte nun die Verbindung vom ursprünglichen Amtsträger zum König her. Seit dem 12. Jahrhundert wurde die Reichsverfassung durchgehend feudalisiert. Die meisten Ämter und öffentlichen Funktionen wurden auf ein Lehnsverhältnis zurückgeführt. Sichtbarer Ausdruck dafür war die Ausbildung des Reichsfürstenstandes. **187**

Lehnspyramide

Das Lehnswesen wurde nun zum bestimmenden Element der Verfassung des Reichsverbandes. Der König beanspruchte eine oberlehnsherrliche Stellung gegenüber allen Herrschaftsträgern, die in einem das ganze Reich umfassenden, Lehnsverband eingeordnet waren. Nach der lehnrechtlichen Theorie hatten alle Herrschaftsträger in dieser hierarchisch gegliederten Lehnspyramide ihren festen Platz. Als Herr des Reichslehngutes war der König oberster Lehnsherr. Ein Vasall konnte sein Lehen ganz oder teilweise nach Lehnrecht weiterverleihen. Durch dieses Prinzip der Unterleihe wurde eine Vielzahl von einzelnen Lehnsverhältnissen begründet, die alle in ein abgestuftes System lehnrechtlicher Rangordnung einbezogen waren. Diese begann beim König an der Lehnsspitze und endete beim untersten Vasall der Lehnskette. Wenn auch die prinzipielle Zentrierung der Lehnshierarchie auf eine Spitze hin der Ausbildung königlicher Zentralgewalt grundsätzlich entgegenkam, so wurde dieser Prozess doch durch den streng persönlichen Charakter des Lehnsverhältnisses nicht gerade gefördert. Als Lehnsherr konnte der König lediglich auf die unmittelbar von ihm belehnten Vasallen (*Kronvasallen*), nicht aber auf die Masse der ebenfalls mit Reichslehngut ausgestatteten Untervasallen zurückgreifen. **188**

unabhängige Lehenhöfe

Es gelang dem Königtum nicht, alle Allodialkomplexe des Adels in die Lehnspyramide mit einzubeziehen. Es gab auch nicht auf den König bezogene Lehnssysteme. Das Lehnswesen prägte vielmehr weite Teile des wirtschaftlichen und gesellschaftlichen Lebens. Adel und Kirchen, die zusammen den überwiegenden Teil von Grund und Boden besaßen, traten ebenfalls als Lehnsherren auf. Die Feudalisierung erfasste auch diese Verbände, so dass zahlreiche Lehenhöfe entstanden, die von König und Reich unabhängig waren. **189**

> **hemmer-Methode:** Im Gegensatz zum deutschen Reich setzte sich in England das Königtum als oberster Lehnsherr durch. Nach der Eroberung Englands durch den Normannenherzog Wilhelm 1066 kam es zu einer umfassenden Neuverteilung des Landes nach Lehnrecht, die im sog. *Domesday Book* festgehalten wurde. Hier galt der Grundsatz *nulle terre sans seigneur.*

---

[197] WILLOWEIT, § 10 II 2, S. 73.

Jedes Land hatte nicht nur einen Besitzer, sondern auch einen Lehns-herrn und beide standen in einer größeren Lehnshierarchie.[198]

Lehnrecht und Lehngericht

Das Anwachsen des Lehnswesens führte zu einer Verrechtlichung der Lehnsbeziehungen. Das Lehnrecht war partikular und beinhalte-te die in einem Lehnhof geltenden Normen. In der Frühzeit des Be-nefizialwesens gab es zunächst keine eigenen rechtlichen Normen zur Regelung der mit der Vasallität und der Benefizialleihe zusam-menhängenden Fragen. Allgemeine Rechtssätze entstanden zuerst in der spätkarolingischen Zeit dadurch, dass Lehnsverträge in ein-heitlicher Form gestaltet wurden. Konfliktherde waren vor allem Fra-gen zum Lehnerbrecht und zu der Verfügungsmöglichkeit über Lehnsgüter. Die Rechtsgelehrten der oberitalienischen Universitäten nahmen sich auch der lehnrechtlichen Materien an, kommentierten sie und gestalteten daraus die *Consuetudines feudorum*, die als *Libri feudorum* dem *Corpus iuris* angefügt wurden. Streitigkeiten, die über Lehnangelegenheiten entstanden, wurden vor Lehngerichten ent-schieden, die unter dem Vorsitz des Lehnsherrn tagten und mit Ge-nossen des Lehnhofes als Urteiler besetzt waren.

[190]

Lehnerbrecht

Die Verfügungsgewalt des Lehnsherrn über das Lehen reduzierte sich durch die Regeln der Erblichkeit, die den Vasallen großzügig entgegenkamen und sich immer mehr den landrechtlichen Bestim-mungen anglichen. Dies näherte die Lehen und damit die auf die-sem Weg übertragene Herrschaftsgewalt dem adeligen Familienbe-sitz an und führte dazu, dass das Lehnsheimfallrecht für den König immer seltener eintrat.[199]

[191]

Kam es jedoch dazu, konnte der König von Rechts wegen über die heimgefallenen Güter völlig frei verfügen. Der vom Sachsenspiegel behauptete Rechtsgrundsatz, wonach der König verpflichtet gewe-sen sei, beim Heimfall bedeutender Amtslehen diese innerhalb einer Frist von Jahr und Tag wieder nach Lehnrecht zu verleihen, setzte sich nicht durch (sog. *Leihezwang*, s. Landr. III 60 § 1). Zwar ent-schieden sich die Könige beim Heimfall von Fahnlehen in den meis-ten Fällen für eine Wiederverleihung. Sie waren dazu aber nicht rechtlich gezwungen. Vielmehr waren sie nicht in der Lage, einbe-haltene Lehen mit eigenen Leuten zu verwalten.[200]

Waffendienst der Vasallen

Zu den Rechten des Königs gehörte es, zur Reichsheerfahrt aufzu-bieten und im Kriegsfall den Oberbefehl über das Reichsheer zu füh-ren. Seit dem Hochmittelalter präsentierte sich das Reichsheer im wesentlichen als Ritterheer, das nach Lehnrecht aufgeboten wurde. Der Vasall war hiernach zwar grundsätzlich zu persönlicher, unbe-grenzter und unbezahlter militärischer Hilfeleistung verpflichtet. Aus dem gegenseitigen Treuegedanken, der das Lehnsverhältnis prägte, ergab sich aber auch, dass die Dienstleistungspflicht nicht beliebig strapaziert werden konnte, sondern am Grundsatz der persönlichen Zumutbarkeit ihre natürliche Grenze fand. Wenn der König von sei-nen Vasallen Waffendienst forderte, musste er die Betroffenen zu-nächst einmal von der Notwendigkeit der Heerfahrt überzeugen.

[192]

In der Regel beriet sich der König auf einem Hoftag mit den geistli-chen und weltlichen Großen. Gegebenenfalls wurde dann der Be-schluss zur Heerfahrt von den Teilnehmern beschworen. Dem Treuegedanken entsprach es weiterhin, dass der Vasall aus beson-deren persönlichen Gründen die Teilnahme verweigern konnte. Dies galt z.B. für den Fall der echten Not, worunter der Sachsenspiegel Krankheit und Gefangenschaft verstand (Landr. II 7).

---

[198] S. dazu SPRANDEL, S. 128.

[199] Dazu ausführlich HAUSER, Lehnspolitik, S. 435-440.

[200] SCHULZE I, S. 90 f.

Mehrfachvasallität; Verdinglichung der Lehnspflichten

193 Ein anderes Problem ergab sich aus der Pflichtenkollision im Fall der Mehrfachvasallität. Der Vasall konnte mehrere Lehnsherren haben. Lagen diese im Streit miteinander, führte dies zur Pflichtenkollision für ihn. Deshalb entwertete die Mehrfachvasallität die vasallitischen Dienstverpflichtungen. Es bildete sich der Grundsatz heraus, dass der Mann jedem seiner Herren nur noch mit dem betreffenden Lehen diente, das er von ihm hatte. Das persönliche Moment der Treue trat zurück. Die Lehnspflicht verdinglichte sich, indem sich ihr Schwerpunkt von der Vasallität ins Lehen verschob. Der Vasall diente nicht mehr um das Lehen, sondern vom Lehen. Maßgabe der Verpflichtungen war das erhaltene Lehen, soweit dessen Erträge reichten. Das Lehnsobjekt wurde zum Rechtsgrund für die Lehnspflichten des Lehnsmannes.[201]

5. Heerschild und ständische Gesellschaftsordnung

geburtsständische Freiheit

194 Die Gesellschaftsordnung des Mittelalters war geprägt von der ständischen Gliederung des Volkes. Die rechtliche Stellung der Personen unterschied sich ursprünglich durch die auf die Geburt zurückgeführte Freiheit oder Unfreiheit der Menschen. In germanisch-frühmittelalterlicher Zeit galt derjenige als frei, der voll rechts- und waffenfähig war und bei der Regelung der öffentlichen Belange in Volksversammlung und Rechtsprechung mitwirken durfte. Im späteren Mittelalter hatten nur die Freien die vollgültige Teilhabe an der Landrechtsordnung. Der Stand der Freien wurde offensichtlich seit dem 10. Jahrhundert zahlenmäßig reduziert. Der Wandel der Wehrtechnik bei der Entwicklung der Reiterheere führte im Hochmittelalter zur massenhaften Kommendation Freier unter die Schutzherrschaft vermögender Leute, meist Adeliger (s.o. Rn. 34).

195 Der Stand der Freien differenzierte sich im Laufe des Mittelalters immer weiter aus. Seit dem hohen Mittelalter stellte der Adel die größte Untergruppe der Freien dar, die sog. Hoch- oder Edelfreien. Die Hochfreien teilten sich in einen Fürsten- und Herrenstand. Mit dem Ausbau der Landesherrschaft spaltete sich letzterer im 13. Jahrhundert in reichsunmittelbare und mediate (landsässige) Hochfreie. Daneben gab es eine geringer werdende Zahl von freien Bauern, die über ein Eigengut verfügten, und Minderfreie. Der Freiheitsgrad maß sich daran, inwieweit der Einzelne über die eigene Arbeitskraft frei verfügen konnte oder personenrechtlich zur Arbeitsleistung verpflichtet war.

Ministerialen

196 Aus dem Stand der Unfreien gelang einzelnen Gruppen, vor allem den Ministerialen, der Aufstieg. Schon in fränkischer Zeit gab es Unfreie in gehobener Stellung, meist bewaffnete und berittene Reisige. Besonders unter den Staufern gab es verstärkte Bemühungen, eine Reichsdienstmannschaft bei der Ausübung der Reichsverwaltung als Alternative zur Verleihung der Reichsrechte an den erstarkenden Adel heranzuziehen. Diese Ritter bildeten im Mittelalter die Grundlage für einen neuen Stand, die Dienstmannen oder Ministerialen. Die Ministerialen waren unfrei, versahen aber wichtige Kriegs- und Verwaltungsdienste. Aus diesem Zwiespalt heraus konnten sie ihre Stellung unablässig verbessern. Dies führte seit dem 11. Jahrhundert zu einer Absonderung von den übrigen Familien der Grundherrschaft.

Ihre Rechte und Pflichten wurden in besonderen Dienstrechten aufgezeichnet. Später war es üblich, Ritterdienste nur gegen Übertragung eines Dienstlehens zu erbringen. Die Ministerialen konnten bis um die Mitte des 12. Jahrhunderts nur Dienstlehen von ihren Herren, nicht aber von Dritten empfangen. Erst der unter Friedrich I. beginnende massenhafte Übertritt von Freien in die Ministerialität hob den Stand.

---

[201] MITTEIS/LIEBERICH, DRG, Kap. 27 II 2d, S. 184.

Da die Übergetretenen ihre bisherigen Lehen und ihre Lehnsfähigkeit behielten, konnte man auch den geborenen Dienstmannen die Anerkennung der Lehnsfähigkeit nicht mehr versagen. Ihre Rechte wurden schließlich denen der freien Ritter angeglichen, was seinen Ausdruck darin fand, dass sie Lehen annehmen und ausgeben konnten. Diese Entwicklung wurde im 13. Jahrhundert abgeschlossen durch die Herausbildung eines einheitlichen Adelsstandes.[202]

berufs- und geburtsständische Abgrenzung der Ritterschaft

Neben die geburtsständische Gliederung trat im Laufe des Mittelalters eine berufsständische. Neben dem sich im Hochmittelalter entwickelnden städtischen Bürgertum bildete vor allem die Ritterschaft einen Berufsstand. Der berufsständische Charakter wurde besonders betont durch die förmliche Aufnahme mit dem Ritterschlag. Bald wurde diese aber von einer Ahnenprobe abhängig gemacht. Dabei mussten mehrere ritterliche Ahnen nachgewiesen werden. Dadurch nahm das Rittertum ein geburtsständisches Element auf. Nicht erst der Ritterschlag, sondern schon die Ritterbürtigkeit bestimmte die Standeszugehörigkeit. Mit dem Ritterstand waren besondere Rechte und Pflichten verbunden. Nur der Ritter hatte volles Waffenrecht. Die Exklusivität des Ritterstandes spiegelte sich seit dem 14. Jahrhundert im Turnier- und Ordenswesen. Die Turnierfähigkeit war zur Abgrenzung gegenüber Stadtbürgern an den Ritterstand geknüpft.[203]

197

Heerschildordnung des Sachsenspiegels

Der Waffendienst verknüpfte die Ritterschaft mit dem Lehnswesen. Durch die Abstufung der Lehnsfähigkeit spiegelte das Lehnrecht die Differenzierung im Stand der Edelfreien wider. Das Lehnrecht des Sachsenspiegels ordnete die Ränge des Lehnssystems in einer siebenstufigen *Heerschildordnung* (Sachsenspiegel Landr. I 3 § 1). Heerschild war ursprünglich wahrscheinlich das Recht, die eigenen Vasallen aufzubieten. Mit der Feudalisierung der Reichsverfassung bildete sich die Heerschildordnung von einer militärischen Aufgebots- und Befehlshierarchie in eine Rangordnung der Lehnsbindung um.

198

Der König nahm dabei die erste Heerschildstufe ein, die geistlichen Fürsten die zweite, die weltlichen Fürsten die dritte, die Grafen und freien Herren die vierte, deren Vasallen die fünfte und deren Vasallen die sechste. Die Zuweisung der an sich vorgesehenen siebten Stufe wurde offengelassen. Eike von Repgow, der Verfasser des Sachsenspiegels, vermutete die Siebenzahl der Heerschildordnungen entsprechend den sieben Weltaltern, obwohl er in der Gesellschaft seiner Zeit nur sechs Heerschilde ausmachen konnte.

Verbot der Heerschildniederung

Geprägt wurde das ganze System durch das Verbot der Heerschildniederung, d.h. kein Vasall durfte von einem anderen Vasallen, der der gleichen oder einer niedrigeren Stufe angehörte, Lehen annehmen, wollte er nicht Gefahr laufen, in der Heerschildordnung abzusinken und damit seine lehnrechtliche Standesqualität in Frage zu stellen. Den Vorrang der geistlichen Fürsten vor den weltlichen leitete Eike daraus ab, dass die weltlichen auch von den geistlichen Fürsten Lehen annehmen durften. Wer keiner dieser Stufen angehörte oder wer nicht „zum Schilde geboren", also nicht von ritterlicher Abstammung war (nichtfürstliche Geistliche, Bürger, Bauern), war nach Auffassung des Sachsenspiegels grundsätzlich lehnsunfähig.[204]

199

---

[202] MITTEIS/LIEBERICH, DRG, Kap. 30 I 1, S. 212 f.
[203] MITTEIS/LIEBERICH, DRG, Kap. 30 IV 4, S. 225.
[204] SCHULZE I, S. 88.

III. Niedergang des König-/Kaisertums

Nach dem Tod Friedrichs II. (1250) brach die staufische Dynastie zusammen. Der Mangel an einem herausragendem Königsgeschlecht und der Verlust großer Teile des Reichsgutes im darauf folgenden *Interregnum* (1257-1273) prägten das Verfassungsleben des Reiches im Spätmittelalter.[205] Die fortdauernde Schwäche des Kaisertums und damit der Verlust einer zentralen Ordnungsmacht beschleunigten den Strukturwandel. Innere Konflikte und Rechtsunsicherheit mündeten schließlich in einen Institutionalisierungsschub am Ende des 15. Jahrhunderts.

200

1. Kurfürstenkollegium und Königswahl

Durchsetzung des Wahlprinzips

Im Hochmittelalter beruhte die Thronfolge auf einer Kombination von Erbrecht und Wahlgedanken. Nach dem Aussterben der Staufer setzte sich das Wahlprinzip durch. Durch das Aussterben der Königsfamilien im Mannesstamm und einen hohen Anteil an frühen Todesfällen konnte sich eine Erbmonarchie nie entwickeln. Aber auch der Widerstand der Kirche und der bevorrechtigten Königswähler spielte eine Rolle. Der amtierende König konnte dieser Entwicklung nur dadurch begegnen, dass er die Königswahl des eigenen Sohnes betrieb. In der Praxis der folgenden Jahrhunderte setzten sich die drei königsfähig werdenden Geschlechter der Habsburger, Luxemburger und Wittelsbacher durch.

201

Verengung des Wählerkreises

Für die Königswahl bildete sich von der Doppelwahl von 1198 bis zum Erlass der *Goldenen Bulle* 1356 ein bestimmtes Verfahren heraus, das bis zum Untergang des Reiches 1806 Bestand haben sollte. Begrifflich ist zunächst die eigentliche Wahl als die Willensbildung der Wähler von der Kur, der Willenserklärung durch die Wähler, zu unterscheiden. Waren an den früheren Wahlen immer eine größere Anzahl von Adeligen beteiligt, verengte sich nun der Kreis der Wahlberechtigten auf sieben Kurfürsten. Wahl und Kur fielen nun zusammen. Die Gründe für die Abgrenzung der Kurfürsten aus dem ursprünglich größeren Wählerkreis sind bis heute umstritten. Im Thronstreit nach der Doppelwahl von 1198 richteten sich beide Parteien - die staufische hatte Philipp von Schwaben, die welfische Otto von Braunschweig gewählt - wegen der Zustimmung zur Kaiserkrönung an Papst Innozenz III.

202

Der Papst formulierte daraufhin erstmals Rechtsgrundsätze für die deutsche Königswahl. Er wies in der Bulle *Venerabilem* (1202) den Fürsten das Recht der Königswahl zu, denen es nach Recht und alter Gewohnheit zustünde. Damit waren vor allem die drei rheinischen Erzbischöfe (Mainz, Trier, Köln) und der Pfalzgraf bei Rhein gemeint.[206] Den fränkischen Fürsten kam insofern ein Vorrecht zu, als die Wahl traditionell auf „Frankeserde" stattzufinden hatte. Den Erzbischöfen kam als zusätzliche Legitimation die unabdingbare Beteiligung an der Krönungszeremonie zugute. Den Ursprung für das Kurrecht der weltlichen Fürsten zu ermitteln, fällt dagegen schwerer.[207]

die Königswahl im Sachsenspiegel

Der Sachsenspiegel ging davon aus, dass den drei rheinischen Erzbischöfen sowie dem Pfalzgrafen bei Rhein, dem Herzog von Sachsen und dem Markgrafen von Brandenburg das Recht zustand, als erste den künftigen Kaiser zu küren, das heißt, die vorher getroffene Wahl durch den Kürspruch unter Namensnennung des Kandidaten förmlich zu verkünden (Landr. III 57 § 2).

203

---

[205] S. dazu SCHULZE III, S. 229 f.
[206] MITTEIS/LIEBERICH, DRG, Kap. 23 II 1, S. 141.
[207] WILLOWEIT, § 11 I 1, S. 76.

Der Wahlakt selbst als die eigentliche politische Entscheidungshandlung sollte jedoch nach wie vor von allen geistlichen und weltlichen Fürsten gemeinsam vorgenommen werden. Das besondere Erstkurrecht der drei weltlichen Fürsten wurde vom Sachsenspiegel damit begründet, dass diese Wähler im Besitz der Erzämter seien (Truchsessen-, Marschall- und Kämmereramt), wobei der König von Böhmen, obwohl im Besitz des Schenkenamtes, ausgeschlossen sein sollte, da er kein Deutscher sei (Landr. III 57 § 2).

Doppelwahl 1257

In der Doppelwahl von 1257 erschienen tatsächlich die nach dem Sachsenspiegel bevorrechtigten Fürsten einschließlich des Königs von Böhmen als alleinige Königswähler und sollten es auch in Zukunft bleiben. Jedoch ist es zweifelhaft, dass sich die Rechtsvorstellungen des Sachsenspiegels, der vor 1235 entstanden ist, bis zur Wahl 1257 reichsweit durchgesetzt hatten. Wahrscheinlicher ist, dass der Passus erst nach der Wahl Rudolfs von Habsburg (1273) eingefügt worden ist, insofern also auch die Erzämtertheorie eine Rückprojektion darstellt.[208] Ein gemeinsames Handeln der Kurfürsten lässt sich erst bei der Wahl Albrechts von Österreich 1298 feststellen. Deren Kurrecht gründete sich wohl auf erbrechtlichen Vorstellungen. Die Königswähler waren alle Repräsentanten von Tochterstämmen der Ottonen. Weil es mehrere solcher Tochterstämme gab, waren Wahlen erforderlich. Die Sicherung des Kurrechts in einem exklusiven Kreis stellte gleichzeitig eine Sicherung des ererbten Königsrechts dar.[209]

204

Mit der Beschränkung der Königswahl auf die künftigen sieben Kurfürsten waren eindeutige Entscheidungen allerdings noch nicht garantiert, wie die Doppelwahlen von 1257 und 1314 zeigen. Noch galt nicht das Mehrheitsprinzip. Die vier notwendigen Stimmen wurden als Quorum verstanden, das als Gesamtstimme zur Abgabe einer Wahlerklärung berechtigte. Wurde ein Kurfürstentum infolge Erbfalls geteilt, konnte es passieren, dass das Kurrecht von allen Erben in Anspruch genommen wurde.

205

2. Päpstlicher Approbationsanspruch und Goldene Bulle

Kurverein zu Rhense 1338

Zu einer Lösung der Probleme kam es erst unter dem Eindruck der verstärkten Einflussnahme durch den Papst. Papst Innozenz III. benutzte den Thronstreit zwischen Staufern und Welfen, um sich zum Schiedsrichter aufzuschwingen und unter Berufung auf die *Zweischwerterlehre* (s.o. Rn. 168) und die *Translationstheorie* (s.o. Rn. 101) das Recht des Papstes auf Verfügung über das Reich, zumindest auf Mitsprache bei der Besetzung des Kaiserthrones zu fordern. Da der von den deutschen Fürsten bestimmte König der zukünftige Kaiser war, dessen Krönung dem Papst zustand, beanspruchte er das Recht zur Überprüfung der Eignung, der Idoneität, des Gewählten.[210] Um diesen *Approbationsanspruch* des Papstes kam es allerdings bald zum Konflikt. Die Kurfürsten fühlten sich in ihren Rechten gekränkt und lehnten den päpstlichen Approbationsanspruch als unzulässigen Eingriff in die Reichsangelegenheiten ab. Das Reich war in ihren Augen nicht mehr allein Sache des Kaisers, sondern auch der deutschen Fürsten. 1338 stellten die in Rhense, zum sog. *Rhenser Kurverein* versammelten Kurfürsten fest, dass der von ihnen mit Mehrheit gewählte König den Titel *Romanorum rex* führen und im gesamten Reich alle Herrschaftsrechte ausüben dürfe, ohne dass die Zustimmung des Papstes erforderlich sei. Kaiser Ludwig der Bayer wies im gleichen Jahr im Reichsgesetz *Licet iuris* alle päpstlichen Ansprüche zurück.

206

---

[208] Dazu WOLF, Die Entstehung des Kurfürstenkollegs 1198-1298, 1998, S. 50 f.
[209] WOLF, Die Entstehung des Kurfürstenkollegs, passim, insbes. S. 93-95.
[210] WILLOWEIT, § 11 II 2, S. 78.

Goldene Bulle 1356

Damit zeichnete sich gleichzeitig das Ende der gewohnheitsmäßigen Entwicklung des Wahlverfahrens ab. Den Abschluss bildete die *Goldene Bulle* von 1356. Es handelte sich dabei typologisch um eine Privilegienverleihung des Königs an die Kurfürsten, letztlich stand dahinter aber eine Vereinbarung zwischen Kurfürsten und König. In ihr wurden die bis dahin schon beachteten Rechtsgewohnheiten festgelegt und präzisiert. Ausreichend waren nun vier Stimmen. Die Abwesenheit von drei Kurfürsten sollte die Wahl nicht mehr blockieren können. Neben dem Mehrheitsprinzip wurde zur Vermeidung der Teilung der Stimmen die Unteilbarkeit der Kurfürstentümer und die Primogenitur (=Erstgeburtsrecht, Erbfolge des Erstgeborenen) angeordnet. Die territoriale Gerichtsbarkeit der Kurfürsten wurde durch die Verleihung des *privilegium de non appellando* und des *privilegium de non evocando* geschützt und dem kaiserlichen Einfluss entzogen.[211]

207

> **hemmer-Methode: Die Goldene Bulle von 1356 zählt zu den bedeutendsten Gesetzen zwischen 962 und 1806 und wird deshalb auch als Reichsgrundgesetz bezeichnet.**

3. Reichsgut und Hausmacht

Notwendigkeit einer neuen Herrschaftsbasis

Der Verlust des Reichsgutes in der nachstaufischen Zeit und die fortschreitende Territorialisierung des Reiches erzeugten für die deutschen Könige die Notwendigkeit, sich eine neue Herrschaftsgrundlage zu schaffen. Als Herrschaftsbasis waren sie einerseits auf ihre eigene Landesherrschaft, das sog. Hausgut, angewiesen. Andererseits wurde das verbleibende Reichsgut im Zuge des sich ausbildenden, römisch-rechtlich geprägten Eigentumsverständnisses als Geldquelle nutzbar gemacht.

208

Zerfall des Reichsgutes; Verpfändungspraxis

Das Reichsgut verwandelte sich in eine Summe einzelner Vermögensobjekte. Diese wurden nun vom König nicht mehr nur als Rente, sondern auch als Kapital genutzt. Ludwig der Bayer und Karl IV. schritten in außerordentlichem Umfang zur Verpfändung von Reichsstädten und anderen Reichsrechten. Dies geschah in erster Linie nicht zum Zweck der Kreditaufnahme, sondern um Landesherren für geleistete Dienste zu entlohnen oder für die Zukunft zu verpflichten. Tatsächlich war die Verpfändung durchaus der Herrschaftsvergabe zu Lehen vergleichbar. Das Pfand war ein Mittel, um politische Anhänger zu binden und Amtsträger für Aufgaben des Reichs zu gewinnen.

209

Im Gegensatz zum Lehen, das sich dem Allod weitgehend angeglichen hatte, war die Möglichkeit der Rücknahme durch die Erlegung der Pfandsumme in der Regel gewahrt. Die Praxis sah jedoch bald anders aus. Der Pfandvertrag gestattete zwar meist die Wiederauslösung. Die dafür angesetzten Summen waren aber so hoch, dass überwiegend eine Schmälerung des Reichsgutes eintrat. Häufig versuchten verpfändete Reichsstädte selbst, die Pfandsumme aufzubringen, um nicht unter die Herrschaft eines benachbarten Territorialherrn zu geraten.[212]

Fiskalisierung der Privilegienverleihung

Die sichersten regelmäßigen Einkünfte erbrachten die reichsstädtischen Jahressteuern und die Judensteuern. Da die Stadtsteuern aber meist fixiert waren, war kein Anschluss mehr an das Wirtschaftswachstum der Städte gegeben. Neue Einkünfte konnte sich der Kaiser durch eine Fiskalisierung von Privilegienverleihung und -bestätigung erschließen.

210

---

[211] WILLOWEIT, § 11 II 3, S. 80.
[212] ISENMANN, Reichsfinanzen und Reichssteuern im 15. Jahrhundert, ZHF 7 (1980), S. 13.

Der Preis dafür stieg im 15. Jahrhundert rapide an. Bei Verleihung neuer Zölle und Marktrechte reservierte er sich einen regelmäßig zufließenden Anteil an den jährlichen Einkünften oder einigte sich mit den Empfängern über eine feste abzuzahlende Summe. Aber auch bei den Jurisdiktionsprivilegien rückte die fiskalische Nutzung mehr in den Vordergrund. Die Verleihung von Privilegien, die von der kaiserlichen Gerichtsbarkeit eximierten oder die Gerichtsbarkeit erweiterten, war praktisch nur eine Frage des Geldes. Rechts- oder verfassungspolitische Erwägungen spielten kaum eine Rolle. Die Reichsgerichtsbarkeit unterlag weitgehend dem Gedanken der feudalen Nutzung durch den Gerichtsherrn.[213]

Ausbau des Hausgutes

211

Die notwendigen finanziellen und militärischen Ressourcen schöpften die deutschen Könige nicht mehr aus dem Reichsgut, sondern aus ihrem Hausgut. Der seit Mitte des 13. Jahrhunderts intensiv vorangetriebene Ausbau der überschaubaren Landesherrschaften erwies deren Überlegenheit gegenüber den lückenhaften Herrschaftsstrukturen des Reichsgutes. Wie auch die anderen Fürstendynastien betrieben die Könige nun Hausmachtpolitik, indem sie ihre königliche Stellung dazu auszunutzen versuchten, das Hausgut zu vermehren. So schuf z.B. Rudolf I. durch die Belehnung seiner Söhne mit Österreich und der Steiermark 1282 dem Haus Habsburg eine dauerhafte Machtbasis. Der Übergang zum sog. Hausmachtkönigtum fand seinen Abschluss schon in der Regierungszeit Karls IV. (1346-1378). Das Reich wurde nun von den Erblanden des Königs aus regiert. Das Reichsgut spielte nur noch eine untergeordnete Rolle.[214]

königsnahe Landschaften

212

Durch die Entfremdung des Reichsgutes schrumpfte der Einfluss des Königs. Er genoss nur noch regional begrenzt politischen Rückhalt. Insbesondere die Gebiete am Untermain, Mittelrhein und in Schwaben standen dem König nahe. Dies galt auch in großem Umfang für die geistlichen Territorien. Die Herrschaftsgebiete der großen weltlichen Dynastien und der königsfernen Randzonen im Norden und im Bereich der Eidgenossenschaft boten dem König immer weniger Einwirkungsmöglichkeiten.

Heiliges Römisches Reich Deutscher Nation

213

Im späten Mittelalter zeichnete sich deshalb ein Rückzug des Reiches auf seinen deutschen Kernraum immer deutlicher ab. Zwar nicht staatsrechtlich, aber faktisch lösten sich Burgund und die Provence aus dem Reichsverband. Reichsitalien zerfiel in mehr oder weniger selbständige Herzogtümer, Markgrafschaften und Stadtrepubliken. In dieser Zeit des Übergangs bürgerte sich der Titel *Heiliges Römisches Reich Deutscher Nation* ein.

Die Veränderungen in der europäischen Staatenwelt hatten längst Zweifel an der Vorrangstellung des Kaisertums geweckt und selbst der Anspruch der Deutschen auf das Reich wurde bestritten. Solchen Bedrohungen begegnete man durch die Betonung des Rechtsanspruchs der deutschen Nation auf die Herrschaft über das *Heilige Römische Reich*.[215]

Verschmelzung von Königs- und Kaisertitel

214

Einher ging damit die Loslösung der Kaiserwürde von Rom und dem Papsttum. Seit dem 14. Jahrhundert waren die Romzüge der Könige zur Kaiserkrönung mit immer mehr Schwierigkeiten verbunden, die Reichsherrschaft über Italien kaum noch herzustellen. Demgegenüber stand die Beschädigung des päpstlichen Ansehens durch die Residenzverlegung nach Avignon 1309 und die Abhängigkeit vom französischen König, die sog. *babylonische Gefangenschaft* der Kirche.

---

[213] Anschauliches Beispiel bei ISENMANN, ZHF 7 (1980), S. 47-50.
[214] WILLOWEIT, § 12 I 2, S. 84.
[215] S. zur Entstehung des Namens SCHULZE III, S. 54-56.

Dazu kam das Schisma von 1378 bis 1417 mit einem Papst, der in Rom, und einem, der in Avignon residierte. Bis zur Kaiserkrönung Karls V. 1530 in Bologna verzichteten die Könige aber nicht auf die päpstliche Kaiserkrönung. Sie galt als Voraussetzung zur Wahl des eigenen Sohnes zum römisch-deutschen König und damit zur Sicherung der Nachfolge. Schon Maximilian I. nahm aber bei seiner Kaiserkrönung 1508 den Titel des erwählten römischen Kaisers an, seine Nachfolger dann jeweils schon nach ihrer Königskrönung. Damit verschmolzen deutsches König- und römisches Kaisertum miteinander.[216]

---

[216] SCHULZE III, S. 254 f.

§ 6 LANDESHERRSCHAFT, STADT UND DORFGEMEINDE

Lernübersicht:

I. Entstehung der Landesherrschaft

Seit dem 12. Jahrhundert zeigten sich im Reich Anfänge der Territorialstaatlichkeit. Der Aufstieg einzelner Herrschaften zu Landesherrschaften war verknüpft mit der dauernden Aneignung herrschaftlicher Rechte über ein bestimmtes Territorium. Territorium bezeichnet dabei das Gebiet, in dem herrschaftliche Rechte ausgeübt wurden. In einem längeren Entwicklungszeitraum bis ins 15. Jahrhundert erwarben die größeren, lehnrechtlich hochstehenden Reichsfürsten neben den Herrschaftsrechten über ihre eigene Klientel und über die Hintersassen ihrer Vogteien Justiz- und Administrationsrechte über die Haus- und Hofverbände anderer, lehnrechtlich tieferstehender Adeliger. Daraus gestalteten sie die Landesherrschaft, die sich grundsätzlich über alle Einwohner eines bestimmten Herrschaftsgebietes erstreckte. Die Entwicklung verlief in den einzelnen Teilen Deutschlands unterschiedlich. Es gab Regionen mit geschlossener Herrschaftsbildung und solche mit zersplitterter. Hier wirkte der Untergang der alten Stammesherzogtümer Frankens und Schwabens nach, während es den Wittelsbachern im Herzogtum Bayern und den Habsburgern vom Herzogtum Österreich aus gelang, ihre Besitzungen großräumig zu arrondieren.[217]

       215

1. Territorialisierung des Reiches

Wurzel der Landesherrschaft in Allodialbesitz

Die Wurzeln der Landesherrschaft liegen in der karolingischen Ämterverfassung und den Grundherrschaften. Der Erwerb der Landesherrschaft gelang hauptsächlich den Hochadeligen, die selbst großen Allodialbesitz hatten, die also viele Hofverbände besaßen und über Leute nach Hofrecht Herrschaft ausübten. In Reaktion auf den Verfall übergeordneter Herrschaften strebten die Grundherren nach einem Ausbau ihrer Grundherrschaft in Richtung auf volle Gerichtsherrschaft. Von der allodialen Basis aus konnten weitere Grundherrschaften in die Gerichtsherrschaft miteinbezogen werden. Besondere Bedeutung kam hier neben einer Akkumulation von Grafenrechten den Kirchenvogteien zu. Die Einkünfte aus diesen Besitzungen ermöglichten den Dynasten eine aktive Territorialpolitik unter Ausnutzung von Kauf-, Tausch-, Pfandschafts- oder Erbangelegenheiten. Des Weiteren lieferte der Allodialbesitz die Basis für eine eigene Lehnspolitik zum Aufbau von Vasallenverbänden. So entstanden vom Königtum unabhängige Lehnhöfe.[218]

       216

Landesherrschaft und dominium

Die Entwicklung der Landesherrschaften verlief parallel zum Eindringen römischen Rechtsdenkens, das eine neue Legitimationsbasis für kaiserliche Rechte bot.

       217

---

[217] MITTEIS/LIEBERICH, DRG, Kap. 35 II 1 b, S. 269.
[218] MITTEIS/LIEBERICH, DRG, Kap. 35 II 1 a, S. 268.

Entscheidender Impuls zur Entwicklung einer flächenstaatlichen Herrschaftsausübung war die umfassende Übertragung königlicher Rechte durch Privileg auf die Reichsfürsten 1220 und 1232. Es bildete sich die Vorstellung aus, dass Regalien, also die königlichen Rechte, für Herrschaftsträger reserviert waren. Dementsprechend wurde die Ausübung der landesherrlichen Herrschaftsrechte der Fürsten durch den Kaiser legitimiert. Die Landesherrschaft wurde als Eigentum des Landesherrn betrachtet. Der dafür verwendete Begriff *dominium* ist von *proprietas* abzugrenzen, was zwar auch Eigentum bedeutete, aber nicht Herrschaft. Der Begriff des *dominus terrae* wurde erstmals verwandt in zwei Urkunden Heinrichs (VII.) von 1231.[219]

Landesherrschaft als Summe einzelner Herrschaftsrechte

Fürstliche Herrschaft war aber zunächst die Wahrnehmung einzelner Herrschaftsrechte, die räumlich eng beieinander liegen konnten, aber nicht unbedingt mussten. Einzelne Herrschaftsbereiche waren deshalb bis ins 15. Jahrhundert räumlich kaum abgrenzbar. Landesgrenzen waren unbekannt. Grenzen waren schwer bestimmbar, weil es dabei auch um das Verhältnis der einzelnen Herrschaftsträger zueinander ging. Nicht alle räumlich zusammenfallenden Rechte mussten dabei bei einem Herrschaftsträger vereint sein. Unübersichtlich wurde die Situation auch durch den schnellen Wandel, der Kumulation von Rechten auf der einen Seite und Verlust auf der anderen bedingte. Die Mobilität der Herrschaftsrechte war Kennzeichen dieses Umformungsprozesses.

218

Kommerzialisierung der Herrschaftsrechte

Die außerordentliche Mobilität von Herrschaftsrechten bis ins 15. Jahrhundert war nur dadurch möglich, dass sie wertmäßig berechenbar waren. Ausschlaggebend für den Wert eines Rechtes waren die Einkünfte, die es seinem Inhaber vermittelte. Erbfolgeregelungen richteten sich nach diesen Werten aus. Kennzeichnend für die Zeit ist aber auch, dass Herrschaftsrechte regelrecht einem Handel unterlagen. Kauf und Verkauf von Rechten waren Mittel der Herrschaftspolitik. Durch Kauf konnte das Herrschaftsgebiet erweitert, aber auch ein finanzieller Engpass überbrückt werden. Das Ende der Mobilisierung der Herrschaftsrechte wurde hauptsächlich von der neuen, im 15. Jahrhundert von den Fürstentümern durchgesetzten Form der Landessteuer herbeigeführt, wodurch herrschaftsgefährdender Geldbedarf leichter aufgefangen werden konnte.

219

Genealogie und Territorialpolitik

Eine zielbewusste, über längere Zeit verfolgte Arrondierungspolitik gab es kaum. Die Vergrößerung oder Verkleinerung von Fürstentümern folgte eher dem biologischen Zufall. Genealogische Faktoren wie Heirat, Geburt und Tod wirkten viel stärker auf die äußere Gestalt eines Fürstentums als Territorialpolitik. Das Verständnis der Herrschaftsrechte als Eigentum der herrschenden Familie führte dazu, dass dynastische Ansprüche aus dem Bestand der Herrschaftsrechte befriedigt wurden. Die Herrschaftsnachfolge wurde als eine private Erbfolge behandelt. Waren mehrere Abkömmlinge vorhanden, musste das Land geteilt oder die Erbansprüche abgelöst werden. Der Erfolg der Herrschaftsbildung hing also vor allem von der familiären Entwicklung der herrschenden Dynastie ab. Lange Regierungszeiten oder eine günstige Erbfolge mit nur einem Prätendenten förderten die Konsolidierung der Herrschaft.[220]

220

Durchsetzung der Primogenitur

Zwar war es schon den Zeitgenossen bewusst, dass Landesteilungen die Herrschaft auf Dauer gefährden konnten. Die erbrechtlichen Ansprüche der Familie konnten aber nicht einfach übergangen werden.

221

---

[219] WILLOWEIT, § 10 II 2, S. 72; CONRAD I, S. 311.
[220] SPRANDEL, S. 255.

Zur Sicherung des territorialen Besitzstandes setzte sich schließlich bei den Landesherrschaften das Prinzip der *Primogenitur* durch, wie es für die Kurfürstentümer auch die *Goldene Bulle* von 1356 vorschrieb (s.o. Rn. 207). Die Vermeidung der Teilungspraxis wurde auf zwei verschiedenen Wegen erreicht: Durch eine dynastische Regelung oder durch ständischen Widerstand. Die dynastische Regelung konnte aus einem Hausvertrag zwischen den Erbprätendenten oder einer fürstlichen Satzung bestehen. Eine solche Satzung war die brandenburgische *Dispositio Achillea* von 1473. Diese war als herrschaftliche Satzung aber erst möglich, als die beiden Brüder des Markgrafen Albrecht Achilles gestorben waren.[221] Da Hausgesetze oder Verträge häufig nicht durchsetzbar waren, führte erst ständischer Widerstand gegen die Landesteilungen zu entsprechenden Vereinbarungen zwischen dem Fürsten und den Landständen. Die Stände hatten ein besonderes Interesse an einer starken Herrschaft, da nur so die Friedenswahrung durch den Landesherrn gesichert werden konnte.[222]

Beispiel Württemberg

hemmer-Methode: Ein Beispiel für eine erfolgreiche Herrschaftsbildung liefern die Grafen von Württemberg. Seit dem Interregnum erwarb die Dynastie laufend Herrschaftsrechte. Dabei handelte es sich aber nicht um eine planmäßige Arrondierung des Herrschaftsgebietes. So wurden z.B. auch Hoheitsrechte im Elsaß erworben. Die territoriale Ausweitung des Herrschaftsgebietes in Württemberg gelang erst während der langen Regierungszeit Eberhards II. (1344-1392). Durch den sog. Nürnberger Vertrag von 1361 wurde zwischen Eberhard und seinem Bruder die Unteilbarkeit des Landes vereinbart. Nachdem es 1442 doch zu einer Teilung gekommen war, mussten auf Druck der Stände 1473, 1482 und 1492 Hausverträge geschlossen werden, welche die Unteilbarkeit sicherten. Der faktischen Konsolidierung der Herrschaft folgte die rechtliche Anerkennung: 1495 wurden die Württemberger in den Reichsfürstenstand erhoben und Württemberg ein Herzogtum.[223]

geistliche Fürstentümer

Eine Sonderrolle spielten die geistlichen Landesherrschaften. Etwa ein Sechstel des Reichsgebietes war geistlicher Herrschaft untertan. Um 1500 gab es ungefähr 90 geistliche Reichsfürsten. Ihre Bedeutung war dementsprechend groß. Unterschieden sich die geistlichen Landesherrschaften in der Herrschaftspraxis zwar kaum von den weltlichen, so wirkten bei der Ausbildung der Territorien doch andere Faktoren mit. Die Unveräußerlichkeit des Kirchengutes setzte der Mobilisierung der Herrschaftsrechte hier enge Grenzen. Eine Teilung der Herrschaft kam nicht in Frage, weil die Nachfolge nicht durch Erbrecht, sondern durch Wahl bestimmt wurde. Ein neuer Bischof wurde vom Domkapitel bestimmt. Dieses konnte durch *Wahlkapitulationen* seine institutionelle Position ausbauen und eine Mitregierung durchsetzen. Dabei handelte es sich um Vereinbarungen mit den Wahlkandidaten, die zu einer Herrschaftsbindung führten. Darüber hinaus erleichterte das Bischofsamt auch die Residenzbildung. Den Bischof band sein Amt viel stärker an die Stadt seiner Bischofskirche, als es in weltlichen Herrschaften üblich war. Selbst als er seine geistlichen Funktionen nicht mehr selbst ausübte, sondern sich vom Weihbischof vertreten ließ, blieb doch die Bischofskirche der Mittelpunkt seiner Herrschaft.

2. Landstände und Landessteuer

landsässiger Adel

Die regionale Abgrenzung der Landesherrschaften nahm deutlichere Konturen bei der Ausbildung der Landstände an. Der sog. landsässige niedere Adel einer Landesherrschaft, der durch die Herrschaftsbildung praktisch mediatisiert und der direkten Königsherrschaft entzogen wurde, der Klerus und die Städte reagierten auf die Konzentration von Herrschaftsrechten beim Landesherrn durch Bildung von Landständen.

222

223

224

[221] Dazu HRG I (Art. Dispositio Achillea), Sp. 746.
[222] HRG V (Art. Unteilbarkeit der Fürstentümer), Sp. 510-512.
[223] S. dazu HRG V (Art. Württemberg), Sp. 1551-1553.

Dies ist gleichzeitig ein Zeichen für ein sich ausbildendes Landes-bewusstsein.

Entwicklung von der Bede
zur Landessteuer

Ausgangspunkt für die Bildung der Landstände waren meist finanzielle Forderungen, welche die Fürsten an die Adeligen stellten und denen sich der Adel aufgrund des bestehenden Dienst- und Treueverhältnisses nicht entziehen konnte. Den Aufwand für die Herrschaftsausübung hatten die Herren grundsätzlich aus ihrem eigenen Besitz, dem Patrimonium, zu tragen. Einen wichtigen Teil davon bildeten die Abgaben der Grundholden. Seit dem ausgehenden 13. Jahrhundert, bürgerte sich als neue Abgabe die *Bede* ein. Diese war im Gegensatz zu den Abgaben der Grundherrschaft auf den Personenverband bezogen, der vom Landesherrn abhängig war. In besonderen Notlagen forderte dieser von seinen Vasallen und anderen Abhängigen finanzielle Unterstützung ein. Diese, dem Namen nach („Bitte"), ursprünglich freiwillige *Bede* beruhte tatsächlich auf herrschaftlicher Satzung und hatte die Tendenz zur Verfestigung, zur dauernden Abgabe.[224] Daneben bildete sich seit dem 14. Jahrhundert eine neuartige Landessteuer heraus.

225

Damit sollten Lasten des Herrschaftsträgers gedeckt werden, die durch die neu erwachsenen Aufgaben der Landesherrschaft entstanden, z.B. die Landfriedenssicherung oder der Verwaltungsaufwand. An diesen Kosten sollten auch die Grundholden des Adels beteiligt werden. Dies war aber nur mit Zustimmung der Grundherren möglich. Das Neue lag also darin, dass eine Bewilligung die Erhebung der Abgabe sicherte, diese nicht nur von den fürstlichen Grundholden, sondern auch denen seiner Vasallen gereicht werden musste und dass die Steuerberechtigung an eine fürstliche Gegenleistung geknüpft war.[225]

korporativer Zusammenschluss
der Stände

Bei den Verhandlungen zwischen Fürsten und Adeligen standen sich die fürstlichen Steuerforderungen und das Ersuchen der Adeligen nach landrechtlicher Anerkennung ihrer Herrschaftsausübung, besonders der Gerichtsbarkeit über ihre Hintersassen gegenüber. Der Adel war daran interessiert, seine Herrschaftsrechte über die Hintersassen in ein landrechtlich institutionalisiertes Verhältnis zu bringen. Der Ausgleich geschah meist in der Weise, dass die landsässigen Adeligen sich zur Leistung einer Steuer bereit erklärten und dafür die Patrimonialgerichtsbarkeit über die Hintersassen bestätigt erhielten.[226] Um die Wende vom 13. zum 14. Jahrhundert gelang in den größeren Territorien dem landsässigen Adel der Zusammenschluss zur Korporation. Er bildete als Adelskurie den Kern einer landständischen Organisation, in der mit dem Fürsten verhandelt wurde. Im Laufe des 14. Jahrhunderts schlossen sich neben den Adeligen auch die Prälaten als landständische Kurie zusammen. Als weitere Kurie formierten sich in der ersten Hälfte des 14. Jahrhunderts die Vertreter der Städte und Märkte, welche unter landesfürstlicher Stadtherrschaft standen (s.u. Rn. 234 ff.).[227]

226

Hof- und Landtage

Einen institutionellen Rahmen für landständische Beratungen lieferte die Tradition der Hoftage. Die Entwicklung der reichsfürstlichen Territorien und der korporative Zusammenschluss der Landstände führte zu einem völligen Wandel im Erscheinungsbild der Hoftage. Mit der seit dem 12. Jahrhundert zunehmenden Feudalisierung wurden die fürstlichen Hoftage zu Versammlungen des Lehnhofes. Nach der lehnrechtlichen Dienst- und Treueverpflichtung hatten die Lehnsleute am Hof des Herrn zu erscheinen, um Rat und Hilfe zu leisten. Das beherrschende Element wurden nun die landsässigen Adeligen.

227

---

[224] MITTEIS/LIEBERICH, DRG, Kap. 35 II 3 b, S. 272.
[225] HRG II (Art. Landessteuer), Sp. 1412 f.
[226] MITTEIS/LIEBERICH, DRG, Kap. 35 II 1 e, S. 269 f.
[227] SPRANDEL, S. 243-247.

Dazu kamen die Vertreter der Klöster und Städte. In wenigen Gebieten des Reiches hatten auch Bauern die Möglichkeit, auf Landtagen zu erscheinen. Aus der Hoffahrtspflicht entwickelte sich das Recht der Teilnahme am Landtag, die Landstandschaft.

landständische Verfassung

Die Berechtigten wurden in den seit dem 15. Jahrhundert überlieferten Landsassenmatrikeln festgehalten. Die fürstlichen Landesherren hatten großes Interesse am vollständigen Erscheinen der Stände, weil Fernbleibende die gefassten Beschlüsse oft nicht anerkannten und die Leistung verweigerten. Auch über die Zustimmung zu grundlegenden Landesangelegenheiten wie Herrschaftsteilungen unter fürstlichen Dynastielinien, der Erlass von Gesetzen oder Landesordnungen, die Entscheidung über Krieg oder über Friedensschluss, verhandelten die Stände mit den Fürsten auf den Landtagen. Die fürstlichen Vorschläge, die sog. *Propositionen*, wurden meist in den einzelnen Kurien getrennt beraten. Die Geltung von Mehrheitsbeschlüssen war umstritten und wurde in Finanzfragen nicht anerkannt. Von einer institutionellen Verfestigung der Landstände zu einer landständischen Verfassung kann aber erst seit dem 16. Jahrhundert gesprochen werden. Vor allem durch den wachsenden Steuerdruck bildeten sich allmählich Verhaltensnormen.[228]

228

3. Aufbau einer landesherrlichen Verwaltung

Hof und Kanzlei

Zentrum der Herrschaft waren die nun entstehenden festen Residenzen der Fürsten. Hier bildeten sich Hofämter und eine Kanzlei, um die zentralen Verwaltungsfunktionen zu erfüllen. Die wichtigste Funktion in den meisten Landesherrschaften kam dem Marschall zu, der die Reisen und den bewaffneten Schutz des Hofes zu organisieren hatte. Daneben gab es häufig Kämmerer, Schenken und Truchsessen. Aus dem Amt des Kammermeisters entwickelte sich häufig der oberste Finanzverwalter. Die Bedeutung dieser Funktion wuchs mit dem steigenden Finanzbedarf der Landesherren. Eine zentrale Einnahmen- und Ausgabenkontrolle war aber nur begrenzt möglich. Es musste vor allem dafür Sorge getragen werden, dass die Einnahmen aus den einzelnen Ämtern nicht schon dort verbraucht wurden. Die Kanzlei bestand in der Regel aus einem Kanzler und mehreren Schreibern, die meist Kleriker waren und neben ihren Schreibkenntnissen auch rechtsgeschäftliche Formeln beherrschten.[229]

229

fürstlicher Rat

Daneben bediente sich der Landesherr einer Zahl von Ratgebern. Diese waren vor allem landsässige Ritter, die damit ihrem Herrn lehnsrechtlich geschuldeten *Rat und Hilfe* leisteten. Daraus entwickelte sich der Rat als institutionell abgegrenztes Gremium, der ab dem 15. Jahrhundert permanent tagte. Dieser sog. *Tägliche Rat* kannte aber immer noch keine Trennung von Ressorts und keine Kompetenzverteilung. Dies war auch deshalb nicht möglich, weil die Räte häufig durchs Land reisen mussten, um Rechtsfälle und Herrschaftsansprüche zu untersuchen. Die Ernennung zum Rat war eine Auszeichnung, anfänglich handelte es sich nur um Adelige. Patronage und Verwandtschaft sicherten im Rat das Kollegialitätsprinzip. Nur selten gab es einen dominanten Rat. Erst im 15. Jahrhundert gelangten auch Nichtadelige in den fürstlichen Rat.

230

Verfestigung des Hofrates

Seit der Mitte des 15. Jahrhunderts wurde dieser Hofrat mit einer schriftlichen Kollegialverfassung neu organisiert. Die Leitung wurde in größeren Landesherrschaften einem hohen Hofbeamten als ständigem Vorsitzenden übertragen. Zunehmend gewannen Juristen im Rat an Gewicht. In manchen Landesherrschaften konnten die Landstände eine Beteiligung am landesherrlichen Rat durchsetzen. Selten gewann die Regierung der Landesherrschaft faktisch landständischen Charakter.

231

---

[228] HRG II (Art. Landständische Verfassungen), Sp. 1583.
[229] WILLOWEIT, § 13 II 2, S. 92.

Da der landsässige Adel ohnehin im Rat vertreten war, sind die Grenzen zwischen einem landesherrlich oder landständisch beherrschten Rat schwer zu ziehen. Häufig existierte bei Minderjährigkeit des Thronfolgers ein landständisches Regiment. Der Hofrat war anstelle des Landesherrn für alles zuständig, was diesem oblag. Seine Tätigkeit wurde einerseits durch den politisch-diplomatischen Bereich bestimmt, andererseits kamen ihm auch jurisdiktionelle Funktionen zu. Untertanenstreitigkeiten konnten im Wege der *Supplikation* an ihn herangetragen werden. Bei den Beratungen setzte sich zwar das Mehrheitsprinzip durch, die Abstimmung wurde aber in bestimmter Form vorgenommen, so dass sich faktisch der Wert der Stimme nach Rang und Stand des Abstimmenden orientierte. Wegen dieses Formalismus bildete sich neben dem Hofrat auch bald ein Kreis sog. geheimer Räte, welche die wichtigsten politischen Entscheidungen berieten.[230]

Amtsverfassung

232 Zur Verwaltung ihrer Einnahmen bedienten sich die Landesherren nicht mehr dem Instrument der Verleihung, sondern bauten eine eigene Verwaltung gestützt auf adelige Amtleute auf. Ämterbildung bedeutete eine institutionelle und personale Neuerung im Herrschaftsaufbau.

Waren im Hochmittelalter Ministeriale (s.o. Rn. 196) mit der Wahrnehmung von Herrschaftsaufgaben betraut worden, so musste dies durch neue Formen abgelöst werden, nachdem sich die Familien der Ministerialen in den Lehnsverband ihres Herrn eingliedern und das Erbrecht hinsichtlich ihrer Herrschaftsrechte durchsetzen konnten. Diese Entwicklung sollte bei den Ämtern vermieden werden. Bestallungsbriefe, förmliche Einsetzung mit dem Recht der Absetzung, sollten die Verfügungsgewalt der Herrscher sichern.[231] Die Amtsverfassung bestand aus einem System von Burgen, auf denen der Amtmann mit Gesinde und Knechten residierte, die benachbarten Einkünfte erhob und über die sonstigen landesherrlichen Rechte wachte. Seit dem 13. Jahrhundert entstand die flächenmäßige Abgrenzung der Amtsbezirke. Die Ämter stellten einerseits eine administrative Bündelung von Herrschaftsrechten dar, andererseits dienten die Burgen auch militärischen Interessen. Bei den Amtleuten handelte es sich noch nicht um Beamte, die eine öffentliche Aufgabe erfüllten. Der Amtmann erfüllte eher gewohnheitsmäßig fixierte Pflichten, die eigentlich dem Landesherrn oblagen. Gewisse Komplexe herrschaftlichen Handelns erfuhren so eine Objektivierung und wurden unabhängig vom wechselnden Willen des Auftraggebers. Erst ab dem 15. Jahrhundert ging man zu einer Normierung der Dienstpflichten über. Dies sollte sowohl den Landesherrn als auch die Untertanen vor eigennützigem Handeln der Amtleute schützen.[232]

> **hemmer-Methode:** Die Beherrschung der im Raum der Landesherrschaft gelegenen ritterlichen Burgen war für die Konsolidierung der Landesherrschaften lebensnotwendig. Die Integration dieser Burgen in die Amtsverfassung band den landsässigen Adel in den Herrschaftsdienst ein.
> Gegenüber dem mediatisierten, landsässigen Adel setzten die Landesherren ein *Öffnungsrecht* durch. Dadurch wurde der Burgherr verpflichtet, den Landesherrn jederzeit in die Burg einziehen zu lassen. Auf der anderen Seite eigneten sich die Landesherren das ursprünglich königliche *Befestigungsrecht* an. Ohne ihre Genehmigung durften keine neuen Burgen gebaut werden.[233]

Kammerverwaltung

233 Zur Koordinierung des Einnahmewesens wurde seit dem 16. Jahrhundert eine zentrale Kammerverwaltung geschaffen.

---

[230] WILLOWEIT, § 17 II 1, S. 127.
[231] MITTEIS/LIEBERICH, DRG, Kap. 35 II 2 a, S. 270.
[232] WILLOWEIT, § 13 I 2, 3, S. 89 f.
[233] Dazu SCHULZE II, S. 108, 118.

Eine Verpachtung der gesamten Einnahmen des Territoriums oder die Verwaltung durch nur einen Amtsträger, wie sie im 14. Jahrhundert üblich waren, kam nicht mehr in Betracht. Da die Vermögensmasse des Kammergutes, also der Güter des Landesherrn, in der Regel zugleich den größten Teil des Territoriums ausmachte, konnte sich die Kammerverwaltung nicht darauf beschränken, den Untertanen nur als Steuerschuldner zu erfassen. Die Zunahme der staatlichen Funktionen führte zu einem stark anwachsenden Geschäftsanfall.[234]

II. Aufschwung der Städte

rechtsgeschichtlicher Stadtbegriff

Prägend für den rechtsgeschichtlichen Stadtbegriff war die Entstehung einer Rechts- und Sozialgemeinschaft der Einwohner. Darunter ist die Ausbildung der Stadt als autonome politische Körperschaft mit Rechtsetzungsgewalt und Selbstverwaltung zu verstehen.[235] Während es Städte im siedlungsgeschichtlichen Sinn schon vorher gab, fällt die Entstehung der Stadt in diesem Sinn ins hohe Mittelalter.

234

1. Städtische Entwicklungsstufen

Niedergang der antiken Stadtkultur

Die mittelalterlichen deutschen Städte konnten nur in geringem Maß auf antiken Wurzeln aufbauen. In römischer Zeit hatte sich auf dem Gebiet des Römischen Reiches in Mittel- und Westeuropa eine lebendige Stadtkultur entwickelt. Vor allem entlang der Reichsgrenzen an Rhein und Donau waren - wohl wegen der verstärkten Militärpräsenz - viele Städte entstanden, während das Siedlungsgebiet der germanischen Stämme städtelos war. Durch Landnahme und Plünderungen der Germanen in der Völkerwanderungszeit wurde die bestehende Stadtkultur sehr in Mitleidenschaft gezogen und viele Städte zerstört. Der römische Ursprung vieler Städtenamen zeigt aber, dass in vielen Orten eine siedlungsgeschichtliche Kontinuität bestand, wenn auch zunächst die typischen städtischen Funktionen in Handel und Gewerbe verloren gegangen waren.[236]

235

Aufschwung des Handels

Der Handelsverkehr erlosch aber nie vollständig. Auf dem Land wurde ständig mit Vieh gehandelt und auf den Grundherrschaften gab es abgabenpflichtige Handwerker oder Handwerk als Nebentätigkeit, so dass dort solche Erzeugnisse erworben werden konnten. Seit Beginn des 9. Jahrhunderts entwickelten sich die auch im Frühmittelalter nachgewiesenen urbanen Orte wieder zu wichtigen Zentren des Handels. Hier dominierte der Umsatz von außergewöhnlichen Waren, für die nur Angehörige der Oberschicht Bedarf hatten. Für den Austausch von Lebensmitteln und Waren des täglichen Gebrauchs bestand zunächst kein großes Bedürfnis, weil die Haus- und Hofverbände diese zum größten Teil selbst herstellten. Seit dem 10. Jahrhundert nahm der Warenaustausch zwischen Produzenten und Konsumenten zu.

236

An Umschlagplätzen bildeten sich Kaufmannssiedlungen (sog. *Wik*, von lat. *vicus*). Die Kaufleute schlossen sich zu Gilden zusammen. Zweck der Gilden war primär kein rein wirtschaftlicher, sondern ein religiöser. Im Rahmen der vielfältigen sozialen Unterstützung, welche die Gilden für die einzelnen Mitglieder leisteten, wurden sie zum Sippenersatz.[237]

---

[234] WILLOWEIT, § 17 II 2, S. 128.
[235] S. zum Stadtbegriff SCHULZE II, S. 128-132; SPRANDEL, S. 104 f.
[236] SCHULZE II, S. 135-140.
[237] MITTEIS/LIEBERICH, DRG, Kap. 36 I 2 a, S. 281; CONRAD I, S. 323.

Marktprivilegien

Die Kaufleute erlangten schnell größere Bedeutung, je mehr Waren im Nahverkehr umgesetzt wurden. Auch der über weite Strecken gehende Fernhandel nahm mengenmäßig im hohen Mittelalter zu. Neben den Jahrmärkten, zu denen die Fernhändler erschienen, gewannen für das städtische Wirtschaftsleben vor allem die Wochenmärkte große Bedeutung. Auf Märkten trafen sich zu festgesetzten Zeiten an bestimmten Orten Kaufleute, Warenproduzenten und Verbraucher, um Handelsgeschäfte abzuschließen. Wegen der Ansammlung von Menschen und der Anhäufung von Waren bedurften solche Zusammenkünfte stets eines besonderen Rechtsschutzes und einer besonderen Friedensgarantie. Beides sicherte der vom Königtum in Anspruch genommene und ausgeübte Marktfrieden. Königliche Marktprivilegien richteten wöchentliche oder jährliche Markttage ein. Vielfach übertrug der König das Marktrecht weltlichen oder geistlichen Feudalherren, die dann als Marktherren auftraten. Die Marktprivilegien stellten den Markt unter Königsbann, d.h. Vergehen innerhalb des Marktes unterlagen einer besonderen erhöhten Bußpflicht. Die bei Verletzung zu zahlende Buße erhob der Marktherr.[238]

237

Entstehung der Stadtgemeinde

Aus den Märkten entwickelten sich mit der Zeit Marktsiedlungen, in denen sich Kaufleute, die nicht Glieder der sesshaften agrarischen Bevölkerung waren, niederließen. Die Marktsiedlung war an wichtigen Orten, besonders an den Bischofssitzen, zwar nur Teil eines umfassenderen Siedlungskomplexes, sie erwies sich aber als Kern der entstehenden Stadtgemeinden.

238

In einem allmählichen Prozess formierte sich aus Kaufleuten, Händlern, Handwerkern und sonstigen Gewerbetreibenden die Bürgerschaft. Die Rechtsordnung dieser Städte war herrschaftlich organisiert. In aller Regel war der König als Garant des Marktfriedens oberster Stadtherr. An seine Stelle traten durch Weiterverleihung geistliche und weltliche Fürsten in die Stadtherrenfunktion ein.[239]

Autonomiebestrebungen der Städte

Die rechtliche Sonderstellung der Bürgerschaft, die Stadt im Rechtssinn, entwickelte sich seit dem frühen 12. Jahrhundert, indem die Bürger in genossenschaftlicher Weise Einfluss auf die Regelung der städtischen Angelegenheiten erhielten und damit die Grundlage für die kommunale Selbstverwaltung legten. Die den Bürgern mit dem Aufschwung von Handel und Gewerbe zuwachsende Macht führte zu dem Versuch, sich vom Stadtherrn zu lösen. Die führenden Stadtgeschlechter, besonders aus der Kaufmannschaft, schlossen sich zuerst in den rheinischen Bischofsstädten zu Schwurverbänden (*communiones, coniurationes*) zusammen und lehnten sich gegen die bischöfliche Stadtherrschaft auf. 1112 trat der erste Schwurverband auf deutschem Boden in Köln auf. In diesen Schwurverbänden wurde die Stadtgemeinde als Rechtspersönlichkeit zum ersten Mal sichtbar. Häufig nahm die Entstehung der Stadtgemeinde aber auch einen friedlichen Verlauf. Die Bürger nutzten Schwächeperioden des Stadtherrn, um in bestimmten Bereichen Selbstverwaltung durchzusetzen, oder kauften einfach Rechte.[240] Die rechtliche Verselbständigung der Stadt wurde in der anschließenden Entwicklung in bestimmten Bereichen deutlich.

239

Musste zunächst die gesamte Bürgerschaft handeln, um sich bei Rechtsgeschäften zu verpflichten, entstanden schnell Vertretungsorgane, die mit ihrem Handeln die Stadt als solche verpflichteten. Für aus Rechtsgeschäften resultierende Verpflichtungen haftete zunächst jeder Bürger mit seinem Privatvermögen, später nur das städtische Vermögen.

---

[238] KROESCHELL I, S. 117.
[239] MITTEIS/LIEBERICH, DRG, Kap. 29 II, S. 207-209.
[240] SCHULZE II, S. 147, 149.

Die Stadt nahm gegenüber ihren Bürgern im Laufe der Zeit Gesetzgebungskompetenzen in Anspruch, während anfangs städtische Satzungen nur aufgrund der eidlichen Verpflichtung der Bürger Geltung beanspruchen durfte.[241]

Periode der Städtegründungen im 12. und 13. Jahrhundert

Im 12. Jahrhundert setzte eine Welle von Städtegründungen ein. Die Territorialherren wollten sich die Steuerkraft und Festungsfunktion der Städte zunutze machen. Nicht besiedeltes Land wurde abgesteckt und herbeigerufene Siedler übernahmen die Grundstücke. Der Stadtherr verlieh dann der neuen Siedlung ein Stadtrechtsprivileg. Die Städtegründer waren hauptsächlich mächtige Reichsfürsten. Die Gründer mussten wenigstens Inhaber gräflicher Gerichtsrechte sein, da eine solche Stadt unter ihrem Vogt oder Schultheiß über ein dem gräflichen gleichwertiges Gericht verfügte. Die Stadt war also aus dem umliegenden Gerichtsbezirk eximiert und hatte praktisch die Stellung einer Immunität. Als früheste der Gründungsstädte gilt Freiburg im Breisgau, dem Konrad von Zähringen um 1120 das Marktprivileg gewährte.[242]

240

freiheitliches Stadtrecht

Das den Gründungsstädten verliehene Recht war freiheitlich gestaltet.[243] Das Grundeigentum war erblich und verpflichtete nur zu geringem Zins, nicht aber zu Diensten und sonstigen Abgaben. Der Bürger war freizügig. Starb er, hatte der Stadtherr, anders als in den Villikationen, keinen Anteil an seinem Nachlass. Auch die Verfassung der Stadt war freiheitlich gestaltet. Häufig stand den Bürgern Pfarr- oder Richterwahl zu, oder die Bürgerschaft nahm Anteil am Gerichtsgefälle. Recht wurde nach der eigenen Rechtsgewohnheit gesprochen.

241

Die von den Stadtherren und anderen städtischen Grundbesitzern den Zuzüglern gewährten besseren Grundleiherechte boten einen starken Anreiz für die Zuwanderung grundherrschaftlicher Hintersassen in die Städte. Ein Einwanderer unfreien Standes erlangte die persönliche Freiheit, wenn der bisherige Leibherr seine Rechte nicht binnen Jahr und Tag geltend machte. Ein in die Stadt ziehender Leibeigener konnte so die persönliche Freiheit erlangen. Ab dem 13. Jahrhundert schützten sich benachbarte Fürsten durch Vereinbarungen gegen die Abwanderung, dass einer die Leute des anderen nicht als Bürger in seiner Stadt dulden werde. Stadtgründer schlossen schon in den Gründungsprivilegien ihre eigenen Hörigen vom Erwerb der bürgerlichen Freiheit aus.[244]

2. Die Stadtverfassung

Stadtherrschaft

Das städtische Leben war zunächst geprägt durch die Stadtherrschaft. Bis zum Beginn des 12. Jahrhunderts waren die meisten Städte einem Stadtherrn unterworfen, der Rechtsetzung, Rechtsprechung und Verwaltung durch seine Beamten ausübte. Auch in den neuen Städtegründungen sicherte sich der Stadtherr die herkömmlichen Herrschaftsrechte. Diese wurden ausgeübt durch einen Schultheiß, Amtmann oder Vogt.[245]

242

Das Streben der Stadt nach Selbstverwaltung war zwangsläufig darauf gerichtet, die stadtherrlichen Beamten in ihren Kompetenzen zu beschneiden. Häufig waren diese Ämter erblich und wurden von ihren Inhabern nur noch als nutzbare Rechte betrachtet, so dass es vielen Städten gelang, das Schultheißenamt zu erwerben.[246]

---

[241] MITTEIS/LIEBERICH, DPR, Kap. 11 II, S. 36; WILLOWEIT, § 14 I 5, S. 101.

[242] CONRAD I, S. 328.

[243] S. beispielhaft Freiburger Stadtrechtsprivileg bei SPRANDEL, S. 115 f.

[244] CONRAD I, S. 330.

[245] WILLOWEIT, § 14 I 2, S. 98.

[246] SCHULZE II, S. 161.

Ratsverfassung

Nachdem die Genossenschaft der führenden Bürger immer mehr korporative Gestalt annahm und zur *communitas civium* mit eigener Rechtspersönlichkeit wurde, musste zwangsläufig ein Organ geschaffen werden, das für die Körperschaft rechtsverbindlich handeln konnte. Seit der Wende zum 13. Jahrhundert bildete sich in den meisten Städten ein Rat als Exekutivorgan. Diese Ratsverfassung wurde keineswegs in allen Städten aus älteren Gremien entwickelt, sondern meist wegen des Bedürfnisses nach einer leistungsfähigen Institution von anderen Städten übernommen. In Städten, in denen seit dem 14. Jahrhundert die Zünfte Mitwirkung an der Stadtverwaltung verlangten, kam es seit dieser Zeit außerdem zur Bildung eines äußeren, größeren Rates, der sich jedoch gegenüber dem inneren Rat als dem eigentlichen Leitungsgremium der Stadt nicht in entscheidender Weise durchsetzen konnte.[247] Der Rat war ein Kollegialorgan, d.h. er setzte sich aus mehreren gleichberechtigten Mitgliedern zusammen und fasste seine Beschlüsse durch Mehrheitsentscheidungen. Das Ratskollegium bestand meist aus zwölf Ratsherren, in großen Städten sogar aus vierundzwanzig und mehr. In der Regel fand jährlich ein Wechsel des Ratskollegiums statt. Der regierende Rat trat ab und wurde zum ruhenden Rat, um nach einem oder mehreren Jahren die Amtsgeschäfte wieder zu übernehmen. Der Wechsel war deshalb erforderlich, weil die Ratsherren keine Besoldung erhielten und sich dann wieder um ihre Geschäfte kümmern mussten. Schon aus diesem Grunde war Vermögen eine Voraussetzung für die Ratsfähigkeit. An die Spitze des Ratskollegiums trat in den meisten Städten bald ein Bürgermeister, der die Ratssitzungen leitete, das Stadtsiegel führte und nach außen hin als Sprecher des Ratskollegiums auftrat.[248]

243

Stadtpatriziat

In den meisten Städten bildete sich ein kleiner Kreis von ratsfähigen Familien heraus. Die Stadtbevölkerung bildete keineswegs ein einheitliches Bürgertum. In allen wichtigen Städten lag die politische Macht zunächst allein in den Händen des Stadtpatriziats. Dies waren in den Handelsstädten häufig die Fernkaufleute, aber auch in die Städte abgewanderte Ministeriale und Grundbesitzer. Oft entschied nur die Oberschicht über die Besetzung der Ratsstühle, oder der Rat ergänzte sich durch Kooptation selbst. In einer Reihe von Städten gelangten auch Zunftbürger in den Rat.[249]

244

> **hemmer-Methode:** In Italien verlief die Entwicklung anders. Hier bildeten sich im 12. Jahrhundert quasidemokratische *Konsularverfassungen*. Diese konnten sich jedoch nicht gegenüber dem Adel, der hier in den Städten lebte, halten, so dass die Spitzenämter bald in die Hände von Dynastien gelangten, lebenslang ausgeübt und in der Familie weitergegeben wurden. Die daraus im 13. Jahrhundert entstehende *Signorieverfassung* behielt die äußere Form der Konsularverfassung bei, war nun aber autoritär strukturiert. Eine Ausnahme davon bildete Venedig. Hier bildete sich eine Oligarchie, in der die Ämtervergabe durch einen kleinen Wählerkreis bestimmt wurde.[250]

Aufgaben des Rates, Satzungsrecht

Der Umfang der Aufgaben und Kompetenzen des Rates war von der Größe der Stadt und dem Grad ihrer Autonomie abhängig. Er vertrat die Stadt nach innen und außen, schloss Verträge im Namen der Stadt und fällte außenpolitische Entscheidungen. In vielen Städten entwickelte sich der Rat zur städtischen Obrigkeit, die das Recht hatte, allgemein verbindliche Anordnungen für alle Stadtbewohner zu treffen. Diese Rechtsetzungsbefugnis entwickelte sich aus dem Institut der Verwillkürung. Um die errungenen Regelungsbefugnisse wahrzunehmen, bedienten sich die Bürgerschaften der *Willkür* oder *Satzung*.

245

---

[247] Conrad I, S. 332 f.
[248] Schulze II, S. 161, 164.
[249] Willoweit, § 14 I 4, S. 100.
[250] Sprandel, S. 208 f.

Dabei handelte es sich ursprünglich um die eidliche oder rechtsgeschäftliche Verpflichtung des Einzelnen zu einem bestimmten Verhalten und die Unterwerfung unter bestimmte Rechtsfolgen bei Verletzung der vereinbarten Regeln. Rechtstechnisch war es ein bedingtes Selbsturteil. Bei Zuwiderhandlung konnte die Buße ohne Gerichtsverfahren eingetrieben werden. Es musste nur die Verletzung der Satzung nachgewiesen werden.[251] Um die Rechtsverhältnisse den sich schnell wandelnden Lebensverhältnissen in der Stadt anpassen zu können, war die Satzung ein geeignetes Instrument. Ursprünglich musste sich die gesamte Bürgerschaft eidlich zu neuen Satzungen verpflichten. Daraus entwickelte sich die Satzungsbefugnis des Rates, indem das städtische Satzungsrecht nur noch einmal im Jahr - und mehr und mehr nur aus traditionellen Gründen - von allen Bürgern beschworen wurde.[252]

3. Genossenschaftliche Organisationsformen in der Stadt

kein einheitliches Stadtbürgertum

Die Sozialstruktur der mittelalterlichen Stadt wurde durch eine hierarchische Rangordnung gekennzeichnet, beruhend auf der Zugehörigkeit zu den bevorrechtigten Geschlechtern, dem Umfang des Vermögens, der Ausübung eines angesehenen Berufes und dem damit verbundenen gesellschaftlichen Ansehen. Dem Prinzip der Hierarchie stand jedoch das der Genossenschaft gegenüber, das die Gesamtstruktur der mittelalterlichen Gesellschaft entscheidend prägte. Genossenschaftliche Verbände spielten im politischen, wirtschaftlichen, gesellschaftlichen und religiösen Leben eine wichtige Rolle.

246

Bürgerrecht

Die genossenschaftlichen Wurzeln der städtischen Korporation blieben beim Bürgerrecht sichtbar. Nicht alle Einwohner einer Stadt waren Bürger, besaßen das Bürgerrecht.

247

Die Mitgliedschaft zur Stadtgemeinde manifestierte sich im Bürgereid. Hier gelobte der Bürger die Erfüllung der bürgerlichen Pflichten, Treue und Gehorsam gegenüber der Stadt und dem Rat. Dafür genoss er alle Rechte und Freiheiten seiner Stadt. In das Bürgerrecht waren in der Regel die Ehefrau und die unmündigen Kinder eines Bürgers eingeschlossen. Das Bürgerrecht war zwar nicht erblich, doch besaßen die Kinder eines Bürgers eine Anwartschaft, die bei der Gründung eines eigenen Hausstandes geltend gemacht werden konnte. Fremde konnten das Bürgerrecht durch Zahlung einer Aufnahmegebühr, des Bürgergeldes, erlangen. Daneben bestanden aber meist noch weitere Anforderungen. Häufig musste der Neubürger ein städtisches Grundstück erwerben oder ein bestimmtes Mindestvermögen nachweisen. Das Bürgerrecht konnte auch wieder aufgegeben werden. Wer die Stadt verlassen wollte, konnte das Bürgerrecht aufsagen, meist gegen Zahlung eines Abzugsgeldes. Bei Verstößen gegen Bürgerpflichten konnte es auch entzogen werden.[253]

Zünfte

Die am weitesten verbreitete genossenschaftliche Organisationsform war die Zunft. Zünfte waren Verbände von Handwerkern oder anderen Gewerbetreibenden, denen jeweils die Meister mit den Gesellen und Lehrlingen eines einzelnen Handwerks oder einer Gruppe von verwandten Handwerks- oder Gewerbezweigen angehörten. Das waren die zünftigen Handwerke. Die Handwerkerzünfte verstanden sich als kirchliche Bruderschaften. Sie errichteten Messstiftungen und wirkten kirchlich-karitativ für ihre Mitglieder. In Zunftstatuten war das wirtschaftliche Leben geregelt.

248

[251] EBEL, S. 21 f.
[252] WILLOWEIT, § 14 II, S. 101 f.
[253] SCHULZE II, S. 172-174.

Die Arbeitszeit, der Zugang zum Handwerk, die Zulassung zur Meisterprüfung, das Verhältnis der Meister, Gesellen und Lehrlinge untereinander, die Qualität der Verarbeitung und die Preisgestaltung wurden in den Statuten genossenschaftlich festgelegt.[254] Die Freiwilligkeit des Eintritts wurde vielfach dadurch außer Kraft gesetzt, dass die Mitgliedschaft zur Voraussetzung für die Ausübung eines bestimmten Gewerbes gemacht wurde (*Zunftzwang*). Mit dem im Spätmittelalter wachsenden Wettbewerb verschärften die Zünfte die Bestimmungen über die Zulassung zur Ausbildung. Im Allgemeinen wurden nur noch Meistersöhne zugelassen, so dass seit dem 15. Jahrhundert für die Handwerksbetriebe praktisch ein numerus clausus gegeben war.

Zunftunruhen

249

Die in den Zünften organisierten Handwerker stellten einen erheblichen Teil der städtischen Bevölkerung dar. Die Zunftmeister versuchten daher, Einfluss auf Politik und Verwaltung der Städte zu nehmen. Da für Handwerker eine Mitgliedschaft im Rat ausgeschlossen war, stellten die Zünfte auch Sammelbecken für die Unzufriedenen dar. In vielen Städten kam es zu Zunftunruhen, denen Korrekturen der Stadtverfassung folgten. Dieses Bestreben hatte nur in wenigen Fällen nachhaltigen Erfolg. In Zürich beherrschten die Zünfte seit 1336 das Stadtregiment. In anderen Städten gelangten die Zunftmeister zeitweilig in wichtige Ratsgremien. Problematisch war die politische Tätigkeit der Zunftmeister deshalb, weil sie überwiegend in kleinen Betrieben mit wenigen Gesellen und Lehrlingen arbeiteten und somit nicht für längere Zeit abkömmlich waren. Häufig schafften aber reichere Gewerbetreibende, die in ihrer Lebensweise und Vermögen schon dem Patriziat nahe standen, durch solche sozialen Krisen, den politischen und gesellschaftlichen Aufstieg.[255]

4. Stellung der Städte in der Reichsverfassung

Integration in der Reichsverfassung

250

Der Grad der von den Städten errungenen Autonomie war von Fall zu Fall verschieden.

Die deutsche Stadt des Mittelalters war zwar vielfach autonom, aber nie souverän. Alle deutschen Städte waren in das politisch-administrative Herrschaftssystem des Reiches eingeordnet. Der Rang des Stadtherrn hatte Auswirkungen auf die politische und verfassungsrechtliche Stellung der jeweiligen Stadt und damit vielfach auch auf den Grad der Autonomie.

zwei Gruppen von Reichsstädten

251

Etwa 80 Städte, weit überwiegend im Süden und Westen gelegen, hatten den Rang einer *Reichsstadt*. Sie waren keinem Landesherrn, sondern dem König als Reichsoberhaupt unterstellt und wurden als reichsunmittelbare Städte seit der zweiten Hälfte des 13. Jahrhunderts auch zu den Reichstagen geladen. Einerseits waren Reichsstädte auf Königsgut entstanden. Nur ausnahmsweise stieg eine Stadt eines weltlichen, nicht königlichen Stadtherrn zur Reichsstadt auf, so z.B. Lübeck. Oft hatten sie ein eigenes Territorium. Im Gegensatz zu Italien bildete aber keine Stadt einen Territorialstaat aus.

Andererseits waren viele Reichsstädte ehemalige Bischofsstädte, in denen der Bischof nicht die Stadtherrschaft hatte halten können. Sie hießen *freie Städte*, weil sie von Huldigung, Vogtei und Jahressteuer befreit waren. Ihre Rechtslage war deshalb eigentlich besser als die der Reichsstädte. Doch fand im ausgehenden Mittelalter eine Angleichung statt bei der Integration der Reichsstädte in den Reichstag. Beide Gruppen wurden in der Reichsmatrikel als freie Reichsstädte zusammengefasst.[256]

[254] SCHULZE II, S. 193 f.
[255] SPRANDEL, S. 216-220.
[256] MITTEIS/LIEBERICH, DRG, Kap. 36 III 2, S. 290.

landsässige Städte

Die Masse der Städte war landsässig, d.h. mittelbar oder unmittelbar einer Landeshoheit unterworfen. Auch hier gab es Städte, die nahezu Freistädte waren und starken politischen Einfluss ausübten. Häufig hatte das Verhältnis zum Stadtherrn nur bündnisartigen Charakter, wenn z.B. die Stadt dem Stadtherrn nur noch die Huldigung erbringen musste. Wenn in den Territorien Landstände zusammentraten, fanden auch Vertreter der Städte Zugang zu den Ständekorporationen. Mit aufblühender Geldwirtschaft, deren Träger die Städte waren, gewannen diese seit Ende des 13. Jahrhunderts zunehmende Bedeutung als Steuerobjekt. Stadtsteuern waren in der Regel Vermögenssteuern, die immer als Gesamtbetrag von der Stadt, nicht von den einzelnen Bürgern gefordert wurden. Sie wurzelten in der grundherrlichen Abgabe, die ursprünglich jeder Bürger an den Stadtherrn hatte zahlen müssen. Die Stadtsteuer förderte einerseits die Landstandschaft der Städte, andererseits hob das interne Umlageverfahren die obrigkeitliche Stellung des Rates.[257]

III. Agrarverfassung und Dorfgemeinde

1. Wirtschaftlicher Wandel und Landesausbau

Bevölkerungswachstum im Hochmittelalter

Zwischen dem 11. und 14. Jahrhundert vergrößerte sich die europäische Bevölkerung in den meisten Ländern um das Zwei- bis Dreifache. Parallel zur Bevölkerungsexpansion wurde das Kulturland überall auf Kosten der bis dahin noch nicht bewirtschafteten Flächen ausgeweitet. Diese Entwicklung wurde erst durch die Pestepidemien seit 1347 unterbrochen. Bis 1450 war die Bevölkerung wieder um ca. ein Drittel reduziert. Durch den Bevölkerungsrückgang kam es zu beträchtlichen Verlusten an Dörfern und bebauten Fluren, so dass das Siedlungsbild vieler Landschaften von Wüstungen geprägt war.[258]

Landesausbau: Ostsiedlung und Binnenkolonisation

Der Landesausbau vollzog sich in zwei Richtungen: Zum einen in der *Binnenkolonisation*, dem Ausbau des altdeutschen Siedlungsgebietes und zum anderen in der nach außen gerichteten *Ostsiedlung*, der Erschließung der im Osten des Reiches gelegenen Gebiete.

Die deutsche Ostsiedlung erstreckte sich über mehrere Jahrhunderte und verstärkte sich besonders im 12. und 13. Jahrhundert. Neben der Anlage von neuen Bauerndörfern mit zugewanderten Kolonisten kam es auch zur Umwandlung zahlreicher slawischer Siedlungen in solche mit deutschem Recht. Die Ansiedlung deutscher Kolonisten vollzog sich im allgemeinen durch die Vermittlung von Fürsten und Grundherren, die sich der Hilfe von *Lokatoren* bedienten. Diese waren Siedlungsunternehmer, die im Auftrag der Grundherren die Ansiedlung in den neuen Dörfern organisierten. Ein freiheitliches Siedelrecht bildete die Grundlage für die neuen Gemeinwesen.[259]

Auflösung des frühmittelalterlichen Villikationssystems

Auch im Altsiedelland veränderten sich die agrarischen Strukturen. Seit dem 11. Jahrhundert zerfiel das alte Villikationssystem. Dieses hatte in seiner Grundstruktur in besonderem Maße den Bedingungen der frühmittelalterlichen Wirtschaftsordnung entsprochen, die nur eine gering entwickelte Marktverflechtung besaß. Da seit dem Hochmittelalter eine Intensivierung von Handel und Verkehr einsetzte, entfielen diese Rahmenbedingungen. Durch die aufkommende Geldwirtschaft erhielt die Grundherrschaft eine neue Basis. Die Marktbeziehungen erweiterten sich und eine Arbeitsteilung zwischen Land und Stadt bahnte sich an.

252

253

254

255

---

[257] MITTEIS/LIEBERICH, DRG, Kap. 36 I 8, S. 284.
[258] SCHULZE I, S. 115.
[259] WILLOWEIT, § 14 IV, S. 105 f.

Dadurch verloren die Fronhöfe ihre frühere Bedeutung für die Versorgung der herrschaftlichen Haushalte, da die Güter des alltäglichen oder gehobenen Bedarfs jetzt günstiger von den aufblühenden Märkten bezogen werden konnten.[260]

freiere Formen der Nutzungsüberlassung

256 Die ökonomische Verflechtung zwischen Fronhöfen und bäuerlichen Betrieben wurde dadurch weitgehend aufgehoben und damit die persönliche Bindung der Hörigen an die Grundherren beträchtlich gelockert. Die Bauern erlangten größere Freizügigkeit und günstigere Besitzrechte an Hof und Leihegut. Durch die Einflüsse der sich entfaltenden Geldwirtschaft kam es zu freieren Formen der Landvergabe. Neben den zeitlich befristeten Leiheformen setzte sich die *Erbzinsleihe*, die dem Bauern ein günstiges Besitzrecht gewährte, im Hochmittelalter durch. Zu Erbzinsrecht verliehene Bauernstellen konnten ohne Übergangsprobleme an die Nachkommen übergeben werden, Verkäufe waren aber in der Regel an die Zustimmung des Grundherrn gebunden.[261]

2. Entstehung der Dorfgemeinde

nachbarschaftliche Vorformen

257 Die Dorfgemeinde als selbständiger rechtsfähiger Verband entstand im Hochmittelalter. Sie wurzelte in den nachbarschaftlichen Sozialformen des Frühmittelalters. Die Nachbarschaft bildete allgemein die wichtigste Grundlage für die Entwicklung des bäuerlichen Gemeinschaftslebens. Je nach Lage in Einzelhof- oder Dorfsiedlungsgebieten, verstärkte sich die bäuerliche Nachbarschaft von Formen eines lockeren Nebeneinanderwohnens zu Formen intensiver sozialer Beziehung. In den Frühformen ländlicher Siedlung zeigen sich genossenschaftliche Züge zunächst bei der Einschränkung individuellen Handelns einzelner Höfe und Familien. Die nebeneinander wohnenden Hausverbände mussten wechselseitig Rücksicht üben und stärker miteinander kooperieren, wenn es um die Bewirtschaftung der Ackerflur und die gemeinsame Nutzung der Weideflächen ging. Parallel zur Siedlungsverdichtung intensivierten sich die nachbarlichen Beziehungen, die dann im dichtbevölkerten Dorf des Hoch- und Spätmittelalters zur vollen Entfaltung gelangten.[262]

rechtsständische Angleichung der Bauern

258 Der soziale Zusammenhalt der Bauern im Rahmen der Dorfgenossenschaft wurde dadurch wesentlich verstärkt, dass parallel zum Wandel der Herrschafts- und Wirtschaftsverhältnisse eine zunehmende Angleichung der ständischen Unterschiede der verschiedenen bäuerlichen Sozialgruppen erfolgte. Im Zuge der Auflösung der alten Fronhofsverfassung lockerte sich die Bindung der hörigen Bauern an ihre Grundherren. An die Stelle der Zugehörigkeit zu den einzelnen Hofverbänden trat allmählich die Gemeinschaft aller Dorfbewohner. Die Unterschiede zwischen unfreien, halbfreien und freien Bauern verlor an Bedeutung. Es bildete sich ein allgemeiner Bauernstand heraus. An die Stelle der rechtsständischen Differenzierung trat mehr und mehr eine wirtschaftliche.[263]

hemmer-Methode: Die Dorfbevölkerung teilte sich neben den Bauern noch in mehrere Gruppen auf. Eine große Gruppe bildete das *Gesinde*. Dies waren Knechte und Mägde, die meist unfrei waren und der hausherrlichen Gewalt des Bauern unterstanden, auf dessen Hof sie lebten und arbeiteten. Im Spätmittelalter war das Gesinde überwiegend frei und band sich an den Bauern vertraglich nur für ein Jahr. So entstand ein regelrechter Arbeitsmarkt. Eine weitere Gruppe waren die *Häusler* oder *Kätner*.

[260] SCHULZE I, S. 116.
[261] SCHULZE I, S. 120.
[262] SPRANDEL, S. 58.
[263] SCHULZE II, S. 73 f.

Diese besaßen nur eine bäuerliche Kleinstelle, deren Bewirtschaftung nicht zum Lebensunterhalt genügte. Deshalb arbeitete diese Gruppe noch als Lohnarbeiter oder Handwerker. Eine kleinere Gruppe bildete das dörfliche Handwerk wie z.B. die Müller.[264]

Zuständigkeit

Die Zuständigkeit der Gemeinde erstreckte sich auf den inneren Dorfbereich und auf die örtliche Feldmark. Vollberechtigte Mitglieder einer Dorfgemeinde waren meist nur die Besitzer größerer Anwesen, während die Kleinbauern minderberechtigt waren und die Tagelöhner als Angehörige der dörflichen Unterschichten gar kein Mitspracherecht besaßen. In der Dorfgemeinde bildete die Gemeindeversammlung aller vollberechtigten Gemeindemitglieder das grundlegende Organ der bäuerlichen Selbstverwaltung. Sie trat mindestens einmal jährlich zu unterschiedlichen Terminen zusammen. Versammlungsort war häufig der Kirchhof oder der Anger. Die Gemeindeversammlung hatte die Aufgabe, den Gemeindehaushalt zu überprüfen, die Anbauordnung in der Dorfflur festzusetzen und die Organe der Dorfgemeinde zu wählen. **259**

Organe der Dorfgemeinde

Leiter der Dorfgemeinde war ein Amtsträger, dessen Bezeichnung von Landschaft zu Landschaft wechselte, in Süddeutschland war es der Schultheiß, in Norddeutschland der Bauermeister oder Schulze. Der Dorfvorsteher entstammte zwar der Gemeinde, wurde aber in der Regel vom Dorfherrn eingesetzt. Er war Vertrauensperson des Dorfherrn und zugleich Repräsentant der Dorfgemeinde. Zu den Aufgaben des Dorfvorstehers gehörte es, die Gemeindeversammlung zu leiten, den Vorsitz im Dorfgericht einzunehmen und die Gemeinde nach außen zu vertreten. Weitere Amtsträger der Gemeinde waren z.B. der Bannwart, der die Flur- und Allmendeordnung kontrollierte, der Förster, der die Waldflächen überwachte oder der Dorfhirte, dem das Weidevieh des Dorfes anvertraut wurde.[265] **260**

3. Dorfherrschaft und bäuerliche Weistümer

Banngewalt des Dorfherrn

Die Bildung des dörflichen genossenschaftlichen Verbandes fand trotz weitgehender Auflösung der Fronhofsverbände in einem herrschaftlich geprägten Umfeld statt. Die Dorfgemeinde unterlag der Gebotsgewalt des Dorfherrn, der meist Grund- und Gerichtsherr war. Die Grundherrschaften hatten sich im Laufe des 9. und 10. Jahrhunderts zu Bannbezirken entwickelt. Unter Bann ist dabei das Recht zu verstehen, unter Androhung von Gewalt Gebote oder Verbote zu erlassen. Die Banngewalt der Grundherren wurzelte in den überkommenen Immunitätsrechten. Mit Hilfe dieser Banngewalt versuchten die Grundherren, Rechte über alle im Bannbezirk lebenden Personen zu erwerben und lokale Herrschaften aufzubauen. So gerieten auch Grundholden anderer Grundherren und bisher nicht grundherrlich gebundene Bauern unter die Herrschaft des Dorfherrn. Es erfolgte eine allgemeine Ausdehnung der adeligen Herrschaft. Dieser Prozess leitete die Ausbildung der späteren Landesherrschaften ein.[266] **261**

Bannrechte

Die grundherrlichen Bannrechte führten sowohl zur inneren Konsolidierung der Grundherrschaften als auch zur Zunahme der Erträge aus Mühlen, Backhäusern und sonstigen Besitzformen. Aus der Banngewalt heraus fielen dem Grundherrn die sich neu entwickelnden nutzbaren Rechte zu. Häufig gingen solche Rechte auch auf die Dorfgemeinde über oder wurden ihr im Zuge der Kolonisation von Anfang an zugesprochen. Mit der Ausbildung der Amtsverfassung wurden die herrschaftlichen Rechte von Amtleuten wahrgenommen. **262**

---

[264] Schulze II, S. 74 f.
[265] Schulze II, S. 77.
[266] HRG I (Art. Grundherrschaft), Sp. 1835.

Durch seine Banngewalt konnte der Dorfherr das dörfliche Leben regeln, z.B. die Benutzung gemeinschaftlicher Einrichtungen wie Mühlen, den Zugang zu Feld oder Weide oder die Heranziehung zu Befestigungsarbeiten im Dorf oder an seiner Burg, je nachdem, was ihm für Rechte zustanden. *Zwing und Bann, Gebot und Verbot* standen so neben Schöffenrecht und Einung der Dorfgenossenschaft. In wieweit sich die Dorfgemeinde entfalten konnte, lag an den jeweils eigentümlichen Herrschaftsverhältnissen. Vor allem in Gebieten mit stark zersplitterten Herrschaftsrechten konnte die Dorfgemeinde eine relativ starke Position erlangen.[267]

Dorfgemeinde als Gerichtsgemeinde

263 Die größte Bedeutung besaß zweifellos der Gerichtsbann, da er bei der Bildung von Ortsherrschaften den Ausschlag gab und alle im Bannbezirk ansässigen Personen vor das Gericht des Grundherrn zwang. Kristallisationspunkt der Herrschaft war auch im Dorf das Dorfgericht. Die Dorfgemeinde war Gerichtsgemeinde. Das Schöffenamt war meist den vornehmeren Vollbauern vorbehalten. Diese waren Träger der örtlichen Rechtstradition, über die sie in bäuerlichen Weistümern Auskunft gaben. Einholung und Aufzeichnung eines Weistums dienten häufig der Klärung oder Beilegung des Konflikts zwischen einer Grundherrschaft und den Bauern.[268]

Merkmale eines Weistums

264 Unter *Weistum* versteht man allgemein jedes Ergebnis einer Rechtsweisung, nämlich eine Mitteilung über bestehende Rechtsverhältnisse durch eine dazu bestimmte Person auf eine erfolgte Anfrage hin. Im Weistum sollte das Recht nicht gesetzt oder geschaffen, sondern gefunden werden. Die Unterscheidung zwischen Urteil und Weistum besteht im wesentlichen darin, dass das Weistum nicht nur die Entscheidung eines konkreten Einzelfalls enthält, sondern losgelöst vom Einzelfall eine allgemeine rechtliche Regel findet. Vom Gesetz unterscheidet sich das Weistum durch die prozessmäßige Art seines Zustandekommens und der Idee, dass nur klargestellt, aber nicht neu geschaffen wird.[269]

hemmer-Methode: Der wissenschaftliche Weistumsbegriff teilt sich in einen engen und einen weiten. Vom engen Weistumsbegriff werden nur die hier behandelten Bauernweistümer erfasst. Mit dem weiten werden dagegen alle Rechtsweisungen bezeichnet, die unter die oben genannten Merkmale gefasst werden können. Solche Rechtsweisungen finden sich während des ganzen Mittelalters in vielen verschiedenen Rechtsbereichen. Auch auf Reichsebene wurde häufig in Form des Weistums Recht gefunden. Dabei befragte der König die anwesenden Edlen an seinem Hof nach dem geltenden Recht. Ein bekanntes Beispiel ist das Kurfürsten-Weistum von Rhens 1338.[270]

herrschaftlicher Einfluss

265 Aufgrund der Kräfteverhältnisse konnte die Herrschaft häufig Einfluss nehmen auf das Zustandekommen eines Weistums. Nachdem die Weistümer seit dem 14. Jahrhundert aufgezeichnet und jährlich verlesen wurden, gelang es Grundherren häufig auch, Zutaten unbemerkt einzufügen. So konnten Weistümer auch Mittel zur Rechtsgestaltung sein. Dann erfüllten sie nach Form und Inhalt die Funktion der Gesetzgebung.[271]

---

[267] WILLOWEIT, § 14 III 2, S. 104.

[268] Dazu WILLOWEIT, Gebot und Verbot im Spätmittelalter, HessJbLG 30 (1980), S. 104-110.

[269] EBEL, S. 16.

[270] HRG V (Art. Weistümer), Sp. 1240.

[271] KROESCHELL II, S. 128.

§ 7 RATIONALISIERUNG DES RECHTS IM AUSGEHENDEN MITTELALTER

Lernübersicht:

Seit dem 12. und 13. Jahrhundert ist eine allgemeine Entwicklung zur Rationalisierung des Rechts zu erkennen. Dies ist zurückzuführen auf einen Wandel im wirtschaftlich-ökonomischen Denken, einem Anwachsen der Literalität in der Bevölkerung, der Schriftlichkeit im Rechtsverkehr und der Ausschaltung von Selbsthilfe und Rache. Ihren Niederschlag fand diese Entwicklung in der Zurückdrängung von gerichtlichem Zweikampf und Gottesurteil und der Beseitigung altertümlicher Formalismen im Prozess. Im Beweisverfahren rückte die Ergründung der materiellen Wahrheit in den Vordergrund. Bei Rechtsgeschäften verloren Symbolhandlungen ihren Beweiswert. Vor allem im städtischen Zusammenleben und Geschäftsverkehr waren viele an ein bäuerliches Dasein gebundene Rechtsformen nicht mehr möglich oder wurden als unzeitgemäß empfunden.[272]

266

I. Anfänge moderner Strafrechtspflege

Der allgemeine Zivilisationsschub seit dem 12. Jahrhundert, die Ausbildung der Landesherrschaften und der Verfall der überkommenen gesellschaftlichen Bindungen bewirkten einschneidende Veränderungen in der Strafrechtspflege. Ursprünglich konnte bei einer Rechtsverletzung ein Ausgleich mit den Instrumenten des Fehderechts oder durch Sühneverträge gefunden werden. Häufig nahm der Schädiger auch kirchliche Bußen auf sich, z.B. das Aufstellen von Weihekreuzen, Pilgerfahrten etc., wodurch dem öffentlichen Strafbedürfnis genüge getan und ein öffentliches Strafverfahren überflüssig gemacht wurde. Nun setzten sich aber neue Elemente wie Inquisitionsmaxime und öffentliche Strafe in einem bis in die frühe Neuzeit dauernden Entwicklungsprozess durch.

267

1. Gottes-, Land- und Reichsfrieden

Gottesfrieden

Die Landfrieden des Mittelalters gingen auf die Gottesfriedensbewegung zurück, die im 10. Jahrhundert von Frankreich ausging. Gottesfrieden waren von der Kirche insbesondere zur Eindämmung der Fehde veranlasste, beschworene Einungen, z.B. der Mainzer Reichsgottesfriede von 1085. Durch die Schwäche der Zentralgewalt seit der späten Karolingerzeit und die ausufernde Selbstjustiz des Adels bestand große Rechtsunsicherheit. Von großer Bedeutung war für die Gottesfrieden der Gedanke der *treuga dei*, einer religiös begründeten Waffenruhe vor allem an Sonn- und Feiertagen.

268

---

[272] KROESCHELL I, S. 266 f.

Beschworen wurde dabei die Einhaltung des Friedens zu einer bestimmten Zeit in einem bestimmten Bereich. Erst die Reichsfrieden ließen den Gedanken einer räumlich und zeitlich begrenzten Befriedung hinter sich. Nur wer selbst mitgeschworen hatte, unterlag dem Friedensgebot und stand gleichzeitig unter dem Friedensschutz, der von allen Mitgliedern der Schwureinung garantiert wurde. Brach ein Mitglied den Frieden, hatte er die im Schwur vorgesehenen Rechtsfolgen zu tragen. Durch den Schwur unterwarf man sich also einer vertragsähnlichen Rechtsordnung, die das herkömmliche Fehde- und Bußensystem verdrängte.[273]

Land- und Reichslandfrieden

269

Dieser Rechtsgedanke wurde auch von weltlicher Seite übernommen. Unter der Autorität eines regionalen Herrschaftsträgers wurden nun häufig Provinziallandfrieden beschworen. Beginnend mit dem Reichslandfrieden Heinrichs IV. von 1103, wurde dies auch auf Reichsebene versucht. Die Bewegung gipfelte in dem noch nicht durchsetzbaren absoluten Fehdeverbot Friedrichs I. von 1158. Durch eine Art Eidespyramide sollte ein geschlossener Friedensschutz geschaffen werden. Dafür ließ Friedrich I. die auf dem ronkalischen Reichstag versammelten Adeligen schwören mit der Verpflichtung, dafür Sorge zu tragen, dass auch die Leute in ihrem Herrschaftsbereich innerhalb von sechs Wochen schworen, so dass das gesamte Volk miteinbezogen war. Alle sollten durch Eid verpflichtet sein, den Frieden zu wahren und einen gerichtlichen Ausgleich zu suchen.[274] Diese Vorgehensweise macht die Rechtsnatur der Landfrieden besonders deutlich. Sie erlangten ihre Geltung nicht durch das Gebot des Kaisers oder Fürsten, sondern durch Selbstverpflichtung. Das Ablegen des Eides konnte nur durch mittelbaren Druck erzwungen werden, indem Eidesverweigerer bei Vergehen wie Friedensbrecher behandelt werden sollten. Die Landfrieden dürfen also nicht als Gesetze im Sinne einer obrigkeitlichen Norm gesehen werden. Die in staufischer Zeit aufkommende Ansicht, Landfrieden seien kaiserliche Konstitutionen nach römischem Vorbild, ändert daran nichts. Indessen spielen die Landfrieden bei der Entwicklung zu einem Reichsrecht eine wichtige Rolle. Der *Mainzer Reichslandfrieden* Friedrichs II. von 1235 enthielt über das Fehdeverbot hinaus Vorschriften zum Gerichts-, Münz- und Verkehrswesen.[275]

Ausschaltung der Fehde erst nach dem Ewigen Landfrieden 1495

270

Die Fehde blieb während des gesamten Mittelalters außerhalb beschworener Frieden ein legitimes Mittel zur Rechtsdurchsetzung, das gleichberechtigt neben die Rechtsverfolgung vor Gericht treten konnte. Die rechte Fehdeführung setzte stets einen Fehdegrund sowie grundsätzlich auch die uneingeschränkte Waffenfähigkeit und damit den ritterlichen Status des Fehdeführenden voraus. Wurde somit die Fehde als legitime Institution adeliger Rechtsdurchsetzung betrachtet, so zeigt doch die sich ausbreitende Praxis der Landfrieden, dass man sich schon früh der negativen Auswirkungen bewusst war, die eine schrankenlose Fehdeführung für das Zusammenleben aller nach sich ziehen musste. Die Einschränkung der ausufernden Fehdepraxis unter gleichzeitiger Stärkung der königlichen Gerichts- und Herrschaftsgewalt wurde zunächst dadurch erreicht, dass die Fehde zum subsidiären Rechtsmittel erklärt wurde, das erst in Anspruch genommen werden durfte, wenn eine Klage vor den ordentlichen Gerichten erfolglos geblieben war. Zudem wurde die Fehde stark formalisiert. Dem Fehdegegner musste in einer förmlichen Absage unter Nennung des Fehdegrundes die Fehde erklärt werden. Zusätzlich musste zwischen der Absage und dem Beginn der Fehdehandlungen eine bestimmte Frist verstreichen.

---

[273] KROESCHELL I, S. 184 ff.
[274] WILLOWEIT, § 9 II 3, S. 59.
[275] Dazu EBEL, S. 46-50.

Jedoch erst der auf dem Wormser Reichstag 1495 beschlossene *Ewige Landfrieden* brachte de jure das Ende der Fehde, die dadurch bedingungslos kriminalisiert wurde und in der Folgezeit allmählich zurückgedrängt werden konnte.

2. Peinliche Strafen und Blutgerichtsbarkeit

Kriminalisierung des Strafrechts

Die Landfrieden beeinflussten die weitere Entwicklung vor allem durch die weitgehende Verwendung peinlicher Strafen. Über die Gründe für ihre Durchsetzung besteht keine Einigkeit. Neben dem Gedanken, früheres Hörigenstrafrecht nach dem sozialen Absinken ganzer Schichten allgemein anzuwenden, mag auch die Tradition des Handhaftverfahrens eine Rolle gespielt haben, bei dem körperliche Strafen allgemein akzeptiert waren.[276] Ein tieferer Grund für die Ablösung des Bußensystems liegt in der Kriminalisierung des Strafrechts. Das Delikt wurde nicht mehr als Eingriff in entgegenstehende Rechte eines anderen oder seiner Sippe betrachtet, sondern als Eingriff in den Frieden aller. Die Tat wurde durch diese Betrachtungsweise auch moralisch auf eine andere Stufe gestellt, so dass eine Buße nicht mehr ausreichte. Der Frieden aller wurde von der Gemeinschaft garantiert. Die Sühne durfte daher auch nicht mehr im Wege der Selbsthilfe erfolgen.[277] Durch diese Betrachtungsweise verlor das Strafrecht zugleich seinen stark ständisch ausgeprägten Charakter. Waren vorher für Freie und Unfreie für die gleiche Tat unterschiedliche Straffolgen vorgesehen, ließ die Schaffung einer allgemeinen Friedensordnung eine ständische Unterscheidung nicht mehr zu.

271

peinliche Strafen

Die Racheverbote brachten eine Differenzierung des Strafrechts. Auch die Gottesfrieden sahen im Grunde die mit der Fehde typisch verbundenen Taten (Brandstiftung, Raub etc.) noch als verschiedene Begehungsweisen des Friedensbruchs an. Erst die Landfrieden sahen für einzelne Delikte differenzierte Straffolgen vor. Die vorgesehenen Strafen waren teilweise sehr grausam und im Vergleich zum Rechtsverstoß sehr hart. Die Todesstrafe konnte für die verschiedenartigsten Delikte ausgesprochen werden, vom Mord bis zum einfachen Diebstahl. Weil die Todesstrafe in so großem Umfang verwendet wurde, wurden im Hinblick auf die Schwere der Tat Abstufungen bei der Art der Vollstreckung entwickelt. Das Spektrum reichte von grausamen Methoden wie Rädern, Vierteilen und Verbrennen bis zu relativ milden wie Hängen oder Enthaupten. Peinliche Strafen wurden häufig auch als *spiegelnde Strafen* an dem zur Tatausführung benutzten Körperteil vollstreckt. Z.B. verlor der Urkundenfälscher die Hand oder der Meineidige die Zunge.[278] Vor allem die schweren Strafen für Eigentumsdelikte verwundern heute, müssen aber mit Blick auf die wirtschaftlichen Verhältnisse gesehen werden. Erst kirchlicher Einfluss konnte am Ausgang des Mittelalters eine Veränderung in der Wertepyramide erwirken. Das Leben avancierte zum höchsten Rechtsgut und verdrängte das Eigentum.

272

strafrechtliche Praxis

Ob die strafrechtliche Praxis aber wirklich so grausam war, wie es die Strafdrohungen und Vollstreckungsmethoden erscheinen lassen, darf bezweifelt werden. Wahrscheinlich waren die hohen Strafdrohungen und öffentlichen Vollstreckungen aus generalpräventiven Erwägungen nötig, da der sich entwickelnde Staat noch kaum effektive Machtmittel zur Verbrechensbekämpfung hatte. Die Verhängung von peinlichen Strafen oder deren Vollstreckung wird aber schon aus fiskalischen Gründen eher selten gewesen sein. Während die Verhängung von Geldbußen oder die Gebühren für Sühneverträge Geld in die Kassen der Fürsten brachte, waren Hinrichtungen sehr kostspielig.

273

---

[276] RÜPING, Rn. 76.
[277] KROESCHELL I, S. 197.
[278] RÜPING, Rn. 77, 79.

Die Strafdrohungen der vereinbarten Landfrieden blieben deshalb nicht bedeutungslos. Mit ihnen war jedoch kein Legalitätsprinzip verbunden. Dem Verletzten wurde durch die Landfrieden nicht der Weg zu einem Sühnevertrag mit dem Schädiger verschlossen.

Durchsetzung des staatlichen Strafanspruchs in der Neuzeit

hemmer-Methode: Auch hier brachte kirchlicher Einfluss zu Beginn der Neuzeit eine Wende. Das Loskaufen von Strafe wurde anrüchig. Am Ende des 16. Jahrhunderts wurde unter Berufung auf das alttestamentliche Vergeltungsprinzip jede Tötung eines Menschen mit der Todesstrafe geahndet und der Weg privater Sühne verschlossen. Unter dem Einfluss der Reformation und der neuzeitlichen Staatsbildung setzte sich der obrigkeitliche Strafanspruch endgültig durch. Häufig wurde einzelnes Fehlverhalten als Grund für kollektive Strafen wie Naturkatastrophen gesehen. Die Straftat galt als Sünde, die Gottes Zorn und seine Strafe herausforderte. Daher war die Obrigkeit berufen, schon bei der Schädigung von Individualinteressen strafend einzugreifen. 274

Acht und Verfestung

Zwangsmittel zur Durchsetzung der Landfriedensgerichtsbarkeit wurden *Acht* und *Verfestung*. Dabei handelte es sich um eine Friedloserklärung des Täters. Während sich die Acht als Reichsacht auf das gesamte Reichsgebiet bezog, war sie als Verfestung auf den Gerichtsbezirk des handelnden Gerichts beschränkt. Sie hatte zunächst örtlich und zeitlich beschränkten Charakter. Auf Antrag des Gerichts, das Acht oder Verfestung verhängt hatte, konnte das Reichshofgericht die Reichsacht aussprechen. Der Geächtete konnte von jedermann festgenommen und bei Widerstand straflos getötet werden. Dies sollte ihn veranlassen sich freiwillig zu stellen. Erst wenn er die Frist von Jahr und Tag verstreichen ließ, wurde die *Aberacht* über ihn verhängt, womit volle Friedlosigkeit eintrat.[279] 275

hemmer-Methode: Die Acht erklärt sich aus den institutionellen Mängeln der Zeit. Mangels eines ausgebildeten und funktionierenden Polizeiapparates konnte man den Rechtsbrecher nicht mit Sicherheit vor Gericht bringen und die Exekution eines Urteils war oft eine zweifelhafte Sache. Daher suchte man sich mit der Rechtloserklärung zu helfen, um entweder den Strafvollzug durch die Achtfolgen zu ersetzen oder aber den Täter zu zwingen, sich den Unannehmlichkeiten der Acht durch Verantwortung vor Gericht zu entziehen. Mit der Ächtung rief das Gericht die Hilfe der Rechtsgemeinschaft an, den Täter unschädlich zu machen. Daher ging die Bedeutung der Acht mit der Ausbildung staatlicher Verfolgungsbehörden zurück.

Blutbann und Hochgerichtsbarkeit

Die Kompetenz zur Verhängung peinlicher Strafen lag ursprünglich bei der Schwureinung selbst. Schon Friedrich I. nutzte den Landfrieden aber auch als Instrument zur Reorganisation der Gerichtsbarkeit. Unter dem Einfluss des wiederentdeckten römischen Rechts galt der Kaiser als oberster Gerichtsherr, die Gerichtsbarkeit als Ausfluss kaiserlicher Herrschaft. Die sich aus den Landfriedensordnungen entwickelnde Blut- oder Hochgerichtsbarkeit wurde dementsprechend auch dem Kaiser zugeordnet und konnte nur in seinem Namen ausgeübt werden. Deshalb benötigte jeder Richter zur Verhängung von Leibes- und Lebensstrafen eine besondere königliche Ermächtigung, den Blutbann, der ihm unmittelbar vom König oder vom Landesherrn, der ihn seinerseits vom König empfangen hatte, verliehen wurde. Diese Auffassung setzte sich auch in der Rechtspraxis weitgehend durch und wurde naturgemäß vom König auch mit Nachdruck vertreten. Im Allgemeinen ging man davon aus, dass der Blutrichter, der es wagte, schwere Leibes- und Lebensstrafen zu verhängen, ohne im Besitz des königlichen Blutbannes zu sein, ein Kapitalverbrechen beging.[280] 276

---

[279] HRG I (Art. Acht), Sp. 30 f.
[280] MITTEIS/LIEBERICH, DRG, Kap. 28 II 2 b, S. 192.

3. Wandel des strafrechtlichen Verfahrens

Merkmale des Inquisitionsprozesses

Seit dem 13. Jahrhundert etablierte sich neben dem herkömmlichen Akkusationsprozess der neuartige Inquisitionsprozess. Eigentümlich war diesem zunächst die Verbrechensverfolgung von Amts wegen. Ein strafrechtlich relevanter Sachverhalt wurde in einem gerichtsförmigen Verfahren nach Maßgabe der materiellen Wahrheit rekonstruiert und der Täter in Ansehung seiner Tatverantwortung überführt. Als Beweismittel diente das – häufig unter Folter erpresste – Geständnis des Angeklagten.[281] Der Inquisitionsprozess bildet quasi die Kehrseite des sich ausbildenden öffentlichen Strafrechts. Obrigkeitlicher Strafanspruch und Amtsermittlung machten das Strafrecht zu einem wichtigen Herrschaftsmittel und sozialen Disziplinierungsinstrument.   277

Versagen des herkömmlichen Akkusationsverfahrens

Die Landfriedensbewegung war zunächst eine Reaktion auf das Versagen der überkommenen Mechanismen der Friedenssicherung und auf das Fehdeunwesen. Auf der anderen Seite entstanden neue Gemeinschaften wie die Stadtgemeinden. Die Auflösung der traditionalen, auf agrarischer Subsistenzwirtschaft basierenden Gesellschaft, die damit einhergehende Mobilität und Verstädterung machten neue Verfahrensformen notwendig, um effektive Friedenssicherung und Rechtsschutz zu erreichen. Das beengte städtische Zusammenleben ließ keine Selbsthilfe zu und konnte nur bei leidlich gewahrtem Frieden funktionieren. Ein weiterer Anlass war das Phänomen der *landschädlichen Leute*. Fahrendes Volk, Spielleute, Bettler etc., die aus den sozialen Bindungsmechanismen herausfielen, brachten das Phänomen der Massenkriminalität hervor, Fernhändler und andere Reisende waren bisher nicht bekannten Gefahren ausgesetzt. Demgegenüber versagte das herkömmliche Verfahren mit privater Klage und der Möglichkeit des Reinigungseides für den Beschuldigten. Einerseits verlor die Sippe ihre Funktion innerhalb des Systems von Schutzherrschaft, Sühne und Buße. Andererseits setzte das Akkusationsverfahren soziologisch überschaubare Verhältnisse voraus, in denen die persönliche Kenntnis kollusive Absprachen erschwerte und einen kalkulierten Prozessbetrug hinderte.[282]   278

Vordringen des rationalen Beweises

Einfallstor für neuartige Verfahrensformen war zunächst das Beweisrecht. Die in der römisch-kanonischen Prozessrechtswissenschaft ausgebildeten rationalen Beweismittel verdrängten nach und nach die herkömmlichen irrationalen Beweismittel wie Reinigungseid und Gottesurteil. Rationale Beweise waren unmittelbar auf die Erhellung des Tathergangs gerichtet, während bei irrationalen Beweisen übernatürliche Mächte angerufen wurden, um je nach Gelingen oder Misslingen formal die Unschuld oder Schuld einer Partei festzustellen.[283] Dazu bedurfte es in erster Linie einer Ablösung des Unschulds- durch den Wahrheitsbeweis. Vor allem die Eideshelfer, die als bloße Glaubwürdigkeitszeugen die Reinheit des Eides einer Partei beschworen, wandelten sich zu Wissenszeugen im heutigen Sinn, die ihre Kenntnis des historischen Geschehens bekundeten.   279

neue summarische Verfahren, Übersiebnen

An die Stelle des Reinigungseides trat die Überführung auf Klägerseite durch einen Siebnereid. Der Name *Übersiebnungsverfahren* rührte daher, dass mit dem Kläger und sechs Eideshelfern insgesamt sieben Personen auf Klägerseite nötig waren. Das neue Verfahren traf Landfriedensbrecher und schließlich alle übel Beleumundeten. Betroffen waren vor allem Fremde, denen gegenüber man wenig Umstände machte.   280

---

[281] Zum Ganzen JEROUSCHEK, Die Herausbildung des peinlichen Inquisitionsprozesses im Spätmittelalter und in der frühen Neuzeit, ZStW 104 (1992), S. 328-360.

[282] RÜPING, Rn. 95.

[283] NEHLSEN-VON STRYK, Die Krise des „irrationalen" Beweises im Hoch- und Spätmittelalter und ihre gesellschaftlichen Implikationen, ZRG.GA 117 (2000), S. 1-38, 5.

Der Ursprung lag bei der handhaften Tat. Schon hier war in der Regel, weil das Verbrechen notorisch war, dem ertappten Täter der Reinigungseid verlegt. Stattdessen konnte der Kläger in einem summarischen Verfahren den Angreifer mit Eideshelfern überführen. Bei landschädlichen Leuten musste der Täter nicht mehr auf frischer Tat ergriffen sein. Es genügte, wenn die Tat gemeinkundig war. Aus Verhaftungszeugen wurden Leumundszeugen. Das Übersiebnen wurde zum Verfahren nach Leumund, d.h. der vom Kläger selbsiebent geschworene Eid musste sich nicht auf den Sachverhalt beziehen, es genügte eine Beeidigung des schlechten Leumunds des Inhaftierten.[284]

hemmer-Methode: Für einen reinen Wissenszeugen war in der feudal geprägten Gesellschaft noch kein Platz. Einerseits wäre es für Adelige ein leichtes gewesen, von ihnen abhängige Leute unter Druck zu setzen, um eine Zeugenaussage zu erwirken. Andererseits wäre ein Zeuge auch den Repressalien des von ihm Belasteten ausgesetzt gewesen. Deshalb ging die römisch-kanonische Prozessrechtswissenschaft auch zur Geheimhaltung der Zeugen über, um Aussagebereitschaft zu erlangen und die Zeugen vor Racheakten zu schützen.[285]

Stadtrechtsprivilegien

Als Motor der neuen Entwicklung erwiesen sich die Städte. Bei Städtegründung gewährte der Stadtherr den Bürgern häufig Befreiung von gewissen Beschwernissen des alten landrechtlichen Verfahrens. Teilweise wurden sie vom Beweismittel des Zweikampfes, teilweise von der mit dem alten Formalismus zusammenhängenden Prozessgefahr befreit. Manchmal wurde der Zeugenbeweis eingeführt. Daneben besaßen die Städte im Willkürrecht ein flexibles Rechtsetzungsinstrument, mit dem auch städtisches Strafrecht geschaffen werden konnte. In diesem Bereich bildete sich vor dem Rat ein häufig recht formloses Verfahren aus. Da sich der Bürger schon durch seinen Bürgereid der Rechtsfolge unterworfen hatte, bedurfte es keines förmlichen Urteils mehr. Eine gleichlaufende Entwicklung gab es bei den Städten aber schon wegen der zeitlichen Unterschiede bei der Privilegierung nicht. Dazu kam, dass die Strafgerichtsbarkeit lange auf unterschiedliche Hoheitsträger verteilt war, das stadtherrliche Gericht und den Rat. Erst spät und nicht vielen Städten gelang es, das stadtherrliche Gericht zu erwerben.[286]

281

Schutzfunktion des Beweisrechts

Das relativ moderne Beweisrecht der Städte beruhte jedoch keineswegs auf der Erkenntnis der Untauglichkeit der irrationalen Beweismittel. Beim Zweikampf liegt es auf der Hand, dass er - verwurzelt in der Lebensführung des Feudaladels - einen Fremdkörper in der städtischen Gesellschaft darstellte. Häufig dienten die Befreiungen nur dem Schutz der eingesessenen Bürger gegen Stadtfremde, die sich mit dem Reinigungseid des stadtsässigen Beklagten zu bescheiden hatten. So wurden die zur Verfügung stehenden Beweismittel nicht zur Ermittlung der materiellen Wahrheit eingesetzt, sondern im Sinn mittelalterlichen Statusdenkens instrumentalisiert. Erst als sich der Rat seit dem 14. Jahrhundert zur Obrigkeit entwickelte und inquisitorisch gegen gemeinschädliches Verbrechertum vorging, verlor das Beweisrecht seine ständische Bindung und damit seine Schutzfunktion für die Bürger.[287] In zunehmendem Maße stellte man sich auf das Geständnis als Beweismittel ein. Mit dem Geständnis hielt seit der ersten Hälfte des 14. Jahrhunderts auch die Folter in Deutschland Einzug.

282

öffentliche Anklage

Das Prinzip der öffentlichen Anklage setzte sich nur langsam durch. Das amtliche Vorgehen bei der Verbrechensverfolgung machte überhaupt nur Sinn, wenn nach der Festnahme des Beschuldigten die Gewähr für die Einleitung des Strafverfahrens bestand.

283

---

[284] MITTEIS/LIEBERICH, Kap. 38 I 5, S. 307.
[285] NEHLSEN-VON STRYK, ZRG.GA 117 (2000), S. 31.
[286] JEROUSCHEK, ZStW 104 (1992), S. 354.
[287] NEHLSEN-VON STRYK, ZRG.GA 17 (2000), S. 24.

Die Anklage durfte also nicht mehr allein in das Ermessen der Parteien gestellt werden. Die Veränderung des alten Privatklageverfahrens vollzog sich teils in der Weise, dass man eine gütliche Einigung der Parteien untersagte und den Verletzten zur Klageerhebung verpflichtete, teils ließ man aber auch, insbesondere in den Städten, eine Klageerhebung durch Amtspersonen zu. Mit diesen Veränderungen bahnte sich ein eigener strafrechtlicher Rechtsgang und damit eine Abgrenzung zum Verfahren in bürgerlichen Sachen an.

bei gemeinschädlichen Delikten

284

Gerade aber auch in den Städten regte sich gegen dieses Vorgehen zunächst Widerstand, handelte es sich dabei doch zunächst um stadtherrliche Eingriffe in die Angelegenheiten der Stadtgemeinde. Deshalb neigte man dazu, Streitfälle der Rechtsgenossen untereinander möglichst auf dem Sühneweg zu bereinigen. In den Stadtrechten setzte es sich aber durch, dass der Stadtrichter bei bestimmten Delikten als Kläger auftrat. Dies geschah einmal beim sog. *Elendenmord*, wenn das Opfer ohne Angehörige und Freunde ungerächt blieb, später bei gemeinschädlichen Taten wie Tötung, Vergewaltigung und Diebstahl. Außerdem wurden nun auch Taten verfolgt, die von Natur aus keinen Kläger hatten wie z.B. der Religionsfrevel. Eine große Rolle spielte dabei auch das finanzielle Interesse des Richters an einer Entscheidung, da ihm ein Teil, später sogar die ganze Buße zustand.[288]

hemmer-Methode: In der Wissenschaft umstritten ist die Frage, ob der Inquisitionsprozess über die Rezeption der römisch-kanonischen Prozessrechtsdoktrin nach Deutschland gelangte oder ob er sich hier eigenständig und neben den Elementen des deutschen Rechtsganges entwickelte. Wahrscheinlich liegt die Wahrheit in der Mitte: Das römisch-kanonische Vorbild war nötig, gleichzeitig bot der deutsche Rechtsgang Anknüpfungspunkte, welche die Rezeption erleichterten.[289]

II. Die Wurzeln des Privatrechts

285

Der Begriff Privatrecht ist für das ganze Mittelalter problematisch. Eine Scheidung von öffentlicher und privater Rechtssphäre konnte erst mit der Ausbildung des neuzeitlichen Staates beginnen. Charakteristisch für die mittelalterliche Welt ist die Einheit des Rechts. Herrschaft wurde ausgeübt durch personenrechtliche Bindungen. Und auch der sich ausbreitende Rechts- und Geschäftsverkehr spielte sich innerhalb dieser Bindungen ab, bedurfte dieser, um zu funktionieren, z.B. bei Formalvertrag und Buße. Vor allem der Aufschwung der Städte veränderte dieses Bild. Die Entstehung des städtischen Bürgertums bewirkte einerseits die Befreiung von herrschaftlichen, meist grundherrlichen Gebundenheiten, andererseits die Abschwächung und schließlich Beseitigung der personen- und vermögensrechtlichen Bindungen, die sich aus der Zugehörigkeit des Einzelnen zu dem durch Geburt und Heirat verbundenen Kreis der Verwandten, der Sippe ergaben. Der Einzelne gewann dadurch neue Gestaltungsräume. Hier wurzelt die Privatautonomie, die heute unsere Privatrechtsordnung kennzeichnet.

1. Die Entstehung des Vertragsrechts

germanische Zeit

286

In germanischer, von Subsistenz- und Naturalwirtschaft geprägter Zeit waren Schuldverträge im modernen Sinn einer Begründung von abstrakten Pflichten und Ansprüchen wohl unbekannt. Es dürften Tausch- und Bargeschäfte überwogen haben, bei denen die Pflichten der Parteien sich darauf beschränkten, den durch das Geschäft geschaffenen Rechtszustand anzuerkennen.

---

[288] DRÜPPEL, Iudex Civitatis, 1981, S. 317, 320.
[289] JEROUSCHEK, ZStW 104 (1992), S. 339, 347.

Schlichte Zusagen einer Leistung mit zeitlich nachfolgender Erfüllung entsprachen kaum den Realitäten des Wirtschafts- und Soziallebens dieser Zeit.

Formalvertrag, fides facta

Schon in den Volksrechten findet sich aber die Möglichkeit der Verpflichtung durch ein Treuegelöbnis (*fides facta*). Es handelte sich dabei um einen *Formalvertrag*. Durch die Wahrung bestimmter Formen kam ein Treuegelöbnis zustande, mit dem sich der Schuldner zur Erfüllung einer bestimmten Schuld verpflichtete. Nichterfüllung war Unrecht und forderte ursprünglich die Rache des Gläubigers heraus. Der Schuldner konnte mit seinem Gut durch Fehde oder Klage und Verurteilung mit nachfolgender Friedlosigkeit dem Zugriff des Gläubigers ausgesetzt werden. Den ergriffenen Schuldner hielt der Gläubiger in Schuldknechtschaft. Später konnte der Schuldner seine Schuld abbezahlen oder abverdienen. Wurde der Gläubiger befriedigt, musste er den Schuldner freigeben. Der Schuldner war hier Pfand.[290] Formalverträge dieser Art dürfen deshalb nicht gleichgesetzt werden mit modernen Schuldverträgen. Es handelte sich dabei um ein rechtsförmliches Einsetzen der Treue, um das Versprechen wirksam zu machen und dem Gegner bei Vertragsbruch entsprechendes prozessuales Vorgehen zu ermöglichen. Der Bruch des formalisierten Versprechens galt als Treubruch.[291]

287

hemmer-Methode: Unser heutiges Privatrechtssystem nach Ansprüchen im Sinne von § 195 BGB ist erst ein Produkt des 19. Jahrhunderts und wurde vor allem von Bernhard Windscheid geprägt. Das römische Recht war prozessual orientiert. Nach dem sog. *Aktionenprinzip* wurde für einen bestimmten Anspruch eine Klage zur Verfügung gestellt (*actio* lat. für Rechtshandlung, Klage).[292]

Wette

Ein anderer Formalvertrag war der Wettvertrag, der meist mit einem Bürgschafts- oder Pfandvertrag verbunden war. Beim Wettvertrag (*wadiatio*) wurde ein Stab oder ein Halm (*wadia*, auch *festuca*), der mit dem Hauszeichen des Schuldners versehen war, von diesem dem Gläubiger übergeben. Der Stab war Persönlichkeitszeichen. Die Bezeichnung als Wettvertrag weist darauf hin, dass der Stab als Einsatz gegeben wurde. In der Überreichung lag somit eine bedingte Selbstunterwerfung unter die Zugriffsmacht des Empfängers, der nun gegen den Schuldner im Falle der Säumigkeit ohne vorherige Klage außergerichtlich pfänden konnte.[293] Meist wurde in Form der Wette eine Verpfändung vollzogen. Die Sache, die der Gläubiger zu Pfand erhielt, war ihm, wenn der Schuldner sie nicht rechtzeitig wieder einlöste, verfallen, verwettet sozusagen. Die Wette stellte somit eine Milderung der Rache dar. Der Gläubiger beschränkte seine Rache auf ein bestimmtes Objekt, das der Schuldner einsetzte.[294]

288

Bürgschaft

Die Wette konnte auch in der Übergabe einer Geisel als Personenpfand bestehen. Auch die Geisel war Verfallpfand, die bei ausgebliebener Auslösung in Schuldknechtschaft verfiel und der Willkür des Gläubigers ausgeliefert war.

289

Um dieser Gefahr zu entgehen, musste er bestrebt sein, den Schuldner zur Erfüllung anzuhalten oder sich aus eigenen Mitteln auszulösen. Ob sich daraus die Vermögenshaftung des Bürgen entwickelt hat, ist umstritten.[295] Wahrscheinlicher ist, dass sie aus den für das frühe Mittelalter typischen gesellschaftlichen Schutzverhältnissen wie die Familie, Sippe oder Gefolgschaft entstanden ist. Daraus resultierte für die Gemeinschaft die Pflicht, den Einzelnen in der Fehde, aber auch zumindest vorläufig im Rechtsgang zu schützen.

---

[290] CONRAD I, S. 165.
[291] HRG V (Art. Treue), Sp. 327.
[292] KASER, § 4 II 1, S. 35 f.
[293] HRG V (Art. Wette), Sp. 1331.
[294] MITTEIS/LIEBERICH, DPR, Kap. 41 II 2, S. 128.
[295] So die klassische germanistische Lehre, s. z.B. MITTEIS/LIEBERICH, DPR, Kap. 42 I, S. 129.

Und wer ihn schützte, der musste auch für ihn haften. Durch die Bürgschaft wurde also zunächst die Festnahme des Schuldners vermieden. Daraus ergab sich auch die zunächst beschränkte Funktion des Bürgen. Gelang dem Schuldner die Zahlung nicht und war die Familie nicht in der Lage, den insolventen Schuldner auszulösen, musste ihn der Bürge dem Gläubiger überstellen. Der Bürge war also nur *Gestellungsbürge*. Eine folgende Entwicklungsstufe war die *Vollstreckungsbürgschaft*. Dabei verpflichtete sich der Bürge zur Pfändung beim Schuldner. Tat er dies nicht, so pfändete der Gläubiger beim Bürgen. Daraus entwickelte sich die reine *Zahlungsbürgschaft*, bei der nur noch der Bürge dem Gläubiger haftete.[296]

Schuld und Haftung

290

hemmer-Methode: Aus der Art der frühmittelalterlichen Formalverträge hat die germanistische Schule um die Jahrhundertwende die *Lehre von Schuld und Haftung* entwickelt. Schuld ist dabei als rechtliches Sollen und Haften als Eintretenmüssen für die Schuld zu verstehen. Während in unserer heutigen Privatrechtsordnung Schuld und Haftung eigentlich immer zusammenfallen, nahm man für das germanische Recht an, dass Schuld nicht gleich Haftung nach sich ziehen müsse und umgekehrt. Vielmehr bedürfe es eines (formfreien) Schuld- und eines (formellen) Haftungsvertrages. Das Treueverhältnis sollte eine Personenhaftung begründen, die Wette eine Sachhaftung. Diese Lehre ist aber wohl überwunden. Abgesehen davon, dass damit der betreffenden Zeit ein viel zu hohes Abstraktionsvermögen zugetraut wurde, wird sie auch der mittelalterlichen Rechtsrealität nicht gerecht, die eher prozessual orientiert war.[297]

Realvertrag

291

Eine andere schon früh entwickelte Form der Verpflichtung war der *Realvertrag*. Die Realverträge beruhten auf dem Gedanken, dass der Sachempfang zur Gegenleistung oder Rückgabe verpflichtete. Er fand Anwendung bei Gebrauchsüberlassung und Austauschverträgen. Der Sachempfang war ursprünglich nicht Form, sondern Tatbestand des Vertragsschlusses. In der weiteren Entwicklung schrumpfte die Vorleistung zur Teil-, schließlich zur Scheinvorleistung. Es wurde jetzt nur noch zum Zeichen des Vertragsschlusses ein Angeld, sog. *arrha,* gegeben. Sie verpflichtete den Gegner zur Gegenleistung. Der Empfänger konnte sich in manchen Rechten aber auch durch Rückgabe der *arrha* von der Bindung befreien. Die Hingabe der *arrha* verpflichtete auch den Geber zur Leistung. Er konnte aber auch die Gegenleistung ablehnen und die *arrha* schießen lassen. Dann war sie für ihn ein Reugeld.[298] Im späteren Mittelalter entwickelte sich wahrscheinlich aus dem Arrhalvertrag der *Weinkauf*. Dabei handelte es sich um einen Umtrunk zum Abschluss des Rechtsgeschäfts, an dem die Vertragsparteien sowie hinzugezogene Geschäftszeugen teilnahmen. Der Umtrunk diente einmal als öffentliche Bekräftigung des zugrunde liegenden Geschäfts, auf der anderen Seite war es Gegenleistung an die Geschäftszeugen für die übernommene Zeugenpflicht. Eine andere Form war der *Gottespfennig*. Dabei handelte es sich um die Hingabe einer Geld- oder Sachleistung, die symbolisch zur Bekräftigung eines Rechtsgeschäftes diente und gewöhnlich den Armen zufloss.[299]

Zurücktreten des Formalismus im Spätmittelalter

292

Vor allem durch den Aufschwung von städtischem Handel und Verkehr erfuhr das Vertragsrecht eine Fortbildung. Schuldbegründung und Nichterfüllung lösten sich aus dem Bereich des Bußwesens. Die Schuldbegründung erforderte nicht mehr den Abschluss eines Formalvertrages. Es genügte ein offenkundig abgegebenes Schuldversprechen, in den Städten seit dem 13. Jahrhundert ein schlichtes Gelöbnis, das von gewissen Formen, etwa dem Handschlag, begleitet war. Korrespondierend dazu entwickelte sich eine allgemeine, vom Bußwesen losgelöste Schuldklage. Insgesamt wurden die altertümlichen Formen noch eingehalten.

---

[296] HRG I (Art. Bürgschaft), Sp. 566 f.
[297] HRG IV (Art. Schuld und Haftung), Sp. 1505-1508.
[298] HRG I (Art. arrha), Sp. 230.
[299] HRG V (Art. Weinkauf), Sp. 1234 f.; HRG I (Art. Gottespfennig, Gottesheller), Sp. 1766-1768.

Doch trat immer deutlicher zutage, dass das schuldbegründende Element nicht in der Form, sondern im Verpflichtungswillen lag. Damit war die Grundlage für die Konsensualverträge geschaffen, wie sie sich im Zuge der Rezeption des gemeinen Rechts in Deutschland durchsetzen sollten.[300]

2. Kauf, Mängelhaftung und gutgläubiger Erwerb

Entwicklung des Kaufs

Häufiges Geschäft waren anfangs Kauf und Tausch. Der Tausch, der Umsatz von Ware gegen Ware, war älter als der Kauf. Er wurde zum Kauf durch Einschaltung eines allgemeinen Wertmessers, schließlich des gemünzten Geldes. Seit dem Aufkommen der Geldwirtschaft trat der Kauf gegenüber dem Tausch in den Vordergrund. Der Kaufmann war zunächst Reisekaufmann im Geleitzug, später wurde er in seinem Kontor sesshaft, ging zu geregelter Buchführung über und überließ das Außengeschäft Hilfspersonen. Der Kaufvertrag war zunächst Real- oder Arrhalvertrag. Als sich mit der Ausbildung der Stadtrechte die bloße Kaufberedung durchsetzte, hatte sich der Kauf vollständig von der Übergabe der Kaufsache gelöst. Infolgedessen war auch der Verkauf von noch anzuschaffender Ware möglich.[301] In den Stadtrechten wurde zwischen Fahrnis- und Grundstücksgeschäften einerseits, sofort und nicht sofort vollzogenen Geschäften andererseits unterschieden. Die Beachtung von bestimmten Formen bei Vertragsschluss hatte für den Vertrag nicht unbedingt konstitutive Wirkung, sondern sollte die Existenz gegenseitiger Bindung überhaupt nach außen hin verdeutlichen und dokumentieren, diente also vornehmlich der Beweissicherung. Bei sofort vollzogenem Bargeschäft fielen z.B. alle Formen weg, während ein Grundstückskauf häufig in Form des Weinkaufs vollzogen wurde.[302]

293

Rechtsmängelhaftung

Der Verkäufer hatte die dem Käufer übertragene *Gewere* im *Anefangverfahren* gegen Dritte zu verteidigen. Ursprünglich konnte der von einem Dritten auf Herausgabe der Kaufsache verklagte Käufer sich auf den Verkäufer als seinen Gewähren berufen. Dieser konnte in den Prozess eintreten und die Schirmung des Käufers übernehmen, schon um sich selbst vom Diebstahlsvorwurf zu reinigen. Auch wenn er dies nicht tat, musste er bei erfolgreicher Anefangklage den Kaufpreis zurückerstatten. Diese prozessuale Schirmungslast wurde zur materiellen Schirmungspflicht durch vertragliche Übernahme, später durch gewohnheitsrechtliche oder gesetzliche Anerkennung. Der Gewährschaftsbruch hatte nunmehr Schadensersatz und Buße an den Kläger zur Folge. Aus der Haftung des Verkäufers im Falle des Verkaufs einer gestohlenen Sache entwickelte sich die Rechtsmängelhaftung des Verkäufers. Der Verkäufer hatte nun dem Käufer gegenüber die Pflicht zur Verschaffung lastenfreien Eigentums.[303]

294

Marktkauf und gutgläubiger Erwerb

Als sich mit der Städtebildung im Hochmittelalter der Handel belebte, wurde die Stellung des Käufers von Diebesgut gestärkt. Vor allem der Kauf auf dem Markt wurde nun anders behandelt.

295

Wegen der Unbekanntheit des Verkäufers war hier der Zug auf den Gewähren häufig praktisch unmöglich, so dass dem Erwerber nur der Reinigungseid gegenüber dem Diebstahlsvorwurf blieb. Schon der Sachsenspiegel (Landr. II 36 § 4) ließ es für die Reinigung vom Diebstahlsvorwurf genügen, wenn der Erwerber beschwor, auf dem Markt gekauft zu haben. Die Sache selbst musste er teilweise unter Verlust des von ihm aufgewandten Kaufpreises herausgeben, teilweise wurde dem Kläger nur ein Lösungsrecht eingeräumt, nach dem er dem Käufer den Kaufpreis erstatten musste.

---

[300] Conrad I, S. 422.
[301] Mitteis/Lieberich, DPR, Kap. 50 II, S. 152.
[302] HRG II (Art. Kauf), Sp. 681.
[303] Conrad I, S. 423.

Ein gutgläubiger Erwerb im modernen Sinn war also bei abhanden gekommenen Sachen nicht möglich. Der redliche Erwerber wurde aber durch das Lösungsrecht geschützt. Mit der Rezeption des römisch-rechtlichen Vindikationsanspruchs des Eigentümers verlor das Lösungsrecht an Bedeutung. Der redliche Erwerber konnte den Kaufpreis nur über die Rechtsmängelhaftung wiedererlangen.[304]

Sachmängelhaftung

296 Für Sachmängel haftete der Verkäufer nicht. Mangelhafte Ware konnte der Käufer wohl stets zurückweisen. Hatte er sie aber vorbehaltlos angenommen, so galt das als Billigung. Regelfall war der *Kauf vor Augen* auf dem Markt, der dem Kaufinteressenten die Gelegenheit bot, die Qualität der Ware sofort z.B. durch *Besehung* oder *Beschmeckung* zu prüfen. Nur wenn der Verkäufer einen heimlichen Hauptmangel verschwiegen hatte oder der Mangel zur Zeit des Kaufs unentdeckbar war, konnte der Käufer den Kauf rückgängig machen.[305]

3. Eigen und Erbe

297 Das Eigentumsrecht als rein privatrechtliche Zuordnungsfunktion einer grundsätzlich unbeschränkten Verfügungsmacht einer Person über eine Sache war dem Mittelalter zunächst unbekannt. Die dogmatische Ausbildung des Eigentumsbegriffs geschah erst unter romanistisch-wissenschaftlichem Einfluss. Das moderne Eigentumsrecht ist ein Produkt des 19. Jahrhunderts und hat als zwingende Voraussetzung eine liberale, kapitalistisch orientierte Wirtschaftsverfassung.[306]

mittelalterlicher Eigentumsbegriff

298 Dem älteren Recht war die Vorstellung nicht fremd, dass eine Person eine Sache zu eigen haben konnte. Schon um die Mitte des 12. Jahrhunderts wurde vom Eigen in der Weise gesprochen, dass der Berechtigte mit der Sache tun könne, was er will. Der Begriff *Eigen* umschrieb nicht die dingliche Vollgewalt über eine Sache, sondern vor allem bei Grundstücken die dingliche Herrschafts- und Nutzungsbefugnis, deren Sachherrschaft sich in der Gewere manifestierte. Es bestanden umfassende lehen- oder familienrechtliche Bindungen, die einer freien Verfügungsmacht über das Eigen entgegenstanden. War ein Gut nicht von einem Herrn abhängig, brachte man es im Hochmittelalter im ländlichen Raum durch die Bezeichnung als *freies Eigen* oder *Allod* zum Ausdruck. Dieses *Eigen* konnte oftmals ganze Dörfer und auch Eigenleute umfassen, war also eher Herrschaft als Eigentum. Der Begriff Eigen konnte somit auch gebietsbezogene Hoheitsrechte, wie die Gerichtsbarkeit und Bannrechte umfassen. Im Mittelalter beinhaltete die Verfügungsbefugnis über Sachen, vor allem über Grund und Boden, auch ein Herrschaftssubstrat. Grundherrliche Rechte, denen man heute öffentlich-rechtlichen Charakter beimessen würde, waren mit dem entsprechenden Grundstück verbunden, sie waren auf das Grundstück radiziert. Der Eigentumsbegriff wies demnach keinen genau fixierten Inhalt auf, so dass die Sachherrschaft an einem Gegenstand unter eine Mehrheit unterschiedlich Berechtigter aufgeteilt sein konnte.

städtisches Eigentum

299 Zuerst in den Städten vollzog sich eine Trennung zwischen öffentlicher Gewalt und privatrechtlicher Befugnis, ohne dass man schon von bloßem Privatrecht sprechen könnte. Das Besitzrecht des Bürgers war anfangs zumeist kein Eigentum. In den Gründungsstädten hatte der Stadtherr die Hausgrundstücke gegen Zins erblich ausgegeben. Dem Rat gelang es aber meist, den von jedem Bürger zu entrichtenden Hauszins durch eine jährliche Pauschalleistung an den Stadtherrn, die Stadtsteuer, abzulösen.

---

[304] KROESCHELL II, S. 88; HRG III (Art. Marktkauf), Sp. 338.
[305] HRG II (Art. Kauf), Sp. 681.
[306] HRG I (Art. Eigentum), Sp. 885 f.

So veränderte sich der Charakter des städtischen Grundbesitzes langsam. Dies zeigte sich vor allem darin, dass der Veräußerung keine stadtherrlichen Rechte entgegenstanden. Augenfällig wurde dies in der erhöhten Mobilität des Grundeigentums. Für städtische Grundstücke bildete sich im Gegensatz zu ländlichen ein regelrechter Markt.[307]

Erbenlaub und Wartrecht

Auch die familienrechtlichen Verfügungsbeschränkungen wurden zuerst im städtischen Bereich abgebaut. Das ländliche Eigen der älteren Zeit war nur mit Zustimmung der Erben, dem sog. *Erbenlaub*, möglich. Den Erben stand ein Wartrecht zu. Fehlte das Erbenlaub, so war das Geschäft den übergangenen Wartberechtigten gegenüber unwirksam. Sie konnten das veräußerte Gut innerhalb einer bestimmten Frist vom Erwerber ohne Gegenleistung herausverlangen. Das *Erbenwartrecht* wurzelte in der germanischen Hausgemeinschaft und hatte den Sinn, das Familiengut den Erben zu erhalten.[308] Im städtischen Bereich war es nun aber möglich, Besitz käuflich zu erwerben. Über dieses Kaufgut stand dem Eigentümer nun die freie Verfügung zu, die Beschränkungen bezogen sich nur noch auf das Erbgut. In der Paarformel *Eigen und Erbe* spiegelte sich diese Unterscheidung wieder. *Eigen* stand für Kaufgut, *Erbe* für Erbgut.[309]

Erbenlosung

Aber auch das Zustimmungserfordernis bei Veräußerung des Erbgutes veränderte sich mit der Zeit. Im Laufe des Spätmittelalters schränkte sich dieses *Erbenlaub* immer mehr zu einem Vorkaufsrecht für den nächsten Verwandten ein, die sog. *Erbenlosung*. Im Fall der Veräußerung eines Grundstückes konnte er es an sich ziehen, musste dafür teilweise aber den Kaufpreis bezahlen. Im städtischen Bereich wurde es auch üblich, das Erbgut durch blanko erteilte Zustimmung der Erben *fahrend zu machen*. Dadurch konnte auch über das Erbgut frei verfügt werden.[310]

Pfandsatzung

Die Verfügungsgewalt über sein Eigentum gab dem Bürger der Stadt insbesondere die Möglichkeit, sein Hausgrundstück zur Sicherung von Krediten einzusetzen. In den älteren ländlichen Rechtsverhältnissen waren nur die Grundherren in der Lage gewesen, für eine Schuld ihren Grundbesitz zum Pfand zu setzen. Sie waren dabei aber genötigt, dem Pfandgläubiger Besitz und Nutzung des verpfändeten Gutes einzuräumen. Diese sog. *ältere Satzung* fand sich z.B. bei den seit dem 13. Jahrhundert vorkommenden Reichspfandschaften. In den großen Handelsstädten entwickelte sich daraus ein besitzloses Pfandrecht, die sog. *jüngere Satzung*. Es war nicht mehr nötig, dem Gläubiger den Besitz des Pfandgrundstückes zu verschaffen. Es genügte die Eintragung im städtischen Pfandbuch. Außerdem bot der städtische Grundstücksmarkt dem Pfandgläubiger die Möglichkeit, schneller zu seinem Geld zu kommen. Das Pfandgrundstück, an dessen Erwerb ihm meist nicht gelegen war, musste nicht mehr unbedingt wie beim früheren Wettvertrag durch Pfandverfall auf ihn übergehen. Vielmehr konnte auch ein Pfandverkauf ausgemacht werden.[311]

Rentenkauf, Ewiggeld

Während die Pfandsatzung eher für kurzfristige Kredite geeignet war, bediente man sich zur langfristigen Kapitalanlage des *Rentenkaufs*. Bei diesem Geschäft wurde das Recht zum Bezug einer Rente aus einem Grundstück gegen eine einmalige größere Zahlung erworben. Weil das Geschäft ursprünglich unkündbar war, wurde die Rente auch *Ewiggeld* genannt.

300

301

302

303

---

[307] KROESCHELL II, S. 75.

[308] HRG I (Art. Erbenwartrecht), Sp. 958.

[309] HRG I (Art. Eigen), Sp. 877.

[310] Zum Ganzen EBEL, Erbe, Erbgut, Wohlgewonnengut, ZRG.GA 97 (1980), S. 1-42.

[311] MITTEIS/LIEBERICH, DPR, Kap. 36 III, S. 112 f.; KROESCHELL II, S. 76.

Da es sich um einen fundierten Kredit und von der Konstruktion her um eine Beteiligung an den Nutzungen des Grundstückes handelte, war das kanonische Zinsverbot nicht anwendbar. Deshalb gewannen Umgehungsgeschäfte, wie der *Rentenkauf* immer mehr an Bedeutung, als sich nach den Judenpogromen des 14. Jahrhunderts die Zahl der jüdischen Geldleiher drastisch verringerte. Mit der Einführung von Rückkaufklauseln und der Sicherung durch die Güter des Verkäufers verlor der *Rentenkauf* seine spezifische Natur und entwickelte sich zum hypothekarisch gesicherten Darlehen.[312]

Erbverträge

304 Die größere Verfügungsgewalt des Eigentümers förderte auch die Durchsetzung der gewillkürten Erbfolge. Schon in fränkischer Zeit hatte der Erblasser über einen kleinen Teil der Erbschaft zugunsten der Kirche frei verfügen können. Diese Verfügung über den sog. *Freiteil* erfolgte durch *Vergabung von Todes wegen*. Das war kein erbrechtliches, sondern ein sachenrechtliches Geschäft, da sie keine Erbeinsetzung beinhaltete. Vielmehr handelte es sich meist um eine erst nach dem Tod wirksame Schenkung (*donatio post obitum*) oder eine Schenkung mit Nießbrauchsvorbehalt (*donatio reservato usufructu*).[313] Der Anwendungsbereich der Vergabungen wurde im Laufe des Mittelalters erweitert. Die Vergabungen erfolgten nicht mehr nur zum Seelenheil, sondern auch zugunsten der Verwandten und Ehegatten. Gegen die Vergabung von Liegenschaften hatten die wartberechtigten Erben ein Widerspruchsrecht. Vergabungen waren eine Vorform der Erbverträge. Noch im 18. Jahrhundert wurden Erbverträge so aufgefasst, dass sie nicht eine Erbeinsetzung, sondern den Nachlass zum Gegenstand hatten.[314]

Testament

305 Auch das Testament setzte sich im Mittelalter in Deutschland durch. Wesentliche Impulse dafür kamen aus dem kirchlichen Bereich. Die Kirche sah im Testament ein probates Mittel, um das Vermögen von Geistlichen aus den Bindungen der Blutsverwandtshaft zu lösen und trat daher für die Testierfreiheit ihrer Angehörigen ein. In Anlehnung an römisch-rechtliche Vorbilder entwickelte sich das sog. Klerikertestament, in dem Kleriker bewegliches Vermögen der Kirche vermachen konnten. Gegen den Widerstand des Familiengutgedanken und des Spolienrechts (Erbrecht des Königs bei Geistlichen) setzte es sich schließlich durch. Bald konnten auch Laien für fromme Zwecke durch Testament verfügen. Als in den Städten seit dem 13. Jahrhundert die freie Verfügungsgewalt des Eigentümers mehr und mehr anerkannt wurde, setzte sich das Testament auch im weltlichen Bereich durch. Bei Erbgut freilich ließ auch das Testament die verschiedenen Erbenwartrechte unangetastet. Von Testierfreiheit konnte also noch keine Rede sein.[315]

> **hemmer-Methode:** Seiner inneren Struktur nach wies das mittelalterliche Testament wesentliche Unterschiede zum heutigen auf. Da das ältere deutsche Recht den Begriff der Universalsukzession nicht kannte und dementsprechend auch nicht den Erben als Rechtsnachfolger, war die Erbeinsetzung nicht wesentliches Merkmal. Meist bestand es aus einer Vielzahl von Verfügungen über einzelne Vermögensgegenstände, durch welche verschiedene Personen bedacht wurden. Nicht der Erbe, sondern das Erbe stand im Vordergrund.[316]

4. Ehe und Familie

Verfall der Sippenverbände im Spätmittelalter

306 Im Laufe des Mittelalters veränderten starke wirtschaftliche und soziale Wandlungen auch die Grundlagen des Familienrechts. Wanderungen und Siedlungen zerrissen die überlieferten Familienverbände.

---

[312] MITTEIS/LIEBERICH, DPR, Kap. 35 I 2, S. 92.
[313] CONRAD I, S. 162.
[314] HRG I (Art. Erbvertrag), Sp. 984.
[315] HRG V (Art. Testament), Sp. 155.
[316] HRG V (Art. Testament), Sp. 157.

Handel und Gewerbe ließen in den Städten ein individualistischer eingestelltes Bürgertum, aber auch eine vermögensmäßig minderbemittelte Schicht entstehen, der familiäre Überlieferungen fremd blieben. Damit trat die rechtliche Bedeutung der Sippe zurück. An die Stelle der Hausgemeinschaft trat die eheliche Gemeinschaft von Mann und Frau.[317]

Konsensehe

Im späten Mittelalter wurde die Ehe zum Vertrag zwischen den Partnern. Diese sog. Konsensehe wurde auch im kirchlichen Recht anerkannt. Allerdings wurde darüber gestritten, ob der Konsens allein genüge, um die Ehe wirksam werden zu lassen, oder ob der Vollzug derselben erforderlich sei. Wenn auch die Kirche die weltliche Eheschließungsform zunächst anerkannte, so gewann doch die kirchliche Eheschließung seit dem 12. Jahrhundert zunehmend an Bedeutung. Nach kirchlicher Rechtsanschauung war das Eherecht in seinem Kernbereich göttliche Ordnung. Die Theologie des 12. und 13. Jahrhunderts präzisierte die Sakramentslehre und zählte die Ehe zu den eigentlichen Sakramenten des Neuen Testaments. Dennoch war bis zum Ende des Mittelalters die weltliche Eheschließung möglich. Erst die reformatorischen Kirchenordnungen und auf katholischer Seite das Konzil von Trient bestimmten eine zwingende Form für die Eheschließung.[318]

307

Rechtsstellung der Frau

Die Entwicklung der Rechtsstellung der Frau zeichnet sich während des gesamten Mittelalters durch eine Tendenz zur Emanzipation aus. Da ihre freiwillige Ehewillenserklärung gefordert wurde, wandelte sich die Stellung der Frau in der Ehe grundlegend. An die Stelle der männlichen Herrschaft trat ein prinzipiell genossenschaftliches Verhältnis der Ehegatten, das seine Wirkung im ehelichen Güterrecht und in der Entwicklungstendenz von der väterlichen zur elterlichen Gewalt äußerte. Freilich blieb die Ehefrau im Allgemeinen noch geschäfts- und prozessunfähig, die Munt des Mannes lebte als Schutzgewalt weiter.

308

Die Auflockerung der Geschlechtsvormundschaft setzte daher bei der unverheirateten Frau und der Witwe ein. Die Geschlechtsvormundschaft reduzierte sich bei diesen Personen im Spätmittelalter zu einer notwendigen Beistandschaft bei bestimmten Gerichtshandlungen, wobei die Frau sich den Vormund vielfach frei wählen konnte. Vor allem der Aufschwung des Gewerbes im Spätmittelalter brachte einen Wandel. Reiche Witwen im städtischen Bürgertum schlossen häufig Versorgungsehen mit sehr viel jüngeren Männern, damit diese in die Rechtsstellung des verstorbenen Ehemannes eintreten konnten. In einem solchen Fall ordnete sich die Frau natürlich nicht mehr dem jüngeren Mann unter. Eine weitgehend unbeschränkte Handlungs- und Prozessfähigkeit erhielt darüber hinaus die selbständige Kauffrau, auch wenn sie Ehefrau war, in der spätmittelalterlichen Stadtwirtschaft.[319]

hemmer-Methode: Die Rezeption des römischen Rechts brachte wieder einen Rückschritt. Der Einfluss des Naturrechts verstärkte diese Entwicklung noch. Nach naturrechtlichen Vorstellungen unterwarf sich die Frau bei der Eheschließung mit Vertragsschluss der Gewalt des Mannes.

Güterrecht

Auch im Güterrecht spiegelte sich die rechtliche Aufwertung der Ehefrau. Ursprünglicher Güterstand war wohl die Gütertrennung mit Verwaltungsbefugnis des Mannes am Gut der Frau. Im Verlauf des Mittelalters bildeten sich andere Formen des ehelichen Güterstandes aus.

309

---

[317] CONRAD I, S. 400.
[318] MITTEIS/LIEBERICH, DPR, Kap. 16 III, S. 60 f.
[319] HRG I (Art. Gleichberechtigung), Sp. 1697 f.

Vor allem in ländlichen Gebieten, wo die Frau hart mitarbeiten musste, wurde ihr schon in fränkischer Zeit ein Anteil am Zugewinn eingeräumt, die Ehegatten bildeten eine Errungenschaftsgemeinschaft. Später führte der Bedarf an Kapital beim städtischen Handel zur Entwicklung der Gütergemeinschaft. So wurde das gesamte Familienvermögen für das Handelsgeschäft des Ehemannes nutzbar.[320]

III. Die Ausbildung partikularer Rechtsordnungen

Rechtskreise

Im mittelalterlichen Deutschland lebten die Menschen in einem Gefüge von Ordnungen. Kennzeichnend war eine allgemeine Rechtszersplitterung. Es gab viele kleinere Rechtsgemeinschaften, die nebeneinander bestanden oder sich auch überschnitten und jeweils einen eigenen Rechtskreis bildeten. In einem solchen Rechtskreis bestand Sonderrecht für bestimmte Rechtsbeziehungen. Die verschiedenen Rechtskreise stellten jeweils eine partikulare Rechtsordnung dar. Welchen Rechtskreisen der Einzelne angehörte, war abhängig von seiner gesellschaftlichen und sozialen Stellung und persönlichen Bindungen. Besondere Rechtskreise waren die diversen Hof-, Dienst- und Lehnrechte. Diese Rechtskreise erfassten den Menschen nur, soweit er eben in diesem Rechtsverhältnis stand und begründeten nur hierfür einen besonderen Gerichtsstand. Als übergelagerte Rechtsordnung bildete sich im Hochmittelalter ein territoriales Landrecht aus, das gegenüber dem Dienstrecht der Ministerialen und dem Hofrecht der unfreien Bauern den Charakter eines Gemeinrechts besaß. Eine Sonderstellung nahmen die Stadtrechtskreise ein, die nicht in den jeweiligen Landrechtskreis integriert waren.

310

1. Landrecht und Stadtrecht

Übergang zur territorialen Geltung

Die Volksrechte und die fränkischen Kapitularien wurden im Hochmittelalter, ungefähr seit der Jahrtausendwende, kaum noch angewandt. Das lag weniger daran, dass sie in Vergessenheit geraten waren, vielmehr waren ihre politischen und sozialen Voraussetzungen entfallen. Das neu entstehende Landrecht unterschied sich von den Stammesrechten durch seine territoriale Geltung. Es wurde damit die Gesamtheit der Normen, welche für ein bestimmtes, herrschaftlich organisiertes Gebiet galten, bezeichnet. Mit dem Übergang vom Personalitäts- zum Territorialitätsprinzip entstanden ganz neue Rechtsgemeinschaften.[321] In Deutschland existierte weiterhin auch ein personales Element in der Rechtsordnung. Lehnrecht, Hofrecht und Dienstrecht bezogen sich jeweils nur auf bestimmte Personen. Daneben trat aber noch ein dingliches Element. Erst der Besitz eines Lehens, Dienstgutes, Bauernhofs begründete die Zugehörigkeit zum Personenverband. Das Landrecht stellte dagegen eine übergeordnete territoriale Rechtsordnung dar.[322] Das Landrecht umfasste das Recht der freien Leute vom Adel herab bis zu den zinspflichtigen freien Bauern. Seine Gegenstände reichten von Kaiserwürde und Königtum bis zu den Rechtsverhältnissen der Dorfgemeinschaft.

311

Sachliche Grundlage waren die auf die frühmittelalterlichen Volksrechte zurückgehenden Bestimmungen, welche mündlich überliefert und entsprechend der gesellschaftlichen Entwicklung des Hochmittelalters weiterentwickelt worden waren, aber auch die Landfrieden des Hoch- und Spätmittelalters.[323]

---

[320] MITTEIS/LIEBERICH, DPR, Kap. 18 I 5, II 2, S. 65 f.
[321] SCHLOSSER, S. 15 f.
[322] Dazu KROESCHELL I, S. 285.
[323] KROESCHELL I, S. 279.

herrschaftliche Landrechtsaufzeichnungen

Mit der Ausbildung der Landeshoheit begann eine Welle schriftlicher Rechtserneuerung. In den Territorien entwickelten sich aus den älteren Formen des Privilegs und die territorialen Landfrieden zahlreiche Landrechte. Es handelte sich dabei mehr um die herrschaftliche Aufzeichnung des Gewohnheitsrechts des jeweiligen Territoriums, als um Gesetzgebung im modernen Sinn. Die Territorialherren bezweckten damit meist eine Verklammerung neugeschaffener Territorien. Da diese Aufzeichnungen Rechtsunsicherheiten beseitigen und Rechtsvereinheitlichung schaffen wollten, beinhalteten sie auch häufig Rechtsbesserungen. Zwar wurden hier neue rechtliche Tatbestände formuliert, die zwangsläufig auch die Rechtslage veränderten, grundsätzlich sollten diese Neuerungen aber rechtsbewahrend wirken und das Rechtsherkommen schützen. Trotzdem musste der Landesherr, um die Durchsetzung seines Landrechts zu sichern, die Zustimmung der Landstände einholen.[324] Kaiser Karl IV. z.B. konnte gegen den Widerstand der Stände das von ihm initiierte böhmische Landrecht, die sog. *Maiestas Carolina*, nicht durchsetzen, da die Stände unerwünschte Neuerungen fanden.

> **hemmer-Methode: Die *Maiestas Carolina* entstand zwischen 1346 und 1355. Der Entwurf ließ trotz der Versicherung, nur herkömmliches Gewohnheitsrecht und ältere Gesetze aufzuzeichnen, die politische Tendenz einer Stärkung der Königsmacht klar erkennen. Karl IV. war daher gezwungen, auf dem Generallandtag 1355 den Entwurf förmlich zurückzunehmen, indem er ihn als zufällig verbrannt und damit gegenstandslos erklärte. Ab dem 15. Jahrhundert trat er jedoch gewohnheitsrechtlich in Kraft.[325]**

Beispiel Kulmer Handfeste, oberbayerisches Landrecht

Das früheste Landrecht ist die *Kulmer Handfeste* des Großmeisters Hermann von Salza von 1233 für das Land des Deutschen Ordens. Dabei handelte es sich eigentlich um ein Stadtrechtsprivileg für die Städte Kulm und Thorn. Sie entwickelte sich aber zur Grundlage des Landrechts des Deutschordensgebietes. Geregelt wurden hauptsächlich die Rechtsverhältnisse der bürgerlichen und ritterlichen Kolonisten.[326] Ein weiteres bedeutendes Landrecht ist das 1346 revidierte oberbayerische Landrecht Ludwigs des Bayern von 1335. Es stellte keine eigene Rechtsschöpfung dar, sondern eine Redaktion des in den bayerischen Landen geltenden Gewohnheitsrechts unter Verwendung süddeutscher Rechtsbücher und bereits vorhandener Rechtsaufzeichnungen.[327] Das oberbayerische Landrecht enthielt zwar ein Anwendungsgebot, da in der Zeit aber Auslegungs- und Lückenfüllungstechniken fehlten, wurden die Landrechtsaufzeichnungen faktisch nur angewandt, wenn der zu entscheidende Fall exakt im Gesetzbuch geregelt war.

Wurzeln des Stadtrechts

Das Stadtrecht einer Stadt stellte einen aus dem Landrechtskreis eximierten eigenen Rechtskreis dar. Inhaltlich stellte das Stadtrecht aber nicht etwas grundsätzlich anderes als das Landrecht, sondern eine den wirtschaftlichen Verhältnissen angepasste Fortbildung dar. Es reichte mit seinen Wurzeln bis ins Frühmittelalter zurück.

Bereits in der Karolingerzeit gab es ein besonderes Kaufmannsrecht, denn die Stammesrechte waren auf rein agrarische Verhältnisse zugeschnitten und trugen den Erfordernissen des Marktverkehrs kaum Rechnung. Freizügigkeit und Handelsfreiheit, wichtige Voraussetzungen für einen Fernhandel, wurden den Kaufleuten durch Königsschutz garantiert. Im Geschäftsverkehr der Händler untereinander und mit ihren Kunden hatte sich ein kaufmännisches Gewohnheitsrecht herausgebildet. Bereits in der zweiten Hälfte des 10. Jahrhunderts begann der Übergang vom allgemeinen Kaufmannsrecht zum Marktrecht.

312

313

314

---

[324] Ebel, S. 52.
[325] HRG III (Art. Maiestas Carolina), Sp. 176.
[326] HRG II (Art. Kulmer Handfeste), Sp. 1245.
[327] HRG III (Art. Landrecht), Sp. 1529 f.

An wichtigeren Handelsplätzen reichte das Kaufmannsrecht nicht mehr aus und wurde durch besitz- und erbrechtliche Bestimmungen ergänzt. Hinzu kamen Bestimmungen über die Marktordnung, die Gerichtsbarkeit und die Verpflichtungen der Marktbewohner gegenüber dem Marktherrn. Im Unterschied zum personenbezogenen Kaufmannsrecht war das Marktrecht ortsbezogen. Es war das Recht der Marktsiedlung.[328]

rechtliche Grundlagen

Im 12. Jahrhundert vollzog sich mit der verfassungsrechtlichen Verselbständigung der Übergang vom Markt- zum Stadtrecht. Die Zugeständnisse, die dem Stadtherrn abgerungen wurden, gingen dabei ins Stadtrecht ein. Bei Gründungsstädten stellte das Gründungsprivileg gleichermaßen den Kern des Stadtrechts dar. Nach der Zurückdrängung der stadtherrlichen Gewalt kam es immer mehr zu tatsächlichen oder vom Stadtherrn verliehenen Satzungsgewalt der Städte. Mit ihr begann im 13. Jahrhundert der Kreis der vom Stadtrat oder den Schöffen beschlossenen Willküren oder Satzungen. Das Stadtrecht setzte sich dementsprechend aus Privilegien, die vom König oder dem Stadtherrn verliehen worden waren, Gewohnheitsrecht und Satzungsrecht des Rates zusammen, aus denen sich mit der Zeit eine autonome Rechtsordnung der Stadtgemeinde entwickelte.

315

hemmer-Methode: In materieller Hinsicht wurde für das Stadtrecht zusammengefasst Folgendes charakteristisch: Freistellung der Person gegenüber den Herrenrechten und gegenüber der Sippe zu eigenständiger Arbeit; Stärkung der Kleinfamilie und der Stellung der Frau; Entwicklung eines, die individuelle Verfügungsmacht stärkenden, Eigentumsbegriffs; grundlegende Veränderung des Verfahrens- und Beweisrechts; durchgehendes Gewaltverbot mit entsprechendem Strafrecht, Ausbildung eines modernen Vollstreckungsrechts.[329]

Stadtgerichte

Förderlich für diese Entwicklung war insbesondere die Ausbildung eines umfassend zuständigen städtischen Gerichts. Jede Stadt bildete einen besonderen Gerichtsbezirk. Stadtgründung und Stadtrechtsverleihung waren in der Regel mit landgerichtlicher Exemtion verbunden. In den Stadtgerichten hatte zunächst der vom Stadtherrn legitimierte und mit dem Bann versehene Richter den Vorsitz. Beisitzer waren Schöffen aus der städtischen Oberschicht. Sie waren dadurch in besonderer Weise zur Mitgliedschaft im Rat qualifiziert.[330] Über das von ihm geschaffene Satzungsrecht übte der Rat selbst die Gerichtsbarkeit aus. Den meisten Städten gelang es aber seit dem 13. Jahrhundert, die stadtherrliche Gerichtsbarkeit zu erwerben. So konnte der Rat zumindest auch die Kompetenz des Niedergerichts bei sich vereinen, so dass der Stadtrichter als Bediensteter des Rats galt. Die Jurisdiktion des Hochgerichts erreichten nur die größeren Reichsstädte. Die Landstädte kamen im Mittelalter im Allgemeinen nicht über die niedergerichtliche Kompetenz hinaus.

316

Stadtrechtsfamilien

Kennzeichnend für die Stadtrechte war die Ausbildung von Stadtrechtsfamilien. Stadtrechtsfamilien entstanden durch Privileg oder durch Anfrage aus freier Willkür.

317

Nicht jede Stadt bildete ein individuelles Stadtrecht aus. Eine neugegründete Stadt konnte auch das Recht einer anderen Stadt übernehmen. Dabei konnte einmal der Stadtherr das Recht einer bestimmten Stadt verleihen oder er überließ den Bürgern die Wahl des Rechts. Manchmal baten auch Städte um Rechtsmitteilungen einer älteren Stadt. Die führenden Städte gaben so zahlreiche Rechtsmitteilungen. Das Recht der Stadt Lübeck erging z.B. an Reval (1257), Danzig (1263) und Kolberg (1297).

---

[328] SCHULZE II, S. 155 f.
[329] HRG IV (Art. Stadtrecht), Sp. 1867.
[330] SCHULZE II, S. 166.

Das Magdeburger Recht verbreitete sich über Polen bis hin nach Litauen. Z.B. ergingen Mitteilungen an Breslau (1261, 1295) und Görlitz (1304). Vom Westen Deutschlands ergingen z.B. Rechtsmitteilungen von Münster nach Bielefeld (1221), von Dortmund nach Memel (nach 1250), von Frankfurt a.M. nach Weilburg (1297). Das Freiburger Stadtrecht wurde Vorbild für die zähringischen Städte auch in der Schweiz und im Elsaß.

2. Die territoriale Gerichtsverfassung

Territorialisierung der Gerichtsbarkeit

Mit der Ausbildung territorialer Rechte ging eine Territorialisierung der Gerichtsbarkeit einher. Hatte zunächst der König als oberster Gerichtsherr im Reich den Gerichtsherren den Gerichtsbann übertragen, entfiel aufgrund der wachsenden Eigenständigkeit der Territorialfürsten diese Übung fast ganz seit dem 13. Jahrhundert. Im Zuge der sich ausbildenden Landesherrschaften war es üblich geworden, dass die Landesherren im Rahmen der Reichsbelehnung auch den Blutbann empfingen. Dadurch wurde die unmittelbare Verbindung zwischen Königtum und Hochgerichtsbarkeit aufgehoben. Die Grafen, unter deren Vorsitz die Gerichte tagten, erhielten den Bann nun nicht mehr vom König, sondern vom Landesherrn. Eine unumschränkte Gerichtsgewalt der Landesherren bestand noch nicht. Davon konnte solange keine Rede sein, wie einerseits der König das Recht hatte, einen noch nicht entschiedenen Prozess an sich zu ziehen (*ius evocandi*) und andererseits die Möglichkeit bestand, dass derjenige, der sich durch das Urteil eines landesherrlichen Gerichts beschwert fühlte, sich im Wege eines Rechtszuges an ein Reichsgericht wenden konnte.

318

kaiserliche Landgerichte

Daneben gab es aber auch noch im Spätmittelalter Gerichte, deren Richter den Gerichtsbann unmittelbar vom König einholten. Hierzu zählten z.B. die kaiserlichen Landgerichte in Würzburg und Nürnberg. Dies waren Gerichte auf Reichsboden, denen es allen Mediatisierungsbestrebungen der umliegenden Landesherrschaften zum Trotz gelungen war, ihre Unabhängigkeit als unmittelbar dem König unterstellte Gerichte zu behaupten. Zu den Gerichten, die noch im Spätmittelalter unter Königsbann richteten, gehörten ferner die Blutgerichte in den Reichsstädten, wenn es auch hier immer mehr üblich wurde, der Stadt insgesamt, vertreten durch den Rat, den Blutbann im Rahmen der allgemeinen Privilegienbestätigung mit dem Recht zur Delegation an den Blutrichter zu verleihen.

319

Femegerichte

Auch die westfälischen Freigerichte, die sog. *Femegerichte*, konnten die unmittelbare königliche Bannleihe erhalten. Sie wurzelten in den westfälischen Grafengerichten. Seit dem 13. Jahrhundert trat bei diesen Gerichten die Blutgerichtsbarkeit (*feme* bedeutete Strafe) in den Vordergrund. Die Besetzung des Femegerichts bestand aus einem Freigrafen und sieben Freischöffen, zu denen jeder Freie bestellt werden konnte. Es bildete sich ein Freischöffenbund, der sich über ganz Deutschland verbreitete. In diesen Femegerichten entwickelte sich ein eigentümliches Verfahren. Alle Femegenossen waren zugleich Rügegeschworene. Sie hatten die Pflicht, die Femrüge bei ungesühnten Taten zu erheben. Der Gerügte wurde vor die Feme geladen und musste sich selbsiebent reinigen.

320

Blieb er aus, wurde er auf den Siebenereid des Klägers hin geächtet (verfemt) und verfiel dem Tod. Als dem König unmittelbar unterstehendes Gericht nahmen die Femegerichte die Kompetenz für das ganze Reichsgebiet in Anspruch. Nach der Blütezeit im 14. und Anfang des 15. Jahrhunderts kam es zu Verfallserscheinungen. Das summarische Verfahren wurde zu Missbräuchen genutzt.

Mit Ausbildung effektiver obrigkeitlicher Strafrechtspflege verfielen die Gerichte.[331]

landesherrliche Gerichtsbarkeit

321

Die Organisation der landrechtlichen Gerichtsbarkeit oblag nun weitgehend den Landesherren. Die Blutgerichtsbarkeit wurde zum Vorrecht bestimmter Gerichte, der als niedere Landgerichte bezeichneten territorialen Landgerichte, welche Merkmale der gräflichen Gerichtsbarkeit mit Aufgaben der Landfriedensgerichte verbanden. Eine Kontinuität zu den alten Grafengerichten lässt sich dabei nicht belegen. Wahrscheinlich ist, dass die neuartigen Landgerichte durch Bündelung von alten Grafen- und Vogteirechten in der Ausbildung der Ämterverfassung entstanden. Die zentrale Ansammlung von Verwaltungs- und Gerichtskompetenzen in der Hand des Landesherrn bedeutete eine wachsende Geschäftslast und damit die rein tatsächliche Unmöglichkeit des persönlichen Gerichtsvorsitzes. Das Landgericht mit dem eingesetzten Landrichter stellte nun das ordentliche Gericht der landesherrlichen Gerichtsbarkeit dar.[332]

Niedergerichtsbarkeit

322

In Abgrenzung zur Blut- oder Hochgerichtsbarkeit bildete sich seit dem Hochmittelalter eine eigenständige Niedergerichtsbarkeit aus. Die Wurzeln der Niedergerichtsbarkeit lagen wahrscheinlich in der überkommenen Adelsjustiz, wie sie bei den grundherrlichen Hofgerichten bestand. Ausgeübt wurde sie durch herrschaftliche oder genossenschaftliche, also nicht-landesherrliche Kleingerichte wie Schultheißen- oder Dorfgerichte, aber auch vom landesherrlichen Hochgericht, dem Landgericht selbst. Eine eindeutige Zuständigkeitsabgrenzung ist kaum möglich. Zuständig war die Niedergerichtsbarkeit neben Streitigkeiten aus dem Hofrechtsverhältnis für Züchtigungsstrafen, also Strafen an Haut und Haar.[333] Im Zuge der territorialen Konsolidierung der Landesherrschaften kam es zu einer jurisdiktionellen Bereinigung nach innen, der Verräumlichung der Niedergerichtsbarkeit. Die Landesherren versuchten, die Niedergerichtsbarkeit der Grundherren auf ihre Hintersassen zu beschränken, die dorfweise geschlossen angesiedelt waren, sog. Hofmarksgerichtsbarkeit, oder auf ein Dorf auszuweiten. Nur in geschlossenen Territorien bildete sich eine recht einheitliche Gerichtsorganisation aus. Im Herzogtum Bayern gelang es, die ständische Gerichtsbarkeit auf geschlossene Güter zu beschränken, das Dorfgericht an eine förmliche Verleihung zu binden und die Blutjustiz allgemein dem landesherrlichen Landgericht vorzubehalten. Später erfolgte eine Ausweitung über den geschlossenen Wohnraum auch auf die Feldflur. So wurde die adelige Niedergerichtsbarkeit in die landrechtliche Ordnung eingegliedert.[334]

Hofgericht

323

Ähnlich wie der König nahmen auch die Landesherren eine eigene Jurisdiktionsbefugnis in Anspruch. Dieses Richteramt delegierten sie an adelige und gelehrte Räte. Seit dem 15. Jahrhundert entwickelte sich so aus dem Hofrat ein Hofgericht. Dieses Hofgericht wurzelte in den einzelnen Jurisdiktionsbefugnissen des Landesherrn.

Einmal war er oberster Gerichtsherr und Richter auf dem landesherrlichen Hoftag, dann war er Hof- und Leibherr seines Gesindes, seiner Beamten und seiner Ministerialen, und schließlich war er oberster Lehnsherr und Vorsitzender des eigenen Lehnhofes in seinem Territorium.[335] Erstinstanzlich war es vor allem ein Standesgericht für den Adel. Dieser privilegierte Gerichtsstand des Adels vor dem Landesherrn war Ausfluss eines alten, gewohnheitsrechtlich anerkannten Prinzips, wonach jeder nur von einem Richter, der ihm zumindest ebenbürtig war, Recht zu suchen oder zu nehmen hatte.

---

[331] MITTEIS/LIEBERICH, Kap. 34 III, S. 256 f.
[332] SCHLOSSER, Spätmittelalterlicher Zivilprozeß nach bayerischen Quellen, 1971, S. 39-44.
[333] MITTEIS/LIEBERICH, DRG, Kap. 28 II 4, S. 195 f.
[334] SCHLOSSER, Spätmittelalterlicher Zivilprozeß, S. 50 f.; MITTEIS/LIEBERICH, DRG, Kap. 35 II 1 e, S. 269 f.
[335] SCHLOSSER, Spätmittelalterlicher Zivilprozeß, S. 60.

3. Appellation und Oberhöfe

Hofgericht und Appellation

Das Hofgericht fungierte hauptsächlich als Appellationsinstanz. Erste Instanz für die Untertanen waren die Stadt- und Dorfgerichte, bei schwerer Kriminalität die Landgerichte. Danach bestand eine Appellationsmöglichkeit an den Hofrat. Möglich war es auch, sich mit einer *Supplik* (Bittschrift) direkt an den Hofrat zu wenden. Für Adel, Klerus und Städte war das Hofgericht erstinstanzlich zuständig. Die Appellation - als Rechtsmittel mit suspensiver und devolutiver Wirkung in Deutschland erst seit dem hohen Mittelalter bekannt - hatte seinen Ursprung im kanonischen und weltlichen italienischen Prozess. Sie kam den Herrschaftsinteressen der Landesherren entgegen, da sie einerseits die fürstliche Autorität steigerte, andererseits ihnen neben der Gerichtsherrschaft Urteilerkompetenz vermittelte. Vielfach schrieben sie die Appellation vor, um so die alte Gewohnheit der Anfragen bei anderen Gerichten zu unterbinden.[336]

324

Urteilsschelte und Oberhöfe

Vormals hatte es nur jeweils ein zuständiges Gericht gegeben. Eine Möglichkeit, den Spruch des Gerichts anzugreifen, bot zunächst die *Urteilsschelte*. Diese war ursprünglich ein Streit zwischen dem Schelter und dem Urteilsfinder um die Richtigkeit des Urteils. Er wurde vor demselben Gericht ausgetragen, das den anhängigen Rechtsstreit entschieden hatte.[337] Daraus entwickelte sich die Möglichkeit, den Streit vor einem höheren Gericht vorzutragen, meist Oberhöfen. Diese hatten sich aus Rechtsauskunftstellen entwickelt. Es kam häufig vor, dass Schöffen einen Rechtsstreit nicht entscheiden konnten, weil es ihnen an den notwendigen Rechtskenntnissen mangelte. Dem Kläger stand es frei, sich an ein anderes Gericht zu wenden, wenn ein Schöffenstuhl sich auf Unkenntnis berief. Gerade dies versuchten aber die um ihre Unabhängigkeit ringenden Gerichtsherren zu verhindern. Sie waren deshalb daran interessiert, dass ihre Schöffen sich notfalls nach dem Recht erkundigten. Dafür bestimmten die Gerichtsherren meist selbst einen Schöffenstuhl, der in ihrem Territorium lag oder aus anderen Gründen politisch ungefährlich war. Auch den Schöffen dürfte es sowohl ihres eigenen Ansehens wie auch der Gebühren halber angenehmer gewesen sein, sich von einem Oberhof beraten zu lassen und damit den Rechtsstreit in der Hand zu behalten.

325

Appellation

Erst im 15. Jahrhundert wurde die Urteilsschelte von der Appellation verdrängt. Es gab schon im Spätmittelalter die Möglichkeit, dass ein gescholtenes Urteil an den König gezogen werden konnte. Im Laufe der Zeit wurde so das Reichshofgericht zu einem Berufungsgericht. Zur Sicherung ihrer Gerichtsgewalt und zur Vermeidung der politischen Einflussnahme durch den Kaiser waren die Landesherren bestrebt, den Rechtszug vor ein Reichsgericht zu unterbinden.

326

Der Kaiser verlieh deshalb vielen Reichsständen das *privilegium de non appellando*, durch welche die Appellation an ein Reichsgericht verboten wurde und das *privilegium de non evocando*, mit dem der Kaiser gegenüber diesem Reichsstand auf sein Evokationsrecht verzichtete. In der Goldenen Bulle von 1356 wurden diese Privilegien als Gesamtprivileg an die Kurfürsten verliehen.[338] Mit dem Hofgericht konnten die so privilegierten Landesherren eine eigene Appellationsinstanz installieren. Damit war gleichzeitig die gesamte Gerichtsgewalt des Territoriums beim Landesherrn gebündelt.

städtische Oberhöfe

In den Stadtrechtskreisen verlief die Entwicklung anders. Die Ausbildung der Stadtrechtsfamilien führte dazu, dass die ursprünglich nur um Mitteilung des materiellen Rechts gebetenen Mutterstädte auch später immer wieder um Rat angegangen wurden.

327

---

[336] WILLOWEIT, § 17 II 3, S. 128.
[337] CONRAD I, S. 387.
[338] WILLOWEIT, § 11 II 3, S. 80.

Insbesondere wurden anhängige Fälle, die das städtische Gericht nicht zu entscheiden vermochte, bei der Mutterstadt vorgelegt. Die Mutterstadt wurde so zum Oberhof der Stadtgerichte der Tochterstädte. Durch die einheitliche Rechtsprechung des Oberhofs wurde aus den übereinstimmenden Rechten vieler einzelner Städte ein zusammenhängendes Ganzes.[339] Im Rechtskreis des Stadtrechtes bildeten sich so die ersten umfassenden Rechtsordnungen der deutschen Geschichte heraus. Die bedeutendsten Oberhöfe waren Magdeburg und Lübeck. Die magdeburgische als die größte Stadtrechtsfamilie hatte mehrere, institutionell unabhängige Oberhöfe, z.B. Halle, Leipzig und Breslau. Das Bewusstsein, zur magdeburgischen Rechtsfamilie zu gehören, blieb jedoch auch in diesen Städten lebendig.[340]

Rechtseinholung im magdeburgischen Recht

328

Die Rechtseinholung beim Schöffenstuhl beruhte zumal beim magdeburgischen Oberhof auf der alten Unterscheidung zwischen Richter und Urteiler. Ursprünglich wurde das von einem Schöffen vorgeschlagene Urteil, sofern es die Zustimmung der anderen Schöffen fand, vom Schultheiß oder Vogt verkündet. Mit der Verkündung war es unanfechtbar. Gegen das noch nicht verkündete Urteil war die Schelte in Form eines Gegenurteils möglich. Zunächst wurde über diese Schelte durch Zweikampf oder Gottesurteil entschieden. Der Unterlegene wurde bußfällig. Später entwickelte sich der Rechtszug an das landesherrliche Gericht oder - in den Städten - an den Oberhof. Neben der Urteilsschelte konnte auch die Unkenntnis der Schöffen und der ausdrückliche Antrag der Parteien zum Rechtszug an den Oberhof führen. In diesen Fällen waren die Schöffen des Oberhofs nicht mehr darauf beschränkt, eines von zwei Urteilen zu billigen. Stets aber gaben die Oberhöfe ihren Spruch nur als Kollegium von Rechtskundigen ab, nicht etwa gerichtsförmig. Ihr Spruch wurde dann vom Gericht der ratsuchenden Stadt verkündet, als habe es ihn selbst gefunden. Es ging also nicht um die Überprüfung eines schon gefällten Urteils durch eine höhere Instanz, sondern um eine Rechtsauskunft.[341]

hemmer-Methode: Anders als das Magdeburger Verfahren trug der Rechtszug an den Lübecker Rat den Charakter einer echten Berufung. Der Rechtszug ging nicht zum Schöffenkollegium der Mutterstadt, sondern zum Rat der Stadt Lübeck. Er setzte voraus, dass beim ratsuchenden Gericht bereits ein Urteil verkündet worden war. In Lübeck wurde noch lange an der Mündlichkeit des Verfahrens festgehalten. Die rechtsuchenden Parteien mussten in Lübeck erscheinen. Das Ratsurteil entschied den Prozess, obgleich es der Verkündung durch den heimischen Rat bedurfte.[342]

IV. Vordringen der Schriftlichkeit

1. Urkundenwesen und Kanzlei

Königsurkunden

329

Das Urkundenwesen knüpfte bei den germanischen Stämmen an antike Vorbilder an. Man bediente sich ihr in größerem oder kleinerem Umfang während des gesamten Mittelalters. Die Königsurkunden waren in der urkundenarmen Zeit des 9. bis 11. Jahrhunderts die einzigen überhaupt ausgestellten in Deutschland. Sie besaßen größtes Ansehen und unanfechtbare Beweiskraft.

---

[339] HRG III (Art. Oberhof), Sp. 1136.
[340] SCHULZE II, S. 168 f.; KROESCHELL II, S. 113.
[341] HRG III (Art. Oberhof), Sp. 1140.
[342] Dazu im Einzelnen EBEL, Lübisches Recht I, 1971, S. 111 f.

Ihr formaler Aufbau war durch die Überlieferung der Karolingerdiplome geprägt: Zwischen dem *Eingangsprotokoll* mit Namens- und Titelnennung des Urkundenausstellers und der Bezeichnung des Empfängers und dem *Schlussprotokoll* (auch *Eschatokoll*) mit den Unterschriften, der Beglaubigung und den Zeit- und Ortsangaben stand der eigentliche *Kontext* mit der rechtsgeschäftlichen Verfügung (*dispositio*).[343] Nach Schrift, Textformulierung und Besiegelung waren die auf Pergament ausgefertigten Dokumente sehr unterschiedlich gestaltet, was häufig von Rang und Stand des Empfängers und von der Bedeutung der Verfügung abhängig war.

Die königliche Siegelurkunde war die Grundlage für die Entwicklung des Urkundenwesens der weltlichen Fürsten, der höheren geistlichen Würdenträger und der Städte. Seit dem 13. Jahrhundert gewann die Siegelurkunde die überwiegende Bedeutung für die schriftliche Dokumentation im Rechts- und Verwaltungsleben. Im Zuge des Ausbaus der landesherrlichen Verwaltung wurden an den Höfen Kanzleien geschaffen. Unter einem Protonotar, später auch Kanzler genannt, waren mehrere Schreiber tätig, die in der Regel Kleriker waren.[344]

Privaturkunden

Dadurch erlangte auch der Urkundenbeweis vor Gericht immer größere Bedeutung. Die Siegelurkunde besaß öffentlichen Glauben. Ihr Beglaubigungsmittel war das von einer siegelmäßigen Person kompetenzgerecht angelegte Siegel. Die Siegelmäßigkeit war ständisch abgestuft. Unter den Laien war sie den Ritterbürtigen vorbehalten. Der nicht Siegelmäßige musste zur Urkundenausstellung ein Siegel leihen. Es entstand ein herrschaftliches Besiegelungsrecht des Gerichts-, Lehn- oder Grundherrn.[345] Die Urkunden wurden vornehmlich in Kanzleien hergestellt. Für Briefe und Mandate, d.h. Einzelanweisungen für bestimmte Geschäftsvorgänge, wurden in den Kanzleien besondere Formen entwickelt. Aus ihnen entwickelten sich die Akten, die aus mehreren inhaltlich zusammengehörenden Schriftstücken bestanden und in Archiven gesammelt wurden.[346]

330

Urkundenfälschungen

hemmer-Methode: Vor allem im 10. bis 13. Jahrhundert wurden zahlreiche Urkunden ge- oder verfälscht. So sind z.B. ca. 40% der Urkunden Karls des Großen unecht. Der Nachweis von Fälschungen war im Mittelalter nur schwer möglich, da die Kenntnis der Kanzleigewohnheiten wenig verbreitet war. Wissenschaftliche Methoden zur Beurteilung der Urkunden entwickelten sich aber schon im 17. Jahrhundert, als die Feststellung von Fälschungen im Heiligen Römischen Reich noch staatsrechtliche und besitzgeschichtliche Brisanz hatte. Obwohl zu keiner Zeit an der objektiven Rechtswidrigkeit solcher Manipulationen Zweifel bestehen konnten, fehlte vielen Urkundenfälschern das Unrechtsbewusstsein.
Häufig handelte es sich um geistliche Herren. Vielleicht wollten sie nur eine verlorene Urkunde ersetzen oder ein in unschriftlicher Frühzeit erworbenes Recht urkundlich fixieren. Die bekanntesten Fälschungen mit hochpolitischem Inhalt sind die *Konstantinische Schenkung* aus karolingischer Zeit und das *Privilegium maius* aus dem 14. Jahrhundert.[347]

331

2. Stadtbücher

Entstehung

Stadtbücher sind die seit dem 12. Jahrhundert angelegten allgemeinen Ratsbücher, in denen alles verzeichnet wurde, was für den Rat einer Stadt von Bedeutung war. Auf diese Funktion weisen auch Bezeichnungen wie *Denkelbuch* oder *liber memorialis* hin.

332

---

[343] Zur weiteren Untergliederung s. HRG V (Art. Urkundenlehre), Sp. 587 f.
[344] WILLOWEIT, § 13 II 2, S. 92.
[345] MITTEIS/LIEBERICH, Kap. 35 VI 1, S. 259 f.
[346] KROESCHELL I, S. 154 f.
[347] HRG V (Art. Urkundenfälschung), Sp. 581 f.; KROESCHELL I, S. 168 f.

Mit der Entwicklung der städtischen Selbstverwaltung hatte sich ein städtisches Kanzleiwesen ausgebildet, dessen schriftliche Überlieferung sich seit dem 12. Jahrhundert zunächst in Urkunden-, seit dem 14. Jahrhundert auch in Aktenarchiven niederschlugen. Dabei erkannten die Gemeinwesen schon früh, dass Übersicht und Ordnung der Vorgänge sich am besten in Büchern schaffen ließ. Die Rechtserheblichkeit solcher Geschäftsbücher machte sie zu Amtsbüchern. In kleineren Städten begnügte man sich häufig mit einem Buch, in dem Aufzeichnungen aller Art ungeordnet nebeneinander standen. In größeren Städten und Handelszentren waren es die Erfordernisse der Verwaltung, die zu einer mehr systematischen Aufzeichnung zwangen. Ihre Einführung in praktisch allen Städten und die offensichtliche Unentbehrlichkeit im Stadtleben waren bedingt durch die bequeme Handhabung, die leicht zu erreichende Textsicherung und die ihnen immanente öffentliche Glaubwürdigkeit, die durch Amtsführung und -verwahrung gegeben war.[348]

Klassifizierung

Die außerordentlich verschiedenartigen Stadtbücher lassen sich in mehrere Klassen einteilen. Statutenbücher und Privilegienbücher geben Auskunft über die Rechtsordnung einer Stadt mit ihren Privilegien, Satzungen und Verordnungen. Justizbücher sind alle Aufzeichnungen über die Rechtsprechung der städtischen Gerichte oder Stadträte. Hierhin gehören Gerichts-, Urteils- und Schöffenbücher, ferner Wettebücher, Acht- und Verfestungsbücher mit Aufzeichnungen über die Strafrechtspflege. Eine weitere Klasse sind Bücher über Vorgänge der freiwilligen Gerichtsbarkeit, Schuldverträge, Grundstücks- und erbrechtliche Geschäfte. Hierzu zählen Grundstücks-, Schreins-, Wahrschafts-, Pfand- und Gemachtsbücher. Am Anfang dieser Entwicklung standen die sog. Schreinskarten, mit denen man in Köln seit 1135 Grundstücksverträge beurkundete. Bald ging das Grundbuchwesen von der chronologischen Eintragung des Rechtsgeschäfts zum noch heute praktizierten Realfoliensystem über, d.h. zur Gliederung des Buches nach Grundstücken. Verwaltungsaufzeichnungen aller Art, besonders die Bücher über das Finanzwesen, nahmen seit dem 14. Jahrhundert einen großen Umfang ein. Häufig sind Mischtypen wie z.B. das Stadtbuch von Koblenz, in dem Statuten-, Gerichts- und Verwaltungsbuch vereint sind.[349]

333

3. Rechtsbücher

Rechtsbücher als private Rechtsaufzeichnungen

Um 1200 begann in ganz Europa ein Streben nach schriftlicher Niederlegung des bislang mündlich überlieferten weltlichen Rechts. Die *consuetudo in scriptis redacta* wurde symbolhaft für das Recht dieser Epoche.

334

Für die Entwicklung außerhalb Deutschlands sind beispielhaft das Lehnrechtbuch des Mailänder Konsuls Ubertus de Orto und das um 1190 von Ranulf de Glanville verfasste *De legibus et consuetudinibus regni Angliae*.[350] Rechtsbücher waren private Sammlungen ohne amtlichen Auftrag, die das Gewohnheitsrecht eines bestimmten Gebietes meist in volkstümlicher Sprache aufzeichneten. Sie enthielten aber auch teilweise rechtsschöpferische Gedanken der Verfasser. Am Anfang stand in Deutschland die zugleich bedeutendste Arbeit dieser Art, der *Sachsenspiegel*.

Entstehung des Sachsenspiegels

Verfasser des Sachsenspiegels war Eike von Repgow (ca. 1180 - ca.1235). Eike war kundig, aber kein gelehrter Jurist. Kenntnis des *Corpus iuris civilis* besaß er nicht. Der Sachsenspiegel entstand nicht in einem Wurf.

335

---

[348] HRG IV (Art. Staddtbücher), Sp. 1849 f.
[349] KROESCHELL II, S. 60-62.
[350] Überblick bei SCHLOSSER, S. 13.

Die zunächst lateinische Fassung (1221-1224) übertrug er wahrscheinlich selbst ins Niederdeutsche (1224-1227). Danach überarbeitete und ergänzte Eike den Text noch selbst. Nach seinem Tod schrieben weitere Redakteure am Sachsenspiegel. Ziel Eikes war es, das Recht der Sachsen einem Spiegel gleich wiederzugeben. Quellen des Sachsenspiegels waren in erster Linie Rechtsleben und Gerichtsbrauch der Bistümer Halberstadt und Magdeburg. Dadurch ergibt sich vielfach eine Beschränkung auf ostfälisches Recht. Andere Rechtsquellen spielten nur eine geringe Rolle. Unmittelbar benutzt ist z.B. die *Confoederatio cum principibus ecclesiasticis* Friedrichs II. von 1220.[351]

Inhalt des Sachsenspiegels

Der Sachsenspiegel besteht aus zwei Büchern, Landrecht und Lehnrecht. Spezielles Dienst-, Hof- und Stadtrecht enthält er nicht. Grund dafür ist wohl, dass man in den Ordnungen des Land- und Lehnrechts gleichzeitig leben konnte und sich der Kreis derer, die dem Land- und Lehnrecht zugehörten, seit dem Aufstieg der Ministerialen weitgehend deckte. In assoziativ, nicht systematisch geordneten, anschaulich-konkret verfassten Rechtssätzen behandelt er Themen wie Eigen und Erbe, eheliches Güterrecht und Nachbarrecht. Eine große Rolle spielt das Strafrecht, der Landfrieden mit Erscheinungsformen der peinlichen Strafe und das Gerichtsverfahren. Im Landrecht finden sich auch Aussagen zur Reichsverfassung. Dabei erweist sich Eike bei den zeitgenössischen Konfliktfragen im Verhältnis von Kaiser, Papst und Landesherren als reichsfreundlich.[352]

336

andere Landrechtsbücher

Der Sachsenspiegel bildete den Ausgangspunkt für eine Reihe anderer Landrechtsbücher, z.B. den holländischen Sachsenspiegel und den livländischen Rechtsspiegel. Ein in Süd- und Westdeutschland sehr verbreitetes Rechtsbuch war das um 1276 in Augsburg entstandene sog. *Kaiserrecht*. In Anlehnung an den Sachsenspiegel wurde es später auch *Schwabenspiegel* genannt. Der unbekannte Verfasser, möglicherweise ein Franziskanermönch, stützte sich neben dem Sachsenspiegel auf bayerisches Volksrecht, fränkische Kapitularien, Landfriedensrecht, ferner legistische und kanonistische Quellen, außerdem auf geistliche Schriften. Im Unterschied zum Sachsenspiegel war der Schwabenspiegel kurienfreundlich, was z.B. in der von ihm vertretenen kurialen Version der Zweischwerterlehre zum Ausdruck kommt. Der *Frankenspiegel*, auch *Kleines Kaiserrecht* genannt, entstand zur Zeit Ludwigs des Bayern (1314-1347) im fränkischen Hessen und strebte die Darstellung eines allumfassenden Kaiserrechts an. Als einziges der Rechtsbücher brachte es ausführliche Regelungen des Hof-, Dienst- und Stadtrechts.[353]

337

Stadtrechtsbücher

Seit dem 12. Jahrhundert wurden auch vermehrt die Stadtrechte aufgezeichnet. Häufig wurde die Aufzeichnung vom Stadtrat beschlossen, so z.B. in Lübeck (seit 1226), Braunschweig (sog. *Ottonisches Stadtrecht*, 1227), Hildesheim (1249), Hamburg (*Ordelbok* des Jordan von Boitzenburg, 1270). Neben diesen amtlichen Niederschriften entstanden auch private Arbeiten nach dem Vorbild der Landrechtsbücher. Nur diese sind im eigentlichen Sinn Stadtrechtsbücher. Manche Privatarbeit genoss so große Autorität, dass ihr schnell amtliche Geltung zukam. Häufig waren die Autoren auch Stadtschreiber oder Schöffen. Insofern kommt der Differenzierung zwischen amtlicher und privater Arbeit keine große Bedeutung zu.[354] Grund für die Aufzeichnung war wohl vor allem die komplizierte Rechtsstruktur, die niemand mehr im Kopf behalten konnte. Die Niederschrift des eigenen Rechts wurde auch häufig durch Bitten anderer Städte veranlasst, das eigene Recht mitzuteilen.

338

---

[351] HRG IV (Art. Sachsenspiegel), Sp. 1234.

[352] HRG IV (Art. Sachsenspiegel), Sp. 1235.

[353] HRG IV (Art. Schwabenspiegel), Sp. 1548-1550; (Art. Rechtsbücher), Sp. 279.

[354] HRG IV (Art. Stadtrechtsbücher), Sp. 1874.

§ 8 REICHSREFORM UND KONFESSIONSKONFLIKT

Lernübersicht:

I. Reformreichstag 1495

Reformdiskussion während des gesamten 15. Jahrhunderts

Das Reich war im 15. Jahrhundert geprägt von Krisensymptomen und - korrespondierend dazu - einer anhaltenden Reformdiskussion. Sie setzte nach dem Konzil von Konstanz (1414-1418) ein. Hier war es dem Kaiser noch einmal gelungen, die katholische Kirche zu befrieden und das jahrzehntelange Schisma zu beenden. Daraus leitete sich auch ein Reformimpuls für das Reich ab. Dabei war der Reformgedanke in seinem ursprünglichen Sinn der Wiederherstellung der richtigen Ordnung zu verstehen. Die Ursache der Reformbewegung lag in der Diskrepanz zwischen Machtanspruch des Kaisers und der politischen Wirklichkeit im Reich. Die Beziehungen zwischen Reichsständen und Reichsoberhaupt bedurften einer Neubestimmung.[355] Zudem brachten Hungersnöte, Flucht der Landbevölkerung in die Städte, soziale Diskrepanzen in den Städten, fehlendes Geld in den öffentlichen Kassen, erste Zweifel der einfachen Bevölkerung an der Kirche, Gerechtigkeitsfragen, kriegerische Auseinandersetzungen mit den Türken und die Fehde Handlungsbedarf mit sich.

339

König Sigismund erklärte 1411, dass er gerechte Reformen anstrebe (deshalb auch *reformatio sigismundi* genannt). Auch das Konzil von Basel (1431-1437) brachte Reformpläne hervor. Dabei trat auch Nikolaus von Kues auf und brachte seine Reformpläne vor (1433). Auf den Reichstagen von Nürnberg (1438) und Frankfurt (1442) konnten aber keine Ergebnisse erzielt werden. Eingehend verhandelt wurde auf den Reichstagen von Nürnberg in den Jahren 1466 und 1467, durchschlagende Erfolge konnten aber wegen der Zurückhaltung Kaiser Friedrichs III. (1439-1493) nicht erzielt werden. Geprägt wurde die weitere Reichsreform von König Maximilian I. (später Kaiser Maximilian I., 1493-1519) und dem Mainzer Erzbischof Berthold Henneberg. Ihren ruhmreichen Höhepunkt fand die Reichsreform im Jahre 1495 mit dem Wormser Ewigen Landfrieden.

Wormser Reichstag 1495

Der Reichstag 1495 in Worms wurde auf Initiative des Mainzer Erzbischofs Berthold von Henneberg zu einem systematischen Reformversuch der Reichsstände genutzt. Die Reform hatte mehrere Elemente. Zum einen sollte eine funktionierende Friedensordnung geschaffen werden. Dazu dienten der *Ewige Landfrieden* und die Errichtung des Reichskammergerichts.

---

[355] Vgl. Sie zur Entwicklung der Reformdiskussion LAUFS, Die Reichsreform, JuS 1966, S. 45-47; HRG IV (Art. Reichsreform) Sp. 732 ff.

Zum anderen wurde die ständische Beteiligung an der Reichsregierung durch Schaffung eines Reichsregiments und der Institutionalisierung des Reichstages auf eine neue Grundlage gestellt. Drittens wurde ansatzweise versucht, eine Reichsverwaltung und -finanzierung aufzubauen. Der Reformprozess war mit den Wormser Beschlüssen jedoch keineswegs abgeschlossen. So dauerte es noch Jahrzehnte, bis der Landfrieden durchgesetzt war und die neue Gerichtsbarkeit in Gang kam.

hemmer-Methode: Aufgrund seiner weitreichenden Reformen zählt auch der Wormser Ewige Landfriede nach h.M. zu den Reichsgrundgesetzen. Andere Stimmen zählen nur die Goldene Bulle, den Augsburger Religionsfrieden und den Westfälischen Frieden dazu.

1. Einungen und Bünde als Verfassungsalternative

bündische Organisation

Die seit Mitte des 13. Jahrhunderts zu beobachtenden Einungen, Eidgenossenschaften und Städtebünde nahmen insbesondere im Bereich der von der Krone meist vernachlässigten Friedenssicherung durch ihre internen Schiedsgerichte und ihren militärischen Apparat substitutiv wesentliche staatliche Aufgaben wahr. Sie begründeten häufig ein kohärentes System, welches dem des Reiches überlegen war. Fürsten und Städte, sogar der König, bedienten sich der Einung, um Frieden unter den Schwurgenossen und den allgemeinen Landfrieden zu sichern. Die eidliche Verpflichtung auf eine gemeinsam entworfene Ordnung und der zugleich beschworene Gehorsam gegenüber den Bundesorganen erwiesen sich als eine besonders effiziente Form der Bindung. Die Attraktivität dieser Einungen auch im verfassungspolitischen Leben des Reiches war daneben vor allem in der Flexibilität begründet, mit der ordnungspolitische Pflichten geschaffen werden konnten, die der alten Ordnung, z.B. den lehnrechtlichen Beziehungen zum König, nicht zu entnehmen waren.[356]

Rheinischer und Schwäbischer Bund

Eine der bedeutendsten Einungen war der *Rheinische Bund*. Es handelte sich dabei um einen 1254 gegründeten Städtebund, der sich von Zürich bis Bremen erstreckte. Die innere Organisation des Rheinischen Bundes enthielt schon die beiden Elemente, die für Gebilde dieser Art bis ins 16. Jahrhundert typisch blieben. Es wurden ein Schiedsgericht für Streitigkeiten zwischen den Bundesgliedern geschaffen und Vorkehrungen für einen militärischen Apparat, der im Fall des Friedensbruchs möglichst schnell eingesetzt werden konnte. 1488 trat auf Betreiben des Kaisers der *Schwäbische Bund* ins Leben. Er fasste für ein halbes Jahrhundert die politischen Kräfte der königsnahen Landschaften in Franken und Schwaben zusammen. Erst in den Spannungen der Reformationszeit kam eine Einigung über die Verlängerung des bis 1534 befristeten Bündnisvertrages nicht mehr zustande.[357]

hemmer-Methode: Einen solchen Bund stellte auch die *schweizerische Eidgenossenschaft* der Kantone Uri, Schwyz und Unterwalden von 1291 dar. Das Ziel, in der Region eine sichere rechtliche Ordnung zu schaffen, bildete die Grundlage für die schweizerische Staatsbildung. Begünstigt wurde dies aber durch die Randlage im Reich und die anhaltenden militärischen Erfolge.

Reichsbundprojekt 1547

Auch im Rahmen der Reichsreformbestrebungen wurden Projekte erörtert, die auf eine Reorganisation des Reiches durch Bündnisse hinausliefen. Nach dem Zusammenbruch des Schmalkaldischen Bundes 1546, versuchte Karl V. die Reichsverfassung durch ein Bündnis zu stabilisieren.

340

341

342

---

[356] WILLOWEIT, § 16 I 1, S. 119.
[357] WILLOWEIT, § 16 I 2, S. 120 f.

1547/48 fanden unter großer Beteiligung der Reichsstände und der Ritterschaft Verhandlungen über ein *Reichsbundprojekt* statt. Der Kaiser wollte einen Gerichts- und Exekutionsapparat schaffen, der die bestehenden Institutionen des Reiches, wohl auch den Reichstag selbst entwertet hätte. Die Pläne scheiterten am Widerstand der Fürsten, die ihre reichsständische Libertät gefährdet sahen.

2. Die Institutionalisierung des Reichstages

kaiserlicher Hof als Zentrum des Reiches

Symptomatisch und ein Reflex der defizitären Administrative, Rechtsprechung und Friedenssicherung der Zentralgewalt ist die größere Bedeutung, die seit dem 14. Jahrhundert die „Reichstage" als eigentliches Zentrum der Reichspolitik gewannen. Der kaiserliche Hof blieb im Spätmittelalter unangefochten verfassungspolitisches Zentrum des Reiches. Das Reich kannte noch keine autonomen Institutionen. Selbst der um einen Kern höfischer Amtsträger gruppierte königliche Rat war bis ins 15. Jahrhundert hinein in seiner Zusammensetzung von großer Beliebigkeit geprägt. Dennoch funktionierte dieses Hofsystem im Sinne eines politischen Systems einigermaßen zulänglich. Dies vor allem deswegen, weil das Bezugssystem zwischen Kaiser und Ständen personal strukturiert war. Die Regeln des verfassungspolitischen Zusammenwirkens von Kaiser, Kurfürsten und Fürsten waren nicht juristisch fixiert, sondern in weitem Maß von der Person des jeweiligen Königs abhängig. Grundlage dieses Herrschaftssystems war eine erhebliche Mobilität des Hofes, der den Kontakt mit seiner Klientel, aber auch mit der kurfürstlichen Opposition suchte. Dies geschah auf Hoftagen, auf denen die Gruppe der Reichsfürsten zwar immer nur höchst ungleichmäßig und keineswegs repräsentativ vertreten war, die aber die Königsherrschaft augenfällig machte. Es erschienen vorrangig die Kurfürsten, ferner die Herrschaftsträger aus königsnahen Regionen, die dem Herrscher persönlich verpflichteten Dynasten und schließlich die größeren Städte.

343

Institutionalisierung bis zum Reichstag 1495

Erst als die Mobilität des Hofes und damit die Präsenz des Königs schwand, geriet diese Balance zwischen Kaiser und Reich in die Krise. Die Abwesenheit führte zu Desintegration und Verkümmerung der informellen Beziehungen. Die Fürsten gingen zunehmend zu der Praxis der königlosen Tage über (zuerst 1394), die Hoftage verloren den Charakter von Gefolgschaftstreffen. Die Auflösung der Hofgemeinschaft von König und Fürsten führte zur Potenzierung ihres Dualismus und zur Verfestigung des neuen politischen Instruments des Reichstages. Die Einberufung dieser Reichsversammlungen blieb zwar Sache des Königs, aber es geschah nun immer öfter, dass die Reichsstände vom König die Abhaltung eines Reichstages geradezu forderten, die Initiative also an sich rissen. Es kam auf diesen immer häufiger werdenden Reichstagen zu ersten ständigen Zusammenschlüssen aufgrund einer fürstlichen Reformbewegung, die auf eine Partizipation der Reichsstände an den königlichen Herrschaftsbefugnissen abzielte. Die Reformphase am Ende des 15. Jahrhunderts verfestigte den Reichstag als das ständische Element der Reichsverfassung. Aus den auch im Spätmittelalter immer noch recht formlosen und willkürlich zusammengesetzten Hoftagen wurde eine Institution mit einem bestimmten, mehr oder weniger festumrissenen Teilnehmerkreis mit verfestigten Verhandlungs- und Beratungstechniken und einer abgegrenzten Verhandlungsmaterie.[358]

344

---

[358] HRG IV (Art. Reichstag, ältere Zeit), Sp. 782-785.

Reichsregiment

Die Etablierung einer ständisch getragenen Regierung, wie sie seit 1495 diskutiert wurde, scheiterte jedoch. Die Reichsfürsten erreichten auf dem Augsburger Reichstag 1500 die Errichtung eines von den Ständen getragenen *Reichsregiments*, das als permanent tagendes Regierungsorgan anstelle des Reichstags die politische Präsenz der fürstlichen Politik auf Reichsebene sicherstellen sollte. Die Idee erwies sich jedoch als wirklichkeitsfremd. Ein reichsständischer Zentralismus widersprach den territorialen Sonderinteressen der Fürsten. 1502 wurde das Reichsregiment wieder abgeschafft. Auf dem Wormser Reichstag 1521 gestand Karl V. den Ständen ein weiteres Mal ein Reichsregiment zu. Für die Zeit der Abwesenheit des Kaisers vom Reich sollte dieses an die Stelle des zuvor geplanten jährlichen Reichstages treten. Aber auch diesmal entfaltete das Gremium nur kurz Wirksamkeit, versank ab 1524 in Bedeutungslosigkeit und wurde nach der Wahl Ferdinands I. zum römischen König 1530 aufgelöst.[359]

345

Reichsgesetzgebung

Durch die Institutionalisierung des Zusammenwirkens von Kaiser und Ständen wurde ein Gesetzgebungsschub in der ersten Hälfte des 16. Jahrhunderts bewirkt. Den Anfang machten die Gesetze, die noch in Zusammenhang mit der Reichsreform standen. Die beiden wichtigsten darüber hinausgehenden Gesetzgebungswerke waren die *Reichspolizeiordnung* von 1530 (verbessert 1548 und 1576) und die *Peinliche Halsgerichtsordnung Karls V.* von 1532. Beide Gesetze waren allerdings durch salvatorische Klauseln mit nur subsidiärer Geltung ausgestattet. Vorrang hatte das jeweils geltende territoriale oder städtische Recht.[360]

346

3. Kaiserliche und Reichsgerichtsbarkeit

Hofgericht und Kammergericht

Der Kaiser galt als oberster Gerichtsherr im Reich. Seine Gerichtsbarkeit war auch im Spätmittelalter noch immer streng an den kaiserlichen Hof gebunden. Nur, wo der Kaiser und sein Hof sich gerade aufhielten, konnte auch Gericht gehalten werden. Dieses kaiserliche Hofgericht verfügte zwar im Spätmittelalter über eine eigene Gerichtskanzlei, erlangte aber nie eine von der Person des Kaisers gelöste institutionelle Eigenständigkeit.[361] Der Kaiser nahm seit der Stauferzeit, wohl unter dem Einfluss römisch-rechtlicher Vorstellungen, auch eine persönliche Jurisdiktionsgewalt in Anspruch, die es ihm gestattete, über Klagen durch persönlichen Richterspruch oder durch delegierte Richter oder Kommissare ohne Bindung an das förmliche Prozessverfahren zu entscheiden. Diese persönliche Gerichtsbarkeit wurde zur Zeit Kaiser Sigismunds (1410-1437) in der Form des Kammergerichts institutionalisiert, das unter dem Vorsitz des Kaisers oder eines von ihm ernannten Kammerrichters mit den kaiserlichen Räten als Beisitzern tagte. Das Kammergericht entwickelte sich bald zur beherrschenden Gerichtsinstanz für alle möglichen Klagen ohne feste Abgrenzung der Zuständigkeit, mit Ausnahme der Fürstensachen, und ließ dabei dem traditionellen Hofgericht immer weniger Raum, bis dieses ab 1451 völlig verschwand.[362]

347

Austräge und Fehdeunwesen

Die kaiserliche Gerichtsbarkeit wies aber erhebliche Mängel auf. Da es nicht gelungen war, eine allgemeine Reichsverwaltung mit weisungsgebundenen Amtsträgern aufzubauen, verfügte der Kaiser nicht über die Möglichkeit einer eigenen wirksamen Reichsexekution, so dass man zur Durchsetzung von Urteilen und Achtsprüchen auf den guten Willen der hiermit beauftragten Territorialgewalten angewiesen war.

348

---

[359] WILLOWEIT, § 15 II, S. 113.
[360] HRG IV (Art. Reichsgesetzgebung), Sp. 587-589.
[361] SCHROEDER, Das Reichskammergericht, JuS 1978, S. 368.
[362] WILLOWEIT, § 12 II 2, S. 86.

Dazu kam, dass in der Praxis, bedingt durch zahlreiche Standes- und Gerichtsprivilegien, mitunter ein schwer durchschaubares Gewirr von Zuständigkeitsansprüchen anderer Gerichte mit der königlichen Gerichtsbarkeit konkurrierte. Deshalb zogen es die Parteien zunächst oft vor, ihre Streitigkeiten im Wege schiedsgerichtlicher Verfahren oder Vergleiche (*Austräge*) entscheiden zu lassen und erst dann die kaiserliche Gerichtsbarkeit anzurufen, wenn diese Bemühungen gescheitert waren. Vor allem aber die Reichsfürsten und kleinere adelige Herrschaftsträger akzeptierten die neuartige kaiserliche Gerichtsbarkeit nicht. Da diese mehr und mehr mit gelehrten Juristen besetzt war, mochten sie sich ihr nicht unterwerfen. Für sie war nur ein Urteil akzeptabel, das wie herkömmlich auf Hoftagen unter Vorsitz des Königs von Standesgenossen gefällt wurde. Ein Umstand adeliger, bei großen Anlässen fürstlicher Personen, aus welchem das Urteil zu erfragen war, trat nur noch selten zusammen. Folge war, dass der Kaiser seiner Befriedungsfunktion nicht mehr nachkam und Auseinandersetzungen unter Adeligen meist im Wege der Fehde ausgetragen wurden. Dementsprechend wurde das Reich in dieser Zeit von erbitterten Fehden, welche die Form von Regionalkriegen annahmen, erschüttert. Die Forderung nach Reform zielte deshalb vor allem auf eine wirksame Durchsetzung des Landfriedens.[363]

Reichskammergericht und Reichshofrat

1495 wurde dafür die Schaffung des Reichskammergerichts beschlossen. Die Stände hatten maßgeblichen Einfluss auf das neue Gericht. Es war zu besetzen mit einem Kammerrichter, der geistlicher oder weltlicher Fürst, Graf oder Freiherr sein musste, und mit sechzehn Urteilern, die zur einen Hälfte graduierte Juristen, zur anderen wenigstens ritterbürtig sein sollten. Die Urteiler sollte der König mit Rat der Reichsversammlung auswählen. Das Gericht wurde vom Hof getrennt, saß ab 1527 auf Dauer (bis 1688) in Speyer, ab 1693 in Wetzlar. Acht und Banngewalt gingen auf den Kammerrichter über. Die Schaffung des Reichskammergerichts hatte Rechtssicherheit zum Ziel, mit Begründung des Zentralgerichts wurde gleichzeitig der *Ewige Landfrieden* verkündet. Er beinhaltete ein absolutes Fehdeverbot für jeden einzelnen Reichseinwohner und für jeden Reichsstand. Der an Stelle der Fehde vorgesehene Appell an die ordentlichen Gerichte oder unter Umständen an das Reichskammergericht intendierte zumindest das Reich zu einer wirklichen Friedens- und Rechtsgemeinschaft weiterzuentwickeln. Alle waren mit der Durchsetzung ihrer Ansprüche ausschließlich auf den Rechtsweg verwiesen. Das Reichskammergericht war erstinstanzlich zuständig für Reichsstände und bei Rechtsverweigerung, sonst für Appellationen.[364] Das neue Gericht musste sich erst gegen eine Fülle alter Institutionen und Praktiken durchsetzen. Einerseits gab es noch die Relikte kaiserlicher Landgerichte in Franken und Schwaben, andererseits gab es ein breites Spektrum von gewillkürten oder gesetzlichen Austrägalgerichten, die als Schiedsgerichte erstinstanzlich bei inneradeligen Konflikten tätig wurden. Zudem installierte Maximilian I. in Konkurrenz zum Reichskammergericht ein eigenes permanentes Gericht. Der König dachte nicht daran, auf seine persönliche Gerichtsbarkeit zu verzichten und reorganisierte 1498 seinen Hofrat, der neben dem Reichskammergericht als *Reichshofrat* bald zunehmende Bedeutung gewinnen sollte.

349

Reichskreise

Aufgabe: Vollstreckung

Zur Durchsetzung des vom Reichskammergericht vermittelten Landfriedens dienten die in der Folgezeit eingeführten Reichskreise. 1500 eingerichtet als Wahlbezirke für das Reichsregiment, wurde ihnen endgültig durch die Exekutionsordnung von 1555 die Wahrung des Landfriedens und die Vollstreckung der Urteile des Reichskammergerichts gegen Reichsstände übertragen.

350

---

[363] WILLOWEIT, § 15 I 2, S. 109.
[364] SCHROEDER, JuS 1978, S. 370 f.

Die ursprünglich sechs, später zehn Reichskreise entfalteten besonders dort Wirkung, wo es keine großen Territorien gab, z.B. die Kreise Franken, Schwaben und Oberrhein. Hier konnte es auch zu gemeinschaftlichen Maßnahmen und Kreisassoziationen kommen sowie zu einer stärkeren Anlehnung der Kreise an das Reich. Nach
dem Westfälischen Frieden dienten die Kreise auch als Forum zur
Reorganisation der Reichsverteidigung.[365]

4. Wehrverfassung und Reichssteuern

äußere Bedrohung

Die Hussitenkriege, die Türkengefahr seit Mitte des 15. Jahrhunderts   **351**
und die Kriege des habsburgischen Kaisers gegen europäische
Mächte im Westen und Osten im letzten Drittel des Jahrhunderts
schufen permanente Gefährdungslagen, die eine andauernde militärische und finanzielle Anspannung mit sich brachten. Die veränderte
Kampfesweise im Spätmittelalter, die eine zunehmende Aufwertung
von Fußtruppen auf Kosten der Panzerreiter mit sich brachte, führte
dazu, dass das ritterliche Lehnsaufgebot die Wehrkraft des Reiches
immer unvollkommener repräsentierte, so dass sich das Königtum
zunehmend genötigt sah, auch auf andere, mit der Krone nicht lehnrechtlich verbundene Reichsangehörige zurückzugreifen. Neben den
Reichsdienstmannen, die allerdings zu Beginn des Spätmittelalters
bereits den Status normaler Vasallen angenommen hatten, waren
dies vor allem die Reichsstädte, die nun ebenfalls verpflichtet wurden, sich an den Reichsheerfahrten mit Truppenkontingenten oder
finanziellen Leistungen zu beteiligen. Dennoch zeigten spätestens
die verheerenden Niederlagen in den Hussitenkriegen, dass das
Reichsheer seine militärischen Aufgaben immer weniger erfüllen
konnte. So wurde im 15. Jahrhundert auch der Ruf zu einer Reform
der Reichswehrverfassung laut.

innere Befriedung

Neben der äußeren Gefährdung waren für die Finanzpolitik und den   **352**
Gedanken einer allgemeinen Steuer die im Reich nicht erreichte,
aber dringend gebotene Befriedung und die Sicherung des Reichsfriedens durch eine verstärkte Institutionalisierung der Reichsverfassung maßgebend. Kaiser und Reich sahen sich ständig rückläufigen
ordentlichen Einkünften aus Reichsgut und geldwerten Hoheitsrechten gegenüber. Demgegenüber versagte die überkommene, auf der
Vergabe von Reichslehen und den persönlichen Bindungen zwischen Reichsoberhaupt und Reichsangehörigen beruhende Herrschaftsform des Reiches. Reichsdienste mussten durch Bündnisse
vereinbart, durch Verpfändungen und Geldzahlungen abgegolten
werden.[366] Man war sich darüber im klaren, dass die zu reformieren-
den oder neu zu errichtenden Institutionen, die kontinuierlich tätig
sein sollten, zumindest während einer längeren Anlaufphase durch
Steuern subventioniert werden mussten. Die notwendigen Mittel
mussten durch die Reichsstände aufgebracht werden, da der Kaiser
diesen institutionellen Bereich der Reichsregierung nicht aus Mitteln
seiner Erblande finanzieren würde und man dies von ihm auch nicht
verlangen konnte.

Reichsmatrikel

Ein Reformimpuls ging von der Normierung der Gestellungspflichten   **353**
der einzelnen Reichsstände nach ihrer Leistungsfähigkeit in Reichs-
anschlägen (*Reichsmatrikel*) aus. Für größere Kriege, zumindest
wenn sie defensiv ausgerichtet waren, galt eine prinzipiell kaum be-
strittene Verpflichtung der Reichsstände zur Reichshilfe. Im Zuge
der Bekämpfung der Hussiten mussten sich Kurfürsten, Fürsten und
Reichsstädte auf einen Schlüssel einigen, nach welchem die Kriegs-
lasten zu tragen waren.

---

[365] CONRAD II, S. 102 f.
[366] ISENMANN, Reichsfinanzen und Reichssteuern im 15. Jahrhundert, ZHF 7 (1980), S. 11.

So entwarf man 1422 ein *matricula* genanntes Register, in welchem die zur Reichshilfe verpflichteten Herrschaftsträger und die von ihnen zu stellenden Truppen festgehalten wurden. Matrikularanschläge wurden daraufhin in unregelmäßigen Abständen veranstaltet. Die Matrikularumlage regulierte das vasallitische Aufgebot, indem sie das Reichsheer nach dem militärischen Bedarf dimensionierte. Seit 1486 wurden auch Geldmatrikel erhoben. Für die ihnen zugewiesenen Einzelkontingente hafteten die Reichsstände.[367]

Reichswehrsteuer 1427 und 1471/74

354

Außerdem erhoffte man sich Abhilfe von einer allgemeinen und direkten Reichswehrsteuer, mit der dann Söldnertruppen angeworben werden konnten. Daraus entsprangen die Steuerordnungen von 1427 und 1471/74. Die unmittelbar auf das einzelne Steuersubjekt mit einem reichsgesetzlich fixierten Steuersatz bezogene Steuer anstelle der üblichen kontingentierten, nur die Reichsstände und Reichsstädte unmittelbar als Steuerschuldner belangende Matrikularumlage, war ein Novum und deshalb nicht aus dem Reichsherkommen zu begründen. Sie durchbrach im Reich das intermediäre Herrschaftsgefüge und musste so traditionale lehnrechtliche, herrschaftliche und obrigkeitliche Rechtsverhältnisse teilweise außer Kraft setzen. Die allgemeine Steuerpflicht wurde in beiden Steuerordnungen mit dem unmittelbaren Pflichtverhältnis begründet, in dem sich jeder Christenmensch dem Glauben, der Kirche und der Christenheit gegenüber befand und demzufolge er nach seiner Leistungsfähigkeit zu deren Schutz und Rettung beizutragen hatte. Das Steuerprojekt von 1471 scheiterte schließlich am Widerstand einiger Reichsstände und der Reichsstädte, welche die vorgesehene Belastung für zu hoch hielten.[368]

Gemeiner Pfennig und Kammerzieler

355

Auf dem Wormser Reichstag 1495 wurde mit dem *Gemeinen Pfennig* nunmehr eine direkte Steuer beschlossen. Mit ihm sollten die Türkenkriege und das Reichskammergericht finanziert werden. Die Steuer sollte in einem Zeitraum von vier Jahren erhoben werden. Der *Gemeine Pfennig* wurde danach nur noch wenige Male ausgeschrieben. Die Matrikularumlage dagegen verfestigte sich zu einer dauerhaften Institution. Bei ihr setzte sich bald ein Subkollektionsrecht der Reichsstände durch, d.h. sie konnten die steuerliche Belastung teilweise auf ihre Landstände abwälzen. Dadurch verlor der schwer einzutreibende und Unruhe stiftende Gemeine Pfennig stark an Attraktivität.[369] Die Matrikel spaltete sich später auf in die spezielle Form der Romzugsmatrikel mit dem *Römermonat* als Bewilligungseinheit für die militärischen Kontingente und in die einfache Matrikel zum Unterhalt des Kammergerichts. Während die Romzugsmatrikel eine außerordentliche Kriegssteuer blieb, entwickelte sich aus der einfachen Matrikel der *Kammerzieler*, der seit 1548 fortwährend jährlich erhoben wurde. Zugrunde gelegt wurde nunmehr die Reichsmatrikel von 1521, die nicht mehr verändert wurde und damit auch die Reichsstandschaft der erfassten Herrschaften festlegte.[370]

Klärung von Herrschaftsverhältnissen

356

hemmer-Methode: Sowohl *Reichsmatrikel* als auch *Gemeiner Pfennig* führten zu einer Klärung der Herrschaftsverhältnisse auf territorialer Ebene. Da die Herrschaftsverhältnisse in dieser Zeit sehr instabil waren, mussten die Quoten der Matrikel und das Kollektationsrecht beim Gemeinen Pfennig immer wieder neu bestimmt werden, da manche Herrschaften ihre Reichsunmittelbarkeit verloren hatten und einem anderen Territorium eingegliedert worden waren. Aus diesem territorialen Zuordnungssystem entstand allmählich ein neues System von Reichsgliedern.

---

[367] WILLOWEIT, § 15 I 4, S. 111.
[368] ISENMANN, ZHF 7 (1980), S. 155.
[369] ISENMANN, ZHF 7 (1980), S. 212.
[370] ISENMANN, ZHF 7 (1980), S. 195.

II. Die konfessionelle Spaltung des Reiches

1. Reformation und konfessionelle Auseinandersetzung

konfessionelle Spaltung

Seit dem Wormser Reichstag 1521 wirkte der Konfessionskonflikt in die Reichspolitik hinein. Karl V. verhängte im sog. *Wormser Edikt* die Reichsacht gegen Luther. Dies entsprach dem herkömmlichen Verständnis des Kaisertums, dem der Schutz von Kirche und Glauben aufgetragen war. Als in der Folge bedeutende Reichsstände die Exekution der Reichsacht gegen die Lutheraner versagten, wurde offenbar, dass die Idee der universalen Monarchie, die gleichzeitig die höchste Kirchenvogtei ausübte, nicht mehr der Wirklichkeit entsprach. De facto hatte sich schon eine territoriale Kirchenhoheit ausgebildet. Es machten sich erste Anzeichen einer konfessionellen Spaltung im Reich bemerkbar. 1525/26 spalteten sich die Reichsstände in den katholischen *Dessauer Bund* und den protestantischen *Torgauer Bund*. Als klar wurde, dass das Problem nicht einfach durch kaiserlichen Machtspruch gelöst werden konnte, musste der Kaiser 1526 in einem Kompromiss zunächst den Reichsständen überlassen, wie sie mit den Lutheranern umgingen. Bis zu einem Generalkonzil sollte der Vollzug des *Wormser Edikts* in ihr Ermessen gestellt werden. Die Reichsstände setzten der Reformbewegung aber keinen ernsthaften Widerstand entgegen, förderten sie teilweise sogar.

357

protestatio und Confessio Augustana

Als die Reformation so viel Dynamik entfaltet hatte, dass sie in einigen Gegenden den Katholizismus gefährdete, beschloss eine katholische Mehrheit auf dem Speyerer Reichstag 1529, dass katholische Messe und Predigt auch noch in reformierten Regionen Platz haben müsse. Dem setzten die lutherischen Fürsten ihre *protestatio* entgegen, mit der sie auf dem Kompromiss von 1526 beharrten. Damit wurde in die Reichsverfassung eine auf Religion ausgerichtete Auslegung getragen, die einen Kompromiss auf dem Boden dieser Verfassung kaum noch zuließ. Auf dem Augsburger Reichstag 1530 wies Karl V. die von den protestantischen Reichsständen vorgelegte *Confessio Augustana* zurück. Als Gegenschrift verfassten katholische Theologen die *Confutatio*. 1531 wurde Ferdinand zum König gewählt und das Reichsregiment aufgelöst. Dieser Störung der alten Machtbalance setzten die lutherischen Fürsten die Gründung des Schmalkaldischen Bundes entgegen. Vor dem Hintergrund der Türkengefahr musste ihnen der Kaiser im *Nürnberger Anstand* einen ersten befristeten Religionsfrieden gewähren.[371]

358

Religionsprozesse vor dem Reichskammergericht

In der Folgezeit instrumentalisierte die kaiserliche Politik mehr und mehr die Religionsprozesse vor dem Reichskammergericht, das über die Klagen um die Säkularisierung von Kirchengütern verhandelte. Das Reichskammergericht mit seinen katholischen Assessoren war auf die Wahrung des altkirchlichen Besitzstandes fixiert. Der Landfrieden, den das Reichskammergericht vermittelte, war nicht mehr der Frieden aller Reichsangehörigen. Gerade in diesen Religionsprozessen wurden der unlösbare Konflikt der beiden Konfessionen und der Bruch der einheitlichen Rechtsordnung im Reich deutlich. Die Idee der Einheit von Kirche und Reich wirkte auch noch in der konfessionellen Auseinandersetzung weiter. Beide Kirchen erhoben den Identitätsanspruch mit der wahren Kirche. Während die katholischen Reichsstände die überkommene Ordnung als göttliche Ordnung verteidigten, sahen die Protestanten in der geltenden Kirchenordnung einen Bruch der göttlichen Ordnung.

359

---

[371] WILLOWEIT, § 15 II 2, S. 116.

So stellte sich die Reformation als rechtmäßiger Widerstand gegen die pervertierte Ordnung dar. Natürlich wollten die protestantischen Reichsstände auch das Kirchengut dem wahren evangelischen Glauben zuführen. Juristisch waren diese Konflikte deshalb nicht zu lösen.[372]

2. Der Augsburger Religionsfrieden

Augsburger Interim,
Passauer Vertrag und
Augsburger Religionsfrieden

1546 zog Karl V. gegen den Schmalkaldischen Bund in den Krieg, um die Reichsacht zu exekutieren. Nach dem siegreichen Abschluss dieses Feldzuges schuf er im *Augsburger Interim* von 1548 eine eigene Religionsordnung, nach welcher den Protestanten Priesterehe und Laienkelch gestattet, im Übrigen aber die katholische Tradition für verbindlich erklärt wurde. Dadurch sollte die kaiserliche Kirchenherrschaft erhalten bleiben. Diese Lösung stieß aber auf beiden Seiten auf Ablehnung. Nach nochmaligen kriegerischen Auseinandersetzungen, bei denen die katholischen Fürsten neutral blieben, wurde zwischen Kaiser und den sog. Kriegsfürsten 1552 der Passauer Vertrag geschlossen, der in den Augsburger Religionsfrieden 1555 mündete. Die Friedensregelung des Passauer Vertrages und des Augsburger Reichsabschieds sollte in der Vorstellung der beiden Parteien eine vorläufige sein. Vor allem im Passauer Vertrag stand noch ein Ausgleich der Religionen im Raum oder wurde zumindest für möglich gehalten. Die Friedensregelung sollte nur bis zu diesem Ausgleich gelten. Dabei rechneten die Protestanten mit der allgemeinen Durchsetzung ihres Bekenntnisses. Mit dem Friedensschluss verfolgten beide Parteien ganz unterschiedliche Ziele, die einen evangelische Freiheit für alle, die anderen Eindämmung der Ketzerei. Den erreichten Frieden konnten die Katholiken als Duldung der Protestanten neben der Reichskirche verstehen, die Protestanten aber als reichsrechtliche Anerkennung ihres Kirchenwesens. Eine Gleichheit der Konfessionen wünschten beide Parteien nicht. Erst als sich in den kommenden Jahrzehnten zeigte, dass ein größeres Maß an Einigkeit nicht mehr zu erzielen war, gewann der Augsburger Religionsfrieden den Charakter eines Reichsgrundgesetzes.

360

Anerkennung des Status quo und
Ius reformandi

Der Augsburger Religionsfrieden unterstellte Religionsausübung und Kirchengüter dem Landfriedensschutz. Die Friedenssicherung ging der Wahrheitsfrage vor. Als Konsequenz aus dieser Regelung trat Karl V. nach dem Augsburger Reichsabschied zugunsten seines Bruders Ferdinand zurück. Er wollte eine solche Regelung, die das universale christliche Kaisertum ad acta legte, nicht mittragen. Der Religionsfrieden erstreckte sich nur auf Lutheraner und Katholiken, nicht aber auf Calvinisten. Alle Reichsstände genossen ein Wahlrecht zwischen beiden Konfessionen. Damit wurde ihnen stillschweigend das Recht zugebilligt, die Religion ihrer Untertanen zu bestimmen, das sog. *Ius reformandi*. Das dazugehörige Schlagwort *Cuius regio, eius religio* wurde erst im 17. Jahrhundert geprägt. Den Untertanen wurde jedoch das Emigrationsrecht zugestanden. Keine fremde Obrigkeit sollte sie zu ihrer Religion dringen. Nach Verkauf von Hab und Gut sollten sie das Territorium verlassen können. Zwar war diese Regelung für ihre Zeit ungewöhnlich freiheitlich, die meisten nahmen aber eher den Religionswechsel als die Auswanderung in Kauf.[373]

361

geistlicher Vorbehalt und
Declaratio Ferdinandea

Das *Ius reformandi* galt jedoch nicht für geistliche Ämter. Nach dem sog. geistlichen Vorbehalt (*reservatum ecclesiasticum*) hatten die Inhaber geistlicher Ämter diese aufzugeben, wenn sie zum Luthertum überwechselten. Die Inhaber des Stellenbesetzungsrechts waren dann befugt, einen altgläubigen Nachfolger zu wählen.

362

---

[372] Heckel, Die Religionsprozesse des Reichskammergerichts im konfessionell gespaltenen Reichskirchenrecht, ZRG.KA 77 (1991), S. 308 f.
[373] Willoweit, § 19 II 1, S. 140 f.

Die Behandlung der Reichskirche war eine eminent politische Frage, da mit einer Reformation der geistlichen Territorien nicht zuletzt wegen der geistlichen Kurwürden sich der Charakter des Reiches verändert hätte. Der geistliche Vorbehalt hatte zum Ziel, die Katholizität der Reichskirche zu erhalten. Wollte ein Bischof konvertieren, half die Landfriedensregelung den Katholiken nicht weiter, da der freie Konfessionswechsel keinen Rechtsbruch darstellte. Als maßgeblichen Zeitpunkt wurde der Abschluss des Passauer Vertrages 1552 bestimmt. Soweit die Einziehung von Kirchengütern bis dahin vollzogen war, sollte sie bestehen bleiben. Als Zugeständnis versprach Ferdinand heimlich in der *Declaratio Ferdinandea*, dass das Augsburger Bekenntnis landsässiger Ritter und Städte in den geistlichen Territorien, die durch den geistlichen Vorbehalt auf das katholische Bekenntnis festgelegt waren, Schutz genießen sollte.[374]

hemmer-Methode: Aufgrund seiner enormen Bedeutung zählt auch der Augsburger Religionsfriede zu den Reichsgrundgesetzen.

3. Politik unter dem Religionsfrieden

Gegenreformation und Zweite Reformation

In den ersten Jahren nach dem Augsburger Religionsfrieden waren sowohl Kaiser als auch Reichsstände um Mäßigung des Konfessionsgegensatzes bemüht. Seit den Siebziger Jahren änderte sich das Klima allerdings. Die katholische Kirche hatte sich im *Konzil von Trient* (1545-1563) reorganisiert und zur Gegenreformation gerüstet. Die katholischen Landesherren machten nunmehr zunehmend entschlossen von ihrem Reformationsrecht Gebrauch. Darüber brach Streit über die Wirksamkeit der *Declaratio Ferdinandea* aus. Gleichzeitig traten einige Reichsstände, so der Kurfürst von der Pfalz, in einer sog. *Zweiten Reformation* zum Calvinismus über. Die Gegensätze zwischen dem neuen Katholizismus und dem Calvinismus waren kaum überbrückbar. Auch der geistliche Vorbehalt barg Konfliktstoff. Zahlreiche nord- und mitteldeutsche Bistümer erhielten bei fälligen Neuwahlen lutherische Bistumsadministratoren. 1583 konnten die Katholiken im sog. *Kölner Krieg* das Kurfürstentum Köln gegen den heiratswilligen Kurfürsten verteidigen. | 363

Streitpunkt landsässige Kirchengüter

Bei der Auslegung des Religionsfriedens war von Anfang an strittig, inwieweit auch landsässiges Kirchengut dem Ius reformandi entzogen war. Nach katholischer Auffassung hatten die Protestanten durch die Festlegung auf den Rechtszustand von 1552 das noch bestehende katholische Kirchengut in ihren Territorien weiterhin den Katholiken überlassen. Nach protestantischer Auffassung widersprach diese Auslegung aber dem allgemeinen *Ius reformandi*. Es erschien sinnwidrig, das ganze Land legal das evangelische Bekenntnis annehmen zu lassen, aber das funktionslos gewordene Kirchengut nicht anzutasten. Hier kollidierten Landfrieden und obrigkeitliches Kirchenregiment.[375] Ein anderer Konfliktpunkt ergab sich aus den unklaren Herrschaftsverhältnissen im Reich. In den vielen Orten, in denen sich Herrschaftsrechte verschiedener Qualität überlappten, war strittig, wem das *Ius reformandi* zustand. | 364

Scheitern des Reichskammergerichts

Prozesse um den Entzug von Kirchengut häuften sich in der Folgezeit vor dem Reichskammergericht. Der Augsburger Religionsfrieden verpflichtete das Reichskammergericht auf eine unparteiliche Wahrung der neuen Religionsfriedensordnung. Er sah die Bestellung evangelischer neben katholischen Assessoren vor. Das angestaute Konfliktpotential konnte vom Gericht aber nicht mehr bewältigt werden. | 365

---

[374] WILLOWEIT, § 19 II 2, S. 143.
[375] HECKEL, ZRG.KA 77 (1991), S. 328 f.

Waren in konfessionell brisanten Streitfällen konträre Entscheidungen juristisch begründbar, kamen am Gericht Mehrheitsentscheidungen nicht zustande, weil sich evangelische und katholische Assessoren mit *paria vota* blockierten. Es häuften sich am Reichskammergericht die *Dubia*, also zweifelhafte Rechtsfragen, welche die Richter Kaiser und Reich zur Entscheidung zuleiteten. Als sich das Reichskammergericht im Jahr 1600 in einigen besonders gelagerten Fällen dazu durchrang, die evangelische Reformation von Klöstern für ungerechtfertigt zu erklären (*Vier-Kloster-Streit*), kam es zum Eklat. Die Kurpfalz lehnte die Zuständigkeit des seit 1597/98 als Revisionsinstanz gegen Entscheidungen des Reichskammergerichts angerufenen Reichsdeputationstages in dieser Sache ab, weil nur der Reichstag selbst berufen sei, den Religionsfrieden auszulegen.[376]

hemmer-Methode: Hinter der Zurückhaltung des Reichskammergerichts stand die Erkenntnis, dass das Gericht nicht zur Fortschreibung des Religionsfriedens berufen war. Es war kein Verfassungsgericht im modernen Sinn, das durch Auslegung Lücken schließen konnte. Eine gerichtliche Auslegung war auch gar nicht möglich, weil das Gericht sich nicht auf den Willen des Verfassungsgebers als allgemeingültige Rechtsgrundlage beziehen konnte. Die Wahrheitsfrage war ja gerade im Augsburger Religionsfrieden offengelassen worden. Zumindest also in Religionssachen war nur dem Kaiser und den Reichsständen eine Klärung der Rechtslage möglich. Diese zeigten sich aber zu einer Weiterentwicklung nicht in der Lage.[377]

Versagen der Reichsorgane

366

Seit 1608 versagte auch der Reichstag. Auf dem Regensburger Reichstag desselben Jahres konnte man sich auf einen Reichsabschied nicht mehr einigen. Der evangelischen Forderung auf Bestätigung des Augsburger Religionsfriedens begegneten die Katholiken mit dem Anspruch auf Herausgabe der seit 1555 ihrer Kirche entzogenen Güter. Der Reichstag konnte seine alte Aufgabe als Forum des verfassungspolitischen Ausgleichs nicht mehr erfüllen. Die tiefgreifende Verfassungskrise wurde durch die Gründung zweier konfessioneller Einungen offenbar, die protestantische Union unter Christian von Anhalt, angelehnt an Frankreich, England und die Niederlande, und die katholische Liga unter Maximilian I. von Bayern, angelehnt an Spanien.

4. Dreißigjähriger Krieg und Westfälischer Frieden

Restitutionsedikt 1629

367

Die schwelende Verfassungskrise schlug nach dem Prager Fenstersturz 1618 in eine kriegerische Auseinandersetzung um, die letztlich 30 Jahre dauerte und sich aus verschiedenen Ursachen immer weiter hinzog. Im Endeffekt war er aber eigentlich eine Auseinandersetzung um die richtige Auslegung des Religionsfriedens. Die erste Kriegsphase von 1618-1627 war von der böhmisch-pfälzischen Auseinandersetzung geprägt, die zweite Kriegsphase von 1627 bis 1630 von einer kaiserlichen Vormachtstellung. Mit den Siegen Wallensteins und Tillys seit 1626 ging die Initiative zur katholischen Partei über. 1627 fiel auf dem Kurfürstentag von Mühlhausen die Entscheidung, die katholische Auslegung des Religionsfriedens durchzusetzen. 1629 erließ der Kaiser das *Restitutionsedikt*, das demgemäß die Herausgabe aller von den Protestanten seit dem Passauer Vertrag von 1552 in Besitz genommenen geistlichen Güter anordnete. Zugleich wurde die *Declaratio Ferdinandea* für ungültig erklärt.

Als kaiserliche Kommissare mit der Restitution begannen, brach der alte reichsständisch-kaiserliche Antagonismus wieder auf. Auch die katholischen Reichsfürsten waren von einer Stärkung der kaiserlichen Stellung bedroht.

---

[376] Dazu im Einzelnen HECKEL, ZRG.KA 77 (1991), S. 300 f.
[377] HECKEL, ZRG.KA 77 (1991), S. 335 f.

1630 erzwang auf einem Kurfürstentag in Regensburg Maximilian von Bayern die Entlassung Wallensteins. Damit wurde dem Kaiser sein wichtigstes Machtinstrument entzogen.

Prager Frieden 1635

Die dritte Kriegsphase von 1630 bis 1634 stand unter dem Zeichen des schwedisch-habsburgischen Konflikts. Im Frieden von Prag 1635 gab der Kaiser das Restitutionsedikt auf. Der Kaiser fand sich nun dazu bereit, den durch die Säkularisierungen seit 1555 geschaffenen Status quo zu akzeptieren. Als maßgebliches Datum, bis zu dem die Säkularisationen bestehen bleiben sollten, wurde das Normaljahr 1627 vereinbart, also der Kurfürstentag von Mühlhausen. Daneben gestand der Kaiser die Aufnahme von Protestanten in den Reichshofrat und dessen paritätische Besetzung in Religionsstreitigkeiten zu und verankerte diese Regelung in der Reichshofratsordnung von 1637. Das *Ius reformandi* beider Seiten blieb unangetastet. Der Friedensvertrag wurde ursprünglich zwischen dem Kaiser und dem Kurfürsten von Sachsen geschlossen, die meisten Reichsstände schlossen sich ihm dann aber an. Letztendlich konnte der Vertrag den Krieg aber nicht beenden. Dieser verlor nun den Charakter eines Konfessionskonfliktes und entwickelte sich in der letzten Kriegsphase von 1635 bis 1648 zu einer europäischen Auseinandersetzung zwischen den Großmächten Frankreich und Habsburg mit Beteiligung Schwedens.[378]

368

Beteiligung der Reichsstände an den Friedensverhandlungen

Nachdem die Mehrzahl der katholischen und evangelischen Reichsstände das Interesse am Krieg verloren hatte, beschloss der Reichstag zu Regensburg 1641, mit den Franzosen und Schweden Friedensverhandlungen in Münster und Osnabrück aufzunehmen. Der Kaiser lehnte dieses Vorgehen zunächst ab. Er wollte getrennte Verträge mit Frankreich und Schweden schließen, im Übrigen am Prager Frieden festhalten und die Probleme der Reichsverfassung aus den Friedensverhandlungen ausklammern. Dahinter stand aber auch die grundlegende Frage, ob der Kaiser ein Alleinvertretungsrecht des Reiches hatte oder sich dieses mit den Reichsständen teilte. Die ausländischen Mächte erkannten das Alleinvertretungsrecht des Kaisers aber nicht an, um es nicht aufzuwerten. Schließlich sprachen sich die Reichsstände das Verhandlungs- und Stimmrecht (*ius suffragii*) selbst zu. Damit stand auch der Prager Friede wieder zur Disposition.

369

Friedensverträge von Osnabrück und Münster

Das Ergebnis der Friedensverhandlungen waren zwei Verträge: Der in Osnabrück ausgehandelte kaiserlich-schwedische Friedensvertrag (*Instrumentum Pacis Osnabrucense, IPO*) und der in Münster ausgehandelte kaiserlich-französische Friedensvertrag (*Instrumentum Pacis Monasteriense, IPM*). Partner waren auf deutscher Seite der Kaiser und eine Gruppe reichsständischer Deputierter. Zur Sicherung der reichsrechtlichen Verbindlichkeit des Vertragswerkes wurde im Friedensvertrag selbst bestimmt, dass er ein ewiges Reichsgesetz sein solle. Passauer Vertrag und Augsburger Religionsfrieden wurden ausdrücklich bestätigt und die Calvinisten miteinbezogen. Ansonsten wurde allgemein die von den Protestanten geforderte Gleichheit der Konfessionen anerkannt. Für die Zuweisung der kirchlichen Ämter und Güter an die beiden Religionsparteien wurde aus dem Prager Frieden der Gedanke des Normaljahres übernommen, dieses jedoch auf 1624 festgelegt. Hinsichtlich des geistlichen Vorbehalts, den die Katholiken nicht einschränken wollten, wurde ein Kompromiss gefunden, indem er einfach auf die protestantischen Bistumsadministratoren ausgedehnt wurde. Auch diese verloren fortan ihr Amt wenn sie zu einer anderen Religionspartei konvertierten.

370

---

[378] WILLOWEIT, § 21 I, S. 155-158.

itio in partes des Reichstages bei Religionsfragen

Um ein Funktionieren des Reichstages auch in Religionsfragen zu sichern, wurde dafür eine neue Vorgehensweise geschaffen. In solchen Angelegenheiten sollten keine Mehrheitsentscheidungen stattfinden, sondern nur noch ein freundschaftlicher Ausgleich (*amicabilis compositio*). Anstelle der drei Reichstagskurien sollten die beiden Religionsgruppen (*corpus Catholicorum* und *corpus Evangelicorum*) als gleichberechtigte Verhandlungspartner auftreten. Wann eine Sache als Religionsangelegenheit aufzufassen war, entschied sich auch verfahrensrechtlich. Hier reichte es, wenn nur eine der beiden Religionsparteien dieser Meinung war und faktisch das Auseinandertreten der beiden Parteien bewirkte (*itio in partes*).[379] Letztlich wurde auch im Westfälischen Frieden die Wahrheitsfrage im Konfessionskonflikt ausgeschieden und aufgeschoben. Säkularisiert wurde das Reich aber nicht. Es blieb das Heilige Römische Reich Deutscher Nation. Es behielt seine religiösen Grundlagen, von einer Trennung zwischen Staat und Kirche konnte keine Rede sein. Die alte Einheit von Reich und Kirche, Recht und Religion wurde prinzipiell aufrechterhalten, jedoch unter die beiden Konfessionen geteilt. Aus der Suspension der Wahrheitsfrage entwickelte sich die Gleichberechtigung der Konfessionen und die Parität der beiden Religionsparteien.[380]

371

Stärkung der Reichsstände und Internationalisierung

Sieger im innerdeutschen Verfassungskonflikt waren die Stände. Der Westfälische Frieden sprach ihnen das Bündnisrecht zu und damit ihre nun auch völkerrechtliche Selbständigkeit. Daneben wurde das Mitbestimmungsrecht der Stände in Reichsangelegenheiten stark ausgeweitet. Die Zustimmung des Reichstages war bei Gesetzgebung, Kriegserklärungen und Bündnissen unerlässlich. Die deutliche Eingrenzung des Kaisertums im Westfälischen Frieden war aber nicht nur das Werk der ständischen Opposition, sondern auch Ergebnis der Internationalisierung der deutschen Frage. Das Eingreifen Frankreichs und Schwedens war vor allem auf die Furcht vor einem habsburgischen Reichsabsolutismus zurückzuführen, der das europäische Gleichgewicht empfindlich gestört hätte. Die deutsche Friedensordnung war durch den Westfälischen Frieden auch gleichzeitig in eine völkerrechtliche Ordnung eingebettet. Die Garantiemächte erhielten ein Interventionsrecht, das zwar an ein bestimmtes Prozedere gebunden war, aber fortan als Drohung über dem Kaiser schwebte. Dieses Garantiesystem kollabierte aber schon in den 1660er Jahren, als die Garantiemächte den Status quo für sich nicht mehr als verbindlich akzeptierten, sondern zu eigenen Gunsten zu verändern suchten.

372

III. Die Reichsordnung nach dem Westfälischen Frieden

Rechtsnatur des Heiligen Römischen Reiches

Die Rechtsnatur des Heiligen Römischen Reiches lässt sich nicht in modernen staatsrechtlichen Kategorien erfassen. Es war kein Bundesstaat, aber auch viel mehr als ein loser Staatenbund souveräner Mächte. Grund dafür ist, dass sich in diesem Verfassungsgebilde das Denken sehr verschiedener Epochen niedergeschlagen hat. Noch immer gab es einen römischen Kaiser mit universalem Herrschaftsanspruch, gab es Vasallenpflichten der deutschen Fürsten, die doch längst das Recht auf eine eigene Innen- und Außenpolitik durchgesetzt hatten. Grundlage der Reichsverfassung war die *reichsständische Libertät*. Darunter verstanden die Zeitgenossen das Verbot einer allumfassenden kaiserlichen Monarchie, das Lebensrecht der drei großen Konfessionen, die Mitsprache in Reichsangelegenheiten und den Schutz der kleinen Herrschaftsträger vor den machtpolitischen Ambitionen der größeren Staaten. Zahlreiche Territorialgewalten blieben von der Lebensfähigkeit des Reiches abhängig.

373

---

[379] WILLOWEIT, § 21 II 2, S. 162.
[380] HECKEL, ZRG.KA 77 (1991), S. 315.

Im Kreis dieser kleinen und mittleren Reichsstände, insbesondere der geistlichen Territorien entwickelte sich nach dem Westfälischen Frieden ein Reichspatriotismus, der dem Verfassungsgebilde noch einmal hundert Jahre Stabilität verleihen sollte. Niedergelegt war die Verfassung in mehreren nun so genannten *Reichsgrundgesetzen*, die zwischen Kaiser und Reichsfürsten im Laufe der Jahrhunderte ausgehandelt worden waren.

> **hemmer-Methode: Als die zentralen Gesetze (Reichsgrundgesetze) des Heiligen Römischen Reiches deutscher Nation gelten in jedem Fall die Goldene Bulle von 1356, der Wormser Ewige Landfriede von 1495, der Augsburger Religionsfriede von 1555 und der Westfälische Friede von 1648 bzw. in der Form des Jüngsten Reichsabschiedes von 1654. Es gibt aber zahlreiche Stimmen, die auch den Mainzer Reichslandfrieden von 1235 und andere Landfrieden dazu zählen.[381]**

1. Der Immerwährende Reichstag

Entstehung des Immerwährenden Reichstages

Die Frage der Mitsprachebefugnis der Reichsstände in Reichsangelegenheiten war in den westfälischen Friedensverträgen offengelassen worden. Die vorgesehene Beratung noch offener Verfassungsfragen kam erst auf einem 1653 in Regensburg einberufenen Reichstag in Gang. Aber schnelle Lösungen konnten nicht gefunden werden. Die Verhandlungen wurden 1654 noch einmal mit einem Reichsabschied beendet, dem später sog. *Jüngsten Reichsabschied*. Die unerledigten Gesetzgebungsvorhaben waren dann Verhandlungsgegenstand des nächsten, 1663 in Regensburg begonnenen Reichstages. Aus den fortdauernden Beratungen resultierte allmählich die Perpetuierung des Reichstages. Dabei gelangte man allerdings gerade in den wesentlichen Verfassungsfragen zu keiner Lösung. Der Reformimpuls schlief bald ein. Die Weiterentwicklung der ständischen Mitwirkungsrechte war nicht mehr durchzusetzen und hätte auch nach den jahrzehntelangen Auseinandersetzungen den mühsam gefundenen Kompromiss gefährdet. Vielmehr wurde nun die Fortführung der Reichstagsberatungen aus einem anderen Grund für den Kaiser und die Reichsstände interessant. Seit ca. 1680 nahmen die äußeren Bedrohungen des Reiches stark zu, im Westen durch das Frankreich Ludwigs XIV., im Südosten durch die Türken. Der Reichstag wurde dabei vom Kaiser auch zur Abstimmung der reichischen Außenpolitik genutzt. Letztlich war keiner der Beteiligten an einem Auseinandergehen mehr interessiert.[382]

374

Zusammensetzung des Reichstages

Reichsstandschaft hatte ein Herrschaftsträger grundsätzlich dann, wenn sein Territorium ein Reichslehen war. Der Reichstag bestand aus drei Kollegien: Dem Kurfürstenrat mit acht, später neun Mitgliedern, dem Fürstenrat, dem über 200 geistliche und weltliche Würdenträger angehörten, und dem Städterat mit etwa 50 Reichsstädten. Innerhalb des Fürstenrates galt nicht jede Stimme gleich viel. Den Herrschern im Fürstenrang stand jeweils eine volle Stimme (*Virilstimme*), den Grafen, Herren und nicht gefürsteten Prälaten dagegen nur die Beteiligung an einer mit ihresgleichen gemeinsam zu führenden Stimme (*Kuriatstimme*) zu. Auf der weltlichen Bank des Reichsfürstenrates gab es neben etwa 60 fürstlichen Virilstimmen vier Kuriatstimmen, in denen rund hundert Grafen und Herren zusammengefasst waren. Auf der geistlichen Bank gab es etwa 30 geistliche Fürsten und zwei Kuriatstimmen für ca. 40 geistliche Kleinterritorien. Auch der Städterat war noch mal untergliedert in eine rheinische und eine schwäbische Bank.[383]

375

---

[381] Vgl. Willoweit, § 25 III 2, S. 186.

[382] WOLTER, Der Immerwährende Reichstag zu Regensburg (1663-1806), JuS 1984, S. 838.

[383] WOLTER, JuS 1984, S. 839.

Abstimmungsverfahren

Die Organisationsstruktur des Reichstages diente dazu, dem unterschiedlichen Rang und Stand der einzelnen Reichsstände im Beratungsverfahren Rechnung zu tragen. Die Verhandlungen zwischen den drei Kollegien waren so geordnet, dass den Reichsständen jeweils höheren Ranges auch größerer Einfluss auf die Beratungsmaterie eingeräumt war. Die kaiserliche Vorlage (*Proposition*) wurde zunächst im Kurfürstenrat erörtert und mit der dort verfassten Stellungnahme (*Relation*) dem Fürstenrat zugeleitet, der dazu eine eigene Stellungnahme verfasste (*Korrelation*). Ließ sich zwischen diesen beiden Kollegien eine Übereinstimmung erzielen, wurde die Sache dem Städterat vorgelegt. Das diesem zustehende Mitentscheidungsrecht (*votum decisivum*) blieb politisch unbedeutend. Kurfürsten und Fürsten waren nicht bereit, den Reichsstädten bei Meinungsverschiedenheit die entscheidende Stimme zuzubilligen. Wenn die Reichsstädte dem Votum der Kurfürsten und Fürsten nicht zustimmten, dann wurden alle drei Voten dem Kaiser vorgelegt, der als Herr der Reichsstädte diese zum Nachgeben bewegen konnte. Stimmten schließlich alle drei Reichskollegien im sog. Reichsgutachten (*consultum imperii*) überein, dann musste der Kaiser noch seine Zustimmung geben. Diese brachte den Reichsschluss (*conclusum imperii*) zustande.[384]

376

Gesandtenkongress

Mit der Entwicklung der fortlaufenden Verhandlungen ging auch ein Stilwandel einher. An die Stelle der alten Repräsentation von Standespersonen trat die bürokratische Tagesarbeit ihrer sachkundigen Diener. Der Immerwährende Reichstag war ein Gesandtenkongress. Viele kleine Reichsstände ließen sich aus finanziellen Gründen von gemeinsamen Gesandten vertreten. Der Kaiser ließ sich durch einen Prinzipalkommissar von fürstlichem Rang vertreten. Kaiser und Reichsstände legten dabei großen Wert auf zeremonielle Selbstdarstellung. Geleitet wurden die Reichstagsgeschäfte durch das Reichsdirektorium des Mainzer Kurerzkanzlers, für den in Regensburg ein besonderer Reichsdirektorialgesandter residierte. Den Schriftverkehr zwischen dem Reichsdirektorium und den Gesandten der Reichsstände wickelte ein besonderes Büro ab, die Diktatur.[385]

377

2. Die Stellung des Kaisers

Reservatrechte

Bis zum Ende des Reiches im Jahr 1806 bildete der Kaiser die monarchische Spitze. Seine Wahl erfolgte weiterhin nach den in der *Goldenen Bulle* niedergelegten Grundsätzen durch die sieben Kurfürsten, deren Zahl später auf acht, zeitweilig auch auf neun und zehn stieg. Die verfassungsrechtliche Stellung des Kaisers war unklar. Die kaiserliche Gewalt wurde vor allem durch die Wahlkapitulationen, derer sich die Stände zum ersten Mal bei der Wahl Karls V. 1519 bedient hatten, definiert und beschränkt. Die Wahlkapitulationen, die bei jeder Wahl neu ausgehandelt wurden, waren Verträge, die zwischen dem Kaiser und den Kurfürsten abgeschlossen wurden. Sie hatten ihre Vorläufer in den Wahlversprechen mittelalterlicher deutscher Herrscher und Kirchenfürsten, die Versprechungen und Zusagen des Gewählten an die Wähler enthielten. Der Kaiser war höchster Lehnsherr, der noch im 18. Jahrhundert alle Fürstentümer des Reichs verlieh. Aber die kaiserlichen Reservatrechte waren eher gering einzuschätzen. Er hatte das Recht, Standeserhöhungen vorzunehmen, Notare zu ernennen und andere Befugnisse familienrechtlicher Natur.

378

politische Spielräume des Kaisers

Diese Rechte täuschen aber über die Verfassungswirklichkeit hinweg. Mit der Kaiserwürde verband sich höchstes Prestige. Fast jeder Wahlakt war trotz habsburgischer Kontinuität ein politischer Machtkampf.

379

---

[384] WILLOWEIT, § 24 II 4, S. 191 f.
[385] WILLOWEIT, § 24 II 1, S. 190.

Verfassungsrechtlich bot die Stellung des Kaisers erhebliche Spielräume. Im Westfälischen Frieden war eine Aufzählung der kaiserlichen Rechte bewusst unterblieben. Unter dem Deckmantel des Reichsherkommens konnte der Kaiser schon vergessene Rechtspositionen wiederbeleben. Das Recht der Standeserhöhung konnte durch die Erhebung kaisertreuer Neufürsten zur Vergrößerung des Reichsfürstenrates genutzt werden. 1692 wurde aus ähnlichen Motiven in einem verfassungsrechtlich fragwürdigen Vorgehen eine neunte Kurwürde für das Haus Braunschweig geschaffen. 1708 gelang dem Kaiser die Readmission Böhmens, d.h. die Wiederzulassung dieser Krone im Kreis der Kurfürsten, zu erreichen und damit dem Haus Habsburg selbst einen Platz im Kurfürstenkollegium zu sichern.[386]

Reichsritterschaft

Eine weitere Stütze der kaiserlichen Politik war die *Reichsritterschaft*. Der ritterschaftliche Adel war bis 1495 schon weitgehend mediatisiert und damit landsässig geworden. Nur in Süd- und Südwestdeutschland, wo es hauptsächlich schwächere Territorien gab, konnte der ritterschaftliche Adel jede über das Lehnsverhältnis hinausgehende Einbindung abwehren und sich, unterstützt vom Kaiser, als freie und unmittelbare Reichsritterschaft organisieren. Die Veränderung in der Kriegstechnik und das Vorrücken bürgerlicher Beamter in den fürstlichen Kanzleien entfremdete den ritterschaftlichen Adel vom Territorialstaat mit der Folge, dass er sich von den fürstlichen Höfen zurückzog und politisch isoliert wurde. Ferdinand I. nutzte diese Situation, um ein informales, vorterritoriales Klientelsystem zumindest in den königsnahen Regionen aufzubauen. Ausgangspunkt war die Reichssteuerproblematik. Die zukünftige Reichsritterschaft ließ sich nicht in das territoriale Steuersystem integrieren. Dem Gemeinen Pfennig von 1495 widersetzten sich die Ritter mit dem Argument, nur zum Dienst mit Leib und Leben verpflichtet zu sein. Die Ausschreibung eines Gemeinen Pfennigs 1542 und die damit verbundene Abwehrreaktion der Ritter führten zu einer organisatorischen Verfestigung. Karl V. setzte auf dem Reichstag 1547/48 durch, dass die Reichsritterschaft keine Reichsstandschaft erhielt, sondern dem König persönlich unterworfen wurde. Im Gegenzug leistete die Reichsritterschaft immer wieder „freiwillige" Leistungen an den König (*subsidia charitativa*). Damit wurde der Reichstag geschwächt und die königliche Herrschaft stabilisiert. In der Folgezeit organisierte sich die Ritterschaft in drei Ritterkreisen (Schwaben, Franken, Rhein).[387]

380

3. Reichskammergericht und Reichshofrat (s.o. Rn. 349)

Verhältnis zwischen Reichskammergericht und Reichshofrat

Reichskammergericht und Reichshofrat waren die höchsten Gerichte im Reich. Während das Reichskammergericht ein ständisches Gericht war, war der Reichshofrat ein kaiserliches. Eine genaue Kompetenzabgrenzung zwischen beiden Gerichten war nicht möglich. Die Gerichtsgewalt des Reichskammergerichts bedeutete eine weitgehende Einschränkung der kaiserlichen Gerichtsbarkeit, war sie doch eine Reaktion auf die kaiserliche Hofgerichtsbarkeit. Mit dem Wiedererstarken des Kaisers nach dem Westfälischen Frieden gewann aber auch der Reichshofrat an Bedeutung und überflügelte schließlich das Reichskammergericht.[388]

381

Reichskammergericht

Wegen der vielen Exemtionsprivilegien, durch welche die bedeutenderen Reichsstände von der Zuständigkeit des Reichskammergerichts ausgenommen waren, wurde das Reichskammergericht nicht zum Mittel großpolitischer Konfliktschlichtung.

382

---

[386] WILLOWEIT, § 24 IV 1 und 2, S. 194 f.
[387] HRG IV (Art. Reichsritterschaft), Sp. 743-746.
[388] WILLOWEIT, § 24 IV 3, S. 196.

Die Alltagsleistung des Gerichts lag darin, dass viele kleine Einheiten wie Klöster und Städte durch seine Rechtsprechung Schutz genossen. Der Grundgedanke lag in der Kontrolle der politischen Macht. Als den Gliedern des Reiches übergeordnete Rechtsmittelinstanz war das Kammergericht außerdem ein wichtiges Kontrollorgan gegenüber der Jurisdiktion in den einzelnen Territorien. Denn es war zuständig für die Appellationen mittelbarer Reichsangehöriger gegen Entscheidungen der obersten landesherrlichen Gerichte, die in tatsächlicher und rechtlicher Hinsicht überprüft werden konnten.[389]

strukturelle Probleme

383 Das Reichskammergericht hatte für die Stände den Nachteil, dass es zur Deckung seiner Personalkosten ständig Geld benötigte. Der zur Finanzierung geschaffene *Kammerzieler* (s.o. Rn. 355) wurde nur überaus unwillig von den Ständen gezahlt. Durch die ständigen Finanznöte kam es zu einer langen Prozessdauer. Grund dafür war vor allem, dass die Territorien kein Interesse daran hatten, eine Reichsbehörde zu unterhalten, welche die eigene territoriale Staatlichkeit beeinträchtigte. Bezeichnend ist, dass sich die Fürsten die Möglichkeit vorbehalten hatten, ihre Rechtssachen durch ein Austragsgericht dem Reichskammergericht zu entziehen. Die Aktivitäten vieler Fürsten verlagerten sich deshalb auf den Aufbau einer territorialen Gerichtsbarkeit.

Reichshofrat

384 Der Reichshofrat war nicht nur ein mit dem Reichskammergericht konkurrierendes oberstes Reichsgericht. Er war zugleich ein in Wien residierendes kaiserliches Regierungs- und Verwaltungsorgan. Der Reichshofrat erfüllte die Funktion einer Anlaufstelle für unzufriedene Untertanen, die sich in ihren Rechten durch die Obrigkeiten verletzt fühlten. Für den Kaiser war er ein wesentliches Instrument zur Wahrnehmung und Durchsetzung seiner Rechte. Nach der Hofratsordnung von 1654 war der Kaiser im Reichshofrat oberster Richter. Der Reichshofratspräsident fungierte als sein Stellvertreter. Bei besonders wichtigen Anlässen musste im Wege eines *votum ad imperatorem* die Entscheidung des Kaisers eingeholt werden.

---

[389] SCHROEDER, JuS 1978, S. 371.

§ 9 VON DER LANDESHERRSCHAFT ZUM TERRITORIALSTAAT

Lernübersicht:

I. Die Ausbildung des Obrigkeitsstaates

Während das Reich sich als Friedens- und Rechtsverband etablierte, vollzog sich die Staatsbildung in Deutschland auf Territorialebene. Der Charakter der Herrschaft veränderte sich. Seit dem 15. Jahrhundert bürgerte sich dafür der Begriff *Obrigkeit* ein, *dominium* trat zurück. Die Herrschaft wurde nicht mehr nur als Bündel von eigentumsähnlichen Rechten betrachtet. Dadurch konnte die Gewohnheit der Landesteilung bei mehreren Erbprätendenten überwunden und die Primogenitur durchgesetzt werden. Der Amtscharakter der Herrschaft wurde stärker betont. Es setzte sich die Vorstellung durch, dass es sich dabei nicht um ein persönliches Recht, sondern um ein von Gott übertragenes Amt handelte. Daraus leiteten sich neue Herrschaftsaufgaben ab. Mit der Herrschaft wurden objektive Zwecke verbunden. Sie beinhaltete auch die Sorge um das Gemeinwohl (*salus publica*) und als Schutzleistung die Bewahrung des Landfriedens. In protestantistischen Territorien war der Landesherr gleichzeitig Landesbischof. So wurde der Machtanspruch mit einem religiösem Disziplinaranspruch verbunden. Der Obrigkeit trat der *Untertan* als Objekt herrschaftlichen Handelns gegenüber. Der Herrschaftsstil des frühneuzeitlichen Obrigkeitsstaates war aber eher rechtsbewahrend ausgerichtet und griff noch nicht gestaltend in das wirtschaftliche und soziale Gefüge ein.

385

1. Die Bildung geschlossener Herrschaftsbereiche

Landesherrschaft

Die Landesherrschaft bestand aus dem Kammergut, also dem Lehn- und Eigengut des Landesherrn, den Landstädten und Dörfern mit landsässigem Adel und geistlichen Herrschaften. Städte, Adel und Geistlichkeit bildeten die Landstände. Die Landesherrschaften waren noch keine Flächenstaaten im modernen Sinn, also keine geschlossenen Territorien (*territorium non clausum*). Der Herrschaftsraum wurde durch selbständige immune Systeme innerhalb dieser Territorien unterbrochen. Es existierten kein einheitliches Recht und Herrschaftsgefüge. Altes Recht galt, Privilegien der Stände blieben erhalten. Die einer Landesherrschaft unterworfenen Menschen wurden im 13. und 14. Jahrhundert als Grund- oder Vogtholden, als Stadtbürger oder Vasallen nach Maßgabe ihrer jeweils besonderen Rechtsverhältnisse regiert. Der Landesherr hatte nur bestimmte Befugnisse innerhalb seines Territoriums. Die Schaffung abstrakt-genereller Regeln durch eine Normsetzung, die diese Personengruppen gleich erfasste, war nicht möglich.

386

Er stand in Konkurrenz mit den anderen adeligen Herrschaftsträgern seiner Landesherrschaft, die in den Landständen organisiert waren. So übte der Landesherr keine Alleinherrschaft aus, vielmehr waren die Landesherrschaften - vor allem in Bezug auf die Steuerbewilligung - geprägt vom Dualismus zwischen Landesherr und Ständen.[390]

Landeshoheit

Aus der Landesherrschaft konnte die Landeshoheit erwachsen. Dabei handelte es sich um einen Prozess der Herrschaftsverdichtung zugunsten des Landesherrn gegenüber den Landständen. Ziel der Landesfürsten war es, die Herrschaftsrechte anderer in ihrer Landesherrschaft auszuschließen und so die Geschlossenheit des Territoriums zu erreichen (*territorium clausum*). Die Durchsetzung der Landeshoheit war eine machtpolitische Auseinandersetzung mit dem eingesessenen Adel, mit den Ständen und den Städten. Bünde der Stände untereinander wurden abgeschafft. Sie durften auch keine Verbindungen mit Mächten außerhalb des Territoriums eingehen. Das Bündnisrecht lag nur noch beim Landesherrn. Damit war ein Durchbruch lokaler Herrschaftsträger nach außen unmöglich gemacht. Ein weiteres Kennzeichen dieses Prozesses war der Ausbau der Gerichtsbarkeit im eigenen Territorium. Damit verbunden war die Unterwerfung aller unter das Landesrecht des Herrschers und der Ausschluss anderer geltender Rechte. Zur Egalisierung der Rechtsordnung trugen zunächst die Landfriedensgesetze bei, später die niedergeschriebenen Landrechte und Landrechtsreformationen. Hatte der Landesherr ein *privilegium de non appellando* (s.o. Rn. 326), bestand keine Möglichkeit mehr, sich der Rechtsprechung des Kaisers zu unterwerfen. **387**

Einfluss der Landstände

Auf der anderen Seite waren auch die Landstände an der Entwicklung des Territoriums beteiligt. Sie hatten insofern ein Interesse an einer starken Landesherrschaft, als nur so der Landfrieden gesichert werden konnte. Die Stände versuchten, das Territorium weiterzuentwickeln, wenn der Herrscher dazu nicht in der Lage war, z.B. durch Steuerbewilligungen oder die Verhinderung von Landesteilungen. Notsituationen des Landesherrn wurden aber gleichzeitig dazu benutzt, ständische Rechte zu sichern. So ging der Dualismus zwischen Herrscher und Ständen nicht immer zum Vorteil des Herrschers aus. **388**

2. Beginn fürstlicher Rechtsetzung: Polizeiordnungen

Gebotsrecht

Die Grundfigur des von den Landesherren im Laufe des 15. Jahrhunderts zunehmend in Anspruch genommenen Gesetzgebungsrechts war das Gebot. Es diente zwar zunächst nur der Erhaltung der überkommenen Rechts- und Statusverhältnisse und legitimierte nicht dazu, bestimmend in weitere Lebensbereiche der Untertanen einzugreifen. Damit war aber das Instrument, durch einseitige Befehle Regeln zu schaffen, vorhanden und musste nur zu einem landeseinheitlich einsetzbaren Gesetzgebungsrecht erweitert werden. Verhaltenslenkende Regeln, welche die Rechtsanwendung zunächst überhaupt nicht im Blick hatten, wurden ursprünglich den Amtleuten mündlich übermittelt, damit sie die Herrschaftsunterworfenen entsprechend instruierten. Aus dieser mündlichen Gebotspraxis entwickelte sich im Lauf des 15. Jahrhunderts ein neuartiger Gesetzestypus, der sich in den *Landes- und Polizeiordnungen* niederschlug. **389**

Mit zunehmender Kenntnis des römischen Rechts, wo dem *princeps* Gesetzgebungsgewalt zukam, wurde das ordnende, verhaltenssteuernde Gesetz zum Attribut des Fürsten.

---

[390] HRG V (Art. Territorium), Sp. 150.

Unter den immer zahlreicher ausgebildeten Juristen war es kaum zweifelhaft, dass unter dem *princeps* der römischen Rechtsquellen auch ein Herzog oder Graf, also ein deutscher Landesherr verstanden werden könne.[391]

gute Polizey

Dahinter stand die Entwicklung einer Staatstheorie, die sich mit dem Gemeinwesen als solches befasste. Grundlage war vor allem die Rezeption der *Politik* des Aristoteles und darauf aufbauend Thomas von Aquins Schrift *De regimine principum* von 1265. Danach bedurfte der Mensch des Staates, um seine Anlagen zu verwirklichen und daher existierte der Staat um bestimmter Zwecke willen, nämlich um die sittliche Vervollkommnung des Menschen und seine wirtschaftliche Existenz zu sichern. Diese weltimmanenten Ziele standen in deutlichem Gegensatz zur endzeitlichen Deutung des Reiches. Sie ließen den Übergang zu einem zweckrationalen Herrschaftsverständnis erkennen. Der landesherrlichen Obrigkeit wurde das gemeine Wohl der Untertanen anvertraut. Mit der Aufstellung von Verhaltensnormen erwarb sie so etwas wie eine moralische Autorität. Sie erhob den Anspruch, neben den allgemeinen göttlichen Geboten für konkrete Lebenssituationen sagen zu dürfen, was der Untertan tun darf und was nicht. Im Blick auf den aristotelischen Begriff der Politik sprach man von der notwendigen *guten Polizey*. Dabei handelte es sich aber nicht um eine unumschränkte Gebotsgewalt im absolutistischen Sinn. Die obrigkeitliche Ordnungsbefugnis war durch das soziale Gefüge der Standesordnungen eng umgrenzt.

Polizeiordnungen und Gesetzgebung

Der Begriff der Polizei meinte den Zustand guter Ordnung im Gemeinwesen. Polizeitätigkeit umfasste dementsprechend alle zur Herstellung der guten Ordnung notwendigen Staatstätigkeiten, die man heute mit dem Begriff Innenpolitik erfassen würde. Daraus gingen die Polizei- und Landesordnungen hervor. Nach ersten Ansätzen in der zweiten Hälfte des 15. Jahrhunderts auf Territorialebene ging zunächst das Reich bei der Polizeigesetzgebung voran. Die in diesen Gesetzen enthaltenen Vorschriften betrafen u.a. Gotteslästerung, Konkubinat und Ehebruch, Bettelei und Müßiggang, Luxusverbote und Kleiderordnungen.

Die Territorien erließen daraufhin eigene Polizeiordnungen.[392] Wegen der verschiedenen Regelungsmaterien lässt sich das eigentlich Neue nur schwer herausfiltern. Häufig handelte es sich um die Konkretisierung schon bestehenden Rechts oder um Organisationsnormen hinsichtlich der Gerichtsbarkeit. Für diese war aber die Zuständigkeit des Landesfürsten schon anerkannt. Neu waren aber planend-lenkende Rechtsetzungsakte, vor allem im sozial- und wirtschaftspolitischen Bereich. Dazu zählten z.B. alle Bestimmungen, die dem neuen merkantilistischen Wirtschaftsdenken verpflichtet waren wie Ein- und Ausfuhrverbote oder Maßnahmen zur Arbeitsbeschaffung, wie die Bestimmungen gegen den Müßiggang.[393]

Das Gebotsrecht der Polizeiordnungen glich sich immer mehr dem überkommenen Recht an. Indem es Bereiche wie den Wucher oder das Vormundschaftsrecht regelte, drang es in den Bereich des alten Landrechts ein. Auf der anderen Seite verlor das Landrecht seine Legitimation als überkommenes Recht.

Dies machte sich in der Verschriftlichung der Rechtsquellen bemerkbar, aber auch in der Notwendigkeit von übergeordneten Autoritäten, wenn z.B. Rechtsbücher wie der *Sachsenspiegel* auf Karl den Großen oder das *Corpus iuris* auf Lothar von Supplinburg zurückgeführt wurden. So trat langsam an die Stelle des Rechts die gebotene Ordnung.[394]

390

391

---

[391] WILLOWEIT, § 18 II 2, S. 135.
[392] HRG III (Art. Polizeiordnungen), Sp. 1804 f.
[393] SCHLOSSER, Rechtsetzung und Gesetzgebungsverständnis im Territorialstaat Bayern, ZBLG 50 (1987), S. 56 f.
[394] EBEL, S. 64-67.

3. Herrschaft und Konfessionalisierung

territoriale Kirchenhoheit

Seit dem 15. Jahrhundert verdichtete sich im landesherrlichen Kirchenregiment die Einheit von Religion und politischer Ordnung. Schon seit dem 14. Jahrhundert verstärkte sich das Interesse der Fürsten an kirchlichen Angelegenheiten, am Vermögen wie am geistlichen Leben. Die kirchlichen Institutionen wurden weitgehend in den Territorialstaat integriert. Grund dafür war die zunehmende Schwäche des Papsttums seit dem Schisma des 14. Jahrhunderts und dem neu aufkommenden Konziliarismus. Der Landesherr konnte aufgrund von Patronatsrechten Pfarrer einsetzen und Klöster beaufsichtigen. Weltliche Gerichte zogen ursprüngliche Kirchensachen an sich, wobei jedenfalls im Rechtsleben des Alltags eine rationale Trennung von weltlichen und geistlichen Sachen nicht durchführbar war. Auch der Verfall der kirchlichen Disziplin und die Unmoral der Untertanen erregte das Interesse der Fürsten. Als der Reichstag 1526 die Religionsfrage in die Verantwortung der Landesherren stellte, legitimierte er eine schon längst geübte Praxis. Nach der Zerstörung der Glaubenseinheit durch Reformation bestimmten faktisch die Territorialstaaten die Konfession ihrer Untertanen (s.o. Rn. 361).

392

hemmer-Methode: Konziliarismus war eine Lehre, nach der ein allgemeines Konzil seine Autorität nicht vom Papst empfangen müsse, sondern als repräsentatives Organ der Gesamtkirche aus eigener Machtvollkommenheit entscheiden könne. Nach dem geltenden Kirchenrecht besaß jedoch allein der Papst das Recht zur Berufung und Leitung eines allgemeinen Konzils. Brisanz gewann dieser Streit zur Zeit der Reformkonzilien in der ersten Hälfte des 15. Jahrhunderts.[395]

Kirchenordnungen

Die Konfessionalisierung des Staates begründete Macht und Zugriffsrechte auf die Untertanen, die der Obrigkeit nicht nur zu gehorchen, sondern ihr auch zu glauben hatten. Die Obrigkeit verlangte jetzt von jedem einzelnen Untertanen rationale Zustimmung zu einzelnen Glaubenssätzen. Den Landesherren wuchs nun auch die Aufgabe zu, sich um das Seelenheil ihrer Untertanen zu kümmern. Religionspolitik verband sich mit der guten Polizei. Aus der Verantwortung für das Kirchenwesen erwuchsen in den zwanziger Jahren des 16. Jahrhunderts die reformatorischen *Kirchenordnungen*. Sie trafen Bestimmungen über Gottesdienst und Sakramente, kirchliche Ämter und Visitationen. Der Besuch von Gottesdienst und Predigt wurde zur Untertanenpflicht erklärt.[396]

393

Sozialdisziplinierung

Einher ging eine neue Bildungspolitik der Lutheraner: Wenn die Bibel allgemeinverbindlich sei, müsse sie auch von allen gelesen werden können. Auch Ehe- und Familienangelegenheiten wurden staatlicher Kontrolle unterworfen. Durch die Einflussnahme der Kirche seit dem frühen Mittelalter hatte sich das Konsensprinzip durchgesetzt. Dieses führte aber zum Verfall der gesellschaftlichen Bräuche. Da bei Unzuchtklage die Betroffenen einfach vorbringen konnten, sie seien verheiratet, ergaben sich bald krisenhafte Verhältnisse.

394

Die Reformation bot nun den Landesherren die Möglichkeit, umfassend das Leben der Untertanen zu regulieren. Dieser Vorgang wird auch als *Sozialdisziplinierung* bezeichnet. Dahinter stand der Glaube, dass kollektives Unglück von Sünden Einzelner herrühre. Mit strafrechtlichen Sanktionen gingen die Landesherren gegen moralisches Fehlverhalten Einzelner vor, da Gott ansonsten Unglück über die Gesellschaft brächte. So konnte der frühneuzeitliche Staat Aufgaben und Kompetenzen an sich bringen, die vorher von Familie, Sippe oder Kirche wahrgenommen wurden.

---

[395] SCHULZE III, S. 251 f.
[396] HRG II (Art. Kirchenordnung), Sp. 768.

Bürokratisierung der Glaubenskontrolle

Die obrigkeitlich betriebene Konfessionsbildung stellte einen eher bürokratischen Vorgang dar. Das wichtigste Instrument waren die *Visitationen*. Sie wurden im 16. Jahrhundert zu einem Kontrollinstrument entwickelt und frühzeitig von lutherischen, später auch von calvinistischen und katholischen Landesfürsten eingesetzt. Kernstück der Visitation war die systematische Befragung von Pfarrern und sonstigen Kirchendienern, Lehrern und Untertanen. Darüber wurden Superintendenten als spezielle Aufsichtsorgane eingesetzt. Seit der zweiten Hälfte des 16. Jahrhunderts breitete sich das württembergische Aufsichtssystem aus. Danach waren den lokalen weltlichen Ämtern Spezialsuperintendenten zugeordnet, die selbst wieder von Generalsuperintendenten kontrolliert wurden, welche mit dem zentralen Kirchenrat verbunden waren. In Anlehnung an die Ämterhierarchie des Territoriums konnten Bekenntnisstand und Religionsübung effizienter kontrolliert werden als durch die Hierarchie der alten Kirche. Letztendlich wurde dadurch die Kirchenorganisation säkularisiert. Als Luther versuchte, eine Ersatzkirche zu etablieren, zogen die Landesherren das gleich an sich und begründeten für sich ein Notepiskopat. Der Landesherr wurde Notbischof. Im frühneuzeitlichen Territorialstaat setzte sich so die alte, ehemals das ganze Reich umfassende Glaubenseinheit fort.[397]

395

II. Die Durchsetzung des Fürstenstaates: Absolutismus

Nach dem Dreißigjährigen Krieg setzte sich in Deutschland endgültig der Fürstenstaat durch. Im Westfälischen Frieden wurden den Landesherren Bündnisrecht und Landeshoheit zugestanden. Nach innen volle und nach außen eine Quasisouveränität waren die entscheidenden Kriterien, die das Territorium zu einem Territorialstaat machten. Der Fürst stand nun stellvertretend für das sich territorial festigende Gemeinwesen. Mit einem umfassenden Machtverständnis suchte er sich von den überkommenen Herrschaftsbindungen gerade den Ständen gegenüber zu befreien, konnte sich aber nirgendwo vollständig aus den traditionalen Bindungen lösen. Auf der anderen Seite erschloss er sich abseits feudaler Strukturen neue Tätigkeitsbereiche und Herrschaftstechniken, die zu einer intensiveren Verstaatlichung führten. Nur in diesem Sinn ist der absolutistische Fürst als absolut, also frei von Bindungen zu bezeichnen.

396

1. Die Entstehung von Politikwissenschaft und Staatsrecht

neuartige Politikwissenschaft

Mit der Auflösung der feudalen, hierarchisch gegliederten Strukturen der mittelalterlichen Gesellschaft wurde auch die geistige Orientierung an einer umfassenden, vorgegebenen Ordnung in Frage gestellt. Reformation und religiöse Bürgerkriege zwangen zur Abkehr von der Vorstellung des einen universalen christlichen Reiches. Das Aufkommen von moderner Staatlichkeit führte zu einer Trennung von geistlicher und weltlicher Sphäre und der Säkularisierung der Politik.

397

Es bildete sich eine Wissenschaft heraus, die, gestützt auf empirische Erfahrungen, die jeweilige politische Realität rational erklären wollte. Die Lehre von der Politik vermittelte nun Herrschaftswissen, das sich durch Brauchbarkeit auszeichnete. Gleichzeitig diente sie der Legitimierung einer bisher als unmoralisch erscheinenden Politik.

Niccolò Machiavelli (1469-1527)

Als erster entwickelte Niccolò Machiavelli (1469-1527) in *Il Principe* ein Politikverständnis, das die Technik politischen Handelns aus der traditionellen, von Aristoteles geprägten und von Thomas von Aquin rezipierten Einheit von Politik und Ethik löste.

398

---

[397] Willoweit, § 20 II, III 1, S. 150 f.

Im Zentrum seiner Theorie standen die Regelmäßigkeiten und Eigengesetzlichkeiten des Politischen, verstanden als Kampf um Herrschaft. Ethische Erwägungen wurden dem Ziel der Errichtung und Sicherung der Macht untergeordnet. Publikumswirksamer Schein sei wichtiger als Wirklichkeit, Grausamkeit besser als Milde, solange sie herrschaftsstabilisierend sei. Der Fürst könne Furcht erzeugen, Liebe aber nicht. Die Untertanen dürften aber nicht von Furcht zu Haß und Verachtung getrieben werden. Augenschein und Erfolg würden die Massen bestechen. Machiavelli ging von einer menschlichen Natur aus, deren Merkmale Machtstreben, Konkurrenzkampf und skrupelloser Egoismus waren. Hintergrund waren die kriegerischen Auseinandersetzungen in Italien zwischen den Stadtrepubliken, europäischen Mächten und auch dem Papst.[398]

Jean Bodin (1530-1596)

[399] Eine Weiterentwicklung der weltlichen Politikwissenschaft stellte die Einführung des Souveränitätsbegriffs dar. Dieser geht hauptsächlich auf Jean Bodin (1530-1596) zurück und wurde von ihm in seinem Hauptwerk *Six Livres de la République* (1576) ausgebildet. Das wichtigste Attribut der Souveränität (lat. *maiestas*) ist die Machtvollkommenheit, ohne Zustimmung Dritter für jeden gültige Gesetze zu erlassen. Solche Souveränität setzt voraus, dass der Gesetzgeber selbst nicht den Gesetzen eines anderen unterworfen sein darf. Die Souveränität gewährt also umfassende Macht im Innern des Staates (gegenüber den Ständen) und vollkommene Unabhängigkeit gegenüber allen anderen Herrschaftsmächten weltlicher und kirchlicher Art (v.a. Kaiser und Papst). Mit der Forderung nach innerer Souveränität legte Bodin die Grundlage für eine theoretische Begründung umfassender staatlicher Befugnisse. Aus der staatlichen Gewalt ließen sich alle notwendigen Rechte wie z.B. ein Gesetzgebungsrecht deduktiv ableiten. Politische Macht war nicht länger eine Anhäufung einzelner Rechte. Daraus leitete sich der moderne Staatsbegriff ab.[399]

hemmer-Methode: Die Ausbildung der Politikwissenschaft in Frankreich war eine Reaktion auf die langwierigen Konfessionskonflikte, die zuerst in der Bartholomäusnacht 1572 gipfelten und durch das Edikt von Nantes 1598 zunächst beendet wurden. Die Politikwissenschaftler (*politiques*) forderten eine Lösung des Königtums von der konfessionellen Identifikation. Der König sollte als *pouvoir neutre* über den Konfessionen stehen. Bezeichnend ist dann der Konfessionswechsel Heinrichs IV. 1594, ohne den er nicht die französische Krone erlangt hätte.

Späthumanismus

[400] Im Heiligen Römischen Reich wurde im Zuge des Humanismus und der Reformation die aristotelische *Politik* wieder aufgegriffen. 1530 verfasste Philipp Melanchthon (1497-1560), ein Wegbegleiter Martin Luthers, einen Kommentar dazu. Der Grundgedanke der aristotelischen Staatszwecklehre, die Sorge um die sittliche Vervollkommnung des Menschen, wurde darin verbunden mit der christlichen Heilslehre.

Im Sinne der protestantischen Landesherren sollte die weltliche Obrigkeit durch die Wahrnehmung der Kirchenherrschaft auch für das Seelenheil ihrer Untertanen zuständig sein (s.o. Rn. 393). Mit der Verknüpfung der Politik und der christlichen Ethik wurde die Lehre von der Politik die Erkenntnis der richtigen Ordnung des Gemeinwesens und Handlungsanleitung zugleich. Gleichzeitig war die ausschließliche Kompetenz der Obrigkeit für die Gestaltung des sozialen Ganzen begründet. Es stand also die Souveränität des Fürsten im Vordergrund, gebunden nur an moralische Maximen. Über ein Verfahren zur Kontrolle der politischen Macht wurde noch nicht nachgedacht.[400]

---

[398] FENSKE/MERTENS/REINHARD/ROSEN, S. 246 f.
[399] WILLOWEIT, § 22 I 1, S. 165.
[400] WILLOWEIT, § 22 I 2, S. 166.

Reichspublizistik

Die konfessionelle Auseinandersetzung im Heiligen Römischen Reich bis zum Westfälischen Frieden und die damit einhergehende offene Verfassungslage förderten die Entstehung einer deutschen Staatsrechtslehre. Nach dem aus dem römischen Recht entnommenen Begriff des *ius publicum* wurden deren Vertreter *Publizisten* genannt. Gelehrt wurde das Staatsrecht vor allem an Universitäten im lutherischen Raum, im katholischen Raum fand keine Emanzipation von der Theologie statt. Grund dafür war, dass unter den Protestanten ein großes Bedürfnis danach bestand, die eigene Position neu zu bestimmen. Unter dem Einfluss Bodins wurde untersucht, wem im Reich die höchste Souveränität zustehe, Kaiser, Reichsständen oder Volk. Man entwickelte den Begriff von der *maiestas realis*, dem obersten Recht am Staat, und der *maiestas personalis*, den an das Staatsoberhaupt übertragenen Rechten. Ihr prominentester Vertreter Johannes Limnaeus (1592-1663) teilte die personale Souveränität unter Kaiser und Ständen auf (*Status-mixtus-Lehre*). Darin spiegelte sich die schon vorhandene Doppelung der Staatsmacht im Reich wider, die sich einer staatsrechtlichen Systematik entzog. Die Konsequenz daraus zog Samuel Pufendorf (1632-1694) in seiner Schrift *De statu imperii Germanici* (1667). Da das Reich weder als Monarchie noch als Staatenbund eingeordnet werden konnte, bezeichnete er es als *monstro simile*.[401]

401

2. Merkmale der absolutistischen Herrschaft

Gottesgnadentum

Das Zeitalter der Konfessionskriege brachte den neuen Herrschaftstypus des absolutistischen Fürsten hervor. Die theoretische Ausformung des Souveränitätsbegriffs auf der einen Seite und das erhöhte Konfliktpotential durch die konfessionelle Auseinandersetzung rückten den Fürsten in eine Schlüsselposition. Als einziger geeignet, dauerhaft den Landfrieden zu sichern, konnte er seine Vorrangstellung gegenüber dem eingesessenen Adel endgültig durchsetzen. Er war nun nicht mehr primus inter pares, vielmehr wurde seine Herrschaft religiös überhöht. Die absolutistische Herrschaft ruhte auf der Grundlage des Gottesgnadentums (*dei gratia*). Herrschaft war gottgegeben und gottgewollt. Der Begriff des Gottesgnadentums wurde im Laufe der Zeit verrechtlicht. Wem das Gottesgnadentum zu eigen war, war durch die Erbfolge vorherbestimmt. Ein Abweichen von der Erbfolge war nicht denkbar, die Nachfolge in der Primogeniturordnung zwingend festgelegt.[402]

402

absolutistische Herrschaft und Landeshoheit

Die absolutistische Herrschaft wurde beschränkt durch die weiterexistierende alte Rechtsordnung. Die absolutistische Entwicklung vollzog sich darüber und dazwischen. Der Absolutismus füllte nur Raum aus, der vorher vom Recht noch nicht erfasst war. Rechtsgrundlage für den sich verfestigenden Fürstenstaat war die Landeshoheit (*ius territoriale, superioritas territorialis*).

403

Diese entwickelte sich aus den die Landesherrschaft bildenden Rechten. Eigentlich bestand nur ein gradueller Unterschied zwischen der Verdichtung der Rechte. Die Landeshoheit gewann aber eine eigenständige Bedeutung mit der erfolgreichen Behauptung der Landesherren um die staatliche Unabhängigkeit, anerkannt im Westfälischen Frieden. Gerade die innere Souveränität, also die Unabhängigkeit von ständischer Mitregierung, wurde zum Kennzeichen des Absolutismus. Schließlich wurde die Landeshoheit im 18. Jahrhundert als ursprüngliche, d.h. nicht vom Reich abgeleitete Landeshoheit angesehen und damit selbst zu einer Rechtsquelle, aus der die Territorialherren nun die maßgeblichen, einst auf dem Lehnrecht beruhenden Regalien und Privilegien schöpften.

---

[401] FENSKE/MERTENS/REINHARD/ROSEN, S. 310 f.
[402] CONRAD II, S. 240 f.

Der zwischen Reich und Territorien bestehende Lehnsnexus war damit weitgehend ausgehöhlt. Die Landeshoheit kennzeichnete nun den neuzeitlichen Territorialstaat und wurde neben der Souveränität zum Inbegriff seiner hoheitlichen Rechte.[403]

stehendes Heer

Kennzeichen absolutistischer Herrschaft war zuvorderst eine neue Militärpolitik. Ein vorrangiges Ziel der Landesfürsten war der Aufbau eines stehenden Heeres. Auch noch in der Zeit nach dem Dreißigjährigen Krieg bestand für manche Territorien die Notwendigkeit zur Unterhaltung von Heeren. Brandenburg musste sich gegen Schweden durchsetzen und der Kaiser die Türken abwehren. Daraus erwuchs der stets unter Waffen stehende und besoldete Soldat als Symbol des außenpolitisch handlungsfähigen Staatswesens. Die Schaffung des Heeres verletzte das überlieferte Recht nicht, weil es außerhalb des älteren Obrigkeitsstaates stand. Aber es entwertete diese, indem es neue Prioritäten setzte, die schließlich auch die Rechtslage nicht unberührt ließen. Das Heer bedurfte der Finanzierung. Soldaten zu stellen, war aber seit jeher Aufgabe der Landstände, des Adels zumal, der im Kriegsdienst seine Lehnspflichten gegenüber dem Landesherrn zu erfüllen hatte. Da diese Pflicht auch durch Steuerzahlungen geleistet werden konnte, lag es natürlich nahe, das stehende Heer durch Steuerzahlungen der Landstände zu finanzieren. Dies hätte gleichzeitig aber auch ständische Mitsprache bedeutet. Deshalb bemühten sich die Landesherren, durch Erschließung neuer Finanzquellen den Unterhalt des stehenden Heeres vom traditionellen Steuerbewilligungsrecht der Stände zu befreien. Dies führte fast überall zu politischen Einbußen und Rechtsverlusten auf ständischer Seite, manchmal zur völligen Entmachtung.[404]

Merkantilismus

Mit der Entwicklung einer aktiven Innenpolitik wurde die tragende Säule des zukünftigen Staates geschaffen. Seit dem späten 17. Jahrhundert setzte sich die Herrschaft innenpolitische Entwicklungsziele. Aufgaben wie Bildungssteigerung, Wohlstandsförderung und Wirtschaftsentwicklung traten nun in den Vordergrund. Der Erschließung neuer Finanzquellen diente eine neuartige Wirtschaftsförderung nach den Grundsätzen des Merkantilismus. Dahinter standen folgende Gedanken: Je mehr Geld in Form von Edelmetall ein Land besitze, desto größer sei sein Reichtum. Die Hauptquelle der Bereicherung sei der auswärtige Handel. Der Reichtum wachse umso stärker, je mehr ans Ausland verkauft werde. Die Ausfuhr von veredelten Rohstoffen bringe größeren Gewinn als die von Rohstoffen. Je größer die Volkszahl, umso größer die wirtschaftliche Potenz. In der Praxis sollte durch Subvention gewerblicher Manufakturen oder Errichtung staatlicher Monopole eine aktive Handelsbilanz erreicht und die landesherrlichen Einnahmen vermehrt werden. Ödland wurde kultiviert und die Grenzen für Einwanderer geöffnet.[405]

Außerdem bemühten sich die Landesfürsten, Steuererhebungsrechte gegen die Landstände durchzusetzen, um nicht eine Steuerbewilligung jeweils mit Zugeständnissen und damit dem Verlust von Herrschaftsrechten erkaufen zu müssen. In diesem Zusammenhang fällt auch die Erfindung der indirekten Steuern wie Salzsteuer, Zölle und Akzise.

Bürokratisierung

Mit der Ausdehnung der Staatsaufgaben gingen ein weiterer Ausbau der Bürokratie und eine Loslösung von feudalistischen Strukturen einher. Die in der landesherrlichen Verwaltung nun anzutreffenden Juristen und Sekretäre waren Fürstendiener, d.h. sie waren abhängig vom Landesfürsten und nicht – wie ehedem der lehnsrechtlich geschuldete Dienst mit Rat und Hilfe – gleichberechtigt.

404

405

406

---

[403] HRG II (Art. Landeshoheit), Sp. 1389.
[404] WILLOWEIT, § 23 II 2, S. 176.
[405] HRG III (Art. Merkantilismus), Sp. 489.

Sie handelten nur noch in fremdem Auftrag und wurden für ihre Leistungen bezahlt. Die Bürokraten gewannen schnell eine gewisse eigenständige Machtposition, da sie allein durch ihr Wissen und ihren Sachverstand den immer größer werdenden Verwaltungsapparat überschauten. Der Hofrat verwandelte sich in ein reines Justizorgan. Für die große Politik war schon seit dem späten 16. Jahrhundert ein *Geheimer Rat* zuständig. Dieses wegen seiner Formalien noch schwerfällige Kollegialorgan wurde durch einen Kreis persönlicher Fürstenberater ersetzt, das sog. *Kabinett*.[406]

3. Die Herrschaftspraxis in den einzelnen deutschen Staaten

Die Wesensmerkmale der absolutistischen Herrschaftsform konnten sich hauptsächlich in den großen Territorien des Reiches entfalten, obwohl allen Residenzen das leuchtende Vorbild Ludwigs XIV. mit seinem glanzvollen Versailler Hof vor Augen stand. In dieser Zeit der Herrschaftsverdichtung fand symptomatischerweise gleichzeitig eine andere Entwicklung statt. Die großen Territorien Preußen und Österreich wuchsen aus dem Reich heraus und stiegen zu europäischen Großmächten auf. An diesen Staaten zeigt sich die absolutistische Herrschaftspraxis am deutlichsten.

407

Preußen

Vorbild im Reich für eine absolutistische Verfassungsentwicklung war Brandenburg-Preußen. Ganz entscheidend für die fürstliche Machtentfaltung war, dass es in Preußen gelang, das politisch wichtige wie finanziell aufwendige Heereswesen dem Einfluss der Landstände zu entziehen. Dabei profitierte man davon, dass es in den Ostsiedelgebieten kein so ausgeprägtes Ständewesen gab wie in Altsiedelgebieten. Drei aufeinanderfolgende bedeutende Fürsten erbrachten jeweils einen unterschiedlichen Beitrag zur Entwicklung des Gesamtstaates. Der Große Kurfürst Friedrich Wilhelm (1640-1688) machte durch seine großräumig konzipierte Machtpolitik in der Auseinandersetzung mit Schweden und Polen den Weg frei zu einer quasisouveränen Handlungsfreiheit. Sein Nachfolger Friedrich III. (1688-1713) konnte im außerhalb des Heiligen Römischen Reiches liegenden Herzogtum Preußen den Titel eines *Königs in Preußen* annehmen, was den Rang und das Prestige der Hohenzollerndynastie noch erhöhte. Vollendet wurde die herrschaftliche Durchdringung durch eine Zentralisierung der Verwaltung unter Friedrich Wilhelm I. (1713-1740).

408

1651 wurde der geheime Rat reorganisiert, um den zersplitterten Territorialstaat einer zentralen Lenkung zu unterwerfen und strikt auf Berlin und die Position des Fürsten auszurichten. 1660 konnte das brandenburgische Heer als stehend gelten, weil es nun nicht mehr verkleinert wurde.

409

Statt der bisherigen Finanzierung durch die Stände wurde es jetzt unterhalten durch eine regelmäßige staatliche Kopf- und Grundsteuer auf dem Land, die sog. *Kontribution*, und eine Verbrauchssteuer in den Städten, die *Akzise*. Für die Verwaltung der Einkünfte, die der Finanzierung des Heeres dienten, wurde das *Generalkriegskommissariat* eingerichtet, für die Verwaltung der übrigen Einkünfte, insbesondere aus den Domänen, das *Generalfinanzdirektorium*. Daraus ging 1723 das *Generaldirektorium* hervor. Damit war die Heeresfinanzierung in die allgemeine Staatsverwaltung integriert.[407]

Österreich

Das Haus Habsburg vereinte durch monarchische Union und familiäre Bindungen ein Konglomerat verschiedenartiger Länder im Südosten des Reiches. Die Kaiserwürde, seit 1438 ununterbrochen im Besitz der Habsburger, gründete auf den beiden österreichischen Herzogtümer, der Steiermark und Kärnten, und Krain.

410

---

[406] WILLOWEIT, § 23 II 3, S. 177.
[407] CONRAD II, S. 307-311.

Diese waren noch vereint mit den Königreichen Böhmen und Ungarn. Im Zuge der Türkenkriege konnten noch weitere Gebiete auf dem Balkan angefügt werden.

Da es in vielen Ländern ein ausgeprägtes Ständewesen gab, war die Schaffung einer Zentralgewalt nicht möglich. Auf der anderen Seite konnten die Habsburger Bestrebungen zur Bildung von Generalständen für ihre gesamten Länder zunichte machen. Die Einheit des Gesamtstaates stellte allein der Monarch her. Die Habsburger hielten im Begriff des Hauses Österreich an der mittelalterlichen personalistischen Staatsvorstellung fest. Die Einheit der österreichischen Erblande wurde durch das Testament Ferdinands II. von 1621 gesichert, Böhmen 1627, Ungarn 1687 Erbmonarchie. Die *Pragmatische Sanktion* von 1713 kodifizierte das Erbfolgerecht zugunsten weiblicher Erbfolge und statuierte die Unteilbarkeit der gesamten österreichischen Monarchie, für die 1804 eine eigene Kaiserkrone geschaffen wurde. Weniger die organisatorische und verfassungsrechtliche Verklammerung als vielmehr der Prestigegewinn der Habsburger durch die erfolgreichen Türkenkriege machte die Integration dieser verschiedenen Gebiete durch die habsburgische Monarchie möglich.

kleinere Reichsstände

Die große Masse der Reichsstände konnte Bündnisrecht und Quasisouveränität nicht instrumentalisieren. Auch in der Epoche des Absolutismus war das Zusammenwirken mit Landtag oder Landschaft für den Fürsten der Normalfall. Der Landtag war Mitträger der staatlichen Gewalt und der politischen Verantwortung und Garant von Kontinuität. Über das Institut der ständischen Mitbestimmung an sich war keine Diskussion möglich. Bei allen absolutistischen Ansätzen einzelner Fürsten fehlten in Deutschland in aller Regel ganz einfach die Ressourcen, um eine Regierungspraxis nach dem französischen Vorbild Ludwigs XIV. wirklich in Erwägung zu ziehen. Der oft eher zweifelhafte Wert ihrer Truppen und die relative Bescheidenheit ihres sich allerdings mehr und mehr aufblähenden Hofes ließen einen Vergleich mit Versailles nicht zu.[408]

411

4. Die herrschaftliche Durchdringung von Stadt und Land

Grenzen absolutistischer Herrschaft

Eigenständige, nicht vom Territorialherrn abgeleitete Herrschaft war mit dem Souveränitätsprinzip nicht vereinbar. In den absolutistischen Herrschaften wurde deshalb das genossenschaftliche Verfassungsleben in den Städten und Dörfern eingeschränkt oder sogar zerstört. Jedoch waren der herrschaftlichen Durchdringung von Stadt und Land Grenzen gesetzt.

412

Auf der einen Seite hatte der neuzeitliche Staat noch gar nicht die bürokratischen Ressourcen, um eine flächendeckende Verwaltung aufzubauen, und musste eher darauf bedacht sein, die bestehenden Strukturen zu integrieren. Auf der anderen Seite konnte die adelige Herrschaft auf dem Land nicht einfach beseitigt werden, da die Territorialherren letztlich auf ihren landsässigen Adel beim Aufbau der Verwaltung und des Heeres angewiesen blieben.

Eingliederung der Städte in die Reichs- oder Territorialverfassung

Die politische Situation der Städte veränderte sich in der Neuzeit radikal. Viele Städte, auch wenn sie einem Landesherrn unterstellt waren, hatten eine mehr oder weniger große Autonomie erreicht. Solche Städte unterschieden sich eigentlich kaum von den Reichsstädten. Das änderte sich, als im Zuge der neuzeitlichen Staatsbildung einerseits auf Abgrenzung und Integration ausgerichtete Territorien entstanden und sich andererseits auch das Reich institutionalisierte.

413

---

[408] WILLOWEIT, § 23 IV, S. 183 f.

Die durch die Reichsmatrikel nachgewiesene Vertretung auf dem Reichstag wurde im Verlauf des 16. Jahrhunderts zur Nagelprobe reichsrechtlich abgesicherter Stadtautonomie. In den anderthalb Jahrhunderten zwischen 1500 und 1650 schuf der politische Wandel Tatsachen, die alle Nicht-Reichsstädte auf den Status von dem Territorialstaat untergeordneten Landstädten festlegten. Eine Zwischenstufe konnte es nicht mehr geben. Die entscheidende Zäsur in der Beziehungsgeschichte zwischen Stadt und Territorialstaat brachte der Dreißigjährige Krieg. Er schwächte die Wirtschafts- und Finanzkraft der Städte entscheidend. Gleichzeitig gab er den Landesherren erstmals die realen Finanz- und Machtmittel an die Hand, ihren Souveränitätsanspruch gegenüber den Städten tatsächlich durchzusetzen. Die Landesherren übten mehr oder weniger massiven Druck aus, von rechtlichen, politischen oder wirtschaftlichen Maßnahmen bis hin zu offener militärischer Gewalt.

Eingriffe in die städtische Regierung

Die Eingriffe des Staates vollzogen sich in die verschiedenartigen Zweige der städtischen Regierung und Verwaltung. Seit dem Ausbau eines stehenden Heeres legte der Landesherr Garnisonen in die Städte und übernahm Bau und Unterhaltung der Festungswerke, zu denen die Bürgerschaft nicht mehr die Mittel aufbringen konnte. Dadurch wurde der Stadt die Wehrhoheit entzogen. Auch die der Stadt zustehende Rechtsetzungsbefugnis ging verloren. Die Stadt konnte nur noch mit Zustimmung des Landesherrn für die Bürgerschaft verbindliches Recht setzen. Die städtischen Gerichte wurden in die landesherrliche Gerichtsorganisation eingegliedert. Wo die Bestellung der städtischen Obrigkeit in der Hand der Stadt verblieb, nahm der Staat das Recht auf Bestätigung für sich in Anspruch. Das Polizeiwesen, die Steuer- und Gewerbehoheit der Stadt gingen auf den Staat über. Die Akzise, ursprünglich eine städtische Steuer, wurde zu einer staatlichen. Gewerbe- und Zunftordnungen wurden vom Staat erlassen. In Preußen beaufsichtigte der Staat schließlich durch den Steuerrat die gesamte städtische Verwaltung.[409]

414

Reste der städtischen Autonomie

Die städtische Selbstverwaltung wurde durch den Territorialstaat keineswegs ausgelöscht. Sie wurde uminterpretiert und angepasst. Wo die Stände erhalten blieben, trugen die Städte die neuzeitliche Staatsbildung politisch direkt mit. Die traditionelle Ratsverfassung wurde nicht abgeschafft, sondern dem neuen territorialen Regierungs- und Verwaltungssystem eingefügt. Für Städte in kleineren oder mittleren Territorien war das Modell der beauftragten Selbstverwaltung typisch, das an die Stelle der vorstaatlichen autonomen Selbstverwaltung trat. Verfassungsrechtlich war das zwar ein qualitativer Bruch, insofern die städtische Genossenschaft nicht mehr autonom war, sondern dem Landesherrn unterstand.

415

Die Stadt war nicht mehr primärer Träger des Gemeinwohls und von Politik generell, und damit war auch ein grundlegender Wandel in der politischen Kultur eingetreten. In der alltäglichen und sozialen Realität nahmen sich die Gegensätze aber weit weniger schroff aus. Eine Verstaatlichung der Stadtgemeinde, wie sie Preußen durchsetzte, war eher die Ausnahme.[410]

Mitwirkung des Adels auf unterer Verwaltungsebene

Auf dem Land war die Situation eine andere. Die dominierende soziale und politische Funktion des Adels stand hier nie zur Disposition. Sie war für die lokale Administration und auf Kreisebene unverzichtbar. Der absolutistische Staat verfügte noch nicht über einen flächendeckenden Aufbau. In Preußen stellte der *Landrat* das Bindeglied zwischen adeliger und staatlicher Herrschaft dar. Das Amt des Landrates entstand in der Mark Brandenburg aus dem vom Landesherrn auf Vorschlag der Stände ernannten Kreiskommissar, der seit dem 17. Jahrhundert für die Unterbringung und Verpflegung durchziehender Truppen zu sorgen und zugleich gewisse ständische Angelegenheiten wahrzunehmen hatte.

416

---

[409] CONRAD II, S. 269.
[410] HRG II (Art. Landstadt), Sp. 1577.

Der Landesherr nahm die Möglichkeit wahr, im ländlichen Bereich mit Hilfe des Landadels eine leistungsfähige Verwaltungsorganisation zu schaffen. Gerade in Preußen ließ sich das Kommissarwesen auf dem flachen Land ohne Mitwirkung des eingesessenen Adels nicht funktionsfähig erhalten. Mit dem Titel *Landrat* wurde dokumentiert, dass sie nicht nur in fürstlichem Auftrag, sondern auch als Repräsentanten des regionalen Adels, von dem sie ins Amt gewählt wurden, handelten. 1723 erfolgte die Unterstellung der Landräte unter die neugebildeten Kriegs- und Domänenkammern und damit ihre feste Einordnung in den Verwaltungsaufbau.[411]

Konkurrenz des Staates mit den adeligen Grundherren

Aufgrund ihrer starken herrschaftlichen Stellung waren es die adeligen Grundherren, die das genossenschaftliche Dorfleben einschränkten. Schon im Laufe des 16. Jahrhunderts, spätestens bis zum frühen 18. Jahrhundert gingen die Dorfherren dazu über, die bis dahin der Gemeinde überlassenen Angelegenheiten durch Dorfordnungen zu reglementieren und die Schöffengerichtsbarkeit durch Bürokratisierung zurückzudrängen. Seit dem 16. Jahrhundert traten die Territorialherren in Konkurrenz zu den adeligen Grundherren. Sie bemühten sich, mit Rechtsaufzeichnungen und Gesetzen stärker in die Rechts- und Sozialordnung der ländlichen Gesellschaft einzugreifen und deren Entwicklung enger obrigkeitlicher Aufsicht zu unterwerfen. Wie weit hier die Landesfürsten eingreifen konnten, hing aber von der Intensität der Adelsherrschaft ab. In den Gebieten östlich der Elbe war den adeligen Dorfherren schon bis zum 16. Jahrhundert eine weitreichende Vervollständigung ihrer Rechtsposition gelungen. In der sich dort ausbildenden *Gutsherrschaft* standen ihnen als alleinigen Inhabern der Gerichts- und Polizeigewalt zugleich auf dem Dorf größere Befugnisse zu Gebote als dem Landesherrn. Das Dorf verkümmerte zu einem rein wirtschaftlichen Verband. Die Gutsherrschaft konnte entscheidenden Einfluss auf die Dorfgemeinde ausüben. Dorfschulze und andere Gemeindeorgane wurden von der Gutsherrschaft ernannt.[412]

417

Gutsherrschaft

Die Gutsherrschaft entwickelte sich neben der Grundherrschaft seit der Ostkolonisation aus und gewann für die innere Struktur des deutschen Nordosten und damit großer Teile des preußischen Staates entscheidende Bedeutung. Die spezifische Eigenart lag in einer Konzentration hoheitlicher Befugnisse beim Grundherrn, verbunden mit einer großen Eigenwirtschaft. Für die Intensivierung der Eigenwirtschaft fehlte es wie anderswo in Deutschland auch zunächst am wirtschaftlichen Bedürfnis.

418

Eine Änderung setzte erst ein, als die Territorialfürsten dazu übergingen, hoheitliche Rechte an die adeligen Grundherren zu delegieren. Die Grundherren konnten diese Befugnisse gegenüber den Bauern in privatwirtschaftlich nutzbare Ansprüche auf persönliche Arbeitsleistung und Beschränkung der Freizügigkeit umwandeln. Vor allem erhielt der grundherrliche Adel die Niedergerichtsbarkeit. Diese erfasste aber auch Verwaltungsaufgaben und Polizeigewalt. Bis zum 16. Jahrhundert beschränkte sich die Erweiterung der adeligen Eigenwirtschaft vor allem auf das gesamte ritterschaftliche Hofland sowie auf Wüstungen. Danach kam es im ostelbischen Raum vermehrt zur willkürlichen Einziehung von Bauernstellen zugunsten der adeligen Gutswirtschaft, dem sog. *Bauernlegen*. Die rechtliche und wirtschaftliche Abhängigkeit der Hintersassen von ihrem Gutsherrn wuchs nach dem Dreißigjährigen Krieg bis zur Stufe der Erbuntertänigkeit und Leibeigenschaft an. Adelige Dorfherren in derart starker Stellung konnten das Rechtsverhältnis zu ihren Untertanen nach Belieben verändern.[413]

---

[411] HRG II (Art. Landrat), Sp. 1524 f.
[412] CONRAD II, S. 272.
[413] HRG I (Art. Gutsherrschaft), Sp. 1878-1880.

III. Der aufgeklärte Absolutismus

Unter dem Einfluss von Aufklärung und Naturrecht trat seit dem Ende des 17. Jahrhunderts ein Wandel der Staatsauffassung ein, der im folgenden Jahrhundert auch verfassungsrechtliche Veränderungen bewirkte. Während dies in Frankreich auf revolutionärem Weg geschah, beschritten manche Territorialherren in Deutschland einen evolutionären Weg und setzten Reformen von oben durch. Der Absolutismus wandelte sich zum aufgeklärten Absolutismus.

419

1. Naturrechtliche Staats- und Gesellschaftstheorien

Wurzeln des naturrechtlichen politischen Denkens

Die Lehren des Naturrechts reichen bis in die Antike zurück. Schon die Griechen waren davon ausgegangen, dass es Rechtssätze geben müsse, die von Natur aus existieren und nicht aufgrund der Anordnung irgendeines Gesetzgebers. Solche von Natur aus geltenden Normen müssten überall und ewig gelten. Hier wurde also schon überpositives Naturrecht vom menschlich gesetzten positiven Recht unterschieden. Diese Gedanken gingen auch in die christliche Theologie ein. Schon Augustinus unterschied zwischen einer göttlichen *lex aeterna*, welche die Menschen als *lex naturalis* vernunftmäßig erkennen würden, und der *lex positiva*, dem menschlich gesetzten Recht, dem das Naturrecht übergeordnet war und vorging.[414]

420

thomistischer Aristotelismus

Aristoteles hatte im Menschen ein *zoon politikon*, ein politisches Lebewesen gesehen, das auf die *polis*, das Gemeinwesen, als notwendiger Bedingung vollkommenen Lebens angewiesen ist. Die *polis* kennzeichnete den öffentlichen Bereich, in welchem der Bürger als Bürger in der Gemeinschaft prinzipiell Gleicher handelte. Im Gegensatz dazu stand der *oikos*, das Haus, das jedem Einzelnen eigen war und in welchem der Hausherr über Ungleiche Herrschaft ausübte. Thomas von Aquin überführte dieses Politikverständnis in ein mittelalterlichen Vorstellungen angepasstes ganzheitliches Modell der *societas*, in der *polis* und *oikos* aufgingen. Er maß dem Menschen als *animal sociale* eine natürliche Soziabilität bei, das Gemeinwesen stellte in Analogie zur patriarchalischen Hausherrschaft die gottgegebene, insofern naturrechtliche Lebensform des Menschen dar. In diesem Gemeinwesen war für die sittliche Vervollkommnung und das Gemeinwohl zu sorgen. Die Gebote der Naturordnung, der *lex aeterna*, setzten dem Handeln des Einzelnen wie auch der Gesellschaft politisch-ethische Normen.

421

Einflüsse der Aufklärung

Neue Impulse für das Naturrecht brachte der Einfluss der Aufklärung. Die Aufklärung erfasste als große geistige und kulturelle Bewegung im 17. Jahrhundert ganz Europa. Sie führte einen durchgreifenden Wandel in der abendländischen Weltanschauung herbei, indem sie an die Stelle der aus dem Mittelalter überkommenen Bindung des gesamten menschlichen Lebens an eine übernatürliche Ordnung die Diesseitsbetrachtung setzte, die unter der alles beherrschenden Macht der Vernunft stand. Ein Ziel der Aufklärung war es, den Menschen aus den überlieferten, seine Freiheit und Entfaltungen hemmenden Bindungen zu befreien und das menschliche Leben in allen seinen Bereichen vernunftmäßig zu ordnen. Unter diesen Bedingungen konnte sich die Säkularisierung des Naturrechts und die Umdeutung in ein rein rationales Vernunftrecht vollziehen. Die vernunftrechtliche Lehre ging davon aus, dass allein aus Vernunft Rechtssätze abgeleitet werden können. Es bestand unbegrenztes Vertrauen in die Vernunft. Politik wurde so Sache der Erkenntnis, Sache der Vernunft, eine Suche nach Gesetzmäßigkeiten.

422

---

[414] Dazu im Einzelnen SCHLOSSER, S. 76-81.

Die Verknüpfung von Vernunft und vom Staat zu erstrebendem Gemeinwohl führte geradezu zu einer Verrechtlichung der Politik. Erst Kants *Kritik der reinen Vernunft* brachte ein Umdenken. Nicht Erkenntnis sei entscheidend, sondern das zugrunde liegende Werturteil.[415]

vernunftrechtliche Staatstheorien

423

Durch das Vernunftrecht wurde die Annahme der natürlichen Soziabilität abgelöst durch diejenige von Individuen mit natürlichen Rechten ursprünglicher Freiheit und Gleichheit. Das Vernunftrecht beruhte nicht mehr auf einem göttlichen Recht, sondern auf rationaler Deduktion und empirisch fassbaren Verhaltensformen des Menschen. Die Notwendigkeit organisierter Gesellschaft wurde mit dem Selbsterhaltungstrieb, dem Bedürfnis nach Sicherheit oder nach Genuss des Eigentums begründet. Auf der Annahme von Naturzustand und vertraglicher Unterwerfung unter die Herrschaft wurden verschiedene theoretische Entwürfe entwickelt. Der Mensch habe bereits im Naturzustand (*status naturalis*) vorgesellschaftliche Rechte. Durch einen Gesellschaftsvertrag entstehe ein Zusammenschluss der einzelnen Individuen, den man Staat nennen kann (*status civilis*) und an den die Rechte des Einzelnen in einem bestimmten Umfang abgetreten werden. Dieser Zusammenschluss entstehe, um bestimmte irdische Zwecke und Ziele der einzelnen Individuen zu verfolgen wie Lebenserhaltung, Friede und später Freiheit und reale Gleichheit.

Staat als Rechtspersönlichkeit

424

Das naturrechtliche Modell des Gesellschaftsvertrages förderte die Vorstellung von der Rechtspersönlichkeit des Staates. Das gemeine Recht kannte die Figur der *universitas* als einer *persona ficta*, die mit eigenem Vermögen, Vertretern und Statuten von den dahinter stehenden natürlichen Personen unterschieden wurde. Dass Städte, Dörfer und andere korporative Zusammenschlüsse wie „moralische" Personen handelten, war seit langem akzeptiert. Unter dem Einfluss des Naturrechts schied man jetzt auch den Staat von der Summe der Individuen, aber auch vom Monarchen. Beim Monarchen wurde zwischen Privatperson und Herrscherpersönlichkeit, zwischen privatrechtlichen Geschäften und Regierungsakten unterschieden.[416]

Thomas Hobbes (1589-1679)

425

Die extremste Theorie des Absolutismus legte Thomas Hobbes (1589-1679) mit seinem Hauptwerk *Leviathan* 1651 vor. Nach seiner Theorie herrscht im Naturzustand des Menschen annähernde Gleichheit aller Menschen, da bei aller natürlichen Ungleichheit auch der Schwächste den Stärksten töten kann. Jeder hat das Recht, alles zu tun, was er will, und das Recht auf Verteidigung und Selbsterhaltung.

Da jeder diese Rechte hat, kommt es zum Konflikt untereinander aus einem gegenseitigen Misstrauen. Diese Gedanken führen zu der Schlussfolgerung, dass der Mensch ein triebhaftes Wesen ist, eben nicht, wie Aristoteles annahm, ein *zoon politikon*: Der Mensch sei des Menschen Wolf (*homo homini lupus*). Es herrscht somit ein allgemeiner Kriegszustand (*bellum omnium contra omnes*). Daraus erwächst der Wunsch, sich in einem Unterwerfungsvertrag mit den anderen zu verbinden. Der Vertrag beinhaltet die Vertretung aller durch eine künstliche Person, den Leviathan, durch den die Vertretenen selbst zu einer Einheit werden. Der Leviathan ist Sinnbild für den Staat. An ihn übertragen alle durch den Vertrag die Macht und verzichten auf ihre Freiheit. Dieser absoluten Herrschaftsgewalt stehen die Bürger prinzipiell als Untertanen gegenüber. Der Staat hat die Aufgabe, als potentiell allzuständige Entscheidungs- und Zwangsgewalt Feinde von außen abzuhalten und gegenseitige Übergriffe der Individuen, also den Bürgerkrieg zu verhindern. Er bietet Schirm und Schutz, verlangt dafür Gehorsam und Untertänigkeit. Recht ist, was der Staat anordnet.

---

[415] HRG III (Art. Naturrecht), Sp. 937.
[416] WILLOWEIT, § 25 II 2, S. 203.

Nicht die Wahrheit, die Autorität macht das Gesetz. Die Macht des Staates ist nur durch den Selbsterhaltungstrieb des Einzelnen, der nicht aufgegeben werden kann, begrenzt.[417]

Samuel Pufendorf (1632-1694)

Der erste, der sich in Deutschland von der aristotelischen Grundlage der Reichspublizistik löste, war Samuel Pufendorf (1632-1694). Im Gegensatz zur christlichen Naturrechtslehre ist das Naturrecht bei ihm nicht mehr integrierender Bestandteil eines theologischen Systems, sondern ein autonomes Prinzip, aus dem das Recht deduziert wird. Im Unterschied zu Hobbes hat der Mensch neben der rein triebhaften, physischen Natur noch eine sittlich-geistige. In einem fiktiv gedachten Naturzustand ist diese Natur aber gefährdet durch Eigenliebe und Selbsterhaltungstrieb. Es herrscht jedoch kein Krieg aller gegen alle. Die Einsicht in die Unvollkommenheit des Menschen führt zur Staatsgründung. Zuerst gründen die Menschen durch den Gesellschaftsvertrag eine Gemeinschaft zum gegenseitigen Schutz ihrer Schwäche, dann beschließen sie über die Regierungsform und errichten drittens durch den Unterwerfungsvertrag eine Obrigkeit, der sie gegen Sorge um das Gemeinwohl Gehorsam versprechen. Zwar werden durch den Unterwerfungsvertrag grundsätzlich auch Pflichten der Obrigkeit begründet. Pufendorf führt aber den Gedanken eines Widerstandsrechts bei Rechtsverletzungen der Obrigkeit nicht weiter aus. Die Staatsgewalt ist souverän im Sinne Bodins. Stände und andere intermediäre Gewalten haben keine Existenzberechtigung, da die Staatsgewalt sonst ihre Aufgabe im Dienst des Gemeinwohls nicht erfüllen kann.

426

Christian Thomasius (1655-1728), Christian Wolff (1679-1754)

Letztendlich stellt Pufendorfs Lehre eine Rechtfertigung obrigkeitlicher Herrschaftsausübung dar, da eine Übereinstimmung mit dem Naturrecht grundsätzlich angenommen wird. Die Bindung der Staatsgewalt an das Gemeinwohl weist aber schon in Richtung des aufgeklärten Absolutismus. Dieses Gedankengut wurde von Christian Thomasius (1655-1728) und Christian Wolff (1679-1754) weitergeführt. Beide wurden so zu den maßgeblichen Theoretikern des aufgeklärten Absolutismus in Deutschland. Während Pufendorf sich noch staatsrechtlich mit der Reichsverfassung beschäftigt, ist für Thomasius der souveräne Staat schon der absolutistische Territorialstaat. Der Fürst eines Territoriums ist unumschränkter Inhaber aller Gewalt, die in der Gesetzgebungsbefugnis kulminiert. Das Handeln des Herrschers ist an das Gemeinwohl gebunden. Thomasius unterscheidet aber noch zwischen Recht und Moral; eine Unterscheidung, die typisch für rechtspositivistisches Denken ist. Recht ist nur, was auch erzwingbar ist. Da auch die Vernunft dem Menschen nur raten kann, das Gute zu tun, so hat auch die Bindung des Fürsten an das Naturrecht nur den Charakter eines Rates.

427

Wolff geht hier weiter und legt einen umfassenden, auch die Moral einbeziehenden Rechtsbegriff zugrunde. Aus dem Naturrecht lassen sich alle Rechtssätze deduktiv nach mathematischen Grundsätzen, *more geometrico*, ableiten, so auch die Aufgaben der Staatsgewalt. Das Verhältnis der Untertanen zur Obrigkeit wird als Pflichtenverhältnis gedeutet. Jeden Menschen trifft die Pflicht zur Selbstvervollkommnung. Der Staat dagegen strebt nicht nur nach Vervollkommnung der natürlichen Personen, sondern auch nach seiner eigenen, ist er doch auch Rechtsperson. Daraus entwickelt Wolff das Programm eines Wohlfahrtsstaates.[418]

428

2. Reformen des aufgeklärten Absolutismus

Einfluss des naturrechtlichen Denkens

Die Verpflichtung auf den Staatszweck motivierte den aufgeklärten absoluten Monarchen zu einer Reformpolitik, die der Verwirklichung größtmöglicher allgem. Wohlfahrt und Glückseligkeit dienen sollte.

429

---

[417] FENSKE/MERTENS/REINHARD/ROSEN, S. 318-320.
[418] FENSKE/MERTENS/REINHARD/ROSEN, S. 350-354.

Diese Politik schloss sich an die der Landesväter des 16. Jahrhunderts an, die sich vor Gott für das irdische und seelische Wohl ihrer Untertanen verantwortlich gefühlt und daher das öffentliche und private Leben weitgehend reglementiert hatten. Nur dass die Motivation nun eine andere, nicht eine religiöse, sondern eine aufklärerisch-vernunftrechtliche war, die sich daher auch bloß auf das irdische Wohl der Untertanen beschränkte. Herrschaft hatte die stete Verbesserung der Lebensverhältnisse der Untertanen und den Aufschwung des eigenen Staates zum Ziel. Vom Fürsten wurde deshalb ständige Aktivität verlangt. Er hatte seine Qualifikation für das ihm durch biologischen Zufall überantwortete Fürstenamt immer wieder zu beweisen. Verschiedene aufgeklärte Fürsten des 18. Jahrhunderts brachten dies mit der Formel zum Ausdruck, der erste Diener des Staates zu sein. Das neue Herrscherethos schlug sich z.B. in den politischen Testamenten Friedrichs des Großen nieder. Friedrich stand dem Christentum distanziert gegenüber und sah sein Herrscheramt nicht mehr als gottgewollte Obrigkeit, sondern konnte es über das naturrechtliche Modell des Gesellschaftsvertrages erfassen. In der Natur dieser Vertragskonstruktion lag es, dass der Herrscher auf den Staatszweck, nämlich allgemeine Wohlfahrt und Glückseligkeit, festgelegt war.[419]

Schaffung eines aufgeklärten Beamtenapparates

430

Träger der neuen Staatsauffassung waren neben den Monarchen die Beamten. Die Landesherren bildeten sich einen aufgeklärten Beamtenapparat heran. Dahinter stand eine neue Sichtweise. Der Fürstendienst entwickelte sich zum Staatsdienst. Aufgrund des Gesellschaftsvertrages habe der Bürger grundsätzlich die Pflicht zum Staatsdienst. Da aber viele mangels Ausbildung nicht geeignet oder anderweitig beschäftigt waren, wurde die Unterstützungspflicht auf die Beamten übertragen. Weil die Beamten nur ihre Pflicht taten, hatten sie keinen Anspruch auf Lohn. Die anderen, die durch die Beamten vertreten wurden, hatten aber die Pflicht, die Beamten zu ernähren, zu alimentieren. Eine Arbeitszeitbegrenzung war nach diesem Modell auch nicht denkbar, denn die Unterstützungspflicht war an sich nicht begrenzbar. Mit wachsendem Selbstbewusstsein waren es die führenden Köpfe der Verwaltung, welche die Staatsziele definierten und die Staatstätigkeit lenkten. Auf den abstrakten Staatsgedanken verpflichtet, trugen diese Beamten entscheidend dazu bei, die Monarchie zu entzaubern.[420]

hemmer-Methode: Auf diesem Gedankengut entwickelte sich in der ersten Hälfte des 19. Jahrhunderts der bürokratische Absolutismus in Preußen. Hardenberg und Hegel sahen in den Beamten die eigentlichen Vertreter des Volkes. Der Monarch wurde durch die Beamten eingerahmt. Der preußische Staatsrat fungierte als Verfassungsersatz. Eine verfassungsmäßige Repräsentation hätte nach Hardenbergs Ansicht nur partikulare Interessen vertreten.

Praxis des aufgeklärten Absolutismus

431

In der Praxis stellte sich die Politik der aufgeklärten Fürsten wesentlich zweckrationaler dar, als das philosophische Fundament. Bei allem Verständnis für den Kampf gegen Privilegien ging es ihm zunächst einmal um den praktischen Nutzen für ihren Staat. Reformen der landesherrlichen Staatsverwaltung intendierten zunächst einmal Effizienz und Fiskalismus. Die öffentlichen Finanzen wurden mit dem gemeinen Wohl identifiziert. Es ging primär darum, den fiskalischen Ertrag zu steigern. Regierungs- und Verwaltungsreformen entwickelten das Vorgefundene eher weiter, stürzten es nicht um. Friedrich II. richtete z.B. in der zentralen Verwaltung Fachdepartements ein. Bedeutender und wegweisender waren die Leistungen des deutschen Reformabsolutismus im Justiz- und Strafrechtswesen.

---

[419] FENSKE/MERTENS/REINHARD/ROSEN, S. 355.
[420] WILLOWEIT, § 26 II 2, S. 213.

Gesetzgebung und Justizreformen

Die wichtigsten Veränderungen durch den aufgeklärten Absolutismus vollzogen sich auf dem Feld der Gesetzgebung. Durch die Herrschaft der Gesetze sollte ein dauerhaftes Regiment errichtet werden. Das Gesetz als abstrakt-generelle Regelung, die sich gleichermaßen an alle Untertanen richtete, stellte für die Naturrechtler ein probates Mittel zur Erreichung größtmöglicher Freiheit und Gleichheit dar. Durch das Gesetz wurde die absolute Herrschaft berechenbar und vernunftgeleitet. Das Naturrecht, das grundsätzlich vorstaatlich war, sollte der Fürst in seinen Willen aufnehmen und durch Erlass positivieren. Daraus entstanden in Preußen und Österreich, aber auch in anderen deutschen Mittelstaaten große Gesetzgebungsvorhaben, die sich in Kodifikationen wie dem *Allgemeinen Landrecht für die Preußischen Staaten* von 1794 niederschlugen. Der Primat der Gesetzgebung hatte auch ein neues Verständnis des Richteramtes zur Folge. Nicht mehr der allein Gott verantwortliche Landesherr erschien als das Leitbild des Richters, sondern der an das Gesetz gebundene Beamte.

432

Josephinismus

Kaiser Joseph II. war neben Friedrich II. der profilierteste aufgeklärte Monarch im Heiligen Römischen Reich. Seine zehnjährige Alleinherrschaft in Österreich (1780-1790) war geprägt durch eine hektische Reformtätigkeit in allen Bereichen. Ziel war die Schaffung eines rational durchorganisierten, zentralisierten Einheitsstaates. Am tiefgreifendsten aber war die Kirchenpolitik. Eingriffe in das religiöse Leben waren ein zentrales Anliegen der aufgeklärten Reformer. Einmal sollte die Verzahnung von Staat und Kirche beseitigt werden, außerdem sollten Missstände in der katholischen Kirche abgeschafft werden. Joseph II. ging am konsequentesten von allen deutschen Fürsten gegen die Kirche in seinem Territorium vor. Diese Politik wurde später als *Josephinismus* bezeichnet. Ziel war dabei die Reduktion der Kirche auf den ihr eigenen Bereich der Seelsorge, die Verstärkung des staatlichen Einflusses und der Abbau von Frömmigkeitsformen und Institutionen, die sich zum Nachteil der Landeswirtschaft auswirkten. Der Josephinismus reichte von Klostersäkularisationen und der Überstellung der Priesterausbildung in die staatliche Regie bis hin zu Einschränkungen der kirchlichen Feiertage und Wallfahrten. Die Reformen scheiterten schon vor dem Tod Josephs. 1789 kam es zu Aufständen in Ungarn und den Niederlanden, die ihn zum Widerruf sämtlicher Reformen in diesen Gebieten zwangen.

433

Physiokraten

In der Wirtschaftspolitik wurde meist die merkantilistische Ausrichtung beibehalten. Nur vereinzelt machte sich die neue Wirtschaftslehre der *Physiokraten* bemerkbar, die in der zweiten Hälfte des 18. Jahrhunderts entwickelt wurde und eine Übergangsstufe zum Wirtschaftsliberalismus des 19. Jahrhunderts darstellte. Die Physiokraten leiteten die Organisation des Staates von den Produktionsverhältnissen her, wobei im Gegensatz zum Merkantilismus die Landwirtschaft als einzige Produktivkraft angesehen wurde. Allein der Ackerbau bringe neue Güter hervor, während in Manufakturen nur die Weiterverarbeitung schon vorhandener Stoffe erfolge. Durch Produktion und Weiterverarbeitung, Kauf und Verkauf entsteht ein natürlicher geschlossener Wirtschaftskreislauf. Gegenüber dem Staatsdirigismus des Merkantilismus vertraten die Physiokraten eine extrem liberale Haltung des laisser faire. Damit wurden alle Privilegien und Monopole in Frage gestellt.[421]

434

---

[421] HRG III (Art. Physiokraten), Sp. 1751 f.

§ 10 VOLLREZEPTION, NATURRECHT UND KODIFIKATION

Lernübersicht:

I. Die Rezeption des römisch-kanonischen Rechts

Bei der Rezeption des römisch-kanonischen Rechts handelt es sich um einen allgemeinen Vorgang, von dem fast jede europäische Rechtsordnung in mehr oder weniger großem Umgang betroffen war. In Deutschland begann die Rezeption im 13. Jahrhundert. Der Rezeptionsvorgang setzte zunächst mit einer Verwissenschaftlichung des Rechtslebens ein. Dieser Prozess wird als *Frührezeption* bezeichnet, demgegenüber die *Vollrezeption* das Eindringen des römischen Rechts in die gerichtliche Praxis kennzeichnet. Zu einer allgemeinen Durchsetzung als subsidiäres gemeines Recht kam es im 15. und frühen 16. Jahrhundert.   *435*

1. Die Vollrezeption

gelehrte Juristen als Träger der Rezeption

Träger der Rezeption waren Juristen, die in Italien das gelehrte Recht studiert hatten, und nun in den landesherrlichen Verwaltungen Verwendung fanden. Zur Anwendung und Durchsetzung des gemeinen Rechts kam es aber erst, als den gelehrten Juristen von den Landesherren die Rechtsprechung anvertraut wurde. Die Initiative, auch Berufsrichter in der Rechtsprechung einzusetzen, dürfte dabei von den Landesfürsten und Magistraten ausgegangen sein, die gute Erfahrungen mit den Juristen als Räte und Syndici gemacht hatten. Einen Anstoß dazu gab auch die Reichskammergerichtsordnung von 1495 (s.o. Rn. 349), nach der die Richterbank zur Hälfte mit Doktoren besetzt war. Das Vordringen der gelehrten Juristen kann die Rezeption allein aber nicht erklären, das Studium in Italien war eher Wirkung als Ursache. Der Grund für die Rezeption waren auch weder wirtschaftliche Bedürfnisse - das gemeine Recht war nicht besonders verkehrsfreundlich - noch der humanistische Zeitgeist. Weshalb sich das gemeine Recht als subsidiäre Rechtsquelle in Deutschland etablieren konnte, lag eher an dem zunehmenden Verfall einer zentralen Reichsgewalt, der die Bildung einer reichsrechtlich geordneten Gerichtsverfassung unmöglich machte, was für die Überwindung des um sich greifenden Rechtspartikularismus unerlässlich gewesen wäre. Die sich komplizierenden gesellschaftlichen Verhältnisse machten den Übergang von auf sozialer Autorität beruhendem Schöffenspruch zum überprüfbaren Urteil auf gesicherter materiell-rechtlicher Grundlage notwendig. Das gemeine Recht drängte sich in die vom hergebrachten Recht nicht mehr ausfüllbare Lücke.[422]   *436*

---

[422] HRG IV (Art. Rezeption, privatrechtlich), Sp. 976 f.

subsidiäre Geltung

Nachdem gelehrte Juristen in Rechtsprechung und Verwaltung eingedrungen waren, war es eine notwendige Folge, dass in deren Tätigkeitsbereichen das römisch-kanonische Recht zur Anwendung kam, das sie studiert hatten. Das geschah zum Zweck der Lückenfüllung in heimischen Statuten, durch gezielte rechtsfortbildende Romanisierungen der Land- und Stadtrechte oder zur Legitimierung nach altem Recht unsicher gewordener Rechtspositionen, vielfach auch politischer Machtlagen. Die Reichskammergerichtsordnung von 1495 legte die subsidiäre Anwendung des gemeinen Rechts endgültig fest. Der Rechtsanwendung zugrunde gelegt wurde die Statutentheorie. Danach ging das speziellere Recht, also das Recht mit dem kleinsten Geltungskreis, dem allgemeineren vor. Ansonsten sprach eine Vermutung für das als Kaiserrecht angesehene gemeine Recht. Es wurde angewendet, wenn nichts anderes vorgetragen war. Der Kläger musste also den Anspruch nicht nur faktisch begründen, sondern auch, aus welchem Recht er hervorging, wenn er ihn nicht auf gemeines Recht stützte. Wer sich dagegen auf gemeines Recht berief, hatte ohne weiteren Nachweis eine Begründung seines Klagebegehrens (*intentio fundata*). Die Geltung des speziellen Rechts musste bewiesen werden. Bei Verschriftlichung war das kein Problem. Handelte es sich um Gewohnheitsrecht, fiel der Beweis meist schwer. Eine Möglichkeit war z.B. die Vorlage eines Zeugnisses des Stadtrates. Eine weitere Einschränkung des einheimischen Rechts bestand im Analogieverbot. Nur das, was wirklich in dem Gesetz, auf das sich berufen wurde, geregelt war, sollte Anwendung finden, ansonsten aber das gemeine Recht. Da das Reichskammergericht meist als Appellationsinstanz tätig wurde, kam es häufig zu einer Zweiung des Rechts. Während die unteren Gerichte einheimisches Recht anwandten, entschied das Reichskammergericht nach gemeinem Recht. Dies änderte sich erst, als die unteren Gerichte sich im materiellen und im Prozessrecht dem Reichskammergericht angepasst hatten.[423]

Klag- und Laienspiegel

Eine wichtige Rolle für die Verbreitung des römisch-kanonischen Rechts in Deutschland spielten populärwissenschaftliche Darstellungen, die mit der Erfindung des Buchdrucks weite Verbreitung fanden. Es handelte sich dabei um systematische Darstellungen des römisch-kanonischen Rechts in deutscher Sprache. Diese Rechtsliteratur wurde durch den Zustand der Rechtspflege in Deutschland im 15. und 16. Jahrhundert notwendig. Einen großen Teil der Spruchkörper bildeten immer noch die Schöffengerichte, die sich nun vor das Problem gestellt sahen, das ihnen fremde römisch-kanonische Recht anzuwenden. Mit diesen Büchern wurde der Versuch unternommen, dieses in die deutsche Rechtspraxis umzusetzen. Zu den bedeutendsten Büchern dieser Art zählen der *Klagspiegel* und der *Laienspiegel*. Der *Klagspiegel* wurde am Anfang des 15. Jahrhunderts von einem unbekannten Autor verfasst. 1516 gab der Rechtswissenschaftler Sebastian Brant (1458-1521) einen Druck heraus. Das Werk enthielt Zivil-, aber auch Straf- und Strafverfahrensrecht. Seine Aufgabe sollte darin bestehen, das römisch-kanonische Recht für die Praxis in Gestalt eines leicht fasslichen Handbuches zu vermitteln. Auch der von dem Stadtschreiber Ulrich Tengler (1447-1511) verfasste *Laienspiegel* von 1509 war keine umfassende Darstellung des Rechts, sondern ein Hilfsbuch für Praxis und Studium. Die Darstellung des Rechts knüpfte an den Prozess an, nicht an das materielle Recht.[424]

Land- und Stadtrechtsreformationen

In steigendem Maße suchte die Gesetzgebung des Reiches und der Territorien die Schwierigkeiten auszuräumen, die sich notwendigerweise aus den Zusammentreffen der gelehrten gemeinrechtlichen Denkformen und Rechtsfiguren mit dem mittelalterlichen lokalen Recht in der Praxis ergeben mussten.

437

438

439

---

[423] MITTEIS/LIEBERICH, DRG, Kap. 40 I 4, S. 329 f.
[424] CONRAD II, S. 350.

Dies geschah durch Erlass von sog. *Land- und Stadtrechtsreformationen*. Die erste Stadtrechtsreformation war die Nürnberger aus dem Jahr 1479, die bekannteste wohl die Freiburger aus dem Jahr 1520 von Ulrich Zasius. Die Welle der Reformationen des Landrechts eröffnete Bayern 1518. Die Reformationen entwickelten das Recht unter Berücksichtigung der Zeitbedürfnisse sowie unter mehr oder weniger starkem Einfluss des gemeinen Rechts fort. Vornehmlich befassten sie sich mit Prozess- und Privatrecht, insbesondere Erb-, Ehegüter- und Vormundschaftsrecht. Anders als die Rechtsbücher wurden die Reformationen regelmäßig im Auftrag der jeweiligen Obrigkeit erarbeitet und von diesen mit Geltungskraft versehen. Sie zielten auch noch nicht auf vollständige Aufzeichnung des geltenden Rechts. Gesetzesgeschichtlich stehen die Land- und Stadtrechtsreformationen in der Tradition der Rechtsbesserung. Es handelte sich noch nicht um neugeschaffenes, gesetztes Recht. Daher auch die Bezeichnung als Reformation. Die als unzulänglich empfundenen zeitgenössischen Gegebenheiten sollten durch Beseitigung von Missständen und Abirrungen an vorgegebene, grundsätzlich nicht auswechselbare Richtigkeitsmaßstäbe angepasst, reformiert werden.[425]

Kursächsische Konstitutionen

hemmer-Methode: Eine Sonderstellung nahmen die *Kursächsischen Konstitutionen* von 1572 ein. In Kursachsen war schon im Mittelalter die Berufung an den Magdeburger Oberhof untersagt worden. Rechtsunsicherheiten als Folge der Aufnahme des gemeinen Rechts gaben Veranlassung, die Juristenfakultäten der beiden sächsischen Universitäten Leipzig und Wittenberg um Mitteilung der zweifelhaften Fälle zu bitten. Die Rechtskontroversen wurden gemeinsam mit den kurfürstlichen Räten erörtert, nach Genehmigung durch die Landstände als *Kursächsische Konstitutionen* in systematischer Reihenfolge entschieden und 1572 durch den Kurfürsten publiziert. In Ergänzung der Konstitutionen wurden als Ergebnisse neuer Beratungen 1661 die sog. *Kursächsischen Dezisionen* erlassen.[426]   440

2. Die Entstehung der neuzeitlichen Gemeinrechtswissenschaft

mos gallicus

Die französische, *mos gallicus* genannte elegante Jurisprudenz löste sich im 16. Jahrhundert von der scholastischen Rechtswissenschaft des *mos italicus*. Als der Papst im 14. Jahrhundert die Lehre des weltlichen Rechts an der Sorbonne aus Angst vor den vermehrt auftretenden häretischen Bewegungen verbot, brach in Paris die Juristenausbildung zusammen, erlebten aber gleichzeitig die südfranzösischen Universitäten einen Aufschwung. Die nun entstehende neue Schule warf den Vertretern des *mos italicus* vor, zu textbezogen zu sein. Entscheidend für einen Neuanfang war, dass die französischen Gelehrten die kaiserliche Legitimation der justinianischen Kompilation für sich nicht mehr gelten ließen. Nach der Abkopplung von der Autorität des Kaisers wurde das römische Recht nur noch von der eigenen wissenschaftlichen Güte legitimiert. In Südfrankreich bestand außerdem eine eigene römisch-rechtliche Tradition, die durch das westgotische *Breviarium Alaricianum* vermittelt worden war. Da man erkannt hatte, dass es sich bei dem *Corpus iuris* nicht mehr um klassisches römisches Recht handelte, versuchte die elegante Jurisprudenz unter dem Einfluss des Humanismus, durch den Grundtext des *Corpus iuris* zu den klassischen Quellen vorzudringen. Dem Humanismus konnte das justinianische, schon wegen des nichtklassischen Lateins sprachlich unelegante Recht nicht mehr bedeuten als eine ehrwürdige Geschichtsquelle.   441

---

[425] HRG IV (Art. Reformation, Rechtsquelle), Sp. 469 f.
[426] SCHLOSSER, S. 73.

Zu diesem Zweck begann sie, die bei der justinianischen Kompilation vorgenommenen Interpolationen abzustreifen und nachklassische Umgestaltungen durch Aufsuchen vor- und außerjustinianischer Rechtsquellen sichtbar zu machen. Sie untersuchte das *Corpus iuris* verstärkt mit philologischen Methoden und versuchte, es historisch aus seiner Zeit heraus zu verstehen. Durch eine neue Erschließung der antiken Rechtskultur sollte diese für die Gegenwart als Ideal nutzbar gemacht werden.[427]

Usus modernus pandectarum

Seit dem 16. Jahrhundert entstand in Deutschland eine eigenständige Gemeinrechtswissenschaft. Ihre herkömmliche Bezeichnung als *Usus modernus pandectarum* lehnt sich an den Titel eines die neue Richtung repräsentierenden Werkes von Samuel Stryk (1640-1710) an. Charakteristisch war die praxisbezogene, zeitgemäße Beschäftigung mit dem römischen Recht mit dem Ziel, dieses an die bestehenden Lebensverhältnisse unter Verarbeitung des eigenständigen deutschen Rechts anzugleichen. Den Gegenstand der Wissenschaft bildeten jetzt Normen römischer, kanonischer und germanischer Herkunft sowie modernes Gesetzes- und Gewohnheitsrecht. Sie wurden zu einer einheitlichen, wissenschaftlich bearbeiteten Rechtsordnung geformt. Typisch für die Arbeitsweise dieser Richtung wurde die Abkehr von der formalistischen scholastischen Methode, die Lösung von der Autorität der römischen Rechtsquellen und die Hinwendung zum forensisch Praktischen. Ab ca. 1650 war der *Usus modernus* der dominierende Stil der Zeit. Auf Theorieebene wurde er durch das Vernunftrecht abgelöst, in der Praxis durch die Kodifikationen zur Wende des 19. Jahrhunderts.[428]

442

Conring und die Lotharische Legende

Der Weg zu einem freieren, die Zeitgebundenheit der Quelle einbeziehenden Umgang mit den römischen Rechtstexten auch in Deutschland wurde angebahnt durch die Widerlegung der autoritativen Geltung des *Corpus iuris* als Kaiserrecht. Hermann Conring (1606-1681) verwarf in seinem Hauptwerk *De origine iuris germanici* von 1643 die damals noch vertretene Auffassung, Kaiser Lothar III. (1125-1137) habe das Gesetzeswerk des Justinian für das Reich verbindlich gemacht. Diese sog. *Lotharische Legende* besagte, dass Kaiser Lothar 1137 in Amalfi eine Digestenhandschrift gefunden und in Kraft gesetzt hatte. Conring vertrat die Auffassung, das römisch-kanonische Recht habe nur gewohnheitsrechtliche Geltung erlangt (*usu receptio*). Die Rezeption sei letztlich durch Lehre und Praxis vermittelt worden. Damit entfiel die vom Reich abgeleitete Legitimation des römischen Rechts. Diese Erkenntnis widerlegte die Statutentheorie und eröffnete die Möglichkeit, die Geltung des römischen Rechts jeweils zu überprüfen. Da es nur kraft Übernahme und nicht insgesamt galt, musste bei der Rechtsanwendung die Rezeption für jeden Textteil und jeden Landstrich nachgewiesen werden. Römisches und einheimisches Recht standen nun gleichwertig nebeneinander. Wenn nicht genau feststellbar war, welches Recht anwendbar war, oblag die Entscheidung letztlich den Juristen. So entstanden mehr Freiräume bei der Rechtsanwendung.[429]

443

3. Einflüsse auf das materielle Recht

Gegenstand der Rezeption

Gegenstand der Rezeption war nicht einfach das römische Recht in Form des *Corpus iuris*. Das justinianische Recht wurde durch Glossatoren und Kommentatoren weitergeformt. Die italienische Rechtswissenschaft war zwar bezüglich der Texte autoritätsgläubig, auf der anderen Seite aber um Widerspruchsfreiheit der Texte bemüht. So schuf die spätmittelalterliche Dogmatik bei ihrer Auslegung der justinianischen Quelle neue materiell-rechtliche Figuren.

444

---

[427] SCHLOSSER, S. 47 f.

[428] HRG V (Art. Usus modernus), Sp. 628 f.

[429] COING, Europäisches Privatrecht I. Älteres Gemeines Recht (1500 bis 1800), 1985, S. 93 f.

Hinzu kam der Einfluss des kanonischen Rechts. Aber auch der Rezeptionsvorgang selbst veränderte das gemeine Recht. Die Wissenschaft des *Usus modernus*, aber auch die praktische Gesetzgebung hinterließen ihre Spuren. Die Gemeinrechtswissenschaft verband vor allem die römisch-kanonischen Rechtsinstitute mit solchen des älteren deutschen Rechts und entwickelte deutsches Recht nach römisch-rechtlichen Grundsätzen fort.[430]

Prinzip der Treue

Nach den Lehren des *Usus modernus* war ein wichtiges deutsches Prinzip die Treue. Gestützt wurde dies auf die gerade wiederentdeckte *Germania* des Tacitus. Diese Treue war ein übergeordnetes Prinzip, das alle entgegenstehenden Regeln des römischen Rechts als obsolet erscheinen ließ. Die Treue wurde zur Begründung der Verbindlichkeit von Verträgen und der Klagbarkeit des *pactum nudum* angeführt. Mit Anerkennung der Klagbarkeit formloser Verträge korrespondierte die von den Kanonisten und der Gemeinrechtswissenschaft entwickelte *causa*-Lehre. Danach bedurfte jeder Vertrag einer *causa*, um wirksam zu sein. Im justinianischen Recht war die *causa* entweder - bei der Stipulation (= mündlicher Vertrag) - eine vorangegangene Verpflichtung oder ansonsten die Vorleistung einer Partei. Die Gemeinrechtswissenschaft ließ jedes vernünftige Motiv als *causa* genügen. Ein einfaches Schuldversprechen war unwirksam. Damit sollte die Ernsthaftigkeit und Überlegtheit der Vertragserklärung garantiert werden.[431] Ergebnis dieser Entwicklung war die heftig umstrittene Zulässigkeit von Erbverträgen oder die Möglichkeit der vertraglichen Begründung von Ehegüterständen. Damit wurden Entwicklungen im gemeinen Recht aufgegriffen, die schon vom kanonischen Recht in Gang gesetzt worden waren. Das kanonische Recht hatte Rechtsbegriffe wie *bona fides* und *aequitas* betont. Der *rigor iuris*, die Strenge des Rechts, sollte dem *ius aequum*, der Billigkeit, als übergeordnete Gerechtigkeit im Falle der Kollision weichen.[432] Letztlich dienten diese Argumentationsmuster dazu, Hindernisse in den römischen Rechtsquellen bei der Angleichung an das einheimische Recht zu überwinden und Rechtsinstitute zu legitimieren, für die in der aufstrebenden Verkehrswirtschaft seit dem ausgehenden Mittelalter ein elementares Bedürfnis vorhanden war.

445

Stellvertretung und Zession

Als zulässig wurde nun z.B. die direkte gewillkürte Stellvertretung angesehen. Dieser stand ein Prinzip des römischen Vertragsrechts entgegen, wonach ein Vertrag eine persönliche Bindung nur unter den bei seinem Abschluss Beteiligten hervorrufe (*alteri stipulari nemo potest*). Auch das ältere deutsche Recht kannte keine Stellvertretung, wenn man von der des Muntwalts für und gegen den Muntling absieht, die durch die Sozialverfassung bedingt war. Die Gemeinrechtswissenschaft war um Lösungen bemüht, aber auf Hilfskonstruktionen angewiesen. Die Stellvertretung wurde als Außenwirkung des Auftrages erfasst. Es war dabei offen, ob der Geschäftsherr unmittelbar aus dem Vertrag Rechte erwarb oder erst durch Zession.[433] Auch die Zession erfuhr eine Umbildung. Eine wirksame Forderungsübertragung war zwar im älteren deutschen Recht möglich, allerdings nur, wenn der Schuldner seine Einwilligung erklärte oder die Schuld ausdrücklich dem neuen Gläubiger gelobte. Das römische Recht ging dagegen von einem starren Obligationenrecht aus. Die *obligatio* erschien als höchstpersönliches Band zwischen Gläubiger und Schuldner. Dies stand der Übertragbarkeit entgegen. Das gemeine Recht hielt daran fest. Wie im römischen Recht schon angedeutet, konnte aber wenigstens das Klagerecht auf den Zessionar übertragen werden (*actio utilis*).

446

---

[430] HRG IV (Art. Rezeption, privatrechtlich), Sp. 973.
[431] COING, EUROPÄISCHES PRIVATRECHT I, S. 402 f.
[432] COING, EUROPÄISCHES PRIVATRECHT I, S. 41 f.
[433] COING, EUROPÄISCHES PRIVATRECHT I, S. 423-430.

Als man das Klagerecht des Forderungsinhabers (*actio directus*) nach der Abtretung ausschloss, entsprach dies vom Ergebnis her der Wirkung einer Forderungsabtretung. Aber erst das Naturrecht gelang zu der Ansicht, dass das abgetretene Forderungsrecht vollständig auf den Erwerber übergehe. Eine besondere Form wurde nicht mehr gefordert, auch nicht eine Mitteilung an den Schuldner.[434]

Ober- und Untereigentum

Eine neue Konzeption von Eigentum gab sachgerechte Antworten auf die typisch grundherrschaftlichen Wirtschaftsstrukturen der feudalen Gesellschaft. Grundlage des neuen Eigentumsverständnisses war das *dominium* des römischen Rechts als grundsätzlich schrankenloses Herrschaftsrecht über eine Sache. Der Rechtsinhaber besaß stets die volle und freie Verfügungs- und Nutzungsgewalt. Dem im Anschluss an das Lehnsrecht praktisch, in Nutzungsbefugnissen denkenden mittelalterlichen Recht blieb der abstrakte römische Eigentumsbegriff fremd. Der inhaltlichen Seite des Eigentums entsprach faktisch weit mehr die Möglichkeit seiner Nutzungen in einem grundherrlichen oder feudalen Rechtsverband als das abstrakte Wesensmerkmal der unumschränkten Sachherrschaft. Wer die *Gewere* an der Sache hatte, sie sichtbar nutzte, galt als ihr Eigentümer. Die italienische Rechtslehre entwickelte schließlich im Lehnsrecht zum Zweck der Erfassung der Rechtsstellung des Lehnsherrn und des Lehnsmannes und damit zur juristischen Bewältigung des Feudalismus die Rechtsfigur des *geteilten Eigentums*. Der Grund- oder Lehnsherr hatte das prinzipiell an sich uneingeschränkte Verfügungsrecht, das sog. Obereigentum (*dominium directum*), jedoch ohne Nutzungsbefugnisse oder Fruchtziehungsrechte. Über diese verfügte der Erbpächter, Erbleihnehmer oder Lehnsmann. Ihm stand das nutzbare, zugunsten des Obereigentümers eingeschränkte Recht nur kraft eines minderen sog. Untereigentums (*dominium utile*) zu. Allmählich setzte sich die Vererblichkeit des Untereigentums sowie seine Weiterveräußerung ohne Zustimmung des Obereigentümers durch. Sein Inhaber konnte schließlich faktisch und rechtlich wie jeder Eigentümer über das *dominium utile* verfügen.[435]

447

Gesamthandseigentum

Eine ähnliche Umformung erfuhr während des 17. Jahrhunderts der Rechtsbegriff des gemeinschaftlichen Eigentums. Mit dem römischrechtlichen *condominium plurium* nach ideellen Bruchteilen ließen sich die Gemeinschaftsverhältnisse im deutschen Recht nicht adäquat erfassen. Die häufig personengebundene, streng genossenschaftliche Zweckbindung innerhalb der zahlreichen sog. *Gemeinderschaften* (z.B. Erbverbrüderung, Ganerbenschaft, bäuerliche Feld-, Wald- und Wassergemeinschaften) sowie die Rechte am gemeinschaftlichen Gut der ehelichen Gütergemeinschaft oder am Lehnsgut bei Gesamtbelehnung erforderten ihre Zuordnung zu einem eigenen Eigentumsbegriff. Die Gemeinrechtswissenschaft des 17. und 18. Jahrhunderts entwickelte hierfür die Rechtsform des gesamthänderischen, solidarischen Gesamteigentums.[436]

448

> **hemmer-Methode: Das BGB hat sowohl das am römischen Recht orientierte Bruchteilseigentum (§§ 1008 ff., 741 ff.) als auch das deutschrechtliche Gesamthandseigentum (bei der BGB-Gesellschaft § 718, der ehelichen Gütergemeinschaft § 1416 und der Erbengemeinschaft § 2032) aufgenommen.**

Erwerb vom Nichtberechtigten

Einen gutgläubigen Erwerb vom Nichtberechtigten kannte das römische Recht nicht. Es galt der Grundsatz *nemo plus iuris ad alium transferre potest, quam ipse haberet*. Dem Eigentümer stand die Eigentumsklage (*rei vindicatio*) gegen jeden unberechtigten Besitzer zu.

449

---

[434] COING, EUROPÄISCHES PRIVATRECHT I, S. 444-448.

[435] OLZEN, Die geschichtliche Entwicklung des zivilrechtlichen Eigentumsbegriffs, JuS 1984, S. 331 f.

[436] SCHLOSSER, S. 61.

Ein Erwerb vom Nichteigentümer konnte nur durch Ersitzung geschehen. Dafür war bei beweglichen Sachen eine Frist von einem Jahr ungestörten Besitzes notwendig. Guter Glaube (*bona fides*) musste nach römischem Recht bei Erwerb der Sache, nach kanonischem Recht während der ganzen Ersitzungszeit vorliegen. An diesen Grundsätzen hielt auch das gemeine Recht fest. Das ältere deutsche Recht schützte in der Regel den Erwerb aller freiwillig weggegebenen Sachen. Der frühere Eigentümer musste sich an denjenigen halten, dem er die Sache anvertraut hatte (*Hand wahre Hand*). Unkenntnis des Erwerbers vom Rechtsmangel verlangte man nicht. Unter dem Einfluss des gemeinen Rechts wurde dieser Grundsatz von den Partikularrechten großenteils aufgegeben. Im Gegenzug wurden aber die Ersitzungsfristen z.B. beim Erwerb durch Kauf verkürzt. Erst das Naturrecht ließ den gutgläubigen Erwerb zu. Die früheste gesetzliche Regelung fand er im nie in Kraft getretenen österreichischen *Codex Theresianus* von 1766.[437]

4. Der gemeine Zivilprozess

Vorbild des Kameralprozesses

Der Zivilprozess wurde in der Neuzeit durch dasjenige Verfahren geprägt, das vor dem Reichskammergericht galt. Im Rahmen der Rezeption war auch der in Italien, vor allem in der geistlichen Gerichtsbarkeit entwickelte römisch-kanonische Prozess übernommen worden.[438] Der sog. *ältere Kameralprozess* war durch die Reichskammergerichtsordnung von 1495 und deren Neufassungen, insbesondere von 1555, geregelt. Er war für die Mehrzahl der Länder des Reiches vorbildlich und verdrängte dadurch weitgehend das frühere gerichtliche Verfahren. Den größten Widerstand setzte der Rezeption der sächsische Rechtsraum entgegen, wo ein anders gestaltetes Verfahren, der *sächsische Prozess*, ausgebildet wurde. Zum Teil in dessen Sinne erfolgte die Reform des Kameralprozesses durch den *Jüngsten Reichsabschied* von 1654. Das kammergerichtliche Verfahren verband Elemente beider Prozessformen. Auf dieser Grundlage beruhte der gemeine Zivilprozess, der das deutsche Zivilprozessrecht bis ins 19. Jahrhundert beherrschte. Der *Jüngste Reichsabschied* wies die Reichsstände an, dafür zu sorgen, dass dieses neue Verfahren auch in ihren Ländern angewendet werde. Der gemeine Prozess schlug sich deshalb in vielen Prozessordnungen der deutschen Territorien nieder.[439]

450

älterer Kameralprozess

Die wichtigsten Grundsätze des älteren kammergerichtlichen Prozesses waren die Verhandlungsmaxime, die den Parteien die Herrschaft über den Prozessstoff verlieh, die Schriftlichkeit des Verfahrens und der Artikelprozess. Bei dem Artikelverfahren musste der Kläger seine Klage in einzelne Tatsachen (*positiones*, *Artikel*) aufgliedern, während der Beklagte zu den einzelnen Punkten Stellung nehmen musste (*responsiones*). Über die Artikel, die er verneint hatte, wurde Beweis erhoben. Beweismaterial waren Zeugen, Parteieid und Urkunden. Die Zeugen wurden unter Eid in Abwesenheit der Parteien vernommen. Der Parteieid war Tatsacheneid. Nach der Beweisaufnahme konnte der Beklagte eigene Einwände in Artikeln erheben. Die vom Kläger bestrittenen Positionen mussten wiederum der Beklagte beweisen. Klage und Antwort wurden also sukzessiv bearbeitet. Dieses Vorgehen eröffnete natürlich viele Möglichkeiten der Prozessverschleppung.[440]

451

jüngerer Kameralprozess

Der sächsische Prozess ging vom Grundsatz der Mündlichkeit des Verfahrens mit Niederschrift des Parteivorbringens aus. Es wurde zwischen Behauptungs- und Beweisverfahren unterschieden.

452

---

[437] HRG I (Art. Guter Glaube), Sp. 1868 f.
[438] S. zum römisch-kanonischen Zivilprozess NÖRR, Reihenfolgeprinzip, Terminsequenz und „Schriftlichkeit", ZZP 85 (1972), S. 160-170.
[439] CONRAD II, S. 456.
[440] HRG IV (Art. Prozeß des Reichskammergerichts), Sp. 32.

Das Behauptungsverfahren endete mit einem selbständig anfechtbaren *Beweisinterlokut*. Dabei handelte es sich um die Entscheidung des Gerichts, wer welche Tatsachen zu beweisen hatte. Seinen Ursprung hatte es wohl in dem alten *zweizüngigen Urteil*. Es galt die Eventualmaxime. In der Klage musste bereits alles vorgetragen werden, was für den Prozess von Bedeutung sein könnte. Das Artikelverfahren war nicht zugelassen. Der Beklagte musste alle Einwendungen gleichzeitig vorbringen. Der *Jüngste Reichsabschied* übernahm zum Zweck der Verfahrensbeschleunigung vom sächsischen Prozess das summarische Verfahren und beseitigte das Artikelverfahren. Auch die Eventualmaxime und das Beweisurteil wurden eingeführt. Der Versuch der Prozessbeschleunigung zeigte in der Praxis aber kaum Wirkung. Dies lag auf untergerichtlicher Ebene auch an einer Besonderheit der gemeinrechtlichen Zeit, der *Aktenversendung*. Dabei wandte sich ein Gericht in einem anhängigen Verfahren an ein durch Rechtskenntnis ausgezeichnetes Spruchkollegium, meist eine Rechtsfakultät. Die von der Fakultät gefällte Entscheidung wurde als Urteil des ratsuchenden Gerichts verkündet.[441]

II. Rationalismus und Vernunftrecht

Cartesianismus

Die Naturrechtsschule löste zeitlich den *Usus modernus* nicht ab, sondern überschnitt sich mit ihm. Die klassische Zeit des Naturrechts waren das 17. und 18. Jahrhundert. Zwar gab es die Naturrechtsidee schon seit der Antike, nun gewann sie aber folgenreichen Einfluss auf den Universitätsunterricht und die praktische Gesetzgebung. Ausgangspunkt war eine allgemeine Wende im europäischen Denken, durch die eine Emanzipation von der durch den Humanismus wieder vergegenwärtigten Antike eingeleitet wurde. Im 17. Jahrhundert entstand auf Basis der Lehren René Descartes' (1596-1650) der Rationalismus. Die cartesianische Wissenschaftstheorie lehnte es ab, herrschenden oder überwiegenden Auffassungen nachzuhängen. Maßgeblich sollte nur die eigene Vernunft sein. Die Mathematik wurde zum Vorbild wissenschaftlichen Denkens erhoben. Wissenschaftliches Denken sollte nicht von der Analyse komplizierter Sachverhalte, sondern von einfachen, unmittelbar evidenten Einsichten ausgehen. Von daher sollten weitere Einsichten gefunden werden. Der Autorität der überlieferten Texte wurde die eigene kritische Analyse entgegengestellt.

453

Systematisierung des Corpus iuris

Die allgemeine Veränderung der wissenschaftlichen Denkweise wirkte sich auch auf die Rechtswissenschaft aus. Entsprechend den Forderungen der cartesianischen Methode suchte man nun nach obersten Grundsätzen, aus denen sich einzelne Regeln ableiten ließen. Man suchte eine neue systematische Ordnung, trennte Prinzipien und Einzelfallentscheidungen und suchte aus den letzteren allgemeine Regeln zu finden. Es setzte sich im 18. Jahrhundert auch eine andere Form des juristischen Denkens durch. Einzelprobleme sollten durch Subsumtion unter Prinzipien gelöst werden. Diese Tendenz führte zu einer grundsätzlich anderen Einstellung zum *Corpus iuris*. Es wurde nun versucht, den Rechtsstoff systematisch zu ordnen. Das positive römische Recht wurde nun in einer Folge von Sätzen, die aus Axiomen abgeleitet wurden, dargestellt.[442]

454

Vernunftrechtssystem

Ihren eigentlichen Ausdruck fanden die neuen Tendenzen im rationalistischen Naturrecht der Aufklärung, dem Vernunftrecht. Die Autoren des Vernunftrechts versuchten, aus der Natur des Menschen allgemeingültige Regeln für das Zusammenleben der Menschen herzuleiten. Die natürlichen Bedingungen, die für den Menschen gegeben sind, wurden aus einer Schilderung des Naturzustandes entwickelt, in dem er sich vor der Bildung von organisierten Gesellschaften befunden hat.

455

---

[441] CONRAD II, S. 459.
[442] COING I, S. 69-71.

Aus diesen Gegebenheiten wurden bestimmte Grundregeln als natürliche Rechte und Pflichten abgeleitet. Es wurden aber nicht nur allgemeine Sätze gebildet, sondern durch Deduktion eine Fülle von konkreten Normen. Aus einigen wenigen Oberbegriffen und Prinzipien wie der Heiligkeit der Verträge und der Unverletzlichkeit des Eigentums wusste man *more geometrico* ein System auch des Privatrechts zu entwickeln. Dadurch entstanden frei entworfene Systeme jenseits allen positiven Rechts. Diese Systeme waren großenteils dem gemeinen Recht verpflichtet. Das gemeine Recht des Usus modernus wurde, soweit es als vernünftig erkannt wurde, nun zum Vernunftrecht deklariert. Auf diese Weise floss nicht nur römisches, sondern auch einheimisches Gewohnheitsrecht in die vernunftrechtlichen Systeme ein. Diese boten aber Gelegenheit, neue Gedanken unabhängig von der Tradition des geltenden Rechts zu entwickeln.[443]

Hauptwerke

Die grundlegende Arbeit beim Aufbau eines vernunftrechtlichen Privatrechtssystems leistete Samuel Pufendorf mit seinem Hauptwerk *De iure naturae et gentium* von 1672. Pufendorf war auch der erste Professor des Naturrechts, seit 1661 an der Universität Heidelberg und seit 1668 an der schwedischen Universität Lund. Großen Einfluss übte Christian Thomasius mit seinem Naturrechtssystem aus, das er insbesondere in seinen *Fundamenta iuris naturae et gentium* 1705 aufstellte. Durch seine Kritik am römischen Recht und die Betonung des einheimischen Gewohnheitsrechts leitete Thomasius die Verselbständigung des deutschen Privatrechts ein. Die deduktive Methode des Vernunftrechts führte Christian Wolff auf den Höhepunkt. In seinem *Ius naturae methodo scientifico pertractatum* aus den 40er Jahren des 18. Jahrhunderts ging die Ableitung der rechtlichen Regelungen aus wenigen naturrechtlichen Obersätzen bis in die Einzelheiten.

456

III. Entstehung des Allgemeinen Preußischen Landrechts (ALR)

1. Die Kodifikationsidee

neue Legitimation der Gesetzgebung durch Naturrecht

Gesetzgebung und Kodifikation im Sinne von systematischer Regelung ganzer Rechtsgebiete war ein Produkt des aufgeklärten Naturrechts. Ältere Rechtsbücher verstanden sich als Aufzeichnung des überkommenen Rechts. In dieser Tradition standen auch noch die Reformationen, die das alte Recht dem römischen anpassen wollten. Auch die Polizeiordnungen stellten eher auf den Einzelfall bezogene Gebote dar. Sie entsprangen der fürstlichen Fürsorge für das Gemeinwohl. Die Naturrechtslehre dagegen vertrat die Ansicht, dass der Träger der Herrschaftsgewalt aufgrund eines Gesellschaftsvertrages auch oberster Gesetzgeber sei. Positive Gesetze sollten den Menschen klare Handlungsmaximen liefern, aber auch mit Gewaltmitteln durchsetzbar sein. Der Gesetzgeber sei an das Naturrecht und die daraus ableitbaren und im Gesellschaftsvertrag vorausgesetzten Staatszwecke gebunden. Recht und Gesetz erhielten so eine völlig neuartige Legitimationsgrundlage. An die Stelle von Tradition und Observanz, dem guten alten Recht, trat die Autorität des Landesfürsten, das Gesetz wurde zum Herrscherbefehl.[444]

457

Verhältnis von überpositivem zu positivem Recht

Umstritten war die Bindungswirkung, die das Naturrecht auf das positive Recht und damit auf den Gesetzgeber entfalten sollte. Naturrecht wurde eigentlich als überpositives Recht verstanden mit dem Anspruch, Richtschnur und Maßstab für das positive Recht zu sein.

458

---

[443] COING I, S. 73.
[444] DILCHER, Gesetzgebungswissenschaft und Naturrecht, JZ 1969, S. 2.

Unter dem Einfluss naturwissenschaftlichen Denkens vollzog sich aber eine zunehmende Systematisierung und Mathematisierung, bis Christian Wolff im Wege logischer Ableitung aus Obersätzen ein bis in kleinste Einzelregelungen gehendes naturrechtliches Privatrecht entwarf. Entwickelt als für jeden Menschen gültige Normen, zeigte jedoch der Versuch Wolffs, dass eine direkte Ableitung positiven Rechts aus dem Naturrecht zu gekünstelt und nicht mehr glaubwürdig war. Bleibend war aber der Eindruck, dass man Recht systematisieren könne mit der Folge, dass jede Entscheidung mit fast mathematischer Genauigkeit daraus ableitbar sei.

Montesquieu und das relative Naturrecht

Letztendlich war es Montesquieu in seinem Werk *De l'esprit des lois* 1748, der den Allgemeingültigkeitsanspruch des Naturrechts relativierte und den Blick auf die Gesetzgebungstätigkeit an sich lenkte. Er meinte, dass die Gesetze für jedes Volk so eigentümlich sein müssten, dass sie nur zufällig auf ein anderes passen könnten. Sie seien an Zeit, Ort und andere sachliche Kriterien, z.B. Geschichte, Sprache, Kultur, Geographie etc., gebunden und sollten klar, in einfacher Sprache und den Sitten des Landes entsprechend abgefasst werden. Damit schlug er die geistige Brücke zwischen dem umfassenden Geltungsanspruch des Naturrechts und dem schon positiv geltenden Recht. Die überlieferten Rechte sollten in einer dem Land angemessenen Weise im Sinne der praktischen Vernunft zusammengeführt werden. Aus der Verknüpfung der naturrechtlichen Forderung nach Anwendung der Vernunft, Systematisierung, Vereinfachung und Vereinheitlichung des Rechts mit dem positiv geltenden Recht entsprang der Kodifikationsgedanke.[445]

459

Reformbedürftigkeit

Die Forderung der Naturrechtslehre nach Einheitlichkeit, Volkstümlichkeit und Gemeinverständlichkeit der Gesetze wurde von den Landesfürsten aufgegriffen. Das Verständnis des Gesetzgebungsrechts als Hoheitsrecht des Herrschers lieferte gerade den nach voller Souveränität im Inneren wie auch Äußeren strebenden deutschen Landesfürsten ein probates Mittel vernunftgeleiteter Reform. Die Reformbedürftigkeit machte sich in einer steigenden Rechtsunsicherheit bemerkbar. Die Unklarheit, welches Recht überhaupt anwendbar war, Verwissenschaftlichung und Anwachsen des Rechtsstoffes, in lateinisch abgefasste Lehrbücher und Gesetzestexte ließen die Juristerei für den Unkundigen immer undurchschaubarer werden. Wollte man einen Prozess führen, musste man sich in die Hand eines Advokaten geben und stand häufig in jahre- oder sogar jahrzehntelanger Ungewissheit, ob man Recht bekommen würde. Dementsprechend hatten Richter und Advokaten zu Beginn des 18. Jahrhunderts einen denkbar schlechten Ruf.[446]

460

Kodifikationswelle in Europa

Als Ergebnis dieser Entwicklung entstanden an der Wende vom 18. zum 19. Jahrhundert eine Reihe von Kodifikationen in Europa. Darunter verstand man ein systematisch aufgebautes, in klaren Prinzipien geordnetes, umfassendes Gesetz, welches mindestens einen ganzen Lebensbereich, wenn nicht das gesamte Leben einer gegebenen Gesellschaft ordnete. Ein Vorläufer war der *Codex Maximilianeus Bavaricus Civilis* von 1756. Es handelte sich dabei um die Kodifikation des kurbayerischen Zivilrechts unter Leitung des Kanzlers Kreittmayr. Zwar erfolgte sie ausdrücklich unter Berufung auf das Naturrecht, die konkreten Normen blieben davon aber unberührt.

461

Neben dem *Allgemeinen Landrecht für die Preußischen Staaten* (ALR) von 1794 waren die bedeutendsten Kodifikationen der französische *Code civil* von 1804 und das österreichische *Allgemeine Bürgerliche Gesetzbuch* (ABGB) von 1811.[447]

---

[445] DILCHER, JZ 1969, S. 3.
[446] KROESCHELL III, S. 46.
[447] Dazu SCHLOSSER, S. 108-117.

2. Entstehungsgeschichte und Regelungsumfang des ALR

Redaktionsgang

Nach Ansätzen zu Beginn der Regierungszeit Friedrichs II. setzten um 1780 neue Reformbemühungen hinsichtlich des materiellen Rechts ein. Auslöser war die Justizkatastrophe um den Müller-Arnold-Prozess. Der 1779 zum Großkanzler ernannte Johann Heinrich Casimir v. Carmer wurde mit der Aufgabe einer Kodifikation des gesamten Landesrechts betraut. Als wichtigsten Mitarbeiter zog dieser von Anfang an Carl Gottlieb Svarez heran.[448] Die Ausarbeitung zog sich bis 1794 hin. Ab 1780 wurden alle greifbaren Rechtsquellen gesammelt, die Aufschluss über das geltende Landesrecht verschaffen konnten. Ab 1781 wurden Vorentwürfe erstellt, die zum *Entwurf eines Allgemeinen Gesetzbuches* weitergeführt und zwischen 1784 und 1788 je nach Fertigstellung veröffentlicht wurden. Mit der Publikation war gleichzeitig die Aufforderung an das Publikum zur öffentlichen Kritik verbunden. Die Kritikpunkte der eingegangenen Schriften, der sog. Monita, wurden von Svarez in der *Revisio Monitorum* zusammengestellt (1789) und in die Diskussion bei der Überarbeitung miteinbezogen. 1791 wurde die fertige Kodifikation unter dem Titel *Allgemeines Gesetzbuch für die Preußischen Staaten* (AGB) in Druck gegeben und von Friedrich Wilhelm II. mit Wirkung vom 1. Juni 1792 zum Gesetz erhoben. Wegen zunehmender Kritik von ständischer und konservativer Seite suspendierte der König das Gesetzbuch am 18. April 1792. Erst durch die Gebietsgewinne infolge der zweiten polnischen Teilung 1793 und dem Bedürfnis nach Integration wurde eine Einführung wieder in Erwägung gezogen. Nachdem die Kodifikatoren in einer Endrevision des AGB den Kritikern teilweise entgegengekommen waren, wurde es als *Allgemeines Landrecht für die Preußischen Staaten* (ALR) am 5. Februar 1794 neu publiziert und zum 1. Juni in Gesamtpreußen in Kraft gesetzt.[449]

462

Regelungsumfang

Der Umfang des Kodifikationsprogramms ist wohl einmalig. In den knapp 20.000 Paragraphen reicht die inhaltliche Spannbreite von bürgerlichem über ständisches zu Kirchen- und Strafrecht. Vereinzelt sind auch staatsrechtliche Bestimmungen zu finden. Staatsrechtliche Vorschriften sollten insoweit aufgenommen werden, wie sie Auswirkungen auf die Rechte der Einwohner als Privatperson Einfluss hatten und der Beurteilung durch die Rechtsprechung unterworfen waren. Deshalb blieben die Majestätsrechte, z.B. der Erlass von Polizeiverordnungen, Gesetzen, die Außenpolitik, selbstverständlich ausgeklammert, des Weiteren die Verwaltungs- und Gerichtsverfassung.[450] Eine eindeutige Abgrenzung der einzelnen Rechtsmaterien, wie man sie aus heutigen Gesetzbüchern kennt, fand nicht statt. Ziel war ein möglichst umfassender Schutz der Rechte des Einzelnen. Darunter verstand man aber nicht nur das Eigentum im heutigen Sinne, sondern nach damaliger Anschauung alle Rechte, die jemand besaß, also auch ständische Mitwirkungsrechte und Privilegien. Eine klare Abgrenzung zwischen öffentlichem und Privatrecht war dabei nicht möglich. Handelte es sich um vermögenswerte Rechte, galten sie als unantastbar. Bei diesem Verständnis musste auch ständisches Recht kodifiziert werden.

463

Aufbau

Im Aufbau folgte das ALR einem einfachen Schema. Es ist in drei Teile gegliedert. In der Einleitung werden allgemeine Grundsätze über die Geltungskraft der Gesetze und das Verhältnis zwischen Staat und Untertanen aufgestellt, die teils dem Staatsrecht zugeordnet werden müssen und teils nicht justitiable Prinzipien sind. Im folgenden ersten Teil ist das Vermögensrecht im Allgemeinen geregelt. Der Aufbau ist am römischen Recht orientiert und nach *res, personae, actiones* strukturiert.

464

---

[448] Dazu SCHLOSSER, S. 101 f.

[449] Ausführlich HATTENHAUER, Einführung in die Geschichte des ALR, in: ders. (Hg.), ALR (Textausgabe), 2. Auflage 1994, S. 8-19.

[450] SCHWENNICKE, Die Entstehung der Einleitung des Preußischen Allgemeinen Landrechts von 1794, 1993, S. 77.

Der zweite Teil beginnt mit dem Ständerecht. Dies schreitet immer von der kleineren zur größeren gesellschaftlichen Einheit vor. Angefangen bei Familien- und Gesinderecht, ist es weiter untergliedert in das Recht der Gesellschaften (Korporationen und Gemeinden) und dann der Stände (Bauern- und Bürgerstand, Adel). Damit wird einzelnen Gesellschaftsgruppen Sonderrecht zugewiesen, das den allgemeinen Bestimmungen vorgeht. Es folgen Beamten-, Kirchen- und Schulrecht, Regalien, Gerichtsbarkeit, Vormundschafts- und Sozialrecht - Materien, die man heute dem öffentlichen Recht zuweisen würde. Den Abschluss bildet das Strafrecht.

Einbindung in die Rechtsordnung

465 Mit der Einführung trat das ALR an die Stelle des bisher subsidiär geltenden gemeinen Rechts. Das Partikularrecht der einzelnen Provinzen sollte dem ALR vorgehen. Es war geplant, dass auch die Provinzialrechte kodifiziert werden sollten. Bei der Anwendung des ALR durften Präjudizien und Lehrmeinungen nicht mehr hinzugezogen werden. Es wurde bestimmt, dass die Gerichte das ALR nur nach Wortlaut und Systemzusammenhang zu interpretieren hätten. War einem Gericht der Sinn einer Vorschrift zweifelhaft, so musste es sich an eine zentrale Gesetzeskommission wenden und deren Entscheidung abwarten. Die authentische Interpretation der Gesetze wurde damit der Gesetzeskommission, letztendlich dem König zugewiesen. Bei Gesetzeslücken dagegen durften die Gerichte durch Analogiebildung entscheiden, mussten die Lücke aber dem Chef der Justiz anzeigen. Diese Regelungen richteten sich vor allem gegen willkürliche Gerichtsentscheide. Der Richter sollte die Gesetze nur anwenden, also auf die Subsumtion beschränkt werden.[451] Nach dem Gesamtplan sollte der Monarch zur einzigen Rechtsquelle werden. Es sollte das gesamte geltende Recht innerhalb des ALR und der Provinzialgesetzbücher kodifiziert werden. Durch den vollständigen Bruch mit der Tradition und das Auslegungsverbot für die Richter sollten Justiz und Wissenschaft von der Rechtsbildung ausgeschlossen werden.[452]

Geltungsdauer

466 Dem ALR war keine lange Geltungsdauer beschieden. Schon die Französische Revolution musste ihm einen verspäteten Charakter geben. Die Verwirklichung einer egalitären Gesellschaft ließ ein Gesetzbuch veralten, das versuchte, die ständische Ordnung der preußischen Gesellschaft in Normen zu fassen. In der Konsequenz der späteren Stein-Hardenbergschen Reformen wurden deshalb große Teile des ALR hinfällig. Des Weiteren wurde es nach 1815 nie im gesamten preußischen Staatsgebiet eingeführt. Das zwanzig Jahre unter französischer Herrschaft geprägte Rheinland wollte sich nicht mehr vom Code civil trennen, der schon auf eine bürgerliche Gesellschaft zugeschnitten war. So existierten in Preußen letztlich bis zur Einführung des BGB am 1. Januar 1900 zwei sehr unterschiedliche Rechtssphären.

hemmer-Methode: Schon 1825 leitete man eine Reform des gesamten Gesetzbuches ein, die jedoch nach jahrelanger Arbeit versandete. Das Strafrecht wurde mit der Einführung des Preußischen Strafgesetzbuches 1848 hinfällig. So schrumpfte das Gesetzbuch mit der Zeit, bis bei einer erneuten Textausgabe 1931 nur noch ein dünnes Büchlein übrig blieb.[453]

3. Das Verhältnis des ALR zu Staat und Gesellschaft

Reformgehalt der Kodifikation

467 Betrachtet man die Konzeption, die dem ALR zugrunde lag, so kann man kaum einen über die friderizianische Regierungspraxis hinausgehenden Reformgehalt in Bezug auf Staat und Gesellschaft feststellen. Den Kodifikatoren ging es um gesetzliche Herrschaft im Gegensatz zu herrscherlicher Willkür.

---

[451] SCHWENNICKE, Einleitung ALR, S. 294.
[452] HATTENHAUER, Einführung, S. 25 f.
[453] HATTENHAUER, Einführung, S. 28.

Das Wohlerworbene des Einzelnen, auch die ständischen Privilegien, sollten dem staatlichen Rechtsschutz unterstellt werden. Die Reformimpulse gingen weniger vom Inhalt der Bestimmungen als vielmehr vom Kodifikationsvorgang als solchem aus. Das naturrechtliche System des Gesellschaftsvertrages ermöglichte dem Monarchen das alleinige Gesetzgebungsrecht zuzusprechen. Folgerichtig stand dadurch das gesamte geltende Recht zur Disposition. Aus naturrechtlichen Denkansätzen heraus wurde versucht, alle Rechte und Pflichten der Bürger in ein systematisches Normengefüge zu bringen. Ergebnis der Kodifikation ist zumindest der Anfang von Rechtstaatlichkeit in Preußen.

keine verfassungsrechtliche Herrschaftsbindung

Eine gesetzliche Bindung der Herrschaftsausübung gelang nicht. Dies war aber auch weder beabsichtigt noch möglich. Die Aufnahme staatsorganisatorischer Vorschriften hatte dagegen eher das Ziel, die monarchische Herrschaft gegenüber den Untertanen durch Umschreibung des Staatszweckes im friderizianischen Sinn zu legitimieren und diese zum Gehorsam anzuhalten. Deshalb kommt dem ALR, soweit es staatsorganisatorische Vorschriften enthält, Verfassungscharakter im normativen Sinn nicht zu. Es gelang aber eine Modifizierung der Herrschaftsausübung. Durch die Akzentuierung des Gesetzesbegriffes wurde die Gesetzgebung als über Einzelmaßnahmen stehendes Herrschaftsinstrument etabliert. Galt als Gesetz vor Erlass des ALR jedes landesherrliche Mandat, Reskript, Zirkular etc., so wurden diesen nun Gesetzeskraft und Allgemeinverbindlichkeit entzogen. Es wurde nun zwischen abstrakt-genereller Norm und konkret-individueller Maßnahme unterschieden. Die höhere Qualifikation des Gesetzes in der Rangordnung der landesherrlichen Erlasse deutete schon zum Gesetzesvorbehalt hin. Einen vor dem Staat geschützten Bereich unentziehbarer Rechte gewährte das ALR nicht. Zwar enthielt das ALR in §§ 74, 75 Einl. einen generellen Schadensersatzanspruch gegen Eingriffe in die Rechte des Einzelnen, § 74 bestimmte aber eindeutig, dass private den öffentlichen Interessen weichen müssten. Eingriffe waren also immer möglich, nur der Vermögensstand wurde geschützt.

468

Gesetz und absolute Herrschaft

Die den Gesetzen zugewiesene umfassende Bindungswirkung sollte alle Mitglieder des Staats ohne Unterschied des Standes, Ranges oder Geschlechts erfassen. Einbezogen war auch der Monarch. Dieser konnte Gesetze erlassen, also auch ändern oder aufheben. Solange sie in Geltung waren, war aber auch er gebunden. Zwar bedurfte es zur Gesetzesänderung oder -aufhebung nur eines Federstriches seitens des Monarchen, formal wurde er aber in das System eingebunden. Einem sich als absolut verstehenden Herrscher musste sich dabei die Frage stellen, inwieweit er sich noch in einen Staat mit solchem Gesetzeswerk integrieren ließe. Erschien manchen Zeitgenossen das ALR als Ausdruck schlimmster absolutistischer Willkür, so war einer umfassenden Gesetzeskodifikation aber auch eine Bindungswirkung dem Herrscher gegenüber immanent, die seinen Gestaltungsspielraum einengen musste, wenn er die Gesetze nicht unglaubwürdig machen wollte.

469

bürgerliche Gleichheit und ständische Ungleichheit

Die Prinzipien von bürgerlicher Gleichheit und ständischer Ungleichheit wurden im ALR miteinander verbunden. Die Stände wurden in ein untergliedertes Verhältnis zum Staat gestellt. Die Definitionen der Stände, am Anfang des jeweiligen Titels stehend, wiesen jedem ein Aufgabenfeld im Staat zu.

470

So heißt es vom Adel, dass ihm die "Verteidigung des Staats sowie der Unterstützung der äußeren Würde und inneren Verfassung desselben hauptsächlich obliege", während der Bauernstand "dem unmittelbaren Betriebe des Ackerbaus und der Landwirtschaft" zugeordnet wurde.

Zwar handelte es sich letztlich um Geburtsstände, begriffen wurden sie im ALR aber nach ihrer Funktion im Staat und durch diese hatten sie ihre Berechtigung. Andererseits gelang eine Verbindung mit dem Privatrecht. Dem im zweiten Teil des ALR kodifizierten ständischen Recht wurde ein allgemeines Privatrecht im ersten Teil gegenübergestellt. Mit der Festschreibung der materiellen Ungleichheit konnte auch die formale Gleichheit vor dem Gesetz postuliert werden. Die Kompatibilität der beiden Rechtssysteme ermöglichte es so, ständische und bürgerliche Gesellschaft nebeneinander existieren zu lassen.[454]

Unabhängigkeit der Rechtsprechung

Die Gewährleistung einer unabhängigen Rechtsprechung wurde im ALR nicht verwirklicht. Die Konzentration der Rechtsbildung beim Monarchen und dessen Recht zur authentischen Interpretation zeugen vielmehr von einem Misstrauen gegen die Gerichtsbarkeit. Man erwartete von der Richterschaft nicht die gebotene Neutralität und sah die Unabhängigkeit der Rechtsprechung besser vertreten durch die Gesetzeskommission und den König als durch die Justiz.[455] Grund dafür war auch die ständische Prägung der Gerichte. Auf unterster Instanz dominierte die Patrimonialgerichtsbarkeit, auf der mittleren standen die aus den ständischen Regierungen hervorgegangenen Provinzialgerichte. Erst das Oberappellationsgericht in Berlin war staatlich geprägt. Unabhängigkeit der Gerichte und Ansätze von Gewaltenteilung hätten ständischem Einfluss wieder Tür und Tor geöffnet.

471

Rechtspraxis nach Erlass

Die Idee einer allumfassenden Gesetzesherrschaft ließ nicht sich vollständig in die Praxis umsetzen, war wohl auch zu realitätsfern. Die Gesetzeskommission brachte es nur auf ein kurzes Dasein. Schon 1798 verfügte der König durch Kabinettsorder, nicht durch Gesetz, dass die Richter künftig ihre Rechtsfragen erst nach Verfahrensschluss vorlegen sollten. 1815 erfolgte ihre völlige Abschaffung. Auch die Provinzialgesetzgebung kam nicht voran. Nur ein west- (1844) und ein ostpreußisches (1801) Provinzialgesetzbuch entstanden. Außerdem machte der König intensiven Gebrauch von seinem Gesetzgebungsrecht. Schon 1803 mussten über 200 neue Einzelgesetze in einem Anhang dem ALR beigefügt werden.

472

---

[454] HATTENHAUER, Einführung, S. 22 f.
[455] SCHWENNICKE, Einleitung ALR, S. 295.

§ 11 STRAFRECHT IN DER NEUZEIT

Lernübersicht:

I. Strafrechtspflege in der Zeit des gemeinen Rechts

Ein verbreitetes Verbrecher- und Bandenwesen, das gestiegene öffentliche Interesse an der Verbrechensverfolgung und unangemessene Formen des Strafverfahrens, das wegen seiner Formlosigkeit, insbesondere bei der Anordnung und Durchführung der Folter, zu einer schweren Bedrohung für den Beschuldigten werden konnte, erforderten im Spätmittelalter dringend Reformen in der Strafrechtspflege. Die einsetzenden Reformbestrebungen fielen mit der Rezeption des italienischen Strafrechts im 15. und 16. Jahrhundert zusammen, wie es auf der Grundlage des *Corpus iuris* von den Glossatoren und Kommentatoren fortentwickelt worden war. Dieses wissenschaftlich bearbeitete Recht hatte sich bereits in der Strafrechtspflege der italienischen Stadtstaaten bewährt.   *473*

1. Die Constitutio Criminalis Carolina

Entstehungsgeschichte

Das neue Gedankengut schlug sich in Deutschland zuerst in der *Bambergischen Halsgerichtsordnung* von 1507 (*Constitutio Criminalis Bambergensis*), dann in der *Peinlichen Halsgerichtsordnung Karls V.* von 1532 (*Constitutio Criminalis Carolina*) nieder. Die *Bambergensis* wurde von Johann von Schwarzenberg (1465-1528) als Vorsitzender des bischöflichen Gerichts in Bamberg geschaffen. Das Gesetz wollte die einheimischen Schöffen mit dem gelehrten Recht vertraut machen. Seine Bedeutung lag darin, zuerst durchgängig die deutsche Praxis mit der fremden Rechtslehre verbunden zu haben. Die *Bambergensis* wurde zum Vorbild für die *Carolina*, an der Schwarzenberg auch maßgeblich mitwirkte, als er 1523 Mitglied des zweiten Reichsregiments (s.o. Rn. 345) wurde. Die *Carolina* ging zurück auf einen Beschluss des Reichstages von 1498 in Freiburg. Die Arbeiten kamen aber erst nach dem Regierungsantritt Karls V. 1519 voran. Ein erster Entwurf wurde den Reichsständen 1521 vorgelegt, von diesem dem Reichsregiment überwiesen, das ihn mehrfach umarbeitete, ohne dass er Gesetzeskraft erlangte. Erst mit dem Augsburger Reichstag 1530, dem der vierte Entwurf vorlag, trat das Verfahren in seine Endphase. Einwände mehrerer großer Reichsstände machte eine Verschiebung der Beschlussfassung auf den nächsten Reichstag, in Regensburg 1532, notwendig. Die Aufnahme einer salvatorischen Klausel, die unter bestimmten Voraussetzung den Vorrang von Landesrecht zugestand, machte dann die Verabschiedung möglich.[456]   *474*

---

[456] KLEINHEYER, Tradition und Reform in der CCC, in: LANDAU, SCHROEDER (Hgg.), Strafrecht, Strafprozeß und Rezeption, 1984, S. 7 f.

Bedeutung und Inhalt

Die *Carolina* war eine, wenn auch die bedeutendste, unter einer Reihe von Halsgerichtsordnungen, die um die Wende vom 15. zum 16. Jahrhundert entstanden. Diese Halsgerichtsordnungen waren Ausdruck einer Verselbständigung von Strafrecht und Strafverfahrensrecht. Stellte sich im Mittelalter die peinliche Strafe und die obrigkeitliche Verbrechensverfolgung als Funktion der Landfriedenswahrung dar, so zeigte sich in den Halsgerichtsordnungen die Ausübung der strafenden Gerechtigkeit als selbständige Aufgabe der Obrigkeit im werdenden Staat. Obwohl nicht rechtsverbindlich, verkörperte die *Carolina* das Strafrecht der Zeit schlechthin. Ihre Bestimmungen gingen in zahlreiche neuzeitliche Gesetzgebungen ein und wirkten rechtsvereinheitlichend. Mit der *Carolina* sollten vor allem Missstände im Strafverfahren beseitigt werden. Deshalb lag ihr Schwerpunkt auch auf Verfahrensregelungen. Der Anwendungsbereich wurde schon durch den Titel umrissen. Sie bezog sich nur auf peinliche Strafsachen, also auf Straftaten, die mit körperlichen Strafen geahndet wurden. Das Wort *Pein* entsprach dem lateinischen *poena*. Leichtere Verfehlungen wurden nach der Anschauung der Zeit in einem Zivilprozess in der Regel mit Geldbußen geahndet.

475

Auch in materieller Hinsicht beschritt die *Carolina* neue Wege. Das neue Strafrecht zeichnete sich durch eine vergleichsweise hohe Begrifflichkeit aus. In einer ganzen Reihe von Fällen waren die objektiven und subjektiven Tatbestandselemente genauer bestimmt worden. War es in Deutschland bisher üblich gewesen, Verbrechen nur allgemein zu bezeichnen, so beschrieb die *Carolina* nun zahlreiche festumrissene Tatbestände wie z.B. Meineid, Gotteslästerung und Totschlag. Ohne dass bis zu diesem Zeitpunkt der Schuldbegriff in seiner ganzen Bedeutung und Tiefe erfasst war, legte die *Carolina* den staatlichen Strafen das Prinzip der Schuldhaftung zugrunde. Jugendliche und nicht Zurechnungsfähige sollten milder behandelt werden. Zufällige Schädigungen führten nicht zur Bestrafung, sondern nur vorsätzlich oder fahrlässig begangene Straftaten. Deutliche Ansätze für die Ausbildung allgemeiner Regeln waren die Vorschriften über den Versuch, die Notwehr und die Mitwirkung bei Straftaten.[457]

Verfahrensrecht

Durch die *Carolina* wurde das Inquisitionsverfahren in Deutschland endgültig rezipiert. Sie stellte eine Zusammenfassung und Weiterentwicklung des damals gebräuchlichen Strafverfahrensrechts dar. Sie unterschied zwei Verfahrensarten, Akkusations- und Inquisitionsprozess. Für den Inquisitionsprozess wurde weitgehend auf die Regelung des Akkusationsprozesses verwiesen. Dies veränderte aber den Charakter als Amtsverfahren nicht, da auch beim Akkusationsprozess der Verdächtige sich weithin dem Zugriff der Obrigkeit ausgesetzt sah. Sobald der Angeklagte festgenommen war, wurde beim Akkusationsprozess auch der Kläger gefangen gesetzt, sofern er nicht Bürgschaft leistete. Er war verpflichtet, dem Angeklagten allen Schaden zu ersetzen, wenn sich die Klage als erfolglos erweisen sollte. Als Beweismittel kam hauptsächlich das Geständnis des Angeklagten in Betracht, das meist durch die Anwendung der peinlichen Frage erzwungen werden musste.

476

Nach Abschluss des Beweisverfahrens wurde der *endliche Rechtstag* festgelegt, auf dem das Urteil gesprochen werden sollte. Schon vor diesem Tag wurde in einer Unterredung zwischen dem Richter und den Urteilern das Urteil festgelegt, das also auf dem *endlichen Rechtstag* nur noch zu eröffnen war. Der äußere Ablauf des *endlichen Rechtstages* entsprach dem Ablauf des überkommenen mittelalterlichen Parteiprozesses, obwohl er seine frühere Funktion der Rechts- und Urteilsfindung nicht mehr erfüllte.

---

[457] Conrad II, S. 409-412.

Leugnete der Angeklagte, so konnte er durch die Bekundung zweier Schöffen, die bei der peinlichen Frage zugegen gewesen waren, dass er ein Geständnis abgelegt habe, überwunden werden. Ein Widerruf nützte also nichts. Nach Verlesung des Urteils übergab der Richter den Verurteilten dem Nachrichter zur Vollstreckung.[458]

Vorverfahren und Folter

Zentrale Bedeutung kam dem Beweisverfahren mit der peinlichen Befragung, der Folter, zu. Schon aus technischen Gründen konnte das Folterverfahren nicht im Rahmen des öffentlichen Gerichtstages abgewickelt werden. Das sich daraus entwickelnde Vorverfahren verlagerte zugleich die Entscheidung des Prozesses. Gestand der Angeklagte auf der Folter, war sein Schicksal besiegelt. Widerstand er, wurde er entlassen, wenn er Urfehde geschworen hatte, also dass er sich nicht an seinen Peinigern rächen werde. Wann die Folter eingesetzt werden durfte, war eingehend geregelt. Nur wenn weder ein Geständnis noch ein ausreichender Zeugenbeweis vorlag, durfte zur Folter geschritten werden. Die *Carolina* wollte die Folter beschränken und nur bei Vorliegen ausreichender Indizien zulassen. Zunächst sollte der Verdächtige vor allem nach Entlastungsmaterial (z.B. ein Alibi) gefragt und die Folter überhaupt nur angedroht werden. Zur Folter durfte es erst kommen, wenn ein ausreichender Tatverdacht vorlag. Die Durchführung des endlichen Rechtstages war jedoch nicht nur ein Schauprozess. Die Einhaltung dieses formalen Vorgehens machte Urteil und Bestrafung erst rechtmäßig. Der endliche Rechtstag war ein Relikt der überkommenen Prozesstradition. Es war gerade ein Verdienst der Carolina, die Traditionsstränge des italienischen und deutschen Rechts zusammenzuführen und so den deutschen Prozess zu modernisieren. Der *endliche Rechtstag* verlor aber später immer mehr an Bedeutung.[459]

477

2. Die deutsche Strafrechtswissenschaft

Entwicklung der Strafrechtswissenschaft

Für die weitere Entwicklung war es von entscheidender Bedeutung, dass die *Carolina* eine der Grundlagen und Ausgangspunkte für die nun bald einsetzende wissenschaftliche Bearbeitung des Straf- und Strafverfahrensrechts wurde. Sie bildete den Ausgangspunkt für eine Weiterentwicklung durch die Wissenschaft. Bei zweifelhaften Fällen sollten die Richter gemäß der Carolina den Rat von Sachverständigen, z.B. von Juristenfakultäten oder Schöffenstühlen, einholen. Hier dominierten die gelehrten Juristen. Die wissenschaftliche Behandlung vollzog sich daher im 16. Jahrhundert im Schatten der italienischen Strafrechtswissenschaft. So entstand zwischen 1550 und 1650 eine deutsche Strafrechtswissenschaft. Sie befasste sich zunächst fast ausschließlich mit dem römischen Recht und der italienischen Rechtswissenschaft und wandte sich erst allmählich der *Carolina* zu. Rechtsquellen des gemeinen Strafrechts waren die *Carolina* und diejenigen Teile des römisch-kanonischen Rechts, die rezipiert worden waren. Zu einem entscheidenden Umschwung kam es erst durch Benedict Carpzov (1595-1666). Mit ihm erreichte die Gemeinrechtswissenschaft ihren ersten Höhepunkt. Sein Hauptwerk waren die *Practica nova imperialis Saxonica rerum criminalium* von 1635. Carpzov stützte sich nicht mehr nur auf die italienische Doktrin, sondern berücksichtigte auch einheimisches, vor allem sächsisches Recht. Die *Practica nova* prägten bis weit ins 18. Jahrhundert die Gerichtspraxis in Deutschland. Dies lag vor allem am Praxisbezug des Werkes. Hierzu trug wesentlich Carpzovs Amt am Leipziger Schöffenstuhl bei. Erst Johann Samuel Friedrich Böhmer (1704-1772) gelang es, die Vorherrschaft Carpzovs zu überwinden. Böhmers Hauptwerk *Elementa iurisprudentiae criminalis* von 1732 wird als das erste Lehrbuch des Strafrechts von wissenschaftlichem Rang angesehen.[460]

478

---

[458] Conrad II, S. 413 f.

[459] Kleinheyer, Tradition und Reform, S. 19-25.

[460] HRG I (Art. Carpzov, Benedict), Sp. 595 f.

Strafzweck

Die Gemeinrechtswissenschaft war geprägt von einer theokratischen Staatsauffassung. Nach Carpzov war Gott oberster strafender Richter, der den Kaiser als Statthalter Gottes und die Obrigkeit als Verwalter des Richteramtes auf der Erde eingesetzt habe. Der Verbrecher vergehe sich, indem er gegen die Gesetze der Obrigkeit verstößt, zugleich gegen Gott. Zweck der Strafe sei daher vorrangig die Besänftigung des Zorns Gottes. Diesem Strafzweck der vergeltenden Gottesstrafe lag die alttestamentarische Vorstellung zugrunde, dass Gott, falls der Verbrecher nicht schon auf Erden seine gerechte Strafe erhalte, nicht nur am Täter, sondern auch am ganzen Land Rache nehmen werde. Auch die Strafauffassung der *Carolina* war stark durch christliches Gedankengut beeinflusst. Demgemäß sind einige Strafbestimmungen wie Gotteslästerung, Zauberei, Ehebruch nur vor dem Hintergrund christlicher Traditionswerte verständlich. Aus der christlichen Anschauung entsprangen überwiegend auch die entscheidenden Grundprinzipien der neuen Strafgesetze. Sie bestanden vor allem in christlich-religiös geprägten Gerechtigkeitsvorstellungen. Dies entsprach der Auffassung der Zeit, die glaubte, der infolge des Dreißigjährigen Krieges eingetretenen Verwilderung der Sitten eine abschreckende Strafrechtspflege entgegensetzen zu müssen.[461]

479

Strafzumessungslehre

Carpzovs Verdienste lagen vor allem bei der Strafzumessungslehre. Sein Hauptanliegen bildete die Frage, ob und unter welchen Voraussetzungen eine *poena extraordinaria*, d.h. eine nicht durch das Gesetz festgelegte Strafe, verhängt werden dürfe. Dieses Problem war für die gemeinrechtliche Epoche von zentraler Bedeutung, weil die *Carolina* nicht einen vollständigen Katalog der als strafbar zu bewertenden Handlungen aufgestellt hatte (s. Art. 104, 105 CCC). Nach Carpzov galt Folgendes: Die *poena ordinaria* ergibt sich entweder aus dem Gesetz, dem Gewohnheitsrecht oder dem Gerichtsbrauch. Dieser fest bestimmten Strafe steht die *poena extraordinaria* gegenüber, die nach richterlichem Ermessen festzusetzen war. Die *poena extraordinaria* war anwendbar, erstens wenn das Gesetz mehrere Strafen zur Ahndung eines Deliktes vorsah, zweitens wenn ein Delikt nur nach richterlichem Ermessen strafbar war, drittens bei der Verdachtsstrafe, wenn weder Schuld noch Unschuld des Inquisiten in einer den Beweisregeln entsprechenden Form festgestellt werden konnte und viertens zur Abmilderung der *poena ordinaria* in bestimmten Fällen. Damit wollte er die Einschränkung der meist sehr harten *poena ordinaria* erreichen. Erst unter dem Einfluss der Aufklärung trat ein Wandel ein und wurde die Strafzumessungslehre Carpzovs überholt. Der Grundsatz *nulla poena sine lege* ließ keine Strafen nach richterlichem Ermessen mehr zu. Die Unschuldsvermutung machte Verdachtsurteile unmöglich.[462]

480

Verbrechen und Schuld

Im Mittelpunkt der gemeinrechtlichen Strafrechtswissenschaft standen die Probleme des Verbrechensbegriffs und der Schuld. Die Verbrechen wurden in *delicta atrocissima, atrocia und levia*, je nach der angedrohten Strafe (geschärfte Todesstrafe, einfache Todesstrafe, andere Strafen) eingeteilt. Beim Verbrechensbegriff wurde schon zwischen Handlung, Rechtswidrigkeit, Schuld und Strafbarkeit differenziert. Der Handlung wurde die Unterlassung gleichgestellt. Das Verbrechen als eine Handlung wurde von dem reinen Gedanken, der straffrei bleiben sollte, abgegrenzt. Die Schuld war Voraussetzung der Strafbarkeit. Bei den Schuldformen wurden vorsätzliche (dolose) und fahrlässige Handlungen (Quasidelikte) unterschieden. Das gemeine Recht blieb dem Mittelalter insofern verhaftet, als das Bewusstsein der Rechtswidrigkeit dem Vorsatz zugerechnet wurde. Der Vorsatz wurde als böser Wille (*dolus malus*) verstanden, das Verbrechen war eben eine Sünde.

481

---

[461] RÜPING, Rn. 149 f.
[462] HRG III (Art. poena arbitraria), Sp. 1781-1784.

Besondere Bedeutung maß Carpzov der Abgrenzung der Dolusformen zu. Der *Carolina* war es nicht gelungen, die subjektive Seite der Tat begrifflich zu erfassen. Zwar berücksichtigte sie schon den Grundsatz, dass eine Bestrafung nur bei Schuld des Täters erfolgen dürfe. Dies erfolgte aber nur durch kasuistische Regelungen bei den einzelnen Delikten, indem eine absichtliche, arglistige usw. Begehung gefordert wurde. Schuld und damit in erster Linie Vorsatz wurden zur Voraussetzung der Strafbarkeit, es fehlte aber eine allgemeine Schuldlehre. Der römisch-rechtliche *dolus*, der mit dem gemeinrechtlichen *dolus directus* identisch war, setzte absichtliche Begehung voraus. Carpzov entwickelte diese Lehre weiter, indem er die Figur des *dolus indirectus* prägte. Dabei ging es um die Frage, ob die *poena ordinaria* auf die Fälle der absichtlichen Tötung zu beschränken sei oder auch dann Anwendung finden könne, wenn die Absicht des Täters nur auf Körperverletzung gerichtet war, diese aber zum Tod geführt hatte. Der Täter sollte auch in einem solchen Fall für die Tötung bestraft werden. Ziel Carpzovs war es allerdings nicht, alle unabsichtlichen Tötungsfälle den absichtlichen gleichzustellen, sondern nur solche Verletzungshandlungen, die vorhersehbar den Tod hatten bewirken müssen. Erst das Naturrecht forderte für den eingetretenen Erfolg die Einwilligung des Täters und formte so die Figur des *dolus eventualis*.[463]

3. Hexenprozesse

neuzeitlicher Hexenwahn

482

Der Glaube an Zauberei und Hexerei war schon seit Urzeiten vorhanden. Bis ins späte 18. Jahrhundert herrschte Streit darüber, ob es Hexen gebe oder nicht. Man verstand darunter eine durch den Beistand von Dämonen in Bevorteilungs- und Schädigungsabsicht ausgelöste übernatürliche Wirkung. Das deutsche Wort Hexe trat seit dem 13. Jahrhundert zuerst im alemannischen Sprachgebiet auf. Seit dem Hochmittelalter war die Existenz der Zauberei allgemein anerkannt. Sie wurde mit der Ketzerei in Verbindung gebracht und stand somit in Konkurrenz mit dem Verbrechen der Häresie. In allen Bevölkerungsschichten Europas griff der Hexenwahn im Spätmittelalter stark um sich. Neben französischen Hexenverfahren des 13. und 14. Jahrhunderts standen italienische des 15. und 16. Jahrhunderts. In Deutschland mehrten sich vor allem während des Dreißigjährigen Krieges die Hexenverfahren beträchtlich. Die letzten Hexenprozesse wurden in Würzburg 1749 und in Kempten 1775 durchgeführt. Als sich der Hexenwahn verdichtete, erließ Papst Innozenz VIII. seine Hexenbulle *Summis desiderantes affectibus* von 1484, mit der die Inquisition von hexereiverdächtigen Personen angeordnet wurde. Die Schuldigen sollten gebessert, inhaftiert und bestraft werden. Die Dominikaner Heinrich Institoris und Jacob Sprengler verfassten einen Kommentar für die zeitgenössische Gerichtspraxis, den sog. *Hexenhammer* oder *Malleus maleficarum* von 1487. Denunziation und Folter dominierten in den Verfahren. Die Hexenprozesse blieben immer umstritten. Die 1631 erschienene *Cautio criminalis contra sagas* des Jesuiten Friedrich von Spee prangerte die Praktiken der Hexenprozesse an und formulierte eine Reihe bedeutender Verfahrensgarantien. Aber erst der Einfluss der Aufklärung konnte die Hexenprozesse zurückdrängen.[464]

> **hemmer-Methode:** Hexenprozesse sind beliebter Gegenstand von Übungs- und Examensklausuren, da sich im Vergleich zu anderen Verfahrensarten gut das Voranschreiten des Strafrechts aufzeigen lässt. Machen Sie nicht den landläufigen Fehler, die Hexenverfolgung als typisches Phänomen des finsteren Mittelalters zu sehen. Der Höhepunkt der Hexenverfolgung lag in der Zeitspanne von 1590-1630 (Neuzeit). Sogar bis 1775 wurden noch Hexen verbrannt!

---

[463] Conrad II, S. 421 f.; Rüping, Rn. 156.
[464] Rüping, Rn. 214 f.

Tatbestand der Hexerei

Nach Ausbildung des wissenschaftlichen Hexereibegriffes durch die Hochscholastik verstand man unter Hexerei ganz allgemein ein Bündnis mit dem Teufel, kraft dessen sich ein Mensch gegen die ihm vom Satan versprochenen Vorteile diesem als eigen übergibt. Die Hexerei erwuchs schließlich zu einem Verbrechen, das sich eben mit dem Tatbestand des Teufelsbündnisses verband. Der Teufelsbund konnte nach gelehrter Meinung sowohl öffentlich als auch privat geschlossen werden. Das öffentliche Bündnis wurde in Gegenwart vieler Zauberer und Hexen geschlossen, während an der privaten Handlung nur Teufel und Hexe teilnahmen. Man glaubte, die Hexen müssten den Pakt mit dem Satan mit ihrem Blut unterschreiben. Vor allem hätten sich die Hexen zu verpflichten, sich mit dem Teufel geschlechtlich einzulassen.

483

Die Hexerei war sowohl nach kirchlichem als auch nach weltlichem Recht strafbar. Für die strafrechtliche Verfolgung im Heiligen Römischen Reich erlangte ausschlaggebende Bedeutung die *Carolina*. Nach ihr stand auf Schadenszauber die Feuerstrafe. Der Vorwurf knüpfte scheinbar rational an einen äußerlichen Erfolg. Doch schon bald löste sich das Hexereikonzept von dieser vordergründigen Sicht und stellte auf den Abfall von Gott als inneres Merkmal ab. Nach Ansicht der Juristen gliederte sich das Hexenverbrechen in die vier strafrechtlichen Einzeltatbestände Gotteslästerung, Sodomie, Zauberei und Kuppelei oder Ehebruch.[465]

Inquisition und Folter

Die Besonderheiten des Hexenprozesses als Anwendungsfall des Inquisitionsverfahrens ergaben sich ganz allgemein aus der weitverbreiteten Vorstellung, dass in *delictis atrocissimis*, zu denen das Hexenverbrechen gezählt wurde, die bestehenden Rechtsvorschriften überschritten werden durften. Damit rechtfertigte man eine an keine besonderen Voraussetzungen gebundene Anwendung der Folter und folglich ein härteres Vorgehen. Die Befragung der Hexen beim Verhör richtete sich nach ausgearbeiteten Interrogatorienschemata. Unter dem Begriff *Interrogatoria* verstand man Fragstücke, nach denen sich die Befragung der Zeugen oder Angeklagten richtete.

484

Man unterschied *Interrogatoria generalia* und *Interrogatoria specialia*. Unter dem Begriff *Interrogatoria generalia* waren allgemeine Fragstücke zu verstehen. Sie beinhalteten Fragen nach Namen, Alter, Wohnort, Stand, Gewerbe und Vermögen. Demgegenüber zählten die *Interrogatoria specialia* zur Hauptsache selbst. Denn sie bezogen sich auf das vorgeworfene Hexenverbrechen, seine Ursachen und seine Begehung. Insbesondere befragte man die Inquisitin, ob und wann sie sich dem Satan ergeben, Gott und seinen Heiligen abgeschworen, die Sakramente verleugnet und ob sie Zauberei getrieben habe. Die Hexe wurde ebenfalls ausgeforscht, ob sie sich mit der Verursachung von Unwetter beschäftige, wie ihr teuflischer Buhle heiße und unter welcher Gestalt sie mit ihm verbunden sei. Das Gericht interessierte z.B., ob sie in Tiergestalt zum Zweck der Schreckensverursachung oder Verblendung der Menschen erschienen sei. Als typische Hexenmerkmale wertete man bestimmte Eigenschaften, z.B. die Nichtbeachtung kirchlicher Feiertage, auffallende Merkmale wie Triefaugen, rotes Haar, bestimmte Muttermale.[466]

4. Die Anfänge der modernen Freiheitsstrafe

Freiheitsstrafe im Mittelalter

Solange die mittelalterlichen theokratischen Vorstellungen das Strafrechtsdenken beherrschten, konnte das alte peinliche Strafensystem wirksam bleiben. Insgesamt spielte der Freiheitsentzug im Strafensystem nur eine untergeordnete Rolle.

485

---

[465] RÜPING, Rn. 175.
[466] HRG II (Art. Hexenprozesse), Sp. 145-148.

Z.B. bedrohte die *Carolina* den kleinen Diebstahl mit zeitlich begrenztem Kerker. Ihrem Wesen und ihrer Wirkung nach war die Freiheitsstrafe eine Leibesstrafe, denn der Zustand der damaligen Gefängnisse war fürchterlich. In solchen Gefängnissen erlitt der Häftling, womöglich gefesselt, Qualen durch Dunkelheit, Kälte, Hunger und Ungeziefer. Die Gefängnisse dienten vor allem zur Verwahrung von Gefangenen bis zum Prozess und bis zur Hinrichtung.

Zuchthäuser in London und Amsterdam

Gegen Mitte des 16. Jahrhunderts kam in England eine neue Form der Freiheitsstrafe auf. Die sozialen Veränderungen führten zu einem Bettlerunwesen und zu einer Massenkriminalität. Unter dem Gesichtspunkt der Fürsorge wurden Anstalten errichtet, in denen Bettler und Arbeitsscheue durch Zwang zur Arbeit erzogen werden sollten. Die calvinistische Arbeitsethik forderte die Bekämpfung der Armut durch Arbeitsbeschaffung. Arbeit galt als einziges Mittel, der Verdammnis zu entgehen und die ewige Seligkeit zu erlangen. Wer dieses Ziel nicht aus eigenem Antrieb anstrebte, der musste durch geeignete Maßnahmen zu seinem Seelenheil gezwungen werden. **486**

So entstanden in London 1555 und in Amsterdam 1595 die ersten Zuchthäuser. Sie dienten der Aufnahme von Verarmten und der Bekämpfung der Bettelei und Landstreicherei. Die Insassen wurden aber nicht durch richterliches Urteil aufgrund eines Strafverfahrens eingegliedert. Die Verbindung zur Strafrechtspflege wurde deutlich, als man junge, besserungswürdige Diebe statt zu hängen in das Zuchthaus einwies. Der Aufenthalt im Zuchthaus sollte bei den Insassen einen Sinneswandel bewirken, so dass sie künftig ein normales Leben führen würden. Damit hatte ein neues Strafmittel Eingang in die Rechtspflege gefunden.

Zuchthäuser in Deutschland

In Deutschland fanden die Amsterdamer Zuchthäuser seit dem 17. Jahrhundert zunächst Nachahmung in den Hansestädten, am Ende des 17. Jahrhunderts auch in größerem Umfang. Während zunächst die polizeilich-präventive Zielsetzung überwog, begann im Lauf des 18. Jahrhunderts der Strafcharakter eine immer größere Rolle zu spielen. Die Zuchthausstrafe fand Eingang in den Strafvollzug zunächst als *poena extraordinaria* im Wege der landesherrlichen Gnade. Nun fand die Zuchthausstrafe Eingang in die Spruchpraxis der Gerichte. Das Niveau der niederländischen Einrichtungen erreichten die deutschen Zuchthäuser nicht. Sie waren so überfüllt, dass eine Trennung von Männern, Frauen und Jugendlichen nicht möglich war. Die hygienischen Verhältnisse waren völlig unzureichend. Abschreckungsmethoden fanden wieder Eingang in den Vollzug. So wurden Prügelstrafe und Dunkelarrest zu einem üblichen anstaltseigenen Sanktionsmittel. **487**

Zwar ist der überwiegenden Anzahl der Zuchthausordnungen des 17. und 18. Jahrhunderts zu entnehmen, dass weiterhin die Besserung durch Arbeit und christliche Unterweisung angestrebt wurde. In der Praxis wurde der Zwangserziehungsgedanke aber meist von anderen Zwecken überlagert. Äußerst ungünstig wirkte sich für die Organisation der Anstalten aus, dass man teilweise dazu überging, die Zuchthäuser, die ursprünglich unter staatlicher oder städtischer Leitung standen, an private Fabrikanten zu verpachten. Auch wurden in manchen Zuchthäusern Manufakturen eingerichtet. Man wollte aus der Einrichtung des Zuchthauses den größtmöglichen Nutzen ziehen. Die Zuchthäuser boten ein großes Potential billigster Arbeitskräfte, das im Interesse des Staates genutzt wurde. Die Aufgabe der ursprünglichen Erziehungsmittel und die innere Vernachlässigung des Haftsystems führten dazu, dass sich die Zuchthausstrafe immer mehr der ursprünglichen Gefängnisstrafe anglich.

hemmer-Methode: Im Verlauf des 19. Jahrhunderts wurde der Strafvollzug grundlegend reformiert. Die neuen Strafgesetzbücher entwickelten eine systematische Konzeption der strafrechtlichen Sanktionen. Im RStGB von 1871 war das Zuchthaus vor Gefängnis, Festungshaft und Haftstrafe als schwerste Form der Freiheitsstrafe zu finden. Als eigenständige Sanktionsform wurde sie erst 1969 abgeschafft, als die Einheitsfreiheitsstrafe eingeführt und die Zuchthäuser in Justizvollzugsanstalten umgewandelt wurden.[467]

II. Der Einfluss der Aufklärung

Unter dem Einfluss des aufgeklärten Naturrechts traten im 18. Jahrhundert Rationalisierung des Strafverfahrensrechts und Humanisierung des materiellen Strafrechts in den Vordergrund. Auf der einen Seite lieferte das naturrechtliche Sozialmodell neue straftheoretische Ansätze. Auf der anderen Seite musste gerade die strafrechtliche Praxis der Zeit mit ihren religiösen und abergläubischen Motivationen auf die Kritik der Aufklärer stoßen. Am Maßstab der Vernunft gemessen, verloren viele Rechtsinstitute und Praktiken ihre Legitimation. Dies schlug sich am Ende des 18. Jahrhunderts in der reformerischen Gesetzgebungstätigkeit des aufgeklärten Absolutismus nieder.

488

1. Naturrecht und Strafe

Strafzweck

Im Gegensatz zum theokratisch orientierten Strafrecht, wie es in der *Carolina* und in den ihr nachfolgenden Strafgesetzen seinen Niederschlag gefunden hatte, ergab sich für den Staat das Recht zu strafen nach dem System des profanen Naturrechts aus dem Zweck, zu dem sich die einzelnen Menschen zur bürgerlichen Gesellschaft zusammengeschlossen und sich einer Herrschaft unterworfen hatten. Der vertragliche Zusammenschluss der Menschen beinhaltete die Pflicht, alles zu unterlassen, was der Gemeinschaft schaden könnte. Dem Staat oblag es, für Wohlfahrt und Glückseligkeit seiner Bürger einschließlich seiner Sicherheit zu sorgen. Das Gemeinwohl als oberste Maxime rechtfertigte Strafdrohung und Strafverhängung utilitaristisch: Eine strafrechtliche Verurteilung dürfe nur erfolgen, wenn sie für den Staat einen Nutzen hätte. Dies schloss als Strafzweck die Rache aus. Aufgabe des Strafrechts war stattdessen die Verhütung von Verbrechen und die Sicherheit aller Gesellschaftsmitglieder. Diesem Ziel sollte vornehmlich die Generalprävention, d.h. die Abschreckung der Allgemeinheit vor der Begehung von Straftaten, dienen. Die Abschreckung sollte einerseits schon durch die Androhung der Strafe und andererseits durch deren Vollzug in aller Öffentlichkeit erreicht werden. Außerdem sollte die Strafe spezialpräventiv wirken. Als Erziehungsmaßnahme sollte sie dazu dienen, den Täter zu bessern. Täter, die nicht besserungsfähig waren, sollten unschädlich gemacht werden. Damit war die Trias der Strafzwecke umrissen: Abschreckung, Sicherung und Besserung. Einigkeit bestand überwiegend in der Ablehnung eines religiös begründeten Vergeltungsgedankens.[468]

489

Ablehnung eines religiösen Strafrechts

Strafe bedeutete nicht mehr wie im theokratischen System des Mittelalters, Gott zu rächen, sondern erschöpfte sich für das profane Naturrecht in der Reaktion auf einen vorangegangenen Normenverstoß. Aus der naturrechtlichen Vorstellung vom Staat ergab sich zwangsläufig, dass das Strafrecht nicht mehr theologisch begründet werden konnte. Die Aufmerksamkeit richtete sich deshalb nur auf weltliches Strafrecht.

490

---

[467] HRG V (Art. Zuchthaus), Sp. 1780.
[468] CONRAD II, S. 435.

Die Säkularisation im Strafrecht wurde durch eine Scheidung rechtlich erzwingbarer Pflichten von nur innerlich verpflichtenden Geboten der Sitte und Moral erreicht. Religionsdelikte galten nicht mehr als todeswürdiger Abfall vom christlichen Glauben, sondern blieben in einer profanen Soziallehre nur relevant, soweit sie den öffentlichen Frieden störten. Sittlichkeitsdelikte wurden milder beurteilt. Die Verfolgung verlagerte sich ins Polizeirecht.

Zurechnungslehre

Dem einzelnen Täter gegenüber wurde die Anwendung der Strafe **491** damit gerechtfertigt, dass er sich die Folgen seines Verbrechens zurechnen lassen müsse, weil er sie gekannt habe. Diese sog. Imputations- oder Zurechnungslehre ging auf Samuel Pufendorf zurück und begründete eine neue Lehre vom Schuldstrafrecht. Aus dem Grundsatz der Willensfreiheit der Menschen folgerte Pufendorf, dass dem Täter nur diejenigen Handlungen zugerechnet werden könnten, die er bewusst und frei gewollt begangen hatte. Dem nicht freien Urheber einer Tat könne diese nicht zugerechnet werden. Nicht zurechenbar waren daher Naturereignisse außerhalb menschlicher Einwirkungsmöglichkeiten. Natürliche Kräfte kamen jedoch für eine Zurechnung in Betracht, sofern sie von einem Menschen benutzt wurden. So war z.B. der Handelnde für die Folgen eines Feuers verantwortlich, das er selbst gelegt hatte. Darüber hinaus fielen auch Mängel des Körpers nicht in den Verantwortungsbereich des Handelnden. Niemandem sollten unverschuldete psychische oder physische Missbildungen zugerechnet werden. Nicht zurechenbar waren auch die in rechtmäßiger Notwehr und als Notstandshandlung begangenen Taten. Die Imputationslehre gewann auch praktische Bedeutung. Es bildete sich die Lehre heraus, dass die gesetzliche *poena ordinaria* auf den Fall des vorsätzlichen vollendeten und in voller Freiheit begangenen Verbrechens eingeschränkt wurde. Fehlte es an diesen Voraussetzungen, konnte eine mildere *poena extraordinaria* verhängt werden.[469]

Verhältnismäßigkeit der Strafe

Delikt und Strafe waren aufeinander bezogen. Daraus ergab sich, **492** dass die Strafe in einem angemessenen Verhältnis zum Delikt stehen musste. Die Verhältnismäßigkeit als Maßprinzip stellte die Strafen in den Dienst der Generalprävention. Die Furcht vor der Strafe sollte Gegenmomente gegen den Anreiz zu Verbrechen schaffen. Proportionalität und Nützlichkeitsdenken ließen die überkommenen Strafen kritisch erscheinen. Der Strafzweck rechtfertigte nicht jedes, sondern nur das unbedingt erforderliche Mittel. Die Strafe sollte nicht härter sein dürfen, als zur Erreichung des Zwecks notwendig war. Es reichte aus, dass das angedrohte Übel die Vorteile der Tat überwog. Verstümmelnde Strafen erschienen dem aufgeklärten Zeitalter als Grausamkeit, die vernunftgemäß nicht mehr gerechtfertigt werden konnten. Die präventive Wirkung suchte man durch eine innere Spiegelung zu steigern. Geldstrafen sollten Taten aus Habgier, Zwangsarbeit Taten aus Müßiggang hindern. Als naturrechtswidrig wurde auch die Folter angesehen. Der Inquisitionsprozess wurde aber von der Aufklärung nicht angefochten.

hemmer-Methode: Endgültig wurde die Folter erst überwunden, als das Geständnis des Angeklagten für eine Verurteilung nicht mehr notwendig war. Das Beweisrecht des 19. Jahrhunderts ließ die freie Beweiswürdigung durch den Richter zu, so dass eine Verurteilung auch auf Indizien gestützt werden konnte.[470]

Unzulässigkeit der Todesstrafe

Die Todesstrafe als klassischer Ausdruck des alttestamentarischen **493** Talionsdenkens, dass Gleiches mit Gleichem vergolten werden müsse, geriet ins Wanken. Aus dem Gesellschaftsvertrag, durch den der Einzelne von seiner Freiheit so viel auf den Staat übertrage, wie zur Aufrechterhaltung der Gemeinschaft erforderlich sei, begründete der italienische Rechtsgelehrte Cesare Beccaria (1738-1794) die Strafe.

---

[469] HRG II (Art. Imputation), Sp. 336 f.
[470] RÜPING, Rn. 205, 217 f.

In seinem Hauptwerk *Dei delitti e delle pene* stellte er dar, dass das Strafrecht des Staates nur so weit reiche, wie die Einwilligung des Einzelnen im Gesellschaftsvertrag gehe. Beccaria stellte auf dieser Grundlage die Frage, ob die Todesstrafe überhaupt zulässig sei. Ausgehend vom Gesellschaftsvertrag, nahm er an, dass niemand einem anderen das Recht über das eigene Leben abtreten könne. Vom Gesellschaftsvertrag werde die Verfügungsbefugnis des Staates über das Leben eines Menschen also nicht gedeckt. Außerdem sei die Todesstrafe nutzlos, weil die Verbrecher den der Gesellschaft zugefügten Schaden nicht mehr wiedergutmachen könnten. Soweit die Todesstrafe als legitim galt, fielen zumindest ihre Schärfungen. Überwiegend suchte man nur die Todesstrafe durch die Verringerung todeswürdiger Delikte zu beschränken und lehnte qualifizierte Todesstrafen ab, weil sie mehr Schmerzen antaten, als zum Töten nötig war.[471]

2. Die Fortführung der aufgeklärten Straftheorien

Kants Rechtsphilosophie

Ein grundlegender Wandel der Straftheorien zeichnete sich zu Beginn des 19. Jahrhunderts ab und ist auf den Einfluss der Moralphilosophie Immanuel Kants (1724-1804) zurückzuführen. Das oberste Prinzip der Moralität gründete sich nach Kant auf die Idee der Freiheit und Autonomie des Willens. Freiheit bedeute Unabhängigkeit des handelnden Menschen und die Fähigkeit, nach dem allgemeinen Gesetz der Vernunft zu handeln. Dieses Gesetz war für Kant der sog. *kategorische Imperativ*, d.h. ein von allen äußeren Bedingungen unabhängiges, allein auf dem menschlichen Willen beruhendes und unbedingt (kategorisch) gültiges Gebot. Der Mensch habe sein Verhalten so einzurichten, als ob es allgemeines Gesetz werden solle. Dem kategorischen Imperativ zu folgen sei sittliche Pflicht. Erst mit der Befolgung des Pflichtgebotes könne der Mensch seine Würde, seine Persönlichkeit und seine Freiheit entfalten. Deshalb sei es nicht Aufgabe des Rechts, auf das Handeln des Menschen einzuwirken. Andernfalls würde dem Menschen die Möglichkeit der freien Entscheidung und damit des sittlichen Handelns genommen. Das Recht könne folglich nur den äußeren Rahmen schaffen, damit jedem Einzelnen im Verhältnis zu seinem Mitbürger ein Leben gemäß dem *kategorischen Imperativ* möglich sei. Dem Staat obliege es, diese äußeren Bedingungen durch den Erlass von Gesetzen und ihre Anwendung zu garantieren. Der Staat sei daher Bedingung des Rechts und das Recht wiederum Bedingung des sittlichen Handelns. Daraus folge, dass der staatliche Rechtszwang begrenzt ist. Der Staat dürfe nur dasjenige zum Rechtsgebot machen, was um der allgemeinen sittlichen Freiheit notwendig ist. Denn ein Verhalten, das sich nur nach dem staatlichen Gesetz richte und nicht dem *kategorischen Imperativ* folge, könne stets nur legal, aber nie moralisch sein.[472]

494

Widervergeltung als Strafzweck

Aus der Trennung von Recht und Moralität ergaben sich nach Kant zunächst grundlegende Konsequenzen für den Strafzweck. Strafe dürfe niemals als Rechtszwang zur Erreichung eines staatlichen oder individuellen Zwecks eingesetzt werden. Sie dürfe also weder die Besserung des Verbrechers noch den Nutzen der Gesellschaft zum Ziel haben.

495

Insofern kam für Kant auch keine abschreckende Wirkung in Betracht. Der Mensch dürfe nicht als Mittel zu irgendeinem Zweck benutzt werden. Das wäre ein Eingriff in seine Autonomie. Nach Kant erfolgte die Bestrafung nur um der Bestrafung willen. Der Täter werde bestraft, weil er ein Delikt begangen hat.

---

[471] CONRAD II, S. 436 f.
[472] BRUGGER, Grundlinien der Kantischen Rechtsphilosophie, JZ 1991, S. 894 f.

Das Strafgesetz sei unbedingt und zweckfrei. Die Anwendung der Strafe sorge aber für die Erhaltung der Gerechtigkeit. Die Strafe müsse exekutiert werden, damit die Gerechtigkeit in der Welt wiederhergestellt werde. Kants Auffassung von Gerechtigkeit beruhte auf dem Gedanken der Wiedervergeltung. Mit diesem Vergeltungsprinzip konnte sich Kant aber nicht durchsetzen. Er zeigte damit aber zumindest die Schwächen der aufklärerischen Zwecktheorien auf. Deutlich wurde vor allem, dass zweckmäßige und gerechte Strafe nicht gleichbedeutend sein müssen. Denn wenn die Höhe der Strafe nur nach dem Nutzen und den Erfordernissen der Gesellschaft sowie der Bekämpfung der Kriminalität bemessen wird, besteht die Gefahr, dass die Strafe strenger ist, als es die Schwere des Verbrechens oder die Schuld des Verbrechers erfordert.[473]

Lehre vom psychologischen Zwang

Die Gedanken Kants zum Strafzweck wurden von Anselm von Feuerbach (1775-1833) weitergeführt und mit aufklärerischen Ansätzen verbunden. Im Gegensatz zu Kant hielt es Feuerbach für nicht erlaubt, den Verbrecher nur um der Vergeltung willen zu bestrafen. Er verband die Nützlichkeitserwägungen der Aufklärung mit dem Grundsatz, dass man den Menschen nie als Mittel benutzen dürfe, um einen außerhalb seiner selbst liegenden Zweck zu erreichen. Daraus begründete er die *Lehre vom psychologischen Zwang*. Für ihn war der allein rechtfertigende Zweck der Strafe die Abschreckung der Allgemeinheit. In diesem Zusammenhang unterschied er streng zwischen Strafandrohung und Strafvollstreckung. Den Schwerpunkt seiner Lehre setzte er anders als die Vertreter der Aufklärung auf die Strafandrohung und sprach ihr allein abschreckende Wirkung zu. Denn diese übe auf den potentiellen Täter einen unmittelbaren psychologischen Zwang aus, der ihn daran hindere, rechtswidrige Handlungen zu begehen. Der Täter sei ein vernunftbegabtes Wesen, das die Vor- und Nachteile der Tat abwiegt.[474]

nulla poena sine lege

Aus Feuerbachs Theorie vom psychologischen Zwang folgte der Gesetzmäßigkeitsgrundsatz *nulla poena sine lege*. Das Prinzip, das sich heute in Art. 103 II GG findet, lautete bei Feuerbach vollständig *nulla poena sine lege, nulla poena sine crimine, nullum crimen sine poena legali*. Nach der Theorie vom psychologischen Zwang kam dem Gesetz eine zentrale Bedeutung zu. Denn erst durch das Gesetz, das die Strafandrohung der Allgemeinheit zur Kenntnis bringt, konnte die erwünschte psychologische Abschreckungswirkung erzielt werden. Damit das Gesetz diese Aufgabe erfüllen kann, müssen nach Feuerbach dem Bürger die Voraussetzungen der Strafbarkeit bekannt sein oder bekannt sein können. Der Gesetzgeber habe daher die einzelnen Straftatbestände und ihre Merkmale umfassend und vollständig zu regeln. Aus dem nulla-poena-Prinzip folgte notwendigerweise auch das Publizitätsgebot. Dieses Erfordernis sprach Feuerbach zwar nie aus, es ergab sich aber aus der Theorie vom psychologischen Zwang. So können Gesetze eine psychologische Wirkung nur dann entfalten, wenn sie vor der Begehung einer Tat ergangen und bekannt gemacht worden sind. Damit war auch der Erlass eines Strafgesetzes mit rückwirkender Kraft ausgeschlossen. Eine Strafe dürfe nur bei Vorliegen eines äußerlich sichtbaren Verbrechens verhängt werden. Der Grundsatz *nulla poena sine crimine* bedeutete, dass für die Bestrafung die Handlung bewiesen sein müsse. Damit wandte sich Feuerbach gegen die Verdachts- und außerordentliche Strafe.

Der Grundsatz *nullum crimen sine poena legali* besagte, dass auf eine Tat die Strafe unbedingt folgen müsse. Das Gesetz müsse unabhängig von Zweckmäßigkeitserwägungen gelten. Die Straftheorie Feuerbachs hatte erhebliche Auswirkungen auf die Rechtsanwendung. Unvereinbar mit ihr war eine willkürliche richterliche Straffestsetzung.

496

497

---

[473] RÜPING, Rn. 269.
[474] HRG I (Art. Feuerbach, Anselm v.), Sp. 1120.

Die Aufgabe der Richter sollte auf die Anwendung des Gesetzes beschränkt sein. Um dieses Ziel zu erreichen, musste der Richter eng an das Gesetz gebunden werden. Ein absolutes Auslegungsverbot forderte Feuerbach nicht. Die Grenze bildete jedoch der Wille des Gesetzgebers. Damit war dem Richter jede ergänzende Auslegung untersagt.[475]

3. Strafrechtliche Reformen des aufgeklärten Absolutismus

aufgeklärte Strafgesetzgebung am Ende des 18. Jahrhunderts

Die gemeinrechtliche Strafrechtswissenschaft hatte die Gesetzgebung in den deutschen Territorien nachhaltig beeinflusst. Zwischen dem 16. und 18. Jahrhundert wurden ihre Lehren in die Gesetzgebung umgesetzt.[476] Danach trat das Naturrecht in den Vordergrund. Die Reformgesetzgebung auf dem Gebiet des Straf- und Strafverfahrensrechts setzte um die Mitte des 18. Jahrhunderts, zuerst in Preußen mit dem Regierungsantritt Friedrichs II. 1740, ein und fand ihren Höhepunkt in den Kodifikationen am Ende des 18. Jahrhunderts und zu Beginn des 19. Jahrhunderts. Die Strafe wurde nun auf die Vernunft und damit auf die Gesichtspunkte der Notwendigkeit und Zweckmäßigkeit für das Gemeinwohl gestützt. An die Stelle des Vergeltungsgedankens rückten ausschließlich präventive Strafzwecke. Die Besserung des Täters fand nur am Rande Erwähnung. Die bedeutendsten Gesetze dieser Epoche waren die österreichische *Josephina* von 1787 und das preußische ALR von 1794, während das bayerische StGB von 1813 schon in die Zukunft wies.[477]

498

Bayern

In Bayern stand der *Codex iuris criminalis Bavarici* von 1751, verfasst von Wiguläus Xaverius Aloysius von Kreittmayr, noch auf dem Boden der gemeinrechtlichen Theorie und zeigte nur in wenigen Fragen den Einfluss der Naturrechtsschule. Das Gesetzbuch war keine Neuschöpfung aus dem Geist der Reformgedanken der Aufklärung, sondern nur eine Fortbildung des in Bayern geltenden Rechts, schuf aber auf dem Gebiet des Strafrechts und Strafverfahrensrechts die Rechtseinheit. Die Todesstrafen kamen noch in den mittelalterlichen Variationen vor. Beibehalten waren auch die Vorschriften über Ketzerei, Zauberei und Aberglauben. Der Richter wurde in der Zumessung der Strafen insoweit an das Gesetz gebunden, als ihm untersagt wurde, die vom Gesetz vorgesehenen ordentlichen Strafen abzuändern. Mit dem StGB von 1813 setzte sich Bayern aber an die Spitze der deutschen Territorien. Von Feuerbach entworfen, führte es den Grundsatz *nulla poena sine lege* durch. Enge Tatbestände und genau umgrenzte Strafrahmen sollten richterliche Willkür ausschließen. Sittlichkeits- und Religionsdelikte wurden nahezu vollständig gestrichen. Verstümmelnde Strafen und qualifizierte Todesstrafen fielen weg. Die Kodifikation wurde trotzdem bald kritisiert. Da sie von der Theorie vom psychologischen Zwang her konzipiert war, galt sie als zu einseitig. Sie beeinflusste aber wesentlich die nun beginnende Strafgesetzgebung des 19. Jahrhunderts.

499

Österreich

Auch in Österreich kam es zu einer Rechtsvereinheitlichung. Die *Constitutio criminalis Theresiana* von 1768 war eine Zusammenfassung des älteren österreichischen Straf- und Strafverfahrensrechts auf der Grundlage des gemeinen Rechts. Das Gesetz hatte Geltung in den österreichischen Erblanden einschließlich Böhmens.

500

Trotz der Bedenken Maria Theresias gegen das Verbrechen der Zauberei und Hexerei fand es in das Gesetz Aufnahme. Auch religiöse Delikte wie Gotteslästerung fanden Eingang. Inzwischen hatten auch die Gedanken der Aufklärung zur Strafrechtsreform in Österreich an Boden gewinnen können, vor allem unter dem Einfluss von Joseph von Sonnenfels (1733-1817) und Karl Anton von Martini (1726-1800).

---

[475] HRG III (Art. Nulla poena sine lege), Sp. 1108 f.
[476] Dazu CONRAD II, S. 425-429.
[477] Dazu CONRAD II, S. 441-452.

Die Folge war die Abschaffung der Folter 1776, welche die *Theresiana* noch beibehalten hatte. Unter Joseph II. wurde die Todesstrafe abgeschafft (1781). Er erteilte auch den Auftrag, die *Theresiana* umzuarbeiten. Das daraus entstandene *Allgemeine Gesetzbuch über Verbrechen und derselben Bestrafung* von 1787 (sog. *Josephina*) stand zwar im Zeichen der Aufklärung, brachte aber keine durchgehende Humanisierung des Strafrechts, da es auf dem Gedanken der Abschreckung gegründet war. Der Einfluss der Aufklärung machte sich vor allem in der rein rationalen Grundeinstellung des Gesetzgebers bemerkbar. Zauberei und Hexerei wurden nicht mehr als Verbrechen angesehen. Religions- und Sittlichkeitsverbrechen galten als politische Verbrechen, welche die öffentliche Ordnung störten. Zukunftweisend wurde die strenge Bindung des Richters an das Gesetz. Doch zielte das nicht auf den Schutz des Individuums ab, sondern sollte den Willen des Gesetzgebers zur Anerkennung bringen. Die *Josephina* wurde durch das österreichische Strafgesetzbuch von 1803 abgelöst. Dieses stellte, von einigen Regelungen abgesehen, nur eine erweiterte Fassung der *Josephina* dar.

Preußen

In Preußen blieb der Versuch, ein einheitliches Strafgesetzbuch zu schaffen, in der Regierungszeit Friedrich Wilhelms I. (1713-1740) im Entwurf stecken. Im Herzogtum Preußen wurde das alte Landrecht von Samuel von Cocceji (1679-1755) überarbeitet und als *Verbessertes Landrecht für das Königreich Preußen* 1721 verkündet. In seinem strafrechtlichen Teil stand es unter dem Einfluss der *Carolina* und Carpzovs. Während die Folter beibehalten wurde, wurden Zauberei und Hexerei als Wahn abgelehnt. Unter der Regierung Friedrichs II. (1740-1786) trat ein grundlegender Wandel in der Strafrechtspflege ein. Da es noch zu keiner Gesamtkodifikation kam, beruhte die Reform auf Einzelgesetzgebung. Friedrich II. hob unmittelbar nach seinem Regierungsantritt 1740 die Folter auf. Sie blieb bis 1754 nur noch in Ausnahmefällen zulässig. Der Angeklagte wurde jetzt verurteilt, wenn das Gericht auch ohne Geständnis von seiner Schuld überzeugt war. Durch Ausübung des Begnadigungsrechts wurden die verhängten Todesstrafen häufig in Freiheitsstrafen umgewandelt. Infolgedessen verminderte sich die Zahl der Hinrichtungen in Preußen auf 14 bis 15 pro Jahr. Insgesamt ging es dem König darum, die grausamen Strafen zu mildern. Im Sinne der Aufklärung sollte ein rechtes Verhältnis zwischen Verbrechen und Strafe bestehen. Eine Kodifikation des Strafrechts enthielt das ALR von 1794. Es war in seiner Grundhaltung weitgehend von der Aufklärung beherrscht, zeigte aber auch einen polizeistaatlichen Charakter, indem es in großem Umfang Maßnahmen zur Verhütung von Verbrechen traf. Das Gesetz ging von der Freiheit des Willens aus und bestrafte widerrechtliche freie Handlungen. Strafbare Handlungen waren nur solche, die vom Gesetz verboten wurden. Als Schärfung der Todesstrafe kannte das Gesetz noch das Schleifen zur Richtstätte und die Zurschaustellung des Leichnams des Verbrechers. Im Vordergrund stand jedoch die Freiheitsstrafe.

501

§ 12 ZEITENWENDE: REFORM, KONSTITUTIONALISMUS UND RESTAURATION

Lernübersicht:

502 Die Wende vom 18. zum 19. Jahrhundert stellt einen fundamentalen Epochenwechsel dar. Das entscheidende Ereignis, welches das Ende des Ancien Régime bedeutete, war die französische Revolution. Sie setzte schlagartig die durch die Aufklärung entwickelten Ideen frei. Nach Deutschland wurden diese Entwicklungen durch die napoléonische Besetzung getragen. Die daraufhin initiierten Staats- und Gesellschaftsreformen eliminierten auch hier die meisten feudalen Strukturen. Die Forderungen nach politischer Mitbestimmung und einem gesamtdeutschen Nationalstaat wurden bei der Neuordnung Deutschlands im Deutschen Bund jedoch nicht verwirklicht. Dies bildete fortan während des 19. Jahrhunderts das Programm des liberalen Bürgertums.

I. Das Ende des Alten Reiches

1. Gewaltenteilung, Menschenrechte und Volkssouveränität

John Locke (1632-1704)

503 Während in Deutschland das Naturrecht dem Reformabsolutismus eine geistige Grundlage lieferte, wurden in England und Frankreich in Frontstellung gegen das absolutistisch agierende Königtum freiheitlich orientierte Naturrechtsmodelle entwickelt. Standen in der deutschen Naturrechtslehre Staatszweck und Untertanenpflichten im Vordergrund, diente dort das Modell des Gesellschaftsvertrages der Rechtfertigung von Volkssouveränität, Grundrechten und Gewaltenteilung. Während Hobbes unter dem Eindruck des Bürgerkrieges einen allmächtigen Staat schaffen wollte, der die Bändigung der gegenläufigen Einzelinteressen garantiert, war der Ordnungsentwurf John Lockes (1632-1704) in seinen *Two Treatises of Government* (1679) der Versuch, der bürgerlichen Gesellschaft Freiräume zu schaffen. Danach hat der Mensch im Naturzustand vollkommene Freiheit, über seinen Besitz und seine Persönlichkeit zu verfügen, nicht aber die Freiheit, anderen zu schaden.

Im Gegensatz zu Hobbes ist der Naturzustand bei ihm durch Harmonie geprägt. Der Nachteil des Naturzustandes ist, dass das Recht auf Selbsterhaltung und auf Eigentum durch das Naturgesetz nicht dauerhaft und sicher garantiert wird. Deshalb schließen die Menschen einen Gesellschaftsvertrag, mit dem sie dem entstehenden Gemeinwesen Machtbefugnisse übertragen. Der Vertrag hat den Zweck, das Eigentum vor Übergriffen zu sichern, das Leben und die Freiheit des Einzelnen zu schützen. Die Einschränkung der natürlichen Freiheit darf deshalb nur so weit reichen, wie es die Erreichung des gemeinsamen Zweckes erfordert. Die Übertragung der Rechte an den Staat ist nicht endgültig und vorbehaltlos. Der Verzicht bedeutet nur eine Einschränkung der natürlichen Grundrechte Leben, Freiheit und Eigentum. Die Grundrechte sind an sich unveräußerlich.[478]

Jean-Jacques Rousseau (1712-1778)

504 Jean-Jacques Rousseau (1712-1778) entwickelt die Gegenposition zu der eher bürgerlich geprägten Theorie von Locke. Der individuelle Egoismus im Naturzustand ist gerade ein Produkt der bürgerlichen Gesellschaft, deren Grundlagen Arbeitsteilung, Eigentum und Geldwirtschaft sind und stellt eine Entfremdung des Menschen von seiner Natur dar. Die eigentliche Natur des Menschen ist geprägt von Freiheit, Drang nach Selbsterhaltung und Mitleid. Rational ist nur eine Gesellschaftsordnung, welche die natürliche Freiheit in der politischen bewahrt und erweitert. Dies ist die Aufgabe des *contrat social*, des Gesellschaftsvertrags. Durch diesen Vertrag entsteht ein kollektiver, politischer und moralischer Körper, dessen einigender Wille die *volonté générale*, der allgemeine Wille im Gegensatz zum *volonté de tous*, dem Willen der Einzelnen ist. Jedes Individuum ist als Bürger Teil des Souveräns (Volkssouveränität) und zugleich Untertan, der den selbstgestalteten Gesetzen folgt. Indem er der *volonté générale* gehorcht, gehorcht er sich selbst. Zwar war dem Vernunftrecht der Gedanke der Volkssouveränität immanent, da die Herrschaftsgewalt immer erst durch einen Übertragungsakt auf den Herrschenden überging. Nach Rousseau blieb die Souveränität nach dem konstitutiven Akt des Gesellschaftsvertrages beim Volk. Damit war die theoretische Grundlage der Demokratie gelegt.[479]

Aristoteles und die gemischte Verfassung

505 Ein Problem, das immer mehr in den Blick der Vernunftrechtler geriet, war die Kontrolle politischer Herrschaft. Letztlich verbarg sich dahinter die uralte Frage nach der idealen Verfassung. Aristoteles hatte in seiner *Politik* drei idealtypische Staatsformen, differenziert nach der Anzahl der Herrschenden, herausgearbeitet und diese wieder nach dem Zweck der Herrschaft, ob zum Allgemeinwohl oder zum Wohl der Herrschenden, aufgeteilt: *Monarchie* (Königtum)/*Tyrannis* als Herrschaft eines Einzelnen, *Aristokratie* (Herrschaft der Besten)/*Oligarchie* (Herrschaft der Reichen zu ihrem Vorteil) als Herrschaft der Wenigen und *Demokratie* (Herrschaft der Menge)/*Ochlokratie* (Herrschaft des Pöbels) als Herrschaft der Menge. Nach seiner Auffassung war die ideale Verfassung eine gemischte Verfassung, bei der alle sozialen Interessen berücksichtigt werden. Dies sei der Fall bei einer Mischung zwischen Demokratie und Oligarchie. Da nicht alle gleichzeitig herrschen könnten, müsse dies abwechselnd geschehen. Daneben teilte er den Staat in drei Funktionen: die *Legislative* (der beratende Teil), die *Exekutive* (das Ämterwesen) und die *Judikative* (der rechtsprechende Teil).[480]

Gewaltenteilung

506 Locke griff nun die der gemischten Verfassung und der Funktionendifferenzierung auf und verknüpfte sie zum Modell der *moderated monarchy*. Die Gesetzgebung und vornehmlich die Steuerbewilligung liege beim Parlament und damit bei den Ständen. Sie sollen einer Verselbständigung der Exekutive, die in den Händen der Krone bleibe, entgegenwirken.

---

[478] FENSKE/MERTENS/REINHARD/ROSEN, S. 325 f.
[479] HRG V (Art. Volkssouveränität), Sp. 1008 f.
[480] FENSKE/MERTENS/REINHARD/ROSEN, S. 89 f.

Der Krone bleiben auch zwei weitere Gewalten zugeordnet: Die Föderative, d.h. die auswärtige Politik, und die Prärogative, eine Art ungebundenes Notstandsrecht. Die richterliche Gewalt fehlte noch. Montesquieu, dem allgemein die Idee der Gewaltenteilung zugerechnet wird, beschäftigte sich in *De l'Esprit des lois* damit nur beiläufig bei der Untersuchung der englischen Verfassung. Er sah als ideale Verfassung eine gemischte Verfassung, in der die drei sozialen Gruppen seiner Zeit, König, Adel und Volk, die zwei staatlichen Funktionen Legislative und Exekutive in unterschiedlichen Organen, aber in wechselseitiger Verschränkung und unter gegenseitiger Einflussnahme ausübten. Das Ergebnis war also keine Gewaltenteilung, sondern eine Gewaltenverflechtung innerhalb einer gemischten Verfassung. Durch ein Gleichgewicht der sozialen Gruppen sollten auch die Institutionen im Gleichgewicht bleiben. Ziel war eine gemäßigte Herrschaft (*gouvernement modéré*). Denn in keiner Staatsform sei die Freiheit per se gesichert. Dies gelinge nur dort, wo der natürlichen menschlichen Neigung zum Machtmissbrauch Schranken gezogen seien (*le pouvoir arrête le pouvoir*).[481]

Idee der Verfassung

507 Das Vernunftrecht entwickelte auch das Modell, alle staatlichen Grundgesetze in einer einzigen Organisationsurkunde zu vereinen. Das Wort Verfassung erlebte dabei einen Bedeutungswandel von einem deskriptiven, zustandsbeschreibenden zu einem normativen Gehalt. In Anlehnung an die naturrechtliche Vertragslehre wurde darunter das zwischen Herrschendem und Volk vereinbarte Grundgesetz des Staates verstanden, in dem die Ausübung der Herrschaft reglementiert wird. Das positive Recht teilte sich in zwei Bereiche, die vom Volk ausgehende, den Staat bindende Verfassung und die auf der Basis der Verfassung erlassenen, das Volk bindenden Gesetze. Eine Begrenzung der Herrschaftsgewalt sollte dem Bürger hauptsächlich in Form der Grundrechte einen staatsfreien Freiraum garantieren. Die Idee der Verfassungsurkunde war dann ein Produkt der amerikanischen Revolution, bei der sich ab 1776 die einzelnen Staaten nach dem Vorbild der kolonialen Charters eine Verfassung gaben.

> **hemmer-Methode: Wesentliche Merkmale moderner Verfassungen im Unterschied zu älteren staatlichen Grundgesetzen sind darin zu sehen, dass sie herrschaftsbegründend, umfassend (alle Rechte betreffend) und universal (alle Einwohner betreffend) sind. Gesetzgebung, Regierung und Rechtsprechung werden unterschiedlichen und voneinander getrennten Organen übertragen, die sich gegenseitig in ihrer Macht begrenzen. Moderne Verfassungen enthalten Kataloge von Grundrechten, die dem einzelnen Bürger unverletzliche Rechte gegenüber Staat und Gesellschaft gewährleisten.[482]**

das revolutionäre Frankreich

508 Der entscheidende Umbruch auf politischer Ebene wurde durch die Revolutionen in Amerika und Frankreich erreicht. Vorbild für die Vorgänge in Frankreich waren vor allem die *Bill of Rights* von Virginia von 1776 und eben die Verfassungen. Als sich 1789 der dritte Stand, die bürgerliche Kurie der Generalstände, zur Nationalversammlung erklärte, entstand eine Gründungssituation, wie sie in den gesellschaftsvertraglichen Theorien schon vorgedacht war.

Die erste zukunftsweisende Handlung der Nationalversammlung war die Erklärung der Menschenrechte am 28. Juni 1789. 1791 wurde eine Verfassung im Sinne der konstitutionellen Monarchie erlassen. Sie gründete auf Volkssouveränität und Gewaltenteilung. Vorgesehen war aber ein mittelbares Zensuswahlrecht nach altständischer Tradition.

---

[481] Fenske/Mertens/Reinhard/Rosen, S. 334 f.
[482] HRG V (Art. Verfassung), Sp. 699.

Dahinter stand der das ganze liberale Zeitalter prägende Gedanke, dass gerade Eigentum und Steuerleistung das Recht zur politischen Teilhabe vermittelten. Die Verfassung wurde aber nie in Kraft gesetzt. Durch den Fluchtversuch des Königs und die Koalitionskriege kam es vielmehr zu einer Radikalisierung. Der aus der ersten Wahl hervorgegangene Konvent nahm nun als Verkörperung des Rousseau'schen *volonté générale* auch Exekutivfunktionen wahr. Es existierten weder Regierung noch Ministerien. Die Repräsentanten regierten selbst durch Kommissare. Nach dem Umsturz 1794 wurde eine republikanische Verfassung mit fünf Direktoren als Regierung installiert. Diese wurde dann durch den Staatsstreich Napoléons 1799 durch ein cäsaristisches, auf militärischer Macht und Prestige gründendes Regime ersetzt. So hatte die Revolution in kürzester Zeit alle möglichen Verfassungsformen von einer radikaldemokratischen über eine republikanische und konstitutionelle Verfassung bis zu einem cäsaristischen Kaisertum durchgespielt.

2. Die Auflösung der Reichsverfassung

preußisch-österreichischer Konflikt

Der Westfälische Friede hatte die Reichsverfassung noch einmal für hundert Jahre stabilisieren können. Nach dem Tod Kaiser Karls VI. 1740 erlebte das Reich aber eine Folge krisenhafter Erschütterungen, die anzeigten, dass der Staatsbildungsprozess auf Territorialebene dem Reich mit der Zeit die Grundlage entzog. Trotz der *Pragmatischen Sanktion* brach ein acht Jahre dauernder Krieg um die österreichische Erbfolge aus, in dem das Haus Wittelsbach versuchte, die Kaiserkrone zu erlangen. Maria Theresia (1740-1780) hatte ihrem Vater nur als Königin von Ungarn und Böhmen sowie in den österreichischen Erblanden nachfolgen können. Zur römischen Kaiserin konnte eine Frau nicht gewählt werden. Die Schwäche des Hauses Habsburg nutzte Friedrich II. von Preußen (1740-1786) bedenkenlos aus, um strittige Erbansprüche auf die reiche Provinz Schlesien in zwei Kriegen (1740-1745) mit Gewalt durchzusetzen. Als der zum Kaiser gewählte Wittelsbacher Karl VII. 1745 starb, kehrte man mit der Wahl Franz I. (1745-1765), des lothringischen Ehemanns Maria Theresias, schnell zur verfassungsrechtlichen Normalität zurück. Die preußisch-österreichische Konfrontation, die im Siebenjährigen Krieg (1756-1763) ihren Höhepunkt erreichte, veränderte jedoch das Klima im Reich. Zunächst erhielt die Rivalität zwischen Preußen und Österreich noch den Fortbestand des Reiches. Durch die Einigung der beiden Großmächte des Reiches in der *Konvention von Reichenbach* 1790 begann die Auflösung des Reichsverbandes. Die territorialstaatliche Politik nahm keine Rücksicht mehr auf die Rechtspositionen kleinerer Reichsstände, die früher vom Kaiser und von der Reichsverfassung geschützt worden waren. Als Preußen in den Markgrafschaften Ansbach und Bayreuth 1792 die Erbfolge antrat, wurden auch gleich die reichsritterschaftlichen Enklaven in Besitz genommen. Ziel aller Politik war die Vergrößerung des Staates. Charakteristisch waren die polnischen Teilungen von 1792 und 1795, als Rußland, Österreich und Preußen Polen unter sich aufteilten.[483]

509

Auseinandersetzung mit Frankreich

Der Anstoß zur endgültigen Auflösung des Reiches kam von außen. Die französische Revolution wurde zunächst von den europäischen Monarchen unterschätzt. Dies änderte sich erst, als die faktische Gefangenschaft des französischen Königspaares 1791 bekannt wurde. Nach der Hinrichtung Ludwigs XVI. im Januar 1793 kam eine große gegenrevolutionäre Koalition zustande.

510

---

[483] WILLOWEIT, § 27 I 1, S. 220 f.

Dieser sog. *Erste Koalitionskrieg* gegen Frankreich ging nach vergeblichen Friedensbemühungen auf dem Reichsfriedenskongress in Rastatt im November 1797 in den *Zweiten Koalitionskrieg* über (1799). Preußen hatte sich inzwischen jedoch aus der Koalition zurückgezogen. Im Sonderfrieden von Basel im April 1795 erkannte es die französische Republik formell an, billigte die Besetzung der linksrheinischen Gebiete durch französische Truppen und vereinbarte die Neutralität der norddeutschen Territorien bei zukünftigen Auseinandersetzungen. Der Zweite Koalitionskrieg endete mit einem Sieg Frankreichs, das im *Frieden von Lunéville* 1801 die Friedensbedingungen diktierte. Im Friedensvertrag wurde die Abtretung der linksrheinischen Gebiete endgültig vollzogen. Die linksrheinischen Gebiete der weltlichen Territorien sollten im verbleibenden Reichsgebiet entschädigt werden. Als Entschädigung kamen die rechtsrheinischen geistlichen Fürstentümer und die Gebiete kleinerer Reichsstände, insbesondere der Reichsstädte, in Betracht. Die darauf folgende Umgestaltung durch Säkularisation und Mediatisierung leitete die Auflösung des Reiches ein. Die geistlichen und kleineren weltlichen Staaten, die Reichsritterschaft und die Reichsstädte waren die natürlichen Verbündeten des Kaisers gegen das Souveränitätsstreben der großen Landesfürsten gewesen. Zum eigenen Schutz hatten Ritter ihren Besitz zum Lehen eines Bischofs gegeben. Auch hatten die Ritter in geistlichen Staaten ein Vorrecht auf die Dompfründen. Damit wurde gleichzeitig die Reichstreue der geistlichen Staaten gesichert. Durch Säkularisation und Mediatisierung wurde die Verknüpfung zwischen Reichskirche, Reichsadel und Kaiser gelöst.

Aufhebung des Reiches 1806

Der Frieden von Lunéville bezeichnete noch nicht das Ende der Auseinandersetzungen mit dem nun napoléonischen Frankreich. Im *Dritten Koalitionskrieg* 1805 verbündeten sich England, Rußland und Österreich gegen Napoléon. Preußen stand erneut abseits. Die Reichsstände Bayern, Baden und Württemberg hatten Bündnisverträge mit Napoléon abgeschlossen und nahmen so auf Seiten einer reichsfremden Macht an dem Krieg teil. Nach der Niederlage der russisch-österreichischen Armeen bei Austerlitz war der Kaiser erneut gezwungen, sich dem französischen Friedensdiktat zu beugen. Der Frieden von Preßburg vom 26. Dezember 1805 erhob Bayern und Württemberg zu souveränen Königreichen. Damit war das Heilige Römische Reich aber nicht zwangsläufig aufgelöst, Bayern und Württemberg schieden auch nicht aus dem Reichsverband aus. Die Souveränität war innenpolitsch zu verstehen und schloss die Zugehörigkeit zum Reichsverband nicht aus. Den Anstoß zur Niederlegung der Kaiserkrone bildete letztlich die Gründung des Rheinbundes. Die Rheinbundstaaten sprachen in der Rheinbundakte ihre dauernde Trennung vom deutschen Reich aus und übersandten am 1. August 1806 ihre Austrittserklärung an den Reichstag. Gleichzeitig setzte Napoléon Kaiser Franz II. ein Ultimatum, in dem er die Niederlegung der Kaiserkrone bis zum 10. August 1806 forderte. Dies ließ dem Kaiser keine Wahl. Am 6. August legte er die Kaiserkrone nieder, behielt aber den 1804 angenommenen Titel als Kaiser von Österreich bei. In der entsprechenden Erklärung dankte er nicht nur persönlich ab, sondern erklärte das Reich auch für aufgelöst. Staatsrechtlich wird man dieses einseitige Vorgehen wohl für unzulässig halten müssen. Nur unter Beteiligung aller Reichsstände hätte das Reich aufgelöst werden können. Letztlich - und das war auch den Zeitgenossen bewusst - wurde durch die Auflösung des Reiches der rechtliche an den faktischen Zustand angepasst.[484]

511

---

[484] WILLOWEIT, § 27 III 2, S. 227 f.

3. Mediatisierung und Säkularisation

Reichsdeputationshauptschluss von 1803

Mit Säkularisation und Mediatisierung bezeichnet man die territoriale Neuordnung des Reiches nach dem Frieden von Lunéville, die schon vor dem Ende des Reiches die deutsche Landkarte völlig veränderte. Die Zahl der reichsunmittelbaren Gebiete sank von ca. 1000 auf 30 zur Zeit des Deutschen Bundes. Der *Frieden von Lunéville* musste, da er nur vom Kaiser geschlossen war, noch in Reichsverfassungsrecht umgesetzt werden. Dies geschah mit dem *Reichsdeputationshauptschluss* vom 25. Februar 1803. Durch dieses letzte Reichsgrundgesetz wurden die politische Landschaft und die Verfassungsstruktur des Heiligen Römischen Reiches entscheidend verändert. Neben dem linksrheinischen Gebietsverlust wurden insgesamt 112 rechtsrheinische Reichsstände zum Zweck der Entschädigung aufgehoben, darunter 19 Reichsbistümer, 44 Reichsabteien und 41 Reichsstädte. Der territorialen Neuordnung lag ein russisch-französischer Entschädigungsplan zugrunde, an dem die vom Reichstag dafür bestellte Deputation ihren Beschluss ausrichtete. Der Zugriff auf die geistlichen Herrschaftsgebiete erfolgte von Anfang an nicht nur unter dem Gesichtspunkt einer angemessenen Entschädigung für erlittene Verluste. Das französische Interesse an der Schaffung leistungsfähiger deutscher Pufferstaaten traf sich mit den flächenstaatlichen Bestrebungen der größeren süddeutschen Höfe. Baden und Württemberg machten nicht nur durch den Erwerb geistlichen Gutes, sondern auch mit zahlreichen Reichsstädten Gewinne, die die linksrheinischen Einbußen um ein Vielfaches überstiegen.[485]

512

Herrschafts- und Vermögenssäkularisation

Der Reichsdeputationshauptschluss legte die Säkularisation der geistlichen Fürstentümer fest. Säkularisation bedeutet in diesem Zusammenhang einerseits die Übertragung der landesherrlichen Staatsgewalt eines geistlichen Reichsfürsten auf ein weltliches Reichsfürstentum, sog. Herrschaftssäkularisation, die der Mediatisierung weltlicher Herrschaften glich, andererseits die Einziehung des Kirchengutes zugunsten einer weltlichen Herrschaft, sog. Vermögenssäkularisation. Die Herrschaftssäkularisation war nahezu total. Alle reichsunmittelbaren geistlichen Fürstentümer wurden von ihr erfasst. Eine Ausnahme bildete nur das speziell für den Reichserzkanzler neu geschaffene Kurfürstentum Aschaffenburg-Regensburg. Die Vermögenssäkularisation wurde mit den nun vom Staat wahrgenommenen traditionell geistlichen Aufgaben, aber auch mit dem Finanzbedarf des Staates gerechtfertigt. Die Folge dieser Säkularisation war eine weitere Durchsetzung absolutistischer Strukturen und eine Entfeudalisierung. Der Grundbesitz der Klöster und Domkapitel fiel an den Landesherrn. Im Rheinland fand ein teilweiser Verkauf des Bodens an reiche Stadtbürger statt. In Bayern wurden die Flächen parzelliert und an viele kleine Freibauern vergeben. Dadurch wurden die Klöster als Arbeit- und Kreditgeber für Handwerker ausgeschaltet. Der Effekt war eine Reagrisierung. Hochqualifizierte Handwerker mussten als Parzellenbauern ihren Lebensunterhalt sichern.[486]

513

Mediatisierung

Neben der Säkularisation normierte der Reichsdeputationshauptschluss die Mediatisierung der deutschen Reichsstädte. Der Begriff der Mediatisierung betraf die weltlichen Reichsstände, die Reichsstädte und die Angehörigen der Reichsritterschaft. Bei der Mediatisierung wurde ihre Reichsunmittelbarkeit aufgehoben und ihr Territorialbesitz einem weltlichen Reichsfürsten zugeschlagen. Das Kollegium der freien Reichsstädte bestand danach nur noch aus Augsburg, Lübeck, Nürnberg, Frankfurt, Bremen und Hamburg. Alle übrigen Reichsstädte wurden den sie umgebenden Landesherrschaften zugeschlagen.

514

---

[485] HRG IV (Art. Reichsdeputationshauptschluß), Sp. 554 f.
[486] S. auch ZIEKOW, Der Reichsdeputationshauptschluß und die Säkularisation in Preußen, DÖV 1985, S. 817-819.

Von der Mediatisierung der Reichsritterschaft war im Reichsdeputationshauptschluss nicht die Rede. Aber obwohl ihr verfassungsrechtlicher Status nicht ausdrücklich angetastet wurde, bedeutete die Auflösung der überkommenen Verfassungsstruktur des Reiches zugleich das Ende der Reichsritterschaft. Denn die weitere Auflösung der alten Ordnung war damit vorgezeichnet. Die fortbestehende Exemtion kleinerer und kleinster reichsritterschaftlicher Herrschaftsgebiete von der landesherrlichen Staatsgewalt erschien anachronistisch. Ab 1804 wurden die Reichsritterschaften dann auch ohne ausdrückliche Ermächtigung mediatisiert, sog. *Rittersturm*. Nach der Niederlegung der Kaiserkrone und der Auflösung des Reiches wurde dieser Prozess beendet. Durch Zusicherung der vollen Souveränität für Bayern, Württemberg und Baden lieferte er die rechtliche Handhabe zur Mediatisierung der Ritterschaft. Das Eigentum der Kleinfürsten und Ritter blieb unangetastet. Der Adel blieb privilegiert und wurde landsässig. Es fand keine Entfeudalisierung und Egalisierung statt. Die grundherrlichen Rechte blieben erhalten.

hemmer-Methode: Die deutschen Staaten hatten sich in der Folgezeit mit den mediatisierten sog. *Standesherren* auseinander zu setzen. Ein Rückgängigmachen der Mediatisierung wurde auf dem Wiener Kongress nicht erwogen. Die Bundesakte sah nur den Erhalt bestimmter ständischer Vorrechte für die ehemals reichsständischen, fürstlichen und gräflichen Häuser vor. Sie blieben Angehörige des hohen Adels mit dem Recht der Ebenbürtigkeit im Verhältnis zu den regierenden Häusern. Als Sonderprivatrecht wurden Familienverträge über Familien- und Güterverhältnisse anerkannt. Hinzu kamen Steuer- und Gerichtsstandsprivilegien. Auf diese Weise überdauerten wesentliche Herrenrechte die napoléonische Egalisierungspolitik.[487]

4. Der Rheinbund

Gründung 1806

Der Rheinbund war eine Organisationsform des napoléonischen Hegemonialsystems über Deutschland. Napoléon sah darin ein Mittel, an die Stelle des Alten Reiches eine von Frankreich abhängige Konföderation deutscher Staaten zu setzen. Im Jahr 1808 gehörten dem 1806 gegründeten Rheinbund 39 deutsche Staaten an. Zu ihnen zählten die Königreiche Bayern, Württemberg, Westfalen und Sachsen. Neben diesen Staaten bildeten später das Großherzogtum Berg und das Großherzogtum Frankfurt den eigentlichen Kern des Rheinbundes. Neben Österreich blieb auch Preußen dem Rheinbund von Anfang an fern. Nach der Annexion Hannovers 1806 standen Pläne eines deutschen Teilstaates im Raum. Diesen entzog aber die preußische Niederlage von Jena und Auerstedt im Herbst 1806 die Grundlage. Das im Frieden von Tilsit 1807 noch belassene Rumpfpreußen wurde nicht in die napoléonische Organisation integriert. Es musste alle westelbischen Gebiete und die polnischen Erwerbungen abtreten und wurde damit auf Pommern, Schlesien, Preußen und Brandenburg reduziert.

515

Rheinbundakte

Die Rechtsgrundlage für den Rheinbund war bis zu seinem Untergang im Jahr 1813 die Rheinbundakte vom 12.06.1806. Sie war ein völkerrechtlicher Vertrag, der auf der einen Seite von Napoléon als dem Protektor des Rheinbundes und auf der anderen Seite von den Mitgliedstaaten abgeschlossen wurde. Sie enthielt eine Bestimmung, nach der jeder Staat des Bundes als souverän galt. In Wirklichkeit war die Souveränität der einzelnen Staaten jedoch durch die Rolle des Bundesprotektors Napoléon stark eingeschränkt. Eine eigene Außenpolitik konnten sie nicht führen. Den Staaten wurde nur die innenpolitische Souveränität zugestanden. Insofern gewann der Rheinbund auch Realität.

516

---

[487] HRG IV (Art. Standesherren), Sp. 1917 f.

Durch den Austritt aus dem Heiligen Römischen Reich hatten die Rheinbundstaaten die Freiheit von den altständischen Bindungen des Reichsrechts errungen. Weiteren Mediatisierungen und einer radikalen Neuordnung der innerstaatlichen Verhältnisse stand nun nichts mehr im Weg.[488]

Verfassungsstruktur

Die Rheinbundakte hatte in mehrfacher Hinsicht Wirkung. Einmal handelte es sich um einen völkerrechtlichen Verpflichtungsvertrag, der den beteiligten Staaten bestimmte Verpflichtungen gegenüber Frankreich auferlegte. Außerdem war es ein völkerrechtlicher Statusvertrag, der den Rheinbund als politisches Eigenwesen ins Leben rief, ihn aber gleichzeitig der Schutzgewalt Napoléons unterwarf. Die Rheinbundakte war zugleich eine Verfassung, welche die innere Grundstruktur des Bundes konstituierte. Sie enthielt nur skizzenhaft entwickelte Verfassungsorgane. An die Stelle des Reichstages sollte ein Bundestag in Frankfurt treten, der ebenfalls ein Gesandtenkongress sein sollte. Obwohl einmal einberufen, trat er niemals zusammen. Das geplante Fundamentalgesetz, mit dem die Bestimmungen der Rheinbundakte ergänzt werden sollten, wurde nicht erlassen. Die Könige von Bayern und Württemberg befürchteten dadurch nur eine Beschränkung der neugewonnenen Souveränität. **517**

II. Reformen in den deutschen Staaten

Die Staats- und Gesellschaftsreformen in der Zeit der napoléonischen Hegemonie stellten einen Bruch mit der traditionalen Ordnung dar und bedeuteten das Ende des Legitimitätsdenkens, das noch die absolutistische Zeit geprägt hatte. Durch hoheitliche Eingriffe in die Gesellschaftsordnung und eine Reorganisation des Verwaltungsapparates wurden in Deutschland zu Beginn des 19. Jahrhunderts die Grundlagen für den modernen Staat gelegt. **518**

1. Reformziele und -grenzen

Unterschiede in den einzelnen Staaten

Wesentliche Ziele und Folgen des Reformprozesses spiegelten wieder, was im letzten Drittel des 18. Jahrhunderts allgemein die aufgeklärten Reformpolitiker beschäftigt hatte. Auch im Zentrum der aufgeklärten Reformdiskussion hatten rationale Reformen des Regierungsapparates und der Justiz, Sicherstellung der Gesetzmäßigkeit der Verwaltung und der Vernünftigkeit politischen Handelns und Beschränkung ständischer Vorrechte im Interesse staatsbürgerlicher Gleichheit gestanden. Die Einflüsse der französischen Revolution beschleunigten nun den staatlichen Modernisierungsprozess. Zwar brachten die Reformen in den einzelnen Staaten ähnliche Ergebnisse hervor. Ausrichtung und Intensität unterschieden sich jedoch graduell. Zu differenzieren ist hier zwischen den von Napoléon neugeschaffenen Staaten, den anderen Rheinbundstaaten und Preußen. **519**

Napoléonidenstaaten

Die Regierungen der Rheinbundstaaten betrieben ihr Reformgeschäft auf Befehl oder im Schatten Napoléons. Die von Napoléon neugeschaffenen Staaten Berg, Frankfurt und Westfalen sollten Muster- und Modellstaaten des napoléonischen Systems sein. Die Reformen in den Napoléonidenstaaten sollten auf die anderen Rheinbundstaaten wirken. Durch die innere Gleichheit der Einzelstaaten sollte die politische Einheit des napoléonischen Herrschaftssystems hergestellt werden. Die Innenpolitik war also Mittel der Außenpolitik. Ziel der Reformen war die Mobilisierung der ökonomischen, finanziellen und militärischen Ressourcen. **520**

---

[488] WILLOWEIT, § 27 III 1, S. 226.

Aus machtpolitischen Gründen wurden die gesellschaftlichen Reformen aber nicht konsequent durchgeführt. Napoléon schuf einen französischen Verdienstadel. Durch die Belehnung dieses Adels mit ehemaligen deutschen Staatsdomänen wurde eine Refeudalisierung eingeleitet. In Westfalen traten die Folgen deutlich zu Tage. Das Verschenken von Staatsgütern ließ viele Einnahmen wegbrechen. Die zur Kompensation durchgeführten Steuererhöhungen bewirkten Verarmung und Bauernunruhen.

rheinbündische Reformen

Für die Modernisierungspolitik der anderen Rheinbundstaaten bedeuteten die permanente politische und wirtschaftliche Unsicherheit der Zeit und der ständige Zwang zur Selbstbehauptung gegenüber dem übermächtigen Protektor eine schwere Belastung, noch mehr allerdings die hohen militärischen und finanziellen Leistungen, die Napoléon seinen Verbündeten abverlangte. Eine entscheidende Grenze der Reformtätigkeit lag darin, dass eine Aktivierung der Bevölkerung zu politischer Mitverantwortung und Selbstbestimmung in ihren Konzepten keinen Platz hatten. Innerhalb des napoléonischen Herrschaftsbereichs wäre dies auch systemfremd gewesen. Hierin unterschied sich die preußische Reformpolitik prinzipiell von der rheinbündischen. Die preußischen Reformer gingen gemeinsam von der Tatsache aus, dass der Fortbestand und der Wiederaufstieg der preußischen Monarchie von der Freisetzung der in jedem Menschen angelegten schöpferischen Kräfte abhängig sei und dass das politische Engagement der Bürger die Tätigkeit der Regierung unterstützen müsse.

521

Stein-Hardenbergsche Reformen

Im Unterschied zu den Rheinbundstaaten wurde Preußen nicht direkt von den politischen Impulsen der französischen Revolution berührt. Es sah sich nach der Niederlage im Herbst 1806 nicht in der Lage, die von Napoléon auferlegten Kontributionen zu tragen. Um der Steigerung der Finanzkraft willen musste man weitreichende Reformziele ansteuern. In Preußen hatte sich schon vor dem Zusammenbruch 1807 in der Beamtenschaft eine Reformpartei gebildet. Der profilierteste war Karl Freiherr von und zum Stein (1757-1831). Er war 1804 zum Staatsminister im Generaldirektorium ernannt worden. 1806 wendete er sich in einer Denkschrift gegen das Kabinettssystem und legte die Rückständigkeit der preußischen Zentralverwaltung dar. Dieser erste Vorstoß führte zum offenen Konflikt mit dem König, der ihn Anfang 1807 in Ungnade entließ. Im Sommer 1807 verfasste Stein die sog. *Nassauer Denkschrift*, in der er das Reformprogramm für die nächsten Jahre entwickelte. Schon im Oktober 1807 wurde Stein ins Staatsministerium zurückgerufen und übernahm die Leitung der Staatsgeschäfte. Nach nur 14 Monaten musste der König ihn auf Druck Napoléons entlassen. Dieser hatte ihn zum Feind Frankreichs und des Rheinbundes erklärt und ihn damit praktisch geächtet.[489] Stein wurde abgelöst von Karl August Freiherr von Hardenberg (1750-1822), der im Juni 1810 zum Staatskanzler ernannt wurde und die Reformpolitik weiterführte.

522

2. Staats- und Verwaltungsreformen

Verwaltungsaufbau nach französischem Vorbild

Die Zentralisierung und Egalisierung des Verwaltungsaufbaus wurde in den Rheinbundstaaten am konsequentesten durchgeführt. Vorbild war der französische Verwaltungsaufbau, der nun auch in den neugewonnenen linksrheinischen Gebieten Frankreichs eingeführt wurde. Diese waren in Departements gegliedert, die wiederum in Kantone eingeteilt waren. Deren Verwaltung war mit Präfekt, Souspräfekt und kommunalem Maire streng hierarchisch organisiert. Die historische Herrschaftsgliederung blieb dabei bewusst unberücksichtigt.

523

---

[489] HRG IV (Art. Stein, Karl Freiherr von), Sp. 1939.

Den Rheinbundstaaten diente dieses Muster auch als Mittel der Integration. Die neugewonnenen Territorien mussten in den Staat eingegliedert werden. Außerdem musste der absolutistische Staat in Süddeutschland im Gegensatz zu Preußen erst gegen den Adel durchgesetzt werden. Das französische System eignete sich dafür ideal. Einerseits hatte es die Fortschrittlichkeit für sich, andererseits führte sie zu einer Machtkonzentration beim Fürsten. In Bayern wurden nach französischem Vorbild Kreise geschaffen, aus denen später die Regierungsbezirke hervorgingen. Die in diesen Verwaltungseinheiten zusammengefassten Oberamtsbezirke wurden zu unmittelbaren Vorgängern der Landkreise.

Verwaltungsreform in Preußen

524

Preußen konnte die Verwaltung des flachen Landes nicht mit der gleichen Konsequenz reformieren. Zwar wurden die alten Kriegs- und Domänenkammern zu regionalen Regierungen mit umfassenden Verwaltungskompetenzen umgestaltet. Aber die Neuordnung der lokalen Kreise scheiterte am Widerstand des Adels. Die regionalen politischen Kräfte konnten ihre politische Position besser behaupten als in Süddeutschland. Zwischen den unteren Verwaltungsinstanzen und der Zentralregierung wurde das Amt des Oberpräsidenten als weitere regionale Institution geschaffen. Als staatliche Aufsichtsorgane jeweils mehreren Regierungen vorgesetzt, begriffen sich die Oberpräsidenten bald als Repräsentanten ihrer Provinzen, für deren Bildungs-, Kirchen- und Gesundheitswesen sie auch unmittelbar zuständig waren. Der Plan des Freiherr von Stein, Ständevertreter in die Unterbehörden zu integrieren, scheiterte. Der vernünftige Rat konnte auch innerhalb der Beamtenschaft gefunden werden. Vielfach wurden auch kollegiale Entscheidungen beibehalten und das neue, mit Fachreferenten arbeitende Bürosystem nur unvollkommen verwirklicht.[490]

Fachministerien

525

An der Regierungsspitze wurde ein Staatsministerium mit Fachministern eingerichtet und häufig die Berufung eines Staatskanzlers durchgesetzt. Vor allem in Preußen musste diese Reform dem König hart abgerungen werden. Friedrich Wilhelm III. (1797-1840) regierte noch aus dem Kabinett mit namenlosen Kabinettsräten, die keine Verantwortung für eine Behörde zu tragen brauchten. Im Dezember 1808 wurde die Einrichtung von fünf Ministerien für Inneres, Auswärtiges, Finanzen, Justiz und Krieg bekannt gegeben. Die Minister sollten dem König direkt verantwortlich sein und die Gegenzeichnung der ihr Ressort betreffenden Gesetze vornehmen. Die Finanznot des Staates führte 1810 zur Einsetzung Hardenbergs als Staatskanzler, der mit umfassenden Befugnissen die Minister und ihren Zugang zum König kontrollierte. Nach dem Tod Hardenbergs 1822 wurden jedoch wieder Ministerkonferenzen eingeführt, das Amt des Staatskanzlers blieb unbesetzt. Durch die Einführung der Ministerverantwortlichkeit wurde das Eigengewicht der preußischen Ministerialverwaltung ungemein gestärkt. Das königliche Entscheidungsrecht blieb zwar unangetastet. Die meisten Ministerialvorlagen vollzog der König aber, weil er dem überlegenen Sachverstand der Bürokratie nur selten bessere Einsicht entgegensetzen konnte. Diese faktische Beschränkung der monarchischen Macht stellte zwar keinen Konstitutionalismus dar, es wurde aber zumindest das Prinzip der Gesetzesbindung dem politischen Entscheidungsverfahren zugrunde gelegt. Deshalb wird in diesem Zusammenhang auch von einer Regierungsverfassung gesprochen.[491]

Staatsrat

526

Neben dem Staatsministerium entstand in vielen deutschen Staaten nun ein Staatsrat. Diese Institution war in Preußen und Österreich schon in vorrevolutionärer Zeit eingerichtet worden. Seitdem sich Napoléon seinen Conseil d'Etat als Beratungskollegium für Gesetzgebungsprojekte geschaffen hatte, gehörte die Berufung eines solchen Gremiums auch zum Pflichtprogramm der Rheinbundstaaten.

---

[490] WILLOWEIT, § 28 II 1, S. 232.
[491] WILLOWEIT, § 28 II 2, S. 233 f.

Darin nahmen im allgemeinen die Minister, vor allem aber vom Monarchen berufene Mitglieder, daneben die Prinzen des regierenden Hauses Platz. Nicht überall gewann diese nur beratende Versammlung politisches Gewicht. In Österreich blieb der Einfluss begrenzt, während er in den süddeutschen Staaten einen festen Platz im Verfassungsleben gewann, sich jedoch nach 1818 der Verfassung unterordnen musste.[492] In Preußen dagegen, wo erst 1848/50 eine geschriebene Verfassung erlassen wurde, musste der Staatsrat faktisch die Funktion der fehlenden Ständeversammlung übernehmen. Ihm durften aber nur Staatsdiener angehören, so dass er sich zu einem Sprachrohr der hohen Beamtenschaft entwickelte, dessen Rat der König meist folgte.

3. Die Kommunalreformen

Städteordnung von 1808

Wichtigstes Ziel der Reformpolitik des Freiherr von Stein war von Anfang an, die Bevölkerung von Stadt und Land durch kommunale Selbstverwaltung und Beteiligung an der Kreis- und Provinzialverwaltung an selbständiges politisches Handeln zu gewöhnen. Daraus entstand zuerst die Städteordnung von 1808. Sie gab den Städten unter staatlicher Rechtsaufsicht die Verwaltung ihrer eigenen Angelegenheiten zurück. Viele Elemente wurden wiederbelebt, die sich in der Zeit vor dem Absolutismus herausgebildet hatten. Die Stadtgemeinde war nun eine vom Staat unterschiedene, eigenständige Korporation. Es wurde zwischen Bürgern und sonstigen Einwohnern der Stadt unterschieden. Mit dem Bürgerrecht war die Berechtigung verbunden, in der Stadt Grundstücke zu erwerben und ein städtisches Gewerbe zu betreiben. Wahlberechtigt zum Stadtrat war nur derjenige, der das Bürgerrecht besaß. Diejenigen, die in der Stadt kein Grundeigentum hatten, waren nur wahlberechtigt, wenn sie ein Mindesteinkommen von 150 bis 200 Talern hatten. Dieser Wahlzensus war allerdings gering. Auch die Masse der Kleinhandwerker und Händler in der Stadt hatte somit durchweg das Wahlrecht. Aus den Wahlen der Bürgerschaft ging die Stadtverordnetenversammlung hervor. Aus ihr wurde der Magistrat gewählt. Dabei handelte es sich um eine kollegial organisierte Behörde, welche die Spitze der Stadtverwaltung bildete. Die Stadtverordnetenversammlung war Trägerin der gemeindlichen Rechtsetzung und der Verwaltung. Der Magistrat war nur ein abhängiges Vollzugsorgan. Gerichtsbarkeit und Polizei wurden Staatsangelegenheit. 1831 erging eine revidierte Städteordnung. Sie sollte ein einheitliches Stadtverfassungsrecht für alle preußischen Gebiete schaffen. Die revidierte Städteordnung verlieh allen Einwohnern das Bürgerrecht. An die Stelle der alten Bürgergemeinde trat nun die moderne Einwohnergemeinde.

527

Landgemeinde- und Kreisreform

Die Reform der Landgemeinde- und Kreisverfassung scheiterte dagegen am Widerstand des Adels. Auch die Landgemeinde sollte als Selbstverwaltungskörperschaft wiederbelebt werden. An die Stelle der gutsherrlichen Polizeigewalt und Patrimonialgerichtsbarkeit sollten freie Landgemeinden mit gewählten Dorfschulzen und Dorfgerichten treten. Dem Dorfschulzen sollte die örtliche Polizeigewalt übertragen werden. Parallel dazu sollten die Kreise reformiert und zu unterer Verwaltungsbehörde und übergeordneter Kommunalverwaltung umgestaltet werden. Der vom gutsherrlich dominierten Kreistag gewählte Landrat (s.o. Rn. 416) sollte ersetzt werden durch einen staatlich ernannten Kreisdirektor. Diesem sollte eine Kreisversammlung gegenübergestellt werden, bestehend aus Vertretern der Gemeinden, der Städte und der Gutsherren. Die entsprechenden Regelungen des Gendarmerieediktes von 1812 mussten jedoch 1814 zurückgenommen werden.

528

---

[492] S. dazu SCHLAICH, Der bayerische Staatsrat - Beiträge zu seiner Entwicklung von 1808/09 bis 1918, ZBLG 28 (1965), 460.

Nur die auf Kreisebene vorgesehene Gendarmerie konnte erhalten werden. Das Amt des Landrates wurde beibehalten, ebenso behielten die Gutsherren die Patrimonialgerichtsbarkeit. Zwischen 1825 und 1828 wurden für die einzelnen preußischen Staaten verschiedene Kreisordnungen erlassen, die an den Zuständen in den ostelbischen Gebieten nichts änderten. Zu einer wirklichen Landgemeindereform kam es erst 1872.[493]

4. Bauernbefreiung und Gewerbefreiheit

Ziel: Gesellschaft freier Eigentümer

Die angestrebte Konzentration der Herrschaftsrechte beim Staat führte zwangsläufig zur Trennung von Staat und Gesellschaft. Staatsreformen, welche die Sphären des öffentlichen und privaten Rechts voneinander scheiden wollten, zogen notwendigerweise Gesellschaftsreformen nach sich. Ziel war die Schaffung einer Gesellschaft freier Eigentümer. Vorbild waren die Gedanken des englischen Nationalökonomen Adam Smith (1723-1790), der in seinem Hauptwerk *An Inquiry into the Nature and Causes of the Wealth of Nations* (1776) das Modell des Wirtschaftsliberalismus geschaffen hatte. Die Quelle des nationalen Reichtums sei nicht der Geldvorrat (Merkantilismus) oder die landwirtschaftliche Produktion (Physiokratie), sondern die geleistete Arbeit des Volkes. Die Ergiebigkeit der Arbeit werde durch Arbeitsteilung gesteigert, die wiederum von der Größe des Marktes abhänge. Voraussetzung der Arbeitsteilung sei das Funktionieren des Marktautomatismus, der über den Marktpreis Angebot und Nachfrage zum Ausgleich bringe. Die treibende Kraft aller wirtschaftlichen Vorgänge sei der Eigennutz. Dies war auch an der Universität Königsberg von dem Kameralwissenschaftler Christian Jakob Krauss (1753-1807) gelehrt worden, bei dem viele der Reformer studiert hatten.[494] Mit der Steigerung der Wirtschaftskraft sollten vor allem die Staatseinnahmen erhöht werden. Insbesondere in Preußen erfolgten die Reformen unter starkem finanziellen Druck.

529

Elemente der Gutsherrschaft

Ein wesentlicher Bestandteil des Reformprogramms waren *Bauernbefreiung* und *Grundentlastung*. Darunter versteht man die Aufhebung der bäuerlichen Abhängigkeitsverhältnisse. Vor allem in Preußen, wo Erbuntertänigkeit und Gutsherrschaft den ländlichen Bereich prägten, war dies ein drängendes Problem. Die feudalen Abhängigkeiten der Gutsherrschaft lassen sich in drei Elemente aufteilen. Es bestand eine bodenrechtliche Abhängigkeit, die sich in Abgaben und Frondiensten äußerte. Dies war das grundherrschaftliche Element der Gutsherrschaft und im Obereigentum des Gutsherrn begründet. Dann gab es eine personenrechtliche Abhängigkeit. Die Gutsherren besaßen die Leibherrschaft über ihre bäuerlichen Hintersassen. Diese waren erblich an die Scholle gebunden, genossen also keine Freizügigkeit. Erblich war die Schollenpflichtigkeit insofern, als die Kinder der Hintersassen in diese Abhängigkeit hineingeboren wurden. Hieraus resultierten an geldwerten Rechten des Leibherrn z.B. Gebühren bei einer Heirat und Gesindedienste der bäuerlichen Familie. Auf der anderen Seite trafen den Leibherrn Fürsorgepflichten gegenüber seinen Bauern. Er hatte sich um die Alters- und Invalidenversorgung zu kümmern, Saatgut bereitzustellen und die Höfe instand zu halten. Das dritte Element ist hoheitsrechtlich einzuordnen. Damit sind die Patrimonialgerichtsbarkeit und die niedere Polizei gemeint. Daneben besaß der Gutsherr meist das Kirchenpatronat und war gleichzeitig Dienstherr seiner Bauern im Militär. Der Gutsherr trat den Bauern also in praktisch allen Lebensbereichen als bestimmende Instanz gegenüber. Das Sozial- und Wirtschaftsmodell der Gutsherrschaft steckte aber am Ende des 18. Jahrhunderts in einer Krise. Die patriarchalische Struktur wurde hauptsächlich durch das Bevölkerungswachstum gesprengt.

530

---

[493] HRG II (Art. Landkreis), Sp. 1511.
[494] S. zum Wirtschaftsliberalismus FENSKE/MERTENS/REINHARD/ROSEN, S. 389-393.

Bauernschutz des aufgeklärten Absolutismus

Schon im friderizianischen Preußen war versucht worden, die Stellung der Adelsbauern zu verbessern. Friedrich II. hatte durch Bauernschutzgesetzgebung versucht, das sog. *Bauernlegen*, also die Einziehung der Bauernstellen zugunsten des Gutslandes, zu verhindern. Motiviert wurde dieses Vorgehen dadurch, dass die gelegten Bauern als Grundsteuerzahler ausfielen. Des Weiteren wurden zum Schutz der Bauern die Abgaben und Dienste in Gesindeordnungen festgeschrieben, um eine übermäßige Inanspruchnahme der Bauern zu verhindern. Die Bauern der staatlichen Domänen wurden hingegen bis 1807 aus den persönlichen Bindungen entlassen. Daneben wurden auch die bodenrechtlichen Bindungen gelöst. Bis 1808 wurde die Ablösung der Frondienste und die Eigentumsübertragung bewerkstelligt. Dafür wurden gegen sofortige Eigentumsübertragung langfristige Rentenzahlungen vereinbart, die große finanzielle Gewinne für die Staatskasse bedeuteten. Ansätze zur Befreiung der Adelsbauern nach 1798 blieben jedoch stecken.[495]

531

Oktoberedikt

Unmittelbar nach seiner Berufung zum leitenden Minister setzte Stein mit dem sog. *Oktoberedikt* vom 09.10.1807 die vollständige Abschaffung der Erbuntertänigkeit in Preußen durch. Durch das Oktoberedikt wurden nur die personenrechtlichen Bindungen aufgehoben. Angestrebt war eine Freiheit im Rechtssinne. Die Bauern wurden damit zu Staatsuntertanen im eigentlichen Sinne, was sie bis dahin wegen der Zwischengewalt der feudalen Gutsobrigkeit nicht gewesen waren. Die bodenrechtlichen Verhältnisse blieben zunächst unberührt. Im Gegensatz zu diesen wurden die personenrechtlichen Elemente der Gutsherrschaft öffentlichrechtlich qualifiziert und konnten deshalb entschädigungsfrei aufgehoben werden. Die Rheinbundstaaten hoben seit 1808 die dort stark abgeschwächte Leibeigenschaft auf.

532

Grundentlastung

Die bodenrechtliche Abhängigkeit wurde in Preußen 1811 vom Ablösungs- und Regulierungsedikt geregelt. Nicht nur die Person, sondern auch ihr Eigentum sollte aus den alten grund- und gutsherrlichen Verflechtungen feudaler Art gelöst werden. Ziel der Grundentlastung war - vor allem in Preußen - die Mobilisierung des Grundbesitzes um seiner besseren wirtschaftlichen Nutzung willen und damit mittelbar die Erhöhung der Steuereinnahmen. Alle Bauern erhielten 1810 mit erblichen oder lebenslangen Besitzrechten Eigentum. Dabei entstand die Frage, welche dieser adeligen Rechte ihrerseits als Eigentum der vormaligen Herren zu betrachten und daher zu entschädigen waren. Die ein Jahr später erlassene Regelung über die Entschädigung der Gutsherren reduzierte die Substanz der neuen freien Bauernwirtschaften drastisch. Die im Obereigentum des Gutsherrn wurzelnden Rechte wurden privatrechtlich qualifiziert und mussten deshalb entschädigt werden. Ein Drittel seines Bodens musste der Bauer in der Regel abtreten. Die freiwillige Veräußerung des oft nicht mehr rentablen Resthofes an den Gutsherrn war ihm freigestellt. Möglich war auch die Ablösung gutsherrlicher Rechte durch den 25fach kapitalisierten Jahresertrag, wobei das Eigentum erst nach vollständiger Zahlung übertragen wurde. Die Grundentlastung wurde so zu einem Jahrhundertgeschäft. Die ökonomische Schwäche des Bauerntums und der Respekt vor dem Privateigentum ließen sich in der Ablösungsgesetzgebung kaum miteinander vereinbaren. Erst nach der Revolution von 1848 wurde die Regulierung bauernfreundlicher ausgestaltet. 1850 wurde die vorher ausgenommene Regulierung von Kleinststellen gesetzlich geregelt und mit Krediten unterstützt.[496]

533

---

[495] KROESCHELL III, S. 151.
[496] WILLOWEIT, § 28 III 1, S. 237.

Freiheit des Grundstücksverkehrs und der Berufswahl

Daneben wurden durch das Oktoberedikt auch die ständischen Schranken beim Erwerb von Grundeigentum aufgehoben. Bürger und Bauern konnten hinfort auch adeligen Grundbesitz erwerben, wobei die mit den Adelsgütern verbundenen öffentlich-rechtlichen Privilegien und Hoheitsrechte bestehen blieben. Umgekehrt war der Adel von nun an berechtigt, auch bürgerlichen oder bäuerlichen Grundbesitz zu erwerben. Außerdem wurden ständische Berufsschranken beseitigt. Jeder Adelige war nun berechtigt, auch einen bürgerlichen Beruf auszuüben. Durch diese Bestimmungen wurde die ständische Ordnung der Gesellschaft aufgehoben. **534**

Gewerbefreiheit

Unter dem Ministerium Hardenberg wurde 1810 in Preußen die Gewerbefreiheit eingeführt. Damit wurde eine neue Wirtschaftsverfassung geschaffen, die sich auf freien Zugang zum Gewerbe und auf freien Wettbewerb gründete. Die alte Zunftverfassung, die noch im ALR 1794 ausdrücklich Anerkennung gefunden hatte, wurde aufgelöst. Die überkommene ständische Gewerbeordnung wurde zerschlagen. Jeder Bürger konnte nun jedes Gewerbe betreiben, vorausgesetzt, er löste einen entsprechenden Gewerbeschein und zahlte dafür die festgesetzte Gewerbesteuer. Die neue Gewerbefreiheit wurde von Anfang an gewissen gewerbepolizeilichen Beschränkungen unterworfen, die der Abwehr von mit der Ausübung der einzelnen Gewerbe verbundenen Gefahren dienen sollten. Bestimmte Gewerbe wie die Gast- und Schankwirtschaft waren erlaubnispflichtig. Die Gewerbefreiheit wurde nach 1815 zunächst nicht auf Gesamtpreußen ausgedehnt. Dies geschah erst mit der Gewerbeordnung 1845. **535**

Folgen der Liberalisierung

Die Regelungen des Oktoberdiktes und die Gewährung der Gewerbefreiheit hatten aber auch negative Folgen. Die Liberalisierung des Grundstücksverkehrs hatte im Zusammenspiel mit der Abschaffung der Erbuntertänigkeit eine starke Expansion des Großgrundbesitzes zur Folge. Es entstand auf dem Land ein neuer Unternehmertyp des Großgrundbesitzers, in der kapitalkräftiges Bürgertum und Adel zusammenwuchsen. Mit der Schollengebundenheit fiel auch der Bauernschutz weg. Der Gutsherr hatte nicht länger Fürsorgepflichten gegenüber seinen Gutsuntertanen. Diese waren jetzt frei und mussten für sich selbst sorgen, während der Gutsherr nur sein eigenes wirtschaftliches Interesse verfolgen konnte. Die Intention der Reformer war hauptsächlich nur eine funktionierende Landwirtschaft, nicht die Schaffung eines Bauernmittelstandes. So perpetuierten sich die ständischen Vorrechte in ökonomischer Macht. Die feudale Standesgesellschaft wurde in eine kapitalistische Klassenwirtschaft umgewandelt. Die Liberalisierung stellte einen neuen Herrschaftskompromiss zwischen absoluter Bürokratie und Großgrundbesitzern dar, der den alten zwischen Krone und Adel ablöste. **536**

III. Der Deutsche Bund

1. Die deutsche Frage auf dem Wiener Kongress

Vorentscheidungen

Zwar war den Deutschen in der *Proklamation von Kalisch* Anfang 1813 von preußisch-russischer Seite die Wiedergeburt eines ehrwürdigen Reiches versprochen worden, aber schon die weiteren diplomatischen Schritte machten dies illusorisch. Als Österreich im September der preußisch-russischen Allianz beitrat, ließ man sich im *Vertrag von Teplitz* das Recht gewähren, auch mit anderen Deutschen Staaten Bündnisse einzugehen. Österreichs Außenminister Fürst Metternich wollte die Rheinbundstaaten auf die Seite der Verbündeten ziehen. Dies war aber nur möglich bei Garantie der Staatlichkeit, wie sie in der Rheinbundzeit erworben worden war. Im *Vertrag von Ried* vom 8. Oktober 1813 schloss sich Bayern der Quadrupelallianz gegen Napoléon an und schied aus dem Rheinbund aus. **537**

Als Gegenleistung garantierte Österreich im Namen der Verbündeten territorialen Besitzstand und volle Souveränität Bayerns. Das Grundprinzip einer weitgehenden Unabhängigkeit der einzelnen Staatswesen wurde nun zu einer beherrschenden Maxime der Neugestaltung Deutschlands und sollte sich am Ende durchsetzen. Im ersten Pariser Frieden vom 30. Mai 1814 wurde für die Neuordnung Deutschlands ein Bund unabhängiger Staaten festgelegt. Damit war eine Restauration des Reiches so gut wie unmöglich geworden.

Wiener Kongress

Auf dem *Wiener Kongress* ging es um eine gemeineuropäische Friedensordnung, weniger um die Befriedigung spezifisch deutscher Interessen. Metternich war in erster Linie daran gelegen, die Gleichberechtigung und Unabhängigkeit der fünf führenden Großmächte Österreich, England, Rußland, Preußen und Frankreich zu sichern. Politische Stabilität sollte vor allem durch eine Restauration der traditionalen Herrschaftsstrukturen hergestellt werden. Die Anerkennung dieses Legitimitätsprinzips schloss notwendigerweise die Ablehnung von Nationalstaat und Volkssouveränität ein. Bei der Planung der deutschen Bundesverfassung zeigte sich Preußen aktiver. Der von Hardenberg vorgelegte *41-Punkte-Plan* sah die Schaffung eines föderativen Gebildes vor, in welchem Preußen und Österreich eine hegemoniale Stellung zukommen sollte. Vorgesehen war darin eine gestraffte Kreisverfassung, eine dem alten Reichstag ähnelnde Bundesversammlung und ein Bundesgericht. Auf dieser Basis einigten sich Metternich und Hardenberg in zwölf Artikeln, die dann aber auf den Widerstand der süddeutschen Königreiche stießen. Als im März 1815 Napoléon von Elba nach Frankreich zurückkehrte, schien eine rasche Einigung geboten. Noch vor der Schlacht von Waterloo fanden Preußen und Österreich zu einem Kompromiss, dem ein Minimalprogramm Metternichs für eine deutsche Bundesorganisation zugrunde lag. Diese wurde dann in den Schlusskonferenzen gegen den Widerstand der süddeutschen Staaten endgültig durchgesetzt.[497]

538

2. Die Bundesverfassung

rechtliche Grundlagen

Die Grundzüge der Bundesverfassung waren in der deutschen *Bundesakte* vom 8. Juni 1815 (BA) niedergelegt, deren wichtigste Bestimmungen zugleich in die *Wiener Kongressakte* aufgenommen und damit unter internationalen Schutz gestellt wurden. Ergänzt wurde die BA durch die *Wiener Schlussakte* vom 15. Mai 1820 (WSA). Sie fasste die Ergebnisse der Ministerkonferenzen zusammen, welche die Bundesorganisation im Sinne der Restaurationspolitik ausrichten wollten.

539

Stimmengewichtung

Dem Bund gehörten 34 Staaten und vier freie Städte an, darunter auch die Könige von England, Dänemark und den Niederlanden wegen ihrer vormals zum deutschen Reich gehörenden Besitzungen (Hannover, Holstein, Luxemburg). Teile des preußischen und des österreichischen Staates blieben aus demselben Grund außerhalb des Bundes. Die 17 Stimmen der Bundesversammlung, für die sich die Bezeichnung *Bundestag* einbürgerte, waren so verteilt, dass die elf größeren Staaten je eine Stimme hatten, während die sechs übrigen Stimmen von jeweils einer Gruppe von Kleinstaaten und den vier freien Städten gemeinsam geführt wurden. Bei der Entscheidung über Grundgesetze des Bundes oder über die Errichtung von Bundesorganen wurde die Bundesversammlung zu einem Plenum erweitert, in dem Österreich, Preußen und die vier anderen Königreiche je vier, jedes Mitglied des Bundes aber zumindest eine von insgesamt 69 Stimmen hatte.

540

---

[497] WILLOWEIT, § 30 I, S. 252.

Das Übergewicht der größeren Staaten kam also in den Bundesorganen nur stark abgeschwächt zur Geltung. Engere Versammlung und Plenum entschieden mit einfacher Mehrheit. Bei Fragen der Bundesverfassung und in Religionsangelegenheiten war jedoch Einstimmigkeit erforderlich. Österreich hatte den Vorsitz in der Bundesversammlung. Die Bundestagsgesandten war an die Instruktionen ihrer Regierungen gebunden.[498]

Zweck des Deutschen Bundes

541

Als Zweck des Deutschen Bundes legte die BA in Art. 2 die Erhaltung der äußeren und inneren Sicherheit Deutschlands und die Unabhängigkeit und Unverletzlichkeit der einzelnen deutschen Staaten fest. Die BA hatte noch primär den gegenseitigen Schutz gegenüber äußeren Angriffen und die Verhinderung von Kriegen zwischen den Mitgliedern im Blick. Die WSA dagegen war auf die Aufrechterhaltung der inneren Ruhe und Ordnung in den Bundesstaaten ausgerichtet. Im Falle des Aufruhrs der Untertanen sollte sich der Bund an der Wiederherstellung der inneren Ordnung beteiligen. War die Regierung des einzelnen Bundesstaates nicht in der Lage, den Bund um Hilfe anzurufen, war dieser verpflichtet auch unaufgefordert einzuschreiten. Solchen Eingriffen konnte sich auch kein Staat entziehen, da der Deutsche Bund als unauflöslicher Verein gegründet und damit ein Austritt ausgeschlossen war. Demgegenüber bezeichnete sich der Deutsche Bund selbst als völkerrechtlicher Verein der deutschen souveränen Fürsten und freien Städte. Trotz des Zwangscharakters dieses Vereins stand auch für die Zeitgenossen der nur staatenbündische, nicht der bundesstaatliche Charakter im Vordergrund. Außerhalb des Sicherheitsbereichs blieb den Mitgliedstaaten auch ein breites Spektrum eigenständiger Innenpolitik. Der im Vordergrund stehende Sicherheitsaspekt hatte zur Folge, dass sich der Deutsche Bund beharrlich der Dynamik der Zeit verschloss. Metternichs System bewährte sich in einem langen äußeren Frieden, innenpolitisch war es jedoch reaktionär.[499]

3. Restauration

Unzufriedenheit im Bürgertum

542

Die Forderungen nach nationaler Einheit und Freiheit wurden durch die Ergebnisse des Wiener Kongresses nicht befriedigt. Die Gesellschaft in Deutschland nahm diese Ideen jedoch auf und entwickelte sie weiter. Die folgende Zeit wurde geprägt von der staatlichen Repression des an Freiheit und Selbstorganisation interessierten Bürgertums durch die restaurative Politik Metternichs. Die in den Befreiungskriegen hervorgerufenen nationalen Emotionen, aber auch der im aufgeklärten Bürgertum wachsende Wille zu politischem Handeln aus liberaler Überzeugung hatten ein Gesellschaftsklima entstehen lassen, das die Herrschenden als bedrohlich empfanden. Zunächst waren es vor allem die deutschen Burschenschaften, die ihre Unzufriedenheit mit der staatlichen Neuordnung deutlich zum Ausdruck brachten. Sie bildeten bis 1830 die Vorhut der nationalen Bewegung in Deutschland. Auf dem *Wartburgfest* im Oktober 1817 feierten sie gleichzeitig das Jubiläum der Reformation und den Jahrestag der Völkerschlacht von Leipzig 1813.

hemmer-Methode: Beliebt ist in mündlichen Examensprüfungen in diesem Zusammenhang die Frage nach der Herkunft der aktuellen deutschen Bundesflagge (Artikel 22 GG). Laut GG ist die Farbe der Bundesflagge „schwarz-rot-gold". Diese Farbgebung geht zurück auf die Uniform des Lützowschen Freikorps (um 1813). Viele Burschenschaften übernahmen in der Folge diese Farben. Die Burschenschaft aus Jena setzte auf dem Wartburgfest im Jahre 1817 diese Farbenfolge als Symbol aller Burschenschaften durch, die eine Einheit Deutschlands anstrebten. Diese Farbgebung wurde von beiden deutschen Staaten nach dem II. Weltkrieg übernommen, nachdem in Kaiserreich und NS-Staat noch andere Farb- und Symbolgebungen Verwendung fanden.

---

[498] MITTEIS/LIEBERICH, DRG, Kap. 44 IV, S. 420.
[499] WILLOWEIT, § 30 II 1, S. 253.

Im März 1819 wurde der Schriftsteller August von Kotzebue, der als Zuträger der reaktionären russischen Regierung galt, Opfer eines Attentats des Studenten Sand, der Mitglied einer radikalen Gruppe innerhalb der Burschenschaftler war. Dies war das Signal für die Reaktion der Restaurationspolitiker zu Gegenmaßnahmen gegen die Reformer und die Burschenschaften.

Karlsbader Beschlüsse

Nach dem politischen Mord wurden auf einer rasch einberufenen Konferenz im August 1819 die sog. *Karlsbader Beschlüsse* gefasst. Ziel war die Unterdrückung des öffentlichen politischen Diskurses. Die Beschlüsse, die wenig später von der Bundesversammlung übernommen wurden, enthielten beschränkende Regelungen für die Universitäten und die Presse. An jeder Universität sollte ein besonderer Bevollmächtigter Professoren und Studenten überwachen und bei politischer Unzuverlässigkeit ihre Entfernung veranlassen. Das Bundespressegesetz unterwarf alle Druckerzeugnisse unter 320 Seiten Umfang einer generellen Vorzensur und Genehmigung. Die Bundespraxis entwickelte sich nur einseitig und dürftig. In die Zukunft weisende Impulse gingen von der Bundesversammlung nicht aus. Obwohl sie als beständige Einrichtung gedacht war, tagte sie kaum länger als sechs Monate im Jahr einmal die Woche und litt zuweilen unter dem Mangel an Verhandlungsstoff. Aktiv wurden die führenden Bundespolitiker Preußens und Österreichs immer dann, wenn Gefährdungen der monarchischen Autokratie abzuwehren waren.[500]

543

Julirevolution und Hambacher Fest

hemmer-Methode: Die Karlsbader Beschlüsse schufen nur äußerlich Ruhe. Kräftigen Auftrieb erhielt die Freiheitsbewegung durch die französische Julirevolution 1830. Die dadurch neubelebte Opposition dokumentierte ihren politischen Anspruch mit dem *Hambacher Fest* vom Mai 1832. Mehrere zehntausend Menschen folgten dem Aufruf zu einer Nationalversammlung auf dem Hambacher Schloss in der Pfalz. Der Deutsche Bund reagierte auf das Hambacher Fest mit weiteren Unterdrückungsmaßnahmen. In zwei Bundesbeschlüssen, den *Sechs Artikeln* und den *Zehn Artikeln*, wurden u.a. Verschärfung der Zensur, Verbot aller politischen Vereinigungen und außerordentlicher Volksfeste angeordnet.

544

4. Zollverein

preußische Zollgesetzgebung

Impulse zur nationalen Einigung kamen eher von wirtschaftlicher Seite. Die dem Deutschen Bund in der Bundesakte aufgetragene Aufgabe, für die Entwicklung von Handel und Verkehr in Deutschland zu sorgen, erfüllte er nicht. Hier löste vielmehr Preußen mit seinem Zollgesetz von 1818 eine Entwicklung aus, die mit dem *Deutschen Zollverein* von 1834 einen vorläufigen Abschluss fand. Das preußische Zollgesetz machte alle preußischen Provinzen endgültig zu einem einheitlichen Wirtschaftsraum. Es brachte vor allem für die Kleinstaaten des sächsisch-thüringischen Raumes Probleme mit sich, da deren Handelswege jetzt zum Teil von preußischen Zollgrenzen durchschnitten wurden und einige Territorien sogar als Enklaven innerhalb des preußischen Zollgebietes lagen. Teils freiwillig, teils unter erheblichem preußischen Druck schlossen sich daher bis 1828 viele Fürstentümer dem preußischen Zollgebiet an.

545

Deutscher Zollverein

Der weiteren Ausdehnung des preußischen Zollsystems auf ganz Deutschland stellten sich zunächst Hindernisse in den Weg, als Bayern und Württemberg Anfang 1828 eine Zollunion eingingen und Ende des Jahres der von Sachsen, Hannover und Kurhessen geführte mitteldeutsche Handelsverein entstand.

546

---

[500] KROESCHELL III, S. 140 f.

Der Sog des Zollvereins war jedoch so stark, dass die bayerisch-württembergische Zollunion schon 1829 mit ihm einen Handelsvertrag abschloss, Kurhessen nachzog und somit die Gründung des deutschen Zollvereins ermöglichte, der am 1. Januar 1834 in Kraft trat. Dem Zollverein blieben damals noch Baden, Nassau und Frankfurt fern (bis 1835/36), Braunschweig trat ihm 1841 und Hannover 1851 bei. Österreich blieb außen vor. Metternich hatte zwar auch die Absicht gehabt, Österreich in das gesamtdeutsche Zollsystem einzugliedern, war aber am innerösterreichischen Widerstand gescheitert. Deshalb konnte er den süddeutschen Staaten auch keine Alternative zum Anschluss an den preußischen Wirtschaftsraum anbieten. Die Mitgliedstaaten blieben in Bezug auf Steuer- und Wirtschaftspolitik selbständig. Die Zolleinnahmen, die jeder Staat an seinen Grenzen zum Zollausland durch seine eigenen Beamten einzog, wurden in eine gemeinsame Kasse abgeführt und dann nach dem Maßstab der Bevölkerung aufgeteilt. Der Zollverein bot den nicht-preußischen Staaten des Bundes viele Vorteile, von der erheblichen Steigerung der Zolleinnahmen über die Belebung von Handel und Absatz bis zur Vereinfachung der Zollverwaltung. Er war zwar nicht von Anfang an bewusst als Instrument zur politischen Einigung Deutschlands gedacht. Die spätere kleindeutsche Reichsgründung wurde von der wirtschaftlichen Seite jedoch stark gefördert.

IV. Die ersten deutschen Verfassungen

1. Verfassungsgebung zwischen Reform und Restauration

Die Idee der Verfassung als Staatsgrundgesetz war nach der französischen Revolution nicht mehr aus der Welt zu schaffen. Obwohl seine Herrschaft cäsaristischen Charakter hatte, nutzte auch Napoléon die Verfassungsgebung zur Legitimation. So gingen die ersten Verfassungen in Deutschland auf Napoléon zurück. Aber auch nach dem Zusammenbruch der napoléonischen Hegemonie stand die Verfassungsgebung in den deutschen Staaten auf der Tagesordnung. In zwei Verfassungswellen, um 1818 und um 1830, gaben sich die meisten deutschen Staaten schließlich eine Verfassung. Nur die beiden deutschen Hegemonialmächte Österreich und Preußen blieben ohne Verfassung. In Preußen wurde erst nach den revolutionären Wirren 1848/49 eine dauerhafte konstitutionelle Grundlage geschaffen. In Österreich gelang dies endgültig erst nach dem Ausscheiden aus der deutschen Politik 1866.

547

a) Die Rheinbundverfassungen

Verfassungsgebung unter napoléonischem Einfluss

Auf Veranlassung Napoléons wurden in den neugeschaffenen Musterstaaten Westfalen und Berg 1808 Verfassungen in Kraft gesetzt. Bayern folgte dem Beispiel kurze Zeit später. Ausgangspunkt war die Gefahr eines französischen Eingreifens in die innerbayerischen Angelegenheiten durch den Erlass einer Verfassung für den Rheinbund. Man wollte die neugewonnene Souveränität nicht sofort wieder verlieren und ging deshalb einfach mit einer eigenen Verfassung voran. Diese Rheinbundverfassungen waren eher Staatsorganisationsdokumente als Verfassungen im modernen Sinn. In Bayern nutzte man die Gelegenheit zur rechtlichen Zusammenfassung der Regierungs- und Verwaltungsreformen. Durch die Verfassungsgebung wollte man Bayern vor allem ein einheitliches Staatsrecht geben, um die vielfältigen Verwaltungsformen, die sowohl in den alten wittelsbachischen Besitzungen als auch in den neugewonnenen Gebieten bestanden, zu beseitigen.

548

Die Einführung der neuen Verfassung war gleichzeitig die endgültige Abschaffung der alten Landschaftsverfassungen und Ständevertretungen. Als programmatische Rechtfertigung wurde eine Nationalrepräsentation vorgesehen. Sie sollte die entstandene Lücke in einer dem neuen Staatsverständnis angemessenen Weise füllen. Nach dem Zusammenbruch des napoléonischen Systems verloren auch die Rheinbundverfassungen ihre Geltung.[501]

Nationalrepräsentation

549

Die vorgesehenen Repräsentativorgane enthielten noch kein demokratisches Element. In Bayern war es dem König bei einem indirekten Wahlsystem selbst vorbehalten, den Kreis der Wahlmänner zu bestimmen. Er durfte aus den vierhundert Höchstbesteuerten eines Kreises diejenigen auswählen, die aus den zweihundert Höchstbesteuerten sieben Kreisvertreter für die Nationalrepräsentation bestellten. Die Verfassung bezog also ihre Legitimation letztendlich vom Monarchen. Federführend bei der Planung der Verfassung war Graf Montgelas. Die Rechte der Repräsentation waren sehr limitiert: Keine Gesetzesinitiative, Gesetzesberatung nur durch wenige Vertreter, Beschluss nur auf Verlangen des Königs, keine Bindungswirkung der Beschlüsse. Eine Beschränkung der monarchischen Gewalt lag nur in der obligatorischen Neuwahl innerhalb von zwei Monaten nach Auflösung der Versammlung, der Verpflichtung zur jährlichen Einberufung und dem Beratungsrecht. Dem kam jedoch keine Bedeutung zu, weil die Nationalrepräsentation nie zusammentrat. Der Nationalrepräsentation war nur eine dekorative Funktion zugedacht. Die Verfassungen dienten der einheitlichen Durchdringung des gesamten Staatsgebietes durch die monarchische Gewalt. Deshalb wurden die Rheinbundverfassungen auch als Scheinkonstitutionalismus bezeichnet. Zumindest führte die rechtliche Fixierung des Verfassungszustandes zu mehr Rechtssicherheit. In manchen Bereichen wurden auch die späteren Repräsentativverfassungen präjudiziert, so z.B. die Beseitigung der ständischen Bindung der gewählten Vertreter und das Zensuswahlrecht.[502]

b) Erste und zweite Verfassungswelle

erste Verfassungswelle

550

Nach den Befreiungskriegen nahm man in Deutschland weithin an, dass nun ein nationaler Verfassungsstaat geschaffen werde. Zumindest im bürgerlichen und studentischen Milieu war das alte Untertanen- einem neuen Staatsbürgerbewusstsein gewichen. Private Freiheit und Identifikation mit dem Staat mussten aber auch die Forderung nach politischen Rechten laut werden lassen, um so mehr, da der Modernisierungsprozess altständische Beteiligungsformen ausgehöhlt oder gänzlich beseitigt hatte. Solcherlei Forderungen in Richtung des Wiener Kongresses schlugen sich jedoch nur als Minimalzugeständnis im Art. 13 der Bundesakte (BA) nieder, der den deutschen Einzelstaaten empfahl, landständische Verfassungen zu erlassen, ohne eine bestimmte Form festzuschreiben. Die Idee der Verfassungsgebung wurde jedoch von vielen Einzelstaaten aufgegriffen. Einerseits sahen sich die nach den Befreiungskriegen restaurierten Monarchien mit Tatsachen konfrontiert, die eine Rückkehr zum Absolutismus nicht mehr zuließen, andererseits mussten diejenigen Fürsten, die die Zeit der napoléonischen Vorherrschaft zu innerstaatlichen Reformen genutzt hatten, im restaurativen Klima des Metternichschen Deutschen Bundes gerade um diese Errungenschaften fürchten. Aufgrund dieser völlig verschiedenartigen Motivationen entwickelten viele deutsche Einzelstaaten in den dem Wiener Kongress folgenden Jahren eine rege staatsgestaltende Tätigkeit, die immerhin - bei 41 Mitgliedstaaten des Deutschen Bundes - bis 1821 in der sog. ersten Verfassungswelle 28 Verfassungen hervorbrachte.

---

[501] WEGELIN, Die Bayrische Konstitution von 1808, Schweizer Beiträge zur Allgemeinen Geschichte 16 (1958), S. 156-171.
[502] WILLOWEIT, § 29 I 1, S. 241.

süddeutsche Repräsentativverfassungen

Während die restaurierten Fürsten Nord- und Mitteldeutschlands eher auf vorabsolutistische Verfassungsformen mit altständischen Vertretungen zurückgriffen, trat im süddeutschen Raum - in den Verfassungen von Bayern, Baden (beide 1818), Württemberg (1819) und Hessen-Darmstadt (1820) - die Idee der gesamtstaatlichen Repräsentation durch jeden einzelnen Abgeordneten an die Stelle der korporativen Bindung. In der Konsequenz der vorangegangenen gesellschaftlichen Reformen liegend, konnten die Abgeordneten nicht mehr zu Standesvertretern gemacht werden. Neben den Monarchen trat nun als neuartiges und mit eigenen Rechten ausgestattetes Verfassungsorgan eine Kammer gewählter Abgeordneter. Die Befugnisse der durch Wahlen legitimierten Kammer blieben jedoch begrenzt. Implizit oder explizit wurde die originäre Staatsgewalt dem Monarchen zugeschrieben. Bei den meisten Verfassungen handelte es sich auch um ein Oktroi des Monarchen, der aus eigener Machtvollkommenheit die Verfassung erließ. Nur in Württemberg kam es zu einer vereinbarten Verfassung. Die süddeutschen Repräsentativverfassungen stellten damit die eigentlich antagonistischen Prinzipien der Herrschaftslegitimation, traditionelle Monarchie und Volkssouveränität, nebeneinander. **551**

Zweck des Art. 13 BA

Ein Grund für die Verfassungsgebung lag in der Verfassungspolitik des Wiener Kongresses. Durch den Anschluss an die Quadrupelallianz entgingen die süddeutschen Rheinbundstaaten zwar einer militärischen Annexion, waren aber als Mittelmächte abhängig von den Vorstellungen der Alliierten bei der Neugliederung Deutschlands und mussten Eingriffe in die eigenen Angelegenheiten fürchten. Nachdem die Interessengegensätze der Großmächte die Bildung eines einheitlichen deutschen Nationalstaates in Form eines Bundesstaates hatten scheitern lassen, stellte sich immer noch die Frage, wie die ehemaligen Rheinbundstaaten in den nun geplanten Staatenbund bei belassener Souveränität fest zu integrieren seien. Als Relikt der gesamtdeutschen Verfassungspläne stand noch zur Diskussion, die Einzelstaaten zum Erlass von sog. landständischen Verfassungen zu verpflichten. Man hatte auf dem Wiener Kongress die Notwendigkeit von Verfassungen anerkannt. Vor allem unter dem Einfluss Steins war eines der Ziele der Befreiungskriege die Wiederherstellung rechtsstaatlicher Verhältnisse in den Rheinbundstaaten geworden. Seit der Aufhebung der Landstände 1806/07 sah man gerade in den süddeutschen Reformstaaten Despotismus am Werk. Mit der Einführung von Verfassungen in einer den neuen Gegebenheiten angepassten ständischen Form sollte potentiellen innenpolitischen Gefahrenherden vorgebeugt werden. Durch Einbeziehung aller Untertanen in das rechtsstaatliche System des jeweiligen Herrschaftsbereiches wollte man einen stabilisierenden Patriotismus mit der Dynastie hervorrufen. Gleichzeitig sollte durch Privilegierung der Mediatisierten (s.o. Rn. 485) und Erhaltung der ständischen Gliederung der Gesellschaft demokratischen Bestrebungen ein Riegel vorgeschoben und die Einbindung in das restaurative Staatensystem Europas gesichert werden.[503] **552**

Souveränitätsstreben der süddeutschen Staaten

Eine Präzisierung des Art. 13 war wegen der verschiedenen Interessenlagen der deutschen Fürsten nicht möglich gewesen. Eine konkretere Ausgestaltung und eine Bundesgarantie für die Einhaltung der Verfassungen, wie es vor allem Preußen gefordert hatte, war am Widerstand der ehemaligen Rheinbundstaaten gescheitert, die nun von Österreich unterstützt wurden. Die Zeit der Reformen wurde allgemein als Ausnahmezustand gesehen, in der eine ständische Vertretung die Regierungstätigkeit nur blockiert hätte. Die Verfassung von 1808 hatte keine Abhilfe schaffen können, da sie keine außermonarchische Garantie für die Rechte der Untertanen bot. Der Widerstand auf dem Wiener Kongress richtete sich nun vor allem dagegen, dass eine solche Garantie von einer deutschen Zentralgewalt übernommen wird. **553**

---

[503] WUNDER, Landstände und Rechtsstaat, ZHF 5 (1978), S. 154-156.

Ähnlich der Verfassungsfrage in der Rheinbundzeit erkannte man nach dem Wiener Kongress, dass gerade durch eine Verfassung, nun mit funktionierender Garantie für die Bürgerrechte, die eigene Souveränität geschützt werde. In Umkehrung der Ideen Steins wollte man durch eine bürgerfreundliche Verfassungspolitik die Einwohner an den eigenen Staat binden und seine Unabhängigkeit demonstrieren.[504] Ein weiterer Grund für die Verfassungsgebung war die akute Finanzkrise, in die alle süddeutschen Mittelstaaten seit Aufnahme der Reformtätigkeit und durch die finanziellen Belastungen der napoléonischen Kriege geraten waren. Die Ausweitung der Verwaltungstätigkeit und der Ausbau des Beamtenapparates erforderten immer höhere kontinuierliche Einnahmen. Zunächst versuchte man, durch spezielle Verwaltungen - in Bayern die Schuldentilgungskommission - den öffentlichen Kredit zu sichern. Als sich die Finanzkrise bis 1818 immer weiter ausdehnt, griff man das traditionelle Recht der Stände zur Steuerbewilligung wieder auf. Die einzuberufende Nationalrepräsentation sollte weitere Steuern genehmigen und den Schuldendienst durch die Sicherung des öffentlichen Kredits gewährleisten.[505]

zweite Verfassungswelle

Den Hintergrund für die zweite Verfassungswelle bildete die Pariser Julirevolution des Jahres 1830, welche die erste gesamteuropäische Erschütterung des 1815 auf dem Wiener Kongress geschaffenen Systems darstellte. Die liberalen und demokratischen Gruppen in Deutschland fühlten sich ermutigt, eine weitere Konstitutionalisierung zu fordern. Im Zuge dieser Entwicklung erhielten nun eine Reihe von nord- und mitteldeutschen Staaten ebenfalls Repräsentativverfassungen, so Kurhessen und Sachsen 1831, Braunschweig 1832 und Hannover 1833.

554

c) Die Verfassungsentwicklung in Preußen und Österreich

drei Verfassungsversprechen

Trotz mehrerer Verfassungsversprechen und Versuchsmodelle kam es in Preußen während der Reformphase nicht zu einer Verfassungsgebung. Der preußische König versprach 1810 die Schaffung neuer Provinzialstände und einer daraus zu wählenden Gesamtrepräsentation, die zumindest beratende Funktion haben sollte. Grund war der Widerstand des Adels gegen die finanziellen Forderungen des Staates. Von der neuen Repräsentation erhoffte sich Hardenberg größere Bewilligungsbereitschaft. Aufgrund des Widerstandes des Adels kam es dann 1811 nur zur Einberufung einer Notabelnversammlung. Ihr gehörten ernannte wie auch gewählte Deputierte der höheren Beamten, der Adeligen, Bauern und Stadtbürger an. Als sie den vorgelegten Finanzgesetzen nicht zustimmte, wurde sie schon nach wenigen Monaten aufgelöst. Die daraufhin einberufene interimistische Nationalrepräsentation, die über die Staatsschulden beraten sollte, wurde 1815 ergebnislos entlassen. Zwar erfolgten 1815 und 1820 noch einmal Verfassungsversprechen, Hardenberg war jedoch zu der Ansicht gekommen, dass eine Nationalrepräsentation die Reformpolitik nur bremsen würde. Eine 1819 eingesetzte Verfassungskommission kam 1821 schließlich zu dem Ergebnis, dass sich eine besondere Urkunde für Preußens Verfassung erübrige, weil diese als rein monarchische feststehe. Damit waren die Verfassungspläne zunächst gescheitert.

555

hemmer-Methode: Die Gründe für das Scheitern sind vielschichtig. Die Durchsetzung der Reformen war an den anhaltenden Ausnahmezustand gebunden, der durch eine Verfassung beendet worden wäre. Deshalb konnte die Verfassungsgebung nicht vor Abschluss des Reformwerkes erfolgen. Die Verfassung setzte außerdem eine freie Gesellschaft voraus.

---

[504] Wunder, ZHF 5 (1978), S. 167.

[505] OBENAUS, Finanzkrise und Verfassungsgebung. Zu den sozialen Bedingungen des frühen deutschen Konstitutionalismus, in: RITTER, Gesellschaft, Parlament und Regierung. Zur Geschichte des Parlamentarismus in Deutschland, 1974, S. 68-70.

Durch die Gesellschaftsreformen musste erst die Vorrangstellung des Adels überwunden werden. Eine zu früh einberufene Nationalrepräsentation wäre vom reaktionären Adel dominiert gewesen und hätte Reformen unmöglich gemacht. Nachdem die Verfassungsplanung durch die Befreiungskriege unterbrochen worden war, spielte nun in erheblichem Maß die öffentliche Meinung (Wartburgfest) und außenpolitische Einflüsse (Karlsbader Beschlüsse) mit hinein.

preußische Verfassung 1848/50

Erst der revolutionäre Umbruch 1848/49 führte zu einer Verfassungsgebung. Um 1840 waren es außer Mecklenburg und den Hansestädten nur noch die beiden Großmächte des Deutschen Bundes Österreich und Preußen, die keine Verfassungsurkunden besaßen und damit der Empfehlung des Art. 13 BA nicht nachgekommen waren. In diesen Staaten führten erst die revolutionären Ereignisse von 1848 zur Schaffung von Verfassungen. In Preußen berief Friedrich Wilhelm IV. (1840-1861) 1847 Mitglieder der acht preußischen Provinziallandtage als *Vereinigten Landtag* nach Berlin ein. Über das Recht zum regelmäßigen Zusammentritt kam es zum Konflikt mit dem König, im Verlauf dessen der Landtag im Juni 1847 geschlossen wurde. Unter dem Eindruck der Märzrevolution, die auch in Berlin zu bewaffneten Auseinandersetzungen führte, trat schon im April der *Vereinigte Landtag* erneut zusammen. Er beschloss die Einberufung einer verfassungsgebenden preußischen *Nationalversammlung*, die aufgrund eines allgemeinen und gleichen Wahlrechts am 2. Mai 1848 zusammentrat. Nachdem es nicht gelungen war in Übereinstimmung mit der Nationalversammlung eine Verfassung auszuarbeiten, löste der König die Nationalversammlung am 5. Dezember 1848 auf. Am selben Tag erließ er einseitig eine Verfassung, die durchaus auch auf liberalem Gedankengut beruhte und deshalb auf den Widerstand der konservativen Kräfte in Preußen stieß. Gleichzeitig wurde das allgemeine und gleiche Wahlrecht durch das Dreiklassenwahlrecht aus der preußischen Landgemeindeordnung von 1845 ersetzt. Die erfolgten Abänderungen wurden 1850 in einer Verfassungsrevision in diese integriert. Die revidierte Verfassung blieb bis 1918 in Kraft. Das nun in Preußen geltende Dreiklassenwahlrecht war zwar ein allgemeines, aber ein indirektes, auf der Ungleichheit der Wähler beruhendes. Die Urwähler wurden nach ihrer Steuerleistung in drei Klassen eingeteilt, und zwar in der Art, dass auf jede Klasse ein Drittel der Gesamtsumme der Steuerleistung aller Urwähler entfiel. Jede dieser Klassen wählte je ein Drittel der Wahlmänner, die dann die Abgeordneten wählten.[506]

556

Österreich

In Österreich hatten die alten Landstände die napoléonische Zeit überlebt und danach fortbestanden. Die Märzrevolution des Jahres 1848 führte schließlich zum Sturz Metternichs, der zur Symbolfigur für ein verhasstes restaurativ-absolutistisches System geworden war. Die daraufhin vom Kaiser erlassene, nach dem belgischen Vorbild von 1831 konstitutionell gestaltete Verfassung wurde im März 1849 durch eine neue ersetzt, nachdem in Wien im Oktober 1848 die revolutionäre Bewegung niedergeschlagen worden war. Diese neue Verfassung fasste die habsburgischen Länder in einem österreichischen Einheitsstaat zusammen.

557

Die Verfassung blieb aber weitgehend unausgeführt, vor allem in Ungarn und Lombardo-Venetien herrschte praktisch eine Militärdiktatur. Als die österreichische Herrschaft in Ungarn und Italien wiederhergestellt war, wurde die Verfassung von 1849 umgehend widerrufen. Das Aufhebungsgesetz und weitere Erlasse in den Jahren 1851/52 sahen ein neoabsolutistisches Staatswesen vor. Erst der Verlust der Lombardei im sardinischen Krieg 1859 und schließlich die Niederlage gegen Preußen 1866 führten zu einer nachhaltigen Konstitutionalisierung Österreichs.

---

[506] Dazu GRÜNTHAL, Das preußische Dreiklassenwahlrecht, HZ 226 (1978), S. 17.

1867 erreichte Kaiser Franz Joseph einen Ausgleich mit Ungarn. Das Königreich Ungarn einerseits und die Gesamtheit der habsburgischen Länder andererseits standen einander nun als zwei selbständige Staaten gegenüber, bildeten aber eine in Personalunion verbundene Doppelmonarchie. Einher ging eine Verfassungsgebung für die österreichischen Länder. Auf dieser Basis existierte die Habsburger Monarchie bis 1918.[507]

2. Der süddeutsche Frühkonstitutionalismus

Den süddeutschen Verfassungen von Bayern, Baden, Württemberg und Hessen-Darmstadt lag - von Unterschieden im Detail abgesehen - das gleiche Verfassungsmodell zugrunde, das man als den *süddeutschen Frühkonstitutionalismus* bezeichnet. In diesem Verfassungsmodell war das Verhältnis von Monarch, Regierung und Parlament am sog. monarchischen Prinzip ausgerichtet. Es wurde zunächst auch formgebend für die in der zweiten Verfassungswelle erlassenen Verfassungen. Trotz einer sich wandelnden Verfassungspraxis blieb die Grundstruktur in allen deutschen Verfassungen bis 1918 erhalten.

558

a) Monarch und Verfassung

monarchisches Prinzip

Im Gegensatz zu liberalen Vorstellungen wurden die meisten Verfassungen nicht von einer Nationalversammlung bestätigt oder mit einer solchen ausgehandelt, sondern waren ein *Oktroi* des Königs. Nur in Württemberg war der König am Widerstand einer vereinigten bürgerlichen und adeligen Fronde gescheitert und konnte die Verfassung erst nach zähen Verhandlungen in Form eines Vertrages zwischen Monarch und Ständen verabschieden. Die Verfassungsgebung in Form des Oktroi war Ausdruck monarchischer Machtvollkommenheit, ihr Geltungsgrund lag nur im Willen des Monarchen. Die Verfassung hatte auch nicht den Sinn, eine neue Herrschaftslegitimation zu schaffen. Das monarchische Herrschaftsrecht lag außerhalb, nicht in ihr begründet. Die Verfassungen beriefen sich auf das Gottesgnadentum und bestimmten eindeutig, dass das Staatsoberhaupt alle Staatsgewalt in sich vereinige. Diese Formel - der *Charte Constitutionelle* Ludwigs XVIII. von 1814 entliehen - stellte das *monarchische Prinzip* dar. Es schuf einen für den Monarchen annehmbaren Kompromiss zwischen einer Garantie bürgerlicher Rechte und einer möglichst geringen Einschränkung der eigenen Machtfülle. Seine Gewalt wurde nur insofern beschränkt, wie es die Verfassung vorsah. Alle Rechte, die nicht von der Verfassung erfasst wurden, fielen in die Kompetenz des Monarchen.[508]

559

Parlament und monarchisches Prinzip

Es lag dem Wortlaut nach kein revolutionärer Bruch mit der angestammten monarchischen Tradition vor. Vielmehr hatte die Verfassung die Funktion, der Ausübung der Herrschaft einen rechtlichen Rahmen zu geben. Die bindungslose absolutistische Herrschaft der Reformjahre sollte durch Rechtsstaatlichkeit ersetzt werden. Im Gegensatz zu den Verfassungen von 1808 sollte sich die rechtliche Bindung des Monarchen auch auf den Erhalt der Verfassung erstrecken.

560

Für eine Verfassungsänderung war immer die Zustimmung des Parlaments erforderlich. Hatte sich der Monarch also einmal selbst an die Verfassung gebunden, konnte er sich ihrer nicht mehr nur aufgrund seiner Herrschaftsgewalt entledigen.

---

[507] HOKE, Österreichische und deutsche Rechtsgeschichte, 1992, S. 385-418.
[508] WILLOWEIT, § 29 I 3, S. 244.

Im parlamentarischen Element bestand also nun eine extra-monarchische Rechtsquelle, durch die das monarchische Prinzip eigentlich durchbrochen wurde. Jegliche Rechte des Parlaments beschränkten die Herrschaftsgewalt des Monarchen. Dessen Ausgestaltung machte vor allem die Neuerung gegenüber der Verfassung von 1808 aus und gab den süddeutschen Verfassungen den modernen Charakter.

Monarch und Exekutive

Die Regierungsbildung lag in der Hand des Monarchen. Die Minister hingen nur vom Vertrauen des Monarchen ab. Die Unabhängigkeit der Regierung vom Parlament machte gerade den typischen Charakterzug des Konstitutionalismus aus. Ein Institut ähnlich dem Misstrauensvotum existierte nicht. Das Parlament hatte meist nur das Recht, Verfassungsbrüche im Wege der *Ministeranklage* geltend zu machen. Das Verhältnis der Regierung zum Parlament wurde als Rechtsfrage angesehen. Politik wurde in dem Raster recht/unrecht gesehen, eine Konfliktlösung war dabei nicht möglich. Die Ministeranklage war das Äquivalent zur Ministerverantwortlichkeit. Da der Monarch im Sinne des monarchischen Prinzips bei seiner Regierungstätigkeit niemandem gegenüber verantwortlich, durch Einführung der Verfassung aber rechtlichen Bindungen unterworfen war, musste der jeweilige Ressortminister durch Gegenzeichnung die Verantwortung übernehmen. Verstießen König oder Regierung gegen die Verfassung, hatte das Parlament zumindest die Möglichkeit, Anklage zu erheben. Problematisch hierbei war aber, dass der König in einem solchen Fall zum Richter berufen war. Eine Verfassungsgerichtsbarkeit existierte nicht. Deshalb blieb der Ministeranklage letztendlich die Wirkung verwehrt. Daneben unterstand dem Monarchen die gesamte Verwaltung. Nur im Bereich des Gesetzesvorbehaltes konnte das Parlament indirekt eingreifen. Aber auch diese Möglichkeit war begrenzt, da der Monarch das Zustandekommen eines Gesetzes blockieren und die Verwaltung sich in dem Fall des Mangels einer gesetzlichen Regelung wieder auf vorkonstitutionelles Recht stützen konnte.[509]

561

Legislative, Judikative, Reservatrechte

Der Monarch war auch an der Legislative beteiligt. Die von ihm abhängige Regierung hatte regelmäßig das alleinige Gesetzesinitiativrecht. Nur in Kurhessen hatte auch das Parlament das Initiativrecht. Erst nach 1848 wurde es üblich, auch den Kammern das Initiativrecht zu überlassen. Außerdem besaß der Monarch durch sein Ausfertigungsrecht ein Veto. Dem Monarchen unterstand formal auch die Judikative. Er besaß das Recht der Richterernennung, konnte einen Richter aber nicht aus eigener Machtvollkommenheit wieder absetzen. Dies konnte nur durch ein Richterkollegium geschehen. Da der Monarch nun nicht mehr alleinige Rechtsquelle war, konnte er Gesetze auch nicht mehr eigenständig authentisch interpretieren, der Machtspruch aus absolutistischer Zeit war überholt. Es bestand also keine Gewaltenteilung, vielmehr vereinigte der Monarch aus allen drei Bereichen gewisse Rechte bei sich, vor allem die Exekutive fiel in seinen Kompetenzbereich. Daneben hatte der Monarch noch zwei bedeutende Reservatrechte inne, die Außenpolitik und das Militärwesen. Nur ihm stand das Recht zu, Bündnisverträge zu schließen, Kriege zu erklären und Frieden zu schließen. Bei Akten der Kommandogewalt bestand nicht einmal die Pflicht ministerieller Gegenzeichnung. Die Armee war außerkonstitutionell angelegt und leistete den Treueid auf den König.[510]

562

Grundrechte

Die Verfassungen enthielten Kataloge von Grundrechten, die aber nur als Bürgerrechte ausgestaltet waren. Im Unterschied zur amerikanischen Verfassung oder zur französischen von 1791 waren sie nicht umfassend für alle Menschen gedacht, sondern an die Staatsbürgerschaft gebunden.

563

---

[509] WILLOWEIT, § 29 II 1, S. 245.

[510] BÖCKENFÖRDE, Der Verfassungstyp der deutschen konstitutionellen Monarchie im 19. Jahrhundert, in: BÖCKENFÖRDE (Hg.), Moderne deutsche Verfassungsgeschichte (1815-1914), 2. Auflage 1981, S. 152 f.

Sie galten nicht als Ausfluss des Naturrechts, vielmehr stellten sie eine rechtliche Garantie dar, die der Monarch im Sinne des monarchischen Prinzips aufgrund seiner Machtvollkommenheit gewährt hatte. Zwar minderte dies nicht die Geltungskraft, inhaltlich waren sie aber nicht so weitreichend. Die Verfassungen versprachen insbesondere den Schutz des Eigentums, Gewissensfreiheit, Pressefreiheit, persönliche Freiheit und Schutz vor willkürlicher Verhaftung, Auswanderungsfreiheit, Freiheit der Berufswahl und das Recht auf den gesetzlichen Richter. Vermieden wurde die Normierung eines allgemeinen Gleichheitsgrundsatzes. Zwar sollte Gleichheit vor dem Gesetz herrschen. Gemeint war aber nur formale Gleichheit. Darin kam der Kompromiss zum Ausdruck, den der Verfassungsgeber aufgrund der noch nicht egalitären Gesellschaft machen musste. So bildeten die Bürgerrechte keine richtungweisenden Leitsätze, die eine Egalisierung der Gesellschaft vorangetrieben hätten. Sie garantierten aber immerhin einen Freiheitsraum, in den der Monarch aufgrund des Gesetzesvorbehaltes nicht mehr ohne Zustimmung des Parlamentes eingreifen konnte.

b) Das Parlament

Zusammensetzung der Kammern

Die neu formierten Landstände, mit denen sich zunehmend die Idee der Volksrepräsentation verband, waren in den Verfassungen fast aller größerer Staaten in ein Zweikammersystem eingebaut worden. Während die erste Kammer nach einem bestimmten Schlüssel besetzt wurde und adelig geprägt war, ging die zweite Kammer aus Wahlen hervor. Damit sollten einerseits die durch die Bundesakte geschützten Privilegien der mediatisierten Adeligen berücksichtigt, andererseits ein Gegengewicht gegen die gewählte zweite Kammer mit ihren eher liberalen Tendenzen gebildet werden. Die Zusammensetzung der ersten Kammer ähnelte der eines Staatsrates. In Bayern bestand sie u.a. aus den königlichen Prinzen, den zwei Erzbischöfen und einem vom König ernannten weiteren Bischof, dem Präsidenten des protestantischen Generalkonsistoriums, den Häuptern der mediatisierten reichsständischen Familien und vom König ernannten verdienten Würdenträgern. Die zweite Kammer bestand mindestens zur Hälfte aus den Vertretern der stadtbürgerlichen und bäuerlichen Bevölkerung, zu denen noch Adelige und Geistlichkeit traten. In Bayern waren 1/8 der Sitze für die adeligen Grundbesitzer ohne Patrimonialgerichtsbarkeit (also ohne Sitz in der ersten Kammer), 1/8 für die Geistlichen, 1/4 für die Abgeordneten der Städte und Märkte, die restliche Hälfte für die nichtadeligen Grundbesitzer bestimmt. Dazu kam noch jeweils ein Vertreter der drei Universitäten. Die veraltete Zuordnung nach Geburtsständen war zugunsten von Berufsständen durchbrochen. Dies zeigte sich auch in der Stellung der Abgeordneten in der zweiten Kammer. Sie waren nicht mehr Standes-, sondern Volksvertreter. Standesinteressen waren, abgesehen vom faktischen Vetorecht des hohen Adels durch die erste Kammer, dem Mehrheitsprinzip unterworfen. Durch diesen Zwang zum Interessenausgleich trug die zweite Kammer stark zum Abbau der Standesschranken bei.[511]

564

Wahlrecht

Die Wahl zur zweiten Kammer war weder gleich noch geheim noch direkt und nur bedingt frei. In Bayern lief die Wahl folgendermaßen ab: Die Anzahl der Sitze insgesamt richtete sich nach der Bevölkerungszahl, pro siebentausend Familien ein Sitz, um 1820 ungefähr 120.

565

Insgesamt war ein hoher Zensus in Form eines bestimmten Grundsteuersatzes vorgegeben, für das passive höher als für das aktive, so dass 1818 - bei generellem Ausschluss der Frauen - von den ca. 1.000.000 Männern im Königreich nur etwa 12.000 wählbar waren.

---

[511] WILLOWEIT, § 29 II 2, S. 246.

Diese Beschränkung erschien auch den liberalen Kreisen notwendig, da man Besitzlose und Unselbständige für unfähig hielt, eine freie Entscheidung zu treffen. Dabei war das Wahlrecht für die einzelnen Gruppen verschieden ausgestaltet. Beim Adel und bei den Vertretern der Universitäten wurde direkt gewählt. Die Geistlichkeit bestimmte Wahlmänner, die daraufhin die Abgeordneten für ihren jeweiligen Regierungsbezirk bestimmten. In den Städten und Märkten wählten die Magistrate und Gemeindebevollmächtigten. In der Bauernschaft bestimmten die Gemeindeausschüsse Bevollmächtigte für die Wahlmännerwahl am Landgericht. Daraus gingen die Wahlmänner hervor, die bei der Bezirksregierung die Abgeordneten für die Ständeversammlung bestimmten. Die Wahl war hier also mehrfach abgestuft. Ärmere Bauern oder Bürger hatten oft kaum den nötigen Bildungsstand oder konnten sich nicht von ihren beruflichen Verpflichtungen einfach freimachen. Oft gab es in einer Stadt oder einer Gemeinde nur einen, der den hohen Zensus für das passive Wahlrecht erfüllen konnte. Dieser Filter bewirkte, dass die Wahl vornehmlich auf verdiente und anerkannte und vor allem reiche Bürger und Beamte fiel. Deshalb hatten die ersten deutschen Repräsentativvertretungen einen starken Honoratiorencharakter.[512]

Gesetzesvorbehalt

Die Kammern hatten kein Selbstversammlungsrecht, mussten aber vom Monarchen in einem bestimmten Turnus, wenigstens alle drei Jahre, einberufen werden. Die Sitzungen konnten von ihm vertagt oder die Versammlung ganz aufgelöst werden. Dann musste jedoch innerhalb einer bestimmten Frist neugewählt werden. Die Kompetenzen der Kammern waren durch die ihr zugedachten Funktionen, Hebung des Staatskredits und Garantie bürgerlicher Rechte, bedingt. So waren die beiden wichtigsten die Steuerbewilligung und eine Beteiligung an der Gesetzgebung. Gesetze brauchten die Zustimmung des Parlaments, wenn sie in *Freiheit oder Eigentum* eingriffen. Aus der Freiheits- und Eigentumsformel entwickelte sich der dem Konstitutionalismus eigentümliche Gesetzesbegriff. Nur Gesetze, die diesen Bereich betrafen, wurden als Gesetz im materiellen Sinne angesehen. Alle anderen Bereiche wurden vom Verordnungsrecht des Königs abgedeckt. Die Kammern wurden also nur am Entscheidungsprozess beteiligt, wenn die betroffene Materie unter Gesetzesvorbehalt stand. Freiheit und Eigentum markierten nach liberaler Auffassung den wichtigsten Bereich der bürgerlichen Rechte. Durch Einführung des Gesetzesvorbehaltes wurde nun gewährleistet, dass die Exekutive in diesem Bereich nicht ohne Zustimmung der Kammern tätig werden durfte. Die Beteiligung an der Gesetzgebung war jedoch auch hier beschränkt. Die Kammern besaßen selten das Recht der Gesetzesinitiative, Vorlagen konnte nur die Regierung einbringen. Es bestand nur die Möglichkeit, Gesetzesanträge beim Monarchen zu stellen, die aber nicht berücksichtigt werden mussten. Für den Erfolg eines Gesetzes war die Zustimmung beider Kammern nötig. Danach musste der Monarch die Gesetze noch sanktionieren. Er hatte also nach der Zustimmung der beiden Kammern noch ein Vetorecht und trat, im Sinne des monarchischen Prinzips, als alleiniger Gesetzgeber auf.

566

Steuerbewilligung

Die Steuerbewilligung gehörte zu den originären Funktionen der Ständevertretungen der Feudalzeit. Davon waren jedoch nur Sonderbelastungen, z.B. im Kriegsfall oder in Notsituationen, betroffen gewesen. Ansonsten hatte der Fürst seine Ausgaben mit den Einkünften durch die eigenen Länder gedeckt. In einem modernen Flächenstaat war der Geldbedarf durch intensivere Verwaltungstätigkeit immens gestiegen.

567

---

[512] S. ZORN, Gesellschaft und Staat im Bayern des Vormärz, in: CONZE, Staat und Gesellschaft im deutschen Vormärz 1815-1848, 1970, S. 128 f.

Steuern mussten nun für einen kontinuierlichen Geldfluss sorgen. So griff der frühkonstitutionelle Verfassungsstaat auf die alte Institution der Steuerbewilligung durch Stände zurück, um nicht durch die steigenden Belastungen das Vertrauen der Bevölkerung zu verlieren und vor allem, um die nun mehr und mehr notwendig gewordene Kreditaufnahme des Staates abzusichern. Das Steuerbewilligungsrecht ergab sich eigentlich aus dem Gesetzesvorbehalt, da es sich um einen Eingriff in das Eigentum der Untertanen handelte. Trotzdem wurde es ausdrücklich festgeschrieben. Die Zustimmung der Kammern gewährte nur ein auf eine bestimmte Zeit - in Bayern sechs Jahre - befristetes Recht, die jeweiligen Steuern zu erheben. Ein allgemeines Recht der Haushaltsfeststellung (Budgetrecht) bestand nicht, zur Beratung über die Steuererhebung wurde den Kammern aber der Haushalt vorgelegt. Zur Hebung des Staatskredits war die gesamte Staatsschuld unter die Gewährleistung der Stände gestellt. Außerdem war für jede weitere Verschuldung deren Zustimmung nötig. Zwar durfte die Steuerbewilligung nicht an Bedingungen geknüpft werden, wie es in der Feudalzeit Sitte gewesen war, durch Steuerverweigerung konnte jedoch der Haushaltsplan mitgestaltet werden. Außerdem war den Kammern damit ein indirektes Mittel in die Hand gegeben, auf die Regierungstätigkeit auch außerhalb des Gesetzesvorbehalts Einfluss zu nehmen.[513]

c) Verfassungspraxis in der Restaurationsphase

Verfassungspolitik des Deutschen Bundes

Die Verfassungspraxis in der Zeit von 1818 bis 1848 war geprägt vom allgemeinen restaurativen Klima dieser Zeit. Vor allem die Politik des Deutschen Bundes war bestrebt, konstitutionelle Bestrebungen einzuschränken. Seit 1817 verfolgte insbesondere Metternich eine antikonstitutionelle Politik. Seit das Wartburgfest gezeigt hatte, dass weite Teile der deutschen Öffentlichkeit mit den Ergebnissen des Wiener Kongresses in Bezug auf die deutsche Neuordnung unzufrieden waren, versuchte er, eine authentische Interpretation des Art. 13 BA im Sinne von altständischen Verfassungen durchzusetzen. Er hatte gemerkt, dass kleinere Zugeständnisse die liberal und national gesinnten Teile der Bevölkerung nicht mehr beruhigen konnten, und wollte nun mit repressiven Mitteln versuchen, diese Strömungen zu bekämpfen. In den Karlsbader Beschlüssen 1819 legte er die wichtigsten deutschen Staaten auf diese Linie fest, konnte aber die Verfassungsfrage nicht in seinem Sinne klären. In der Wiener Schlussakte wurde als äußerstes Zugeständnis bei der einzelstaatlichen Verfassungsgebung das monarchische Prinzip fixiert (Art. 57). Erließ ein deutscher Staat eine weitergehende Verfassung, konnte diese nun durch Bundesintervention beseitigt werden.

568

Ausweitung des Gesetzesvorbehalts

Zwar setzten sich gerade die süddeutschen Staaten gegen eine restriktive Auslegung des Art. 13 BA zur Wehr, verteidigten ihre Repräsentativverfassungen oder erließen sie umgehend, als sie den Druck aus Wien spürten. Nach Einberufung der ersten Landtage stellte sich aber auch bei den deutschen Monarchen Ernüchterung ein. Nach ihren Vorstellungen sollten die Kammern eher zur Stärkung der Regierungstätigkeit dienen, nicht deren Antagonist sein. Diese Hoffnung wurde aber schnell zerstört. Die gewählten Kammern erwiesen sich als liberal dominiert und nicht sehr gefügig. Ihr Ziel war es von Anfang an vor allem, das Gesetzesinitiativrecht zu erlangen und den Gesetzesvorbehalt auszuweiten. Wie weit dieser Gesetzesvorbehalt reichte, war ein immerwährender Konflikt zwischen Regierung und zweiter Kammer, hing doch davon deren Vetorecht ab.

569

---

[513] BÖCKENFÖRDE, Verfassungstyp, S. 155 f.

Die Freiheits- und Eigentumsformel war so unbestimmt, dass sie zu extensiver Auslegung einlud. Waren erst einmal weitere Gebiete für die Legislative erschlossen und durch Gesetz geregelt, konnten diese nicht mehr durch einfache Verordnung aufgehoben oder geändert werden. Andererseits ging die Regierung in manchen Fällen den Gesetzesweg, um eine breitere Zustimmung für die Regelung zu erhalten, obwohl es nicht unbedingt erforderlich war.[514]

Steuerbewilligungsrecht

570 Das Steuerbewilligungsrecht erstreckte sich auf alle Steuern. Die Regierung musste jede neue Steuerforderung mit ihrer Ausgabenpolitik begründen und einen Haushaltsplan vorlegen. Damit erschloss sich der Ständeversammlung ein indirekter Einfluss auf die gesamte Staatätigkeit. Durch Steuerverweigerung konnte sie hier Forderungen gegen die Regierung durchsetzen. In Bayern kam es in diesem Zusammenhang zu wirklichen Konflikten im Bereich der Militärgewalt. Durch eine Beschneidung des Heeresetats versuchte man Einfluss auf dieses extrakonstitutionelle Reservatrecht des Königs zu erlangen. Als es zu keiner Einigung kam, kündigte der bayerische König bei Schließung der Sitzungsperiode an, dass das Militärbudget überschritten werde, falls dies durch Bundesverpflichtungen notwendig werde. Die Kammern waren also gewillt, das Steuerbewilligungsrecht als Druckmittel einzusetzen. Andererseits war das Recht auch gleichzeitig eine Verpflichtung, da das Funktionieren des Staates von den Steuerbewilligungen abhing. Daraus leitete die Regierung das Recht ab, auch mit einem unbewilligten Etat weiterzuarbeiten. Insofern war das Budgetrecht auch keine Garantie für Einflussnahme. Hier lag aber ein schon in der Verfassung angelegter Konflikt, der im Ernstfall nicht durch die Verfassung selbst entschieden werden konnte. Erst später im preußischen Verfassungskonflikt sollte er eskalieren. Den frühkonstitutionellen Parlamenten lag es noch fern, die Frage des Vorranges von Kammer oder Monarch bis zur letzten Konsequenz auszufechten.

Umsturzversuche

571 Wegen der Probleme mit der zweiten Kammer erwog die bayerische Regierung schon ab 1819 die Abschaffung der Verfassung. Eine Anfrage nach Rückendeckung bei Preußen und Österreich endete aber negativ. Man fürchtete die negativen Auswirkungen auf die Stimmung des Volkes und setzte auf Legitimität der Regierungen. Im Königreich Hannover endete ein solcher Plan erfolgreicher. Hier war 1833 eine Verfassung verabschiedet worden, die der gewählten Kammer weitreichende Rechte einräumte. Obwohl eigentlich nicht frei widerruflich, setzte sie der König 1837 außer Kraft und löste damit einen Verfassungskonflikt aus. Nachdem sieben Professoren der Universität Göttingen, die sog. *Göttinger Sieben*, unter ihnen die Gebrüder Grimm und der bekannte Historiker Dahlmann, sich mit einer auf ihren Verfassungseid gestützten Protestschrift dagegen wandten, entsetzte der König diese Professoren ihrer Ämter und verwies drei von ihnen des Landes. Der Streit endete schließlich damit, dass der König den Ständen eine ihm genehmere Verfassung vorlegte, die diese 1840 annahmen. Der Protest der *Göttinger Sieben* erregte deutschlandweit Aufsehen. Waren bis zu diesem Zeitpunkt Widerstandshandlungen gegen die Obrigkeit vorwiegend von jugendlichen Radikalen, z.B. beim *Frankfurter Wachensturm* 1833, begangen worden, so waren es nun hochrangige Beamte und angesehene Professoren mit gemäßigter politischer Ausrichtung. Dies zeigte den allgemeinen Stimmungswandel, der schließlich zur Revolution 1848/49 führte.[515]

Störung der parlamentarischen Abläufe

572 Da sich die Regierungen nun mit den Kammern arrangieren mussten, suchte man legale Wege, um die Parlamentsarbeit in ihrem Sinne zu beeinflussen.

---

[514] BÖCKENFÖRDE, Verfassungstyp, S. 150 f.
[515] S. LINK und DILCHER, Der Hannoversche Verfassungskonflikt und die Göttinger Sieben, JuS 1979, S. 191-200.

Besonders das Wahlrecht bot Möglichkeiten, eine regierungsfreundliche Zusammensetzung der zweiten Kammer zu erreichen. Kandidatenaufstellung und der mehrstufige Wahlmodus wurden zu massiver Wahlbeeinflussung genutzt. Träger der liberalen Gesinnung war vor allem das Beamtentum. Um dieses an der Mandatsausübung zu hindern, verfiel man bald darauf, den dazu erforderlichen Urlaub zu verweigern. Bekanntestes Beispiel dafür in Bayern war der Staatsrechtprofessor Wilhelm Joseph Behr. Als Vertreter der Universität Würzburg und überzeugter liberaler Abgeordneter der ersten Kammer in der Sitzungsperiode 1819, wurde er, nachdem er Bürgermeister von Würzburg geworden war, mehrfach in die zweite Kammer gewählt, jedoch nie vom Amt freigestellt und zeitweise inhaftiert. Auch die Arbeit in den Kammern wurde erschwert. Eine festgelegte Rednerliste verhinderte eine stringente Diskussion. Und durch eine vorgegebene Sitzordnung sollten Parteibildung und Verabredungen im Abstimmungsverhalten vermieden werden. So entstanden nur langsam bestimmte Lager, aus denen mit der Zeit die Parteien hervorgingen.[516]

3. Die Revolution 1848/49

573

Die Revolution, die seit Anfang März 1848 die deutschen Staaten erschütterte, war Teil einer allgemeinen europäischen Entwicklung, in der sich tiefgreifende Spannungen seit langem mehr und mehr aufgebaut hatten und nun in gewaltsamen Auseinandersetzungen entluden. In Deutschland verband sich die Forderung nach politischer Liberalisierung mit der nach nationaler Einheit. Die Spaltung von konstitutionellen Liberalen und radikalen Demokraten, von kleindeutsch und großdeutsch gesonnenen Liberalen und schließlich das Versäumnis, eine starke Zentralregierung zu schaffen, ließen die Revolution letztlich scheitern.

a) Der Weg zur Nationalversammlung

Vormärz

574

Die Jahre vor der Märzrevolution 1848 werden als *Vormärz* bezeichnet. Soziale Unruhen und politische Unzufriedenheit seit den 1840er Jahren machten offenbar, dass die repressive Politik des Deutschen Bundes keine Wirkung mehr zeigte. Insgesamt machte sich eine stärkere Politisierung der Öffentlichkeit bemerkbar. Die verschiedenen oppositionellen Strömungen versuchten sich zu organisieren. So wurden die Vorläufer der späteren Parteien langsam erkennbar. Die beiden Hauptrichtungen der Opposition waren die Radikaldemokraten oder Republikaner und die gemäßigten Liberalen. 1847 forderten die südwestdeutschen Demokraten auf einer Versammlung in Offenburg die Anerkennung von Menschenrechten und die Selbstregierung des Volkes durch eine Volksvertretung beim Deutschen Bund. Die prominentesten Vertreter waren Friedrich Hecker und Gustav Struve. Im gleichen Jahr versammelten sich gemäßigte Liberale in Heppenheim. Sie lehnten eine deutsche Nationalvertretung ab, weil auch andere Nationalitäten im Deutschen Bund vertreten waren und plädierten für eine Weiterentwicklung des Zollvereins. Hier zeichneten sich schon die Grundkonflikte der Paulskirchenversammlung ab: Demokratie und Nationalstaatsidee korrespondierten miteinander. National gesonnene Monarchisten mussten mit der monarchischen Legitimität des Vielvölkerstaates Österreich in Konflikt geraten.[517]

Vorbereitung der Nationalversammlung

575

Am 24. Februar 1848 brach in Paris die Februarrevolution aus und bewirkte den Sturz König Louis Philippes. Die Monarchie wurde abgeschafft, Frankreich war wieder eine Republik.

---

[516] S. dazu GÖTSCHMANN, Parmament an der Longe, in: ALBRECHT, Forschungen zur bayerischen Geschichte, 1993, S. 219-237.
[517] WILLOWEIT, § 31 I 1, S. 258 f.

Die Revolution in Paris strahlte auf das übrige Europa aus. In Deutschland forderten an vielen Orten Volksversammlungen die Umgestaltung des Deutschen Bundes und eine Volksvertretung. Am 5. März 1848 traten in Heidelberg 51 Oppositionspolitiker aus den verschiedenen deutschen Ländern zusammen, um - gestützt auf ihr öffentliches Ansehen und zum großen Teil auf ein Mandat in einer Länderkammer - die Wahl eines deutschen Nationalparlaments vorzubereiten. Der von der Versammlung eingesetzte Ausschuss (sog. *Siebenerausschuss*) lud am 12. März alle Mitglieder deutscher Ständeversammlungen sowie Männer des Vertrauens des Volkes zur Beratung über eine deutsche Parlamentsverfassung nach Frankfurt ein. Am 31. März trat in der Frankfurter Paulskirche das sog. *Vorparlament* zusammen. Die Versammlung beschränkte sich darauf, Wahlgrundsätze aufzustellen. Es wurde ein Ausschuss (sog. *Fünfzigerausschuss*) gebildet, der die Bundesversammlung beraten sollte. Es war eine enge Zusammenarbeit mit der Bundesversammlung angestrebt, da die Verfassungsänderungen im Wege der Bundesreform durchgeführt werden sollten. In Frankfurt entstand in dieser Zeit ein seltsames Nebeneinander von drei politischen Gremien. Seit Ende März arbeitete das Vorparlament. Daneben existierte nach wie vor der Bundestag, der außerdem einen verfassungsvorbereitenden Ausschuss aus Abgesandten der deutschen Regierungen eingesetzt hatte (sog. *Siebzehner-Ausschuss*).

Entwicklung in den Einzelstaaten

Inzwischen hatte die Revolution in den deutschen Territorien Erfolg. Die entscheidenden Ereignisse spielten sich dabei in Österreich und Preußen ab. Am 13. März kam es in Wien zu Straßenkämpfen, als deren Ergebnis Staatskanzler Metternich zurücktrat und ins Ausland floh. In Berlin brachen am 18. März schwere Kämpfe aus, die rund 300 Opfer forderten, die sog. Märzgefallenen. Die Märzunruhen brachten in vielen Mitgliedstaaten liberale Regierungen hervor, die sich auf Mehrheit der Abgeordnetenkammer stützen konnten, so auch in Berlin und Wien. Sie hatten die gleiche politische Ausrichtung wie die Mitglieder des Vorparlaments. Daraufhin vollzog auch der Bundestag, dessen Abgesandte weisungsgebunden waren, eine politische Kehrtwendung. Am 30. März forderte er die Regierungen zur Durchführung von Wahlen für eine Nationalversammlung auf und hob die *Karlsbader Beschlüsse* (s.o. Rn. 514) auf. Durch den Umschwung gelang es den Länderregierungen, Einfluss auf die nationale Entwicklung zu behalten und die liberale Position gegenüber den Demokraten zu stärken. Das Vorparlament, in dem die Demokraten stärker vertreten waren als im Bundestag, konnte so nicht die alleinige Führung bei der Neuordnung Deutschlands nehmen. Als der Versuch der Demokraten, das Vorparlament zum vorläufigen Träger der deutschen Staatsgewalt zu erheben, an der liberalen Mehrheit scheiterte, zogen 40 demokratische Abgeordnete unter der Führung Heckers aus und versuchten in Baden eine Revolution, die aber schnell niedergeschlagen wurde.[518]

576

Wahl und Zusammensetzung der Nationalversammlung

Die Wahl zur Nationalversammlung fand nach den Grundsätzen des Vorparlaments statt, die von den meisten deutschen Staaten durch Gesetz für verbindlich erklärt wurden. Wahlberechtigt war jeder volljährige, selbständige Staatsangehörige. Frauen waren nicht wahlberechtigt. Das Kriterium der wirtschaftlichen Selbständigkeit war auslegungsfähig. Im ungünstigsten Fall waren aber höchstens 25% der erwachsenen männlichen Bevölkerung von der Wahl ausgeschlossen. Die Wahl fand aber noch indirekt über Wahlmänner statt, eine direkte Wahl war die Ausnahme. Da sich noch keine überregionalen Parteien gebildet hatten, wurden hauptsächlich Honoratioren gewählt.

577

---

[518] FROTSCHER/PIEROTH, Rn. 288.

Die Wahlbeteiligung lag zwischen 40 und 75%, so dass der Nationalversammlung eine hohe demokratische Legitimation zukam. Am 18. Mai 1848 trat die Nationalversammlung zum ersten Mal in der Frankfurter Paulskirche zusammen. Ihre volle Stärke betrug ca. 650 Abgeordnete. Die Zusammensetzung spiegelte nicht die soziale Schichtung des Volkes wider. Handwerk und Kleinbauern waren kaum vertreten. Ca. 75% der Abgeordneten waren Akademiker, darunter viele Juristen und Beamte. Durch die Nationalversammlung wurde - sichtbar an den Fraktionen - die Parteibildung vorangetrieben. Die Fraktionsnamen richteten sich nach Tagungslokalen. Die revolutionären Demokraten trafen sich im *Donnersberg*, die gemäßigten Republikaner im *Deutschen Hof*. Ziel war die Demokratisierung auf parlamentarischem Weg. Die Konservativen trafen sich im *Cafe Milani*. Sie waren partikularistisch, klerikal und monarchistisch ausgerichtet. Die Konstitutionell-Liberalen als größte Fraktion trafen sich im *Landsberg*, im *Casino* und im *Augsburger Hof*. Sie forderten die Verfassungsbildung auf historischem Grund. Die Monarchie sollte erhalten bleiben, der Parlamentarismus aber gestärkt werden. Die linken Liberalen, tagend im *Württemberger Hof* und in der *Westend Hall*, hielten eine Vereinbarung der Demokratie mit der Monarchie für möglich. Ein Drittel der Abgeordneten war fraktionslos. Fraktionswechsel waren häufig, und die Fraktionsdisziplin war noch schwach ausgeprägt.[519]

b) Die Reichsverfassung

provisorische Zentralgewalt

Als Basis für Verfassungsgebung sah die Nationalversammlung die Volkssouveränität an. Mit Einzelstaaten sollte die neue Verfassung nicht vereinbart werden. Die Nationalversammlung begriff sich aber nicht nur zur Ausarbeitung des Verfassungstextes berufen, sondern sah sich auch als Reichsgewalt. Die Verfassungspraxis der Nationalversammlung spiegelte schon die Ausgestaltung der späteren Reichsverfassung wieder. Durch Einsetzung des Erzherzogs Johann als *Reichsverweser* Ende Juni 1848 schuf sie eine provisorische Zentralgewalt, der ein verantwortliches Ministerium zugeordnet wurde. Der Bundestag übertrug dem Reichsverweser seine Befugnisse im Juli 1848. Die Reichsministerien verfügten über keinen Unterbau und waren deshalb von den Einzelstaaten abhängig. Problematisch war das Verhältnis zwischen Regierung und Parlament. Auch die Konstitutionell-Liberalen wollten eine parlamentarische Regierung, also eine von der Parlamentsmehrheit abhängige Regierung. Um eine Vereinbarung des Parlamentarismus mit der Monarchie zu ermöglichen, sollte die Berufung der Regierung durch den Monarchen im Einklang mit dem Parlament stattfinden. So konnten sich in der Verfassungspraxis 1848/49 die vom Reichsverweser berufenen Ministerpräsidenten auf eine Mehrheit in der Nationalversammlung stützen.

578

Grundrechtskatalog

Die Nationalversammlung begann mit der Beratung über die Grundrechte. Wegen der Repressionspolitik der letzten Jahrzehnte wurde ihnen der Vorrang eingeräumt. Außerdem war hier ein schneller Konsens möglich. Am 27. Dezember 1848 wurde der Grundrechtskatalog verkündet. Die Grundrechte sollten unmittelbar geltendes Recht sein. Festgeschrieben war die staatsbürgerliche Gleichheit. Viele Freiheitsgrundrechte wurden zum ersten Mal, jedenfalls in einer so weiten Fassung gewährleistet. Das betraf namentlich die politischen Grundrechte wie Meinungs- und Pressefreiheit, Petitionsrecht, Versammlungsfreiheit und Vereinigungsfreiheit. Verfassungsbeschwerden waren vor einem Staatsgerichtshof möglich.

579

---

[519] WILLOWEIT, § 31 III 1, 2, S. 262-264.

Das Einführungsgesetz schrieb die sofortige Anwendung der Grundrechte im deutschen Reich vor. Mehrere Staaten, insbesondere Preußen und Österreich, lehnten aber die Publizierung der Grundrechte, die nach dem Recht des Deutschen Bundes zum Inkrafttreten erforderlich gewesen wäre, ab. Praktische Wirkung konnten sie so nicht entfalten. Zwei Jahre später wurden sie formell wieder aufgehoben.[520]

neue Fraktionenbildung

580

Die Beratungen über das Reich und seine Organe waren komplizierter. Vor allem die Integration Österreichs war problematisch. Nach der Restauration der Habsburger im Oktober 1848 verweigerte sich Österreich dem nationalen Prinzip. In dieser Frage kam es zu einer neuen Fraktionsbildung: Vereinigte Linke, preußisch gesonnene Erbkaiserliche und großdeutsche Rechte. Die Großdeutschen wollten das gesamte Bundesgebiet einbeziehen. Ein Ausgleich zwischen den beiden deutschen Großmächten sollte durch ein kollektives Bundesdirektorium ermöglicht werden. Bei Einbeziehung der deutschen Teile der österreichischen Monarchie jedoch mussten die nichtdeutschen Teile einen unterschiedlichen verfassungsrechtlichen Status erhalten. Dieser Weg war endgültig verschlossen, als Österreich 1849 eine Verfassung oktroyierte und damit alle habsburgischen Länder verklammerte. Die Erbkaiserlichen waren die größte Fraktion und stellten den Ministerpräsidenten Heinrich von Gagern. Sie traten für die kleindeutsche, Österreich ausschließende Lösung mit dem preußischen König als Erbkaiser ein. Die vereinigte Linke stritt für den Einheitsstaat mit Einkammersystem und einem auf Zeit gewählten Reichsstatthalter. Keine der Fraktionen hatte die Mehrheit.

Staatsorganisationsrecht

581

Am 28. März 1849 wurde die Reichsverfassung verkündet. Sie war ein Kompromiss zwischen den Liberalen und den Demokraten. Gegen Anerkennung der monarchischen Verfassung wurde das allgemeine, gleiche und geheime Wahlrecht zugestanden. Durchgesetzt hatte sich die kleindeutsche Lösung ohne den deutschen Teil Österreichs. König Friedrich Wilhelm IV. von Preußen wurde zum deutschen Kaiser gewählt. Das Verhältnis von Reich und Ländern war nach bundesstaatlichem Muster geordnet. Das deutsche Reich sollte mehr als nur ein Staatenbund sein. Es hatte selbst Staatsqualität, ohne dass die Staatsqualität der deutschen Länder aufgehoben wurde. Der Reichstag gliederte sich in ein Staatenhaus und ein Volkshaus und besaß umfassende Gesetzgebungskompetenz. Insbesondere war ihm die Zuständigkeit bei der Wehrverfassung, im Verkehrswesen, Wirtschafts- und Steuerrecht, bürgerlichen und Handelsrecht, Strafrecht und Prozessrecht zugewiesen. Hier zeigte sich das starke wirtschaftliche Interesse an der Reichseinheit. Der Einfluss der Gliedstaaten erfolgte vor allem durch das Staatenhaus. Die Reichsgewalt war zwischen dem Kaiser als Reichsoberhaupt und dem Reichstag aufgeteilt. Sowohl bei der Gesetzgebung als auch bei der Regierung wirkten beide zusammen. Aber bei der Gesetzgebung konnte sich letztlich der Reichstag durchsetzen, weil die Reichsregierung nur ein suspensives Veto hatte. Dagegen war der Einfluss des Reichstages auf die Regierung eher schwach, da allein der Kaiser die Minister ernannte und deren Verantwortlichkeit im Wesentlichen durch die Ministeranklage rechtlich sanktioniert war. Ein parlamentarisches System war daher durch die Paulskirchenverfassung ausdrücklich nicht vorgesehen. Jedoch kann aus der Verfassungspraxis der provisorischen Zentralgewalt abgeleitet werden, dass man davon ausging, die Reichsregierung werde nur bei mehrheitlicher Unterstützung des Reichstages regieren.[521]

---

[520] LAUFS, Die Frankfurter Nationalversammlung 1848/49, JuS 1998, S. 390 f.
[521] Umstritten; s. FROTSCHER/PIEROTH, Rn. 313 und WILLOWEIT, § 31 III 4, S. 265 f.

c) Das Scheitern der Revolution

Gegenrevolution

Zu ersten Krisenerscheinungen kam es schon im Herbst 1848. Im August hatte die preußische Regierung aufgrund außenpolitischen Drucks den Bundeskrieg gegen Dänemark durch Waffenstillstand beendet. Dieser bedurfte aber der Ratifikation durch die provisorische Zentralregierung und die Nationalversammlung. Während der Ministerpräsident für die Annahme eintrat, beschloss die Nationalversammlung mit den Stimmen der Linken und der Mitte die Ablehnung. Daraufhin trat die Reichsregierung zurück und folgte damit den Regeln des parlamentarischen Regierungssystems. Weder konnte sie sich der Auffassung des Parlaments anschließen noch glaubte es, gegen den Willen der parlamentarischen Mehrheit regieren zu dürfen. Auf eine neue Regierung konnte sich die Nationalversammlung zunächst nicht einigen. Am 16. September lenkte sie schließlich ein und beschloss die Ratifizierung des Waffenstillstandsabkommens. Diese Ereignisse führten zu einer schwerwiegenden Vertrauenskrise. Die nachgiebige Haltung des Parlaments wurde in weiten Kreisen der Bevölkerung als Verrat empfunden. Die radikaldemokratische Linke suchte danach eine Entscheidung außerhalb des Parlaments und rief zu einer bewaffneten Volksversammlung auf. Die provisorische Zentralgewalt rief daraufhin zum Schutz der Nationalversammlung preußisches und österreichisches Militär in die Stadt, das nach kurzen Kämpfen den sog. *Frankfurter September-Aufstand* niederschlug. Nach diesen Ereignissen setzte in den deutschen Staaten die Gegenrevolution ein. Am 31. Oktober nahm die kaiserliche Armee das von Aufständischen besetzte Wien ein. An die Spitze des neuen gegenrevolutionären Kabinetts trat am 21. November Fürst Schwarzenberg. Gleichzeitig war die Gegenrevolution auch in Preußen erfolgreich. Gegen den Widerstand der preußischen Nationalversammlung berief Friedrich Wilhelm IV. eine konservative Regierung. Dazu verhängte er am 11. November den Belagerungszustand über Berlin und ließ die Opposition gewaltsam unterdrücken. Am 5. Dezember löste er schließlich die preußische Nationalversammlung auf und oktroyierte eine Verfassung.[522]

582

Reichsverfassungskampagne und Auflösung der Nationalversammlung

Der preußische König nahm eine ablehnende Haltung gegenüber der Reichsverfassung und der angetragenen Kaiserkrone ein. Er war nur bereit, die Führung eines deutschen Bundesstaates zu übernehmen, wenn dieser auf Regierungsübereinkunft beruhte. Am 4. Mai 1849 erfolgte die endgültige Absage. Die Nationalversammlung beschloss, an der Reichsverfassung festzuhalten und startete die sog. *Reichsverfassungskampagne*. Die folgenden Unruhen und Aufstände wurden militärisch niedergeschlagen. Preußen und Österreich zogen ihre Abgeordneten zurück. Viele waren schon als Beamte gezwungen, den Weisungen ihrer Regierungen zu folgen. Die Schrumpfung des Parlaments hatte eine Radikalisierung zur Folge. Als der Reichsverweser eine Minderheitsregierung einsetzte, setzte ihn die Nationalversammlung mit knapper Mehrheit ab. Das führte zum Auszug des rechten Zentrums. Das Parlament hatte jetzt nur noch ca. 150 Mitglieder, wobei die Demokraten über eine Mehrheit verfügten. Die Nationalversammlung beschloss, nach Stuttgart überzusiedeln, weil dort noch eine liberale Regierung amtierte, welche die Reichsverfassung anerkannte. Als eine fünfköpfige Reichsregentschaft der Demokraten die Befehlsgewalt über die Truppen der deutschen Staaten forderte, entstanden aber auch hier Konflikte. Als das *Rumpfparlament* daraufhin das Aufgebot aller Waffenfähigen beschloss, wurde es von der württembergischen Regierung gewaltsam aufgelöst.

583

---

[522] Frotscher/Pieroth, Rn. 299-303.

Erfurter Union

Preußen wollte das durch die Paulskirche neugewonnene Prestige machtpolitisch gegenüber der bisherigen Präsidialmacht Österreich nutzen. Da sich nationale Hoffnungen verstärkt mit Preußen verbanden, begann es schon während des Niederganges der Nationalversammlung eine eigene Einigungspolitik. Am 26. Mai 1849 schloss Preußen das sog. *Dreikönigsbündnis* mit Sachsen und Hannover und gründete die *Erfurter Union*. Eine von Preußen vorgelegte modifizierte Reichsverfassung sah vor, dass ein Beschluss des Parlaments nur mit Zustimmung des Reichsoberhauptes und eines beigeordneten Fürstenkollegiums wirksam werden sollte. Österreich dagegen wollte den Deutschen Bund aufrechterhalten. Bis Jahresende hatte die *Erfurter Union* ca. 30 Mitglieder. Das Parlament trat in Erfurt im März 1850 zusammen. Nach dem kurhessischem Verfassungskonflikt gab Preußen österreichischem und russischem Druck nach. In der *Olmützer Punktation* vom 29. November 1850 gab es die Zustimmung zur Auflösung der *Erfurter Union*. Danach begannen Bundesreformversuche auf den Dresdener Konferenzen. Preußen forderte die Gleichstellung mit Österreich, Österreich wollte die Verbindung seiner nichtdeutschen Teile mit dem Deutschen Bund zu einem einheitlichen Wirtschaftsraum. Die Verhandlungen scheiterten, weil Preußen am Zollverein festhalten wollte und Österreich die Paritätsforderung nicht akzeptierte. Nun trat der Bundestag wieder zusammen. Im sog. *Bundesreaktionsbeschluss* vom 23. August 1851 wurden die Mitgliedsstaaten verpflichtet, alle ab 1848 gefassten Beschlüsse aufzuheben, falls sie bundeswidrig waren.[523]

584

---

[523] WILLOWEIT, § 32 I 1, S. 271.

§ 13 VEREINHEITLICHUNG DES BÜRGERLICHEN RECHTS

Lernübersicht:

I. Die Historische Rechtsschule

Die Historische Rechtsschule leitete zu Beginn des 19. Jahrhunderts eine Neuorientierung der deutschen Privatrechtswissenschaft ein. Sie verdrängte mit einem Schlag das Vernunftrecht von den Universitäten. Die dadurch eingeleitete wissenschaftliche Erneuerung schuf im Lauf des 19. Jahrhunderts die Grundlage für die nationale Kodifikation des Privatrechts. *585*

1. Der Kodifikationsstreit

Thibauts Forderung nach einer Kodifikation

Die politisch dominierende Frage nach den Befreiungskriegen in Deutschland war die Frage der Einheit und Freiheit der Nation. Eng mit dem verfassungsrechtlichen Problem verbunden war die Frage der Rechtseinheit. Der Wunsch nach Schaffung eines Privatrechtsgesetzbuches wurde zum ersten Mal geäußert von dem Heidelberger Zivilrechtslehrer Anton Friedrich Justus Thibaut (1772-1840) in seiner Schrift *Über die Nothwendigkeit eines allgemeinen bürgerlichen Rechts für Deutschland* (1814). Darin trat er für eine nationale Kodifikation auf vernunftrechtlicher Basis ein. Es ging ihm dabei weniger um ein volksnahes Gesetzbuch, als vielmehr um die Herstellung von Rechtssicherheit bei der Rechtsanwendung. Dem widersprach sofort der damals führende deutsche Rechtslehrer Friedrich Carl von Savigny (1779-1861). *586*

Savigny

hemmer-Methode: Savigny gilt als der bedeutendste deutsche Jurist. Von 1810 bis 1842 lehrte er an der neugegründeten Berliner Universität. Er war aber auch praktisch tätig. *587*

Von 1817 bis 1848 war er Mitglied des preußischen Staatsrates, seit 1847 sein Präsident. Von 1842 bis 1848 war er Leiter des Gesetzgebungsministeriums. Seine bedeutendsten wissenschaftlichen Werke waren *Die Geschichte des römischen Rechts im Mittelalter* (1815-1831), in der er die Kontinuität des Rechts von der Antike bis zur Wiederentdeckung der Digesten nachweisen wollte, und *Das System des heutigen römischen Rechts* (1840-1848), eine Darstellung der allgemeinen Lehren des Privatrechts.[524]

Volksgeistlehre

In seiner Gegenschrift *Vom Beruf unsrer Zeit für Gesetzgebung und Rechtswissenschaft* (1814) hielt er Thibaut entgegen, dass das Recht kein Erzeugnis der Vernunft, sondern des in der Geschichte waltenden *Volksgeistes* sei. Savigny bestritt die Existenz eines unwandelbaren, für alle Völker gleichen Rechts. Das Volk sei das Subjekt, für welches und in welchem das Recht existiere. Das Recht sei gewissermaßen nicht wie ein Kleid über das Volk gestülpt, sondern das Leben der Menschen selbst, von einer besonderen Seite her gesehen. Das Recht habe kein abgesondertes Dasein, sondern gehöre zu den Funktionen des Volkes. Es werde vom Volksgeist, der Gemeinschaft des Denkens und Tuns im Volk erzeugt. Alles Recht entstehe somit durch innere, stillwirkende Kräfte und sei in diesem Sinn Gewohnheitsrecht. Der Gesetzgeber habe nicht neues Recht zu schaffen, sondern nur das bestehende Recht zu formulieren und zu redigieren. Grundsätzlich war auch Savigny nicht gegen ein einheitliches Privatrecht. Im Gegensatz zu Thibaut attestierte er jedoch seiner Zeit mangelnde Reife, die Rechtseinheit durch eine Kodifikation herzustellen. Vielmehr hielt er die Rechtswissenschaft für berufen, auf eine solche Kodifikation vorzubereiten. Dies sollte durch eine umfassende Reformierung des geltenden zersplitterten Privatrechts auf der Grundlage des gemeinen Rechts erfolgen. Das Volk werde bei fortschreitender Arbeitsteilung durch den Juristenstand repräsentiert. Die Juristen hätten das Recht dem Bewusstsein und Willen des Volkes gemäß fortzubilden und den sich wandelnden Bedürfnissen anzupassen.[525]

588

Historische Rechtsschule

Mit seiner Entgegnung auf Thibauts Kodifikationsforderung wurde Savigny zum Begründer der *Historischen Rechtsschule*. Er bewegte sich mit seiner Programmatik im Rahmen des Zeitgeistes, der sich nun dem Historismus zuwandte. Um die Wende vom 18. zum 19. Jahrhundert entstand eine geistige Bewegung, die sich bewusst vom Rationalismus der Aufklärung abwandte und sich um ein historisches Bewusstsein und nationale Individualität bemühte. Zurück ging diese Bewegung auf Johann Gottfried Herder (1744-1803). Daneben wurden von der Historischen Rechtsschule auch Anregungen von der Romantik aufgenommen, insbesondere die irrationale Spekulation um den Volksgeist, der nun zur Quelle des Rechts erhoben wurde. In der Historischen Rechtsschule wurden die Anregungen der Romantik mit einer exakten wissenschaftlichen Methode verbunden. Neben Savigny waren Karl Friedrich Eichhorn (1781-1854) und Jakob Grimm (1785-1863) Mitbegründer der Historischen Rechtsschule. Gemeinsam mit Eichhorn gab Savigny ab 1815 die *Zeitschrift für geschichtliche Rechtswissenschaft* heraus.

589

historisch-systematische Methode

Nach der von Savigny entwickelten historischen Methode sollte die Rechtswissenschaft die gegebenen Regelungen bis zu ihren Wurzeln verfolgen. Denn jedes Zeitalter sei durch seine ganze Vergangenheit bedingt, wie sie auch andererseits die ganze Zukunft bedinge. Daher hätten sich Wissenschaft und Praxis wie mit dem römischen so auch mit dem germanischen Recht und mit deren neueren Modifikationen zu beschäftigen.

590

---

[524] S. COING, Friedrich Karl von Savigny, JuS 1979, S. 86-89.
[525] BENÖHR, Die Kontroverse Thibaut - Savigny, JuS 1974, S. 681-684.

Dabei entwickelte er einen neuen systematischen Ansatz, der sich so nicht aus den Quellen erschloss. Jeder juristische Begriff sollte in Wechselwirkung mit dem Ganzen gesehen werden. Die Rechtswissenschaft habe nämlich die leitenden Prinzipien, von denen aus die Beziehungen zwischen allen juristischen Begriffen und Sätzen zu ermitteln seien, zu erarbeiten. Im Recht müsse unterschieden werden zwischen dem einzelnen Rechtssatz und den grundlegenden Rechtsinstituten, zu welchen die einzelnen Rechtssätze gehören. Diesem systematischen Ansatz legte er eine neuartige zeitgemäße Begrifflichkeit zugrunde. Das lebende Recht werde aufgefasst als eine Fülle von Rechtsbeziehungen, die zwischen den Rechtssubjekten bestehen. Sie haben zum Inhalt gegenseitige subjektive Rechte. Solche subjektiven Rechte entständen im Wesentlichen aus menschlichen Handlungen, insbesondere aus Rechtsgeschäften, namentlich Verträgen, oder aus Rechtsverletzungen. Dieses System nahm zahlreiche Elemente der naturrechtlichen Systematik des 18. Jahrhunderts auf, versuchte aber darüber hinaus ein inneres System zu entwickeln. Zentralbegriff war der Begriff der Freiheit. Die subjektiven Rechte wurden als Freiheitsräume verstanden, in denen sich die individuelle Persönlichkeit entwickeln kann.[526]

Romanisten und Germanisten

591

Dabei sah Savigny selbst den gegebenen Stoff nicht primär in dem älteren germanisch-deutschen Recht. Als ungeeignet für seine Ziele erklärte er auch das rezipierte mittelalterliche römische Recht. Nach seiner Meinung war es durch Glossatoren, Kommentatoren und später vor allem durch den Usus modernus entstellt worden. Das allein tragfähige Fundament für eine neue, die unhistorisch arbeitende Jurisprudenz verdrängende empirisch-historische Rechtswissenschaft sah er vielmehr im antiken römischen Recht, dessen Rezeption er in Deutschland als einen geschichtlichen Vorgang gerechtfertigt fand. In der hochstehenden Argumentationskunst der römischen Juristen, wie sie vor allem die justinianischen Digesten überlieferten, vermeinte er die schlechthin vollkommene Rechtstechnik wiederzuerkennen. Aus der römischen Kasuistik entwickelte er Regeln und Prinzipien, mit denen die Probleme der Zeit gelöst werden sollten.[527] Eichhorn und Grimm sahen abweichend von Savigny die Rezeption des römischen Rechts nicht als eine unabänderliche Tatsache in der deutschen Rechtsentwicklung an. Für sie war nicht das römische Recht, dessen geistige Überlegenheit sie allerdings anerkannten, sondern das germanische und deutsche Recht das geschichtliche Recht des deutschen Volkes. Die unterschiedliche Zielrichtung der Forschung teilte die Historische Rechtsschule in der Folgezeit in einen romanistischen und einen germanistischen Zweig. Beide verband jedoch die gemeinsame wissenschaftliche Methode.

2. Die Pandektistik

Begriffs- und Konstruktionsjurisprudenz

592

Die Romanistik entwickelte sich zum dominierenden Wissenschaftsstil des Privatrechts im 19. Jahrhundert. Stand am Anfang die Sichtung des historischen Stoffes im Vordergrund und waren die Juristen eher rechtshistorisch tätig, wandte man sich bald der dogmatischen Erschließung der justinianischen Quellen zu. Daraus entstand die Wissenschaft der *Pandektistik*, die zu einer die Partikularrechte übergreifenden Rechtsdogmatik des gemeinen Rechts wurde. Das Ziel der Pandektistik war es, auf der Grundlage der Quellen des *Corpus iuris civilis* (im Ggs. zu *canonici*) ein in sich dogmatisch widerspruchsfreies Rechtssystem zu schaffen, das den rechtspolitischen Anforderungen der Gesellschafts- und Wirtschaftsordnung des 19. Jahrhunderts entsprechen sollte.

---

[526] COING, Europäisches Privatrecht II. Das 19. Jahrhundert, 1989, S. 41-44.
[527] COING, EUROPÄISCHES PRIVATRECHT II, S. 44 f.

Die nur mehr schwer überschaubaren Stoffmassen des gemeinen Rechts erschienen ausschließlich durch ein nach den Regeln der formalen Logik gebildetes System besonderer, materiell bedeutsamer Begriffe beherrschbar. Seine Erstellung auf der Grundlage der vernunftrechtlichen Begriffspyramide Christian Wolffs wurde zur zentralen Aufgabe der Juristen. Das Ergebnis waren in Genealogien und Hierarchien verbundene Rechtsbegriffe, aus denen deduktiv oder durch Analogieschlüsse wiederum neue Rechtssätze und Grundregeln abgeleitet wurden. Hauptvertreter dieser als *Begriffsjurisprudenz* bezeichneten Lehre war Savignys Nachfolger auf dem Berliner Lehrstuhl, Georg Friedrich Puchta (1798-1846). Eine Überspitzung fand diese Lehre in der naturhistorischen Methode der *Konstruktionsjurisprudenz*. Diese nahm an, dass Rechte oder Rechtslagen reale Dinge seien und, dass Recht durch logische Operationen erschlossen werden könne. Hinter diesen Lehren stand die Rechtsanschauung des rechtswissenschaftlichen Positivismus. Danach sollten alle Rechtssätze und ihre Anwendung an System, Begriffen und Lehrsätzen der Rechtswissenschaft ableitbar sein. Außerjuristischen, etwa religiösen oder sozialen Wertungen und Zwecken wurde keine rechtserzeugende Kraft zugebilligt.[528]

Praxisferne der Pandektistik

Das von der Pandektistik entwickelte abstrakt-begriffliche System bestimmte die Dogmatik der Folgezeit. Durch weitergehende Abstrahierungen konnte schließlich ein Bestand an allgemeinen Lehren gewonnen werden. Als allgemeiner Teil bildeten sie fortan das Kernstück eines neuen, den Gliederungsentwürfen der akademischen Pandektenvorlesung entnommenen modernen Zivilrechtssystems. Durch die wachsende Vergeistigung der Rechtsbegriffe entfernte sich das Rechtssystem immer weiter von der Lebenswirklichkeit. Stärker noch als in der Zeit des Vernunftrechts war das Recht zum Lehrstoff und damit vorzugsweise ein Gegenstand des akademischen Rechtsunterrichts geworden. Das Ergebnis war eine gewisse Distanz des Rechts zur Praxis. Für die Ausbildung der Juristen blieb dies nicht ohne Folgen. Das römische Recht in der Form, wie es von den Vertretern der Historischen Rechtsschule an den Universitäten gelehrt wurde, entsprach den Bedürfnissen der Praxis nur bedingt. Mit dem Studium der Rechtstechnik und Dogmatik an Beispielen der römischen Quellen allein war der Jurist nicht in der Lage, auch die geltenden Partikularrechte praktisch zu handhaben. Inhaltlich dagegen entsprach das pandektistische Recht vollkommen den liberalen Vorstellungen der Zeit. Den Forderungen des Bürgertums nach größtmöglicher Vertrags- und Verkehrsfreiheit bei gleichzeitiger Betonung des unumschränkten Eigentums kam das individualistische, kapitalistische und liberale Zivilrecht der Quellen der römischen Klassik entgegen.[529]

593

Überwindung der Begriffsjurisprudenz

Der begriffsjuristische Positivismus der Pandektistik stieß seit der zweiten Hälfte des 19. Jahrhunderts auf verstärkte Kritik. Zuerst wurde sie von Rudolf von Ihering geäußert. Dieser, selbst Romanist, hatte zuvor die Grundlagen der Konstruktionsjurisprudenz mitgeschaffen. Ihering wandte nun gegen das begriffsjuristische Verfahren ein, es sehe die Rechtsbegriffe losgelöst von der Wirklichkeit und den sozialen und ideellen Anforderungen an das Recht. In seiner Schrift *Der Kampf ums Recht* von 1872 entwickelte er eine neue Rechtstheorie, die in den Faktoren Macht und Kampf die wesentlichen Entstehungsursachen des Rechts sah. Weitergehend benannte er die Zwecke als Schöpfer des Rechts und gab so der Rechtstheorie eine soziologische Grundlage. Bei der Entstehung einer Rechtsnorm werde letztlich eine Wertung gesellschaftsbezogener Interessen vorgenommen. Eine Norm erfülle stets eine Funktion im Rechtssystem im Sinne von Interessendurchsetzung.

594

---

[528] COING, EUROPÄISCHES PRIVATRECHT II, S. 47 f.
[529] SCHLOSSER, S. 134, 136.

Um den Sinn einer Rechtsnorm zu erschließen, sei deshalb auf die dahinter stehenden Zwecke zurückzugreifen und nicht nur mit dem Rechtsbegriff als solchem zu operieren. Dieses funktionale Verständnis von Rechtsnormen und deren teleologische Interpretation traten dem begrifflichen Dogmatismus der Begriffsjurisprudenz entgegen und leiteten schließlich in die *Interessenjurisprudenz* über.

3. Die Germanistik

Verhältnis zur Pandektistik

Im 18. Jahrhundert hatte sich in Deutschland neben der Lehre vom römisch-kanonischen *Ius commune* die Disziplin des *Ius germanicum*, des deutschen Privatrechts, gebildet. Bei dieser Zweiteilung blieb es auch im 19. Jahrhundert. Die Wissenschaft vom deutschen Privatrecht durchlief im Wesentlichen die gleichen Stadien wie die Pandektistik. Zunächst wurde sie vom Programm der Historischen Rechtsschule geprägt, später nahm sie auch die Theorie der Begriffsjurisprudenz auf. Die Historische Rechtsschule ging zunächst davon aus, dass beide Disziplinen, Pandektistik und Germanistik einander ergänzend nebeneinander ständen. Als Forschungsprogramm für den deutschrechtlichen Teil der Historischen Rechtsschule forderte Eichhorn, dass die Wissenschaft sich nicht zu sehr auf die Partikularrechte konzentrieren dürfe, sondern stattdessen die gemeinsamen Grundlagen dieser Partikularrechte aufweisen müsse. Dafür müsse man nach der historischen Methode auf die gemeinsamen historischen Ursprünge der Institute zurückgehen. Ging Eichhorn noch davon aus, dass es sozusagen zwei gleichberechtigte Bestandteile des Privatrechts in Deutschland gebe, Pandekten und deutsches Recht, trat später die nationale Komponente der Germanistik stärker hervor und wurden die Gegensätze der beiden Disziplinen betont. Dies führte so weit, dass manche Germanisten die Rezeption des römischen Rechts als nationales Unglück ansahen.[530]

595

Spaltung der Historischen Rechtsschule

Um 1830 leitete eine Gruppe um den Nationalliberalen Georg Beseler und den Radikalliberalen August Ludwig Reyscher die Trennung der Germanistik von der Romanistik ein. Den Romanisten wurde mangelndes Eintreten für nationalpolitische Anliegen vorgeworfen. Die Germanisten bekämpften die Lehre der Romanisten von der rechtserzeugenden Tätigkeit des Volkes durch seine Juristen als Repräsentanten desselben. Die römische Rechtstradition sollte ganz aufgegeben und das gesamte in Deutschland geltende Privatrecht einheitlich auf deutsch-rechtlicher Grundlage behandelt werden. Sie bejahten die Laienbeteiligung in den Gerichten und die parlamentarische Gesetzgebung, beides als Ausprägung des Volksrechtes. Im Gegensatz zu den Romanisten hielten sie eine Kodifikation des Rechts für vorteilhaft, wenn sie zum Volksrecht zurückführe. Die Gegensätze veranlasste die Germanisten, sich enger zusammenzuschließen. In den Jahren 1846 und 1847 fanden sie sich zu den sog. *Germanistenversammlungen* zusammen, in denen sie sich für die Kodifikation des Rechts aussprachen und den Beschluss fassten, ein deutsches bürgerliches Gesetzbuch und ein einheitliches Strafgesetzbuch anzustreben.

596

deutsches Privatrecht der Germanisten

Beeinflusst von der nationalstaatsbewussten politischen Bewegung wandten sich die Germanisten der als angeblich typisch deutsch erkannten mittelalterlichen Tradition zu. Sie beschäftigten sich intensiv mit der Rechts- und Verfassungsgeschichte des Mittelalters. Im Gegensatz zur Romanistik, die sich dem *Corpus iuris* zuwandte, verfügte die Germanistik über keine einheitliche, durch geschichtliche Kontinuität legitimierte Sammlung von Rechtsquellen.

597

---

[530] COING, EUROPÄISCHES PRIVATRECHT II, S. 49 f.

Deshalb ging es der deutsch-rechtlichen Forschung zunächst um Sicherung und Edition der ältesten deutschen Rechtsquellen, den Volksrechten, Kapitularien, Stadtrechten, Rechtsbüchern und Urkunden. Erst sie boten die Voraussetzungen für eine Isolierung allgemeiner, grundlegender, über die lokalen Besonderheiten hinausgreifender Rechtsideen und -institute. Der germanistische Zweig nahm sich dieses in den Partikularrechten wiedergefundenen, vom gelehrten Recht weitgehend unbeeinflusst gebliebenen Rechts an und versuchte daraus ein gemeines deutsches Privatrecht zu entwickeln. Darstellungsprinzipien, Kriterien und Geltung dieses deutschen Privatrechts aber blieben immer umstritten. In der Rückkehr der Germanisten zum Pandektenschema gegen Ende des 19. Jahrhunderts, das sie ihren deutsch-privatrechtlichen Gliederungssystemen zugrunde legten, zeigte sich letztlich die Vergeblichkeit des Vorgehens.[531]

Germanistik und besonderes Privatrecht

Das von den Pandektisten erarbeitete liberale Verkehrsrecht hatte den Nachteil, dass es die Bedürfnisse der neuen Klasse der Industriearbeiter außer Betracht ließ. In der werdenden Industriegesellschaft zeigten sich bald schon die Grenzen seines Sozialmodells. Die Pandektistik beschränkte sich auf die Materien des *Corpus iuris civilis*. Vor allem auf den Schlüsselgebieten der neuen Wirtschaftsgesellschaft, dem Arbeits-, Handels- und Gesellschaftsrecht, versagte das Pandektenrecht, weil sein Instrumentarium unzeitgemäß und deshalb ungeeignet war, die aus der veränderten sozialen Realität entstandenen Fragen rechtlich und praktisch angemessen zu lösen. In diese Lücke drang die Germanistik ein. Die Germanistik widmete sich zunächst den Instituten, die aus der mittelalterlichen Rechtstradition entstanden waren und im Recht des 19. Jahrhunderts noch fortgalten. Da dem deutschen Recht aber auch die neuen, über das römische Recht hinausgehenden Institute zugerechnet wurden, wurde auch dies von den Germanisten behandelt. Daraus ergab sich die Verbindung der Germanistik mit dem Handelsrecht. Dazu zählten nach damaligem Verständnis auch das Gesellschafts-, das Wertpapier- und das Versicherungsrecht. Demgegenüber blieb das klassische Zivilrecht überwiegend in der Verantwortung der Pandektistik. Wegen der komplexen Verknüpfung der handelsrechtlichen Geschäfte mit dem allgemeinen Privatrecht konnte eine wissenschaftliche Erfassung dieser Sonderrechtsgebiete nicht ohne gleichzeitige Anleihen bei Methode und System der Pandektenwissenschaft erfolgen.[532]

598

Verbandspersönlichkeit und Genossenschaftswesen

Vor allem lieferte die Germanistik die Grundlage zur Erfassung von Personenzusammenschlüssen, insbesondere Gesellschaften, als juristische Person. Nach überkommener Rechtsanschauung wurden mehrere Handelsgesellschafter, die ein Geschäft gemeinsam betrieben, durch die abgeschlossenen Verträge persönlich berechtigt und verpflichtet. Zwar kam seit dem späten 18. Jahrhundert die neue Unternehmensform der Aktiengesellschaft auf, die vor allem beim Betrieb von Eisenbahnen gebräuchlich wurde. Diese Unternehmen wurden aber durch Verleihung der Korporationsrechte zur juristischen Person, nicht durch den vertraglichen Zusammenschluss. Die Pandektistik hielt sie nach ihrer *Fiktionstheorie* nur für fingierte Persönlichkeiten. Die Germanistik dagegen sah in der Körperschaftsbildung die Entstehung eines sozialen Organismus. Waren unter Korporationen bis dahin vor allem ständische Gebilde wie Innungen und Zünfte verstanden worden, deren Rechtspersönlichkeit durch Privileg oder Gewohnheitsrecht anerkannt war, deuteten die Germanisten nun private Gemeinschaftsverhältnisse im korporativen Sinn. Das von Georg Beseler geprägte Schlagwort dazu war die *Genossenschaft*.

599

---

[531] SCHLOSSER, S. 137-140.
[532] SCHLOSSER, S. 142.

Anfangs verstand man darunter vor allem gesamthänderische Verhältnisse wie die Gütergemeinschaft, dann aber wurde der Begriff ausdrücklich auf moderne Gebilde wie den Idealverein und die Aktiengesellschaft bezogen. Diesen privatrechtlichen Vereinigungen wurde von der Germanistik im Gegensatz zur Fiktiostheorie eine *reale Verbandspersönlichkeit* zuerkannt. So stand nun für die vielseitige Körperschaftentwicklung des 19. Jahrhunderts auch eine adäquate Denkfigur bereit. Sie schien auch hervorragend geeignet, der im Gefolge der Industriellen Revolution eingetretenen ständisch-gesellschaftlichen Bindungslosigkeit der besitzlosen Klassen wirksam zu begegnen. Als Mittel zur Selbsthilfe hatten 1849 Friedrich Wilhelm Raiffeisen die erste ländliche Spar- und Darlehensgenossenschaft und 1850 Hermann Schulze-Delitzsch die ersten handwerklichen Einkaufs- und Kreditvereine gegründet. 1868 wurde ein preußisches Genossenschaftsgesetz erlassen.[533]

II. Rechtsvereinheitlichung in Deutschland

Die Frage der Rechtsvereinheitlichung stand seit Thibaut's Kodifikationsforderung im Raum. Sie wurde zu einer der Hauptforderungen der Liberalen. Dahinter stand einmal die praktische Notwendigkeit, weil für eine dynamische Wirtschaftsgesellschaft mit einer einheitlichen Volkswirtschaft eine einheitliche Rechtsordnung benötigt wurde. Die Rechtseinheit war für die Liberalen aber auch eine Glaubensfrage. Sie bedeutete eine Absage an die Differenziertheit der altständischen Ordnung, an die vielfältig gestaffelten und sich wechselseitig überlagernden Sonderordnungen und Privilegienverhältnisse, an die lokalen Gewohnheiten der traditionellen Gewalten. Rechtseinheit bedeutete gleichzeitig die Gewähr für eine freie und gleiche Gesellschaft. Die großen nationalen Kodifikationen gehen deshalb alle auf liberale Initiativen zurück oder entstanden in einer Zeit, als das liberale Bürgertum politisch die Nation zu repräsentieren glaubte. Fanden sich erste Gesetzgebungsaktivitäten schon in der Zeit der Revolution von 1848 und des Deutschen Bundes, erhielten sie doch ihre entscheidende Dynamik in den ersten zehn Jahren nach der Reichsgründung 1866/71, als Bismarck mit einer liberalen Mehrheit im Reichstag regierte.[534]

600

1. Vorläufer der Rechtseinheit

Die Rechtsvereinheitlichung in Deutschland wurde bereits vor der Reichsgründung 1871 eingeleitet. Schon die Frankfurter Nationalversammlung legte in der von ihr 1849 beschlossenen Verfassung fest, dass die Vereinheitlichung des Rechts auf dem Gebiet des bürgerlichen Rechts, des Handels- und Wechselrechts, des Strafrechts und des gerichtlichen Verfahrens eine Aufgabe der noch zu errichtenden Reichsgewalt sein sollte. Auch wenn die Revolution scheiterte, führten wirtschaftliche Interessen zur Zeit des Deutschen Bundes zu Bemühungen, das Handels- und Wirtschaftsrecht zu vereinheitlichen. Weitere Projekte kamen wegen der politischen Situation nicht zustande. Der österreichisch-preußische Konflikt ließ keine weitergehenden Aktivitäten zu.

601

Allgemeine Wechselordnung

Der Rechtspartikularismus wurde in der ersten Hälfte des 19. Jahrhunderts vor allem beim Wechselrecht als störend empfunden. Es galten im Deutschen Bund 56 verschiedene Wechselordnungen. Wegen der strengen Formvorschriften und der vielen unterschiedlichen Regelungen konnten sich auch keine einheitlichen Handelsbräuche ausbilden.

602

---

[533] KROESCHELL III, S. 216 f.
[534] S. BUCHHOLZ, Zur Rechtsvereinheitlichung in Deutschland in der zweiten Hälfte des 19. Jahrhunderts, RabelsZ 50 (1986), S. 77-80.

Dabei entwickelte sich der Wechsel zum wichtigsten Kreditmittel für Fabrikanten, Kaufleute und Handwerker, nach der Einführung der telegrafischen Nachrichtenübermittlung und Verbesserung der Verkehrsverhältnisse auch zum bargeldlosen Zahlungsmittel. Die Vereinheitlichung des Wechselrechts schien deshalb ähnlich dringend wie die Aufhebung von Zollschranken und die Vereinheitlichung von Maßen und Gewichten. Deshalb begannen 1846 auf der Ebene des Deutschen Zollvereins Bemühungen um eine allgemeine Wechselordnung. Eine Konferenz erarbeitete bis Ende 1847 einen Entwurf. Dieser wurde bis 1862 in den deutschen Einzelstaaten im Wege der Gesetzgebung angenommen, nachdem im November 1848 der Versuch, sie als Reichsgesetz in Kraft treten zu lassen, gescheitert war. Differenzen durch die unterschiedliche Anwendung der Wechselordnung in den einzelnen Staaten wurden nach Gründung des Norddeutschen Bundes durch Erlass einer Reichswechselordnung beseitigt, die nach 1871 für das ganze Reichsgebiet galt.[535]

Allgemeines Deutsches Handelsgesetzbuch

603

Weitere Vereinheitlichungsbemühungen galten der Schaffung eines einheitlichen Handelsgesetzbuches für Deutschland. Im Rahmen der nationalen Einheitsbewegung 1848 war bereits eine Kommission dafür eingesetzt worden, die ihre Arbeit jedoch nicht hatte abschließen können. Nach dem Scheitern der Revolution nahm der Deutsche Bund die Forderung nach einem einheitlichen Handelsrecht auf. Die Bundesakte hatte ihm auch in Art. 19 eine unscharfe, bisher ungenutzte Kompetenz in Handelssachen zugewiesen. Preußen, das seine Führungsrolle auf dem Feld der wirtschaftlichen Einigung Deutschlands bedroht sah, stimmte der Einsetzung einer Kommission erst zu, als feststand, dass der von dieser zu fertigende Entwurf nicht als Bundesgesetz verkündet würde, sondern die Einzelstaaten frei waren, ihn als Gesetz einzuführen. Die Kommission des Bundestages zur Ausarbeitung des Handelsgesetzbuches legte seinen Diskussionen einen preußischen Entwurf zugrunde, benutzte aber auch die Arbeiten der Paulskirchenkommission. 1861 fasste die Bundesversammlung den Beschluss, alle Bundesregierungen aufzufordern, den vorgelegten Entwurf eines Allgemeinen Deutschen Handelsgesetzbuches (ADHGB) baldmöglichst und unverändert in Kraft zu setzen. Trotz einiger Widerstände in manchen Einzelstaaten, die dem vorgelegten Handelsgesetzbuch teilweise Erweiterungen zufügten, wurde der Entwurf bis 1868 in allen deutschen Bundesstaaten einschließlich Österreichs zum Gesetz erhoben. Nach Errichtung des Norddeutschen Bundes wurde das ADHGB mit Wirkung zum 01.01.1870 als Bundesgesetz verkündet.[536]

hemmer-Methode: Da das ADHGB nicht als lex specialis neben ein bürgerliches Gesetzbuch getreten war, erstreckte es sich auch auf schuldrechtliche Materien. Manche Einführungsgesetze hatten sogar die allgemeinen Grundsätze des Handelsobligationenrechts und die Rechtssätze vom Handelskauf zu Normen des bürgerlichen Obligationenrechts bestimmt. Als die Kodifizierung des bürgerlichen Rechts nach der Reichsgründung beschlossen wurde, war umstritten, ob das bürgerliche Gesetzbuch auch die handelsrechtlichen Materien umfassen sollte. Letztlich entschied man sich zur Beibehaltung eines selbständigen, dem BGB angepassten HGB. Das revidierte HGB wurde 1897 vom Reichstag beschlossen und trat 1900 mit dem BGB in Kraft.[537]

sächsisches BGB und Obligationenrecht

604

Die Entwicklung des bürgerlichen Rechts wurde durch das sächsische BGB das 1863 verkündet wurde und 1865 in Kraft trat, vorangetrieben. Es stellte eine Zwischenstufe und einen Übergang von den älteren partikularen Kodifikationen zum BGB dar.

---

[535] BERGFELD, HbPRG III/3, S. 2940-2946.
[536] BERGFELD, HbPRG III/3, S. 2949-2954.
[537] BERGFELD, HbPRG III/3, S. 2959-2962.

Nach dreijährigen Beratungen beschloss die Bundesversammlung 1862 auf Veranlassung von zehn deutschen Mittel- und Kleinstaaten die Schaffung eines allgemeinen Obligationenrechts. Nach der Schaffung des Handelsrechts war nun die Vereinheitlichung des Rechts der Schuldverhältnisse als für das Wirtschaftsleben vordringliches Ziel definiert worden. 1863 nahm eine dafür eingesetzte Kommission ihre Arbeiten zur Schaffung eines entsprechenden Gesetzes auf. 1866 legte die Kommission der Bundesversammlung einen Entwurf vor (Dresdner Entwurf). Der Fortgang der Arbeiten wurde durch den Ausbruch des preußisch-österreichischen Krieges und die Auflösung des Deutschen Bundes unterbrochen.[538]

2. Die Reichsjustizgesetze

Gesetzgebungsgeschichte

Das augenfälligste Ergebnis der Rechtsvereinheitlichungsbemühungen der Nationalliberalen nach der Reichsgründung waren die in kurzer Abfolge ergehenden *Reichsjustizgesetze*, mit denen eine einheitliche Gerichtsverfassung und ein einheitliches Verfahrensrecht geschaffen wurden. Gleichzeitig wurde eine oberstgerichtliche Rechtsprechung in Zivil- und Strafsachen eingeführt. Sache der Bundesstaaten blieb die Verwaltungsgerichtsbarkeit. Die Reichsjustizgesetze wurden zum Anfang des Jahres 1877 veröffentlicht und traten im Oktober 1879 in Kraft. Sie umfassten das Gerichtsverfassungsgesetz (GVG), die Zivilprozessordnung (ZPO), die Strafprozessordnung (StPO), die Konkursordnung (KO) und einige Nebengesetze wie die Rechtsanwaltsordnung und das Gerichtskostengesetz. Der Deutsche Bund hatte weder in Zivil- noch in Strafsachen über eigene Gerichtsgewalt verfügt, so dass die Gerichtsorganisation vollständig dem Ermessen der einzelnen Staaten anheim gefallen war. Erste Versuche, eine einheitliche Gerichtsbarkeit in Deutschland zu schaffen, waren mit der Verfassung von 1849 gescheitert. Auf Verlangen der Nationalliberalen erhielt dann der Norddeutsche Bund die Gesetzgebungskompetenz für das gerichtliche Verfahren. Entscheidende Voraussetzung einer einheitlichen Prozessgesetzgebung war aber die Kompetenz des Bundes für die Gerichtsverfassung. Gerichtsorganisation und Verfahren waren derart miteinander verbunden, dass sich Prozessordnungen ohne gerichtsorganisatorische Bestimmungen kaum sinnvoll konzipieren ließen. Deshalb war das GVG Kernstück der Justizgesetze.[539]

605

Gerichtsverfassungsgesetz

Die Gestaltung einer einheitlichen Gerichtsverfassung bedeutete für die Justizhoheit der Partikularstaaten die stärksten Eingriffe. Mit der Aufhebung der gutsherrlichen Gerichtsbarkeit ab 1848 hatte der Staat ein Rechtspflegemonopol gewonnen. Die staatliche Justizhoheit lag dabei in der Hand der deutschen Bundesstaaten. Die Begründung der Gesetzgebungskompetenz des Reiches für die Gerichtsverfassung scheiterte zunächst am Widerstand des Bundesrates. Die Partikularstaaten waren nicht bereit, ihr Gesetzgebungsrecht auf diesem Bereich dem Bund zu übertragen. Ein trotzdem ausgearbeiteter Entwurf Preußens von 1869 stieß auf heftigen Widerstand. Ein verkürzter Entwurf wurde 1873 mit ZPO und StPO Bundesrat und Reichstag zur Entscheidung vorgelegt. Die Diskussion war geprägt von den gegensätzlichen Interessen der Nationalliberalen und der Partikularstaaten. Die Kritik konzentrierte sich vor allem auf diejenigen Materien, die aus Rücksicht auf die territorialen Justizhoheiten im GVG entweder nicht oder zugunsten der Einzelinteressen der Länder geregelt und daher mit den Einheitsbestrebungen der Nationalliberalen nicht zu vereinbaren waren.

606

---

[538] SCHLOSSER, S. 155-157.
[539] HRG IV (Art. Reichsjustizgesetze), Sp. 651-654.

Bis zum Schluss gelang es nicht, eine Gerichtsverfassung zu entwerfen, die von allen Beteiligten hätte angenommen werden können. So wären die Reichsjustizgesetze beinahe am GVG gescheitert. Letztlich wurde das GVG 1876 mit den anderen Justizgesetzen verabschiedet.[540]

Streitpunkt Laienbeteiligung

Aufgrund des Kompromisscharakters fehlte dem GVG die klare Linie. Eine Durchbrechung der einheitlichen Gerichtsorganisation war es, dass auf Drängen Bayerns in den Ländern mit mehreren Oberlandesgerichten ein oberstes Landesgericht gestattet war. Meinungsunterschiede im Gesetzgebungsverfahren betrafen zur Hauptsache die Laienbeteiligung. Der politische Liberalismus trat für die Schwurgerichtsverfassung ein, während die Konservativen das Laienelement zurückdrängen oder jedenfalls durch die Einführung einer Schöffengerichtsbarkeit stärker einzubinden versuchten. Der Unterschied war folgender: Im Schwurgericht entscheiden die Geschworenen nur - aber auch allein - über die Schuldfrage (Tatfrage), während die Berufsrichter auf der Grundlage des Schuldspruches das Urteil über die Art der Strafe (Rechtsfrage) fällen sollten. Schöffen hingegen entscheiden mit den Berufsrichtern zusammen über Schuld und Strafe (s. § 30 GVG). Für die Liberalen waren die Schwurgerichte nach den Erfahrungen mit einer politischen Justiz im Vormärz eine Garantie der bürgerlichen Freiheit. Die Auseinandersetzungen endeten in einem wenig konsequenten Kompromiss: Schöffengerichte für kleinere Sachen, Strafkammern (nur Berufsrichter) für mittlere und Schwurgerichte (drei Richter, zwölf Geschworene) für schwere Sachen. Die Schwurgerichte wurden 1924 wieder abgeschafft und zu großen Schöffengerichten umgestaltet (drei Richter, sechs Schöffen).[541]

607

Zivilprozess

Für die Entwicklung des modernen Zivilverfahrensrechts in Deutschland spielte neben dem gemeinen Prozess auch der französische und preußische Prozess eine Rolle. In Preußen war der gemeine Prozess endgültig durch das *Corpus Iuris Fridericianum* von 1781 abgeschafft worden. Man hatte das Hauptübel im gemeinrechtlichen Formalismus und vor allem in den Advokaten gesehen, die ihre prozessualen Rechte häufig missbräuchlich ausübten. Nach der neuen Prozessordnung wurden daher die Advokaten durch amtliche Assistenzräte, später durch beamtete Advokaten, ersetzt, die dem Richter bei der Erforschung der Wahrheit helfen sollten. Außerdem wurde der vom Inquisitionsprozess bekannte Untersuchungsgrundsatz eingeführt.

608

Der französische *Code de procédure* von 1806 wurde in den linksrheinischen deutschen Gebieten von Napoléon eingeführt und großenteils auch nach dem Zusammenbruch der napoléonischen Herrschaft beibehalten. Wesentliche Grundlagen waren hier Öffentlichkeit und Mündlichkeit des Verfahrens, außerdem der Amtsbetrieb der Parteien (Dispositionsmaxime). Die Gerichte wurden erst tätig, wenn die Anwälte das Verfahren vorbereitet und einen Verhandlungstermin beantragt hatten. Unbekannt war dem französischen Prozess das Beweisurteil. Die vom Gericht angeordnete Beweisaufnahme über die von den Parteien aufgestellten und mit Beweismitteln versehenen Behauptungen war Bestandteil des laufenden Prozesses, ohne diesen zu unterbrechen oder aufzuteilen. Wegen der liberalen Reformforderungen formten zahlreiche deutsche Staaten ihr Zivilprozessrecht nach dem *Code de procédure* um.

Auch Preußen gab nahezu alle Besonderheiten auf. Die Reichszivilprozessordnung von 1877 spiegelte die justizpolitischen Errungenschaften des Liberalismus wieder und orientierte sich hauptsächlich am französischen Vorbild.

---

[540] SELLERT, Die Reichsjustizgesetze von 1877, JuS 1977, S. 783.
[541] HRG IV (Art. Strafprozeßordnung), Sp. 2040 f.

Wesentliche Merkmale des Verfahrens waren Mündlichkeit und Öffentlichkeit der Verhandlung. Besonders ausgeprägt war die Parteiherrschaft, die durch eine fast schrankenlose Verhandlungs- und Dispositionsmaxime gewährt wurde.[542]

Reichsgericht

Abschluss der Justizreformen bildete die Errichtung des Reichsgerichts 1879 in Leipzig. Mit dem Erlöschen von Reichskammergericht und Reichshofrat (s.o. Rn. 349) 1806 hatte es zunächst keine oberste Gerichtsbarkeit in Deutschland mehr gegeben. Die Bundesakte sah nur eine Austrägalgerichtsbarkeit für Streitigkeiten unter den Mitgliedern des Deutschen Bundes vor. Zu einer obersten Gerichtsbarkeit des Bundes entwickelte sich diese Schiedsgerichtsbarkeit jedoch nicht. Die Errichtung eines höchsten Bundesgerichtes gelang erst, als nach dem Zusammenbruch des Deutschen Bundes 1866 und der nachfolgenden Gründung des Norddeutschen Bundes das *Bundesoberhandelsgericht* 1869 eingerichtet wurde, aus dem nach der Reichsgründung 1871 das Reichsoberhandelsgericht wurde. Es diente zur Wahrung der Rechtseinheit, die im Handelsrecht durch das ADHGB hergestellt worden war und war dementsprechend zuständig für Handelssachen. Maßgebend für das Verfahren war die Prozessordnung des Landes, in dem der jeweilige Prozess in erster Instanz anhängig gemacht worden war. Mit dem Inkrafttreten der Reichsjustizgesetze 1879 wurde das Reichsoberhandelsgericht durch das Reichsgericht abgelöst. Gegen preußischen Widerstand wurde als Sitz Leipzig, nicht Berlin bestimmt, um politischen Einfluss vom Gericht schon durch die räumliche Trennung fernzuhalten.[543]

609

3. Die Entstehung des BGB

Erste Kommission

Es bestanden mehrere Privatrechtssysteme in Deutschland. Etliche Länder besaßen eine eigene Kodifikation mit privatrechtlichem Inhalt, so Bayern mit dem *Codex Maximilianeus*, Preußen mit dem ALR und Sachsen mit dem sächsischen BGB von 1863/65 (s.o. Rn. 655). In den linksrheinischen Gebieten galt seit Anfang des 19. Jahrhunderts der französische *Code civil* von 1804. Andere Länder wiederum lebten nach dem gemeinen Recht, wenn auch je nach Vorrang von Partikular- und Gewohnheitsrechten, Land- und Stadtrechtsreformationen. Deshalb war es schon seit 1867 ein Ziel der nationalliberalen Partei, dem Bundesstaat die Kompetenz für das gesamte bürgerliche Recht zu verschaffen. Die Verfassung des Norddeutschen Bundes sah nur eine Bundeszuständigkeit für das Obligationenrecht vor. Ebenso setzte die Reichsverfassung von 1871 keine uneingeschränkte Zuständigkeit des Reiches für die Privatrechtsgesetzgebung fest. Während der Wortführer der Nationalliberalen Eduard Lasker den Reichstag schnell gewann, ließen sich die Widerstände im Bundesrat erst nach einigen Anläufen überwinden. Ein fünfmal wiederholter Antrag Miquel-Lasker, der dem Reich die erforderliche Kompetenz verschaffen sollte, ging Ende 1873 endlich durch. Schon 1874 wurde eine Vorkommission eingesetzt, die über Plan und Arbeitsweise Vorschläge machen sollte. Diesen folgend trat noch im selben Jahr eine elfköpfige Kommission unter dem Vorsitz des höchsten Richters des Reiches, des Reichsoberhandelsgerichtspräsidenten Pape, zusammen. Ihr gehörten sechs Richter, drei Ministerialbeamte und zwei Professoren an, darunter der Romanist Bernhard Windscheid. Auf die Herstellung der fünf den späteren Büchern des BGB entsprechenden Teilentwürfen und auf die gegenseitige Angleichung dieser Entwürfe, verwandte die Kommission je sieben Jahre. 1887 konnte sie den fertigen Entwurf mit Motiven, dem Reichskanzler übergeben.

610

---

[542] HRG IV (Art. Zivilprozeß), Sp. 1744-1747.
[543] BUSCHMANN, 100 Jahre Gründungstag des Reichsgerichts, NJW 1979, S. 1969.

Kritik am ersten Entwurf

Der erste Entwurf rief eine Vielzahl von Kritikern auf den Plan, die bedeutendsten davon Otto v. Gierke[544] und Anton Menger. Menger warf dem Entwurf in seiner 1890 erschienenen Schrift *Das bürgerliche Recht und die besitzlosen Volksklassen* vor, dass er einseitig die Besitzenden begünstige. Dies ergebe sich schon aus seinem technischen Charakter, der anwaltliche Hilfe nötig mache und damit die besitzlosen Klassen in der Verfolgung ihrer Rechte behindere. Vor allem kritisierte er das Abstraktionsprinzip, das den Verkehrsschutz übersteigere, und die Vertragsfreiheit. Gierke wandte sich - zusammengefasst in seiner Schrift *Die sociale Aufgabe des Privatrechts* von 1889 - vor allem gegen die rein romanistische Ausrichtung des Entwurfs. Er forderte eine größere Berücksichtigung sozialer Elemente und berief sich auf die angebliche germanische Anschauung, dass es kein Recht ohne Pflicht geben dürfe und dass jedes Recht daher eine immanente Schranke habe. Der atomisierenden und individualisierenden Grundhaltung der Pandektistik setzte Gierke das Ziel eines volkstümlichen und sozialen Privatrechts entgegen. Für Gierke erfüllte das Privatrecht dann seine soziale Aufgabe, wenn es zugleich den wirtschaftlichen und sittlichen Lebensbedürfnissen der Gesamtheit diente. Im Gegensatz zu Mengers Kritik wurden Gierkes Anregungen von der Zweiten Kommission zumindest punktuell berücksichtigt. So gehen das Schikaneverbot des § 226 und der Arbeitsschutz der §§ 616-618 BGB auf ihn zurück.[545]

611

Zweite Kommission

Das weitere Vorgehen war im Bundesrat zunächst umstritten. Die Vorkommission hatte empfohlen, auch die zweite Lesung des Entwurfs durch die Erste Kommission durchführen zu lassen. Nun wurde erwogen, den Entwurf lediglich im Reichsjustizamt weiter zu beraten, um ihn dann dem Bundesrat und dem Reichstag vorzulegen. Letztendlich entschied man sich, eine Zweite Kommission einzusetzen, zu deren zehn ständigen Mitgliedern zwölf nichtständige hinzutraten, darunter Vertreter von Handel und Landwirtschaft. Das Handwerk und die Arbeiterschaft, aber auch die Industrie waren in der Zweiten Kommission nicht vertreten. Generalreferent wurde Gottlieb Planck. Die Öffentlichkeit wurde jetzt durchgehend unterrichtet. Das 1895 vollendete Werk folgte zwar der Anlage des ersten Entwurfes, fiel aber straffer aus, trug mancher Kritik Rechnung und zeigte auch soziale Fortschritte. Dann nahm sich der Justizausschuss des Bundesrates des Entwurfes an, bevor das Unternehmen endlich an den Reichstag und in dessen Kommission gelangte. Nach recht kurzer Beratung wurde das Gesetz mit den Stimmen des Zentrums, der Konservativen und der Nationalliberalen verabschiedet.

612

Aufbau

In seinem Aufbau folgt das BGB dem Pandektensystem. Dies war nicht die Gliederung der Pandekten in 50 Bücher, sondern das auf Georg Arnold Heise (1778-1851) zurückgehende Fünf-Bücher-Schema. In ihm verbanden sich römische mit naturrechtlichen Elementen. Dem römischen Recht entstammte etwa die Unterscheidung zwischen Schuld- und Sachenrecht, während Familienrecht und Erbrecht als zusammenhängende Gegenstände zuerst in den naturrechtlichen Systemen zu finden waren. Aus dem deduktiven Naturrecht stammte vor allem der für das BGB charakteristische Allgemeine Teil. Der Aufbau des Gesetzbuches führt grundsätzlich vom Allgemeinen zum Besonderen. Durch begriffliche Präzision und Abstraktion sollte es bei der Rechtsanwendung möglich sein, die intendierte Rechtsfolge aus System und Begriff mit hinlänglicher Sicherheit abzuleiten. Dies entsprach dem Methodenideal der Begriffsjurisprudenz.

613

---

[544] Dazu ausführlich Haack, Otto von Gierkes Kritik am ersten Entwurf des Bürgerlichen Gesetzbuchs, S. 75 ff.
[545] HRG I (Art. Gierke, Otto von), Sp. 1685 f.

bürgerlich-liberale Ausrichtung

Inhaltlich ist das BGB weithin durch die Pandektistik geprägt und beruht damit auf bürgerlich-liberalen Grundentscheidungen. Daraus resultieren z.B. Vertrags-, Eigentums- und Testierfreiheit. Bezieht man noch das Verschuldensprinzip (§§ 276, 823) mit ein, so ergibt sich das Leitbild des selbstverantwortlichen, seine Angelegenheiten autonom entscheidenden Bürgers. Das Familienrecht dagegen mit der Vorrangstellung des Ehemannes wies geradezu patriarchalische Züge auf. Das Einführungsgesetz indessen schränkte die Prämisse der bürgerlichen Freiheit und Gleichheit ein. Art. 57 und 58 EGBGB sanktionierten für die landesherrlichen und die ihnen gleichgestellten, 1866 depossedierten Fürstenhäuser sowie für die standesherrlichen Familien das Privileg, durch Hausverfassung entweder das ganze bürgerliche Recht oder doch das Recht ihrer Familienverhältnisse und Güter abweichend vom BGB zu regeln. Diese Relikte der altständischen Gesellschaft wurden erst nach und nach durch die Weimarer Reichsverfassung und die Kontrollratsgesetzgebung nach dem Zweiten Weltkrieg beseitigt.

614

keine Berücksichtigung sozialer Funktionen

Das BGB berücksichtigte nicht die Interessen der Industriearbeiterschaft. Der Schutz sozial Schwächerer beschränkte sich auf wenige Tatbestände, etwa auf Minderjährige oder Geisteskranke. Dass hier Handlungsbedarf bestand, hatte der Gesetzgeber auch erkannt. Mit dem Abzahlungsgesetz von 1894 bekämpfte er unbillige Vertragskonditionen beim Kauf auf Raten und mit Eigentumsvorbehalt. Ziel des Gesetzes war der Schutz vor verkürzenden Verfalls- und Verwirkungsklauseln. Das Abzahlungsgesetz versagte unbilligen Abreden die Wirksamkeit und rückte, wo das nicht genügte, an ihre Stelle angemessene und unabdingbare Regeln. Aber bezeichnenderweise bezog der Gesetzgeber diese Materie nicht in das BGB ein. Die Missbräuche erschienen ihm als Ausnahme, nicht als Anzeichen einer sich wandelnden Vertragspraxis, bei der wirtschaftlich Mächtige die immer zahlreicher am bürgerlichen Rechtsverkehr teilnehmenden Minderbemittelten überforderten.[546]

615

III. Das 20. Jahrhundert

1. Die Überwindung des Rechtspositivismus

Rechtspositivismus

Die ersten beiden Jahrzehnte der Geltung des BGB waren noch vom begriffsjuristischen Positivismus geprägt. Mit dem Begriff des *Rechtspositivismus* wird die Vorstellung bezeichnet, dass Recht ausschließlich aus gesetzten, d.h. positiven Normen besteht. Demgegenüber sollen nicht gesetzte, vor- oder überpositive Rechtsnormen wie z.B. das Naturrecht keine Verbindlichkeit besitzen. Das liberale Rechtsdenken des 19. Jahrhunderts war unter dem Einfluss der Gewaltenteilungslehre positivistisch orientiert. Indem scharf zwischen der Tätigkeit des Gesetzgebers und des Richters unterschieden wurde, musste sie dem Richter jede rechtsbildende Tätigkeit versagen und ihn an die positiven Gesetze binden. Rechtsanwendung erschöpfte sich demnach in der Subsumtion des Sachverhalts unter die entsprechende Rechtsnorm. Dies war jedoch nur möglich, wenn der Wille des Gesetzgebers aus dem Gesetz eindeutig zu erkennen war. Gewaltenteilungslehre und Positivismus hatten also denknotwendig die Vollständigkeit und Lückenlosigkeit der Kodifikation zur Voraussetzung. Mit dem technologischen Fortschritt und der Differenzierung der Lebensverhältnisse erwies sich dieses Prinzip alsbald als Fiktion. Das BGB hatte nur die bestehende Wertordnung des liberalen Bürgertums des 19. Jahrhunderts festgeschrieben.

616

---

[546] LAUFS, Beständigkeit und Wandel - Achtzig Jahre BGB, JuS 1980, S. 855 f.

Die sozialen Fragen des unter dem Besitz- und Bildungsbürgertum stehenden Proletariats einer expandierenden Wirtschaftsgesellschaft fanden so gut wie keine Berücksichtigung. Für eine systemkonforme Weiterentwicklung des Rechts hatte die Kodifikation lediglich wenige Generalklauseln vorgesehen. Sie versagten, wenn sich eine vom Gesetzgeber nicht vorhergesehene planwidrige Lücke in der Regelung befand. Dies zwang den Richter, auch für nicht geregelte Rechtsfragen eine Entscheidung in Anlehnung an den Grundgedanken des Gesetzes in Form der Analogie zu finden. Er durfte bei Unklarheit oder Lückenhaftigkeit des Gesetzes sein Urteil nicht einfach verweigern.

Interessenjurisprudenz

Zur Überwindung dieses Dilemmas wurden in den ersten Jahrzehnten nach Inkrafttreten des BGB unterschiedliche Modelle diskutiert. Sie alle verfolgten als gemeinsames Ziel, die Gesetzeslücken nicht einzelfallbezogen zu schließen, sondern das gesamte positive Recht durch die Bereitstellung besonderer Rechtsanwendungslehren systemgerecht weiterzuentwickeln. Die Lockerung der strengen Bindung des Richters an das Gesetz wurde vor allem von der *Interessenjurisprudenz* gefordert. Sie löste die Begriffsjurisprudenz als herrschende Rechtstheorie nach der Jahrhundertwende ab. Die Interessenjurisprudenz ging davon aus, dass jede Rechtsnorm auf einem Gegeneinanderwirken entgegenstehender Interessen beruht und einen Interessenkonflikt entscheidet. Der Richter habe bei der Anwendung des Gesetzes auf den konkreten Lebenssachverhalt den Konflikt und die dahinterstehenden Interessen herauszuarbeiten. Er müsse die widerstreitenden Interessen gegeneinander abwägen und nach den vorzugsweise zu berücksichtigenden entscheiden. Dabei sei er an die vom Gesetzgeber in der Rechtsnorm interessenwertend getroffene Konfliktentscheidung gebunden und habe sie quasi zu konkretisieren. Nur bei einer Gesetzeslücke dürfe er rechtsschöpferisch tätig werden.[547]

617

Freirechtslehre

hemmer-Methode: Eine andere Rechtstheorie lieferte die Freirechtsschule, die von dem Rechtssoziologen Eugen Ehrlich (1862-1922) entwickelt wurde. Sie unterschied sich von der Interessenjurisprudenz durch die prinzipielle Ablehnung des Gesetzespositivismus. Die Freirechtslehre trat für eine an Einzelfallbedürfnissen orientierte, rechtsschöpferische, eigenverantwortliche und insofern freie Rechtsfindung ein. Der Einfluss dieser Lehre, der die Aufgabe der Gesetzesbindung vorgeworfen wurde, blieb jedoch gering.

618

Aufwertungskampf

Im Ersten Weltkrieg war die bürgerliche Ordnung, auf die das BGB zugeschnitten war, zusammengebrochen. Bei der Rechtsanwendung traten nunmehr ganz neuartige Probleme auf. Insbesondere die Inflation brachte für die Privatrechtsordnung Konfliktlagen, die der Gesetzgeber des BGB nicht vorgesehen hatte. Die Richter sahen sich nun mit der Frage konfrontiert, welchen Wert im Güterverkehrsrecht die Inflationswährung im Verhältnis zur Vorkriegswährung und zur nachinflationären Rentenmark haben sollte. Während der Inflationszeit wurde durch die ungeheure Entwertung des Geldes ein Missverhältnis von Preis und Gegenleistung hervorgerufen, das BGB enthielt jedoch keine Regelung über den gerechten Preis. Das Reichsgericht gewährte unter der Voraussetzung, dass es sich um eine ganz außerordentliche Veränderung der beim Vertragsschluss vorausgesetzten Verhältnisse handelte, ein Rücktrittsrecht. Damit war allerdings das Problem, wie mit den vor Eintritt der Inflation entstandenen, hypothekarisch gesicherten Darlehensschulden zu verfahren sei, nicht gelöst.

619

---

[547] SCHLOSSER, S. 241 f.

Das Reichsgericht rang sich schließlich zu der Ansicht durch, dass bei ganz außergewöhnlicher Entwertung auch bei Darlehensschulden mit Hilfe des Gesichtspunktes von Treu und Glauben unbillige Ergebnisse vermieden werden müssten und sprach sich für eine Aufwertung hypothekarisch gesicherter Darlehensforderungen aus. Als daraufhin die Reichsregierung per Verordnung die Aufwertung verbieten wollte, machte der Vorstand des Richtervereins am Reichsgericht eine Eingabe, in der er ankündigte, ein solches Verbot wegen Verstoßes gegen den Grundsatz von Treu und Glauben nicht anzuwenden. Damit wurde von der Richterschaft in Deutschland zum ersten Mal die Verbindlichkeit eines verfassungsmäßig zustande gekommenen Gesetzes angezweifelt. Nachdem die Reichsregierung aber eine begrenzte Aufwertung zugelassen hatte, kehrte auch das Reichsgericht zur Normalität zurück.[548]

Nationalsozialismus

620

Einen tiefen Einschnitt in die Privatrechtsordnung musste auch die nationalsozialistische Machtübernahme 1933 bilden. Das System des BGB, aufgebaut auf einer individualistischen Freiheitsordnung und subjektiven Rechten des Einzelnen, widersprach dem völkischen Denken der Nationalsozialisten. Diesem lag eine Rassenlehre zugrunde, die sich an den Prinzipien Volksgebundenheit, Artgleichheit und Gleichschaltung aufbaute. Der Mensch wurde zum Objekt des Regimes, die Vorstellung subjektiver Rechte war systemfremd. Dieses Denken fand über verschiedene Kanäle Eingang in den Umgang mit der bestehenden Privatrechtsordnung. Die positivistische Prägung der deutschen Justiz begünstigte zunächst eine Resistenz gegenüber dem nationalsozialistischen Gedankengut. Dies änderte sich aber, je mehr die Nationalsozialisten in die Personalstruktur der Justiz eingriffen. Einer ideologisch manipulierten Richterschaft bot das BGB mit seinen Generalklauseln Handhabe, um die neuen politischen Vorgaben umzusetzen. Gerade § 242 entwickelte sich zu einer Kampfklausel, die es ermöglichte, unter dem Schlagwort des gesunden Volksempfindens die Rechtsordnung nach den Grundsätzen des völkischen Gedankengutes zu deformieren. Z.B. wurden mit rassischen Gesichtspunkten die Unwirksamkeit von Verträgen begründet und Sonderkündigungsrechte gewährt.[549]

Volksgesetzbuch

621

Die positivistische Ausrichtung der Justiz machte es den Nationalsozialisten letztendlich aber leicht, über gesetzgeberische Eingriffe die Rechtsordnung umzugestalten. Nach dem Prinzip „Gesetz ist Gesetz" bestanden in der Justiz keine Skrupel, nationalsozialistische Gesetze wie die Rassengesetze von 1935 anzuwenden. Abgesehen von Einzelgesetzen wie dem Ehegesetz und dem Testamentsgesetz von 1938 wurde seit 1939 die Ausarbeitung einer neuen Privatrechtskodifikation betrieben. Das sog. Volksgesetzbuch sollte in acht Büchern gegliedert sein: Volksgenosse, Familie, Erbe, Vertrags- und Haftungsordnung, Eigentumsordnung, Arbeit, Unternehmen und Vereinigungen. Vorangestellt werden sollten 25 Grundregeln, in denen die nationalsozialistische Weltanschauung verankert werden sollte. Der Zusammenbruch des Regimes verhinderte jedoch die Fertigstellung.[550]

Wertungsjurisprudenz

622

Nach dem Zweiten Weltkrieg war eine rechtstheoretische Neubestimmung notwendig. Aus der Interessenjurisprudenz entwickelte sich die heute herrschende *Wertungsjurisprudenz*. Die Interessenjurisprudenz hatte da ihre Grenzen, wo das Gesetz keine vom Gesetzgeber vorbereitete Konfliktlösungsregel vorsah. Dies konnte bei einer planwidrigen Lücke der Fall sein, wenn der Gesetzgeber gar keine Wertung vorgenommen hatte oder wenn die Wertvorstellungen des historischen Gesetzgebers durch Wertewandel entfallen waren.

---

[548] NÖRR, Zwischen den Mühlsteinen. Eine Privatrechtsgeschichte der Weimarer Republik, 1988, S. 55-71.

[549] HRG III (Art. Nationalsozialistisches Recht), Sp. 880.

[550] HRG V (Art. Volksgesetzbuch), Sp. 990 f.

Die Interessenjurisprudenz hatte sich jedoch darauf beschränkt, die vom historischen Gesetzgeber in der Rechtsnorm vorgesehene Konfliktlösung zu ermitteln (subjektiv-teleologische Auslegung). Eine zeitgemäße Korrektur alter Wertvorstellungen außerhalb des Gesetzes war ihr deshalb verwehrt. Die Wertungsjurisprudenz versucht dem abzuhelfen, indem sie auf Wertungen zurückgreift, die der gesamten Rechtsordnung immanent sind. Es geht um die Ermittlung des objektivierten Willens des Gesetzgebers (objektiv-teleologische Auslegung). Voraussetzung dieser wertorientierten Rechtsanwendung ist die Existenz eines der Gesamtrechtsordnung immanenten, hierarchisch gegliederten Wertsystems. Hier wird die *Wertordnung des Grundgesetzes* herangezogen, die als verbindliche Verfassungsentscheidung alle Bereiche des Rechts bindet.[551]

Fideikommiss

Durch den Fideikommiss war es vor allem Adligen möglich gewesen, Güter oder Gegenstände des Herrschergeschlechts an die Familie zu binden und für eine Erbschaft des erstgeborenen Sohnes zu sorgen. Sowohl Reichsgericht als auch anfangs der BGH verfügten über Fideikommiss-Senat(e), da der Fideikommiss immer wieder im Mittelpunkt großer Verfahren stand. Dieses außergewöhnliche Instrument des Erbrechts wurde nach dem zweiten Weltkrieg zunehmend als veraltet betrachtet und alsbald abgeschafft.

hemmer-Methode: Das Stichwort „Fideikommiss" sollten Sie auf jeden Fall kennen, da es nicht nur in Wahlfachprüfungen im Fach Rechtsgeschichte, sondern auch gerne in den mündlichen Pflichtfachprüfungen im Fach Bürgerliches Recht von Prüfern abgeprüft wird, die ihren Schwerpunkt der Prüfung im Erbrecht setzen.

Richterrecht

Die durch die Interessenjurisprudenz (vgl. Rn. 617) eingeräumte Möglichkeit der Rechtssetzung für den Fall von Gesetzeslücken, führte zunehmend zu rechtsschöpferischer Tätigkeit deutscher Bundesgerichte zur Weiterentwicklung der bürgerlichen Rechtsordnung. So wurden im Bereich des Haftungs- und Schadensersatzrechtes (pVV, Culpa in Contrahendo, Vertrag mit Schutzwirkung für Dritte etc.) durch die Rechtsprechung neue Rechtsinstitute geschaffen und im Arbeitsrecht bildet das Richterrecht sogar die Basis des Rechts.

623

2. Die Entstehung von Arbeits- und Sozialrecht

hemmer-Methode: Die Einstufung der Fächer Arbeits- und Sozialrecht wird von Prüflingen immer wieder falsch gemacht. Dieses Skript will dieser falschen Einordnung nicht Vorschub leisten, sondern betrachtet die Fortschritte des Sozialrechts nur deshalb im Zusammenhang mit der Entstehung des Arbeitsrecht, da beide Rechtsgebiete oft sehr eng einhergehen und nicht umsonst auch von vielen Prüfungsordnungen zusammengefasst werden (vgl. Wahlfachgruppen-Einteilung in Bayern im Zweiten Examen). Merken Sie sich jedoch grundsätzlich: Das Arbeitsrecht ist Teil des Bürgerlichen Rechts, während das Sozialrecht Teil des Öffentlichen Rechts ist!

Gewerbefreiheit und Industrialisierung

Im Mittelalter und in der frühen Neuzeit waren die arbeitsrechtlichen Beziehungen eingebunden für den Bereich des Handwerks in die Zunftordnungen, für den Bereich der Arbeit auf dem Land in die Beziehungen der Grundherrschaft und in die Gesindeordnungen.[552] Die Zeit des modernen Arbeitsrechts begann, als die genossenschaftlichen und obrigkeitlichen Bindungen unter dem Einfluss des Wirtschaftsliberalismus gelöst wurden und die Gewerbefreiheit sich in den deutschen Staaten durchsetzte (s.o. Rn. 500 ff.).

624

---

[551] SCHLOSSER, S. 257-259.

[552] Dazu OGRIS, Geschichte des Arbeitsrechts vom Mittelalter bis in das 19. Jahrhundert, RdA 1967, S. 286-297.

Die Industrialisierung seit dem Beginn des 19. Jahrhunderts bewirkte einschneidende wirtschaftliche und soziale Veränderungen in Deutschland. Sie schuf Arbeitsverhältnisse, die es in dieser Form vorher nur ausnahmsweise z.B. in Manufakturen gegeben hatte. Die Eigenart lag darin, dass die Arbeit unselbständig und fremdbestimmt war, dass sie von einer großen Zahl von Arbeitern unter strenger Disziplin in Fabriken geleistet werden musste und dass sie weitgehend mechanischer Natur war, kein schöpferisches Tun wie das des Handwerkers. Die mit der Gewerbefreiheit einhergehende Einführung der Vertragsfreiheit im arbeitsrechtlichen Bereich war davon geleitet, dass sich in einer Gesellschaft freier Menschen von Natur ein Gleichgewicht herstellen würde. Die Gefahr, dass bei einem Vertragsschluss die eine Partei kraft ihrer größeren Machtposition den Vertragsinhalt allein bestimmen könne, sah man nicht. Diese Situation bestand aber in den ersten Jahrzehnten der Industrialisierung zwischen Unternehmern und Arbeitern. Das Ungleichgewicht hätte durch den Zusammenschluss von Arbeitern gemildert werden können. Berufsverbände waren bei Einführung der Gewerbefreiheit aber gerade aufgehoben worden.[553]

Arbeitsschutzgesetze und Sozialversicherung

625

Die dadurch hervorgerufene schlechte Lage der Arbeiterschaft, die seitens der Unternehmer durch schrankenlose Ausnutzung ihrer wirtschaftlichen Übermacht noch verschärft wurde, barg auch für das Gemeinwohl erhebliche Gefahren in ökonomischer, politischer und sozialer Hinsicht. Daran konnte selbst der liberale Staat nicht vorübergehen, sondern musste mit den Mitteln der gewerbepolizeilichen Schutzgesetzgebung und der verwaltungsmäßigen Fürsorge eingreifen. Im Vordergrund standen zunächst *Arbeitsschutzgesetze*, die die Arbeitsbedingungen vor allem von Frauen und Kindern verbessern sollten. Auf der einen Seite beschnitt man durch repressive Maßnahmen wie z.B. die Auflösung der Arbeiterorganisationen die Interessen der Arbeiterschaft. So sollten die Regelungen des Vereinsrechts im BGB, insbesondere was den nichtrechtsfähigen Verein anging, ausdrücklich verhindern, dass die Arbeitnehmerorganisationen die Stellung einer juristischen Person erlangen konnten, was insbesondere der wirtschaftlichen Betätigung und der prozessualen Stellung abträglich war. Auf der anderen Seite stand eine relativ fortschrittliche Sozialgesetzgebung. In den letzten Jahrzehnten des 19. Jahrhunderts wurde die Frage der Versorgung der Arbeiter bei Krankheit, Unfall und im Alter diskutiert. Die ersten entsprechenden Maßnahmen erfolgten in Deutschland aufgrund einer kaiserlichen Botschaft von 1881. Sie folgten dem System der obligatorischen Versicherung. Die Mittel wurden von Arbeitgebern und Arbeitnehmern durch Zwangsbeiträge aufgebracht. Die 1883, 1884 und 1889 ergangenen Gesetze wurden 1911 in der Reichsversicherungsordnung zusammengefasst. Ein Versicherungsschutz gegen Arbeitslosigkeit wurde zwar ebenfalls schon gefordert, wurde aber erst in der Weimarer Republik verwirklicht.

Kollektivierung des Arbeitsrechts

626

In der zweiten Hälfte des 19. Jahrhunderts zeigten sich erste Ansätze der Kollektivierung des Arbeitsrechts. Die zunächst für den Norddeutschen Bund erlassene Gewerbeordnung von 1869 war in vielem an die preußische Gewerbeordnung von 1845 angelehnt. An die Stelle patriarchalischer Arbeitsrechtsbestimmungen trat nun eine rechtliche Organisation der Arbeiterschaft. Durch Gewährung der Koalitionsfreiheit entstanden Zusammenschlüsse der Arbeiter mit politischer und wirtschaftlicher Zielsetzung. Die Arbeiterschaft begann, Ausbeutungstendenzen organisiert entgegenzutreten und ihre sozialen Forderungen im Wege der Selbsthilfe, z.B. mit Streik, durchzusetzen.

---

[553] COING, Europäisches Privatrecht II, S. 185.

Im Rahmen des einzelnen Betriebes geschah dies durch die 1891 anerkannten Arbeiterausschüsse. Im überbetrieblichen Bereich suchten die Gewerkschaften durch Vereinbarungen mit den sich gleichfalls in Verbänden zusammenschließenden Arbeitgebern die Lohn- und Arbeitsbedingungen mitzugestalten. Diese Tarifverträge konnten sich zunächst nur langsam durchsetzen und erlangten erst Anfang des 20. Jahrhunderts größere Bedeutung. In der Tarifvertragsordnung von 1918 wurde den Verbänden schließlich volle Vertragshoheit hinsichtlich der Einzelarbeitsverträge eingeräumt und durch die Weimarer Reichsverfassung wurden sie anerkannt.[554]

Reformen der Weimarer Zeit

Die Novemberrevolution von 1918 brachte der Arbeiterklasse die ihr lange vorenthalten gebliebene politische Macht und eröffnete den Weg zu sozialpolitischen Reformen, die vor allem das Arbeitsrecht entfalteten und ihm auch den Charakter eines eigenen juristischen Fachgebietes verschafften. Trotz seiner starken privatrechtlichen Anteile verselbständigte sich das Arbeitsrecht. Die Weimarer Reichsverfassung enthielt in den Art. 157 ff. neben dem Auftrag, ein einheitliches Arbeitsrecht zu schaffen, auch eine institutionelle Garantie des Betriebsverfassungsrechts. Art. 161 sah die Schaffung eines umfassenden Sozialversicherungswesens vor, das auch eine Arbeitslosenversicherung enthalten sollte. Viele Maßnahmen wurden schon vom Rat der Volksbeauftragten Ende 1918 initiiert. Neben der Tarifvertragsordnung wurde eine Verordnung über die Erwerbslosenfürsorge erlassen. Mit dem *Betriebsrätegesetz* von 1920, das jedem Betrieb mit mehr als 20 Arbeitnehmern die Errichtung von Betriebsräten vorschrieb, wurde die Grundlage für eine neue Wirtschaftsverfassung gelegt. Mit der Schaffung der Arbeitsgerichtsbarkeit 1927 wurden arbeitsrechtliche Streitigkeiten einem Sonderrechtsweg zugewiesen.[555] Ein weiteres wichtiges Gesetz war das Gesetz über Arbeitsvermittlung und Arbeitslosenversicherung von 1927, durch das die Reichsanstalt für Arbeitsvermittlung und Arbeitslosenversicherung als Körperschaft des öffentlichen Rechts geschaffen wurde und das eine einheitliche umfassende Zwangsversicherung verordnete. Das in der Verfassung vorgesehene Arbeitsgesetz, welches das Arbeitsrecht vereinheitlichen und kodifizieren sollte, kam jedoch nicht zustande.

627

Nachkriegszeit/ Gegenwart

An die Grundlagen der Weimarer Zeit wurde nach 1945 wieder angeknüpft. Ausgebaut wurden vor allem die wirtschaftsdemokratischen Ansätze. 1951 entstand des Montan-Mitbestimmungsgesetz, das die Rechte der Mitarbeiter in der Schwerindustrie stärkte. Neben die betriebliche und wirtschaftliche Mitbestimmung nach dem Betriebsverfassungsgesetz von 1952 bzw. 1972 trat mit dem Mitbestimmungsgesetz von 1976 die Beteiligung der Arbeitnehmer an unternehmerischen Entscheidungen. Kapitalgesellschaften mit mehr als 2000 Arbeitnehmern müssen nun den Aufsichtsrat paritätisch mit Arbeitgeber- und Arbeitnehmervertretern besetzen. Des Weiteren wurde der Schutz des Arbeitnehmers gegenüber dem Arbeitgeber verstärkt. Wichtige Gesetze in diesem Bereich waren das Heimarbeiterschutzgesetz von 1951, das Mutterschutzgesetz von 1952, das Ladenschlussgesetz von 1956 und das Jugendarbeitsschutzgesetz von 1966.

628

Im Sozialrecht der Nachkriegszeit wurde vor allem die Hilfe für die Familien und die sozial schwachen zunehmend ausgebaut (Kindergeld, Erziehungsgeldgesetz 1985, steuerliche Kinderfreibeträge, Wohngeld, Ausbildungsförderung, Sozialhilfe). Jedoch stehen diese Errungenschaften in den Zeiten knapper staatlicher Kassen zunehmend auf dem Spiel. Zusätzlich sorgt die demographische Entwicklung immer mehr dafür, dass immer weniger Menschen bereitstehen, die die Absicherungen des sozialen Systems finanzieren können.

---

[554] NÖRR, Zwischen den Mühsteinen, S. 185 f.
[555] NÖRR, Zwischen den Mühlsteinen, S. 203-217.

3. Die Schuldrechtsreform

Während seiner ersten 100 Jahre Geltung hat das BGB viele größere und große Reformen erfahren. Die größte und umfassendste Reform des BGB stellt aber ohne jeden Zweifel die Reform des Schuldrechts dar, wie sie im Jahre 2001 in den BT eingebracht wurde.[556]

a) Vorgeschichte

EG-Richtlinien

Stein des Anstoßes zur Reform waren die EG-Richtlinien zum Verbrauchsgüterkauf,[557] zum Zahlungsverzug[558] und zum E-Commerce.[559] Diese Richtlinien mussten von Deutschland in den Jahren 2001 und 2002 in nationales Recht umgesetzt werden.[560]

629

kleine oder große Lösung

Nach diesen europäischen Vorgaben blieben der deutschen Bundesregierung nur zwei Möglichkeiten: Entweder konnte das BGB an den jeweils notwendig betroffenen Stellen punktuell geändert werden (kleine Lösung) oder das Schuldrecht an sich konnte reformiert werden (große Lösung). Da sich in der Vergangenheit immer wieder gezeigt hatte, dass die gesetzlichen Regelungen des Verzugs und der Unmöglichkeit nicht ausreichten und durch Richterrecht und Analogien erweitert werden mussten (Wegfall der Geschäftsgrundlage, Culpa in Contrahendo, pVV, Vertrag mit Schutzwirkung, wirtschaftliche Unmöglichkeit etc.), entschloss man sich zur „großen Lösung".[561] Zusätzlich sollten die speziellen Verbraucherschutzgesetze (AGBG, VerbrKrG, HaustürWG, FernAbsG) in das BGB integriert werden, um die Rechtsklarheit zu wahren.

630

Ansätze in der Vergangenheit

Schon in den 70er Jahren des 20. Jahrhunderts war eine umfassende Reform des Schuldrechts in Erwägung gezogen worden. Neue Vertragstypen (Arzt- und Leasingvertrag) sollten neben richterrechtlichen Errungenschaften in das BGB integriert werden. Nach dem plötzlichen Regierungswechsel im Jahre 1982 wurde die Reform aber nicht weiterverfolgt. 1984 wurde eine Kommission zur Überarbeitung des Schuldrechts eingesetzt. Diese Kommission überreichte 1991 ihren Abschlussbericht,[562] der am UN-Kaufrecht (CISG) orientiert war. Dieser Entwurf wurde bis 2000 nicht verfolgt, dann aber wieder aufgegriffen. In der Folge kam es zur Entstehung der umfassenden Reform des Schuldrechts, die aber nicht nur Zustimmung, sondern auch heftige Kritik erfahren hat.[563]

631

b) Umfang und Auswirkungen der Reform[564]

Die Schuldrechtsreform hatte vor allem auf das Recht der Leistungsstörungen große Auswirkungen. Im Mittelpunkt stehen die Bearbeitung der Komplexe Verzug, Unmöglichkeit, Störung oder Wegfall der Geschäftsgrundlage, Schlechterfüllung (Gewährleistung und pVV), Culpa in Contrahendo, Vertrag mit Schutzwirkung für Dritte, die Kündigung bei Dauerschuldverhältnissen und die Durchführung des Rücktritts. Weiterhin standen und stehen die Auswirkungen auf das Arbeitsrecht, das Verjährungsrecht und die Integration der Sondergesetze (Widerrufs- und Rückgaberechte, AGBG, HaustürWG, Fernabsatzverträge, Verbraucherkreditverträge, Pflichten im elektronischen Geschäftsverkehr) im Fokus der Reform.

632

---

[556] BT-Drucks. 14/6040 vom 14. Mai 2001.

[557] Richtlinie 1999/44/EG, ABl. EG L 171,12.

[558] Richtlinie 2000/35/EG, ABl. EGL 200, 35.

[559] Richtlinie 2000/31/EG, ABl. EG L 178, 1.

[560] Vgl. Sie zu den Einzelheiten Olzen/ Wank, Die Schuldrechtsreform, S. 1.

[561] Olzen/ Wank, Die Schuldrechtsreform, S. 2 ff.

[562] ZRP 1992, 80.

[563] Dazu ausführlich Olzen/ Wank, Die Schuldrechtsreform, S. 4 ff.

[564] Vgl. Sie die synoptische Darstellung bei Dörner/ Staudinger, Schuldrechtsmodernisierung, S. 9 ff.

§ 14 STRAFRECHT UND ÖFFENTLICHES RECHT VOM KAISERREICH ZUR GEGENWART

Lernübersicht:

I. Die Gründung des deutschen Reiches

Die Initiative zur deutschen Einigung, eines der Hauptziele der Revolution 1848/49, ging nach dem Scheitern der Revolution wieder auf die beiden deutschen Großmächte über. Der Dualismus zwischen Österreich und Preußen und die kriegerische Lösung dieses Konfliktes schlugen sich auch in der nachfolgenden Reichsgründung nieder. Verfassungsvorstellungen und -strukturen der unangefochtenen Hegemoniemacht Preußen prägten auch die Reichsverfassung.

633

1. Preußischer Verfassungskonflikt und Einigungskriege

Reaktion und neue Ära

Preußen durchlief ähnlich wie andere deutsche Staaten nach der gescheiterten Revolution zwei Phasen, von der Reaktion zur sog. *neuen Ära*. Die erste Phase war in vielen Staaten durch einen mehr oder weniger starken Neoabsolutismus gekennzeichnet. In Preußen amtierte in der Reaktionsära das Ministerium Manteuffel, das zwar konservativ, aber verfassungstreu war. Um den König hatte sich eine hochkonservative *Kamarilla* etabliert, die schon die Verfassung an sich ablehnte. Der König fühlte sich aber an die Verfassung gebunden, obwohl er sie am liebsten wieder aufgehoben hätte. 1858 kam es zu einem Regierungswechsel, da Friedrich Wilhelm IV. krank wurde. Zunächst hatte sein Bruder Wilhelm die Regentschaft inne, Anfang 1861 wurde er zum König gekrönt. Mit seinem Regierungsantritt begann die neue Ära. In ganz Deutschland setzte eine Liberalisierung ein. Häufig wurde ein neues Ministerium berufen, in Baden sogar aus der liberalen Opposition. Auch in Preußen wurden Ansätze zu Reformen sichtbar. Diese wurden aber belastet durch Wilhelms Plan zu einer umfassenden Heeresreform, der eine Verfassungskrise auslöste.

634

Heeresreform und Verfassungskonflikt

Wegen des Anstiegs der Bevölkerungszahl konnten nicht mehr alle Wehrpflichtigen eingezogen werden. Weil aber Wilhelm auf einer dreijährigen Dienstzeit bestand, musste die Heeresstärke erhöht werden. Außerdem sollte die Landwehr abgeschafft werden.

635

Das Abgeordnetenhaus musste dafür die Finanzmittel bewilligen. Es stimmte zunächst zu, wollte aber die Landwehr erhalten. Wilhelm ließ daraufhin einfach neue Regimenter aufstellen und die Landwehr auflösen. Schließlich entzog er militärische Kommandosachen der Gegenzeichnungspflicht des Kriegsministers. Der Konflikt verschärfte sich, als seit 1862 die Liberalen die Mehrheit im Abgeordnetenhaus hatten. Diese machten die Zustimmung zum Haushaltsplan 1862/63 von einer zweijährigen Dienstpflicht und dem Erhalt der Landwehr abhängig. Nachdem zwei Auflösungen des Abgeordnetenhauses die Mehrheitsverhältnisse nicht geändert hatten, erwog Wilhelm seine Abdankung. In diese Situation fiel die Berufung Bismarcks zum neuen Ministerpräsidenten, der bereit zum budgetlosen Regiment war.[565]

Appell- und Lückentheorie

Der Verfassungskonflikt war für die Verfassungsentwicklung in Deutschland von so großer Bedeutung, weil hier die grundsätzliche Frage entschieden wurde, wer das Letztentscheidungsrecht habe, der Monarch oder das Parlament. Die Alternativen waren der Grundsatz der einvernehmlichen Gesetzgebung zwischen Parlament und Regierung oder ein unantastbarer Raum ursprünglicher Regierungsgewalt für den Herrscher. Bismarck vertrat die *Lückentheorie*: Da die Verfassung keine ausdrückliche Regelung für den Fall vorsah, dass ein Budget nicht zustande kam, sollte allein die Notwendigkeit maßgeblich sein, dass die Staatsmaschine nicht stillstehen könne. Die liberalen Parlamentarier vertraten die *Appelltheorie*: Wenn ein Gesetz nicht zustande kommt, kann der König durch Auflösung des Parlaments an die Wähler appellieren, um mit einem anders zusammengesetztem Parlament die Durchsetzung der Regierungspolitik zu versuchen. Bismarck und der König lehnten es ab, sich dem Budgetrecht des Abgeordnetenhauses zu unterwerfen. Darüber hinaus wiesen sie den Gedanken von sich, der König solle ein Ministerium entlassen, dessen Politik vom Abgeordnetenhaus nicht durch Bereitstellung der notwendigen Haushaltsmittel unterstützt werde. Die altliberale Vorstellung einer einvernehmlichen Gesetzgebung war damit obsolet geworden. Im Nachhinein wurde die Heeresreform durch die militärischen Erfolge in den Einigungskriegen gerechtfertigt. Dies wirkte auch auf das nicht gelöste Verfassungsproblem zurück. Hier erst entstand der deutsche Typ der konstitutionellen Monarchie, welcher der Monarchie den Vorrang vor dem Parlament einräumte.[566]

636

preußisch-österreichischer Konflikt

Nach 1848 änderte sich das verfassungspolitische Klima im Deutschen Bund. Beide deutschen Großmächte wollten die Integration der deutschen Staaten vorantreiben. Österreich und die deutschen Mittelstaaten wollten den Ausbau des deutschen Bundes auf staatenbündischer Grundlage, Preußen wollte einen Bundesstaat ohne Österreich. Die Verfassungspläne Preußens und Österreichs schlossen sich gegenseitig aus. Auf dem Frankfurter Fürstentag 1863, dem Preußen fernblieb, wurde eine Reformakte für den deutschen Bund beschlossen. Vorgesehen war ein sechsköpfiges Direktorium, eine Fürstenversammlung und eine Versammlung von Delegierten der deutschen Landtage. Preußen beharrte auf der Paritätsforderung und brachte den Gedanken einer auf gleicher Wahl beruhenden Nationalversammlung ins Spiel. Dadurch wurde Österreichs Einheitsverfassung in Frage gestellt.

637

Über die Verwaltung der Herzogtümer Schleswig und Holstein kam es schließlich 1866 zum Krieg zwischen Österreich und Preußen. Österreich unterstützte den Erbfolgeanspruch des einheimischen Prinzen von Augustenburg, Preußen dagegen wollte die Länder annektieren, weil es keinen österreich-freundlichen Mittelstaat im Norden wollte.[567]

---

[565] FROTSCHER/PIEROTH, Rn. 357-360.
[566] WILLOWEIT, § 32 II 3, S. 277.
[567] WILLOWEIT, § 32 I 2, 3, S. 272 f.

Einem Mehrheitsbeschluss der Bundesversammlung 1865 zugunsten des Augustenburgers unterwarf es sich nicht. Es vereinbarte mit Österreich, dass die beiden Mächte jeweils ein Herzogtum verwalten sollten. Als Preußen in dem von Österreich verwalteten Holstein wegen Förderung des Augustenburgers durch die Österreicher einrückte, beschloss die Bundesversammlung die Bundesexekution gegen Preußen wegen verbotener Selbsthilfe. Preußen konnte den Krieg sehr schnell durch die Schlacht bei Königgrätz für sich entscheiden. Nach dem Friedensschluss in Prag am 23. August 1866 wurde ein engerer Bundesstaat in Norddeutschland aufgebaut. Dem *Norddeutschen Bund* gehörten alle Länder außer den süddeutschen Staaten Bayern, Baden, Württemberg und Hessen-Darmstadt südlich des Mains an. Von Anbeginn war geplant, dass diese Staaten, mit denen schon Schutz- und Trutzbündnisse abgeschlossen wurden, dem Norddeutschen Bund beitreten würden.

Reichsgründung 1870/71

Die Herstellung der deutschen Einheit über plebiszitäre Mittel nach dem Krieg von 1866 war nicht möglich wegen der negativen öffentlichen Meinung in Süddeutschland. Notwendig war die Aktivierung nationaler Emotionen. Dafür bot sich der Konflikt um die spanische Thronfolge an. Spanien bot 1870 Leopold von Hohenzollern-Sigmaringen aus der katholischen Nebenlinie den spanischen Thron an. Auf Druck der Franzosen, die keine weitere Hohenzollernmonarchie wollten, verweigerte Wilhelm I. seine Zustimmung zur Annahme des Thrones. Die französische Diplomatie wollte daraufhin den Erfolg vergrößern und forderte von Wilhelm I. eine Erklärung, dass er zu einer Hohenzollernkandidatur für den spanischen Thron niemals seine Zustimmung geben würde. Als Wilhelm entrüstet ablehnte und Bismarck den Vorgang telegrafisch mitteilte, veröffentlichte dieser das Telegramm verkürzt (*Emser Depesche*), so dass der Eindruck erzeugt wurde, dass der französische Botschafter den König beleidigt hatte. Frankreich erklärte daraufhin Preußen den Krieg, obwohl der Vorgang für die deutsche Öffentlichkeit wie eine Beleidigung des preußischen Königs wirken musste. Für die süddeutschen Staaten war damit der Bündnisfall gegeben. Ob Bismarck den Krieg bewusst provozierte, ist bis heute strittig. Angesichts der Ausgangslage war der Krieg für ihn zumindest aber eine mögliche Entwicklung, die er in Kauf nahm. Nach dem Erfolg von Sedan am 2. September 1870 war auch die Herstellung der deutschen Einheit entschieden. Es begannen sofort Verhandlungen mit den süddeutschen Staaten. In den sog. Novemberverträgen wurde von diesen der Beitritt erklärt, der mit der Ratifizierung durch die Landtage bis Januar wirksam wurde. Der Reichstag wurde nur bei den notwendigen Korrekturen der Verfassung von 1867 beteiligt. Nach der Kaiserproklamation in Versailles am 18. Januar 1871 trat die Verfassung am 16. April 1871 in Kraft.[568]

638

2. Reichsverfassung und Reichsjustizgesetze

Verfassungspolitik Bismarcks

Die Ziele Bismarcks bei der Verfassungsgestaltung waren die Hegemonie Preußens in Deutschland und der Primat der monarchischen Politik. Über den nach dem allgemeinen Wahlrecht von 1849 gewählten Reichstag sollte der Nationalstaatsgedanke eingebunden werden. Bismarck war klar, dass der Gedanke der Volksrepräsentation nicht mehr aus der Welt zu schaffen war. Insofern war er Realist und Taktiker.

639

Die Verfassung wurde 1867 im Reichstag des Norddeutschen Bundes kaum diskutiert. Die Abgeordneten wollten die Einheit nicht wieder - wie 1848 - an der Verfassungsdiskussion scheitern lassen und verzichteten deshalb vor allem auf einen Grundrechtskatalog.

---

[568] WILLOWEIT, § 34 II, S. 289-291.

Möglich war dies, weil der schon in den einzelnen Landesverfassungen enthaltene Grundrechtsschutz auf Reichsebene effektiver durch einfache Gesetze verwirklicht werden konnte. Die Liberalen setzten aber - ausgenommen das Heer - ein jährliches Budgetrecht durch. Bezüglich einer verantwortlichen Regierung kam ein Kompromiss zustande. Bismarck wollte keine Bundsregierung, sondern als preußischer Ministerpräsident die Bundespolitik über den Bundesrat steuern. Mit der sog. *Lex Bennigsen* setzten die Liberalen zumindest einen verantwortlichen Minister durch: Der Bundeskanzler musste alle Akte des Bundespräsidiums gegenzeichnen und damit die Verantwortung übernehmen. Durch Beitrittsverhandlungen mit den süddeutschen Staaten wurde keine neue Verfassungssubstanz geschaffen. Die Sonderrechte für Bayern und Württemberg blieben bedeutungslos. Nur die Titulatur wurde geändert. Der Staat hieß nun deutsches Reich und das Staatsoberhaupt deutscher Kaiser.

Legitimation und Grundstrukturen

Die Verfassung erhielt als Legitimationsgrundlage Elemente der Volkssouveränität und des monarchischen Prinzips, daneben noch einen alleinherrschenden Kanzler und ein nationales Kaisertum. Durch Bismarck wurden die verschiedenen Legitimationsquellen verknüpft. Von der Forschung wurde das Kaiserreich als bonapartistisches Regime bezeichnet wegen des plebiszitären Ursprungs und der autoritären Herrschaft. In der Verfassung waren nur die Bundesfürsten als verfassungsgebende Subjekte genannt. Die Bevollmächtigten der Bundesfürsten formierten den Bundesrat. Das Kaisertum mit den Präsidialbefugnissen war nur akzessorisches Vorrecht. Der Bundesrat war an Legislative und Exekutive beteiligt, beschloss Gesetze, die aber noch der Zustimmung des Reichstages bedurften, erließ aber auch die zur Ausführung der Gesetze notwendigen Verwaltungsvorschriften. Wahrscheinlich als Ersatz für die Bundesregierung bildete er acht Ausschüsse. Der Bundesrat wurde von Preußen dominiert (17 Stimmen + 21 Stimmen kleinerer Staaten, die sich an Preußen orientierten). Die süddeutschen Staaten hatten nur eine Sperrminorität bezüglich Verfassungsänderungen (20 Stimmen). Der Kaiser ernannte als einzigen dem Reichstag verantwortlichen Politiker den Reichskanzler, der Vorsitzender des Bundesrates und zugleich auch preußischer Ministerpräsident war. Das Gesetzgebungsrecht des Reichstages erstreckte sich auf alle Reichskompetenzen. Der Kaiser hatte ein Vetorecht nur bei Militärsachen. Zugleich hatte er das militärische Oberkommando. Beim Heeresetat wurde ein Kompromiss gefunden. Die Friedenspräsenzstärke wurde in der Verfassung festgelegt, so dass ein Finanzsockel da war. Die Kosten pro Soldat und die Anzahl wurden also getrennt. Die Erhöhung der Heeresstärke bedurfte der Zustimmung des Reichstages.[569]

640

Ausbau der Reichsverwaltung

Der Bundesrat erlangte kaum Bedeutung. Deshalb interessierte der Vorsitz im Bundesrat Bismarck nicht. Er nahm praktisch nie an Sitzungen teil, ebenso wenig die Minister der anderen Länder. Bei wichtigen Angelegenheiten fand eine Vorabstimmung mit den Regierungen der anderen Königreiche statt. Die Verwaltungsarbeit konzentrierte sich im Reichskanzleramt. Dessen Präsident Rudolf von Delbrück betrieb den Ausbau des liberalen Rechtsstaats und orientierte sich an den liberalen Mehrheitsverhältnissen im Reichstag. Um die Bildung eines verantwortlichen Ministeriums zu verhindern, zerlegte Bismarck die Reichsverwaltung und entließ Delbrück 1876.

641

Auf der Grundlage des Stellvertretergesetzes von 1878 wurden bis 1879 *Reichsämter* unter Leitung von Staatssekretären gebildet. Gegenzeichnung durch die Staatssekretäre war möglich, Bismarck konnte aber Kompetenzen immer an sich ziehen. Das Wort Reichsregierung wurde vermieden, die Reichsverwaltung hieß deshalb *Reichsleitung*.

---

[569] FROTSCHER/PIEROTH, Rn. 392-397.

Es fanden keine Kabinettsitzungen statt. Die Staatssekretäre hatten aber häufig auch das dazu korrespondierende preußische Ministerium inne und waren preußische Bevollmächtigte im Bundesrat. Deshalb konnten sie auch im Reichstag auftreten.[570]

reformierter Strafprozess   Die Reichsjustizgesetze waren geprägt von den Vorstellungen des liberalen Bürgertums, das gerade durch die Garantie von Verfahrensrechten rechtsstaatliche Zustände herstellen wollte. Vor allem in der Strafrechtspflege war dies offenkundig, da das Strafrecht in der Restaurationsphase zu repressiven Zwecken missbraucht worden war. Die Reformziele konzentrierten sich neben der Laienbeteiligung in den Schwurgerichten im Wesentlichen auf folgende Veränderungen: Einführung der Staatsanwaltschaft als selbständige Anklagebehörde, Garantie der Unabhängigkeit des Richters, strikte Trennung von Judikative und Exekutive, Anerkennung eines öffentlichen und mündlichen Verfahrens und die freie richterliche Beweiswürdigung. Außerdem sollte die Position des Angeklagten verbessert werden, der nicht mehr nur Objekt, sondern Subjekt des Verfahrens sein und dem eine angemessene Strafverteidigung garantiert werden sollte. Es sollte Waffengleichheit zwischen Staatsanwaltschaft und Angeklagtem hergestellt werden. Schon seit den 1840er Jahren gestalteten viele deutsche Territorien ihre Prozessordnungen im Sinne liberaler Auffassungen um und führten den sog. reformierten Prozess nach französischem Vorbild ein. Nach der Reichsgründung wurde der reformierte Prozess mit der Reichsstrafprozessordnung in ganz Deutschland eingeführt und vereinheitlicht. Schon 1871 war nach dem Vorbild des preußischen Strafgesetzbuches von 1851 das Reichsstrafgesetzbuch verkündet worden.[571]

642

3. Die Verfassungspraxis bis zum Weltkrieg

Parteienspektrum   Für Bismarck waren die Parteien nur Vertreter wirtschaftlicher und sozialer Interessen. Vor allem sollten sie nicht Träger politischer Programme für den Gesamtstaat werden. Um die Ausbildung eines Berufspolitikerstandes zu verhindern, setzte Bismarck durch, dass keine Abgeordnetendiäten gezahlt wurden. Die Parteien vertraten jedoch umfassende Gesellschaftsmodelle: Altständisches bis absolutistisches Denken bei den Konservativen, die Idee der freien und gleichen Bürgergesellschaft bei den Liberalen, die Bindung des katholischen Zentrums an eine universale Kirchenorganisation, sozialistische Positionen bei den Sozialdemokraten. Die Positionen waren kaum kompromissfähig. Rechts des Parteienspektrums waren als Vertreter des preußischen Konservativismus die *Deutschkonservativen* angesiedelt. Davon spalteten sich die *Freikonservativen* ab, die Bismarck unterstützten. Die *Nationalliberalen* stellten bis 1878 die Regierungspartei. Von ihnen im preußischen Verfassungskonflikt abgespalten hatten sich die Linksliberalen in der *Fortschrittspartei*. 1875 entstand aus der Verbindung der Marxisten mit den Lassalleanern die *Sozialdemokratische Partei*. Von all diesen Parteien unterschied sich das katholische *Zentrum* durch die Konfessionsbindung und die breite soziale Basis.[572]

643

System Bismarck   Die Innenpolitik Bismarcks war gekennzeichnet durch das Mittel der Disziplinierung. Es diente der Reichsintegration: Die nationale Konformität sollte durch Repressionen gegen sog. Reichsfeinde hergestellt werden. Darunter fiel zunächst der *Kulturkampf* gegen den Katholizismus (1872-1878). Hier traf sich Bismarcks Ziel der Ausschaltung des kirchlichen (*ultramontanen*) Einflusses mit gesellschaftlichen Reformansprüchen des Liberalismus.

644

---

[570] FROTSCHER/PIEROTH, Rn. 428-431.
[571] HRG IV (Art. Strafprozeß II), Sp. 2038.
[572] WILLOWEIT, § 35 II 3, S. 301.

Bismarck machte erst dann eine Kehrtwendung, als eine nationale Integrationspolitik mit den Liberalen wegen der wirtschaftlichen Situation nicht mehr möglich war. Zugunsten einer Schutzzollpolitik mit Konservativen und Zentrum wandte er sich von den liberalen Freihandelsforderungen ab. Die deutsche Wirtschaft war strukturell der englischen Industrie und der russischen Agrarwirtschaft unterlegen. Außerdem passte die nationale Abgrenzung zur nationalen Machtpolitik. Daneben stellten die Zölle auch eine Einnahmequelle für das Reich dar, das ansonsten von den Zahlungen der Einzelstaaten abhängig war. Seit 1878 setzte außerdem die Unterdrückung der Sozialisten ein. Mit den *Sozialistengesetzen* wurden einschlägige Vereine, Versammlungen und Druckschriften verboten. Die Sozialdemokraten konnten aber wegen des Persönlichkeitswahlrechts immer noch in den Reichstag gewählt werden. Die Arbeiterschaft sollte durch sozialpolitische Maßnahmen wie die Einführung der Sozialversicherungssysteme ihrer Organisation entfremdet werden. In den 80er Jahren regierte Bismarck mit wechselnden Mehrheiten: Er konnte sich bei der Regierungspolitik nicht mehr auf einen Parteienblock stützen. Erst nach der Wahl 1887 hatte ein Kartell aus Konservativen und Liberalen die Mehrheit. Nach der Wahl von 1890 bestand jedoch kein politischer Handlungsspielraum für Bismarck mehr. Möglicherweise trug er sich mit Staatsstreichplänen durch Auflösung des Fürstenbundes. 1890 wurde er schließlich durch Wilhelm II. entlassen.[573]

persönliches Regiment Wilhelms II.

Umstritten war, ob dem Kaiser nach der Verfassung ein Recht zur Selbstregierung zustand. Zu Zeiten Bismarcks stellte sich die Frage nicht. Wilhelm II. (1888-1918) aber stellte nun nach den Vorstellungen von Gottesgnadentum einen Selbstregierungsanspruch. Seine Herrschaftsvorstellungen kamen vor allem bei öffentlichen Äußerungen zum Vorschein. Der Umfang der Regierungstätigkeit ließ aber ein *persönliches Regiment* nur begrenzt zu, so dass er nur durch Weisungen in die Regierungstätigkeit eingriff. Dem Kaiser stand wegen des Rechts zur Ernennung des Reichskanzlers wohl zumindest eine Art Richtlinienkompetenz zu. Politische Initiativen des Kaisers schlugen sich in der Außen- und Militärpolitik nieder, z.B. bei der Flotten- und Kolonialpolitik. Wegen der Prärogative der Regierung war der Einfluss des Reichstages hier begrenzt und konnte nur über das Haushaltsrecht geltend gemacht werden. Dementsprechend konnten sich Generalstab und Admiralitätsstab vom Parlament unkontrolliert entfalten. Der politische Spielraum der Reichsleitung wuchs in dieser Zeit. Die Staatssekretäre verständigten sich über Gesetzesvorlagen vorweg mit den Fraktionen des Reichstages. Noch vor Ausbruch des ersten Weltkrieges verständigte sich der Reichskanzler mit den Staatssekretären über die Einführung regelmäßiger Kollegialsitzungen. Die Eigenständigkeit der Politik der Reichsämter wurde durch die Persönlichkeiten der Staatssekretäre geprägt. Wenn eine Politik nicht durchsetzbar war, kam es zu Rücktritten wie z.B. bei Admiral Tirpitz im Reichsmarineamt. Diese Entwicklung war möglich, weil die Nachfolger Bismarcks nicht mehr die dem Reichskanzler zugewiesene Position ausfüllen konnten.[574]

645

Parlamentarisierungstendenzen

Der Reichstag gewann zunehmend an Bedeutung. Die Gesetzgebung aus der Mitte der Volksvertretung wuchs an. Jedoch bestand ein unüberbrückbarer Gegensatz zwischen den Parteien und der Bürokratie. Die Abgeordneten konnten nicht in Regierungsämter aufsteigen. Es entwickelte sich aber ein bestimmtes Zusammenspiel zwischen Reichstag und Reichsleitung. Die Zustimmung zu Gesetzesvorhaben wurde durch Konzessionen erkauft, auch durch Stärkung parlamentarischer Mitspracherechte. Ein weiterer Parlamentarisierungsschub setzte unter Reichskanzler Bülow (1900-1909) ein.

646

---

[573] WILLOWEIT, § 35 III, S. 302-305.
[574] FROTSCHER/PIEROTH, Rn. 455-457.

Nach der Reichstagswahl von 1907 stützte er sich bewusst auf eine bestimmte Parteiengruppierung, den sog. *Bülow-Block*. Bülow knüpfte sein politisches Schicksal ausdrücklich an die Unterstützung seines Blocks. Bei der Abstimmung über die Nachlasssteuer zerbrach der Block aber, die Vorlage wurde in anderer Form durch eine andere Parteiengruppierung angenommen. Hier fand die erste selbständige Mehrheitsfindung statt. Bülows Nachfolger Bethmann-Hollweg (1909-1917) kehrte zum System der wechselnden Mehrheiten zurück, die sog. *Politik der Diagonalen*. Der nächste Parlamentarisierungsschub erfolgte nach der Zabern-Affäre. Nach der Wahl von 1912 hatten Sozialdemokraten, Zentrum und Freisinn die Mehrheit. Alle diese Parteien waren für eine Parlamentarisierung der Regierung. Auch der revisionistische Flügel der Sozialdemokraten war zur Zusammenarbeit bereit. Der Reichstag führte in die Geschäftsordnung einen Antrag auf Billigung oder Missbilligung der Regierung ein. Mit diesem Misstrauensvotum konnte der Kanzler aber nicht gestürzt werden. Bei der Zabern-Affäre erhielt der Misstrauensantrag eine breite Zustimmung, Bethmann-Hollweg trat aber nicht zurück. Dies zeigte die Grenzen der Parlamentarisierung.[575]

II. Republik und Diktatur

Der Modernisierungsstau der Kaiserzeit und der Legitimationsverlust der alten Eliten durch die Kriegsereignisse führten zu einer revolutionären Entladung der Spannung, an deren Ausgang die erste deutsche Republik stand. Die Belastungen aus der Entstehungsgeschichte, die mangelnde demokratische Basis und ungünstige wirtschaftliche Bedingungen ließen sie aber schnell scheitern und mündeten schließlich in die Nazi-Diktatur.   *647*

1. Die Revolution 1918/19

Ende der Monarchie

Der Erste Weltkrieg löste mit seinen Egalisierungstendenzen gesellschaftliche Entwicklungsschübe aus. Dadurch wurde einerseits die Volksvertretung gestärkt, andererseits gewann aber auch das Militär an Autorität. Der Reichstag war an der Kriegserklärung nicht beteiligt, bewilligte aber einstimmig die notwendigen Kriegskredite. Die Burgfriedenspolitik von Bethmann-Hollweg minderte bis 1916 die Bedeutung des Reichstages. Als sich die Kriegslage verschlechterte, machte der Reichstag Mitspracherechte geltend. Dem gegenüber standen die Mitwirkungsansprüche der Obersten Heeresleitung (OHL). Ab 1917 sollte ein interfraktioneller Ausschuss die Zusammenarbeit zwischen Reichstag und Reichsleitung koordinieren. Nach dem militärischen Zusammenbruch erfolgte im Oktober 1918 aus Rücksicht auf die Erwartungen der Sieger endlich die Parlamentarisierung der Reichsregierung und die Abschaffung des Dreiklassenwahlrechts in Preußen. Aus Sicht der OHL sollte eine parlamentarische Regierung die alleinige Verantwortung für das militärisch notwendige Waffenstillstandsersuchen übernehmen. Damit sollte das Prestige der militärischen Führung gerettet werden. Prinz Max von Baden wurde neuer Reichskanzler.   *648*

Eine am 29. Oktober auf der Flotte in Kiel ausgebrochene Meuterei weitete sich schnell zu einem Matrosenaufstand aus, von dem auch andere Großstädte erfasst wurden. Am 9. November rief die MSPD - die nach der Trennung des linken Flügels sog. *Mehrheitssozialisten* im Gegensatz zu den unabhängigen Sozialisten (USPD) - zum Generalstreik auf. Als Prinz Max erfuhr, dass der Kaiser abdanken wolle, gab er dies mittags bekannt und übertrug das Reichskanzleramt auf Ebert, den Vorsitzenden der MSPD.

---

[575] WILLOWEIT, § 36 II 2, S. 311.

Um 14 Uhr rief der Sozialdemokrat Philipp Scheidemann vom Balkon des Reichstages die Republik aus, während die deutschen Fürsten ihr Amt aufgaben. Der Legitimitätsverlust des monarchischen Gedankens machte die Aufrechterhaltung der monarchischen Regierungen unmöglich. Am 11. November unterzeichnete die neue Regierung den von der Entente diktierten Waffenstillstand.

Ebert-Gröner-Pakt

Ebert versicherte sich am 10. November 1918 die Unterstützung der militärischen Führung. Durch einen Anruf bei der OHL kam ein Bündnis zwischen Ebert und Groener, dem Nachfolger Ludendorffs, zustande, in dem der Generalstab Zusammenarbeit bei der Herstellung der inneren Ordnung, der Sicherung der Reichseinheit und der Rückführung des Feldheeres zusagte, während Ebert als Gegenleistung Hilfeleistung bei der Aufrechterhaltung der militärischen Disziplin durch das Offizierskorps gewährleistete. De facto erkannte Ebert die Autorität des Generalstabes an und verspielte so die Chance, das Heer unter seine Kontrolle zu bringen. Der Aufbau von Einheiten, die der Revolutionsregierung direkt unterstellt waren, der sog. Freiwilligen Volkswehr, misslang. Aus sozialdemokratisch gesonnenen Arbeitern ließ sich keine innenpolitisch einsatzfähige Truppe aufbauen. So blieb Ebert auf die Unterstützung der alten kaiserlichen Armee angewiesen. Elemente der alten Ordnung konnten überleben, insbesondere das konservative Beamtentum und das Offizierskorps. Eberts Handeln war begründet durch die Furcht vor dem Zusammenbruch der staatlich gesteuerten Nahrungsmittelversorgung, dem Zerfall des Reiches und einer linksradikalen Revolution nach russischem Vorbild.

Rat der Volksbeauftragten

649

Überall im Reich hatten sich bis zum 9. November 1918 Arbeiter- und Soldatenräte gebildet und sich teilweise der Regierungsämter bemächtigt. Tonangebend waren MSPD und USPD. Die USPD hatte sich 1917 von MSPD getrennt und vertrat sozialistische Ziele. Ihr radikaler Flügel waren die Spartakisten. Die Reichsregierung suchte auch Legitimität aus revolutionären Wurzeln. Am 10. November versammelten sich Berliner Arbeiter- und Soldatenräte im Zirkus Busch. Ebert setzte das Konzept einer paritätisch aus beiden Parteien zusammengesetzten mit diktatorischen Befugnissen ausgestatteten Regierung durch, den *Rat der Volksbeauftragten*, der je drei Mitglieder aus MSPD und USPD hatte und dessen Führung Ebert übernahm. Der eigentlich bedeutungslose Titel des Reichskanzlers öffnete ihm dafür den Weg zur gesamten Reichsverwaltung. Die verfassungspolitischen Ziele von MSPD und USPD divergierten erheblich. Die USPD wollte ein sozialistisches System mit einer Rätediktatur des Proletariats und eine weitgehende Sozialisierung. Die MSPD strebte Wahlen zu einer verfassungsgebenden Nationalversammlung an. Dazu gab auch eine Reichskonferenz der Länder ihre Zustimmung. Nun mussten aber noch die Räte der Bildung der Nationalversammlung zustimmen. Ein allgemeiner deutscher Rätekongress am 16. Dezember in Berlin beschloss das Konzept der MSPD. Am 20. Januar 1919 fanden die Wahlen zu einer Nationalversammlung statt.[576]

650

Einsatz von Freikorpsverbänden

Als seit Weihnachten 1918 die Spartakisten in Berlin einen revolutionären Umsturz versuchten, wurde die Hoffnung Eberts, das Heer innenpolitisch einzusetzen, enttäuscht. Zehn Eliteverbände, die in Berlin stationiert werden sollten, lösten sich innerhalb von Tagen auf. Deshalb ging man seit Dezember 1918 dazu über, sog. *Freikorpsverbände* aufzustellen. Mit zurückhaltender Förderung der OHL rekrutierten einzelne Offiziere Freiwilligenverbände, die locker in die Kommandostruktur des Heeres integriert wurden, tatsächlich aber stark orientiert waren an der Persönlichkeit des Führungsoffiziers.

651

---

[576] BÖCKENFÖRDE, Der Zusammenbruch der Monarchie und die Entstehung der Weimarer Republik, in: BRACHER/FUNKE/JACOBSEN, Die Weimarer Republik 1918-1933, 1987, S. 26-35.

Das politische Spektrum reichte von überzeugten Demokraten über Vernunftrepublikaner und Monarchisten zu radikalen Nationalisten. Vertreter der letzten Gruppe, z.B. die *Brigade Ehrhardt* oder die *Sturmabteilung Roßbach*, trugen dazu bei, die Freikorps verhasst zu machen und die Regierung zu diskreditieren. Neben intakten Heeresverbänden bildeten diese später die Ressourcen, aus denen ab März 1919 die vorläufige Reichswehr aufgebaut wurde.

2. Die Weimarer Reichsverfassung

Nationalversammlung

Die verfassungsgebende Nationalversammlung trat am 6. Februar 1919 aus Sicherheitsgründen in Weimar zusammen. Die MSPD stellte die größte Fraktion, die USPD war nur schwach vertreten. Das Zentrum blieb im Vergleich zur Kaiserzeit unverändert. Die linken Liberalen waren zusammengefasst zur *Deutschen Demokratischen Partei* (DDP). Der rechte Flügel der Nationalliberalen hatte sich in der *Deutschen Volkspartei* (DVP) organisiert, die Konservativen in der *Deutschnationalen Volkspartei* (DNVP). Am 11. Februar wurde ein Gesetz über die vorläufige Reichsgewalt verabschiedet und Friedrich Ebert zum Reichspräsidenten gewählt. Die sog. Weimarer Koalition aus MSPD, DDP und Zentrum bildete die erste Regierung unter Philipp Scheidemann. Die Nationalversammlung nahm in dieser Zeit auch Funktionen eines gewöhnlichen Parlaments wahr. Am 9. Juli wurde der Versailler Vertrag ratifiziert. Die Verfassungsberatungen fanden im Verfassungsausschuss unter Leitung von Hugo Preuß statt. Die Annahme der Verfassung erfolgte am 31. Juli 1919 gegen die Stimmen der DVP und DNVP und trat am 14. August in Kraft.

652

Weimarer Reichsverfassung

Die Weimarer Reichsverfassung (WRV) basierte auf dem demokratischen Prinzip. Reichskanzler und Reichsminister waren vom Vertrauen des Reichstages abhängig. Die Länderkammer hieß Reichsrat. Das Staatsoberhaupt war der Reichspräsident, der vom Volk auf sieben Jahre gewählt wurde und damit neben dem Reichstag eine demokratische Legitimation hatte. Er hatte das Recht der Reichstagsauflösung und das Recht der Reichsexekution gegen die Länder und das Notstandsrecht nach Art. 48 II WRV. Dieses beinhaltete die Befugnis zu Maßnahmen bei Gefährdung oder Störung der öffentlichen Sicherheit und Ordnung. Der Begriff der Maßnahme wurde durch die Staatslehre weit ausgelegt. Erfasst waren nicht nur Einzelmaßnahmen, sondern auch ein Normerlass. Dieses *Notverordnungsrecht* ermöglichte der Regierung eine Gesetzgebung ohne Reichstag, aber mit Mitwirkung des Reichskanzlers oder des zuständigen Ministers durch Gegenzeichnung (Art. 50). Der Reichstag konnte die Außerkraftsetzung der Maßnahmen des Reichspräsidenten verlangen (Art. 48 III). Die starke Position des Reichspräsidenten sollte ein Gegengewicht zum Reichstag bilden. Das Notverordnungsrecht wurde in der Debatte kaum beachtet. Es stellte die Selbstaufhebung des parlamentarischen Prinzips dar. Jedoch sah die Verfassung nach ihrer radikaldemokratischen Grundkonzeption ohnehin die Möglichkeit der Verfassungsänderung bis zur Aufhebung vor. Mehr Gewicht wurde vom *Volksbegehren* erwartet: Ein Zehntel des Stimmvolkes konnte einen Volksentscheid über ein von ihnen unterstütztes Gesetzesvorhaben erzwingen. Dieses Institut erlangte jedoch kaum Bedeutung.[577]

653

Grundrechte und -pflichten

In der Verfassung wurden Grundrechte und Grundpflichten festgeschrieben. Sie waren eher als Programm künftiger Rechtsentwicklung gedacht. Nach Überwindung der Monarchie wurde den klassischen Freiheitsrechten keine große Bedeutung mehr beigemessen.

654

---

[577] WILLOWEIT, § 37 IV, S. 325-328.

Dagegen sollten gesellschaftspolitische Zielvorstellungen Verfassungsrang erhalten, während die Ausformung durch konkretisierende Gesetzgebung verwirklicht werden sollte. In fünf großen Abschnitten (Einzelperson, Gemeinschaftsleben, Religion, Bildung und Schule) wurden bestimmte Lebensbereiche durch die Festlegung von Rechten und Pflichten der Bürger sowie die Garantie besonders wichtiger Einrichtungen geordnet. Die klassische Forderung des Liberalismus nach dem Schutz individueller Rechte und Freiheiten sollte durch eine soziale, die Lebens- und Wirtschaftsverhältnisse einschließende, Dimension der Grundrechte, berücksichtigt werden.[578]

Reichswehr

655

Als dauerhafte Belastung für die Republik sollte sich die Reichswehr erweisen. Im Versailler Vertrag wurde auf das Genaueste die Struktur der neuen deutschen Armee festgelegt. Vorgesehen war ein 100.000 Mann starkes Heer und eine 15.000 Mann starke Marine. Luftwaffe, Gaswaffen und Panzer waren verboten. Die allgemeine Wehrpflicht musste abgeschafft werden, die Mindestdienstzeiten sollten sich auf zwölf Jahre für normale Soldaten und fünfundzwanzig für Offiziere belaufen. Es sollte eine Berufsarmee entstehen, deren Mitgliedern jeglicher Kontakt zu anderen öffentlichen Institutionen verboten war und deren Aufgabenbereich auf die Aufrechterhaltung der inneren Ordnung und den Schutz der Grenzen beschränkt wurde. In der Verfassung und dem Wehrgesetz von 1921 wurden die Versailler Bestimmungen umgesetzt und eine rechtliche Grundlage für die schon aufgebaute Reichswehr geschaffen. Der Reichspräsident hatte nominell den Oberbefehl, konnte aber nicht ohne Gegenzeichnung des Reichswehrministers handeln. Oberste Soldaten nach diesen beiden zivilen Instanzen waren die Chefs der Heeres- und Marineleitung, an die Weisungen des Reichspräsidenten und des Ministers gebunden. Insgesamt war also durch die Verfassung eine demokratische Grundlage vorgeschrieben. Alle Soldaten hatten einen Eid auf die Verfassung zu leisten. Den Soldaten wurde aber jede öffentliche Tätigkeit verboten und aktives und passives Wahlrecht entzogen. Parlamentarischer Einfluss wurde durch die Verfassungspraxis der ersten Jahre ausgeschlossen. Aufgrund dieser Entstehungsfaktoren entwickelte sich die Reichswehr zu einem einheitlichen, vom Staatsleben isolierten und sich bewusst distanzierenden Gebilde, für das das Wort *Staat im Staate* geprägt wurde.

3. Krise und Konsolidierung

Radikalisierung

656

Die Weimarer Koalition verlor schon seit 1919 politischen Rückhalt. Nach der ersten Reichstagswahl am 6. Juni 1920 hatte sie nur noch eine knappe Mehrheit, während rechte und linke Parteien erheblich gewinnen konnten und das politische Spektrum radikalisierten. Der Linksextremismus profitierte von der weiter bestehenden Armut der Arbeiterschaft und forderte die Sozialisierung. Das Anwachsen rechter Kräfte war auf die Furcht vor einer proletarischen Diktatur zurückzuführen. Dazu kam der Schock der Friedensbedingungen. Der Versailler Vertrag erzwang erhebliche Gebietsabtretungen, wies Deutschland ausdrücklich die Schuld am Ausbruch des Krieges zu und bildete so den Haftungsgrund für enorme Reparationsforderungen. Von den Siegermächten wurde der Ersatz aller Kriegskosten gefordert. Die Regierung entschloss sich erst zur Annahme, als Hindenburg versicherte, dass militärischer Widerstand zwecklos sei.

Am 28. Juni 1919 wurde der Versailler Vertrag unterzeichnet. Als Reaktion flüchteten sich viele aus der politischen Realität. Aus einer Erklärung Hindenburgs vor einem Untersuchungsausschuss des Reichstages entwickelte sich die *Dolchstoßlegende*.

---

[578] FROTSCHER/PIEROTH, Rn. 497.

Die deutsche Armee sei durch die sozialistische Revolution von hinten erdolcht worden. Damit konnte die militärische Niederlage geleugnet und den demokratischen Parteien die Schuld zugeschoben werden.[579]

Krisenjahr 1923

Die Republik erlebte mehrere Putschversuche und Aufstände bis 1923. Gegen linke Aufstände blieb die Regierung immer erfolgreich, weil hier Reichswehr und Freikorpsverbände eingesetzt werden konnten. Gegen rechte Kräfte war dies jedoch nicht möglich, da die Reichswehrführung an der Devise vom November 1918 festhielt, dass Reichswehr nicht auf Reichswehr schießt. Der Kapp-Lüttwitz-Putsch vom März 1920 scheiterte nur an der Kampfbereitschaft der Arbeiterschaft und der Verfassungstreue der Berliner Ministerialbürokratie. Die Regierung musste nach Stuttgart fliehen und rief zum Generalstreik auf, der Berlin lahm legte. Als die Ministerien den von den Putschisten ernannten neuen Reichskanzler nicht akzeptierten, mussten diese aufgeben. Rechter Terror richtete sich gegen linke und gemäßigte Politiker. 1923 spitzte sich die Lage zu. Als das Ruhrgebiet von den Franzosen besetzt wurde, rief die Regierung Cuno zum passiven Widerstand auf. Der *Ruhrkampf* legte die Wirtschaft lahm und löste im Sommer 1923 eine galoppierende Inflation aus, welche die Sparervermögen zerstörte. In Thüringen existierte eine kommunistische Regierung, in Bayern eine rechte. Nach dem Scheitern des von Hitler initiierten Novemberputsches in München konnte Bayern wieder unter Kontrolle gebracht werden. Nach Einführung einer neuen Währung am 15. November durch die Regierung Stresemann stabilisierten sich die Verhältnisse wieder. Die Unruhen der Zeit hatten einen schleichenden Verfassungswandel durch Ausweitung des Notverordnungsrechts des Präsidenten bewirkt. Keine Regierung war ohne dieses Instrument ausgekommen, das sich zur echten Rechtsetzungsbefugnis entwickelte. Es wurde jetzt auch auf wirtschaftlich-finanzielle Notlagen bezogen, obwohl diese Auslegung sich nicht mehr mit dem Verfassungstext deckte. Per Ermächtigungsgesetz war eine vom Parlament sanktionierte Diktatur ermöglicht worden.[580]

657

Konsolidierung 1924-29

Mit der Annahme des *Dawes-Planes* 1924 erreichte Deutschland den Zugang zum Weltmarkt. Zwar erholte sich die Wirtschaft, das parlamentarische System erreichte jedoch niemals Funktionstüchtigkeit. Hinter den Parteien verbargen sich starre ökonomisch-politische Interessengruppierungen, welche die Parteipolitik unbeweglich machten. Ideologien und tiefverwurzelte Ressentiments, die noch aus dem Kaiserreich stammten, schränkten die Kompromissfähigkeit ein und machten dauerhafte Koalitionsvereinbarungen über das gesamte Spektrum der Politik unmöglich: Ein einseitig proletarisch-sozialpolitisches Engagement vertrug sich nicht mit den Interessen der Großagrarier der DNVP und den Industrieinteressen der DVP. Die DDP als Sammelbecken republikanisch gesonnenen Bürgertums erodierte. Koalitionsfähig nach allen Seiten war nur das Zentrum. Die DNVP versagte sich der auf Versöhnung gerichteten Außenpolitik Stresemanns (DVP), die wiederum von der SPD mitgetragen wurde, während diese in einem innenpolitischen Gegensatz zur DVP stand. In dieser labilen Situation regierten seit 1924 bürgerliche Minderheitskabinette. Die Popularität des Reichstagsparlamentarismus sank stark. Nachdem Hindenburg 1925 Reichspräsident geworden war, veränderte auch dieses Amt ihren Verfassungscharakter.

658

Die Wahl der nationalen Symbolgestalt integrierte zwar kurzzeitig konservative Schichten in die Republik, das Amt wurde jedoch zu einer Art Statthalterschaft für den nicht mehr vorhandenen monarchischen Willen.

---

[579] FROTSCHER/PIEROTH, Rn. 500-504.
[580] WILLOWEIT, § 38 I 3, S. 331 f.

Das Präsidentenamt erwies sich nicht als Vollendung der Demokratie, sondern als autoritäre Alternative zum Parlament. Die nach dem Wahlerfolg der Linken 1928 gebildete große Koalition unter dem Sozialdemokraten Hermann Müller scheiterte 1930 an der Uneinigkeit zwischen SPD und DVP über die Finanzierung der Arbeitslosenversicherung, obwohl die Diktatur die einzig denkbare Alternative war. Die Demokratie gab sich selbst auf.

Präsidialdiktatur

659

Nach dem Scheitern der großen Koalition 1930 wurde eine Regierung unter Zentrumspolitiker Heinrich Brüning gebildet, die sich auf das Notverordnungsrecht des Präsidenten stützte und auf die Mehrheitsverhältnisse im Reichstag keine Rücksicht zu nehmen brauchte. Art. 48 WRV wurde zu einem Mittel gegen die Staatskrise umgeformt, obwohl sie nach dem Wortlaut der Bestimmung nicht schon dann anwendbar war, wenn sich das Parlament unfähig zur Regierungsbildung erwies. Teilweise wurde auf den Verfassungsnotstand verwiesen. Die Präsidialdiktatur war in der Verfassung nicht vorgesehen. Der Reichstag hatte das Recht, nach Art. 48 III WRV die Außerkraftsetzung jeder Notverordnung zu verlangen. Auf das erste Aufhebungsverlangen löste Hindenburg den Reichstag auf. Bei der darauf folgenden Wahl gewannen die rechts- und linksextremen Parteien so sehr, dass die noch verbliebene Mehrheit der demokratischen Parteien die Aufhebung der Notverordnungen durch den Reichstag verhindern musste. Der Reichstag war gezwungen zur passiven Duldung der Brüningschen Politik und zur aktiven Verteidigung seiner Regierung gegen Misstrauensanträge. Der Reichskanzler konnte nur regieren, solange der Reichspräsident sein Notverordnungsrecht zur Verfügung stellte und der Reichstag zugleich jeden Angriff auf die Regierung abwehrte. Daneben bestand eine drohende Bürgerkriegslage. Die Agitation der Rechtsradikalen gegen die Republik wurde immer heftiger, Auseinandersetzungen der uniformierten Wehrverbände waren an der Tagesordnung, zwischen Anhängern der NSDAP und der KPD kam es zu Straßenschlachten. Nach der Ablösung Brünings 1932 kam im Umfeld Hindenburgs der Plan eines präsidialautoritativen Staates auf. Es wurde eine *Regierung der nationalen Konzentration* unter Reichskanzler von Papen eingesetzt, der über den Parteien regieren wollte und gar keinen Rückhalt im Reichstag suchte. Gleichzeitig führte von Papen die Reichsexekution gegen Preußen durch, sog. Preußenschlag vom 20. Juli 1932 und setzte einen Reichskommissar ein. Die Reichstagsauflösung und Neuwahl im Juli 1932 brachten große Gewinne für die NSDAP und KPD. Die Extremen hatten nun die Mehrheit im Reichstag. Eine Regierungsbildung ohne Beteiligung einer extremistischen Partei war nun nicht mehr möglich.[581]

4. Der Aufstieg der NSDAP

Gründung

660

Die Ursprünge der NSDAP lagen im Jahr 1919, als in München von dem Werkzeugschlosser Anton Drexler und dem Journalisten Karl Harrer die *Deutsche Arbeiterpartei* (DAP) gegründet wurde. Die Mitglieder waren geprägt von kleinbürgerlichen Ressentiments gegen Reiche, Juden und Arbeiter. Am 12. September 1919 besuchte zufällig Adolf Hitler eine Versammlung der DAP und schloss sich ihr nach ein paar Tagen an. Hitler spielte sich schnell in den Vordergrund und drängte die Partei an die Öffentlichkeit. Er wurde Werbeobmann und bemühte sich ständig um neue Mitglieder. Am 24. Februar 1920 wurde die erste Großveranstaltung im Festsaal des Hofbräuhauses angesetzt.

---

[581] FUNKE, Republik im Untergang, in: BRACHER/FUNKE/JACOBSEN, Weimarer Republik, S, 505-518.

Vor ca. 2.000 Menschen verlas er ein extra für die Veranstaltung entworfenes Programm, das bis zum Ende offizielle Basis der Partei blieb. In 25 Punkten wurden viele der damals populären Forderungen willkürlich aneinandergereiht: Antiparlamentarismus, Sozialisierungen, Antisemitismus, Revision der Kriegsfolgen, nationale Volksgemeinschaft etc. Wenige Tage später wurde die DAP in NSDAP umbenannt. Als die Parteispitze mit anderen völkischen Gruppen über einen Zusammenschluss beriet, trat Hitler demonstrativ aus, weil er zu starke ideologische Diskussionen befürchtete. Nach dieser Drohgebärde wählte ihn die Partei am 29. Juli 1921 zum Vorsitzenden und übertrug ihm das Recht, die Partei unabhängig von Mehrheitsbeschlüssen zu leiten. Der entscheidende Schritt in Richtung Führerpartei war getan. Nach dem erfolglosen Putsch vom 9. November 1923 nutzte Hitler geschickt den anschließenden Prozess, um sich in ganz Deutschland bekannt zu machen. Er setzte sich jetzt selbst in den Mittelpunkt, entwickelte sich vom Trommler für andere zur Führerfigur. Die Lehren, die er aus dem misslungenen Putsch zog, bestimmten denn auch sein weiteres politisches Konzept. Ihm war klar geworden, dass die Machtübernahme nur auf legalem Wege erfolgen konnte.

nationalsozialistische Ideologie

Ansonsten konsolidierte er in der Landsberger Haft seine politischen Ziele. Was er später in seiner Kanzler- und Führerschaft verwirklichte, fand sich schon ab dieser Zeit fertig in seinem Gedankengut und niedergeschrieben in *Mein Kampf*. Eine Konstante seiner Überlegungen war die Revision des 9. November 1918. Deutschland sollte seine Führungsrolle in Europa wiedererlangen. Die Niederlage lieferte ihm Feindbilder: Marxisten und Judentum hatten durch ihre "Wühlarbeit" an der Heimatfront das unbesiegte Feldheer von hinten "erdolcht". Das deutsche Volk sollte von diesen Gruppen und dem von diesen getragenen demokratischen System befreit und durch rassische Reinheit seine Volkskraft optimiert werden, um so den Kampf wieder aufnehmen zu können. Erster Schritt musste Aufklärung der Massen sein, durch die eine in Volks- und Rassebewusstsein geeinte Leistungsgemeinschaft geschaffen werden sollte. Danach folgte als entscheidender Schritt die Machtergreifung. Zu deren Realisierung müsste eine Parteiorganisation, die sowohl Propaganda- als auch Gewaltmittel zur Bekämpfung der politischen Feinde zur Verfügung stellte, aufgebaut und Unterstützung in bestehenden gesellschaftlichen Institutionen wie Militär, Bürokratie und Industrieverbänden gesucht werden. Hatte man die Macht in der Hand, sollte durch ein autoritäres, auf den "Führer" ausgerichtetes Regierungssystem, das Volk befriedet und psychologisch auf den Endkampf vorbereitet werden. Letztes Ziel war der Kampf um die Hegemonie auf dem Kontinent und die Gewinnung neuen Lebensraumes im Osten. Der spätere Weg in den und im Krieg war schon früh vorgezeichnet.[582]

661

Weg zur Kanzlerschaft

Nachdem die Partei im Februar 1925 neugegründet worden war, bestätigte Hitler seine Führungsposition und setzte sein politisches Konzept durch. Ziel der folgenden Jahre war eine schlagkräftige Organisation auf Reichsebene. Zwar gelangen der NSDAP keine Aufsehen erregenden Erfolge, bis 1928 konnten jedoch die Mitgliederzahl auf 100.000 erweitert und andere völkische Bewegungen von der politischen Szene verdrängt werden. Außerdem schuf Hitler mit der SA ein Instrument, das ihm bei den Wahlkämpfen Anfang der Dreißiger Jahre die Herrschaft der Straße einbringen sollte. Viele der Partei untergeordnete Ämter, Vereine und Organisationen bildeten bald eine Art Schattenstaat, durch den jede gesellschaftliche Gruppe angesprochen und integriert werden sollte. Mit Hakenkreuz, Horst-Wessel-Lied und Führergruß wurden einprägsame Parteisymbole geschaffen.

662

---

[582] TYRELL, Der Aufstieg der NSDAP zur Macht, in: BRACHER/FUNKE/JACOBSEN, Weimarer Republik, S. 467-483.

Bei der Reichstagswahl im Juli 1932 erreichte die NSDAP über 30% der Stimmen. Die Berufung Hitlers zum Reichskanzler Anfang 1933 war aber nicht zwingend. Papen brachte eine Koalition zwischen NSDAP und DNVP zustande und überwand die Abneigung Hindenburgs gegen Hitler. Hitler sollte in eine konservative Regierung eingebunden werden. In der Regierung waren nur drei nationalsozialistische Minister neben acht konservativen, jedoch gerade die machtpolitisch ausbaufähigen: Kanzleramt, Innenministerium und Göring als Minister ohne Ressort.[583]

5. Die NS-Diktatur

Machtergreifung

Der Prozess der Machtergreifung dauerte länger und war erst mit der Übernahme des Präsidentenamtes 1934 abgeschlossen. Durch eine Reichstagswahl sollte die eingesetzte Regierung bestätigt, danach aber nicht mehr zum Parlamentarismus zurückgekehrt werden. Seit Februar 1933 erging eine Kette von Verordnungen, welche die Presse- und Meinungsfreiheit einschränkte. Ziel war die administrative Unterdrückung des politischen Gegners. In Preußen übernahm Göring die Polizei und sorgte für eine enge Zusammenarbeit mit SA und SS. Nach dem Reichstagsbrand am 27. Februar erging die *Verordnung zum Schutz von Volk und Staat*. Es handelte sich um das grundlegende Ausnahmegesetz des Dritten Reichs. Danach war eine Beschränkung der Grundrechte auch außerhalb der hierfür bestimmten gesetzlichen Grenzen möglich. Es diente dazu, die Opposition zu bekämpfen und richtete sich vor allem gegen Kommunisten, denen der Reichstagsbrand angelastet wurde. Mit großem Propagandaaufwand erreichte die NSDAP bei der nachfolgenden Wahl aber nicht die absolute Mehrheit, jedoch bei einer Koalition mit der DNVP. Es folgte der Erlass des *Ermächtigungsgesetzes* (Gesetz zur Behebung der Not von Volk und Reich). Vorbild dafür war das Gesetz von 1923, jetzt kam ihm aber verfassungsändernder Charakter zu. Die notwendige Zweidrittelmehrheit wurden durch Versprechungen gegenüber dem Zentrum gesichert. Die Abgeordneten wollten lieber eine gesetzliche Grundlage als weiterhin Rechtsunsicherheit. Nur die SPD stimmte dagegen, die KPD war von der Abstimmung ausgeschlossen. Das Ermächtigungsgesetz gab der Reichsregierung ein eigenes Gesetzgebungsrecht. Wegen der Mehrheit der Deutschnationalen im Kabinett erschien eine Alleinherrschaft Hitlers nicht möglich. Hitler konnte aber schnell seinen Führungsanspruch durchsetzen. Die SPD wurde am 22. Juni verboten, die bürgerlichen Parteien lösten sich selbst auf. Ein Gesetz vom 14. Juli verbot die Neubildung von Parteien.

663

Gleichschaltung der Länder

Eine Monopolisierung der Macht war bei der föderalen Struktur des Reiches nicht möglich. Ziel der nationalsozialistischen Politik war deshalb die Gleichschaltung der Länder. Durch Notverordnung vom 6. Februar wurde dem Reichskommissar in Preußen umfassende Befugnis übertragen. Die Verordnung vom 28. Februar ermöglichte die Einsetzung von Reichskommissaren in den Ländern. Nach dem Gesetz zur Gleichschaltung der Länder mit dem Reich vom 31. März sollten die Länderparlamente und kommunalen Selbstverwaltungskörper nach dem Reichstagswahlergebnis vom 5. März besetzt werden. Nach dem Gesetz vom 7. April wurde das Reichskommissariat zu einem dauerhaften Amt. Der Reichsstatthalter hatte die Befugnis zur Ernennung der Länderregierung. Die preußische Statthalterschaft behielt Hitler selbst, ausgeübt wurde sie durch Göring als Ministerpräsident. Durch das Gesetz über den Neuaufbau des Reiches vom 30. Januar 1934 wurden die Länderparlamente aufgelöst und die Hoheitsrechte auf das Reich übertragen.

664

---

[583] FUNKE, Republik im Untergang, S. 518-526.

Nachdem am 12. November 1933 eine Volksabstimmung eine hohe Zustimmung zur Regierungspolitik gebracht hatte, nahm die Reichsregierung abweichend vom Ermächtigungsgesetz ein unbegrenztes Verfassungsänderungsrecht in Anspruch. Nach dem Tod Hindenburgs wurde das Amt des Reichspräsidenten mit dem des Reichskanzlers vereinigt. Die Veränderungen in der Staatsorganisation schufen aber keine einheitliche neue Struktur, sondern ein Nebeneinander verschiedener Organisationsformen. Ziel Hitlers war es nicht, abstrakte Organisationsideen zu verwirklichen, sondern seinen persönlichen Einfluss zu sichern.[584]

Führerprinzip

665

Die ideologischen Grundlagen des Regimes waren das *Führerprinzip* und das völkische Denken. Normativer Maßstab war nur der Führerwille. Moralische Unterfütterung erhielt die Gehorsamspflicht durch den Treuebegriff. Innergesellschaftlich wurde das Führerprinzip durch die Verwaltungsinstitutionen und andere gesellschaftliche Ordnungen verdeckt. Der Führerwille wurde mit dem Volkswillen gleichgesetzt. Autoritäre Regime gab es in den 20er und 30er Jahren in mehreren europäischen Staaten. Anders als der europäische Faschismus war der Nationalsozialismus in Deutschland weiter ausgeformt durch eine biologistisch motivierte Ausrottungspolitik und einen aggressiven Kampf ums Dasein. In der Praxis des Führerprinzips geschahen häufig Kompetenzüberschreitungen. Das Kabinett sank zur Bedeutungslosigkeit herab. Neben den herkömmlichen Einrichtungen der Staatsverwaltung wurden Reichskommissare und Sonderbevollmächtigte installiert. Dieses Kompetenzenchaos war begründet in Hitlers Misstrauen gegen die alten Verwaltungen. Die neuen Behörden, besetzt mit bewährten Parteigenossen, konnten mit größerem Erfolg dem nationalsozialistischen Gehorsamsprinzip unterworfen werden. Bei der Gesetzgebung herrschte ähnliches Chaos. Zwar wurden die Gesetzgebungskompetenzen bei den Fachministerien gelassen, daneben traten aber Führererlasse und -verordnungen.[585]

SS-Staat

666

Die mächtigste Sonderverwaltung entwickelte sich aus der SS. Die SS verkörperte des Ideal des Führers von einem zu blindem Gehorsam fähigen Orden. Zunächst wurde die Mitgliederzahl bewusst klein gehalten. Die Nähe zum Führer vermittelte ein elitäres Selbstbewusstsein. Seit 1929 stand Himmler an der Spitze und baute die Kompetenzen immer weiter aus. Seit 1936 war er Chef der gesamten Polizei. Die SS hatte damit von einem zentralen Teil der allgemeinen Staatsverwaltung Besitz ergriffen, in dem nun Gehorsamsprinzipien galten. Im Krieg wuchs die SS rasant an. Die bewaffneten Verbände wurden vergrößert, die Versorgungsaufgaben in eigener Regie bewältigt. Es entwickelte sich eine Vernichtungsmaschinerie mit eigenen Betrieben. Hitler übertrug Himmler die Sicherung der eroberten Gebiete und die Errichtung von KZ auf polnischem Boden.[586]

Recht und Justiz

667

Durch das völkische Gedankengut kam es zu einer Erosion der Rechtsordnung. Der Antisemitismus wurde in den Nürnberger Gesetze von 1935 umgesetzt. Es bestand nun ein Eheverbot zwischen Juden und Nichtjuden. Den Juden wurde der Zugang zum Erwerbsleben erschwert. Seit 1938 wurde auf jüdisches Vermögen zugegriffen. Ein erster Höhepunkt der Judenverfolgung war die Reichskristallnacht am 9. November 1938. Seit Kriegsbeginn fand dann ein Massenmord an geistig Behinderten statt, sog. *Euthanasie*. Die Justiz hatte nach der Machtergreifung eine relative Unabhängigkeit wahren können. Das Gerichtswesen ließ sich nicht in die neue Verfassungsstruktur integrieren.

---

[584] FROTSCHER/PIEROTH, Rn. 577-579.

[585] FROTSCHER/PIEROTH, Rn. 597-599.

[586] FROTSCHER/PIEROTH, Rn. 620 f.

Die richterliche Unabhängigkeit vertrug sich nicht mit dem Führerprinzip. Zunächst wurde psychischer Druck ausgeübt, dann Weisungen durch Richterbriefe erteilt. Das Ansehen der Justiz sank. Angehörige der SS und Polizei unterstanden einer Sondergerichtsbarkeit, die sie vor Ermittlungen der Staatsanwaltschaft schützte. Die Polizei setzte sich teilweise über Gerichtsurteile hinweg und ordnete nach Freisprüchen Lagerhaft oder Exekution an. Ab 1942 wurde eine nationalsozialistische Gerichtsbarkeit aufgebaut. Daneben bestanden Sondergerichte wie der Volksgerichtshof.

Gleichschaltung der Gesellschaft

668

Nach der nationalsozialistischen Ideologie war der Staat nicht Selbstzweck. Ziel war vielmehr die Erhaltung einer Gemeinschaft gleichartiger Lebewesen. Neben der staatlichen Umorganisation trat die Gleichschaltung der Gesellschaft. Dafür wurde das Ministerium für Volksaufklärung und Propaganda eingerichtet. Ziel war die Erziehung des Volkes im nationalsozialistischen Sinn und die Ausschaltung anderer Meinungsträger. Die Menschen sollten sich nicht mehr nur als individuelle Rechtssubjekte fühlen, sondern als Glieder eines größeren Ganzen. Ziel war die politische und soziale Mobilisation. Im April 1933 wurden die Gewerkschaften zersetzt. Am 10. Mai wurde als Ersatzorganisation die Deutsche Arbeitsfront geschaffen. Das Gesetz zur Ordnung der nationalen Arbeit vom 20. Januar 1934 beseitigte die Tarifautonomie und die innerbetriebliche Mitbestimmung. Die Betriebe wurden nach dem Führerprinzip organisiert. Die Durchdringung des Wirtschaftslebens war schwieriger. Für Hitler war die Leistungsfähigkeit der Wirtschaft für den geplanten Expansionskrieg wichtig. Deshalb verknüpfte man staatliche Lenkung und unternehmerisches Gewinninteresse. Mit der Ernennung der Bürgermeister und Gemeinderäte durch die NSDAP wurde die kommunale Selbstverwaltung zerstört. Die Wehrmacht konnte sich von unmittelbaren Parteieinflüssen weitgehend freihalten. Der Offizierskorps arrangierte sich mit dem Regime. Vor allem nahm er die Vereidigung auf die Person Hitlers nach dem Tod Hindenburgs hin, da Hitler die Armee von den Beschränkungen des Versailler Vertrages befreien wollte. Erst die Auswechslung der Wehrmachtsspitze 1938 und die Anfangserfolge im Krieg brachten die völlige politische Unterordnung der Armee. Das einzige gefährliche Machtzentrum innerhalb der Parteiorganisation, die SA-Führung, wurde aus Anlass des sog. Röhm-Putsches am 30. Juni 1934 ermordet.[587]

III. Die Gründung zweier deutscher Staaten

669

Nach dem Zusammenbruch infolge des Zweiten Weltkrieges und der Besetzung durch die Siegermächte entstanden auf dem Boden des deutschen Reiches zwei deutsche Staaten, die Bundesrepublik und die DDR.

1. Kapitulation und Besatzung

Einrichtung der Zonenverwaltung

670

Auf der Konferenz von Casablanca Anfang 1943 hatten die Alliierten - die USA, Großbritannien und die Sowjetunion - zum ersten Mal das Kriegsziel der bedingungslosen Kapitulation formuliert. Nach verschiedenen Plänen, wie mit Deutschland nach dem Krieg zu verfahren sei, beschlossen die Alliierten die Bildung von drei Besatzungszonen und die gemeinsame Verwaltung Groß-Berlins. Die Aufteilung Deutschlands sollte in den Grenzen vom 31. Dezember 1937 geschehen. Die Oberbefehlshaber in den einzelnen Besatzungszonen sollten die *supreme authority* sein. Daneben sollte eine gemeinsame Regierung aller Besatzungszonen durch eine oberste Kontrollbehörde geschaffen werden. Außerdem waren regelmäßige Treffen der Außenminister geplant.

---

[587] FROTSCHER/PIEROTH, Rn. 585-593.

Auf der Konferenz von Jalta im Februar 1945 wurde auch Frankreich eingeladen, sich zu beteiligen. Am 8. Mai 1945 kapitulierte die Wehrmacht. Die politische Gewalt ging nun tatsächlich auf die Alliierten über. In der Viermächteerklärung von 5. Juni 1945 erklärten die Alliierten die Übernahme der Regierungsgewalt und dass keine Annexion beabsichtigt sei. Am 30. Juli 1945 nahm der alliierte Kontrollrat als höchstes Organ der Viermächteverwaltung in Berlin die Arbeit auf. Darunter existierte ein Koordinationskomitee mit zwölf Direktoraten. Wegen der Größe der Kontrollratsbehörde kam schnell die Forderung nach einer deutschen Zentralbehörde auf, was aber durch das Veto Frankreichs verhindert wurde. Zonenübergreifende Einzelmaßnahmen scheiterten am Einspruch der UdSSR. Die Militärgouverneure waren weisungsgebunden und hatten durch die politischen Vorgaben nur enge Entscheidungsspielräume.[588]

Potsdamer Abkommen

Ohne Beteiligung Frankreichs wurde am 2. August 1945 zwischen den Siegermächten das *Potsdamer Abkommen* geschlossen. Darin wurden die Abrüstung Deutschlands, die Entnazifizierung, die Auflösung aller nationalsozialistischer Organisationen, die Aufhebung nationalsozialistischer Gesetze und die Bestrafung von Kriegsverbrechern festgelegt. Die zukünftige Staatsform Deutschlands wurde nur allgemein beschrieben: Sie sollte demokratisch sein, eine zentrale Regierung war zunächst nicht vorgesehen. Die Provinzen östlich Oder/Neiße blieben außerhalb der Zuständigkeit des Kontrollrats und wurden durch Polen verwaltet, Ostpreußen durch UdSSR. Die Grenzfragen sollten später endgültig geklärt werden. Letztendlich bestand keine Einigkeit über die deutsche Zukunft. Die verfassungspolitischen Ziele der Alliierten gingen zu weit auseinander. Auch in der Folgezeit waren keine weiterführenden Maßnahmen möglich wegen der Widersprüchlichkeit der politischen Konzepte und der zweigleisigen Organisationsstruktur mit allgewaltigen Zonenbefehlshabern und zentraler Kollegialbehörde. Es handelte sich um einen Kompromiss zwischen Teilung und Einheit. Im Ernstfall konnte jeder seine Zone halten. Zu ersten Konfrontationen kam es wegen der sowjetischen Forderung nach Reparationen. Dissens bestand bei der Frage der deutschen Regierung und der Einheit des deutschen Wirtschaftsraumes. Die letzte Außenministerkonferenz fand im November/Dezember 1947 in London statt. Nach ihrem Scheitern war die Entscheidung für die Teilung gefallen.[589]

671

unterschiedliche Ziele der Besatzungsmächte

Die amerikanische Politik wollte keine Reparationen, sondern den Wiederaufbau Europas betreiben. Dabei sollte auch die Wirtschaft Deutschlands integriert werden. Im Juli 1946 einigten sich die USA mit Großbritannien über die Errichtung der Bizone. Die Sowjetunion forderte Reparationen aus ganz Deutschland, schirmte dagegen die eigene Besatzungszone vor Einfluss der Westmächte ab. Frankreich lehnte einen gesamtdeutschen Staat ab und wollte die Bildung eines autonomen Rheinstaates und eines staatenbündisch organisierten Restdeutschlands. Die Entwicklung wurde auf Zonenebene vorangetrieben. Maßgebliche Impulse wurden wegen der Uneinigkeit der Großmächte durch die Militärgouverneure gegeben. In den Besatzungszonen waren die Militärgouverneure die Inhaber der Staatsgewalt. Vor allem durch die Initiative des amerikanischen Militärgouverneurs Clay wurden bis Ende 1946 in Westdeutschland Länder gebildet und fanden Anfang 1946 erste Kommunalwahlen statt. Die Demokratisierung konnte nicht ohne die Deutschen stattfinden. Seit Oktober 1945 bildeten sich auch die ersten Parteien wieder. Die SPD wurde in Hannover durch Kurt Schumacher wiedergegründet. Bei der CDU wurde Konrad Adenauer Vorsitzender in der britischen Zone. Die Militärgouverneure setzten Ministerpräsidenten ein, deren Maßnahmen sie aber aufheben oder verhindern konnten.

672

---

[588] WILLOWEIT, § 41 I, S. 364 f.
[589] WILLOWEIT, § 41 II, S. 366-369.

Auch gewählte Länderparlamente waren abhängig. Die Besatzungsmächte hatten ein Interesse am Aufbau deutscher Verwaltungen. Die Versorgung konnte nicht ohne Mithilfe deutscher Behörden gesichert werden. Außerdem sollten so die Besatzungskosten gesenkt werden. Die Besatzungsmächte setzten verschiede Akzente: Bei den Amerikanern fand sich traditionell ein starker Föderalismus, während die Briten eher zentralistische Neigungen zeigten. Das Saargebiet wurde durch eine Zollunion mit Frankreich verbunden.

Verfassungsgebung in den Ländern

Im Februar 1946 erging in der amerikanischen Zone der Auftrag an die Ministerpräsidenten, Landesverfassungen auszuarbeiten. Ende des Jahres wurden sie durch Volksabstimmungen angenommen. Die demokratische Legitimation wurde als Voraussetzung für die Übertragung von Aufgaben auf deutsche Regierungen angesehen. Die Kooperation mit den Deutschen wurde seit einer Rede des amerikanischen Außenministers Byrnes in Stuttgart im September 1946 offizielle Politik. Die Verfassungsberatungen wurden nur mittelbar von den Alliierten beeinflusst. Problematisch war vor allem Berufsbeamtentum und dessen Beteiligung an der Parteipolitik. Die Deutschen konnten sich aber in diesem Punkt durchsetzen wegen des hohen Erfolgsdrucks der amerikanischen Behörden. Die Verfassungen waren geprägt durch die Distanz zum Nationalsozialismus. Betont wurden die Menschenrechte und die christliche Tradition. Es wurden viele Staatszielbestimmungen aufgenommen. Häufig war die Möglichkeit der Sozialisierung vorgesehen. Die Motive dahinter waren unterschiedlich: Die SPD verfolgte das Konzept des demokratischen Sozialismus, bei Bürgerlichen herrschte dagegen die Überzeugung vor, dass das Nachkriegschaos nicht anders bewältigt werden könne. Grundsätzliche Vorgabe der Alliierten war eine parlamentarische Demokratie.[590]

673

Entnazifizierung und Nürnberger Prozesse

Die Bewältigung der nationalsozialistischen Vergangenheit sollte durch die Entnazifizierung und die Kriegsverbrecherprozesse vorangetrieben werden. Nach Kriegsende wurde eine Masseninternierung aller höheren nationalsozialistischen Funktionsträger durchgeführt. In einer umfassenden Fragebogenaktion in der amerikanischen Zone sollte die Belastung der einzelnen Personen ermittelt werden. Ein Drittel der Angehörigen des öffentlichen Dienstes und der Führungskräfte der Wirtschaft wurden daraufhin entlassen. Ausnahmen wurden nur zur Sicherung des hohen Verwaltungsbedarfs zugelassen. Mit dem Gesetz zur Befreiung von Nationalsozialismus und Militarismus vom 5. März 1946 übertrugen die Amerikaner die Entnazifizierung auf deutsche Spruchkammern. Die Verfahren wurden großenteils bis Mai 1948 durch Amnestien beendet. Der Kalte Krieg trat nun in den Vordergrund. Die Strafverfolgung nationalsozialistischer Verbrechen betrachteten die Alliierten als ihre Aufgabe. Die *Nürnberger Prozesse* gegen die Hauptkriegsverbrecher fanden von November 1945 bis Oktober 1946 statt. Daneben gab es zahlreiche Prozesse vor Militärtribunalen. Dieses Vorgehen wurde allgemein als Siegerjustiz empfunden. Kritikpunkt war, dass die Strafen von alliierten Gerichten verhängt wurden. Weniger problematisch wegen neu aufkommender naturrechtlicher Anschauungen wurde der Grundsatz *nullum crimen sine lege* gesehen. Bis 1950 blieb die Strafverfolgungskompetenz in alliierter Hand.[591]

674

---

[590] Willoweit, § 41 III 4, S. 373.
[591] Willoweit, § 41 III 3, S. 371 f.

2. Der Weg zum Grundgesetz[592]

Londoner Sechsmächtekonferenz

Nach dem Scheitern der Londoner Außenministerkonferenz vom Dezember 1947 einigten sich die Westmächte darauf, Beratungen über die Gründung eines westdeutschen Staates aufzunehmen. Die daraufhin zustande gekommene Londoner Sechs-Mächte-Konferenz führte dazu, dass die Sowjetunion am 20. März 1948 die Arbeit im Kontrollrat einstellte. Die Verhandlungen der Westmächte waren schwierig wegen den Bedingungen Frankreichs: Deutschland durfte nur eine Föderation werden, das Saargebiet sollte abgetrennt werden und das Ruhrgebiet sollte unter internationale Kontrolle gestellt werden. Andererseits sollte das Rumpfdeutschland auch einen Schutzwall gegen die Sowjetunion bilden. Amerikaner und Briten setzten sich insofern durch, als Deutschland zwar föderalistisch strukturiert werden sollte, aber die Souveränität beim Volk, nicht bei den Ländern liegen sollte. Die deutsche Wirtschaft sollte als Ganzes in ein Wiederaufbauprogramm miteinbezogen werden. Einzelheiten der Verfassung sollten die Deutschen bestimmen. Grundbedingungen waren ein parlamentarisches System und Freiheitsrechte, etwa gleichstarke Länder, eine Länderkammer und ein Präsident mit Repräsentativaufgaben.

675

Frankfurter Dokumente

Um einen wirtschaftlichen Neuaufbau zu ermöglichen, wurde am 21. Juni 1948 eine Währungsreform durchgeführt. Dann traten die drei Westzonen der Marschallplanorganisation bei. Die Militärgouverneure setzten die Londoner Beschlüsse in den *Frankfurter Dokumenten*[593] um. Diese enthielten den Auftrag zur Schaffung einer Verfassung, zur Überprüfung der Ländergrenzen und Regeln für ein künftiges Besatzungsstatut. Die Ministerpräsidenten sollten eine verfassungsgebende Versammlung einberufen. Die Alliierten behielten sich die Außenpolitik, den Außenhandel und die Kontrolle der Industrie vor. Jede Verfassungsänderung war genehmigungspflichtig. Außerdem bestand ein Widerspruchsrecht gegen einfache Gesetzgebung und ein Notstandsrecht.

676

Parlamentarischer Rat

Nachdem ein Verfassungskonvent auf Herrenchiemsee vom 10. bis 23. August 1948 einen Vorentwurf erarbeitet hatte, beriet ab dem 1. September 1948 der *Parlamentarische Rat*. Er hatte 65 Mitglieder, die von den Landesparlamenten nach einem besonderem Gesetz gewählt worden waren. Fast die Hälfte der Mitglieder hatte vor 1933 politischen Körperschaften angehört. Ausschüsse formulierten Vorentwürfe, die dann im Hauptausschuss beraten wurden. Am 22. November 1948 stellten die Alliierten Richtlinien über eine neue Verfassung auf, um mehr Einfluss zu nehmen. Hauptkonflikte mit den Alliierten waren das Verhältnis zwischen Bund und Ländern und die Finanzverfassung. Die zentralistisch orientierte SPD hatte eine starke Bundesfinanzverfassung durchgesetzt, dafür im Gegenzug der CDU/CSU eine starke Länderkammer zugestanden. Am 8. Mai 1949 nahm der Parlamentarische Rat den Entwurf des Grundgesetzes an. Auch die Militärgouverneure gaben ihre Zustimmung. Bei der nachfolgenden Abstimmung in den Länderparlamenten stimmte nur der bayerische Landtag nicht zu. Am 23. Mai 1949 wurde das Grundgesetz verkündet. Nach Inkrafttreten der neuen Verfassung galt zugleich ein neues Besatzungsstatut. Bund und Länder sollten Träger der Staatsgewalt sein, die Souveränität war aber im Rahmen der Frankfurter Dokumente eingeschränkt. Ab 6. Juni 1949 nahm die *Alliierte Hohe Kommission* die Rechte der Besatzungsmächte wahr.[594]

677

---

[592] Vgl. die ausführliche Darstellung bei Wilms, Dokumente zur neuesten deutschen Verfassungsgeschichte, Band III/2, S. 29 ff.

[593] Zu den Einflüssen der Alliierten auf das GG ausführlich: Wilms, Ausländische Einwirkungen auf die Entstehung des Grundgesetzes, S. 46 ff.

[594] Willoweit, § 42 II, S. 384-387.

Grundgesetz

Das Grundgesetz war geprägt von den Erfahrungen der Vergangenheit, vor allem vom Versagen der Weimarer Verfassung und der Diktatur Hitlers. Daraus resultierten die Anerkennung der Menschenwürde, die Grundrechte und Verfassungsschutzregelungen. Das Gleichgewicht zwischen Parlament und Staatsoberhaupt wurde aufgegeben. Es war nur ein schwacher Präsident vorgesehen. Außerdem enthielt das Grundgesetz kaum basisdemokratische Elemente. Der Grundrechtskatalog wurde an den Anfang gestellt und für unmittelbar anwendbar erklärt. Durch eine Rechtsweggarantie und die Schaffung einer Verfassungsgerichtsbarkeit sollte ein umfassender Schutz individueller Rechte erreicht werden. Das Grundgesetz war geprägt vom Naturrechtsdenken, dass Menschen im Besitz vorstaatlicher Rechte seien.

678

Ende der Besatzungshoheit

Die Aufhebung des Besatzungsstatuts ging einher mit der Westintegration der neugegründeten Bundesrepublik durch Einbindung in das atlantische Sicherheits- und europäisches Wirtschaftssystem. Dieses Vorgehen beruhte auf dem Misstrauen der Westmächte und dem Sicherheitsbedürfnis Frankreichs. Die Akzeptanz in der Bundesrepublik war wegen des Sicherheitsbedürfnisses gegenüber dem Sowjetsystem in Osteuropa groß. Die erste Bundestagswahl fand am 14. August 1949 statt. Es folgte die Konstituierung der ersten Bundesorgane, der Bundesregierung unter Konrad Adenauer und des Bundespräsidenten Theodor Heuss. Die erste Einschränkung des Besatzungsstatuts wurde im *Petersberger Abkommen* vom 22. November 1949 erreicht. Es gestattete Wiederaufnahme konsularischer Beziehungen und die Aufnahme in die internationale Ruhrbehörde. Seit dem Ausbruch des Koreakrieges und Zündung der ersten sowjetischen Atombombe 1950 wurde ein deutscher Verteidigungsbeitrag diskutiert. 1951 wurde das Besatzungsstatut revidiert. Die Alliierten verzichteten auf den Kontrollvorbehalt gegenüber einfacher Gesetzgebung und gestanden begrenzte außenpolitische Handlungsmöglichkeiten zu. Die *Hohe Kommission* empfahl den Regierungen eine vertragliche Grundlage für die Beziehungen mit Deutschland. Die Westmächte erklärten daraufhin den Kriegszustand für beendet.

679

3. Die Gründung der DDR

Entwicklung in der SBZ

Die sowjetische Besatzungszone nahm von Anfang an eine andere Entwicklung als die drei Westzonen. Sie wurde verwaltet durch die *Sowjetische Militäradministration in Deutschland* (SMAD). Zwar wurde auch hier in Form von fünf Ländern eine föderale Struktur geschaffen. Die Mitte 1947 geschaffene Deutsche Wirtschaftskommission erhielt jedoch seit Februar 1948 die Gesetzgebungskompetenz für die gesamte Zone. Elemente zentraler Wirtschaftsplanung waren auch schon früher angelegt. Die zentrale Wirtschaftsplanung hatte vor allem die Befriedigung der Reparationsforderungen der Sowjetunion zum Ziel. Früher als in den Westzonen, schon Mitte 1945, wurden die Parteien KPD, SPD, CDU und LDP zugelassen. Die Parteien arbeiteten zusammen im sog. *zentralen Block*. Beschlüsse wurden einvernehmlich und für die Parteien bindend gefasst. Am 21. April 1946 wurden KPD und SPD in der SED zusammengeschlossen. Der Parteienblock geriet unter den Einfluss der SED. Beim Aufbau der Verwaltung wurden SED-Funktionäre unter dem Deckmantel der Entnazifizierung bevorzugt. Seit Mitte 1945 wurde eine Bodenreform durchgeführt, bei der alle Güter über 100 ha enteignet wurden. Neue Bauern erhielten nur ein beschränktes Nutzungsrecht. Im Sommer 1946 gab die SMAD den Auftrag zur Ausarbeitung von Landesverfassungen. Die SED erarbeitete einen Entwurf zentral für alle Länder, der bis Januar 1947 verabschiedet wurde. Auch in den Landesregierungen fand das Blockprinzip Anwendung.

680

Die Verfassungen orientierten sich an bürgerlich-liberalen Vorbildern, aber alle Staatsgewalt konzentrierte sich im Parlament. Dadurch wurde die Gewaltenteilung und die Unabhängigkeit der Justiz überwunden. Außerdem gab es kein Berufsbeamtentum.

Gründung der DDR

Parallel zur Gründung des Weststaates wurde auch in der SBZ die Gründung eines eigenen Staates betrieben. Dabei wurde dies rein äußerlich in Übereinstimmung mit den führenden Politikern getan. Die sowjetischen Vorstellungen über die Staatsorganisation, insbesondere die Führungsrolle der Partei der Arbeiterklasse und das Blockprinzip, wurden von der *Gruppe Ulbricht* umgesetzt, die während des Krieges in der Sowjetunion geschult worden war. Am 7. Dezember 1947 und 18. März 1948 trat der *Deutsche Volkskongress für Einheit und Frieden* zusammen, an dem auch Delegierte aus den Westzonen teilnahmen. Er sah sich als Vertretung Gesamtdeutschlands. Bei seinem zweiten Treffen wählte er aus den Delegierten den *Deutschen Volksrat,* der über eine neue Verfassung beraten sollte. Mit diesem Vorgehen war auch die Beeinflussung der öffentlichen Meinung in den Westzonen beabsichtigt. Die Wahl zum dritten Volkskongress 1949 erfolgte aber schon mit einer Einheitsliste. Am 19. März 1949 nahm der Volksrat die neue Verfassung an, ließ sie vom Volkskongress bestätigen und setzte sie am 7. Oktober 1949 in Kraft. Danach nannte er sich *Deutsche Volkskammer.* Aufsicht führte die *Sowjetische Kontrollkommission.* Der Verfassungstext der DDR spiegelt nicht die Realität wieder. Es existierte keine Gewaltenteilung. Die SED übte maßgeblichen Einfluss durch das Parlament aus. Sie wandelte sich zu einer Partei neuen Typs, lehnte sich in den Strukturen an die KPdSU an und bekannte sich zum *Marxismus-Leninismus.*[595]

681

marxistisch-leninistischer Staats- und Rechtsbegriff

Nach marxistisch-leninistischen Vorstellungen war das politisch organisierte Gemeinwesen Ausdruck der jeweiligen Klassenverhältnisse in einer bestimmten historischen Entwicklungsphase. Der Staat sei das Instrument der gerade herrschenden Klasse. Ziel war die Begründung einer klassenlosen Gesellschaft. Dann würden die Institutionen des Staates überflüssig werden. Zur Erreichung des Zieles sei die *Diktatur des Proletariats* notwendig. Das Recht fungierte hier als Instrument der Arbeiterklasse zur Erreichung seiner politischen Ziele. Die Verbindlichkeit des Rechts war dementsprechend problematisch, da es der Politik untergeordnet war. Wissenschaftliches Fundament des Verfassungssystems war der *Historische Materialismus.* Dies war die von Karl Marx (1818-1883) entwickelte Geschichtsphilosophie. Marx meinte, eine durchgehende Gesetzmäßigkeit im Verlauf der Geschichte und damit den Sinn der Geschichte erkannt zu haben. Die Gesetzmäßigkeit bestand im Klassengegensatz. Ziel war die Aufhebung des Klassengegensatzes im *Kommunismus.* Dieser schließe die Entwicklung der menschlichen Geschichte ab. Im Kommunismus existiere eine klassenlose Gesellschaft, die Produktionsmittel seien einheitlich Volkseigentum und alle Mitglieder der Gesellschaft seien sozial gleichgestellt. In der Neuzeit bestünde der Klassengegensatz zwischen bürgerlicher Klasse und Proletariat. Der herrschende Kapitalismus mit dem Privateigentum an Produktionsmitteln führe zur Ausbeutung der Arbeiterklasse und in der Folge zur Entfremdung der Menschen von ihrer Natur. Die Diktatur des Proletariats, eigentlich eine nur als Übergangszeit gedachte Phase, schuf in den sozialistischen Staaten die ideologische Basis für autoritäre Verfassungsformen, deren Dauer nicht mehr bestimmt war.[596]

682

---

[595] Willoweit, § 42 III, S. 388-390.
[596] Willoweit, § 45 I, S. 433 f.

Verfassung der DDR

Die Verfassungsrealität in der DDR war der *real existierende Sozialismus* als Vorstufe des Kommunismus. Die führende Rolle kam der SED als einzige marxistisch-leninistische Partei zu. Nach der Parteiideologie übte das Proletariat politische Macht über seine Partei aus. Die Partei stellte die wissenschaftliche Leitung der gesellschaftlichen Entwicklung sicher. An den Produktionsmitteln bestand sozialistisches Eigentum.

Maßgebliches Verfassungsprinzip war der *demokratische Zentralismus*: Wählbarkeit aller Organe von unten nach oben und unbedingte Verbindlichkeit der Beschlüsse der oberen Organe für die unteren. Grundrechte wurden nur begrenzt anerkannt wegen der vorgeblichen Interessengleichheit zwischen Individuum und Gesellschaft. Sozialistische Grundrechte bezogen sich auf die Entwicklung des Individuums in der Gesellschaft und waren Teilhabe- und Mitwirkungsrechte. Ziel war die Herausbildung einer sozialistischen Persönlichkeit. Die Verfassungspraxis der DDR war geprägt durch viele Verfassungsänderungen. Wegen des Primats der Politik konnten die Normen jederzeit flexibel den jeweiligen Machtverhältnissen angepasst werden. Ab 1950 wurde die Staatsorganisation durch Aufhebung der Länder und Schaffung von Bezirken zentralisiert. Nach dem Tod des ersten Präsidenten Wilhelm Pieck wurde die Staatsspitze umgestaltet. Als Ersatz für den Präsidenten wurde ein Staatsrat geschaffen. Maßgeblichen Einfluss hatte der Staatsratsvorsitzende. Diese Funktion war auf Ulbricht zugeschnitten. Die Bedeutung der übrigen Verfassungsorgane blieb gering. Die Regierung wurde zum Ministerrat, der nur wirtschaftliche Planungsfunktionen hatte, die Volkskammer bestätigte die vorgelegten Beschlüsse immer einstimmig. 1968 wurde der Verfassungstext an die neue Verfassungslage angepasst und eine neue Verfassung verabschiedet. Diese schrieb die Führungsrolle der Partei und des Staatsrates fest. Nach dem Sturz Ulbrichts 1971 wiederum wurde die Verfassung erneut verändert. Die Macht des Staatsrates wurde reduziert und der Ministerrat gestärkt. Vor allem aber wurde der Einfluss der Partei durch die Stärkung des Politbüros gesichert.[597]

683

SED

Die staatlichen Institutionen gaben nur unvollkommen die verfassungsrechtliche Struktur der DDR wieder. Entscheidendes Charakteristikum war die Einheit von Staat und Partei. Staatliche Institutionen und Parteistrukturen bestanden nebeneinander, wichtige Staatsämter waren von SED-Mitgliedern besetzt. Auch die Partei war nach dem Grundsatz des demokratischen Zentralismus organisiert. Das demokratische Element sollte in der Bestellung aller Parteigremien durch den Wahlakt der Mitglieder realisiert werden. In den 80er Jahren hatte die Partei 2,25 Mio. Mitglieder, jeder fünfte Erwachsene war also Mitglied. Die Parteiorganisation umfasste entsprechend der staatlichen Gliederung gewählte Gremien auf Gemeinde-, Kreis-, Bezirks- und Republikebene. Das höchste Organ war nach dem Statut der Parteitag, der seit 1975 alle fünf Jahre zusammentrat. Zwischen den Parteitagen sollte das von diesen gewählte *Zentralkomitee* (ZK) deren Funktionen wahrnehmen. Es trat zwei- bis dreimal jährlich zusammen und wählte die nachfolgenden Führungsgremien. Faktisch fungierten Parteitag und ZK nur als Akklamations- und Deklamationsorgan für die Politik der Parteihierarchie. Die Parteispitze wurde vor allem durch das Sekretariat des ZK verkörpert. Es stand mit zuletzt elf Sekretären an der Spitze des zentralen Apparates von 2000 hauptamtlichen Mitarbeitern, die in 41 Abteilungen ressortmäßig organisiert waren. An der Spitze der Sekretäre stand seinerseits der Generalsekretär als der oberste Funktionär und Repräsentant der Partei. Alle elf Sekretäre und der Generalsekretär saßen auch im Politbüro, das in den 80er Jahren 21 Vollmitglieder und 4 Kandidaten umfasste.

684

---

[597] WILLOWEIT, § 45 III, S. 437-439.

Das Politbüro war das Zentrum der Macht im politischen, wirtschaftlichen und gesellschaftlichen System der DDR. Es trat wöchentlich einmal zusammen und traf alle grundsätzlichen politischen und personellen Entscheidungen. Das zentralistische Element beinhaltete nach der leninistischen Parteilehre die Bindung der untergeordneten Parteigremien an Beschlüsse der übergeordneten, das Gebot strikter Parteidisziplin und das Verbot parteiinterner Fraktionsbildung.

Da auch die Wahlen durch untergeordnete Parteiorganisationen auf Vorschlagslisten der übergeordneten und exekutiven Gremien zurückgingen und der nichtgewählte Parteiapparat einen erheblichen Vorsprung bei der Informations- und Entscheidungsfindung hatte, dominierte in der politischen Praxis der SED wie der gesamten SED das zentralistische über das demokratische Element.[598]

IV. Die deutsche Wiedervereinigung

Wiedervereinigung

Die Wiedervereinigung beider deutscher Staaten ist nicht nur aus politischer und gesellschaftswissenschaftlicher Sicht ein äußerst spannendes und bedeutendes Ereignis, sondern brachte auch aus Sicht der Rechtswissenschaft viele interessante Fragestellungen mit sich.

685

1. Politische Entwicklungen in Osteuropa

Osteuropa

Nicht nur in der DDR, in ganz Osteuropa, welches jahrzehntelang unter der Herrschaftsgewalt der Sowjetunion gestanden war, kam es in den 80er Jahren des 20. Jahrhunderts zunehmend zu Kritik am herrschenden System. Schon im Jahr 1980 streikten in Polen die Arbeiter in den Städten Warschau und Danzig sowie in Schlesien. Bis zum Jahr 1989 führte dies zu einer zunehmenden Schwächung des kommunistischen Systems und zu einer langsamen Hinwendung zu Reformen. So wurden im Jahr 1988 Opposition und Privatunternehmen zugelassen.

686

Auch in der Tschechoslowakei fanden 1988 Proteste gegen das herrschende Regime statt, die zu ersten „Runden Tischen" zwischen der kommunistischen Elite und den Reformern führten. 1989 wurde der Reformer Vaclav Havel zum Staatspräsidenten gewählt.

Diese Entwicklung setzte sich in den Jahren 1988 und 1989 in den anderen Ostblock-Staaten fort, wobei Ungarn mit seiner schon immer eher westlichen Ausrichtung voranschritt und Länder wie Bulgarien oder Rumänien erst später folgten. In Rumänien führten die Entwicklungen zu blutigen Auseinandersetzungen zwischen Geheimpolizei und Vertretern von Staatschef Ceausescu auf der einen sowie aufständischen Reformern auf der anderen Seite, die in der Festnahme und Hinrichtung Ceausescus im Dezember 1989 gipfelten.

Die Reformansätze in Osteuropa und ihre allmähliche Durchsetzung beruhten auf der Reformpolitik des sowjetischen Generalsekretärs Michail Gorbatschow, der im Jahr 1985 Nachfolger des verstorbenen Generalsekretärs Tschernenko geworden war. Auf dem XXVII. Parteitag der KPdSU im Jahr 1986 stellte Gorbatschow sein Reformprogramm vor: Perestroika (Umgestaltung) und Glasnost (Offenheit) waren die Schlagworte. Im Jahr 1988 wurde Gorbatschow auch sowjetisches Staatsoberhaupt. Danach gestaltete er die sowjetische Verfassung in Richtung einer präsidialen Republik um.

---

[598] WILLOWEIT, § 45 VI, S. 442-444.

Zusätzlich wurde ein Wahlrechtsgesetz eingeführt. Sowohl gegenüber den Amerikanern (Präsident Reagan) als auch gegenüber der UNO zeigte Gorbatschow den Willen zu Reformen und zur Abrüstung.

2. Der Niedergang der DDR

DDR

Die DDR befand sich seit 1976 in einer Phase der Stagnation, die sich aufgrund von wirtschaftlichen Problemen und dem daraus drohenden finanziellen Ruin seit dem Jahr 1982 zu einer umfassenden Staatskrise ausweitete. Diese ging einher mit einer Glaubwürdigkeitskrise, da der Staat seinen Pflichten gegenüber dem Volk in zunehmendem Maße nicht mehr nachkommen konnte. Dies zeigte sich vor allem in den Bereichen Ausbildung und Arbeitsplatzbeschaffung.

687

Mit dem zunehmenden Zerfall der Staates kam es im Jahre 1989 zu Protesten gegen die Kommunalwahlen und zu einer großen Ausreisewelle über die Reformländer im Osten, vor allem Tschechien und Ungarn, in den Westen.

Die Proteste gegen das herrschende Regime nahmen zu und fanden in den Leipziger Montagsdemonstrationen im Oktober 1989 einen ersten Höhepunkt. Am 17. Oktober 1989 setzte das SED-Politbüro Erich Honecker als Generalsekretär ab und bestimmte Egon Krenz als Nachfolger. Am 4. November 1989 demonstrierten in Ost-Berlin über 500.000 Bürger gegen das herrschende System.

Am 9. November 1989 fiel die Berliner Mauer und die Bürger der DDR hatten die Möglichkeit zur freien Ausreise in den Westen. Im Rahmen von „Runden Tischen" suchten Reformer und Altregierende nach Auswegen aus der Krise und nach einer Zukunft für die DDR. Am 18. März 1990 fanden die ersten freien Wahlen zur Volkskammer statt. Deren deutlicher Ausgang zugunsten des von der Ost-CDU dominierten Bündnisses aus Ost-CDU, Demokratischem Aufbruch und DSU beendete jede Diskussion um ein eigenständiges Fortbestehen der DDR, welche bis zum Wahltag auch aufgrund eines DDR-Verfassungsentwurfes einer Expertenkommission noch geführt worden war. Schon zuvor hatten die Verantwortlichen in der DDR versucht, durch eine Überarbeitung ihrer Verfassung das Überleben der DDR zu sichern.[599]

3. Rechtliche Fragen und Folgen der Wiedervereinigung

Wiedervereinigung

Rechtlich interessante Fragen im Rahmen der Wiedervereinigung entstanden sowohl in völkerrechtlicher Sicht gegenüber den anderen Staaten der Weltgemeinschaft als auch im zuerst noch supranationalen bzw. später innerdeutschen Recht. An dieser Stelle soll der Schwerpunkt bei den Beziehungen zwischen den beiden deutschen Staaten liegen. Grundlage der Wiedervereinigung nach außen, gegenüber den Siegermächten war der „Zwei-plus-Vier-Vertrag" (Vertrag über die abschließenden Regelungen in Bezug auf Deutschland), der von den Außenministern der sechs Staaten am 12. September 1990 in Moskau unterzeichnet wurde. Die Siegermächte erklärten darin den Verzicht auf alle Rechte an Deutschland.[600]

688

Zwischen BRD und DDR stellte sich vor allem die Frage, ob die DDR nach Artikel 23 GG der BRD einfach beitreten oder ob nach Artikel 146 GG im Rahmen einer Verfassungsänderung bzw. mit einer neuen Verfassung ein neuer deutscher Staat geschaffen werden sollte.

---

[599] Vgl. Sie zu den „Überlebensbemühungen" des DDR-Staates ausführlich: WILLOWEIT, § 46 IV 3, S. 422 ff.

[600] Dazu WILLOWEIT, § 46 V, S. 425.

Nach heftigen Diskussionen in Wissenschaft, Politik und Gesellschaft trat die DDR nach Artikel 23 GG der BRD bei.[601]

Eine weitere rechtlich relevante Frage war die nach der Bundeshauptstadt: Berlin oder Bonn? Diese Frage wurde zugunsten Berlins entschieden.

Des Weiteren bedeutsam war die Frage nach den Bundesländern der neuen BRD. Sollte die DDR als ein neues Bundesland behandelt werden oder in die Länder Brandenburg, Mecklenburg-Vorpommern, Sachsen, Sachsen-Anhalt und Thüringen aufgeteilt werden? Hier entschieden sich die Verantwortlichen für die Aufteilung der DDR in die genannten Bundesländer.

Wirtschafts- und Währungsunion

Die Wirtschafts- und Währungsunion zum 1. Juli 1990 spielte eine tragende Rolle in den rechtlichen Diskussionen der Wendezeit. Die Einzelheiten wurden in einem Staatsvertrag (Vertrag über die Schaffung einer Währungs-, Wirtschafts- und Sozialunion) vom 18. Mai 1990 niedergelegt.[602] Die D-Mark der BRD wurde als Währung beibehalten und die Restbestände an Ostmark konnten umgetauscht bzw. umgerechnet werden.

689

zivilrechtliche Probleme

Im Vordergrund standen neben den staatsrechtlichen Fragen die zivilrechtlichen Folgen der Wiedervereinigung. Vor allem die Frage nach dem Umgang mit den vor und während der Zeit der DDR durchgeführten Enteignungen auf dem Gebiet der neuen ostdeutschen Bundesländer barg und birgt Konfliktstoff in sich. Eigentumsrechte der Enteigneten und Rechte der neuen Eigentümer standen und stehen sich gegenüber.

690

Einigungsvertrag

Die rechtlichen Fragen der Wiedervereinigung wurden mit dem Einigungsvertrag zwischen den beiden deutschen Staaten vom 31. August 1990 gelöst, der am 20. September 1990 vom Bundestag in Bonn und der Volkskammer in Berlin sowie am 21. September 1990 vom Bundesrat verabschiedet wurde.

691

Am 1. Oktober 1990 gaben die vier Siegermächte die Deutschland-Erklärung ab, nach welcher sie für die Zukunft auf die besonderen Rechte an der Stadt Berlin verzichteten.

Am 3. Oktober 1990 trat die die DDR gemäß eines Beschlusses der Volkskammer vom 23. August 1990 der BRD bei. Die Wiedervereinigung war vollzogen.

Folgeprobleme

Nach der Wiedervereinigung stellten sich zunehmend Probleme auf den Sektoren Administration, Justiz, Polizei und Strafvollzug heraus. Schulen, der Justiz und den sonstigen öffentlichen Behörden fehlte es an qualifizierten und nicht vorbelasteten Beamten. Häufig wurde dies durch den Einsatz westlicher Beamten im Osten gelöst. Zusätzlich kam es mit der Privatisierung der DDR-Staatsbetriebe und deren Existenzbedrohung auf dem freien Markt zunehmend zu Entlassungen mit allen sozialen und arbeitsrechtlichen Konsequenzen. Die Belastung des Staates durch die Ausgaben für die Wiedervereinigung und deren Folgen führte außerdem zu Steuererhöhungen.

692

V. Der Weg zu einem geeinten Europa

Die Tendenz zu Rechtseinheit und beginnender staatlicher Einheit, die immer wieder in der Vergangenheit in verschiedenen staatlichen Einheiten, z.B. im Deutschland des 19. Jahrhunderts bis zur Reichsgründung 1871, zu beobachten war, hat nach dem Ende des II. Weltkriegs und dessen verheerenden Folgen auch von Europa Besitz ergriffen.

693

---

[601] Zu den Beitrittsmöglichkeiten vgl. Sie BVerfGE 36, 1 vom 31. Juli 1973; WILLOWEIT, § 46 V, S. 425 f.

[602] WILLOWEIT, § 46 V, S. 425.

1. Annäherung und Gründungsverträge

Die Einbeziehung Deutschlands in den Prozess der europäischen Integration gestaltete sich jedoch aufgrund der Teilung in Zonen und der Bedenken nach der NS-Zeit sehr schwierig. Noch im Brüsseler Pakt von 1948 schlossen sich Frankreich, Großbritannien, Belgien, die Niederlande und Luxemburg gegen Deutschland zusammen

694

Erste Ansätze der Annäherung ergaben sich durch den von Jean Monnet ausgearbeiteten „Schumann-Plan" zur Überwachung und Koordinierung des westeuropäischen Kohle- und Stahlmarktes.

Auch der Plan des französischen Ministerpräsidenten Pleven aus dem Jahr 1950, der eine europäische Verteidigungsgemeinschaft zum Ziel hatte, brachte Europa enger zusammen.

Gründungsverträge

Im Jahre 1952 bildete die Europäische Gemeinschaft für Kohle und Stahl (EGKS) zwischen Frankreich, Italien, Deutschland und den Benelux-Staaten, die auch als Montanunion bezeichnet wurde, einen weiteren Schritt auf dem Weg zur europäischen Integration.

695

Ein erster Höhepunkt der europäischen Integration stellen die Römischen Verträge aus dem Jahr 1957 dar. Deutschland, Frankreich, Italien und die Benelux-Staaten gründeten die Europäische Atomgemeinschaft (EURATOM) und die Europäische Wirtschaftsgemeinschaft (EWG). Dabei standen vor allem wirtschaftliche Ziele wie ein gemeinsamer Markt und fallende Zollschranken im Mittelpunkt.

Deutsch-Französische Aussöhnung (Elysée-Vertrag)

Weiter entscheidend zum Zusammenwachsen Europas trug die Aussöhnung der Erbfeinde Deutschland und Frankreich bei. Im Jahre 1963 wurde der Deutsch-Französische-Freundschaftsvertrag unterzeichnet, der Grundlage der Aussöhnung beider Staaten ist, die seit dem Deutsch-Französischen Krieg 1870/1871 über die beiden Weltkriege hinweg in Konkurrenz und Feindschaft gelebt hatten.

696

Im Jahre 1957 wurde durch das Abkommen über gemeinsame Organe für die Europäischen Gemeinschaften eine engere Verbindung der drei Gemeinschaften geschaffen. Im „Fusionsvertrag" von 1965 wurden ein gemeinsamer Rat und eine gemeinsame Kommission eingesetzt. Die Kompetenzen der Kommission richteten sich nach dem jeweiligen Gemeinschaftsvertrag.[603]

1973 traten Großbritannien, Irland und Dänemark, 1981 Griechenland und 1986 Portugal und Spanien der Staatengemeinschaft bei.

1979 fand die erste Direktwahl zum Europäischen Parlament statt.

Einheitliche Europäische Akte

Große Bedeutung hat die Einheitliche Europäische Akte von 1986, welche die europäische politische Zusammenarbeit außerhalb der drei Gemeinschaftsverträge auf eine vertragliche Grundlage stellte.

697

europäischer Grundrechtsschutz

Mit der Erklärung der Grundrechte und Grundfreiheiten von 1989 wurde die Entwicklung eines europäischen Grundrechtsschutzes beschleunigt, der durch den EuGH im Jahre 1969 mit der Entscheidung in der Rechtssache Stauder[604] angestoßen worden war und gegenwärtig mit der Europäischen Charta der Grundrechte in einer vorläufigen Vollendung begriffen ist.

698

---

[603] HERDEGEN, Europarecht, § 4, S. 32 ff.
[604] EuGH Urteil vom 12.11.1969, STAUDER, Stadt Ulm, Rs. 29/69, Slg. 1969, 419.

2. Die Verträge von Maastricht und Amsterdam

Maastricht

Der am 1. November 1993 in Kraft getretene Vertrag von Maastricht setzte neue Maßstäbe für die europäische Integration. Als gemeinsames Dach der europäischen Gemeinschaften wird die Europäische Union gebildet. Sinnbild für das neue europäische System wurde das Drei-Säulen-Modell aus den drei Gemeinschaften (EG, EGKS, EAG), der gemeinsamen Außen- und Sicherheitspolitik (GASP) und der Zusammenarbeit in den Bereichen Justiz und Inneres. Die Europäische Wirtschaftsgemeinschaft (EWG) wurde fortan als Europäische Gemeinschaft (EG) bezeichnet. Die politische Zusammenarbeit zwischen den Staaten wurde erweitert. Folge des Vertrages von Maastricht war die Einführung des neuen Artikels 23 GG. Der Weg nach Europa war für Deutschland erst frei, als das Bundesverfassungsgericht ihn am 12. Oktober 1993 ebnete.[605]

699

1995 traten Österreich, Schweden und Finnland der Europäischen Union bei.

Amsterdam

Weitere wichtige Änderungen ergaben sich durch den Vertrag von Amsterdam, der am 2. Oktober 1997 unterzeichnet wurde und am 1. Mai 1999 in Kraft trat. Hierbei handelte es sich allerdings um einen reinen Änderungsvertrag, der nicht wie der Amsterdamer Vertrag eine komplett neue europäische Architektur schuf. Gestärkt wurden die gemeinsame Sozial-, Umwelt- und Beschäftigungspolitik. Große Fortschritte wurden auch auf dem Sektor der Innen- und Sicherheitspolitik erzielt.

700

3. Der Vertrag von Nizza und die Europäische Verfassung

Nizza/ Charta der Grundrechte

Mit dem im Rahmen der Regierungskonferenz von Nizza im Dezember 2000 abgeschlossenen Entstehungsprozess einer Europäischen Charta der Grundrechte, die unter Leitung des ehemaligen deutschen Bundespräsidenten Roman Herzog von einem Grundrechtskonvent ausgearbeitet worden war und mit dem am 26. Februar 2001 unterzeichneten Vertrag von Nizza wurde ein neues Zeitalter für Europa eingeläutet.

701

Europäische Verfassung

Bevor jedoch der Vertrag von Nizza eine besondere Bedeutung erreichen konnte, erlangte die Diskussion um eine Europäische Verfassung große Bedeutung. Diese Verfassung (EU-Verfassungsvertrag) stand sodann im Mittelpunkt der politischen und rechtswissenschaftlichen Diskussionen und sollte eigentlich im Dezember 2003 unterzeichnet werden. Der Entwurf des Verfassungsvertrages geht auf die Arbeit eines europäischen Verfassungskonvents unter der Leitung des ehemaligen französischen Präsidenten Giscard d'Estaing zurück. Der Verfassungsvertrag umfasst drei Teile, darunter als einen Grundrechtskatalog die Europäische Charta der Grundrechte.[606] Er wurde dann am 29. Oktober 2004 vom Europäischen Rat in Rom unterzeichnet, vgl. aber unten (Rn. 704) zu entsprechenden Volksabstimmungen.

702

Osterweiterung

Mit diesem Verfassungsvertrag und dem Beitritt zehn weiterer Länder[607] stand die Europäische Union vor weiteren Herausforderungen. Vor allem die Angleichung der Sozial- und Rechtsstandards wird in Zukunft im Mittelpunkt stehen. Eine weitere Ausdehnung erfolgte zum 01.01.2007 durch die Aufnahme Rumäniens und Bulgariens.

703

---

[605] Vgl. BVerfGE 89, 155.

[606] EU-Verfassungsvertrag i.d.F. von Thessaloniki, EuGRZ 2003, 357 ff.

[607] Die Beitrittsländer des Jahres 2004 waren: Estland, Lettland, Litauen, Slowakei, Slowenien, Tschechien, Malta, Polen, Zypern und Ungarn.

4. Der (Reform-)Vertrag von Lissabon

Vertrag von Lissabon

Nachdem der in Rom unterzeichnete Verfassungsvertrag an den beiden Volksabstimmungen in Frankreich im Mai 2005 und in den Niederlanden im Juni 2005 gescheitert war, wurde auf seiner Grundlage der „Vertrag von Lissabon" geschaffen. Dessen wesentliche inhaltliche Unterschiede zum Verfassungsvertrag sind die Streichung der besonders umstrittenen staatstypischen Symbole wie einer Hymne und einer Flagge sowie die Umbenennung von „Verfassung" in „Vertrag". Am 13. Dezember 2007 konnte der Vertrag in Lissabon vom Rat unterzeichnet werden. Er trat aufgrund verschiedentlicher Verzögerungen in den Mitgliedstaaten erst am 1. Dezember 2009 in Kraft.

704

Lissabon-Urteil des BVerfG

Die deutsche Ratifizierung des Lissabon-Vertrages verzögerte sich aufgrund mehrerer beim Bundesverfassungsgericht anhängiger Verfassungsbeschwerden. Während Bundestag und Bundesrat mit großen Mehrheiten dem Gesetz zugestimmt hatten, stellte der Bundespräsident die Ausfertigung bis zur Entscheidung des BVerfG zurück, Dieses erklärte in seiner Entscheidung vom 30. Juni 2009[608] das Zustimmungsgesetz zum Reformvertrag selbst für verfassungskonform, forderte jedoch zugleich zu einer Stärkung der Beteiligungsrechte von Bundestag und Bundesrat auf.

705

Neuerungen durch den Vertrag von Lissabon

Durch den „Vertrag von Lissabon" wurde die bisherige Drei-Säulen-Struktur der Europäischen Union (EU) abgeschafft und der EU eigene Rechtspersönlichkeit verliehen. Das Primärrecht besteht nunmehr aus dem Vertrag über die Europäische Union (EUV; „ex" EU) und dem Vertrag über die Arbeitsweise der Europäischen Union (AEUV; „ex" EG). Während die Europäische Atomgemeinschaft (EAG oder EURATOM) eigenständig fortexistiert, ist die Europäische Gemeinschaft (EG) in die EU überführt worden; diese ist Rechtsnachfolgerin der supranationalen Gemeinschaft. Die Gemeinsame Sicherheits- und Außenpolitik (GASP) ist weiterhin als intergouvernementale Zusammenarbeit vorgesehen, die Polizeiliche und Justizielle Zusammenarbeit (PJZS) dagegen in den AEUV und damit in den Bereich supranationaler Rechtssetzung übernommen worden. Die Europäische Grundrechtecharta (EGRCh) ist rechtsverbindlich (nicht für Großbritannien und Polen). Neben dem erstmaligen Austrittsrechts aus der EU haben sowohl das Europäische Parlament als auch die nationalen Parlamente, letztere hinsichtlich des Subsidiaritätsprinzips, eine Stärkung erfahren.

706

---

[608] BVerfG, NJW 2009, 2267 = **Life&Law 2009, 618**. = **juris**byhemmer (Wenn dieses Logo hinter einer Fundstelle abgedruckt wird, finden Sie die Entscheidung online unter „juris by hemmer": www.hemmer.de.)

§ 15 Daten und Ereignisse im Überblick

Die nachfolgende Darstellung ist eine Übersicht der Inhalte dieses Skripts und gleichzeitig eine Lernhilfe für ein erfolgsorientiertes Lernen im Überblick. Über die Spalte „Lernstichworte/ Kontext" lässt sich das jeweilige Ereignis in den großen Zusammenhang einordnen und über den Verweis auf die jeweilige Randnummer im Skript kann das Überblickswissen zum jeweils betrachteten Ereignis erweitert oder vertieft werden:

Grundlagenwissen für Examen und Studium ist fett markiert.
Die grauen Markierungen heben besonders wichtige Ereignisse hervor.

Examenswissen für Ambitionierte stellen die Ereignisse ohne Markierung dar.

Datum:	Ereignis:	Lernstichworte/ Kontext:	Rn.:
98	**Germania des Tacitus**	**Beschreibung des Lebens der Germanen aus römischer Sicht**	445
130	**Edictum perpetuum**	**Kaiser Hadrian legt die bisherigen Kaiseredikte als bindend fest und lässt keine neuen mehr zu**	
161	**Institutionen des Gaius**	**Gaius war neben Ulpian, Papinian und Modestin einer der berühmtesten römischen Juristen**	120
291	Codex Gregorianus	Römische Kaisergesetze aus den Zeiten Hadrians (117-138) und Diokletians (284-305)	118
294	Codex Hermogenianus	Römische Kaisergesetze aus den Zeiten Hadrians (117-138) und Diokletians (284-305)	118
317	**Konstantinische Schenkung**	**Kaiser Konstantin zeigt sich nach dem Sieg über Maxentius im Jahre 312 dem römischen Bischof gegenüber erkenntlich, weist ihm eine Residenz zu, darauf aufbauend entsteht eine um 750 gefälschte Urkunde, Silvesterlegende, Papst leitet daraus seine Macht gegenüber den Kaisern ab, prägt den Papst-Kaiser-Konflikt, Otto I. erklärte sie zur Fälschung und nimmt damit den Päpsten ein Stück ihrer auch auf dieser „Schenkung" beruhenden Macht, auch Otto III. bekräftigt im Jahre 1001 den Fälschungsgedanken**	167
325	Konzil von Nicea	Zinsverbot festgelegt	148
426	Zitiergesetz für beide Reichshälften	Welche Juristen dürfen bei Rechtsfällen zitiert werden, Papinian ging anderen Meinungen vor	
438	**Codex Theodosianus**	**Umfassende Sammlung von römischen Kaiser-gesetzen und Juristenschriften, Vorläufer des Codex Justinianus und damit des Corpus Iuris Civilis, Kaiser Theodosius (408-450)**	118
458-466	**Edictum Theoderici**	**Westgotisches Volksrecht, Westgotenkönig Theoderich II., galt für Romanen und Germanen**	49
475/ 476	**Codex Euricianus**	**Westgotisches Volksrecht, Streit um Entstehung, ab 418 bis 601, Westgotenkönig Eurich(466-484) vermutlich Urheber, auch als Lex Visigothorum be-zeichnet, bis 711 immer wieder überarbeitet, in perfektem Latein verfasst, Überarbeitungen aber vul-garisierend, germanische und römisches Einflüsse, Systematik nach Sachzusammenhang**	49

476	Untergang des weströmischen Reiches	Letzter weströmischer Kaiser von Odoaker abgesetzt	
484-506	Lex romana visigothorum	Westgotisches Gesetzeswerk, auch als Breviarium Alarici bezeichnet, Westgotenkönig Alarich II. (484-507), 506 in Kraft gesetzt, bedeutendste Quelle aus dem Westen des römischen Reiches dieserZeit	48
507-511	Lex salica	Gesetzgebung des Frankenkönigs Chlodwig (481-511), hoher Anteil von Vulgarismen und volkssprachigen Ausführungen (Malbergische Glossen), geringe Spuren antiken Rechts, 8 überlieferte Fassungen	49
516-523	Lex Burgundionum	Volksrecht der Burgunder, Entstehungszeitpunkt umstritten (wohl nicht um 500, sondern erst 516-523 unter Sigismund), reines Latein, wenig Vulgarismen, Einflüsse des römischen Rechts, geringe Systematik, auch als Lex Gundobada bezeichnet	49
533/ 534	Justinianische Gesetzgebung	Initiator war der oströmische Kaiser Justinian (527-565), Herstellung der Rechts- und Reichseinheit, Tribonian, Kommissionen, erst ab 1583 Corpus Iuris Civilis genannt, bestand aus Pandekten (Digesten), Institutionen des Gaius, Novellen und Codex Justinianus, Vulgata, Rezeption	117 ff.
554	Sanctio pragmatica	Das Corpus Iuris Civilis gilt auch im Westen des Römischen Reiches	123
584-629	Lex ribuaria	Merowingisches Gesetzbuch, für die Franken im Land der Ribuaren, genaue Entstehung umstritten, wohl zur Zeit Chlothar II. (584-629)	49
596	Decretio Childeberti	Fränkisches Volksrecht, Beratungen des Königs Childebert (574-596) mit seinen Fürsten entsprungen, Einfluss burgundischen Rechts	49
643	Edictum Rothari	Edikt des Langobardenkönigs Rothari, Zusammenwirken von König und Volk bei Gesetzgebung, christliche und römische Einflüsse, klare Rechtssetzung und Rechtslehre, assoziativ geordnet, vulgarisiertes Latein, Bußkataloge	49
724/ 725	Lex Alamannorum	Volksrecht, Insel Reichenau, süddeutsch-alemannischer Raum, zwei Elemente: Pactus Legis Alamannorum (613-623 zur Zeit Chlothar II.) und eigentliche Lex Alamannorum (717-725), klare Struktur, drei Teile, starker kirchlicher Einfluss	50
737	Entstehung Bayerns	Name abgeleitet vom Fluss pago ivarus (Nehlsen)	
741-743	Lex Baiuvariorum	Volksrecht der Bayern, erschaffen von Mönchen aus Niederalteich, beinhaltete Teile des Codex Euricianus, Streit um Entstehungsgeschichte (6. bis 8. Jahrhundert), überwiegend Strafrecht, planvoll gegliedert	50
789	Aachener Synode	Zinsverbot bekräftigt	148
795	Capitulare de Villis	Fränkisches Gesetz, das Villikations-verfassung und Grundherrschaft regelt	76

8. Jh.	Enstehung des Frankenreiches	Fränkische Könige, sakrales Königtum, Kapitularien	*70-97*
802/ 803	Aachener Reichstag	Kodifikationsbefehl Kaiser Karls des Großen, danach Entstehung weiterer Volksrechte	*50*
803	Lex Francorum Chamavorum	Volksrecht der Chamaven, Weistum von 48 Titeln	*50*
803	Lex Frisionum	Volksrecht der Friesen, fränkisch beeinflusst, systematisch gegliedert, Regelungsgegenstand: Strafrecht	*50*
803	Lex saxonum	Sächsisches Volksrecht	*50*
803	Lex Thuringorum	Auch Lex Angliorum et Vuerinorum hoc est Thurngorum genannt, Volksrecht der Angeln und Warnen, Weistumscharakter	*50*
919-1024	Ottonenkaiser	Ottonische Reichskirchenreform	*98-114*
962	Kaiserkrönung Otto I.	Streit um Beginn des Heiligen Römischen Reichs dt. Nation (nach a.A. schon 800 mit der Kaiserkrönung Karls des Großen), Ottonische Kirchenpolitik	*98*
Ab 1000	Gottesfrieden-bewegung	Gottesfrieden, vor allem bis zum III. Laterankonzil 1179, ausgehend von Südfrankreich, Charoux, Poitiers, Puy-en-Velay, Soissons, Limoges und Marseille, aber auch in Deutschland: 1083 Köln, 1085 Bamberg, 1094 Bayern etc., gegen Fehde, Verbrechen und sonstige Gefahren des Friedens der Gemeinschaft	*266 ff.*
11. Jh.	Kluniazensische Kirchenreform	Erneuerung des krichlichen Lebens, Kloster Cluny in Burgund, Unabhängigkeit der Kirche vom Staat	*163 f.*
11. Jh.	Beginnende Wiederentdeckung des Corpus Iuris	Legistik, Rezeption, italienische Rechtsschulen, Glossatoren	*123 ff.*
1024-1125	Salier-Kaiser	Papst-Kaiser-Konflikt, Zweischwerterlehre, Gang nach Canossa	*162 ff.*
1032	Lehensgesetz Konrads		*96*
Ab 1050	Libri Feudorum	Langobardisches Lehensrecht, Entstehung und Fortentwicklung im 11./12. Jh.	*115, 122*
1054	Schisma	Schisma zwischen Ost- und Westkirche, Rom contra Konstantinopel	*165*
1073-1122	Papst-Kaiser-Konflikt	Heinrich IV., Streit um Bischofseinsetzung (Investiturstreit), Zwei-Schwerter-Lehre, Papst Gregor VII., 1076 Papstabsetzung, Kirchenbann, 1077 Gang nach Canossa, 1122 unter Heinrich V. Beilegung, Wormser Konkordat	*167 ff.*
1075	Dictatus Papae	Papst Gregor VII. erhebt Forderung nach absoluter päpstlicher Jurisdiktionsgewalt	*165*
1077	**Gang nach Canossa**	**Kaiser Heinrich IV. (1056-1106), Papst-Kaiser-Konflikt**	*169 ff.*
1096-1270	**Kreuzzüge**	**Pilgerfahrt zum Grab Christi, zunehmend christlicher Gedanke aber zugunsten wirtschaftlicher (Fernhandel) und militärischer Ziele (Vernichtung der Glaubensfeinde) aufgegeben**	

1100	Scholastische Schule	Im 11./12. Jh., Vertreter waren Anselm von Canterbury, Albertus Magnus, Thomas von Aquin	*125*
1103	Mainzer Reichslandfriede	Landfriedensbewegung, Einigung zwischen Adligen und Kirchenoberen, bzw. zwischen König und Fürsten, im Zusammenhang mit der Gottesfriedensbewegung zu sehen, Bekämpfung der Fehde und ihrer Folgen, friedliches Zusammenleben der Bevölkerung, dauerhafter Frieden	*269*
1112	Städtischer Schwurverband	Schwurverband von Köln, Stadt als Rechtspersönlichkeit, Selbstverwaltung, nachfolgend eine Welle von Städtegründungen, z.B. Freiburg 1120, Stadtverfassungen, Bürgerrecht, Zünfte, Stadtrechtsprivilegien	*234 ff.*
1122	**Wormser Konkordat**	**Investiturstreit, Machtkampf Kaiser und Papst, Beilegung, Bischöfe fortan als belehnte Reichs-fürsten, kaiserliche Macht ging zugunsten der Fürsten zurück**	*170*
1137	Lotharische Lehensgesetz	Langobardische (norditalienische) Lehensgesetze	
1138-1254	Stauferkaiser	Friedrich I. Barabrossa 1152-1190, Friedrich II. 1215-1250, Reichstag von Roncaglia, Juristenprivilegien, Bologna	*172 ff.*
1138	2. Laterankonzil	Bekräftigung des Zinsverbotes	
1140	**Decretum gratiani**	**Kirchliche Gesetzessammlung, von Gratian geschaffen, auch Concordantia discordantium canonum genannt, Rechtsbuch kein Gesetzbuch**	*137*
1157	Sacrum Imperium	Stauferkaiser Friedrich I. bezeichnet das Recih erstmals in einer Urkunde als „heilig", Imperium Christianum	*172*
1158	Reichstag von Roncaglia	Neuordnung der Macht- und Rechtsverhältnisse, Friedrich I. läßt von den quattuor doctores (Hugo, Martinus, Jakobus und Bulgarus) seine Macht bestätigen und verspricht den Juristen im Gegenzug Privilegien (Steuer, Lehre, Schutz ...), Kodifikationsbefehl, Scholarenprivileg ins Corpus Iuris aufgenommen	*174*
1158	Autentica habita	Scholarenrechte (siehe Reichstag von Roncaglia)	*174*
1158	**Gründung Münchens**	**Heinrich der Löwe gründet München, um seine Isarüberquerung zu festigen und von den Benützern der Salzstraße Zölle verlangen zu können, zerstört die bisherige Isarquerung bei Fresing, danach Probleme mit der Kirche**	
1179	3. Laterankonzil	Bekräftigung des Zinsverbotes	*148*
1180	Prozess gegen Heinrich den Löwen	Lehnsgericht, Standesgericht, Aberkennung der Lehen, Verselbständigung des Reichsfürstenstandes	
1198	Doppelwahl	Doppelwahl bei der Kaiserwahl, Otto von Braunschweig (Welfe) und Phlipp von Schwaben (Staufer), daraufhin Bulle Venerabilem (1202) des Papstes Papst Innozenz III. zu Grundregeln der Kaiserwahl,	*202*

ab 1200	Wandel des Strafrechts: Inquisitionsprozess und peinliche Strafen	Tritt neben Akkusationsprozess, Verbrechensverfolgung von Amts wegen, Folter und Geständnis	*267, 271-284, 484*
1215	Magna Charta	„Herrschaftsvertrag", Verhältnis zwischen Fürsten und König in England	
1215	IV. Laterankonzil	Prozessrechtsreform durch Papst Innozenz III., Inquisitionsprozess im Kirchenstrafrecht eingeführt	
1220	Confoederatio cum princibus ecclesiasticis	Stärkung der Stellung der Kirchenfürsten, Regalien, durch Friedrich II.	*186*
1220	**Sachsenspiegel**	**Rechtsbuch des Schöffenbarfreien Eike von Repgow (1180-1235), Lehensrechtsbuch und Landrechtsbuch, Zweischwerterlehre, lateinische und niederdeutsche Fassung, Rechtsleben und Gerichtsbrauch als Grundlagen**	*203, 335 ff.*
1229	Konzil von Toulouse	Verfahrensregelung des Ketzerverfahrens	
1231	Konstitutionen von Melphi	Friedrich II., Gesetze für Sizilien, Neugestaltung der Verwaltung und des Prozessrechts	*177 f.*
1232	Statutem in favorem principum	Verhältnis der Landesherren zum Kaiser, Kaiser Friedrich II., Ausbau der Macht der Reichsfürsten, Regalien	*186*
1233	**Kulmer Handfeste**	**Frühestes Landrecht, Hermann von Salza, Grundlage weiterer Landrechte**	*313*
1234	**Liber extra**	**Kirchliche Gesetzessammlung, Raimund de Penaforte, Auftrag durch Papst Gregor IX. (1227-1241), Gesetzbuch!**	*139*
1235	**Mainzer Reichslandfriede**	**Reichsgesetz Friedrich II., Fehdeverbot, Vorschriften zum Verkehrs-, Münz- und Gerichtswesen**	*177, 269*
1257	Stadtrecht von Reval	Stadtrechtsfamilien, weitere Stadtrechte: 1221 Bielefeld, 1226 Lübeck, 1227 Braunschweig, 1249 Hildesheim, 1263 Danzig, 1270 Hamburg, 1297 Kolberg, 1261 und 1295 Breslau, 1304 Görlitz	*234 ff., 314 ff., 338*
1257-1273	Interregnum	Ende der Stauferkaiser, Übergangzeit zu den Habsburgern, Schwäche des Kaisertums, Doppelwahl	*200 und 204*
1270	**Deutschenspiegel**	**Rechtsbuch**	*337*
1274	Konzil von Lyon	Zinsverbot bekräftigt	*148*
1275	**Schwabenspiegel**	**Rechtsbuch aus der Regien Augsburg, Arbeit von Mönchen, Papst hatte größere Macht als im Sachsenspiegel, kirchliche Version der Zweischwerterlehre**	*337*
1280	Coutumes	Französische Rechtsbücher	
1298	**Liber sextus**	**Zusammenfassung des seit 1234 erlassenen Rechts, Papst Bonifaz VIII., sechstes Buch als Ergänzung zu den fünf des liber extra (daher der Titel)**	*139*

1298	Westfriesisches Landrecht		*215 ff.*
1302	Bulle unam sanctam	Aussage Papst Innozenz zur Königswahl	*206*
1302	Schnaitbacher Urkunde	Zeugnis des Ständestaates	
1304-1317	Clementinen	Dekretalensammlung, Papst Clemens V.	
1309-1376	Babylonische Gefangenschaft	„Flucht" der Päpste nach Avignon, Abhängigkeit vom französischen König	*214*
1311	Ottonische Handfeste	Zeugnis des Ständestaates	
1314-1347	Frankenspiegel	Kleines Kaiserrecht, umfassende Darstellung des Kaiserrechts	*337*
1324	Defensor pacis	Staatsrechtliches Werk des Marsilius von Padua	
1329	Hausvertrag von Pavia	Kurwürdenabsprache zwischen Bayern und Kurpfalz	
1338	**Licet Iuris**	**Rhenser Weistum, Kurverein von Rhense, Versammlung der Kurfürsten, Zurückweisung päpstlicher Ansprüche, Ius de non appelando, Ius de non evocando**	*206 ff.*
1346	Oberbayerisches Landrecht	Ludwig der Bayer, revidierte Fassung der Fassung von 1335	*215 ff., 313*
1348	Gründung der Universität Prag	Gründungswelle: 1365 folgt Wien, 1386 Heidelberg, 1388 Köln und 1392 Erfurt, 1472 Ingolstadt (heute München!)	*154 ff.*
1355	Schlesisches Landrecht		*215 ff.*
1356	**Goldene Bulle**	**Regelung des Kaiserwahlrechts, Primogeniturerbfolge, zuerst 7 Kurfürsten waren wahlberechtigt, später 8 bzw. 9, Rechte der Landesfürsten, keine Rechte des Papstes, Reichsgrundgesetz, Territorialgerichtsbarkeit der Fürsten (vgl. licet iuris)**	*207*
1361	Vertrag von Nürnberg	Herrschaftsverträge	*222*
1374	Bulle salvator humani generis	Papst Gregor XI, gegen weltliche Herrschaft gerichtet	
1378-1417	Schisma	Päpste in Rom und Avignon, erst mit dem Konzil von Konstanz 1414-1418 beendet	*214*
1411-1495	**Reichsreform**	**Sigismund begann mit der Reichsreform, die sich wegen vieler kirchlicher und weltlicher Missstände als notwendig bewiesen hatte (bis 1495), 1414 Konzil von Konstanz, 1431 Konzil von Basel, 1438 Reichstag von Nürnberg, Einfluss des Humanismus, Nikolaus von Kues, Erzkanzler Henneberg, 1495 Wormser Reichstag**	*339*
1414	Konzil von Konstanz	Jan Hus verbrannt, Schisma beendet, Dauer: bis 1418	*339*
1447	Dithmarscher Landrecht	Landrechtsreformationen	*439*
1479	Nürnberger Reformation	Landrechtsreformationen	*439*

1484	**Hexenbulle Papst Innozenz VIII.**	**Hexenverfolgung, nahm bis ins 17. Jh. noch stark zu (Höhepunkt: 1590-1630)**	*482*
1487	**Hexenhammer**	**auch: Malleus maleficarum, Heinrich Institoris und Jacob Sprengler, Anleitung zur Durchführung der Hexenverfahren**	*482*
1495	**Reichstag von Worms**	**Reichsreform, Reichskammergericht (RKG), Reichskammergerichtsordnung, Ordnung des Gemeinen Pfennigs, Reichskreise, Reichsregiment, Ewiger Landfriede, Ende der Fehde, praktischer Erfolg aber gering, 1502 Reichsregiment wieder abgeschafft, 1521 auf dem Reichstag zu Worms wieder eingeführt, 1530 aufgelöst, Gesetzgebungswelle: 1530 Reichspolizeiordnung, 1532 Constitutio Criminalis Carolina**	*339 ff.*
1498	**Reichshofrat**	**Von Kaiser Maximilian reorganisiert, neben RKG gestellt, residiert in Wien, Hofgerichtsbarkeit des Kaisers, zunehmende Bedeutung, da schnelles und einfaches Verfahren, RKG dagegen schleppend, strukturelle Probleme des RKG,**	*349 ff., 381 ff.*
ab 1500	Mos Italicus und Mos Gallicus	Rezeption, Gemeines Recht, usus modernus pandectarum	*441, 442 ff.*
1507	Consitutio Criminalis Bambergensis	Bambergische Halsgerichtsordnung, Ritter zu Schwarzenberg, Vorbild für die Carolina von 1532	*474*
1515	5. Laterankonzil	Zinsverbot bekräftigt	*148*
1518	Bayerische Landrechtsreformation		*439*
1519	Erste Wahlkapitulation	Vertrag zwischen Kaiser und Fürsten, Einschränkung der Macht des Kaisers, Bindung an Vorgaben der Fürsten, Wahlversprechen, nach der Kaiserwahl erneuert oder geändert	
1520	**Freiburger Reformation**	**Reformiertes Stadtrecht, Ulrich Zasius**	*439*
1521	Reichsacht gegen Luther verhängt	Reichstag zu Worms, Reformation, Protestantismus, Bedeutende Reichsstände versagten die Exekution, 1529 Reichstag zu Speyer	*357*
1525	Zwölf Artikel der Schwäbischen Bauern	Bauernkriege	
1527	RKG nach Speyer	bis 1688, ab 1693 in Wetzlar	
1530	Reichspolizeiordnung	1548 und 1676 erneuert	*346*
1532	**Constitutio Criminalis Carolina**	**Auch: Peinliche Halsgerichtsordnung, bedeutendste Strafrechtsordnung dieser Zeit, Salvatorische Klauseln, Strafrecht, Schwerpunkt im Verfahrensrecht, Inquisitionsprozess, Beweis durch Geständnis unter Folter, Ritter zu Schwarzenberg**	*473 ff.*
1546-1563	Konzil von Trient	Reorganisation der katholischen Kirche, Kampf gegen Lutheraner	*363*

1555	**Augsburger Religionsfriede**	**Cuius regio eius religio, wessen das Land dessen der Glaube, Religionstoleranz, Fürsten durften bestimmen, welchen Glauben ihr Land lebte, Andersgläubige erhielten ein Abzugsrecht, Reichsgrundgesetz (str.)**	*357 ff.*
1555	Württembergisches Landrecht	Landrechtsbewegung, reformierte Landrechte	*439*
1572	Kursächsische Konstitutionen	Landrechtsreformationen, 1661 Kursächsische Dezisionen	*440*
1572	Bartholomäusnacht	Französischer Konfessionskonflikt, 1594 Konfessionswechsel Heinrich IV., 1598 Edikt von Nantes	*399*
1577	Bremisches Landrecht	Landrechtsbewegung, reformierte Landrechte	*439*
1578	Frankfurter Reformation	Landrechtsbewegung, reformierte Landrechte	*439*
1582	**Corpus Iuris Canonici**	**Jean Chappuis prägt diesen Begriff für die kirchliche Gesetzessammlung aus Decretum gratiani (1140), liber extra (1234), liber sextus (1298), Clementinen (1304-1317) und Extravaganten (private Rechtssammlungen), von Papst Gregor XIII. publiziert, gilt bis 1917**	*132 ff. und 140 ff.*
1583	**Corpus Iuris Civilis**	**Gothofredus fasst erstmals die justinianische Gesetzgebung aus dem 6. Jh. unter diesem Titel zusammen**	*122*
1590-1630	Höhepunkt der Hexenverfolgung	Bündnis mit dem Teufel, Hexensabbat, Schadenszauber, Feuerstrafe, Verfolgungswelle aufgrund Denunziation	*482 ff.*
1598	Toleranzedikt von Nantes	Bartolomäusnacht, Clavinisten, Hugenotten	*399*
1618-1648	Dreißigjähriger Krieg	Verfassungskrise schlägt in militärische Auseinandersetzung um, Prager Frieden 1635, 1641 Beginn von Friedensverhandlungen,	*367 ff.*
1620	Preußisches Landrecht		*439*
1627	Böhmisches Landrecht		*439*
1631	**Cautio Criminalis**	**Carl Friedrich von Spee, Strafrecht, Hexenprozesse, Kritik an Prozesspraktiken**	*482*
1633	Urteilsverkündung gegen Galileo Galilei	„und sie dreht sich doch"	
1648	**Westfälischer Friede**	**Beendet den Dreißigjährigen Krieg, wird 1654 im Jüngsten Reichsabschied zu Reichsrecht transformiert, religiöse und staatsrechtliche Reformen**	*367 ff.*
1653/ 1654	**Reichstag zu Regensburg**	**Festlegung der Nachkriegsordnung, Jüngster Reichsabschied, Zusammensetzung des Reichstages, Abstimmungsverfahren, Lockerung des Zinsverbotes, ...**	*367 ff.*
1663	Ständiger Reichstag	„Immerwährender Reichstag", ab 1663 findet jährlich ein Reichstag in Regensburg statt, vorher örtlich und zeitlich unregelmäßig	*374 ff.*

1679	Habeas Corpus Akte	Bürger- und Ständerechte	
1688/89	Bill of Rights	Individuelle Rechte an die Untergebenen nach der englischen Revolution	
1713	Pragmatische Sanktion	Unzertrennliche Vereinigung der habsburgischen Lande, Vielvölkerstaat	*410*
1740	Abschaffung der Folter in Preußen	Bis 1754 in Ausnahmen zulässig, Österreich zog 1776 nach	*500*
1740-1806	Niedergang des Reiches	Auflösung der Reichsverfassung, Krieg mit Frankreich, Franz II. dankt ab	*509 ff.*
1745	Enzyklika Benedikt XIV	Zinsverbot gelockert	*148*
1751	**Codex iuris criminalis Bavarici**	**Kreittmayr, Bayern, Strafgesetzgebung, noch in der Zeit verhaftet, keine aufklärerischen Ansätze, Gemeines Recht, geringer Einfluss des Naturrechts**	*499*
1756	Codex Maximilianeus Bavaricus Civilis	Bayerisches Zivilrecht, noch wenig Naturrecht	*461, 610*
1768	Josefina	Versuch eines Zivilgesetzbuches	
1768	**Theresiana**	**Österreichisches Strafrechtsgesetzbuch, Zusammenfassung althergebrachten Rechts, Folter beibehalten**	*500*
1768	Leopoldina	Toskanisches aufgeklärtes Strafgesetz von Cesare Beccaria	*493*
1775	Letzte Hexe verbrannt	Hexenverbrennung nimmt in Kempten ihr Ende, 1749 noch Verbrennung in Würzburg	*482*
1776	**Bill of Rights von Virginia**	**Grund- und Menschenrechte, Welle von Menschenrechtskatalogen in Nordamerika**	*508*
1787	**Josefina**	**Österreichische Strafgesetzgebung, aufklärerische Inhalte, Reform des Strafrechts, Vorlage für das österreichische StGB von 1803**	*433, 500*
1789	**Französische Erklärung der Menschen- und Bürgerrechte**	**Grund- und Menschenrechte, Französische Revolution**	*508*
1790	**Konvention von Reichenbach**	**Beginnende Auflösung des Reichsverbandes, Rivalität zwischen Preußen und Österreich**	*509 ff.*
1794	**Preußisches Allgemeines Landrecht**	**Umfangreiche Kodifikation, knapp 20.000 Paragraphen, Redaktion: Carmer und Suarez, ab 1780 Entstehung, 1781, 1784 und 1788 Vorentwürfe, galt in Teilen Preußens bis 1900 das BGB in Kraft trat, in anderen Teilen (französisch beeinflussten) dagegen nur kurz!**	*462 ff.*
1801	Frieden von Luneville	Koalitionskriege, Niedergang des Reiches	*510 f.*
1803	**Reichsdeputations-hauptschluß**	**In Regensburg wird auf den Druck Napoleons hin linksrheinisches Gebiet französisch und rechtsrheinisch entschädigt, Kirchen werden säkularisiert, Reichsfürsten mediatisiert, d.h. sie sind nicht mehr direkt dem Kaiser unterstellt**	*512 ff.*
1804	**Code Civil**	**Napoleonische Zivilgesetzgebung**	*461*

1805	Friede von Preßburg	Bayern und Württemberg werden souveräne Königreiche	*511*
1806	**Franz II. tritt ab**	**Ende des Heiligen Römischen Reiches deutscher Nation, neben innenpolitischen Zerwürfnissen hat dazu der Druck von außen (Frankreich) geführt, Gründung des Rheinbundes am 1.8.1806, 6.8.1806 Krone niedergelegt, staatsrechtlich unzulässig, Franz II. bleibt aber Kaiser von Österreich, RKG und Reichshofrat fallen als Reichsgerichte weg (bis 1879 kein Reichsgericht vorhanden)**	*511*
1806	Rheinbund	16 süddeutsche Fürsten und Napoleon schließen sich zusammen, 1808 waren 39 Staaten Mitglied des Bundes	*515 ff.*
1806	Code procedure civil	Französisches Zivilprozessgesetz	
1806-1811	Preußische Reformen	Städtereform, Verwaltungsreform, Militärreform, Judenemanzipation, Bauernbefreiung und Gewerbefreiheit	*518-536*
ab 1808	**Rheinbundverfassungen**	**Einfluss Frankreichs, Musterstaaten Westfalen und Berg, Bayern, noch geringe demokratische Elemente, eher monarchisch geprägt**	*548 ff.*
1810	**Code Penal**	**Französisches Strafgesetzbuch**	
1811	**ABGB**	**Österreichisches Allgemeines Bürgerliches Gesetzbuch**	*461*
1813	**Bayerisches StGB**	**Feuerbach, nulla poene sine lege, zukunftsweisend, durch genaue Tatbestände Rechtssicherheit,**	*499*
ab 1814	**Kodifikationsstreit**	**Savigny (Historische Rechtsschule) trat gegen ein geschriebenes bürgerliches Recht aller Deutschen ein („Vom Beruf unsrer Zeit für Gesetzgebung und Rechtswissenschaft"); Thibaut dagegen befürwortete eine einheitliche privatrechtliche Kodifikation für Deutschland („Über die Nothwendigkeit eines allgemeinen bürgerlichen Rechts für Deutschland")**	*585 ff.*
1814	Charte Constitutionelle	Französische aufgeklärte Verfassung, die Vorbild vieler deutscher Partikularverfassungen wurde	*559*
1814/1815	Wiener Kongress	Regelung der europäischen Verhältnisse nach der Vernichtung Napoleons, Deutsche Bundesakte, Restauration (Wiederherstellung der alten Verhältnisse, Stärkung der Monarchie), Fürst Metternich	*537 ff.*
1817	Wartburgfest	Burschenschaften, nationale Bewegung, Restauration, Studentenverfolgung	*542*
1818	Repräsentativverfassungen	Bayern und Baden (1818), Württemberg (1819), Hessen-Darmstadt (1820), konstitutionell-monarchisch, erste demokratische Elemente, aber noch oktroyiert (von oben erlassen)	*550 ff., 568 ff.*
1819	Karlsbader Beschlüsse	Mord an Kotzebue, Restauration, Studentenverfolgung, Pressezensur	*543*
1820	Wiener Schlussakte	Restauration	

ab 1830	Zweite Verfassungswelle	Pariser Julirevolution, Kurhessen und Sachsen (1831), Braunschweig (1832), Hannover (1833), in Preußen trotz Versprechungen keine (!) Verfassung eingeführt, auch nicht in Österreich	*554, 568 ff.*
1830	Spaltung der Historischen Rechtsschule	Eine Gruppe um den Nationalliberalen Georg Beseler und den radikalliberalen August Reyscher leitet die Trennung der Germanistik von der Romanistik ein	*596*
1832	Hambacher Fest	Studentenbewegung	*544*
1834	Deutscher Zollverein	Kleinstaaterei, Zersplitterung, Freier Handel	*545*
1837	Hannoveraner Verfassungskonflikt	König setzt Verfassung außer Kraft, Göttinger Sieben, Gebrüder Grimm, Dahlmann etc., Stimmungswandel in Deutschland, Reformgeist	*571*
1848/ 1849	**Vormärz und Paulskirche**	**Februarrevolution in Paris, Ausstrahlung auf Europa: Unruhen, Hungersnöte, politische Unzufriedenheit, Straßenkämpfe in Wien und Berlin, als Folge: Revolution in Deutschland, am 28.3.1849 wird die Paulskirchenverfassung verabschiedet, die aber nie praktische Wirkung entfaltet, da noch 1849 das Parlament seine Arbeit beendet, Scheitern der Revolution, König Friedrich Wilhelm IV. von Preußen lehnt Kaiserkrone ab**	*573 ff.*
1850	Preußische Verfassung	Rückkehr zur Monarchie, bis 1918 in Kraft	*556*
1866	Preußisch-Österreichischer Krieg	Konflikt zwischen Österreich und Preußen, Erbfolgestreit, Norddeutscher Bund, Preußen gewinnt	*637*
1866	CPO des Norddeutschen Bundes		
1866	StGB des Norddeutschen Bundes		*642*
1870	**Allgemeines Deutsches Handelsgesetzbuch**	**1848 Kommission eingesetzt, 1868 in den Einzelstaaten zum Gesetz erhoben**	*603*
1871	**Zweites Deutsches Reich**	**1870/1871 Deutsch-Französischer Krieg, Am 18.1. 1871 ruft Bismarck mit Kaiser Wilhelm I. im Spiegelsaal zu Versailles das zweite deutsche Reich aus (bis zum Ende des 1. Weltkriegs)**	*633 ff.*
1871	Deutsche Verfassung	Beruhend auf Verfassung des Norddeutschen Bundes von 1867, demokratische und monarchische Elemente	*638 f.*
1871	StGB des Deutschen Reiches	Am 1.1.1872 in Kraft getreten	*642*
1871	Reichswechselordnung	Allgemeine Wechselordnung, Entwurf 1847, 1862 in den Einzelstaaten angenommen, als Reichsgesetz 1848 vorerst gescheitert	*601 ff.*
1872-1878	Kulturkampf	Preußen contra katholische Kirche, Kampf Bismarcks mit dem Papst um die Einmischung der Kirche in weltliche Angelegenheiten, Unfehlbarkeitsdogma des Papstes, Kanzelparagraph, endete 1875	*644*
1873	Lex Miquel-Lasker	Antrag auf Reichskompetenz zu einheitlicher Privatrechtsgesetzgebung, im fünften Anlauf angenommen	*610 ff.*

1874	BGB-Vorkommission	Vorkommission zur Schaffung eines einheitlichen Zivilrechts eingesetzt	*610 ff.*
1877-1879	Reichsjustizgesetze	Gerichtsverfassungsgesetz, Civilprocessordnung, Strafprocessordnung, Konkursordnung, Gerichtskostengesetz, Rechtsanwaltsordnung und einige Nebengesetze	*605 ff.*
ab 1878	Sozialistengesetze	Vereinsverbote, Zensur	*644*
1883-1889	Sozialgesetzgebung	Bismarcksche Sozialgesetzgebung, 1883 Krankenversicherung, 1884 Unfallversicherung, 1889 Alters- und Invaliditätsversicherung	*625 f.*
1887	BGB-Entwurf	Entwurf eines einheitlichen deutschen Zivilrechtsgesetzes fertiggestellt, Kritik, Gierke und Menger, in der Folge zweite Kommission eingesetzt	*611*
1895	BGB-Entwurf	Zweiter Entwurf, auf Grundlage des ersten, Aufbau folgt Pandektensystem, vom Allgemeinen zum Besonderen, bürgerlich-liberale Werte	*613*
1900	**Bürgerliches Gesetzbuch**	**1896 angenommen, tritt am 1.1.1900 in Kraft**	***610 ff.***
1900-1909	von Bülow Reichskanzler	Parlamentarisierungsschub	*646*
1907	Schweizer Zivilgesetzbuch		
1909-1917	Bethmann-Hollweg Reichskanzler	Politik der Diagonalen	*646*
1911	Reichsversicherungsordnung	Zusammenfassung der 1883/ 1884 und 1889 ergangenen Arbeits- und Sozialgesetze	*625 f.*
1914-1918	Erster Weltkrieg	Niederlage Deutschlands, Max von Baden Reichskanzler, nach Niederlage Abschaffung des Dreiklassenwahlrechts, Aufstände, Generalstreik, Rat der Volksbeauftragten, Freikorps, Folge: Abdankung des Kaisers Wilhelm II. und Flucht nach Holland, Ende des II. Deutschen Reiches, Beginn der Weimarer Republik	*648*
1919-1932	Weimarer Republik	Erste Nationalversammlung am 6.2.1919, 19.1.1919 Wahlen, Ebert wurde Reichspräsident, Hugo Preuß arbeitete eine Weimarer Reichsverfassung (WRV) aus, Grundrechte nicht mehr so viel Bedeutung zugemesen, Schwächen des politischen Systems: Parteienzersplitterung, starker Reichspräsident (Art. 25, 48, 53 WRV), Radikalisierung von links und rechts, Machtgewinn der Arbeiterklasse	*652 ff., 627*
1919	Staatsgrundgesetz des Freistaates Bayern		
1919	Codex Iuris Canonici	Löst das Corpus Iuris Canonici (seit 1582) als katholisches Kirchenrecht ab	
1920	Versailler Vertrag	Folgen des 1. Weltkriegs werden geregelt, Deutschland verzichtet auf schweres militärisches Gerät und zahlt Reparationen	*656*
1920	Betriebsrätegesetz	Folge der Umwälzungenzu Beginn der Weimarer Zeit, Stärkung der Arbeiter	*627*

1923	Krisenjahr	Putschversuche in Deutschland von links und von rechts, schon 1920 Kapp-Lüttwitz-Putsch, 1923 Hitlerputsch, Besetzung des Ruhrgebiets durch Frankreich, Inflation	*656 ff.*
1923/ 1924	StPO-Änderungsgesetz	Geschworene wurden unwichtiger, lex emminger	
1924	Dawes-Plan	Deutschland kehrt an den Weltmarkt zurück	*658*
1924	Hitler-Ludendorff-Prozess	Hitler-Putsch gescheitert, Festungshaft	*657, 660 ff.*
1929-1933	Reichskrise	Wirtschaftlicher Niedergang: Weltwirtschaftskrise, politische Krise, Aufschwung der NSDAP, Unzufriedenheit, Arbeitslosigkeit, Schwäche der Demokratie, Nährboden für Hitler wird bereitet	
1926/ 1927	Arbeitsgerichtsgesetz	Sondergerichtsweg für die Streitigkeiten, die aus dem Arbeitsverhältnis resultieren	*627*
1927	Arbeitslosenversicherung und Mutterschutzgesetz		*627*
1930	Kieler Stoßtrupp	K.A. Eckhardt, Larenz, Schaffstein und Carl Schmitt bilden eine Gruppe junger, am Nationalsozialismus orientierter Juristen	
1933-1945	**„Drittes deutsches Reich"**	**auch: „Drittes Reich" (bis 1945), Zeit der NS-Herrschaft, erstes (heiliges römisches) deutsches Reich von ca. 962 (str.) bis 1806, zweites deutsches Reich 1871 bis 1918**	*663 ff.*
1933	**Reichstagsbrand-verordnung**	**28.02.1933, auch: Verordnung zum Schutz von Volk und Staat, Lex van der Lubbe, Abkehr vom Grundsatz „nulla poena sine lege", wesentliche Grundrechte außer Kraft, Ausnahmezustand**	*663*
1933	Ermächtigungsgesetz	23.03.1933, verfassungsändernde Gesetze mit einfachem Beschluss ohne Reichstag und Präsident möglich, galt bis Kriegsende	*663*
1933/ 1934	Gleichschaltung	31.03.1933, Gesetz zur Gleichschaltung der Länder mit dem Reich, ab 01.04.1933 Boykott jüdischer Geschäfte, 07.04.1993 Gesetz zur Wiederherstellung des Berufsbeamtentums, 02.05.1933 Zerschlagung der Gewerkschaften, 19.05.1933 Gesetz über Treuhänder der Arbeit, 14.06.1993 Gesetz gegen die Neubildung von Parteien, 01.12.1933 Gesetz zur Sicherung der Einheit von Partei und Staat, 20.01.1934 Gesetz zur Ordnung der nationalen Arbeit, 30.01.1934 Gesetz über den Neuaufbau des Reiches, 03.07.1934 Gesetz über Maßnahmen der Staatsnotwehr, 01.08.1934 Gesetz über das Oberhaupt des Deutschen Reiches	*664 ff.*
1935	Nürnberger Gesetze	15.09.1935, Rassengesetzgebung, Reichsbürgergesetz, Gesetz zum Schutze deutschen Blutes und der deutschen Ehre, Aberkennung aller Rechte der Deutschen jüdischen Glaubens, Ausbeutung der Juden, ab 1941 Tragen des gelben Sterns für Juden verpflichtend	*667*
1939-1945	II. Weltkrieg	Von 01.09.1939 mit dem Angriff auf Polen bis zur bedingungslosen Kapitulation am 08./ 09.05 1945	

1942	Wannsee-Konferenz	„Endlösung" der Judenfrage, systematische Vernichtung der Juden durch NS-Führung beschlossen	
1945	Konferenz von Jalta	Konferenz der Alliierten, Nachkriegsregelungen für das besiegte Deutschland	*669 ff.*
1945	Deklaration zur Zoneneinteilung	Siegermächte teilen Deutschland in Zonen ein, Kontrollrat und Viermächteverwaltung in Berlin werden installiert	*670*
1945	Potsdamer Konferenz	Potsdamer Abkommen, Nachkriegsreglungen für Deutschland	*671*
1945/ 1946	Nürnberger Prozesse	Verfahren gegen die größten deutschen Kriegsverbrecher	*674*
1946	Alliierter Kontrollrat	Oberbefehlshaber der Siegermächte, steht allen vier Zonen vor	*669 ff.*
1946	Verfassungsauftrag	Länder der amerikanischen Besatzungszone werden von den USA aufgerufen, sich neue Verfassungen zu geben	*675 ff.*
1948	Währungsreform	Zuerst nur in den drei Westzonen, kurz darauf auch in der sowjetischen Besatzungszone	*669 ff.*
1948	Herrenchiemseer Verfassungskonvent	Beratungen über die zukünftige deutsche Verfassung und Staatsstruktur, 10.-23.08.1948	*677*
1948	Parlamentarischer Rat	In Bonn tagt der Parlamentarische Rat unter Führung von Adenauer und plant die rechtlichen Strukturen des Nachkriegsdeutschland auf Grundlage des Herrenchiemseer Konvents	*677 f.*
1949	„Verfassung" der DDR	7.10.1949 Gründung der Deutschen Demokratischen Republik, Provisorische Volkskammer der DDR gibt der DDR eine Verfassung	*680 ff.*
1949	**Grundgesetz der BRD**	**Am 8.5.1949 vom Parlamentarischen Rat in Bonn verabschiedet, am 23.5.1949 verkündet und tags darauf in Kraft getreten**	*678*
1951	Montanunion	Frankreich, BRD, Italien und die Beneluxländer schließen den Vertrag über die Montanunion	*695*
1952	Betriebsverfassungsgesetz		*628*
1956	Verbot der KPD	Bundesverfassungsgericht verbietet KPD nach Art. 21 Abs. 2 Satz 2 i.V.m. Art. 93 Abs. 1 Nr. 5 GG	
1957	Römische Verträge	Verträge über die Europäische Wirtschaftsgemeinschaft (EWG) und die Europäische Atomgemeinschaft (Euratom)	*696*
1961	Arbeitsgesetzbuch der DDR		
1963	Elysée-Vertrag	Deutschland und Frankreich beschließen Aussöhnung und verstärkte Zusammenarbeit, „Deutsch-Französische-Freundschaft"	*696*
1968	Notstandsgesetzgebung in Deutschland	Studentenunruhen, APO etc., Änderung des Strafrechts, vor allem des Strafverfahrensrechts, Einschränkung der Grundrechte zugunsten der Strafverfolgung	

1968	DDR-Verfassung	Neue Verfassung der DDR tritt nach Volksentscheid in Kraft	*680 ff.*
1972	Betriebsverfassungsgesetz		*628*
1973	Aufnahme in die UNO	Deutschland und die DDR werden in die UNO aufgenommen	
1974	Neue DDR-Verfassung	Verfassung von 1968 wird überarbeitet und neugefasst	*680 ff.*
1975	ZGB der DDR	Vorher deutsches BGB mit sozialistischen Ausformungen gültig	
1976	AGB-Gesetz		
1976	Mitbestimmungsgesetz		*628*
1979	NATO-Doppelbeschluss		
1986	Einheitliche Europäische Akte		*697*
1986	Glasnost und Perestroika	Der sowjetische Staats- und Parteichef Gorbatschow kündigt Reformen an	*686*
1989	Zusammenbruch der DDR	Massive Fluchtwelle aus der DDR, Rücktritt Honeckers nach Demonstrationen, Nachfolger Egon Krenz, Öffnung der Berliner Mauer	*687*
1990	„Zwei-plus-Vier-Vertrag"	„Vertrag über die abschließende Regelung in Bezug auf Deutschland",	*688*
1990	Rechtliche Fragen der Wiedervereinigung	Vereinigung nach Art. 23 oder 146 GG?, also mit oder ohne Verfassungsänderung, Berlin oder Bonn als Hauptstadt?, Wiedergutmachung, Entschädigung, Eigentumsrechte, Rückgabe?, sofortige rechtliche Angleichung oder Übergangsregelungen?, Sollte die DDR als ein neues Bundesland oder als fünf bzw. sechs neue Bundesländer gelten?, Wirtschafts- und Währungsunion, Fragen der Umrechung,	*688 ff.*
1990	Wirtschafts- und Währungsunion	D-Mark gilt ab 1. Juli 1990 auch im Osten, Ost-Mark kann umgetauscht werden	*689*
1990	Einigungsvertrag	Am 20. bzw. 21.09.1990 verabschieden Volkskammer (DDR) und Bundestag (BRD) den Einigungsvertrag, danach tritt die DDR nach Art. 23 GG am 03.10.1990 der BRD bei, Deutschland danach wieder souveräner Staat	*691*
1990	Wiederherstellung der Bundesländer	Brandenburg, Mecklenburg-Vorpommern, Sachsen, Sachsen-Anhalt und Thüringen werden zum 14.10.1990 wiederhergestellt	*688*
1993	Vertrag von Maastricht	Europäische Verträge	*699*
1999	Vertrag von Amsterdam	Europäische Verträge	*700*
2000	Europäischer Rat von Nizza	6./ 7. Dezember 2000, Charta der Grundrechte, Vertrag von Nizza (In-Kraft-Treten: 26. Februar 2001)	*701*
2002	Neues Schuldrecht	Schuldrechtsreform, das am 01.01.1900 in Kraft getretene BGB wird in wichtigen Bereichen (Schuldrecht, Verjährung etc.) mit Wirkung zum 01.01.2002 reformiert	*629 ff.*

§ 16 Persönlichkeiten der Rechtsgeschichte

Auch diese Tabelle ist gewichtet.
Fett markiert sind Persönlichkeiten, die jeder Student der Rechtsgeschichte und jeder Examenskandidat kennen sollte.
Nicht markierte Namen sind nur für ambitionierte Bearbeiter wichtig.

Lebensdaten:	Name:	Lernstichworte/ Kontext:	Rn.:
527-565	**Justinian** (Regierungszeit)	**Corpus Iuris, Gesetzessammlung, römisches Kaiserrecht**	*117 ff.*
747-814	**Karl der Große**	**Kaiser des heiligen römischen Reiches, Krönung 800, Kodifikationsbefehl 802/ 803, Volksrechte**	*50, 75, 133*
794	Tassilo III. von Bayern	Fränkische Strafgerichtsbarkeit	*84*
936	Otto I. (der Große)	Beginn des Heiligen Römischen Reiches deutscher Nation, str., aA 962 (Wahl zum Kaiser), aA schon 800, Lehenswesen	*98*
983-1002	Otto III.	Rom wieder Kaiserstadt	*100*
1040	Chartres, Ivo von	Kanonist, frühe kirchliche Gesetzessammlung	*170*
1076	Pepo	Glossator, Rezeption	*127 ff.*
1100-1150	**Gratian**	**Mönch, decretum gratiani, 1140**	*137*
1100 (1125)-1140	**Irnerius**	**auch: Wernerius (da wohl deutscher Herkunft), Glossator, italienische Rechtsschulen, Rezeption**	*127 ff.*
1120-1190	Glanville, Ranulf de	Scholastische Schule, Englisches Common Law	*126, 334*
1159-1181	Bandinellus, Roland	auch: Papst Alexander III., Juristenpapst	*132 ff.*
1166	**Bulgarus †**	**Glossator, Reichstag von Roncaglia**	*127 ff.*
1166	**Martinus †**	**Glossator, Reichstag von Roncaglia**	*127 ff.*
1168	**Hugo †**	**Glossator, Reichstag von Roncaglia**	*127 ff.*
1178	**Jacobus †**	**Glossator, Reichstag von Roncaglia**	*127 ff.*
1180	Penaforte, Raymond de	Kanonist, liber extra	*139*
1180-1232	**Repgow, Eike von**	**Sachsenspiegel, Zwei-Schwerter-Lehre**	*335 ff.*
1181	Placentinus †	Glossator	*127 ff.*
1181-1263	**Accursius**	**Glossator, Rezeption, italienische Rechtsschulen, Glossa ordinaria**	*127 ff.*
1189-1216	Innozenz III.	Juristenpapst, Dekretalen	*138*
Vor 1190-1220	**Azo**	**Glossator, Rezeption, Summa codicis**	*127 ff.*

1200-1268	Bracton, Henry de	Kanonist, Rezeption	*132 ff.*
1270	Buizenburg, Johann von	Klerikerjurist	*338*
1274	**Aquin, Thomas von †**	**Lex Aeterna, Lex Naturalis, Lex Humanae, Scholastik**	*390, 398, 421*
1281-1347	Ludwig der Bayer	Papst-Kaiser-Konflikt, Margarethe Maultasch, Gefangenschaft der Päpste in Avignon, Exkommunikation	*337*
1290-1342	Padua, Marsilius von	„Defensor Pacis", Herrschaftsanspruch von Kaiser und Papst	
1314-1357	**Bartolus de Saxoferrato**	**Postglossator, Bologna, Rezeption**	*129*
1319 (1327)-1400	**Baldus de Ubaldis**	**Postglossator, Bologna, Rezeption**	*129*
1348	Andrae, Johannes †	Kanonist	
1447-1511	Tengler, Ulrich	Laienspiegel (1509), Rechtshilfsbuch für Studium und Praxis	*438*
1457-1521	Brant, Sebastian	„Narrenschiff", Kritik an Kirche, Herrschern und Gesellschaft	*438*
1461-1535	**Zasius, Ulrich**	**Humanist, Freiburger Stadtrechtsreformation**	*439*
1465-1528	**Schwarzenberg, J. v.**	**Strafrechtsreformer, Vater der Bambergischen Halsgerichtsordnung und der Carolina**	*474*
1469-1527	**Machiavelli, Niccolo**	**Staatsdenker, Absolutismus**	*398*
1480-1546	Vitoria, Francisco	Spanische Spätscholastik	
1488-1567	Oldendorp, Johannes	Humanist, Reichsreformer	
1492-1550	Alciat, Andreas	Juristischer Humanismus	
1495-1562	Amerbach, Bonifacius	Juristischer Humanismus	
1497-1560	Melanchthon, Philipp	Humanist, Begleiter Luthers	*400*
1499-1552	Sichardt, Johann	Volksrechteforscher, Humanist	
1520-1590	Cujacius, Jacques	auch: Cujas, Französische Rechtsschule, Rezeption, mos gallicus	
1527-1591	Donellus, Hugo	Humanist, mos gallicus	
1512-1581	Fichard, Johannes	Stadtrechtsreformationen, z.B. 1578 in Frankfurt/M.	
1529 (1530)-1596	**Bodin, Jean**	**Souveränitätslehre, „Six Livres de la Republique"**	*399*
1547	Peutinger, Konrad †	Juristischer Humanismus	
1547	Rhenanus, Beatus †	Juristischer Humanismus	
1549-1622	**Gothofredus, Dionys**	**Corpus Iuris Civilis**	*122*

1557-1638	Althusius, Johannes	Digestenrezeption, Staatsrecht	
1577-1638	Besold, Christoph	Staatslehre, doppelte Souveränität	
1579-1637	Aramaeus, Domenicus	Reichspublizist	
1583-1645	**Grotius, Hugo**	**Naturrecht, Völkerrecht**	
1588 (1589)- 1679	**Hobbes, Thomas**	**Leviathan, de cive, extremste Form des Absolutismus, homo homini lupus**	*425*
1592-1663	Limnäus, Johannes	Reichspublizist, Patriarch des Staatsrechts, status-mixtus-Lehre	*401*
1595-1666	**Carpzov, Benedikt**	**Strafrecht, Strafzumessung, „Peinlicher Inquisitions- und Achtprozeß", „Practica Nova", Hexenprozesse**	*478 ff.*
1596-1650	Descartes, Rene	Rationalismus, maßgeblich ist eigene Vernunft,	*453*
1606-1681	Conring, Hermann	Lotharische Legende (1137), De origine iuris germanici	*443*
1625-1696	Domat, Jean	Französisches christliches Naturrecht	
1632-1694	**Pufendorf, Samuel**	**Naturrecht, Strafrecht, De statu imperii Germanici (1667)**	*401, 426, 456*
1632-1704	**Locke, John**	**Two Treatises of Government (1679), Gesellschaftsvertrag, Grund- und Menschenrechte**	*503*
1640-1710	**Stryk, Samuel**	**Usus modernus pandectarum**	*442*
1647-1713	Voet, Johann	Holländischer usus modernus	
1655-1728	**Thomasius, Christian**	**Naturrecht, aufgeklärter Absolutismus**	*427, 456*
1673-1743	Bynkershoek, Cornelis	Völkerrecht, elegante niederländische Rechtsschule	
1674-1749	Böhmer, Justus H.	Frühaufklärer, Naturrecht	
1679-1755	Cocceij, Samuel v.	Corpus Iuris Friedericanum, aufgeklärter Absolutismus	*501*
1679-1754	**Wolff, Christian**	**Naturrecht, aufgeklärter Absolutismus, more geometrico, Wohlfahrtsstaat**	*427, 456*
1689-1755	**Montesquieu, Charles Louis Baron de**	**Französischer Aufklärer, „Geist der Gesetze", Ansätze der Gewaltenteilung**	*459*
1705-1800	**Kreittmayr, W. A. X. v.**	**Bayerische Kodifikation der Jahre 1751-1756**	*499*
1712-1778	Rousseau, Jean J.	Contrat social (Gesellschaftsvertrag)	*504*
1721-1801	Carmer, Heinrich v.	Preußischer Justizminister, mit Suarez am ALR beteiligt	*462*
1724-1804	**Kant, Immanuel**	**Wandel des Strafrechts, Freiheit des Willens, kategorischer Imperativ, Vergeltungsprinzip, absolute Straftheorien**	*422, 494*
1725-1807	Pütter, Johann S.	Reichspublizist, Staatsrecht	

1726-1800	Martini, Karl Anton v.	Österreichischer Strafrechtsreformer, Aufklärung	*433, 500*
1733-1817	Sonnenfels, Joseph von	Österreichischer Strafrechtsreformer, Aufklärung	*433, 500*
1738-1794	**Beccaria, Cesare**	**Strafrecht, Abschaffung der Todesstrafe, Leopoldina**	*493*
1746-1807	Portalis, Jean	Hauptredakteur des Code Civil in Frankreich	
1746-1798	**Suarez (Schwarz), Carl**	**Autor des Preußischen Allgemeinen Landrechts, 1794 und des Corpus Iuris Friedericanum, 1781**	*462*
1748-1832	Bentham, Jeremy	Prägte den Begriff der Kodifikation, Utilitarismus	
1750-1822	Hardenberg, A. Frhr. V.	Preußische Reformen 1806-1811	*522*
1751-1828	**Zeiller, Franz v.**	**1803 Westgalizisches StGB, 1811 ABGB, Naturrecht**	
1757-1831	**Stein, K. Ph. Frhr. V.**	**Preußische Reformen 1806 – 1811**	*522*
1759-1838	Montgelas, M. Graf von	Bayerischer Staatsreformer und Politiker, Bayerische Verfassung von 1808	*548 ff.*
1764-1827	Gönner, N.Th. von	Bayerische Verfassungskommission	
1772-1840	**Thibaut, Justus**	**Kodifikationsstreit, Gegenspieler von Savigny, trat für eine Kodifikation ein**	*586 ff.*
1775-1840	Rotteck, Karl von	Vernunftrecht, Naturrecht	
1775-1833	**Feuerbach, P.J.A. von**	**Aufklärerische Ansätze im Strafrecht, Lehre vom psychologischen Zwang, 1813 Bayerisches Strafrecht, nulla poena sine lege-Grundsatz, Generalprävention**	*496*
1779-1861	**Savigny, Fr. C. von**	**Kodifikationsstreit, Historische Rechtsschule, gegen eine Kodifikation**	*586 ff.*
1781-1854	Eichhorn, Carl Friedrich	Vater der deutschen Rechtsgeschichte und Anhänger der Historischen Rechtsschule	*589*
1785-1863	Grimm, Jacob	Romantischer Anhänger der historischen Rechtsschule, Volksgeist, Göttinger Sieben, Verfassungskonflikt	*571*
1787-1867	**Mittermaier, K. J. A.**	**Vernunftrecht, Strafrecht, Strafvollzugsrecht, Strafprozeßrecht**	*499*
1797-1839	Eduard Gans, Eduard	Anhänger Thibauts und damit Gegenspieler Savignys	*586 ff.*
1798-1846	**Puchta, Georg F.**	**Historische Rechtsschule, Begriffsjurisprudenz**	*592*
1799-1875	Mohl, Robert von	Reichspublizist, Staatsrecht des Königreichs Württemberg	
1802-1861	Stahl, Friedrich Justus	Historische Rechtsschule	*586 ff.*
1808-1881	Bluntschli, Johann C.	Schweizer ZGB beeinflußt	

1815-1890	Stein, Lorenz von	Gesellschaftslehre	
1816-1895	Von Gneist, Rudolf	Kommunales Selbstverwaltungsrecht	
1817-1903	**Mommsen, Theodor**	**„Römisches Staatsrecht", umfangreiche Darstellung des Rechts und der Geschichte der Antike**	
1817-1892	**Windscheid, Bernhard**	**Begriffsjurisprudenz, BGB-Kommission**	*610 ff.*
1818-1892	Jhering, Rudolf von	Culpa in Contraendo, "Zweck als Schöpfer des Rechts"	
1835-1898	Hinschius, Paul	Kanonist und Kritiker des BGB-Entwurfs	
1838-1918	Laband, Paul	Staatsrechtler	
1841-1920	Binding, Karl	Strafrecht, Vergeltungslehre (Nähe zu Kant und Hegel)	
1841-1921	**Gierke, Otto von**	**Genossenschaftsrecht, Kritik am ersten BGB-Entwurf**	*611*
1848-1930	Amira, Karl von	Volksrechtler, nordgermanische Rechte	
1849-1919	Kohler, Josef	„größter Jurist der wilhelminischen Zeit"	
1849-1923	Huber, Eugen	Zivilrechtler, Vater des Schweizerischen ZGB	
1851-1911	Jellinek, Georg	Heidelberger Neukantianismus, „Allgemeine Staatslehre"	
1851-1919	Liszt, Franz von	Spezialprävention, Strafrecht	
1856-1938	Stammler, Rudolf	Historische Rechtsschule, Rechtspositivismus	
1858-1943	Heck, Philipp	Interessenjurisprudenz	
1860-1925	**Preuß, Hugo**	**Vater der Weimarer Reichsverfassung**	*652 ff.*
1862-1922	Ehrlich, Eugen	Rechtssoziologie, Freirechtslehre	*618*
1864-1920	**Weber, Max**	**Rechtssoziologie, Gesellschaftskritik**	
1874-1955	Rabel, Ernst	Zivilrechtler, Rabels Zeitschrift, Forschung im ausländischen und internationalen Privatrecht	
1877-1940	Kantorowicz, Hermann	Freirechtler	*618*
1878-1949	**Radbruch, Gustav**	**Minister in der Weimarer Republik, Radbruchsche Formel**	
1880-1961	Nawiasky, Hans	Vater der heutigen Bayerischen Verfassung	
1882-1975	Smend, Rudolf	Staatsrechtler, Verfassungstheoretiker	
1888-1985	**Schmitt, Carl**	**Bedeutender Rechts- und Staatstheoretiker, Parlamentarismus, „Verfassungslehre" (1928), wegen Rolle im Dritten Reich umstritten**	

Zu § 5: Das Deutsche Reich im Mittelalter

Zu § 6: Landesherrschaft, Stadt und Dorfgemeinde

Zu § 7: Rationalisierung des Rechts im ausgehenden Mittelalter

Zu § 8: Reichsreform und Konfessionskonflikt

Zu § 9: Von der Landesherrschaft zum Territorialstaat

Zu § 10: Vollrezeption, Naturrecht und Kodifikation

Zu § 13: Vereinheitlichung des Bürgerlichen Rechts

Zu § 14: Strafrecht und Öffentliches Recht vom Kaiserreich zur Gegenwart

Die Zahlen verweisen auf die Randnummern des Skripts

DIE STUDENTENSKRIPTEN

■ DAS GRUNDWISSEN (A5)

Die Grundwissenskripten sind für den Studenten in den ersten Semestern gedacht. In den Theoriebänden Grundwissen werden leicht verständlich und kurz die wichtigsten Rechtsinstitute vorgestellt und das notwendige Grundwissen vermittelt. Die Skripten werden durch den jeweiligen Band unserer Reihe „Die wichtigsten Fälle" ergänzt.

■ DIE BASICS (16,5 x 24 cm)

Das Grundwerk für Studium und Examen. Es schafft schnell Einordnungswissen und mittels der hemmer-Methode richtiges Problembewusstsein für Klausur und Hausarbeit. Wichtig ist, wann und wie Wissen in der Klausur angewendet wird. Umfangreicher als die Grundwissenreihe und knapper als die Hauptskriptenreihe.

■ DIE HAUPTSKRIPTEN (A4)
DAS PRÜFUNGSWISSEN:

In den Hauptskripten werden die für die Prüfung nötigen Zusammenhänge umfassend aufgezeigt und wiederkehrende Argumentationsketten eingeübt. Die Hauptskripten sind die Bibliothek der Studenten - vom 1. Semester bis zum 2. Staatsexamen das ideale Nachschlagewerk. Die Hauptskripten ersetzen das Lehrbuch. Sie sind - anders als das typische Lehrbuch - klausurorientiert, Beispielsfälle erleichtern das Verständnis. So wird Prüfungswissen auf anspruchsvollem Niveau vermittelt. Die studentenfreundliche Preisgestaltung ermöglicht den Erwerb als Gesamtwerk.

■ DIE WICHTIGSTEN FÄLLE (A5)
VOM FALL ZUM WISSEN:

An Grundfällen werden die prüfungstypischen Probleme übersichtlich in Musterlösungen dargestellt. Eine Kurzgliederung erleichtert den Einstieg in die Lösung. Der jeweilige Fallschwerpunkt wird grafisch hervorgehoben. Die Reihe „Die wichtigsten Fälle" ist ideal geeignet, schnell in ein Themengebiet einzusteigen. So werden Zwischenprüfung und Scheine leicht. Die Fallsammlungen werden gerne auch von höheren Semestern zum Training für das Examen genutzt. Daneben sind „Die wichtigsten Fälle - Musterklausuren" zu nennen, in welchen Examensklausuren mit Sachverhalt und Lösung umfangreich dargestellt werden.

DIE KARTENSÄTZE

■ DIE BASICS KARTEIKARTEN (A6)

DAS PENDANT ZU DEN BASICS SKRIPTEN:

Mit dem Frage- und Antwortsystem zum notwendigen Wissen. Die Vorderseite der Karteikarte ist unterteilt in Einordnung und Frage. Der Einordnungstext erklärt den Problemkreis und führt zur Frage hin. Die Frage trifft dann den Kern der prüfungsrelevanten Thematik. Auf der Rückseite schafft der Antworttext Wissen. Die anschließende hemmer-Methode schärft das Problembewusstsein für die Klausur.

■ DIE ÜBERBLICKSKARTEIKARTEN (A6)

ÜBER PRÜFUNGSSCHEMATA ZUM WISSEN:

Ihr Begleiter vom 1. Semester bis zum 2. Staatsexamen! In den Überblickskarteikarten sind die wichtigsten Problemfelder im Zivil-, Straf- und Öffentlichen Recht knapp, präzise und übersichtlich dargestellt. Sie erfassen effektiv auf einen Blick das Wesentliche. Die grafische Aufbereitung der Prüfungsschemata auf der Vorderseite schafft Überblick über den Prüfungsaufbau. So lernen Sie Anspruchsgrundlagen, Straftatbestände und Klageschemata abzuhaken und Probleme zu verorten. Die Prüfungsschemata müssen sitzen! Der Inhalt der Karteikartenvorderseite gibt die nötige Sicherheit. Lernen mit dem Schema allein reicht aber für den Prüfungserfolg nicht aus! Die Kommentierung mit der hemmer-Methode auf der Rückseite schafft deshalb das nötige Einordnungswissen für die Klausur und erwähnt die wichtigsten Definitionen. Nutzen Sie die Überblickskarteikarten auch als Checkliste zur Kontrolle Ihres Wissens.

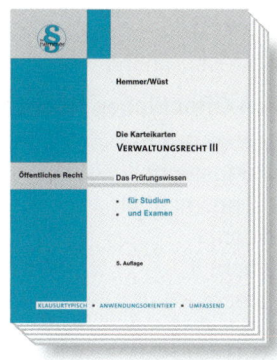

■ DIE HAUPTKARTEIKARTEN (A6)

DAS PENDANT ZU DEN HAUPTSKRIPTEN:

Das Prüfungswissen in Karteikartenform für den, der es bevorzugt, mit Karteikarten zu lernen. Im Frage- und Antwortsystem zum Wissen. Auf der Vorderseite der Karteikarte führt ein Einordnungsteil zur Frage hin. Die Frage trifft die Kernproblematik des zu Erlernenden. Auf der Rückseite schafft der Antworttext Wissen. Die anschließende hemmer-Methode schärft Ihr Problembewusstsein für die Klausur.

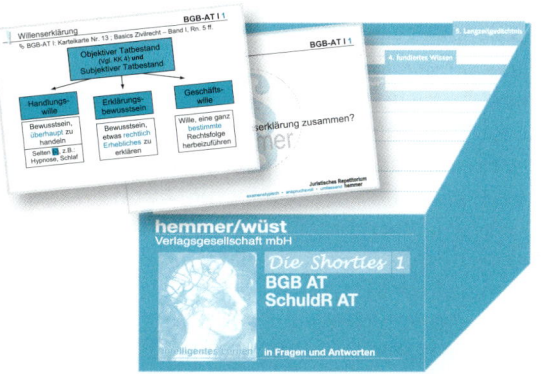

■ DIE SHORTIES - IN 20 STUNDEN ZUM ERFOLG
IN DER HEMMER LERNBOX (A7)

Die kleinen Karteikarten in der hemmer Lernbox enthalten auf der Vorderseite jeweils eine Frage, welche auf der Rückseite grafisch aufbereitet beantwortet wird. Die bildhafte Darstellung ist lernpädagogisch sinnvoll. Die wichtigsten Begriffe und Themenkreise werden anwendungsspezifisch erklärt. Knapper geht es nicht - die Sounds der Juristerei! In Kürze verhelfen die Shorties so zum Erfolg. Sie dienen als Checkliste zum Erfassen des jeweiligen Rechtsgebiets und zum Rekapitulieren. Mit den besonderen Gedächtnistrainingtipps in Form von Reitern gelangt Ihr Wissen durch häufige Wiederholung ins Langzeitgedächtnis.

hemmer/wüst Verlagsgesellschaft mbH

Mergentheimer Str. 44 / 97082 Würzburg
Tel.: 09 31 /7 97 82 38 / Fax: 09 31/7 97 82 40
Internet: www.hemmer-shop.de

REIHE INTELLIGENTES LERNEN

Anzahl		Auflage/Jahr/Euro

Grundwissen für Anfangssemester

GW10 (111.10) ___	BGB-AT Theorieband zu den wicht. Fällen	6.A/13 · 7,80
GW11 (111.11) ___	SchuldR-AT Theorieband zu den wicht. Fällen	5.A/12 · 7,80
GW12 (111.12) ___	SchuldR-BT I Theorieband zu den wicht. Fällen	5.A/12 · 7,80
GW13 (111.13) ___	SchuldR-BT II Theoriebd. zu den wicht. Fällen	5.A/13 · 7,80
GW14 (111.14) ___	MobiliarsachenR Theoriebd. zu den wicht. Fällen	5.A/12 · 7,80
GW15 (111.15) ___	ImmobiliarsachenR Theoriebd. zu den wicht. Fällen	4.A/12 · 7,80
GW20 (112.20) ___	Strafrecht AT Theorieband zu den wicht. Fällen	5.A/13 · 7,80
GW21 (112.21) ___	Strafrecht BT Theorieband zu den wicht. Fällen	4.A/12 · 7,80
GW30 (113.30) ___	StaatsR Theorieband zu den wicht. Fällen	5.A/12 · 7,80
GW31 (113.31) ___	VerwaltungsR Theorieband zu den wicht. Fällen	5.A/12 · 7,80

Die wichtigsten Fälle

DF0 (115.20) ___	**Sonderband:** Der Streit- und Meinungsstand im neuen Schuldrecht	5.A/13 · 14,80
DF1 (115.21) ___	76 Fälle - BGB AT	7.A/13 · 12,80
DF2 (115.22) ___	55 Fälle - Schuldrecht AT	8.A/13 · 12,80
DF3 (115.23) ___	51 Fälle - Schuldrecht BT - Kauf/WerkV	7.A/12 · 12,80
DF4 (115.24) ___	42 Fälle - GoA/Bereicherungsrecht	7.A/12 · 12,80
DF5 (115.25) ___	45 Fälle - Deliktsrecht	6.A/12 · 12,80
DF6 (115.26) ___	44 Fälle - Verwaltungsrecht	7.A/12 · 12,80
DF25 (115.45) ___	30 Fälle - Verwaltungsrecht BT Bayern	3.A/13 · 12,80
DF7 (115.27) ___	32 Fälle - Staatsrecht	8.A/12 · 12,80
DF8 (115.28) ___	34 Fälle - Strafrecht AT	8.A/13 · 12,80
DF9 (115.29) ___	44 Fälle Strafrecht BT I - Vermögensd.	8.A/13 · 12,80
DF10 (115.30) ___	44 Fälle Strafrecht BT II - Nicht-Vermögensd.	7.A/12 · 12,80
DF11 (115.31) ___	50 Fälle - Sachenrecht I	6.A/12 · 12,80
DF12 (115.32) ___	43 Fälle - Sachenrecht II - ImmobiliarSR	7.A/13 · 12,80
DF13 (115.33) ___	40 Fälle - ZPO I - Erkenntnisverfahren	6.A/13 · 12,80
DF14 (115.34) ___	25 Fälle - ZPO II - Zwangsvollstreckungsverf.	5.A/12 · 12,80
DF15 (115.35) ___	35 Fälle - Handelsrecht	6.A/13 · 12,80
DF16 (115.36) ___	36 Fälle - Erbrecht	5.A/12 · 12,80
DF17 (115.37) ___	26 Fälle - Familienrecht	6.A/12 · 12,80
DF18 (115.38) ___	32 Fälle - Gesellschaftsrecht	5.A/12 · 12,80
DF19 (115.39) ___	39 Fälle - Arbeitsrecht	5.A/13 · 12,80
DF20 (115.40) ___	35 Fälle - Strafprozessrecht	4.A/12 · 12,80
DF21 (115.41) ___	23 Fälle - Europarecht	4.A/13 · 12,80
DF22 (115.42) ___	10 Fälle - Musterkl. Examen ZivilR	5.A/11 · 14,80
DF23 (115.43) ___	10 Fälle - Musterkl. Examen StrafR	5.A/11 · 14,80
DF24 (115.44) ___	8 Fälle - Musterkl. Examen SteuerR	7.A/12 · 14,80

Skripten Basics (110)

BI/1 (0011) ___	Zivilrecht I - BGB AT u.vertragl. SchuldV	9.A/12 · 15,80
BI/2 (0012) ___	Zivilrecht II - Sachenrecht/gesetzl. SV	6.A/10 · 15,80
BI/3 (0013) ___	Zivilrecht III - FamilienR/ErbR	6.A/12 · 15,80
BI/4 (0014) ___	Zivilrecht IV - ZivilprozessR	7.A/12 · 15,80
BI/5 (0015) ___	Zivilrecht V - Handels-/GesellschR	6.A/12 · 15,80
BI/6 (0016) ___	Zivilrecht VI - ArbeitsR	4.A/11 · 15,80
BII (0032) ___	Strafrecht	6.A/12 · 15,80
BIII/1 (0035) ___	Öffentliches Recht I - VerfassR/StaatsHR	5.A/12 · 15,80
BIII/2 (0036) ___	Öffentliches Recht II - VerwaltungsR	6.A/12 · 15,80
BIV (0004) ___	Steuerrecht - EstG & AO	8.A/12 · 15,80
BV (0005) ___	Europarecht	7.A/13 · 15,80

Anzahl		Auflage/Jahr/Eur

Skripten Zivilrecht (120)

1 (0001) ___	BGB-AT I, Ensteh.d.Primäranspruchs	12.A/12 · 16,80
2 (0002) ___	BGB-AT II, Scheitern des Primäranspr.	12.A/12 · 16,80
3 (0003) ___	BGB-AT III, Erlösch.d. Primäranspruchs	12.A/13 · 16,80
4 (0004) ___	Schadensersatzrecht I	7.A/10 · 16,80
5 (0005) ___	Schadensersatzrecht II	6.A/12 · 16,80
6 (0006) ___	Schadensersatzrecht III (§§ 249 ff.)	10.A/12 · 16,80
7 (0007) ___	Verbraucherschutzrecht	3.A/12 · 16,80
51 (0051) ___	Schuldrecht AT (ehemals SchuldR I)	8.A/12 · 16,80
52 (0052) ___	Schuldrecht BT I (ehemals SchuldR II)	8.A/12 · 16,80
53 (0053) ___	Schuldrecht III (BT II)	7.A/12 · 10,80
8 (0008) ___	Bereicherungsrecht	13.A/12 · 16,80
9 (0009) ___	Deliktsrecht I	11.A/11 · 16,80
10 (0010) ___	Deliktsrecht II	9.A/13 · 16,80
11 (0011) ___	Sachenrecht I	11.A/12 · 16,80
12 (0012) ___	Sachenrecht II	9.A/11 · 16,80
12A (0012A) ___	Sachenrecht III	11.A/13 · 16,80
13 (0013) ___	Kreditsicherungsrecht	10.A/12 · 16,80
14 (0014) ___	Familienrecht	11.A/11 · 16,80
15 (0015) ___	Erbrecht	11.A/12 · 16,80
16 (0016) ___	Zivilprozessrecht I	11.A/12 · 16,80
17 (0017) ___	Zivilprozessrecht II	10.A/11 · 16,80
18 (0018) ___	Arbeitsrecht	13.A/11 · 16,80
19A (0019A) ___	Handelsrecht	10.A/12 · 16,80
19B (0019B) ___	Gesellschaftsrecht	12.A/12 · 16,80
31 (0031) ___	Herausgabeansprüche	6.A/12 · 16,80
32 (0032) ___	Rückgriffsansprüche	6.A/09 · 16,80

Skripten Strafrecht (120)

20 (0020) ___	Strafrecht AT I	11.A/12 · 16,80
21 (0021) ___	Strafrecht AT II	11.A/13 · 16,80
22 (0022) ___	Strafrecht BT I	11.A/12 · 16,80
23 (0023) ___	Strafrecht BT II	11.A/13 · 16,80
30 (0030) ___	Strafprozessordnung	10.A/12 · 16,80

Skripten Öffentliches Recht (120/130)

24 (0024) ___	Verwaltungsrecht I	11.A/12 · 16,80
25 (0025) ___	Verwaltungsrecht II	11.A/13 · 16,80
26 (0026) ___	Verwaltungsrecht III	11.A/12 · 16,80
27 (0027) ___	Staatsrecht I	10.A/11 · 16,80
28 (0028) ___	Staatsrecht II	8.A/10 · 16,80
29 (0029) ___	Europarecht	11.A/13 · 16,80
40 (0040) ___	Staatshaftungsrecht	3.A/11 · 16,80
33 (01.0033) ___	Baurecht/Bayern	10.A/12 · 16,80
33 (02.0033) ___	Baurecht/Nordrhein-Westfalen	8.A/11 · 16,80
33 (03.0033) ___	Baurecht/Baden-Württembg.	3.A/12 · 16,80
33 (04.0033) ___	Baurecht/Hessen	1.A/09 · 16,80
33 (06.0033) ___	Baurecht/Saarland	1.A/08 · 16,80
34 (01.0034) ___	Polizei- u. Sicherheitsrecht/Bayern	9.A/11 · 16,80
34 (02.0034) ___	Polizei- u. Ordnungsrecht/NRW	5.A/12 · 16,80
34 (03.0034) ___	Polizeirecht/Baden-Württembg.	3.A/11 · 16,80
34 (04.0034) ___	Polizei- u. Ordnungsrecht/Hessen	1.A/10 · 16,80
34 (05.0034) ___	Polizei- u. Ordnungsrecht/Rheinl.-Pfalz	1.A/11 · 16,80
34 (06.0034) ___	Polizei- u. Sicherheitsrecht/Saarland	1.A/09 · 16,80
35 (01.0035) ___	Kommunalrecht/Bayern	9.A/12 · 16,80
35 (02.0035) ___	Kommunalrecht/NRW	8.A/11 · 16,80
35 (03.0035) ___	Kommunalrecht/Baden-Württembg.	3.A/09 · 16,80

hemmer/wüst
Verlagsgesellschaft mbH

Mergentheimer Str. 44 / 97082 Würzburg
Tel.: 09 31 /7 97 82 38 / Fax: 09 31/7 97 82 40

Internet: www.hemmer-shop.de

REIHE INTELLIGENTES LERNEN

Anzahl		Auflage/Jahr/Euro

Lexikon/Definitionen

| D1 (0044) | _____ Definitionen Strafrecht - schnell gemerkt | 3.A/11 · 16,80 |
| D1 (4002) | _____ Legal terms für Juristen - Fachwörterbuch Englisch - Deutsch | 1.A/11 · 19,80 |

Skripten Schwerpunkt (120)

P1 (0039)	_____ Kriminologie	6.A/13 · 19,80
P2 (0036)	_____ Völkerrecht	7.A/08 · 19,80
P3 (0037)	_____ Internationales Privatrecht	5.A/05 · 19,80
P4 (0055)	_____ Kapitalgesellschaftsrecht	4.A/09 · 19,80
P7 (0058)	_____ Rechtsgeschichte I	2.A/07 · 19,80
P8 (0059)	_____ Rechtsgeschichte II	2.A/12 · 19,80
P11 (0062)	_____ Rechts- und Staatsphilosophie sowie Rechtssoziologie	2.A/11 · 19,80
P12 (0063)	_____ Insolvenzrecht	3.A/12 · 19,80
P13 (0064)	_____ Wasser- und ImmissionsschutzR	1.A/08 · 19,80

Skripten Steuerrecht (120)

38 (0038)	_____ Steuererklärung leicht gemacht	4.A/04 · 14,80
42 (0042)	_____ Abgabenordnung	8.A/12 · 16,80
43 (0043)	_____ Einkommensteuerrecht	7.A/11 · 21,80

Skripten für BWL´er, WiWi & Steuerberater

W1 (18.01)	_____ PrivatR f. BWL'er, WiWi & Steuerberat	7.A/11 · 14,80
W2 (18.02)	_____ Ö-Recht f. BWL'er, WiWi & Steuerberat	4.A/12 · 14,80
W3 (18.03)	_____ Musterklausuren für´s Vordiplom PrivatR	2.A/04 · 14,80
W4 (18.04)	_____ Musterklausuren für´s Vordiplom Ö-R	1.A/00 · 14,80
WF1 (118.01)	___ Die 74 wicht. Fälle (BGB AT, SchuldR AT/BT)	3.A/11 · 14,80
WF2 (118.02)	___ Die 44 wicht. Fälle (GoA, BerR, GesR, ...)	1.A/06 · 14,80

Skripten Fachbegriffe & Erläuterungen

G1 (18.10)	_____ Mikroökonomie & Makroökonomie	1.A/12 · 19,80
G2 (18.11)	_____ Buchführung/Jahresabschl./Rechnungsw.	1.A/12 · 19,80
G6 (18.15)	_____ HandelsR/GesellschaftsR/WirtschaftsR	1.A/12 · 19,80
G7 (18.16)	_____ Öffentl. Recht/EuropaR/VölkerR	1.A/12 · 19,80

Basics Karteikarten

BK1 (2001)	____ Basics - Zivilrecht	5.A/10 · 13,80
BK2 (2002)	____ Basics - Strafrecht	3.A/09 · 13,80
BK3 (2003)	____ Basics - Öffentliches Recht	3.A/07 · 13,80

Karteikarten Zivilrecht

KK1 (2201)	_____ BGB-AT I	7.A/11 · 15,80
KK2 (2202)	_____ BGB-AT II	6.A/11 · 15,80
KK3 (22031)	____ Schuldrecht AT I	8.A/12 · 15,80
KK4 (22032)	____ Schuldrecht AT II	6.A/11 · 15,80
KK5 (2240)	____ Schuldrecht BT I (Kauf-u.WerkVR)	6.A/11 · 15,80
KK6 (2241)	____ Schuldrecht BT II	6.A/13 · 15,80
KK7 (2218)	____ Arbeitsrecht	4.A/13 · 15,80
KK8 (2208)	____ Bereicherungsrecht	6.A/12 · 15,80
KK9 (2209)	____ Deliktsrecht	5.A/11 · 15,80
KK11 (2211)	___ Sachenrecht I	7.A/12 · 15,80
KK12 (2212)	___ Sachenrecht II	6.A/11 · 15,80
KK13 (2213)	___ Kreditsicherungsrecht	3.A/10 · 15,80
KK14 (2214)	___ Familienrecht	3.A/08 · 15,80
KK15 (2215)	___ Erbrecht	4.A/13 · 15,80
KK16 (2216)	___ ZPO I	6.A/13 · 15,80
KK17 (2217)	___ ZPO II	5.A/12 · 15,80
KK18 (22191)	__ Handelsrecht	4.A/11 · 15,80
KK19 (22192)	___ Gesellschaftsrecht	5.A/11 · 15,80

Anzahl		Auflage/Jahr/Euro

Die Shorties (Minikarteikarten) inkl. Box

SH1 (50.10)	_____ **Box 1:** BGB AT, Schuldrecht AT	6.A/11 · 21,80
SH2/I (50.21)	_____ **Box 2/1:** vertragliches Schuldrecht	4.A/11 · 21,80
SH2/II (50.22)	___ **Box 2/2:** gesetzliches Schuldrecht	4.A/11 · 21,80
SH3 (50.30)	_____ **Box 3:** Sachenrecht, ErbR, FamR	5.A/11 · 21,80
SH4 (50.40)	_____ **Box 4:** ZPO I/II, GesellschaftsR, HGB	5.A/12 · 21,80
SH5 (50.50)	_____ **Box 5:** Strafrecht	7.A/13 · 21,80
SH6 (50.60)	_____ **Box 6:** Grundrecht, StaatsOrgR, BauR, ...	5.A/11 · 21,80

Karteikarten Strafrecht

KK20 (2220)	_____ Strafrecht AT I	7.A/12 · 15,80
KK21 (2221)	_____ Strafrecht-AT II	7.A/12 · 15,80
KK22 (2222)	_____ Strafrecht-BT I	7.A/12 · 15,80
KK23 (2223)	_____ Strafrecht-BT II	7.A/13 · 15,80
KK24 (2230)	_____ StPO	5.A/12 · 15,80

Karteikarten Öffentliches Recht

KK25 (2224)	_____ Verwaltungsrecht I	7.A/12 · 15,80
KK26 (2225)	_____ Verwaltungsrecht II	5.A/12 · 15,80
KK27 (2226)	_____ Verwaltungsrecht III	5.A/11 · 15,80
KK28 (2227)	_____ Staats- u. Verfassungsrecht	8.A/12 · 15,80
KK29 (2229)	_____ Europarecht	3.A/12 · 15,80

Überblickskarteikarten

ÜK I (2501)	_____ BGB im Überblick I	10.A/13 · 30,00
ÜK II (25011)	_____ BGB im Überblick II (Nebengebiete)	6.A/11 · 30,00
ÜK III (2502)	_____ StrafR im Überblick	7.A/13 · 30,00
ÜK IV (2503)	_____ Öffentl.-R im Überblick	8.A/12 · 16,80
ÜK V (25031)	_____ Öffentl.-R im Überblick II Bayern	6.A/11 · 16,80
ÜK VI (25032)	_____ Öffentl.-R im Überblick II NRW	2.A/08 · 16,80
ÜK VII (2504)	_____ Europarecht	4.A/12 · 16,80

Assessor-Basics/Theoriebände (410)

A IV (0004)	_____ Die zivilrechtl. Anwaltsklausur/Teil 1	10.A/13 · 18,60
A VII (0007)	_____ Das Zivilurteil	10.A/13 · 18,60
A VIII (0008)	____ Die Strafrechtskl. im Assessorexamen	6.A/11 · 18,60
A IX (0009)	____ Die Assessorklausur Öffentl. Recht	5.A/12 · 18,60

Assessor-Basics/Klausurentraining

A I (0001)	_____ Zivilurteile	15.A/12 · 18,60
A II (0003)	_____ Arbeitsrecht	13.A/12 · 18,60
A III (0002)	_____ Strafrecht	11.A/13 · 18,60
A V (0005)	_____ Zivilrechtl. Anwaltsklausuren/Teil 2	10.A/13 · 18,60
A VI (0006)	_____ Öff.rechtl. u. strafrechtl.Anwaltskl.	5.A/10 · 18,60

Assessorkarteikarten

AK I (41.10)	_____ Zivilprozessrecht im Überblick	5.A/12 · 19,80
AK II (41.20)	_____ Strafprozessrecht im Überblick	6.A/12 · 19,80
AK III (41.30)	_____ Öffentliches Recht im Überblick	4.A/12 · 19,80
AK IV (41.40)	_____ Familien- und Erbrecht im Überblick	2.A/13 · 19,80

hemmer/wüst
Verlagsgesellschaft mbH

Mergentheimer Str. 44 / 97082 Würzburg
Tel.: 09 31 /7 97 82 38 / Fax: 09 31/7 97 82 40

Internet: www.hemmer-shop.de

REIHE INTELLIGENTES LERNEN

Sonderprodukte   Euro

Lernkarteikartenbox (28.01)

LB	_____	Die praktische Lernbox für die Karteikarten	1,99
KL 1	_____	**Orig. Klausurenblock** Din A4, 100 Blatt einzeln	1,95
S 810	_____	Din A4, 80 Blatt 10er Pack	17,50

S1 _____ **Der Referendar (70.01)** 1. Aufl. 2003
Meine größten Rein-) Fälle (Format A6)   9,80

S2 _____ **Der Rechtsanwalt (70.02)** 1. Aufl. 2006
24 Monate zwischen Genie und Wahnsinn (Format A6)   9,80

S3 _____ **Der Jurist (70.03)** 1. Aufl. November 2009
Ein Lehrbuch für Leader (Format A6)   9,80

S5 _____ **Coach dich! (70.05)**
Psychologischer Ratgeber, 1. Auflage, 2004   19,80

S6 _____ **Lebendiges Reden (70.06)**
Psychologischer Ratgeber inkl. Audio-CD, 2. Auflage, 2008   21,80

S7 _____ **NLP für Einsteiger (71.01)**
Psychologischer Ratgeber, 12. neugestaltete Auflage, 2008   12,80

S8 _____ **Prüfungen als Herausforderung (70.08)**
Psychologischer Ratgeber, 1. Auflage 2011   14,80

_____ **Wiederholungsmappe (75.01)**   9,90
Intelligentes Lernen
inkl. Übungsbuch, Mind Mapps und Kurzskript

_____ **Ordner hemmer.group (88.20)**   2,50
Ringbuchmappe für Einlagen, DIN A4

(100.201) _____ **AudioCards auf CD:** BGB AT I - III   59,95
Das Frage-Antwort-System der hemmer-Skripten zum Hören

Neuerscheinungen

Skripten Fachbegriffe & Erläuterungen

● G1 (18.10)	_____	Mikroökonomie & Makroökonomie	1.A/12 · 19,80
● G2 (18.11)	_____	Buchführung / Jahresabschl./Rechnungsw.	1.A/12 · 19,80
● G6 (18.15)	_____	HandelsR/GesellschaftsR/WirtschaftsR	1.A/12 · 19,80
● G7 (18.16)	_____	Öffentl. Recht/EuropaR/VölkerR	1.A/12 · 19,80

Diese Begriffssammlungen sind der perfekte Begleiter:

· **für Bachelor- und Master-Studium**

· **an allen Universitäten und Fach-
hochschulen**

Autor: Oliver Michaelis

Oliver Michaelis studierte Betriebswirtschaftslehre in Berlin, Bonn und Potsdam sowie Rechtswissenschaften in Leipzig, Halle, Frankfurt a.M. und Köln (www.michaelis.me).

Er arbeitet auf dem Gebiet des Bank- und Kapitalmarktrechts und ist Autor verschiedener Bücher speziell zum Wettbewerbsrecht und zur Finanzkrise.
So gibt er auch die Fachzeitschrift „EuBWR – Europäische Börsendaten, Währungs- und Rohstoffindizes" (www.EuBWR.com), die dazugehörigen Jahrbücher sowie „Die Chronik der Finanzkrise 2007 – 2010" und „Die Chronik der Finanzkrise 2011" heraus und leitet den Michaelis Verlag – den Fachverlag für wissenschaftliche Publikationen.

Life&Law

_____	Einzelheft der Life&LAW	6,80
AboLL_____	Abonnement der Life&LAW	
	Life&Law 3 Monate kostenfrei, danach erhalten Sie die Life&Law zum Preis von	5,80

LLJ _____	Life&LAW Jahrgangsband 1999 - 2011	
_____	bitte Jahrgang eintragen	je 50,00
LLJ11 _____	Life&LAW Jahrgangsband 2012	80,00
LLE _____	Einband für Life&LAW Jahrgang	je 6,00

Die AnwaltsBasics

Herausgeber: hemmerVerlag für Anwälte GmbH

10.10_____**Die AnwaltsBasics Erbrecht**
1. Auflage, November 2010, 429 S.   39,90

10.20_____**Die AnwaltsBasics Mediation**
1. Auflage, Mai 2012, 187 S.   23,80

Wir berechnen pro Lieferung einen Versandkostenanteil von 3,30 EURO. Ab 30 EURO ist die Lieferung versandkostenfrei.

Endsumme:

Lieferung erfolgt in aktueller Auflage

Kundennummer **D** | | | | | |

Name: _____

Vorname: _____

Straße, Nr.:_____

PLZ/Ort: _____

Telefon: _____

e-mail Adresse:_____

Buchen Sie die Endsumme von meinem Konto ab:

Kreditinstitut:_____

BLZ: _____

Konto-Nr.: _____

Ort, Datum: _____

Unterschrift: _____